"神话学文库"编委会

主 编

叶舒宪

编 委

（以姓氏笔画为序）

马昌仪　王孝廉　王明珂　王宪昭

户晓辉　邓　微　田兆元　冯晓立

吕　微　刘东风　齐　红　纪　盛

苏永前　李永平　李继凯　杨庆存

杨利慧　陈岗龙　陈建宪　顾　锋

徐新建　高有鹏　高莉芬　唐启翠

萧　兵　彭兆荣　朝戈金　谭　佳

"神话学文库"学术支持

上海交通大学文学人类学研究中心

上海交通大学神话学研究院

中国社会科学院比较文学研究中心

陕西师范大学人文社会科学高等研究院

上海市社会科学创新研究基地——中华创世神话研究

"十二五""十三五"国家重点图书出版规划项目
第五届、第八届中华优秀出版物奖获奖作品

神话学文库 叶舒宪主编

中国神话母题索引

INDEX OF CHINESE MYTHOLOGICAL MOTIFS

杨利慧 张成福◎编著

陕西师范大学出版总社

图书代号　　SK23N1167

图书在版编目（CIP）数据

中国神话母题索引／杨利慧，张成福编著. —西安：
陕西师范大学出版总社有限公司，2023.10
（神话学文库／叶舒宪主编）
ISBN 978 - 7 - 5695 - 3723 - 9

Ⅰ.①中…　Ⅱ.①杨…②张…　Ⅲ.①神话—研究—
中国—索引　Ⅳ.①Z89：B932.2

中国国家版本馆 CIP 数据核字（2023）第 127215 号

中国神话母题索引
ZHONGGUO SHENHUA MUTI SUOYIN

杨利慧　张成福　编著

出 版 人	刘东风
责任编辑	杜莎莎
责任校对	王丽敏
出版发行	陕西师范大学出版总社
	（西安市长安南路 199 号　邮编 710062）
网　　址	http://www.snupg.com
印　　刷	中煤地西安地图制印有限公司
开　　本	720 mm×1020 mm　1/16
印　　张	48
插　　页	4
字　　数	526 千
版　　次	2023 年 10 月第 1 版
印　　次	2023 年 10 月第 1 次印刷
书　　号	ISBN 978 - 7 - 5695 - 3723 - 9
定　　价	238.00 元

读者购书、书店添货或发现印刷装订问题，请与本公司营销部联系、调换。
电话：(029)85307864　85303635　传真：(029)85303879

"神话学文库" 总序

叶舒宪

神话是文学和文化的源头，也是人类群体的梦。

神话学是研究神话的新兴边缘学科，近一个世纪以来，获得了长足发展，并与哲学、文学、美学、民俗学、文化人类学、宗教学、心理学、精神分析、文化创意产业等领域形成了密切的互动关系。当代思想家中精研神话学知识的学者，如詹姆斯·乔治·弗雷泽、爱德华·泰勒、西格蒙德·弗洛伊德、卡尔·古斯塔夫·荣格、恩斯特·卡西尔、克劳德·列维－斯特劳斯、罗兰·巴特、约瑟夫·坎贝尔等，都对 20 世纪以来的世界人文学术产生了巨大影响，其研究著述给现代读者带来了深刻的启迪。

进入 21 世纪，自然资源逐渐枯竭，环境危机日益加剧，人类生活和思想正面临前所未有的大转型。在全球知识精英寻求转变发展方式的探索中，对文化资本的认识和开发正在形成一种国际新潮流。作为文化资本的神话思维和神话题材，成为当今的学术研究和文化产业共同关注的热点。经过《指环王》《哈利·波特》《达·芬奇密码》《纳尼亚传奇》《阿凡达》等一系列新神话作品的"洗礼"，越来越多的当代作家、编剧和导演意识到神话原型的巨大文化号召力和影响力。我们从学术上给这一方兴未艾的创作潮流起名叫"新神话主义"，将其思想背景概括为全球"文化寻根运动"。目前，"新神话主义"和"文化寻根运动"已经成为当代生活中不可缺少的内容，影响到文学艺术、影视、动漫、网络游戏、主题公园、品牌策划、物语营销等各个方面。现代人终于重新发现：在前现代乃至原始时代所产生的神话，原来就是人类生存不可或缺的文化之根和精神本源，是人之所以为人的独特遗产。

可以预期的是，神话在未来社会中还将发挥日益明显的积极作用。大体上讲，在学术价值之外，神话有两大方面的社会作用：

一是让精神紧张、心灵困顿的现代人重新体验灵性的召唤和幻想飞扬的奇妙乐趣；二是为符号经济时代的到来提供深层的文化资本矿藏。

前一方面的作用，可由约瑟夫·坎贝尔一部书的名字精辟概括——"我们赖以生存的神话"（Myths to live by）；后一方面的作用，可以套用布迪厄的一个书名，称为"文化炼金术"。

在 21 世纪迎接神话复兴大潮，首先需要了解世界范围神话学的发展及优秀成果，参悟神话资源在新的知识经济浪潮中所起到的重要符号催化剂作用。在这方面，现行的教育体制和教学内容并没有提供及时的系统知识。本着建设和发展中国神话学的初衷，以及引进神话学著述，拓展中国神话研究视野和领域，传承学术精品，积累丰富的文化成果之目标，上海交通大学文学人类学研究中心、中国社会科学院比较文学研究中心、中国民间文艺家协会神话学专业委员会（简称"中国神话学会"）、中国比较文学学会，与陕西师范大学出版总社达成合作意向，共同编辑出版"神话学文库"。

本文库内容包括：译介国际著名神话学研究成果（包括修订再版者）；推出中国神话学研究的新成果。尤其注重具有跨学科视角的前沿性神话学探索，希望给过去一个世纪中大体局限在民间文学范畴的中国神话研究带来变革和拓展，鼓励将神话作为思想资源和文化的原型编码，促进研究格局的转变，即从寻找和界定"中国神话"，到重新认识和解读"神话中国"的学术范式转变。同时让文献记载之外的材料，如考古文物的图像叙事和民间活态神话传承等，发挥重要作用。

本文库的编辑出版得到编委会同人的鼎力协助，也得到上述机构的大力支持，谨在此鸣谢。

是为序。

前　言

　　世界上到底有多少神话和民间故事？这个问题大约没有人能说得清楚，因为几乎所有的族群都拥有自己五色斑斓的神话，故事的数量往往更是多得如同漫天星斗。但是，可以肯定的是，这些丰富多彩的民间叙事往往呈现出一定的模式性。比如，中国东汉时期的典籍《风俗通义》的佚文里，记载有女娲用黄土抟制人类的神话，不约而同，《圣经》里也说上帝耶和华用地上的尘土创造了人类的男性始祖亚当，古希腊神话中说普罗米修斯用土和水——一说是他的眼泪——塑造了第一个人体，而爪哇的神话里也说创造神用黏土造出了第一个男人。可见，泥土造人是一个流布广泛的神话元素，它在不同时期、不同的地区和族群中反复出现，具有模式性的特点。依据这种模式性特点，能够将世界上浩如烟海的民间叙事文本进行分类。而分类，不仅是科学研究的重要内容，也是其深入发展的基本前提。母题的划分以及母题索引的编纂，就是为了达到这样的目的。

一、母题的划分以及母题索引的编纂

　　其实，在对母题（motif）进行划分之前，世界民间文学研究史上更早出现的是类型（type）的划分以及类型索引的编纂。这一分类法的集大成者要数芬兰的历史-地理学派（The Historical-geographical School）。这派学者认为民间文学研究的重要任务之一就在于广泛、详尽地研究故事情节，具体确定这些故事情节的最初发祥地及其流传的地理途径。为了便于比较众多的故事异文（version或 variant），并且从中探求故事的原型和发源地，该派学者把世界各地、各民族中流传的类似或类同的故事情节划分为"类型"。"一种类型是一个独立存在的传统故事，可以把它作为完整的叙事作品来讲述，其意义不依赖于其他任何故事。当然它也可能偶然地与另一个故事合在一起讲，但它能够单独出现这个事实，是它的独立性的证明。"① 例如在中国众多民族中广泛流传的兄妹婚神话，

---

　　① ［美］斯蒂·汤普森：《世界民间故事分类学》，郑海等译，郑凡译校，上海文艺出版社 1991 年版，第 499 页。该书原名为 *The Folktale*，1977 年出版。

尽管它在不同地区、不同民族和不同的讲述人那里，情节往往有大大小小的差异，然而其基本的情节结构相对稳定。笔者曾依据自己近年来所搜集的 418 则兄妹婚神话，将中国各民族间流传的兄妹婚神话的一般情节结构——这个神话的基本类型——构拟如下：

1. 由于某种原因（洪水、油火、罕见冰雪等），世间一切人类均被毁灭，仅剩下兄妹（或姐弟）两人。

2. 为了重新传衍人类，兄妹俩意欲结为夫妻，但疑惑这样做是否合适。

3. 他们用占卜的办法来决定。如果种种不可思议的事情（滚磨、合烟、追赶、穿针等）发生，他们将结为夫妻。

4. 上述事情发生，于是他们结婚。

5. 夫妻生产了正常或异常的胎儿（如肉球、葫芦、磨刀石等），传衍了新的人类（切碎或者打开怪胎，怪胎变成人类或者怪胎中走出人类）。①

芬兰学者安蒂·阿尔奈（Antti Aarne，1867—1925）曾搜集世界各地（主要是欧洲）的故事资料，编纂了一部《民间故事类型索引》（*Verzeichnis der Märchentypen*，FF Communications，No. 3，1910）。该索引后经美国民俗学家斯蒂·汤普森（Stith Thompson，1885—1976）的翻译和多次补充、修订，成为世界民间文学领域使用最为广泛的工具书之一，② 为国际性的民间故事的分类和比较研究奠定了重要基础。民俗学者们通常把该索引的分类和编排方法称作"阿尔奈 – 汤普森分类体系"（the Aarne-Thompson classification system），或简称为"AT 分类法"。

但是，汤普森觉得仅有类型以及类型索引还不够，因为类型的划分有时依然失之粗疏，不利于开展更细的研究。他建议应该将类型进一步细分，划分为更小的叙事单位——母题。"母题"一词在汤普森之前已有不少学者使用，③ 汤氏采纳了这一术语，并"一直在十分宽松的意义上"（always in a very loose

①拙文《民间叙事的传承与表演》，载《文学评论》2005 年第 2 期。

②Antti Aarne，*The Types of the Folktale：A Classification and Bibliography*，Translated and enlarged by Stith Thompson，Second Revision，FF Communications，No. 184，Helsinki，1973 ［1961］.

③参见 Dan Ben-Amos，"The Concept of Motif in Folklore，" in Venetia J. Newall，ed.，*Folklore Studies in the Twentieth Century：Proceedings of the Centenary Conference of the Folklore Society*.Woolbridge，Suffolk：D. S. Brewer，1980，pp. 17-36. 该文的中文译文可参考［美］丹·本 – 阿姆斯：《民俗学中母题的概念》，张举文译，李扬校，见刘守华、陈建宪编：《故事研究资料选》，中国民间文艺家协会湖北分会编印，1989 年，第 75—97 页。

sense）使用它①。在他看来，母题"是构成传统叙事文学的元素"（the elements which make up traditional narrative literature），它"包括叙事结构中的任何元素"（include any of the elements of narrative structure）②，是一个故事中最小的、能够在传统中持续的元素，具有某种不寻常的、动人的力量。③比如平凡的吃和睡并不构成母题，因为它们缺乏不同寻常的、突出的特征，但是它们可能通过与某种突出的或者值得记忆的事物相联系而成为传统的一部分。比如在一张神奇的桌子上吃，吃由动物帮手提供的食物，或者吃能够赋予神奇力量的食物，这样才能使故事不同寻常，才有可能被故事的讲述者代代相传，从而使相应的行为成为故事中的母题。④母题大致可分为三类：第一类是故事中的角色，比如众神、非凡的动物、残忍的后母；第二类涉及情节的某种背景，比如魔术器物、奇特的信仰、不寻常的习俗；第三类是单一的事件，它们构成了绝大多数母题，可以独立存在，为数众多的传统故事类型就是由这类母题单一的母题构成的。⑤

那么，划分母题有什么重要性呢？汤普森的看法是："世界民间文学中有许多共同的东西，单个母题中的相似之处比完形故事中的更为常见。因此，假如我们要将全世界的传统叙事资料加以系统整理以使之井然有序（举个例子说，就像科学家们处理世界范围内的生物学现象那样），那么就必须通过对单个母题加以分类的方法，而正是这些细节组成了那些丰满的民间叙事，也正是这些简单的元素能够为全部传统文学的系统分类提供一个共同的基础。"⑥可见，因为母题比类型更为细小，反复出现的频率更高，更具相似性，所以划分母题，能够为民间文学的系统分类提供一个共同的基础，也更便于世界民间文学的比较研究。刘魁立在谈到世界各国的类型索引和母题索引时也明确地指出了这一点："对于民间文学作品进行深层的研究，不能不对故事的母题进行分析。就比较研究而言，母题比情节具有更广泛的国际性。"⑦比如，围绕"泥土造人"这一神话中反复出现的母题，可以对世界各地的造人神话的异同进行比较研究。研究

①Stith Thompson, *Motif-Index of Folk-Literature*, "Introduction," p. 19.

②Stith Thompson, *Motif-Index of Folk-Literature*, "Introduction," p. 11, p. 19.

③参见［美］斯蒂·汤普森：《世界民间故事分类学》，郑海等译，郑凡译校，上海文艺出版社1991年版，第499页。

④Stith Thompson, *Motif-Index of Folk-Literature*, "Introduction," p. 19.

⑤参见［美］斯蒂·汤普森：《世界民间故事分类学》，郑海等译，郑凡译校，上海文艺出版社1991年版，第499页。

⑥Stith Thompson, *Motif-Index of Folk-Literature*, "Introduction," p. 10.

⑦刘魁立：《世界各国民间故事情节类型索引述评》，见《刘魁立民俗学论集》，上海文艺出版社1998年版，第376页。

兄妹婚神话的学者，也常常需要就这一类型之中的各个细小母题，例如世界大灾难（本索引编码 850）、卜婚（153）、大灾难后人类的重新繁衍（970）、始祖结亲后生下怪胎（975）等——开展比较研究，从而分析各个不同地域和族群在传播上的不同特点，探索特定母题中蕴含的宇宙观念或者与特定现实社会之间的联系，寻求其中可能的文化传播规律等。甚至其他学科的学者，例如研究灾害或者怪胎的自然科学工作者，也可以从母题中找到古老神话对于相关现象的分类和想象，从而丰富资料、拓宽视野。陈建宪曾以神话母题的划分为例，谈到母题分类法的重要作用：第一，把母题作为分类的基本单位，可以将数量巨大、难以把握的神话资料整理得有条有理。第二，母题也是"一个最佳分析单位"，由此出发，"既可以研究一个神话作品中的各个组成部分及其组合状态，又可以通过各个母题来源的分析，从纵向研究一个神话的发生、发展、变化过程；还可以从横向的比较研究，通过各个民族间相同母题的关系，了解神话的民族特点与文化差异"。[①] 在迄今为止的神话研究史上，母题的使用是非常普遍的。

为便于研究人员的检索和比较研究，汤普森编纂了六大本的《民间文学母题索引：对民间故事、歌谣、神话、寓言、中世纪传奇、说教故事、故事诗、笑话和地方传说中的叙事元素的分类》（*Motif-Index of Folk-Literature：A Classification of Narrative Elements in Folktales，Ballads，Myths，Fables，Mediaeval Romances，Exempla，Fabliaux，Jest-books，and Local Legends*，1932-1937，*rev.* Bloomington：Indiana University Press，1955-1958），其中的母题来自神话、民间故事、传说、民谣等诸多叙事文类，被按照从 A 到 Z 的顺序排列，A 部分是神话母题（Mythological Motifs），B 部分是动物母题，C 部分的母题涉及禁忌（Tabu），D 部分有关魔法（Magic）……同《民间故事类型索引》一样，该索引出版后，也迅速成为世界各国民俗学者案头常备的工具书，为了解众多母题在世界各地的流传和分布状况进而展开比较研究奠定了极为重要的基础。美国民俗学家丹·本－阿莫斯（Dan Ben-Amos）曾盛赞该索引对于世界民间文学工作者的重要性："母题（motif）已成为民俗学中一个独具特色的概念。按照理查德·多尔逊（Richard Dorson）的观点，具备运用斯蒂·汤普森的《民间文学母题索引》的能力，成了民俗学家必不可少的技能，而且也是使他区别于其他文化领域学者

---

①陈建宪：《神话解读——母题分析方法探索》，湖北教育出版社 1997 年版，第 34—35 页。

的决定性特征。"①

不过汤普森的母题索引存在不少问题。第一，尽管作者参考的著述和期刊多达上千种，然而其中有关中国的资料十分有限。该索引第一版使用的著述有三部：法国汉学家爱德华·沙畹（Edouard Chavannes，1865—1918）著的《汉文三藏经中的五百个故事和寓言》（Cinq cents contes et apologues extraits du Tripitaka chinois，1910-1911）、英国汉学家倭纳（Edward Theodore Chalmers Werner，1864—1954，汉名为"文仁亭"）著的《中国的神话与传说》（Myths and Legends of China，1922 年初版）、美国学者福开森（John C. Ferguson，1866—1945）著的《中国神话》（Chinese Mythology，1928 年初版）。第二版增加了两部：德裔美籍汉学家艾伯华（Wolfram Eberhard，1909—1989）的《中国民间故事类型》（Typen chinesischer Märchen，1937）、美国汉学家葛维汉（David C. Graham，1884—1961）的《四川苗族的民歌和故事》（Songs and Stories of the Ch'uan Miao，1954）。② 五部书的出版年代都比较早，所涉及的地域和民族也较狭窄，而且均为外国学者撰写，其中对于中国神话的介绍有时失之偏颇乃至于存在偏见。例如倭纳的书中就充斥着"中国神话贫瘠论"的西方中心主义观点，而且他介绍中国神话时依据的资料主要是较晚期的宗教经卷和神怪小说等，在大多数中国神话学者看来，他依据这些资料所构建出的中国神话世界不免有些驳杂散乱、光怪陆离。③ 资料的局限为汤氏的索引带来了局限：该索引并未充分展示中国神话母题的特点，比如中国神话中流布广泛而且形式多样的补天母题（本索引编号 237，990）、始祖卜婚母题（153）、射日母题（232）等，在该索引中几乎完全未能得到反映。中国神话中十分丰富的神祇的婚姻母题（150，汤 A164）、治水母题（1000，A1028）、感生母题（111，T540）、神的死亡母题（270，A76，A192）等，汤氏索引中都较少（A1028"洪水的结束"下只有两条），而且出现比较分散，不便查找。比如感生母题，在 A 类的"神话母题"中几乎没有，要在另一册 T 类的"性母题"中去查找（T540 神奇的出生）；始祖的兄妹婚姻在 A 类中有（A164.1 神的兄妹婚姻），在 T 类中也有（T415 兄妹/姐弟乱伦）。

第二，在母题的编排上有一些不妥之处。金荣华曾批评它"归类不妥处有

①Dan Ben-Amos，"The Concept of Motif in Folklore," in Venetia J. Newall, ed., *Folklore Studies in the Twentieth Century：Proceedings of the Centenary Conference of the Folklore Society.* Woolbridge，Suffolk：D. S. Brewer，1980，p.17.

②参见 Stith Thompson, *Motif-Index of Folk-Literature*，"Introduction," p. 14.

③参见拙文《一个西方学者眼中的中国神话——倭纳及其〈中国的神话与传说〉》，载《湖南社会科学》2014 年第 1 期即出。

之，排列不妥处有之，失诸琐碎而无实际意义者有之"①。例如，神的婚姻与神的动物帮手、信使、斟酒人、巫师等都被笼统地归为"神的相互关系"（A160）；A815是"地球立在乌龟背上"，A844又是同类的"地球立在动物的背上"；A815与A815.1"地球源于巨蛇之头。地球矗立在一只漂浮在原始之水上的巨蛇的头上"应为并立的逻辑关系，而不应是不同层级的关系；等等。

第三，过于泛杂琐碎，不够简约扼要。金荣华批评汤氏索引"过于琐碎，使编码无意义地膨胀"②，刘魁立批评"汤普森在索引中兼收并蓄，巨细无遗，开列母题总数不下两万余条，……使得研究者在使用这部索引时，既有不便之处，又时而感到不能尽如人意"，他建议"倘能由泛杂而返于简约，或可对研究者有更多裨益"。③

汤姆森的《民间文学母题索引》问世以后，一些学者也纷纷仿效他的体例编纂各地区的母题索引，如日本学者池田弘子（Ikeda Hiroko）编的《日本民间文学类型和母题索引》（A Type and Motif Index of Japanese Folk-Literature, Helsinki, 1971），美国学者科特利（B. F. Kirtley）编的《波里尼西亚、美拉尼西亚与密克罗尼西亚叙事母题索引》（A Motif-index of Polynesian, Melanesian and Micronesian Narratives, New York, 1980）。在中国，一些台湾学者对编纂民间文学的母题索引做出了探索性的贡献。20世纪70年代，正在美国攻读民俗学博士学位的台湾学生何廷瑞（Ho Ting-jui）也根据汤氏索引，在其所著的《台湾原住民的神话传说比较研究》一书后，编附了相关神话传说的母题索引以及主题索引。④ 金荣华不仅编有《六朝志怪小说情节单元索引（甲编）》（他主张把motif译为"情节单元"），⑤ 而且他编辑的各种民间故事集后通常都附有母题索引。⑥ 胡万川编著的《台湾民间故事类型（含母题索引）》也在各故事类型之后附有母题索

①金荣华：《对汤普逊〈民间文学情节单元索引〉中归类排列的几点商榷》，见金荣华：《民间故事论集》，三民书局1997年版，第282页。

②金荣华：《对汤普逊〈民间文学情节单元索引〉中归类排列的几点商榷》，见金荣华：《民间故事论集》，三民书局1997年版，第282页。

③刘魁立：《世界各国民间故事情节类型索引述评》，见《刘魁立民俗学论集》，上海文艺出版社1998年版，第378页。

④Ho Ting-jui, A Comparative Study of Myths and Legends of Formosan Aborigines. Taipei：The Orient Cultural Service, 1971.

⑤金荣华：《六朝志怪小说情节单元索引（甲编）》，中国文化大学1984年版。

⑥例如，金荣华：《台东卑南族口传文学选》，中国文化大学中国文学研究所1989年版；金荣华：《台东大南村鲁凯族口传文学》，中国文化大学中国文学研究所1995年版；金荣华：《台湾高屏地区鲁凯族民间故事》，中国口传文学学会1999年版。

引。① 我们编纂这部《中国神话母题索引》，便是力图在前人贡献的基础上，立足于神话这一特定的文类，将中国民间文学的母题分类工作继续向前推进。

二、本索引的目的和术语界定

本索引是目前国内首部专题性的神话母题索引，它以汤氏母题索引的编排体例为基础，又多方融入其他神话学者的观点以及笔者多年来研究中国神话的心得，对中国神话中反复出现的主要母题进行抽绎和分类。在母题的表述和编排上尽力反映中国神话的特点，资料的使用上力求反映近半个世纪以来中国神话学和中国民间文学在搜集和研究领域的新成就。索引依据的资料既包括中国神话学者辑录出的记载古代神话的历代典籍，也包括大量现代口承神话资料集，尤其注重利用20世纪80年代以来"中国民间文学三套集成·故事集成"的丰富成果。编纂本索引的目的是为浩如烟海、丰富多彩的中国神话资料提供一个实用而便捷的分类系统，以方便研究者对中国神话进行总体上的把握，深化神话的本体研究，也为中国以及世界的神话母题比较研究提供一个必要的基础。

这里应该对本索引中使用的一些核心概念进行界定。

神话：人类表达文化（expressive culture）的诸文类之一。它通常具有这样一些特点，是有关神祇、始祖、文化英雄或神圣动物及其活动的叙事（narrative），通过叙述一个或者一系列有关创造时刻（the moment of creation）以及这一时刻之前的故事，解释神祇、宇宙、人类（包括特定族群）、文化和动植物的最初起源，以及现时世间秩序的最初奠定。

中国神话：这一概念含义很多。本索引所说的"中国神话"，指的是在现今中国的国家地理版图和行政辖区范围内，那些曾经和正在流传的神话。它不仅包括这一广大地域内的古代神话，也包括现代依然传承的神话；不仅包括汉民族的神话，也包括其他少数民族的神话。本索引尽力展示这些神话所包含的各类母题，但这并不表示所有这些母题只为中国神话所独有。如前所述，有的母题的确只在某一特定地域和民族中流传，富有较鲜明的地域性和民族性（例如中国的补天母题，在其他国家的神话中就很少有广泛的传播），但是很多母题的流布都很广，往往超越了特定地域、族群和国家的边界（例如泥土造人母题）。

母题：指在不同的叙事作品中反复出现的、异于日常生活样态的叙事元素，是构成叙事的基本单位。就神话而言，这些元素大体可以分为三类：第一，一个形象或其特性，如神话中的创世者、天梯、三足乌等；第二，一个场景或其特性，如天上起初有多个太阳、原始之水、天地相连等；第三，一个事件（行动）或其特性，如造人、射日、分离天地等。这些叙事元素反复出现在神话中，

---

① 胡万川：《台湾民间故事类型（含母题索引）》，里仁书局2008年版。

正是由于它们的存在和不同的排列组合，才形成了各种类型的神话文本及其多姿多彩的异文。①

从母题的角度来看，类型是由大致相同或相似的母题，按照基本一致的顺序排列而成的故事文本的集合。许多类型由多个母题组合成的相似母题链构成，也有不少类型由单一母题（特别是事件性的母题）构成。在中国神话中，兄妹婚神话、抟土造人以及文化英雄射除多余的太阳等等，都是一些流传广泛的类型。同属一个故事类型，核心母题相同而个别次要母题有所差异的不同文本，构成了该类型的"异文"。

说到这里，也许有人会认为：现在民俗学已经进入"语境时代"，文本分析方法已经有些陈旧，编纂和出版母题索引还有必要吗？

的确，20世纪60年代末以后，世界民俗学的研究范式出现了转移，抽象的、静态的文本分析方法（textual analysis）逐渐为流动性的语境研究方法（contextual studies）所取代，90年代中期以后，语境研究也逐渐成为中国民俗学主导性研究范式，学者们纷纷强调在田野中观察民俗生活，强调民俗表演的情境等。② 但是，笔者曾以三个社区的神话传统的田野研究为基础，对语境的效度与限度进行了细致考察，发现语境在形塑神话文本、规定神话讲述场合、确立讲述人与听众的构成及其规模、决定神话的功能和意义等方面具有重要作用。然而另一方面，语境对神话传统的影响具有一定的限度：例如，尽管兄妹婚神话在长达七十年的多次讲述中，黏合的母题以及描述的细节都有大大小小的差异，但是核心母题和母题链的组合、类型和基本情节却保持着强大的稳定性。可见，文本在形式和结构上具有一定的自足性，而目前民俗学界盛行的追求语境的描写、弱化文本的分析，甚至完全流于语境描述而忽视文本细读的做法，无疑存在着盲目性和片面性。③ 假如我们同意文本是民间叙事研究无法忽视的核心之一，而且对民间叙事文本进行任何结构上的研究，都需要抽取出某种结构单位以便观察比较，那么，对母题和类型的把握便依然是民俗学学科必备的基础知识，母题索引和类型索引便依然是我们案头必备的工具书。

---

① 参见拙著《神话与神话学》，北京师范大学出版社2009年版，第223页。
② 参见刘晓春：《从"民俗"到"语境中的民俗"——中国民俗学研究的范式转换》，载《民俗研究》2009年第2期；拙文《语境、过程、表演者与朝向当下的民俗学——表演理论与中国民俗学的当代转型》，载《民俗研究》2011年第1期。
③ 参见拙文《语境的效度与限度——对三个社区的神话传统研究的总结与反思》，载《民俗研究》2012年第3期。

三、本索引的编排体例

对于本索引的编排体例，凡例中有简明扼要的介绍，读者在使用前可以参考。这里再结合本索引与汤普森索引的异同赘言几句，以帮助读者更好地理解并使用本索引。

本索引在主体结构上，采用了迄今国际通行的汤普森母题索引的编排结构。

第一，五大类母题之内，较大类属的母题视其数量的多寡，一般以五十进制或者一百进制来编码，例如：300—349 宇宙的初始状况与构造，350—399 宇宙的起源，400—599 天界诸物的起源，600—849 地界诸物的起源，850—1049 世界的毁灭与重建。

第二，在各较大类属之下，母题以十或几十进制来编码，编码的安排是按照从一般到具体，或者从初始到终结的逻辑顺序排列。因此，以"0"结尾的编码，通常表示该类属中较一般性的母题，例如：0 创世者，10 创世者的起源，20 创世者的性质，30 创世者的同伴，……60 创世者的死亡或离开，等等。

第三，在十进制以内，编码的安排也遵照从一般到具体的逻辑顺序排列。通常第一个编码是一般性的母题，接着的编码表示各项特殊的内容。根据具体和特殊的程度，可以把母题细分为不同的层级，用编码后不断附加小数点的方式来表示。目前本索引中最多的母题层级有四层。比如：

230 神祇的行为。

231 追日。神追赶太阳。

……

244 神祇或神人之间的争斗与杀戮。

244.6 人间英雄与神的争斗。

244.6.2 人间英雄与雷公的争斗。

244.6.2.1 用铜帽、铜网捉住雷公。

为求统一，在十进制或者几十进制之内，如果一个一般性的母题没有细分完毕，中间也不再设以"0"开头的编号，比如 230 为一般性母题"神祇的行为"，下设的具体母题包括 231 追日，232 射日，……238 赶山，239 担山填海，241 盗食不死药……，中间不再设 240 的编码。

第四，每个较大类属的母题之后一般留有空号，以备将来的补充。空号的数量视该类母题的可能的丰富程度而多寡不一。假如将来有很多该类母题出现，编码被用光，那么它们可以被加在最后一个编码上，用附加小数点的方式无限容纳新的母题。同时，每个较大类属的母题之后也常设有"其他母题"来呈现相关但不同的母题，同时也为以后的补充预留空间。

第五，"参照"字样表示本索引体系内部可以互相参考的相关母题，以方便使用者获得更丰富的关联信息。"参照"大致有两种情况：第一种是母题内容相关，例如"234.1多月并出，为害人间"，与它相互参照的母题有482（从前有多个月亮）、495.1（从前，月亮的热量给人类带来了灾难）、952（太阳或月亮的暴晒毁灭了人类或宇宙）。第二种是有些母题内容相似但着重点不同，按照逻辑被放在不同的地方，为避免重复，就只在一个地方详细列明相关信息，另一处的母题细分和出处情况则做简略处理，让其与另一处互相参照，比如"251文化英雄发明农具"与"1560农具的发明"相互参照，"250文化英雄发明文化"与1400—1899的"文化起源"整体上相互参照。

　　但是，除上述与汤氏索引相同的做法之外，本索引也多方融入了其他神话学者的观点以及笔者多年来研究中国神话的心得，因而在母题编码、分类、表述以及编排等方面都有创新。

　　第一，创用统一的编码体系，将中国神话中的主要母题统合在一部专题性的神话母题索引中，使神话母题的呈现更加集中，更有利于展示神话世界的整体性、逻辑性和丰富多样性。

　　第二，参照大林太良以及何廷瑞等对神话的分类[1]，并根据自己研究神话的心得和划分母题的实际经验，本索引按照所属性质，将所有神话母题划分为五大类：诸神起源母题、宇宙起源母题、人类起源母题、文化起源母题和动植物起源母题。这样索引的体例更加明晰，更重要的是读者在各大类属下查找母题更加方便快捷。与此相应，文化起源母题在本索引中得到了突显，而没有像汤氏索引那样混合在人类起源母题中。

　　第三，母题的表述注重突显中国本土语汇已有的提炼成果，也参考了中国学界的常用术语，例如补天、治水、射日、奔月、三足乌、宇宙树等母题的表述。

　　第四，对照。本索引在诸多母题之下，以"对照"字样标出了汤普森母题索引、艾伯华故事类型索引中的相同或相似母题，以便读者扩展阅读。为方便读者参考其英文原著，我们对汤普森索引中的相关原文做了翻译，读者可以由此参照汤氏索引，进一步找寻相关母题在世界其他民族或地区的流传状况。

　　第五，出处。本索引尽力展示神话母题从古至今的延续性，在资料的使用上

──────────

　　[1]日本神话学家大林太良主张将神话划分为宇宙的起源、人类的起源、文化的起源三大类，见其《神话学入门》，林相泰、贾福水译，中国民间文艺出版社1989年版。何廷瑞认为神话可以分为四类：宇宙的起源、人类的起源、动植物的起源、文化的起源，见其 *A Comparative Study of Myths and Legends of Formosan Aborigines*，Taipei：The Orient Cultural Service，1971，pp. 29-30.

力求反映近半个世纪以来中国神话学和中国民间文学在搜集和研究领域的新成就。因此，索引在"古代文献"部分列出了该母题在古籍中的记录情况。为方便读者核查原文，大多以括号形式注出了进一步的文字细节，有时还注出了母题所在处的一段原文。"口承神话"部分列出了该母题在现代口头传统中的流播情况，大部分参考文献来自现代口承神话资料集，特别是"中国民间文学三套集成·故事集成"的资料。为节省篇幅，所有这部分资料集的书名均采用简化的代码，读者可在索引后所附的参考书目中，找到该代码所指代的具体书籍，例如"辽1"代表《中国民间文学集成辽宁卷·北票资料本》。每个母题后列出了出处信息和流布信息，包括书名、页码、流布的民族以及省份和地区（通常以文本采集地及讲述人所属的民族来确定）。如果出处中所标示的族属、省份或地名信息不完全，则表明原始出处中未注明相关信息。

第六，本索引根据中国神话母题的实际情况，对汤氏索引做了诸多修改和补充。一种情况是有的母题在汤氏索引中比较丰富，而中国神话的表现相对贫乏，例如汤氏索引中"神的宝座"（A152）下有近10个母题，而中国神话对宝座往往表现得很少；汤氏索引中关于"冥界之神"（A310）的母题也比较丰富，有屠杀之神、吊死之神、自杀之神、死刑的执行者等等，而中国神话中相对很少（198）。在这样的情况下，我们就相应减少母题的编号。不过，另一种更常见的情况是，原来汤氏索引中的列示较贫瘠，而中国神话的母题比较丰富，我们就根据中国神话的特点，做了不少补充，例如上文中提到的补天母题、始祖卜婚母题、射日母题、治水母题、感生母题、神的死亡母题等等，都有较多增补。第三种情况是，根据中国神话的特点，对汤氏索引中的母题划分和编排做了一些调整。例如在中国神话中，创造世界的创世者的特征相对明显，可是诸神与始祖和文化英雄的界限却非常模糊，在很多情况下，始祖既是为人间发明文化事象的文化英雄，也是人类崇拜的神祇，三者在起源、相貌、成长过程、婚姻、行为等诸多方面，都有很多相似的母题，有鉴于此，本索引便将诸神、始祖与文化英雄统合在一起，展示其相关的母题（100—299 诸神、始祖与文化英雄），这与汤氏索引中划分明确的创世者、一般的神、上界的神、下界的神、半神和文化英雄的做法不同，也免去了很多不必要的重复（例如 A112.10 神圣的孩子出世后即被驱逐，A511.2.1 文化英雄出世后即被遗弃）。

四、使用的资料以及编纂过程

本索引所参考的资料主要有五种来源：第一，索引类。主要包括了汤普森母题索引和艾伯华所著《中国民间故事类型》。汤氏索引卷帙浩繁，我们在对中国神话母题进行抽绎和编排的同时，尽力查对了汤氏索引中 A 类的"神话母题"部分，并对相关原文做了翻译，以方便读者参考。艾氏索引虽然主要关涉故事类型，但是其中不少与神话母题相关，所以也附在"对照"中，便于读者扩展参照。丁乃通所著《中国民间故事类型索引》因为特意"扫除中国神话"①，基本与神话无关，所以就略去不提了。

第二，古代文献。中国古代神话的记录比较零散，往往分散在各类经史子集中，甚至也出现在注疏、类书和古籍佚文里。我们对古代文献中所记录的神话母题的把握，主要依赖中国神话学者近几十年间辑录出的古神话选释类著述，主要包括袁珂著《古神话选释》（人民文学出版社 1979 年版），以及袁珂、周明合编《中国神话资料萃编》（四川省社会科学院出版社 1985 年版），也部分参考了刘城淮著《中国上古神话》（上海文艺出版社 1988 年版）。我们在引用这些资料时与原文进行了一一核对。目前本索引涉及的古籍有 83 种以上（个别碑文如《好太王碑》等以及李白、李商隐等的诗作未列入参考书目），包括从先秦时期的《易经》《尚书》直到清代严可均的《全上古三代秦汉三国六朝文》等。

第三，综合性的现代口承神话资料集。共计 7 种。这部分资料集多为国内神话学、民俗学领域的专家编著，在学界常被征引，有着良好的声誉。其中既有公开发行的出版物，也有内部印行的书籍。除《中原神话专题资料》一书外，其他各书所收入的神话往往来自全国各个地区和众多民族。《中原神话专题资料》一书虽然主要以河南省的口承神话为主，但是也包容了个别更广泛的"中原"地区的资料，所以也放入综合类中。

第四，"中国民间文学三套集成·故事集成"的资料。共计 267 种。"三套集成"工程是由中国文化部、民族事务委员会与中国文学艺术界联合会联合主办，由中国民间文艺研究会（现改名为"中国民间文艺家协会"）具体执行的一个重大民间文学搜集整理工程，于 1984 年正式在全国范围内展开，以搜集民间故事（包括神话、传说、幻想故事、笑话以及其他形式的散文叙事体裁）、民间歌谣与民间谚语，并由县（市）而至省（自治区），陆续汇编成民间故事集成资料卷、民间歌谣集成资料卷、民间谚语集成资料卷。该工程于 2004 年基本结束。在搜集过程中陆续编纂形成的各县市以及各省区的故事集成卷（一般简称为"县卷本"和"省卷本"）中，收录了非常丰富的各地各民族中流传的口承神话。利用这笔珍贵的资料进行中国神话母题索引的编纂，是笔者申请该课题时的一个殷切心愿。但是，由于笔者精力所限，实在无法对全国范围内涉及 56 个民族的浩瀚的集成资料一一进行母题划分，因此，我们有针对性地在东北、华北、华东、中南、西南、西北 6 个地区，分别选择了辽宁省、河北省、浙江

---

①丁乃通：《中国民间故事类型索引》，"导言"，郑建成等译，中国民间文艺出版社 1986 年版，第 7 页。

省、河南省、四川省、陕西省等6个省的县卷本故事集成资料，以及在此基础上汇编形成的资料集［例如《四川神话选》和《中国民间故事集成·四川卷（少数民族）》］进行神话母题的抽绎。选择这6个省的主要理由是：1. 现实的可行性。由于各省省卷本中的神话比较单薄，而我们又无法全面兼顾全国各省区的县卷本，所以决定选择几个有一定代表性的省份做县卷本的母题分析，它们与综合类的全国性资料集配合起来，"点"与"面"相结合，可以更好地反映中国神话母题的丰富多样性。2. 地域的均衡性。这几个省分别分布在中国的东北、华北、华东、中南、西南、西北6个地区，涵盖地域广泛，民族众多。3. 这6个省的故事集成工作在所属地区成绩较为突出，文本采集和整理工作也较为规范。6个省的县卷本做完之后，为适当增强本索引在民族和地域上的覆盖广度，又陆续依据黑龙江省和西藏自治区的省卷本故事集成资料、广西壮族自治区在县卷本的三套集成资料集基础上编辑出版的《广西民间文学作品精选》丛书，对3个省区的神话母题进行了抽绎。

第五，其他参考资料。共计4种。这一部分既包括了民间故事集（例如金荣华整理的《台东大南村鲁凯族口传文学》、何狄作序的《中国民间荤故事》），也包括了学术性著述（例如祜巴勐著《论傣族诗歌》、李子贤著《探寻一个尚未崩溃的神话王国》）。两种故事集中都有丰富的神话母题。对两种学术性著述的引用是在本索引编制的早期，因为当时的宏伟设想中包括了抽绎相关学术研究著作中论及的母题。这个想法后来表明很不切合实际，因此作罢，但是已经进入母题索引的部分，我也不忍删去，因为它们对于丰富中国神话母题宝库是有益的补充，所以最终保留于此了。

目前，本索引根据上述资料抽绎出的母题共计4150余条，主要来自全国22个省（自治区）和41个民族中流传的神话。这22个省（自治区）分别是：黑龙江、吉林、辽宁、安徽、河北、河南、湖北、湖南、陕西、山西、四川、青海、海南、广东、贵州、浙江、台湾、云南、内蒙古、新疆、西藏、广西。41个民族分别是：汉族、蒙古族、回族、藏族、苗族、彝族、壮族、布依族、朝鲜族、满族、侗族、瑶族、白族、土家族、哈尼族、哈萨克族、傣族、黎族、傈僳族、佤族、畲族、高山族、拉祜族、纳西族、景颇族、土族、仫佬族、羌族、布朗族、仡佬族、阿昌族、普米族、怒族、鄂温克族、德昂族、独龙族、鄂伦春族、赫哲族、门巴族、珞巴族、基诺族。

一般说来，神话的数量虽然庞大，但是其中模式性的元素却相对有限。立足于上面的数百种资料，本索引对中国神话母题（特别是资料本中更为丰富的汉族神话母题）的抽绎虽然远远未能穷尽其全部的内容，但是基本上呈现出了那些千百年来在民间广泛流传、反复出现的主要部分，突显出了中国神话母题

（特别是资料本中更为丰富的汉族神话母题）的诸多特点。将来随着资料的增加，神话母题自然也会增多，但是，主要母题的数量应该不会大幅度增长。本索引编定后，我曾经试着分析了几个新的神话文本，然后在这部索引中找寻对应的母题，其主要母题几乎每次都能很快找到，这证明了本索引的有效性。我想，到了一定阶段，母题的数量应该相对稳定，参考资料的增加也许只能使文献清单的长度越来越长吧。

这里还应交代的一个重要问题是：我们是如何从资料中辨识和析出母题的呢？我们的基本做法是：第一，首先搜集并阅读大量神话文本，不论其地域和民族的差异。第二，比较文本的异同，从反复出现的雷同或相似的叙事元素中析出母题。例如，当看到许多神话文本中都出现神用泥土造人（无论最终是成功还是不成功）的情节时，可以肯定，"神用泥土创造了人"是一个母题（1074.1）。母题的辨析需要经验。当积累了大量的阅读经验之后，对母题的分辨力也迅速增长。第三，从"神话"中析出母题。同样的母题可以出现在不同文类的叙事文本中，我们的做法是尽量从神话中辨析母题。中国神话里丰富的感生受孕母题（111），也出现在汉高祖刘邦的神奇诞生传说中（《史记·高祖本纪》），但是本索引不依据后者析出感生母题。袁珂在《古神话选释》中曾收录老子传说，说其母怀孕七十二年（参照112神的非同寻常的孕育时间）、剖母左腋而生老子(114.5 神由母亲的腋下生出)，老子生而能言（212 神出生不久即能说话），①可是因老子传说并非神话，所以我们也不从中分析母题。这样的做法遇到了一些困难。第一个困难是，文类的划分总是相对的，尤其是神话和传说，有时很难截然相区别。比如《太平御览》卷五十六曾引《安定图经》说："振履堆者，故老云，夸父逐日，振履于此，故名之。"这则短小的记述，可被视为夸父追日神话的异文，也可以被视为一则地方风物传说。另一个困难是，神话在古代文献中的出现很多时候十分片段、零碎，比如《楚辞·天问》以提问的方式约略涉及女娲造人、鲧禹治水、羿射十日、共工触山等，但都未提供完整的神话故事。对此，本索引的做法是：根据上下文，只要其母题是构成完整的神话叙事的元素，就尽可能注出其所出现的参考资料（主要是古代文献），以为读者提供更丰富的相关母题信息特别是其古代流播状况的记录。

还需要说明的一点是：本索引依据的口承神话资料大多内部印行或公开出版于20世纪八九十年代，一些神话采集和流传地区的县、市或地区级别在此后有所变化，比如《四川神话选》出版于1992年，里面选录有数则在当时的崇庆县搜集来的神话，而崇庆县于1994年改为崇州市。对此，本索引一律以原参考

①参见袁珂：《古神话选释》，人民文学出版社 1979 年版，第 191 页。

资料所列地域名称和级别为准，仅对个别有明显问题的地方做了适当修正和变通，例如，1984年印行的《中国少数民族神话汇编·开天辟地篇》中，收录有一则1959年发表的彝族史诗《梅葛》，编者的按语中说明它流传于云南省"楚雄彝族自治州的姚安、大姚、盐丰等县"①，可是经核查，楚雄彝族自治州（并非自治区）于1958年正式成立，建州前夕已合并姚安、大姚、盐丰、永仁4县为大姚县，至今，姚安和大姚二县依然为楚雄彝族自治州管辖。②为避免历史上姚安、大姚、盐丰三县关系的纠葛，本索引将该史诗的流传地区简化为"云南省楚雄彝族自治州"。

　　本索引的编纂是笔者申请的教育部九五人文社会科学研究基金博士点项目。该项目于1996年立项，编号为004274007，原计划的完成时间为1999年。在申请该项目时，我已深知索引的编纂是一项巨大的耗时耗力、烦琐细致的工作，短期内不可能有明显的成绩。可是具体做起来，才更加感到其中的不易！我大约从1997年初即开始着手编制该索引，教学之外的所有工作时间，几乎全都花在这项工作上面，有时半天的时间也分析不完3则神话文本！而且，抽取出来的神话母题该如何排列才合理、实用，也常常令人大费脑筋。经过如此日积月累，到1999年底，我初步分析完了古神话资料选集、其他类资料集以及大部分综合类的口承神话资料集，初步建立起了本索引的基本框架，但是距离自己预期的目标还很遥远，尤其是对三套集成县卷本资料的分析实在心有余而力不足。2003年，我指导的硕士研究生张成福愿意协助我推进这个工作。于是，利用我搭建的框架，他在就读的三年时间里，不畏寂寞，专心致志，经常待在潮湿的北师大民俗学研究所的地下资料室里，阅读和分析三套集成故事卷中的神话资料。毕业时，完成了厚重的《中国神话母题索引——以辽宁、河南、四川、浙江、陕西和河北六省"民间文学三套集成·故事卷"中采录的现代民间口承神话为材料》，得到了答辩委员会的一致赞誉。他的工作，不仅在母题数量上极大地充实了索引的内容，进一步完善了索引的框架，而且在编排体例方面也有不少创新。论文答辩以后，他又在我的要求下，完成了黑龙江、广西和西藏3个省区的部分集成资料的母题抽取工作。今年盛夏他与我一道，再次对索引进行了修订。可以说，在这部索引的编纂工作中，他倾注的心血与我一样多。如今，本书终于要出版了，我们师生二人大感欣慰！衷心希望这个索引能对普通读者和中外学者认识和研究中国神话有所帮助，若能如此，那就是对我们花费的所

---

①陶立璠、赵桂芳等编：《中国少数民族神话汇编·开天辟地篇》，中央民族学院少数民族古籍整理出版规划领导小组办公室，1984年，第70页。

②参见楚雄彝族自治州人民政府门户网站，"州情简介"，http：//www.cxz.gov.cn.

有时间和精力的最好酬劳！

本索引尚有不少未尽的工作有待将来进一步完成。首先是资料范围的继续扩展。如上文已经交代的，我们限于精力，未能对全国范围内的三套集成故事卷——尤其是神话资料更为丰富的县卷本——中的神话文本展开全面分析，因而未能在资料范围上兼顾全国所有的省区和民族。这是本索引的一个缺憾。希望不远的将来，有心人能在此基础上继续努力，对此加以补充。另一个未完成的心愿，是本索引原计划在每一个母题之下列示出相关的学术研究成果目录。这个工作在最初阶段已做了一些，后来因整个工程过于浩大而作罢，但是无疑，这对于神话母题的研究有重要意义。上述两项未尽的工作，都有待后来的有志者去完成了。我们的阶段性工程暂时告一段落，握在手中十几年的接力棒，就此转交给后来人吧。

衷心感谢陕西师范大学出版总社有限公司如此富有远见卓识，慨然出版这部《中国神话母题索引》。感谢出版总社的邓微和责编杜莎莎女士为出版此书付出的大量辛劳！也要感谢我的研究生陈汝静、黄莺、杨泽经帮助校正本书中的一些疏漏和错误。

索引中的不当之处，尚请方家不吝赐正。

杨利慧

2013 年 11 月于北京

目　录

二、宇宙起源母题（300—1049）

三、人类起源母题（1050—1399）

四、文化起源母题（1400—1899）

6

凡 例

一、本索引按照所属性质，将所有神话母题划分为诸神起源母题、宇宙起源母题、人类起源母题、文化起源母题和动植物起源母题五大类。

二、五大类母题之内，较大类属的母题视其数量的多寡，一般以五十进制或者一百进制来编码，例如：0—99 创世者，100—299 诸神、始祖与文化英雄，300—349 宇宙的初始状况与构造。

三、在各较大类属之下，母题以十或几十进制来编码，编码的安排是按照从一般到具体，或者从初始到终结的逻辑顺序排列。以"0"结尾的编码，通常表示该类属中较一般性的母题，例如：0 创世者，10 创世者的起源，20 创世者的性质，……60 创世者的死亡或离开。

四、在十进制以内，编码的安排也遵照从一般到具体的逻辑顺序排列，并按照其具体和特殊的程度分为不同的母题层级，最多的母题层级有四层，例如：

244 神祇或神人之间的争斗与杀戮。

244.6 人间英雄与神的争斗。

244.6.2 人间英雄与雷公的争斗。

244.6.2.1 用铜帽、铜网捉住雷公。

五、母题的表述力求精简凝练，注重突显中国本土语汇已有的提炼成果，也参考了学界的常用术语。为方便普通读者的理解，有些母题之后补充了进一步的解释。例如：

232 射日。文化英雄去除多余的太阳。

235 奔月。因为偷吃了不死药或其他原因，下界的人（神）升上了月亮。

312.1 宇宙树。从下界高耸入天界的大树，可以缘之上下，往来于天地间。

六、较大类属的母题之后往往以"其他母题"来呈现相关但不同的其他母题，同时为以后的补充预留空间。

七、较大类属的母题之后一般留有空号，以备将来的补充。预留的空号数量视该类母题的可能的丰富程度而多寡不一。

八、"参照"字样用以指示本索引体系内部可以互相参考的其他相关母题。比如：

234.1 多月并出，为害人间。

参照：482（从前有多个月亮），495.1（从前，月亮的热量给人类带来了灾难），952（太阳或月亮的暴晒毁灭了人类或宇宙）。

九、"对照"字样表示某一母题与汤普森母题索引及艾伯华民间故事类型索引中的相关母题相同或相似。

十、"出处"表示析出该母题的资料来源。其中"古代文献"部分列出了该母题在古籍中的出现情况；"口承神话"部分列出了该母题在现代口头传统中的流播情况，参考资料主要是中国民间故事集成。

十一、参考书目的排列原则是先列古代文献，再列口承神话资料。口承神话资料出现的原则是：按照地区顺序，从华北、东北、华东、华中、华南、西南到西北；同一省份的书目排在一起，综合类在最后；书目只出现简称或代码，代码可显示该资料集所属的省份；页码表示该母题在文献中出现的具体位置；括号中一般注明该神话流传的民族、省份和地区。例如：

900 洪水潮天。全世界或局部地方的洪水泛滥。

口承神话：

冀1，第7页（汉族，满城县）；冀2，第12页（汉族，承德县）；……

川1，第205页（藏族，木里县），第14、199、323页（汉族，巴县），……

综1，第14页（苗族，云南省富宁县），第20页（侗族，贵州省黎平县），……

十二、为节省篇幅，"口承神话"部分以及其他类的参考书目均使用了简称或代码，读者可在书末所附的"主要参考书目及其简称或代码"中，找到该简称或代码所指代的具体书目及其编纂与出版信息。

第一编

诸神起源母题

（0—299）

0—99　创世者

0　创世者。创造宇宙的神。

参照：350。

对照：汤 A0　创世者。

出处：

口承神话：

川 2，第 944 页（回族，犍为县）。

1　单个创世者。

参照：351。

出处：

古代文献：

《开辟衍绎通俗志传》第一回及附录《乩仙天地判说》（盘古）。

口承神话：

冀 6，第 571 页（汉族，藁城县）；冀 11，第 2 页（汉族，衡水市）。

黑 1，第 3 页（汉族，通河县），第 20 页（回族，绥芬河市），第 22 页（鄂温克族，嫩江县）。

辽 5，第 284 页（汉族，平山区）；辽 6，第 4 页（汉族，本溪县）；辽 10，第 86、98 页（汉族，大洼县）；辽 16，第 4 页（汉族，抚顺新抚区）；辽 44，第 137 页（满族，新宾县）。

浙 1，第 1 页（汉族，安吉县）；浙 3，第 66 页（汉族，长兴县）；浙 5，第 1 页（汉族，淳安县）；浙 6，第 274 页（汉族，慈溪市）；浙 8，第 2 页（汉族，定海区）；浙 9，第 1、14 页（汉族，东阳县）；浙 11，第 7 页（汉族，奉化市）；浙 14，第 1 页（汉族，海宁市）；浙 20，第 70 页（汉族，江北区）；浙 23，第 1 页（汉族，缙云县）；浙 24，第 1 页（汉族，开化县）；浙 25，第 1 页（汉族，兰溪市）；浙 26，第 1 页（汉族，乐清县）；浙 27，第 3、28 页（汉族，丽水市）；浙 28，第 12、13 页（汉族，临安县）；浙 36，第 1 页（汉族，浦江县）；浙 37，第 1 页（汉族，普陀区）；浙 38，第 1 页（汉族，青田县）；浙 40，第 1 页（汉族，衢县）；浙 43，第 1 页（汉族，上虞县）；浙 44，第 1、14 页（汉族，绍兴县）；浙 56，第 1 页（汉族，婺城区）；浙 59，第 1、3 页（汉族，象山县）；浙 60，第 1 页（汉族，萧山市）；浙 64，第 3、5 页（汉族，永嘉县）；浙 68，第 10、16 页（汉族，玉环县）。

豫 14，第 1 页（汉族，武陟县）；豫 21，第 5 页（汉族，濮阳县）；豫 25，第 3 页（汉族，汝南县）；豫 26，第 1 页（汉族，社旗县）；豫 32，第 1 页（汉族，桐柏县）；豫 40，第 1 页（汉族，新乡县）。

桂 3，第 194 页（壮族，柳州市）；桂 4，第 4 页（汉族，玉林市）；桂 8，第 1、4 页（汉族，钦州市）；桂 10，第 17 页（回族，南宁市）；桂 14，第 3 页（瑶族，桂林市）。

川 1，第 3 页（汉族，奉节县），第 5、219 页（汉族，巴县），第 7 页（汉族，崇庆县），第 35 页（汉族，巫溪县），第 67 页（汉族，巴中县），第 107 页（汉族，双流县），第 120 页（汉族，德阳市市中区），第 122 页（汉族，彭山县），第 170 页（苗族，兴文县），第 187 页（傈僳族，德昌县）；川 2，第 935、939、940、941 页（傈僳族，德昌县）；川 4，第 1 页（羌族，北川县），第 156 页（藏族，北川县）；川 17，第 4 页（汉族，筠连县）；川 19，第 2 页（汉族，邻水县）；川 42，第 1 页（汉族，自贡市）。

藏 1，第 214 页（珞巴族，米林县）。

陕 2，第 1、5 页（汉族，宝鸡县），第 3 页（汉族，凤县）；陕 3，第 27 页（汉族，凤县）；陕 8，第 55 页（汉族，合阳县）；陕 10，第 1 页（汉族，三原县）。

综 7，第 4 页（汉族，河南省太行山区），第 15、17、19、26、35、41、43 页（汉族，河南省桐柏盘古山区）。

2　多个创世者。

参照：354。

对照：汤 A2　多个创世者。

2.1　两个创世者。

参照：354.1。

出处：

古代文献：

《淮南子·精神训》（"有二神混生，经天营地"）。

口承神话：

冀 5，第 10 页（汉族，藁城县）；冀 6，第 597 页（汉族，藁城县）。

浙 2，第 1 页（汉族，苍南县）；浙 5，第 3 页（汉族，淳安县）；浙 27，第 1 页（汉族，丽水市）；浙 39，第 1 页（汉族，庆元县）；浙 48，第 7 页（汉族，遂昌县）；浙 54，第 3 页（汉族，文成县）。

豫 32，第 13、57 页（汉族，桐柏县）。

川 1，第 9 页（汉族，屏山县），第 11 页（汉族，筠连县）；川 2，第 2 页（白马藏族，平武县白马乡）；川 17，第 3 页（汉族，筠连县）；川 18，第 1 页（汉族，洪雅县）；川 22，第 22 页（汉族，屏山县）。

2.1.1　兄弟创世者。

参照：354.1.4。

对照：汤 A15.2　兄弟创世者。

出处：

口承神话：

浙47，第12页（汉族，松阳县）。

桂5，第3页（苗族，隆林县）。

川2，第544页（汉族，屏山县）。

藏1，第5、7页（门巴族，墨脱县）。

2.1.2　兄妹创世者。

参照：354.1.5。

出处：

口承神话：

浙28，第1页（汉族，临安县）。

豫16，第23页（汉族，泌阳县）。

桂4，第3页（汉族，玉林市）。

藏1，第8、17页（珞巴族，米林县）。

2.1.3　夫妻创世者。

对照：汤 A2.2　最初的人类夫妇作为创世者。

出处：

古代文献：

《述异记》卷上（"盘古氏夫妻"）。

口承神话：

浙25，第3页（汉族，兰溪市）；浙40，第2页（汉族，衢县）。

豫32，第47页（汉族，桐柏县）。

川1，第10页（汉族，宜宾县），第12页（汉族，大邑县）；川2，第545页（羌族，理县、汶川县），第547页（羌族，汶川县），第548页（羌族，茂县）。

2.1.4　父子创世者。

出处：

口承神话：

浙27，第1页（汉族，丽水市）。

2.2　三个创世者。

参照：354.2。

对照：汤 A2.1　三个创世者。

出处：

口承神话：

冀5，第4页（汉族，藁城县）。

黑1，第7页（汉族，五常县）。

浙8，第1页（汉族，定海区）；浙19，第1页（汉族，建德县）；浙38，第5页

（汉族，青田县）。

川2，第6页（藏族，若尔盖县），第549页（羌族，汶川县）。

藏1，第6页（珞巴族，墨脱县）。

2.2.1 三兄弟创世者。

出处：

口承神话：

藏1，第7页（珞巴族，墨脱县）。

2.3 更多的创世者。

参照：354.3。

对照：*汤A2 多个创世者。*

出处：

口承神话：

黑1，第17页（满族，宁安县）。

辽24，第170页（汉族，开原县）；辽42，第57页（汉族，细河区）。

浙44，第6页（汉族，绍兴县）。

川1，第28页（彝族，德昌县）；川2，第270页（彝族，凉山州），第272页（彝族，德昌县），第933页（傈僳族，德昌县）。

3 创世的原因。

对照：*汤A5 创世的原因。*

3.1 因为寂寞而创世。

对照：*汤A73 孤独的创世者。创世者厌倦了孤独，因此开始创世。*

出处：

口承神话：

浙2，第1页（汉族，苍南县）。

川2，第6页（藏族，若尔盖县）。

藏1，第5页（门巴族，墨脱县）。

3.2 因为憋闷而创世。

出处：

口承神话：

黑1，第3页（汉族，通河县）。

浙1，第1页（汉族，安吉县）；浙6，第274页（汉族，慈溪市）；浙9，第1页（汉族，东阳县）；浙25，第1页（汉族，兰溪市）；浙27，第1页（汉族，丽水市）；浙28，第13页（汉族，临安县）；浙36，第1页（汉族，浦江县）；浙40，第1页（汉族，衢县）；浙44，第1页（汉族，绍兴县）；浙56，第1页（汉族，婺城区）；浙64，第3页（汉族，永嘉县）。

豫 14，第 1 页（汉族，武陟县）；豫 21，第 5 页（汉族，濮阳县）；豫 25，第 3 页（汉族，汝南县）；豫 40，第 1 页（汉族，新乡县）。

川 1，第 7 页（汉族，崇庆县），第 24 页（彝族，德昌县）；川 2，第 272 页（彝族，德昌县），第 806 页（苗族，筠连县）；川 17，第 4 页（汉族，筠连县）；川 42，第 1 页（汉族，自贡市）。

陕 2，第 1 页（汉族，宝鸡县），第 3 页（汉族，凤县）；陕 3，第 27 页（汉族，凤县）。

综 6，第 1 页（汉族，浙江省东阳县）；综 7，第 4 页（汉族，河南省太行山区）。

3.3 为繁衍人类而创世。

出处：

口承神话：

川 2，第 824 页（苗族，木里县）。

浙 44，第 6 页（汉族，绍兴县）。

3.4 为找到歇息之处而创世。

对照：汤 A5.1 神创造地球作为歇脚之处。

出处：

口承神话：

川 1，第 22 页（藏族，若尔盖县）。

4 创世者的后代。

参照：63，221.3。

对照：汤 A7 创世者的后代。

出处：

口承神话：

豫 32，第 3 页（汉族，桐柏县）。

藏 1，第 214 页（珞巴族，米林县）。

综 7，第 25、41 页（汉族，河南省桐柏盘古山区）。

4.1 创世者的一个孩子。

出处：

口承神话：

浙 23，第 2 页（汉族，缙云县）；浙 27，第 1 页（汉族，丽水市）；浙 38，第 14 页（汉族，青田县）。

川 18，第 1 页（汉族，洪雅县）。

4.2 创世者的两个孩子。

对照：汤 A7.1 创世者有两个儿子。

出处：

口承神话：

冀3，第26页（汉族，抚宁县）。

辽44，第137页（满族，新宾县）。

川1，第35页（汉族，巫溪县）；川2，第4页（藏族，阿坝县）。

4.3　创世者的三个孩子。

出处：

口承神话：

浙44，第14页（汉族，绍兴县）。

川1，第170页（苗族，兴文县）；川2，第823页（苗族，兴文县）。

综7，第41页（汉族，河南省桐柏盘古山区）。

4.4　创世者的五个孩子。

出处：

口承神话：

浙11，第7页（汉族，奉化市）。

4.5　创世者的女儿。

出处：

口承神话：

辽42，第57、60页（汉族，细河区）。

浙44，第14页（汉族，绍兴县）。

川2，第546页（羌族，理县、汶川县）；川18，第1页（汉族，洪雅县）。

4.6　创世者的孩子成为人的祖先。

出处：

口承神话：

豫14，第5页（汉族，武陟县）。

川2，第549页（羌族，茂县），第823页（苗族，兴文县）。

10　创世者的起源。

参照：100。

对照：汤A20　创世者的起源。

11　创世者来自上界。

参照：108。

对照：汤A21　创世者来自上界。

出处：

口承神话：

黑 1，第 17 页（满族，宁安县）。

辽 24，第 1 页（回族，开原县）。

浙 5，第 3 页（汉族，淳安县）；浙 28，第 1、12 页（汉族，临安县）；浙 60，第 1 页（汉族，萧山市）。

豫 32，第 1、57 页（汉族，桐柏县）。

川 1，第 22 页（藏族，若尔盖县）；川 2，第 6 页（藏族，若尔盖县）。

藏 1，第 6、7 页（珞巴族，墨脱县）。

综 7，第 15 页（汉族，河南省桐柏盘古山区）。

12　创世者出自混沌。

参照：302。

对照：艾 57 型　混沌（卵形世界）。汤 A22　创世者出自混沌。汤 A605　原始的混沌。汤 A620.1　自然的创造——进化型。从原始的混沌中逐渐出现世界和生命。

出处：

古代文献：

《开辟衍绎通俗志传》第一回及附录《乩仙天地判说》（盘古）。

口承神话：

黑 1，第 3 页（汉族，通河县）。

浙 1，第 1 页（汉族，安吉县）；浙 5，第 1 页（汉族，淳安县）；浙 6，第 274 页（汉族，慈溪市）；浙 9，第 1 页（汉族，东阳县）；浙 27，第 1 页（汉族，丽水市）；浙 28，第 13 页（汉族，临安县）；浙 32，第 1 页（汉族，宁海县）；浙 64，第 3 页（汉族，永嘉县）。

豫 14，第 1 页（汉族，武陟县）；豫 25，第 3 页（汉族，汝南县）。

川 1，第 7 页（汉族，崇庆县）；川 42，第 1 页（汉族，自贡市）。

陕 10，第 1 页（汉族，三原县）。

综 7，第 68 页（汉族，河南省西华思都岗区）。

12.1　作为创世者的蚂蚁出自混沌。

出处：

口承神话：

川 1，第 20 页（藏族，若尔盖县）；川 2，第 1 页（藏族，若尔盖县）。

12.2　作为创世者的鸟出自混沌。

对照：汤 A13.2　鸟作为创世者。

出处：

口承神话：

川 2，第 2 页（藏族，木里县）。

13 创世者是两种自然力的后代（阴、阳）。

对照：汤 A23　创世者是两种自然力的后代（阴、阳）。

出处：

口承神话：

浙 2，第 1 页（汉族，苍南县）；浙 24，第 1 页（汉族，开化县）。

14 创世者来自下界。

对照：汤 A25　创世者来自下界。神从下界（神灵世界的中心）出现并创造了世界。

出处：

口承神话：

川 1，第 12 页（汉族，大邑县）。

15 创世者从卵（葫芦、石鼓、石蛋等）中降生。

参照：101。

对照：汤 A27　创世者从卵中降生。

出处：

口承神话：

冀 6，第 571 页（汉族，藁城县）。

黑 1，第 3 页（汉族，通河县）。

浙 9，第 1 页（汉族，东阳县）；浙 25，第 1 页（汉族，兰溪市）；浙 26，第 1 页（汉族，乐清县）；浙 27，第 1 页（汉族，丽水市）；浙 36，第 1 页（汉族，浦江县）；浙 37，第 1 页（汉族，普陀区）；浙 43，第 1 页（汉族，上虞县）；浙 44，第 1 页（汉族，绍兴县）；浙 56，第 1 页（汉族，婺城区）。

豫 21，第 5 页（汉族，濮阳县）；豫 26，第 1 页（汉族，社旗县）；豫 40，第 1 页（汉族，新乡县）。

川 1，第 28 页（彝族，德昌县）；川 2，第 806 页（苗族，筠连县），第 933 页（傈僳族，德昌县）；川 17，第 4 页（汉族，筠连县）。

陕 2，第 1 页（汉族，宝鸡县），第 3 页（汉族，凤县）；陕 3，第 27 页（汉族，凤县）。

综 7，第 4 页（汉族，河南省太行山区）。

20 创世者的性质。

对照：汤 A10　创世者的性质。

21 动物是创世者。

参照：355。

对照：汤 A13 动物是创世者。

21.1 蚂蚁为创世者。

参照：355.1。

出处：

口承神话：

川1，第20页（藏族，若尔盖县），第28页（彝族，德昌县）；川2，第1页（藏族，若尔盖县），第933页（傈僳族，德昌县）。

21.2 神鸟为创世者。

对照：汤 A13.2 鸟为创世者。

出处：

口承神话：

浙9，第4页（汉族，东阳县）；浙52，第3页（汉族，桐乡县）。

川2，第2页（藏族，木里县）。

21.3 猴子为创世者。

出处：

口承神话：

川2，第4页（藏族，阿坝县）。

21.4 天鹅为创世者。

参照：355.1。

出处：

口承神话：

川1，第28页（彝族，德昌县）；川2，第933页（傈僳族，德昌县）。

21.5 石狮子为创世者。

出处：

口承神话：

浙31，第3页（汉族，龙游县）。

21.6 蜈蚣为创世者。

出处：

口承神话：

黑1，第7页（汉族，五常县）。

21.7 蚯蚓为创世者。

出处：

口承神话：

黑1，第7页（汉族，五常县）。

22　人为创世者。

对照：汤 A15　人类创世者。

出处：

口承神话：

浙 28，第 1 页（汉族，临安县）；浙 55，第 1 页（畲族，武义县）。

豫 16，第 23 页（汉族，泌阳县）。

川 1，第 3 页（汉族，奉节县），第 9 页（汉族，屏山县），第 12 页（汉族，大邑县），第 170 页（苗族，兴文县）；川 2，第 824 页（苗族，木里县）；川 18，第 1 页（汉族，洪雅县）。

23　创世者的形貌。

参照：120。

对照：汤 A18　创世者的图画形象。

23.1　龙头人身的创世者。

对照：汤 A18.1　创世者长着龙的脑袋。

出处：

口承神话：

浙 32，第 1 页（汉族，宁海县）。

23.2　龙头蛇身的创世者。

对照：汤 A18.1　创世者长着龙的脑袋。

出处：

口承神话：

浙 27，第 3 页（汉族，丽水市）；浙 43，第 1 页（汉族，上虞县）。

川 1，第 5 页（汉族，巴县）。

23.3　狗头人身的创世者。

出处：

口承神话：

浙 59，第 1 页（汉族，象山县）。

川 2，第 544 页（羌族，北川县）；川 4，第 156 页（藏族，北川县）。

23.4　头上有角的创世者。

对照：汤 A18.2　头上长着两只角的创世者。

出处：

口承神话：

冀 5，第 4 页（汉族，藁城县）。

浙 25，第 1 页（汉族，兰溪市）；浙 27，第 3 页（汉族，丽水市）。

23.5   狮头人身的创世者。

出处：

口承神话：

川1，第7页（汉族，崇庆县）。

23.6   鸡头人身的创世者。

出处：

口承神话：

浙9，第1页（汉族，东阳县）。

23.7   鸡头龙身的创世者。

出处：

口承神话：

豫21，第5页（汉族，濮阳县）。

23.8   牛头狗身的创世者。

出处：

口承神话：

浙32，第1页（汉族，宁海县）。

23.9   牛头蛇身的创世者。

出处：

口承神话：

川4，第1页（羌族，北川县）。

23.10   猫头蛇身虎爪的创世者。

出处：

口承神话：

川42，第1页（汉族，自贡市）。

23.11   三头六臂的创世者。

出处：

口承神话：

浙25，第1页（汉族，兰溪市）。

23.12   人面鸟身的创世者。

出处：

口承神话：

川2，第2页（藏族，木里县）。

23.13   鸟形创世者。

出处：

口承神话：

浙44，第1页（汉族，绍兴县）。

24　创世者的身子日长一丈。

出处：

口承神话：

黑1，第3页（汉族，通河县）。

25　天父地母。

参照：354.1.1，356，364.2.5，364.3.6。

对照：汤A625　世界的父母：天父和地母是宇宙的父母。天父降临于地母之上，于是产生了世界。

出处：

口承神话：

藏1，第8、9、17页（珞巴族，米林县）。

30　创世者的同伴。

参照：353。

对照：汤A30　创世者的同伴。

31　创世者的家庭。

参照：221。

对照：汤A32　创世者的家庭。

出处：

口承神话：

浙25，第3页（汉族，兰溪市）；浙38，第14页（汉族，青田县）；浙44，第14页（汉族，绍兴县）。

豫32，第3页（汉族，桐柏县）。

川2，第823页（苗族，兴文县）。

32　创世者的妻子。

参照：221.2。

对照：汤A32.3　创世者的妻子。

出处：

口承神话：

浙38，第14页（汉族，青田县）。

豫26，第2页（汉族，社旗县）；豫32，第3、47页（汉族，桐柏县）。

川 4，第 156 页（藏族，北川县）；川 18，第 1 页（汉族，洪雅县）。

综 7，第 19 页（汉族，河南省桐柏盘古山区）。

33　动物作为创世者的同伴。

对照：汤 A33　动物作为创世者的同伴。

33.1　鸟为创世者的同伴。

对照：汤 A33.2　鸟为创世者的伙伴。

出处：

口承神话：

川 1，第 20 页（藏族，若尔盖县）；川 2，第 1 页（藏族，若尔盖县）。

34　创世者的助手。

参照：225。

出处：

口承神话：

黑 1，第 17 页（满族，宁安县），第 22 页（鄂温克族，嫩江县）。

辽 10，第 86 页（汉族，大洼县）；辽 24，第 1 页（回族，开原县）；辽 42，第 57 页（汉族，细河区）。

浙 25，第 3 页（汉族，兰溪市）；浙 28，第 12 页（汉族，临安县）；浙 38，第 2 页（汉族，青田县）；浙 43，第 2、4 页（汉族，上虞县）；浙 48，第 7 页（汉族，遂昌县）；浙 68，第 16 页（汉族，玉环县）。

川 2，第 544 页（汉族，屏山县），第 690 页（土家族，川湘边区）；川 22，第 22 页（汉族，屏山县）。

综 7，第 35 页（汉族，河南省桐柏盘古山区）。

34.1　创世者的四个帮助者。

出处：

口承神话：

黑 1，第 20 页（回族，绥芬河市）。

35　创世者的建议者。

对照：汤 A40　创世者的建议者。

35.1　人是创世者的建议者。

对照：汤 A41　人是创世者的建议者。

出处：

口承神话：

川 1，第 12 页（汉族，大邑县）；川 2，第 824 页（苗族，木里县）。

40　善恶创世者的冲突。

对照：*汤 A50　善良创世者与邪恶创世者之间的冲突。*

出处：

口承神话：

黑 1，第 18 页（满族，宁安县）。

41　创世者与魔鬼的冲突。

出处：

口承神话：

浙 32，第 1 页（汉族，宁海县）。

川 2，第 6 页（藏族，若尔盖县）。

50　创世时的破坏。

对照：*汤 A60　创世的破坏者。一个邪恶的对手试图清除或破坏创世者的工作。*

51　魔鬼作为创世时的破坏者。

对照：*汤 A63　魔鬼作为创世时的破坏者。*

出处：

口承神话：

辽 5，第 284 页（汉族，平山区）；辽 24，第 1 页（回族，开原县）。

浙 32，第 1 页（汉族，宁海县）。

川 1，第 22 页（藏族，若尔盖县）。

60　创世者的死亡或离开。

参照：270。

61　创世者的死亡。

对照：*汤 A76　创世者的死亡。*

出处：

古代文献：

《开辟衍绎通俗志传》第一回（盘古）。

口承神话：

冀 3，第 26 页（汉族，抚宁县）；冀 6，第 571 页（汉族，藁城县）。

黑 1，第 3 页（汉族，通河县）。

浙1，第1页（汉族，安吉县）；浙9，第1、8页（汉族，东阳县）；浙26，第1页（汉族，乐清县）；浙27，第2、28页（汉族，丽水市）；浙28，第15页（汉族，临安县）；浙32，第1页（汉族，宁海县）；浙36，第2页（汉族，浦江县）；浙38，第14页（汉族，青田县）；浙44，第1、14页（汉族，绍兴县）；浙56，第1、4页（汉族，婺城区）；浙59，第3页（汉族，象山县）；浙60，第1页（汉族，萧山市）；浙64，第3页（汉族，永嘉县）。

豫14，第5页（汉族，武陟县）；豫18，第1页（汉族，南召县）；豫21，第5页（汉族，濮阳县）；豫25，第3、11页（汉族，汝南县）；豫32，第21页（汉族，桐柏县）；豫40，第1页（汉族，新乡县）。

桂4，第4页（汉族，玉林市）。

川1，第3页（汉族，奉节县），第7页（汉族，崇庆县），第13页（汉族，大邑县），第21页（藏族，若尔盖县）；川2，第1页（藏族，若尔盖县），第544页（羌族，北川县），第806页（苗族，筠连县）；川4，第156页（藏族，北川县）。

陕2，第2、5页（汉族，宝鸡县）；陕10，第1页（汉族，三原县）。

综7，第5页（汉族，河南省太行山区），第41页（汉族，河南省桐柏盘古山区）。

62　创世者升天。

对照：汤A81　创世者升天。

出处：

口承神话：

浙3，第66页（汉族，长兴县）；浙23，第1页（汉族，缙云县）。

豫32，第21页（汉族，桐柏县）。

63　创世者的孩子的死亡。

参照：4。

出处：

口承神话：

综7，第25页（汉族，河南省桐柏盘古山区）。

70　创世者——其他母题。

对照：汤A70　创世者：混合多样的母题。

71　创世者的比赛。

参照：243，354.1.6。

对照：汤A85　创世过程中的比赛（夫妻之间）。

出处：

口承神话：

黑1，第7页（汉族，五常县）。

辽24，第170页（汉族，开原县）。

川1，第9页（汉族，屏山县）；川18，第1页（汉族，洪雅县）。

72　创世者的宝物。

参照：222。

出处：

口承神话：

川1，第9页（汉族，屏山县）；川22，第22页（汉族，屏山县）。

72.1　创世者的神斧。

参照：222.6，362.1.2。

出处：

古代文献：

《开辟衍绎通俗志传》第一回及附录《乩仙天地判说》。

口承神话：

冀6，第597页（汉族，藁城县）。

黑1，第3页（汉族，通河县）。

辽42，第58页（汉族，细河区）。

浙32，第1页（汉族，宁海县）；浙40，第1页（汉族，衢县）。

豫14，第1页（汉族，武陟县）；豫32，第1页（汉族，桐柏县）。

川17，第4页（汉族，筠连县）。

陕2，第1、5页（汉族，宝鸡县），第3页（汉族，凤县）。

72.2　创世者的凿子。

出处：

古代文献：

《开辟衍绎通俗志传》第一回及附录《乩仙天地判说》。

口承神话：

黑1，第3页（汉族，通河县）。

72.3　创世者的搅海棍。

出处：

口承神话：

藏1，第5页（门巴族，墨脱县）。

72.4　创世者的神箭。

出处：

口承神话：

藏1，第7页（珞巴族，墨脱县）。

100—299　诸神、始祖与文化英雄

100　神祇（含始祖与文化英雄）的起源。

参照：10。

对照：汤 A110　诸神的起源。

出处：

口承神话：

综 1，第 291 页（拉祜族，云南省澜沧县）。

101　神从卵中降生。

参照：15。

对照：艾 57 型　混沌（卵形世界）。汤 A27　创世者从卵中降生。汤 A114.2　神由卵中生出。汤 A511.1.9　文化英雄从卵中降生。

出处：

古代文献：

《艺文类聚》卷一《天部上·天》引《三五历记》（盘古）；《魏书》卷一百《高句丽传》（朱蒙）。

口承神话：

陕 2，第 95 页（汉族，岐山县）。

综 1，第 91 页（汉族，湖北省京山县），第 95 页（纳西族，云南省丽江地区），第 208 页（纳西族，云南省），第 237 页（彝族，云南省新平县）。

102　神是其他神灵生育出的后代。

对照：汤 A112.2　男性和女性创世者生出神灵。

出处：

古代文献：

《山海经·海内经》（颛顼、祝融、共工、后土、鲧、禹等）；《山海经·大荒东经》（禹号、禹京等）；《山海经·大荒北经》（䲹头等）；《山海经·大荒西经》（颛顼、祝融等）；《吕氏春秋·孟春纪第一·孟春》高诱注（句芒）；《山海经·北次三经》；《路史·后纪四·蚩尤传》（蚩尤）；《史记》卷一《五帝本纪》（黄帝、颛顼、帝喾、帝尧、虞舜）。

口承神话:

综1，第82页（满族，辽宁省丹东市），第96页（纳西族，云南省丽江地区），第182页（汉族，淮河流域），第199页（汉族，陕西省黄陵县）。

102.1　神从死去的神或人的腹中降生。

对照：汤A104.2　死人变成神。

出处：

古代文献:

《楚辞·天问》（"伯禹腹鲧"）；《山海经·海内经》（"鲧复生禹"）；《全上古三代秦汉三国六朝文·全上古三代文》卷十五辑《归藏·启筮》（"鲧殛死……是用出禹"）。

口承神话:

冀5，第16页（汉族，藁城县）。

浙7，第12页（汉族，德清县）；浙32，第12页（汉族，宁海县）。

川1，第317页（汉族，成都市东、西城区）。

综1，第97页（基诺族，云南省）。

103　神从其他神或人的身体化生而来。其身体的某一部分变成了神。

103.1　神从别的神的肠子化生而来。

对照：汤A112.3　神由创世者身体的各个部分生出。

出处：

古代文献:

《山海经·大荒西经》（"有神十人，名曰'女娲之肠'"）。

103.2　神身上的瘤化为神灵。

出处：

口承神话:

综1，第222页（满族，吉林省长春市）。

103.3　神由其他神的灵魂化成。

对照：汤A104.4　精灵变成神。汤A117.5　被神化的死者之灵魂变为神。

出处：

口承神话:

浙44，第1页（汉族，绍兴县）。

104　神是用泥土制成的。

对照：汤A119.2　神由土地的热度所创造。

104.1　创世者用身上的泥垢捏出了神。

出处：

口承神话:

其他 1，第 16—17 页（傣族）。

104.2 邪恶的创世者用泥土创造了妖魔鬼怪。

出处：

口承神话：

黑 1，第 17 页（满族，宁安县）。

105 神由石头中生出。

对照：汤 A114.1.1 女神从被海水冲刷的岩石的湿气中降生。

出处：

古代文献：

《淮南子·修务训》（禹）；《楚辞·天问》洪兴祖补注引《淮南子》、《汉书·武帝纪第六》颜师古注引《淮南子》（启）。

口承神话：

豫 3，第 5、20 页（汉族，登封县）。

川 1，第 322 页（汉族，成都市东、西城区）。

综 1，第 18 页（高山族，台湾省），第 188 页（汉族，河南省）；综 7，第 333、339 页（汉族，河南省嵩岳伊洛区）。

106 神由植物中出现。

对照：汤 A114.4 神由树中产生。

106.1 神由花中出现。

出处：

口承神话：

辽 39，第 500 页（汉族，瓦房店市）。

106.2 神由竹子中降生。

出处：

口承神话：

综 1，第 19 页（高山族，台湾省）。

107 神由地中出现。

对照：汤 A115.2 神由地中出现。

出处：

古代文献：

《抱朴子内篇·释滞卷第八》（"女娲地出"）。

107.1 神从泥土中生出。

出处：

口承神话：

黑1，第18页（满族，宁安县）。

107.2　神由海中出生。

对照：汤A114.1　神从海水的泡沫中生出。

出处：

口承神话：

综1，第96页（纳西族，云南省丽江地区）。

108　神来自天上。

参照：11。

出处：

口承神话：

冀3，第18页（汉族，抚宁县）；冀5，第18页（汉族，藁城县）。

浙25，第3页（汉族，兰溪市）；浙32，第11页（汉族，宁海县）；浙35，第4页（汉族，平阳县）；浙55，第8页（汉族，武义县）；浙72，第38页（汉族，诸暨县）。

豫2，第23页（汉族，郸城县）；豫7，第1页（汉族，淮滨县）；豫18，第1页（汉族，南召县）；豫32，第9、46、57、68页（汉族，桐柏县）。

川4，第164页（羌族，北川县）；川5，第5、7页（汉族，灌县）；川11，第5页（汉族，新津县）；川17，第4页（汉族，筠连县）。

陕2，第28页（汉族，渭滨区），第102页（汉族，宝鸡县）。

综7，第22、35页（汉族，河南省桐柏盘古山区），第68页（汉族，河南省西华思都岗区），第85页（汉族，河南省），第312页（汉族，河南省三门峡市）。

109　神的其他起源方式。

对照：汤A104.3　神由多样之物变成。

109.1　异类结合生出神。

对照：汤A112.11　神与母鸡结合生出神圣的孩子。

109.1.1　人与虎结合生出神。

出处：

口承神话：

川1，第160页（土家族，黔江县）。

109.2　神产生于气息与声音的结合。

出处：

口承神话：

综1，第94—96页（纳西族，云南省丽江地区）。

109.3　神由虫子变成。

出处：

口承神话：

浙5，第13页（畲族，淳安县）。

川2，第821页（苗族，酉阳县）。

109.4　猴子上天变为神。

出处：

口承神话：

综1，第306页（普米族，云南省宁蒗县；四川省西昌市、木里县）

109.5　鸭子上天变为神。

出处：

口承神话：

黑1，第48页（满族，宁安县）。

109.6　地上的人升天变为神。

出处：

口承神话：

黑1，第31页（鄂伦春族，呼玛县）。

109.7　神从棉花团中降生。

出处：

口承神话：

辽47，第1页（汉族，新民县）。

109.9　用智慧树枝造出神。

出处：

口承神话：

黑1，第25页（满族，宁安县）。

110　神祇的诞生。

对照：艾51型　神奇受孕。艾52型　神奇的诞生。汤A112　神的出生。汤A511文化英雄（半神）的出生和抚养。

111　感生受孕。神的母亲感外力而怀孕并生下了神（通常是始祖或文化英雄）。

参照：221.1。

对照：汤A511.1.3　处女孕生文化英雄。

111.1　履脚印而怀孕。

出处：

古代文献：

《太平御览》卷七十八《皇王部三·太昊庖牺氏》引《诗含神雾》、《补史记·三皇本纪》（生伏羲，一曰庖牺等）；《诗经·大雅·生民》、《史记》卷四《周本纪》、《论衡·诘术篇》（生弃，号后稷）。

口承神话：

浙7，第21页（汉族，德清县）。

川2，第570页（羌族，汶川县）。

陕2，第70、72、76页（汉族，宝鸡县）；陕10，第14页（汉族，杨陵区）。

111.2　吞卵而孕。

出处：

古代文献：

《诗经·商颂·玄鸟》、《楚辞·天问》、《史记》卷三《殷本纪》（生契）；《史记》卷五《秦本纪》（生大业）；《太平御览》卷四《天部四·月》引《遁甲开山图》荣氏解（月精如鸡子，生禹）；《列女传》（生弃、契等）；《拾遗记》卷二"殷汤"条（生契，一说怀卵而孕）。

口承神话：

川17，第4页（汉族，筠连县）。

111.3　吞吃植物而怀孕。

111.3.1　吞吃薏苡而怀孕。

出处：

古代文献：

《吴越春秋·越王无余外传第六》、《史记》卷二《夏本纪》、《论衡·奇怪篇》、《论衡·诘术篇》（生禹）。

111.3.2　吞吃红果而怀孕。

出处：

口承神话：

辽43，第1页（满族，新宾县）。

川1，第236页（羌族，茂县）；川2，第568页（羌族，汶川县）。

综1，第82页（满族，辽宁省丹东市），第150页（羌族，四川省茂县）。

111.3.3　吞吃桃子而怀孕。

出处：

口承神话：

豫41，第1页（汉族，新野县）。

111.3.4　吞吃苹果而怀孕。

出处：

口承神话：

综7，第292页（汉族，河南省滦川县）。

111.4　吞神珠而怀孕。

出处：

古代文献：

《世本·帝系篇》张澍稡集补注本（"禹母修己，吞神珠如薏苡，胸拆生禹"）。

111.5　感神圣动物而怀孕。

出处：

古代文献：

《太平御览》卷七十八《皇王部三·炎帝神农氏》引《帝王世纪》、《补史记·三皇本纪》（生炎帝神农氏）。

111.5.1　感龙而孕。

出处：

古代文献：

《论衡·奇怪篇》（生尧）；《太平御览》卷七十八《皇王部三·炎帝神农氏》引《帝王世纪》、《补史记·三皇本纪》（生炎帝神农氏）。

口承神话：

川2，第566页（羌族，汶川县）。

陕2，第76页（汉族，宝鸡县），第79页（汉族，渭滨区）。

111.6　鹰血滴在神的母亲身上，使之怀孕。

出处：

口承神话：

川1，第25页（彝族，德昌县），第308页（彝族，西昌市）；川2，第306页（彝族，凉山州）；川22，第34页（彝族，屏山县）。

111.7　感虹而孕。

出处：

古代文献：

《拾遗记》卷一（生庖牺）。

口承神话：

陕7，第3页（汉族，蓝田县）。

111.8　感气而孕。

出处：

古代文献：

《论衡·吉验篇》、《后汉书》卷八十五《东夷列传·夫余》（生东明）。

111.9　受阳光照射而怀孕。

出处：

古代文献：

《魏书》卷一百《高句丽传》（生朱蒙）。

口承神话：

综2，第21页（朝鲜族）。

111.10　感于星象而孕。

出处：

古代文献：

《帝王世纪》第一（"见流星贯昴"，生禹）；《帝王世纪》第一（"见大电光绕北斗枢星"，生黄帝）；《玉函山房辑佚书》引《春秋元命苞》及宋均注（"大星如虹"，生少昊）。

111.11　梦见吞日而生子。

出处：

古代文献：

《拾遗记》卷一（帝喾之妃生八子）。

111.12　触木而孕。

出处：

古代文献：

《后汉书》卷八十六《南蛮西南夷列传·哀牢》（有女子触沈木苦有感，因怀妊，生九隆）。

112　神的非同寻常的孕育时间。

出处：

古代文献：

《帝王世纪》第一（二十五个月，生黄帝）；《拾遗记》卷一（十二年，生伏羲）、卷二（十四个月，生契）。

112.1　神过早出世。

对照：汤A112.7.4　神经过短期的孕育过早降生。

出处：

口承神话：

川1，第309页（彝族，西昌市）。

112.2　神在母亲腹中孕育了十五个月。

出处：

口承神话：

黑1，第63页（满族，宁安县）。

112.3　神在母亲腹中孕育了三年。

出处：

古代文献：

《山海经·海内经》（生鼓、延、殳）。

口承神话：

冀3，第19页（汉族，抚宁县）。

陕2，第76页（汉族，宝鸡县）。

112.4　神在母亲腹中孕育了九年。

出处：

口承神话：

豫32，第92页（汉族，桐柏县）。

112.5　神在母亲腹中孕育了十年零八个月。

出处：

口承神话：

川17，第4页（汉族，筠连县）。

112.6　神在母亲腹中孕育了十八年。

出处：

口承神话：

冀11，第2页（汉族，衡水市）。

豫1，第365页（汉族，淅川县）。

112.7　神在母亲腹中孕育了八九十年。

出处：

口承神话：

冀4，第5页（汉族，藁城县）；冀8，第182页（汉族，藁城县）。

112.8　神在母亲腹中孕育了一百零八年。

出处：

口承神话：

豫41，第2页（汉族，新野县）。

112.9　神在母亲腹中孕育了三百年。

出处：

口承神话：

川2，第327页（彝族，奉节县）。

112.10　神在母亲腹中孕育了一千八百年。

出处：

口承神话：

豫21，第14页（汉族，濮阳县）。

113　神从怪胎中生出。

113.1　神从肉卵中生出。

对照：汤A114.2　神由卵中生出。

出处：

古代文献：

《好太王碑》（生夫余王）；《魏书》卷一百《高句丽传》（生朱蒙）。

口承神话：

川37，第3页（汉族，荣昌县）。

陕2，第76页（汉族，宝鸡县）；陕10，第14页（汉族，杨陵区）。

综2，第21页（朝鲜族）。

113.2　神从羊肚子中生出。

出处：

口承神话：

川2，第41页（白马藏族，平武县白马乡）。

114　神的不同寻常的出生方式。

对照：汤A112.7　神由父母身体的特定部位生出。

114.1　神由母亲的头顶生出。

出处：

口承神话：

川2，第34页（藏族，乡城县）。

114.2　神由母亲的口中生出。

出处：

口承神话：

豫41，第2页（汉族，新野县）。

114.3　母亲胸部裂开生出了神。

出处：

古代文献：

《世本·帝系篇》张澍粹集补注本（禹）；《史记》卷四十《楚世家》集解引干宝（契）。

口承神话：

川 17，第 4 页（汉族，筠连县）。

114.4　母亲背部裂开生出了神。

出处：

古代文献：

《史记》卷四十《楚世家》集解引干宝（禹）；《论衡·奇怪篇》（禹、契）。

口承神话：

豫 32，第 92 页（汉族，桐柏县）。

114.5　神由母亲的腋下生出。

出处：

古代文献：

《吴越春秋·越王无余外传第六》（禹母女嬉"剖胁而产高密"）。

口承神话：

冀 3，第 19 页（汉族，抚宁县）；冀 11，第 2 页（汉族，衡水市）。
川 39，第 35 页（汉族，双桥区）。

114.6　神由母亲的膝盖处生出。

出处：

口承神话：

川 1，第 25 页（彝族，德昌县）。

114.7　神由母亲生下的火球中生出。

出处：

口承神话：

陕 2，第 70 页（汉族，宝鸡县）。

115　神出生时不同寻常的征兆。

115.1　神出生时满屋红光。

出处：

口承神话：

川 2，第 566 页（羌族，汶川县）。

115.2　神出生时地上出现九眼井或泉水。

出处：

古代文献：

《水经注》卷三十二《漻水》（"神农既诞，九井自穿"）。

口承神话：

陕 2，第 45、80 页（汉族，渭滨区）。

116　神出生时的状貌。

116.1　神出生时像只小羊。

出处：

口承神话：

浙31，第538页（汉族，龙游县）。

116.2　神出生时一手拿九穗谷，一手拿药草。

出处：

口承神话：

陕2，第76页（汉族，宝鸡县）。

116.3　神出生时已是老人。

出处：

口承神话：

冀4，第5页（汉族，藁城县）；冀8，第182页（汉族，藁城县）。

120　神祇的相貌。

参照：23。

对照：汤A120　神的本性与外貌。

121　半人半兽的神。

对照：汤A131　带着动物特征的神。汤A131.3　神长着动物的头。

121.1　人面兽身的神。

出处：

古代文献：

《山海经·海外南经》（祝融，"兽身人面"）；《山海经·海外东经》（水伯天吴，"八首人面，八足八尾"）。

121.2　半人半蛇（龙）的神。

121.2.1　人头（面）蛇（龙）身的神。

出处：

古代文献：

《山海经·海外北经》（相柳）；《山海经·西次三经》（鼓）；《山海经·海内东经》《淮南子·地形训》（雷神）；《山海经·海外西经》；《山海经·海外北经》（烛阴）；《山海经·大荒北经》（烛龙、相繇）；《楚辞·天问》王逸注（女娲）；《文选·鲁灵光殿赋》（伏羲、女娲）；《山海经·大荒西经》郭璞注（女娲）；《拾遗记》卷二"夏禹"条；

《补史记·三皇本纪》（伏羲）。

口承神话：

浙1，第7页（汉族，安吉县）；浙7，第21页（汉族，德清县）；浙48，第240页（汉族，遂昌县）。

豫21，第7页（汉族，濮阳县）。

川1，第320页（汉族，成都市东、西城区）。

陕2，第54页（汉族，岐山县）。

综7，第120页（汉族，河南省淮阳县）。

121.2.2　蛇（龙）头人身的神。

出处：

古代文献：

《山海经·中山经》（计蒙）。

口承神话：

川1，第290页（汉族，巴县）。

陕2，第80页（汉族，渭滨区），第95页（汉族，岐山县）。

121.3　半人半牛的神。

121.3.1　人身牛首的神。

出处：

古代文献：

《帝王世纪》第一（炎帝）；《资治通鉴外纪》卷一上《神农氏》胡克家注补、《天中记》卷二十二引《世本·帝系谱》（神农）。

口承神话：

川5，第8页（汉族，灌县）。

陕2，第54页（汉族，岐山县），第70、72页（汉族，宝鸡县）。

121.3.2　人身牛蹄的神。

出处：

古代文献：

《述异记》卷上（蚩尤）。

口承神话：

综1，第199页（汉族，陕西省黄陵县）。

121.3.3　人面牛身的神。

出处：

古代文献：

《山海经·西山经》（七神，"皆人面牛身，四足而一臂"）。

121.4　半人半鸟的神。

121.4.1　人面鸟身的神。

出处：

古代文献：

《山海经·海外东经》（句芒）；《山海经·大荒北经》（九凤）；《山海经·海外北经》（禺彊）；《太平御览》卷十五《天部十五·雾》引《黄帝玄女战法》（玄女）；《广博物志》卷九引《玄女法》（九天玄女）。

口承神话：

黑1，第63页（满族，宁安县）。

121.4.2　鹰头人身的神。

出处：

口承神话：

黑1，第16页（满族，宁安县）。

121.5　半人半虎的神。

出处：

口承神话：

川1，第159页（土家族，黔江县）。

121.5.1　人面虎身的神。

出处：

古代文献：

《山海经·大荒南经》《山海经·西山经》（山神陆吾）。

121.6　人头狗身的神。

出处：

口承神话：

豫2，第3页（汉族，郸城县）。

121.7　兽尾的神。

出处：

口承神话：

综1，第150页（羌族，四川省茂县）。

121.7.1　豹尾的神。

出处：

古代文献：

《山海经·西山经》（西王母、嬴母山之神）。

121.7.2　虎尾的神。

出处：

古代文献：

《山海经·中山经》（泰逢）。

121.7.3 马尾的神。

出处：

古代文献：

《山海经·西山经》（恒山之神）。

121.7.4 多尾的神。

出处：

古代文献：

《山海经·西山经》（山神陆吾，九尾）；《山海经·海外东经》（水伯天吴，八尾）。

121.8 人面鱼身的神。

对照：汤 A131.1 半人半鱼的神。

出处：

古代文献：

《尸子·尸子存疑》（河精）；《酉阳杂俎》前集卷十四《诺皋记上》（河伯）。

121.9 猪嘴人身的神。

对照：汤 A131.3.2 猪头女神。

出处：

口承神话：

川2，第14页（藏族，木里县）。

121.10 半人半猴的神。

出处：

口承神话：

综1，第150页（羌族，四川省茂县）。

121.11 人面豹身的神。

出处：

口承神话：

黑1，第16、67页（满族，宁安县）。

121.12 铁嘴鸭爪的神。

出处：

口承神话：

黑1，第50页（满族，宁安县）。

122 动物形象的神。

对照：汤 A132 动物形象的神。

122.1　鹰形神。

出处：

口承神话：

综1，第137页（纳西族摩梭人，云南省宁蒗县永宁区）。

122.2　蛇形神。

对照：汤 A132.1　蛇形象的神。

出处：

口承神话：

综1，第137—138页（纳西族摩梭人，云南省宁蒗县永宁区）。

122.3　浑身是鳞的神。

出处：

古代文献：

《文选·鲁灵光殿赋》（伏羲）。

口承神话：

黑1，第16页（满族，宁安县）。

123　复合形象的神。复合了多种动物形象的神。

对照：汤 A132.0.1　神相继以几种动物的形象出现。

出处：

口承神话：

综1，第222页（满族，吉林省长春市）。

123.1　豹尾虎齿的神。

出处：

古代文献：

《山海经·西次三经》（西王母）。

123.2　牛头虎身熊脚的神。

出处：

口承神话：

川2，第570页（羌族，汶川县）。

123.3　龙头犬身的神。

出处：

口承神话：

浙5，第13页（畲族，淳安县）。

川2，第821页（苗族，酉阳县）。

123.4　牛头龙身的神。

出处：

口承神话：

川1，第215页（汉族，都江堰市）。

123.5　鸟身鸡眼的神。

出处：

口承神话：

浙2，第6页（汉族，苍南县）。

123.6　龙头蛇身的神。

出处：

口承神话：

浙27，第40页（汉族，丽水市）。

123.7　人头鱼身蛇尾的神。

出处：

口承神话：

黑1，第16页（满族，宁安县）。

123.8　人面鹿角蛇身的神。

出处：

口承神话：

黑1，第39页（鄂温克族，黑河市）。

124　神长着不同寻常的头。

对照：汤A123.4　神长着怪异的头。

124.1　铜头铁额的神。

出处：

古代文献：

《山海经·大荒北经》吴任臣注引《广成子传》（蚩尤）；《太平御览》卷七十九《皇王部四·黄帝轩辕氏》引《龙鱼河图》、《述异记》卷上（蚩尤兄弟）。

口承神话：

陕2，第88页（汉族，岐山县）。

综1，第199页（汉族，陕西省黄陵县）。

124.2　头上有角的神。

对照：汤A131.6　有角的神。

出处：

古代文献：

《述异记》卷上（蚩尤）；《山海经·中山经》（骄山之神，羊角）。

口承神话：

冀5，第18、19页（汉族，藁城县）。

黑1，第93页（汉族，密山县）。

浙1，第7页（汉族，安吉县）；浙47，第13页（汉族，松阳县）；浙64，第14页（汉族，永嘉县）。

豫32，第18页（汉族，桐柏县）。

桂11，第95页（壮族，大新县）。

川1，第16页（汉族，广汉县）；川2，第566页（羌族，汶川县）。

陕2，第65、80页（汉族，渭滨区），第89页（汉族，岐山县）。

综7，第120页（汉族，河南省淮阳县）。

124.3　多头的神。

对照：汤A123.4.1　多头的神。汤A526.4　文化英雄有三个头，各长着不同颜色的头发。

出处：

古代文献：

《山海经·大荒北经》（相繇，九头）；《山海经·海外北经》（相柳，九头）；《山海经·西山经》（二头）；《山海经·中山经》（二头）；《山海经·海外东经》（水伯天吴，八头）。

口承神话：

综1，第192—193页（汉族，河南省）。

124.3.1　九头的神。

出处：

古代文献：

《山海经·大荒北经》（相繇、九凤）；《山海经·海外北经》（相柳）。

口承神话：

浙48，第240页（汉族，遂昌县）。

川1，第14页（汉族，巴县）。

藏1，第5页（门巴族，墨脱县）。

125　神长着不同寻常的脸。

对照：汤A123.2.1　有许多脸的神。

125.1　两张脸的神。

对照：汤A123.2.1.1　两张脸的神。

出处：

口承神话：

川22，第34页（彝族，屏山县）。

125.2　四张脸的神。

对照：汤A123.2.1.3　四张脸的神。

出处：

古代文献：

《尸子》卷下（黄帝，四面）。

125.3　八张脸的神。

出处：

口承神话：

浙9，第24页（汉族，东阳县）。

126　神长着不同寻常的眼睛。

对照：汤 A123.3　长着不同寻常的眼睛的神。汤 A526.5　文化英雄每只眼睛有七个瞳仁，每只脚上有七个脚趾，每只手上有七个指头。汤 A526.5.1　文化英雄有不同颜色的眼睛：一只为褐色，一只为绿色。

126.1　多目的神。

对照：汤 A123.3.1　许多眼睛的神。

出处：

口承神话：

综1，第193页（汉族，河南省），第199页（汉族，陕西省黄陵县）。

126.1.1　三只眼的神。

对照：汤 A123.3.1.1　三只眼的神。

出处：

口承神话：

浙72，第21页（汉族，诸暨县）。

豫28，第13页（汉族，渑池县）。

桂1，第3页（壮族，武宣县）。

川22，第34页（彝族，屏山县）。

藏1，第216页（珞巴族，墨脱县）。

陕6，第5页（汉族，华县）；陕8，第6页（汉族，华县）。

126.1.2　四只眼的神。

出处：

古代文献：

《汉学堂知足斋丛书》下《通纬》辑《春秋元命苞》、《太平御览》卷三百六十六《人事部七·目》引《春秋演孔图》、《太平御览》卷七百四十九《工艺部六·书下·古文》引《书断》、《论衡·骨相篇》（仓颉）；《述异记》卷上（蚩尤）。

口承神话：

陕2，第88页（汉族，岐山县）。

126.2　少目的神。

对照：汤 A128.2　一只眼的神。

126.2.1　一只眼的神。

出处：

口承神话：

黑 1，第 19 页（满族，宁安县）。

综 1，第 216 页（彝族，贵州省威宁县）。

126.3　多瞳的神。

出处：

古代文献：

《太平御览》卷八十一《皇王部六·帝舜有虞氏》引《春秋演孔图》（"舜目四瞳"）；《帝王世纪集校》第二（舜，重瞳）。

口承神话：

豫 32，第 93 页（汉族，桐柏县）。

126.4　奇眉怪眼的神。

出处：

口承神话：

川 2，第 566 页（羌族，汶川县）。

126.5　长着千里眼的神。能看清很远的东西。

出处：

口承神话：

冀 17，第 138 页（汉族，宣化区）。

浙 23，第 9 页（汉族，缙云县）。

豫 18，第 361 页（汉族，南召县）；豫 23，第 6 页（汉族，杞县）。

川 1，第 135 页（藏族，若尔盖县）；川 2，第 694 页（土家族，秀山县），第 729 页（土家族，黔江县）；川 18，第 130 页（汉族，洪雅县）；川 38，第 1 页（汉族，沙坪坝区）。

126.6　鹰眼的神。

出处：

口承神话：

浙 64，第 10 页（汉族，永嘉县）。

126.7　神的眼睛能看清自己的五脏六腑。

出处：

口承神话：

黑 1，第 93 页（汉族，密山县）。

浙 11，第 8 页（汉族，奉化市）。

陕 2，第 65 页（汉族，渭滨区）。

126.8　长着巨大眼睛的神。神的眼睛巨大。

出处：

口承神话：

综 4，第 248 页（白族）。

127　神长着不同寻常的耳朵。

127.1　长着顺风耳的神。能听见各种声音。

出处：

口承神话：

冀 17，第 138 页（汉族，宣化区）。

辽 48，第 112 页（回族，新民县）。

浙 23，第 9 页（汉族，缙云县）。

豫 18，第 361 页（汉族，南召县）；豫 23，第 6 页（汉族，杞县）。

川 1，第 135 页（藏族，若尔盖县），第 150 页（羌族，理县）；川 2，第 562 页（羌族，理县），第 694 页（土家族，秀山县）；川 18，第 130 页（汉族，洪雅县）；川 38，第 1 页（汉族，沙坪坝区）。

127.2　四只耳朵的神。

出处：

口承神话：

浙 9，第 24 页（汉族，东阳县）。

127.3　耳朵上挂蛇的神。

出处：

古代文献：

《山海经·大荒北经》（夸父）；《山海经·海外北经》（禺彊）；《山海经·海外西经》（蓐收）；《山海经·大荒东经》（奢比尸）。

口承神话：

综 1，第 114 页（汉族，山西省灵县）。

127.4　长着动物耳朵的神。

出处：

古代文献：

《山海经·大荒东经》（奢比尸，狗耳）。

128　神长着不同寻常的手臂。

对照：汤 A123.5　神长着不同寻常的胳膊。

128.1　多手的神。

对照：汤 A123.5.1　多胳膊的神。

出处：

古代文献：

《全上古三代秦汉三国六朝文·全上古三代文》卷十五辑《归藏·启筮》（蚩尤，八肱）。

口承神话：

综 1，第 193 页（汉族，河南省），第 199 页（汉族，陕西省黄陵县）；综 4，第 8 页（苗族，贵州省台江县、施秉县、凯里市）。

128.1.1　六条手臂的神。

出处：

古代文献：

《述异记》卷上（蚩尤）。

口承神话：

藏 1，第 5 页（门巴族，墨脱县）。

陕 2，第 88 页（汉族，岐山县）。

128.2　长手臂的神。

出处：

口承神话：

川 1，第 135 页（藏族，若尔盖县），第 150 页（羌族，理县）；川 2，第 562 页（羌族，理县），第 694 页（土家族，秀山县）。

128.3　少手臂的神。

128.3.1　一条手臂的神。

出处：

古代文献：

《山海经·西山经》（"其七神皆人面牛身，四足而一臂"）。

128.4　无手的神。

出处：

口承神话：

黑 1，第 13 页（满族，宁安县）。

129　有翅膀的神。

出处：

口承神话：

黑 1，第 13 页（满族，宁安县）。

豫 32，第 68 页（汉族，桐柏县）。

桂 5，第 9 页（苗族，隆林县）；桂 10，第 2 页（汉族，南宁市）。

陕 2，第 89 页（汉族，岐山县）。

131　长着不同寻常的腿脚的神。

对照：汤 A123.6　神的不同寻常的腿（脚）。汤 A526.8　文化英雄能将脚和膝盖转向后方。

131.1　多腿脚的神。

对照：汤 A123.6.1　三条腿的神。

出处：

古代文献：

《全上古三代秦汉三国六朝文·全上古三代文》卷十五辑《归藏·启筮》（蚩尤，八趾）；《山海经·西山经》（四足、八足）；《山海经·海外东经》（水伯天吴，八足）。

口承神话：

浙 1，第 7 页（汉族，安吉县）。

综 4，第 8 页（苗族，贵州省台江县、施秉县、凯里市）。

131.1.1　四只脚的神。

出处：

口承神话：

黑 1，第 13 页（满族，宁安县）。

131.2　一足的神。

出处：

古代文献：

《韩非子·外储说左下》（夔）。

131.3　长腿的神。

出处：

口承神话：

川 1，第 150 页（羌族，理县）；川 2，第 562 页（羌族，理县）；川 38，第 1 页（汉族，沙坪坝区）。

131.4　无脚的神。

出处：

口承神话：

黑 1，第 13 页（满族，宁安县）。

132　神有不同寻常的身高。

出处：

口承神话：

浙7，第19、21、23、29页（汉族，德清县）；浙9，第17、19页（汉族，东阳县）；浙27，第30页（汉族，丽水市）；浙44，第24页（汉族，绍兴县）。

豫23，第10页（汉族，杞县）；豫28，第13页（汉族，渑池县）。

川1，第315页（汉族，成都市东、西城区）；川2，第570页（羌族，汶川县）。

陕8，第23页（汉族）。

综1，第114页（汉族，山西省灵县），第218页（彝族，贵州省威宁县）；综4，第248页（白族）。

132.1　极矮小的神。

出处：

口承神话：

浙9，第17、19页（汉族，东阳县）。

139　神祇的相貌——其他母题。

139.1　神的身体是透明的。

出处：

古代文献：

《开辟衍绎通俗志传》第十八回（神农）。

口承神话：

冀5，第18页（汉族，藁城县）；冀18，第48页（汉族，宣化县）。

浙38，第4页（汉族，青田县）。

川1，第247页（汉族，高县）；川17，第13页（汉族，筠连县）。

陕2，第71页（汉族，宝鸡县）。

综4，第226页（满族，黑龙江省宁安县）。

139.2　神浑身长着长毛，还长着长尾巴。

出处：

口承神话：

川1，第237页（羌族，茂县）；川2，第568页（羌族，汶川县）。

139.3　长着巨大的嘴的神。神的嘴如盆大。

出处：

口承神话：

综4，第248页（白族）。

140 神祇的成长。

141 神出生后被遗弃。

对照：艾 54 型　动物育人。汤 A112.10　神圣的孩子出世后即被驱逐。汤 A511.2.1
文化英雄出世后即被遗弃。

出处：

古代文献：

《诗经·大雅·生民》、《楚辞·天问》、《史记》卷四《周本纪》（弃）；《后汉书》
卷八十五《东夷列传·夫余》（东明）；《魏书》卷一百《高句丽传》（朱蒙）。

口承神话：

黑 1，第 64 页（满族，宁安县）。

川 1，第 25 页（彝族，德昌县）；川 2，第 307 页（彝族，凉山州），第 570 页（羌
族，汶川县）；川 22，第 34 页（彝族，屏山县）。

陕 2，第 71、76 页（汉族，宝鸡县），第 80 页（汉族，渭滨区）；陕 10，第 14 页
（汉族，杨陵区）。

142 神的养育得到动物的帮助。

对照：汤 A511.2.2　文化英雄的养育。

142.1 鸟用翅膀温暖非凡的婴儿。

出处：

古代文献：

《诗经·大雅·生民》、《史记》卷四《周本纪》（弃）；《魏书》卷一百《高句丽传》
（朱蒙）。

口承神话：

浙 31，第 538 页（汉族，龙游县）。

川 2，第 570 页（羌族，汶川县）。

陕 2，第 71、76 页（汉族，宝鸡县）；陕 10，第 14 页（汉族，杨陵区）。

142.2 牛马不践踏非凡的婴儿。

出处：

古代文献：

《诗经·大雅·生民》、《史记》卷四《周本纪》（弃）；《魏书》卷一百《高句丽传》
（朱蒙）。

口承神话：

浙 31，第 538 页（汉族，龙游县）。

陕 10，第 14 页（汉族，杨陵区）。

142.3 猪马给非凡的婴儿吹注口气。

出处：

古代文献：

《后汉书》卷八十五《东夷列传·夫余》（东明）。

142.4 狼用肉饵喂养非凡的婴儿。

对照：汤 A511.2.2.1 狼给文化英雄哺乳。

出处：

古代文献：

《北史》卷九十九《突厥传》（"有牝狼以肉饵之"，阿史那氏的起源）。

142.5 神的成长得到喜鹊的帮助。

出处：

口承神话：

黑1，第64页（满族，宁安县）。

142.6 神的成长得到龙的帮助。

出处：

口承神话：

川1，第25页（彝族，德昌县），第309页（彝族，西昌市）。

142.7 神和蛇住在一起。

出处：

口承神话：

川2，第306页（彝族，凉山州）。

143 神出生后以非常的速度成长。

对照：汤 A511.4.1 文化英雄奇迹般的成长。

出处：

口承神话：

冀5，第16页（汉族，藁城县）。

浙7，第13页（汉族，德清县）；浙9，第19页（汉族，东阳县）；浙13，第132·页（汉族，拱墅区）；浙47，第18页（汉族，松阳县）；浙72，第38页（汉族，诸暨县）。

豫1，第365页（汉族，淅川县）；豫23，第6页（汉族，杞县）。

川1，第309页（彝族，西昌市）；川2，第567页（羌族，汶川县）；川22，第35页（彝族，屏山县）。

陕2，第72、76页（汉族，宝鸡县），第81页（汉族，渭滨区）。

综1，第291页（拉祜族，云南省澜沧县）。

143.1 神出生三天就能走。

出处：

口承神话：
黑1，第67页（满族，宁安县）。

144　神在成长过程中遭受迫害。

144.1　让神用泥土修补仓廪上的漏洞，再放火焚烧仓廪。
出处：
古代文献：
《楚辞·天问》洪兴祖补注引《列女传》（舜）。

144.2　让神淘井，再将井掩闭。
出处：
古代文献：
《楚辞·天问》洪兴祖补注引《列女传》（舜）。

150　神祇的婚姻。

对照：艾48型　人类最初的兄妹。汤A164　神的婚姻与私情。
出处：
口承神话：
综1，第222页（满族，吉林省长春市），第245页（纳西族摩梭人，云南省宁蒗县永宁区）。

151　始祖的血亲婚。有血缘关系的始祖近亲婚配。

参照：972，1305。
出处：
口承神话：
冀18，第4页（汉族，庞家堡区），第6页（汉族，下花园区）。
浙8，第14页（汉族，定海区）；浙67，第243页（汉族，余姚市）。
豫32，第11、19页（汉族，桐柏县）。
川9，第2页（汉族，双流县）；川31，第1页（汉族，璧山县）。

151.1　始祖的母子婚。
对照：汤A164.1.1　神的母子婚。
出处：
口承神话：
综1，第12—13页（苗族，云南省富宁县）。

152　始祖的兄妹（或姐弟）婚。

参照：972.1。

对照：汤 A164.1　神的兄妹婚。

出处：

古代文献：

《独异志》卷下《女娲兄妹为夫妇》（女娲与其兄）。

口承神话：

冀5，第6页（汉族，藁城县）；冀8，第3页（汉族，藁城县）；冀18，第8页（汉族，茶坊区）。

黑1，第8页（汉族，加格达奇区），第10页（汉族，呼兰县），第44页（鄂伦春族，黑河市），第45页（鄂伦春族，呼玛县）。

浙1，第11页（汉族，安吉县）；浙4，第2页（汉族，常山县）；浙5，第6、8页（汉族，淳安县）；浙7，第5页（汉族，德清县）；浙9，第13页（汉族，东阳县）；浙12，第2、6页（汉族，富阳县）；浙16，第4页（汉族，海盐县）；浙19，第6页（汉族，建德县）；浙22，第2页（汉族，金华县）；浙23，第4、201页（汉族，缙云县）；浙24，第4页（汉族，开化县）；浙27，第35页（畲族，丽水市），第37页（汉族，丽水市）；浙28，第3页（汉族，临安县）；浙29，第171页（汉族，临海市）；浙30，第2页（汉族，龙泉县）；浙32，第5页（汉族，宁海县）；浙36，第6、8页（汉族，浦江县）；浙38，第11页（汉族，青田县）；浙39，第6页（汉族，庆元县）；浙40，第3页（汉族，衢县）；浙46，第3页（汉族，嵊县）；浙48，第2页（汉族，遂昌县）；浙49，第10、12、14页（汉族，泰顺县）；浙50，第2页（汉族，天台县）；浙54，第11、12页（汉族，文成县）；浙55，第6页（畲族，武义县）；浙56，第7页（汉族，婺城区）；浙58，第4页（汉族，仙居县）；浙59，第4页（汉族，象山县）；浙60，第16页（汉族，萧山市）；浙62，第5、6页（汉族，义乌市）；浙64，第8页（汉族，永嘉县）；浙65，第4页（汉族，永康县）；浙72，第3、5页（汉族，诸暨县）。

豫2，第6页（汉族，郸城县）；豫3，第13页（汉族，登封县）；豫9，第135页（回族，吉县）；豫10，第211页（汉族，郏县）；豫14，第6、7页（汉族，武陟县）；豫16，第28页（汉族，泌阳县）；豫17，第2页（汉族，密县）；豫18，第4页（汉族，南召县）；豫21，第9页（汉族，濮阳县）；豫22，第1页（汉族，淇县）；豫23，第4、6页（汉族，杞县）；豫25，第15页（汉族，汝南县）；豫26，第2、8页（汉族，社旗县）；豫27，第2、4页（汉族，沈丘县）；豫29，第4页（汉族，太康县）；豫31，第6页（汉族，通许县）；豫32，第3、60、62页（汉族，桐柏县）；豫36，第4、5页（汉族，息县）；豫41，第4页（汉族，新野县）；豫45，第2页（汉族，禹州市）；豫47，第1页（回族，驻马店市）。

桂1，第8页（壮族，武宣县）；桂2，第2、154页（汉族，钟山县）；桂3，第3页（壮族，柳州市）；桂4，第8页（汉族，玉林市）；桂5，第7页（彝族，隆林县）；桂8，第3页（汉族，钦州市）；桂10，第12页（壮族，南宁市）；桂11，第4页（壮族，大新县）；桂13，第5页（壮族，合山市）；桂14，第5页（瑶族，桂林市）；桂15，第4页（瑶族，扶绥县）。

川4，第6、8、158、162、202页（羌族，北川县）；川5，第5、7页（汉族，灌县）；川6，第4页（汉族，龙泉驿区）；川7，第1页（汉族，彭县）；川8，第6页（汉族，邛崃县）；川11，第5页（汉族，新津县）；川17，第4、9、12页（汉族，筠连县）；川18，第4页（汉族，洪雅县）；川19，第1页（汉族，邻水县）；川20，第1页（汉族，江北区），第1页（汉族，南川县）；川22，第33页（汉族，屏山县）；川24，第6页（汉族，三台县）；川25，第1页（汉族，射洪县）；川27，第3、5页（汉族，西充县）；川28，第2页（汉族，兴文县）；川29，第6页（汉族，荥经县）；川30，第11页（汉族，营山县）；川33，第1页（汉族，大足县）；川37，第4页（汉族，荣昌县）；川38，第4页（汉族，沙坪坝区）；川41，第2页（汉族，资中县）；川42，第4页（汉族，自贡市）。

陕2，第43页（汉族，千阳县）；陕7，第3页（汉族，蓝田县）；陕11，第448页（汉族，长武县）。

综1，第14—15页（苗族，云南省富宁县），第314页（傈僳族，云南省）；综7，第25、26、32、33、34、36、37、40页（汉族，河南省桐柏盘古山区），第80页（汉族，河南省信阳鸡公山区），第95、105、138、139、145、147、149、166页（汉族，河南省沈丘县），第100、108、118页（汉族，河南省淮阳县），第103、152、164页（汉族，河南省），第130页（汉族，河南省商丘、开封），第136、157页（汉族，河南省西华县），第141页（汉族，河南省南阳县），第142页（汉族，河南省密县），第143、158页（汉族，河南省项城县），第153页（汉族，河南省平舆县），第161页（汉族，河南省驻马店市），第163页（汉族，河南省舞阳县），第169页（汉族，河南省内乡一带）。

153 始祖的卜婚。始祖用某种方式占卜天意，以决定能否结成血缘婚。

出处：

口承神话：

综7，第162页（汉族，河南省舞阳县）。

153.1 用滚磨（或石头、锅等）的方式卜婚。把两扇石磨从不同的地方滚下，如果合在一起，证明始祖可以成亲。

出处：

口承神话：

冀2，第13页（汉族，承德县）；冀8，第2页（汉族，藁城县）；冀18，第4页（汉族，庞家堡区），第8页（汉族，茶坊区）。

黑1，第10页（汉族，呼兰），第11页（汉族，青冈县）。

辽6，第2页（汉族，本溪县）；辽11，第30页（汉族，东沟县）；辽26，第231页（汉族，宽甸县）；辽27，第167页（汉族，白塔区）；辽31，第6页（满族，清原县）；辽39，第502页（汉族，瓦房店市）；辽45，第2页（汉族，新宾县）；辽50，第3页（满族，岫岩县）；辽58，第1页（蒙古族，建昌县）。

浙1，第11页（汉族，安吉县）；浙5，第6页（汉族，淳安县）；浙7，第4页（汉族，德清县）；浙9，第12页（汉族，东阳县）；浙12，第2页（汉族，富阳县）；浙16，第2页（汉族，海盐县）；浙19，第6页（汉族，建德县）；浙23，第4、201页（汉族，缙云县）；浙24，第4页（汉族，开化县）；浙25，第5页（汉族，兰溪市）；浙27，第35页（畲族，丽水市），第37页（汉族，丽水市）；浙28，第4、7、9页（汉族，临安县）；浙29，第171页（汉族，临海市）；浙30，第2页（汉族，龙泉县）；浙31，第3、6、7页（汉族，龙游县）；浙32，第5页（汉族，宁海县）；浙36，第6、8页（汉族，浦江县）；浙38，第11页（汉族，青田县）；浙40，第3页（汉族，衢县）；浙46，第3页（汉族，嵊县）；浙48，第2页（汉族，遂昌县）；浙49，第12页（汉族，泰顺县）；浙50，第2页（汉族，天台县）；浙54，第11页（汉族，文成县）；浙55，第6页（畲族，武义县）；浙56，第7页（汉族，婺城区）；浙58，第4页（汉族，仙居县）；浙59，第4页（汉族，象山县）；浙62，第4、6页（汉族，义乌市）；浙65，第4页（汉族，永康县）；浙72，第3页（汉族，诸暨县）。

豫2，第6页（汉族，郸城县）；豫3，第13页（汉族，登封县）；豫9，第135页（回族，吉县）；豫10，第211页（汉族，郏县）；豫12，第2页（汉族，兰考县）；豫14，第6页（汉族，武陟县）；豫16，第25、28页（汉族，泌阳县）；豫17，第2页（汉族，密县）；豫18，第4页（汉族，南召县）；豫21，第9页（汉族，濮阳县）；豫22，第1页（汉族，淇县）；豫23，第4页（汉族，杞县）；豫25，第15页（汉族，汝南县）；豫26，第2、8页（汉族，社旗县）；豫27，第4页（汉族，沈丘县）；豫29，第4页（汉族，太康县）；豫31，第6页（汉族，通许县）；豫32，第2、11、59、62页（汉族，桐柏县）；豫36，第5页（汉族，息县）；豫41，第4页（汉族，新野县）；豫45，第2页（汉族，禹州市）；豫47，第1页（回族，驻马店市）。

桂5，第7页（彝族，隆林县）；桂10，第12页（壮族，南宁市）；桂11，第4页（壮族，大新县）；桂14，第4页（瑶族，桂林市）。

川1，第98页（汉族，三台县），第101页（汉族，珙县），第107页（汉族，双流县），第109页（汉族，都江堰市），第112页（汉族，米易县），第155页（土家族，黔江县），第156页（土家族，酉阳县），第177页（回族，犍为县），第189页（傈僳族，德昌县）；川2，第16页（藏族，若尔盖县），第17页（白马藏族，平武县白马乡），第563页（羌族，汶川县），第564页（羌族，黑水县），第693、695页（土家族，酉阳县），第694页（土家族，秀山县），第824页（苗族，木里县），第825页（苗族，古蔺县），第936页（傈僳族，德昌县），第944页（回族，犍为县），第947页（蒙古族，木里县），第948页（傈僳族，米易县）；川4，第5、162页（羌族，北川县），第8页（汉族，北川县）；川5，第5页（汉族，灌县）；川6，第4页（汉族，龙泉驿区）；川7，第1页（汉族，彭县）；川8，第6页（汉族，邛崃县）；川9，第2页（汉族，双流县）；川11，第5页（汉族，新津县）；川17，第12页（苗族，筠连县）；川18，第4页（汉族，洪雅县）；川19，第1页（汉族，邻水县）；川20，第1页（汉族，江北区），第1页（汉族，南川县）；川22，第33页（汉族，屏山县）；川24，第5页（汉族，三台县）；川25，第1页（汉族，射洪县）；川28，第2页（汉族，兴文县）；川29，第6页（汉族，荥经县）；川30，第10页（汉族，营山县）；川33，第1页（汉族，大足县）；川37，第4页（汉族，荣昌县）；川38，第4页（汉族，沙坪坝区）。

陕7，第3页（汉族，蓝田县）。

综1，第15页（苗族，云南省富宁县），第21页（侗族，贵州省黎平县），第34页（汉族，四川省珙县），第37页（汉族，浙江省东阳县），第42—43页（苗族，湖南省湘西地区，贵州省松桃县），第71页（傈僳族，云南省碧江县），第314页（傈僳族，云南省）；综7，第24、26、27、32、33、34、37、40页（汉族，河南省桐柏盘古山区），第80页（汉族，河南省信阳鸡公山区），第95、105、138、145、147、149、166页（汉族，河南省沈丘县），第100、108、118页（汉族，河南省淮阳县），第130页（汉族，河南省商丘、开封），第136、157页（汉族，河南省西华县），第140页（汉族，河南省南阳县），第142页（汉族，河南省密县），第143、158页（汉族，河南省项城县），第152页（汉族，河南省），第153页（汉族，河南省平舆县），第169页（汉族，河南省内乡一带）。

153.1.1 用滚圆根（学名"蔓菁"）的方式卜婚。始祖兄妹或姐弟各拿一半圆根从山顶滚下，如果圆根在山下合到一起，证明二人可以成亲。

出处：

口承神话：

川2，第16页（藏族，若尔盖县）。

153.1.2 用滚簸箕和筛子的方式卜婚。始祖兄妹或姐弟各拿簸箕和筛子往山下滚，如果它们滚到一起，证明二人可以成亲。

出处：

口承神话：

川1，第189页（傈僳族，德昌县）；川2，第17页（白马藏族，平武县白马乡），第936页（傈僳族，德昌县）；川6，第4页（汉族，龙泉驿区）。

153.1.3 用合石的方式卜婚。始祖兄妹或姐弟分别往天上扔石头，如果两块石头合在一处，证明二人可以成亲。

出处：

口承神话：

综7，第102页（汉族，河南省），第158页（汉族，河南省项城县）。

153.2 用追赶的方式卜婚。一位在前面跑，一位在后面追，如果后者追上前者，证明始祖可以成亲。

出处：

口承神话：

冀5，第6页（汉族，藁城县）；冀18，第8页（汉族，茶坊区）。

黑1，第8页（汉族，加格达奇区）。

浙8，第13页（汉族，定海区）；浙9，第12页（汉族，东阳县）；浙16，第3页

（汉族，海盐县）；浙22，第2页（汉族，金华县）；浙25，第6页（汉族，兰溪市）；浙67，第243页（汉族，余姚市）。

川1，第98页（汉族，三台县），第105页（汉族，西充县），第155页（土家族，黔江县），第157页（土家族，酉阳县）；川2，第693、695页（土家族，酉阳县）；川4，第6页（羌族，北川县）；川24，第6页（汉族，三台县）；川27，第5页（汉族，西充县）；川41，第2页（汉族，资中县）。

综1，第37页（汉族，浙江省东阳县）。

153.3 用合烟的方式卜婚。在两个地方点火，如果烟合在一处，证明始祖可以成亲。

出处：

古代文献：

《独异志》卷下《女娲兄妹为夫妇》。

口承神话：

冀8，第2页（汉族，藁城县）。

浙5，第8页（汉族，淳安县）。

豫14，第6页（汉族，武陟县）；豫36，第4页（汉族，息县）。

桂1，第7页（壮族，武宣县）；桂4，第8页（汉族，玉林市）；桂10，第12页（壮族，南宁市）；桂14，第5页（瑶族，桂林市）。

川1，第101页（汉族，珙县），第108页（汉族，双流县），第109页（汉族，都江堰市）；川2，第17页（藏族，若尔盖县），第18页（白马藏族，平武县白马乡），第563页（羌族，汶川县）；川5，第5页（汉族，灌县）；川9，第2页（汉族，双流县）；川33，第1页（汉族，大足县）；川42，第4页（汉族，自贡市）。

综1，第34页（汉族，四川省珙县）；综7，第79页（汉族，河南省信阳鸡公山区）。

153.4 以云团是否聚合来卜婚。如果空中的云团聚合起来，证明始祖可以成亲。

出处：

口承神话：

陕11，第448页（汉族，长武县）。

153.5 用合箭的方式卜婚。如果射出的两支箭射在一处，证明始祖可以成亲。

出处：

口承神话：

综1，第71页（傈僳族，云南省碧江县）。

153.6 用合血的方式卜婚。如果两人的血滴到水里合在一起，证明始祖可以成亲。

出处：

口承神话：

川18，第4页（汉族，洪雅县）。

153.7 用合刀的方式卜婚。始祖兄妹或姐弟分别手拿刀和刀鞘，站在河的两岸，把刀往刀鞘里扔，如果刀、鞘相合，证明始祖可以成亲。

出处：

口承神话：

综1，第21页（侗族，贵州省黎平县）。

153.8 用合竹（或茅草）的方式卜婚。始祖兄妹或姐弟剖开一根竹子（或茅草），各执一半，从两个地方扔出，如果两片竹子（或茅草）合为一体，证明始祖可以成亲。

出处：

口承神话：

川1，第155页（土家族，黔江县），第157页（土家族，酉阳县）；川2，第16页（藏族，若尔盖县），第693、695页（土家族，酉阳县）。

综1，第42—43页（苗族，湖南省湘西地区，贵州省松桃县）。

153.9 用接竹子的方式卜婚。把竹子一节节地砍断，如果断竹能够接续，证明始祖可以成亲。

出处：

口承神话：

桂1，第7页（壮族，武宣县）；桂13，第5页（壮族，合山市）。

川17，第9页（苗族，筠连县）。

153.10 用穿针的方式卜婚。分别站在两个地方，一人拿针，一人拿线掷向针眼，如果线穿过针眼，证明始祖可以成亲。

出处：

口承神话：

冀2，第14页（汉族，承德县）。

黑1，第10页（汉族，呼兰县）。

辽6，第2页（汉族，本溪县）；辽11，第30页（汉族，东沟县）；辽26，第231页（汉族，宽甸县）；辽31，第6页（满族，清原县）；辽44，第138页（满族，新宾县）；辽45，第2页（汉族，新宾县）；辽50，第2页（满族，岫岩县）；辽53，第7页（汉族，振兴区）。

豫9，第135页（回族，吉县）。

桂5，第7页（彝族，隆林县）。

川1，第101页（汉族，珙县），第113页（汉族，米易县），第189页（傈僳族，德昌县）；川2，第824页（苗族，木里县），第825页（苗族，古蔺县），第936页（傈僳族，德昌县），第947页（蒙古族，木里县），第948页（傈僳族，米易县）；川17，第12页（苗族，筠连县）；川28，第2页（汉族，兴文县）。

综 1，第 14—15 页（苗族，云南省富宁县），第 34 页（汉族，四川省珙县）；综 7，第 158 页（汉族，河南省项城县）。

153.10.1 用箭射针孔，如果箭穿过针孔，证明始祖可以成亲。

出处：

口承神话：

综 1，第 314 页（傈僳族，云南省）。

153.11 用连树的方式卜婚。分别在两个地方栽树，如果树连在一起，证明始祖可以成亲。

出处：

口承神话：

桂 14，第 5 页（瑶族，桂林市）。

川 1，第 157 页（土家族，酉阳县）；川 2，第 571 页（羌族，北川县），第 693、695 页（土家族，酉阳县）；川 4，第 158、162 页（羌族，北川县）。

综 1，第 14 页（苗族，云南省富宁县）。

153.12 用搓灰绳的方式卜婚。如果能用灰搓成一根绳，证明始祖可以成亲。

出处：

口承神话：

浙 7，第 4 页（汉族，德清县）；浙 16，第 2 页（汉族，海盐县）。

153.13 用抛红线的方式卜婚。如果抛出的红线把两个人连在一起，证明始祖可以成亲。

出处：

口承神话：

川 17，第 5 页（汉族，筠连县）。

153.14 用捉迷藏的方式卜婚。始祖一方藏起来，如果能被另一方找到，证明始祖可以成亲。

出处：

口承神话：

综 7，第 78 页（汉族，河南省信阳鸡公山区），第 102 页（汉族，河南省）。

153.15 用乌龟来占卜始祖能否成亲。

出处：

口承神话：

综 1，第 314 页（傈僳族，云南省）。

153.15.1 用山龟是否成对来卜婚。如果山上的乌龟都成对，证明始祖可以成亲。

出处：

口承神话：

桂4，第8页（汉族，玉林市）。

153.15.2 用打碎龟壳的方式卜婚。如果龟壳被打碎后还能拼接起来，证明始祖可以成亲。

出处：

口承神话：

桂1，第7页（壮族，武宣县）；桂13，第5页（壮族，合山市）。

153.16 用打贝壳的方式卜婚。从一地扔出棍子，如果恰好能打中放在另一地的贝壳，证明始祖可以成亲。

出处：

口承神话：

综1，第73—74页（白族勒墨人，云南省碧江县）。

153.17 用吐口水的方式卜婚。始祖分别吐口水，如果口水相碰并变成一对蝴蝶，证明始祖可以成亲。

出处：

口承神话：

桂10，第12页（壮族，南宁市）。

153.18 用打乌鸦的方式卜婚。如果被打死的乌鸦复活，证明始祖可以成亲。

出处：

口承神话：

桂15，第4页（瑶族，扶绥县）。

153.19 用放鸡的方式卜婚。始祖兄妹分别从山上放下一只公鸡和母鸡，如果下山后两只鸡嘴对嘴，证明始祖可以成亲。

出处：

口承神话：

川1，第112页（汉族，米易县）。

153.20 用走圈的方式卜婚。如果脚印重叠在一起，证明始祖可以成亲。

出处：

口承神话：

桂15，第4页（瑶族，扶绥县）。

154 天女婚。人类的男性始祖娶天女为妻。

参照：973。

出处：

口承神话：

辽43，第6页（满族，新宾县）。

豫14，第11页（汉族，武陟县）；豫32，第16页（汉族，桐柏县）。

川1，第27页（彝族，德昌县），第81页（羌族，汶川县），第115页（彝族，冕宁县），第126页（藏族，小金县），第135页（藏族，若尔盖县），第138、147页（彝族，峨边县）；川2，第297页（彝族，峨边县），第576页（羌族，理县），第809页（苗族，筠连县），第812页（苗族，兴文县）；川4，第161页（羌族，北川县）；川22，第30页（彝族，屏山县）。

综1，第11—12页（苗族，云南省富宁县），第49—51页（彝族，云南省罗平县、宣成县），第62—68页（蒙古族，四川省木里县）。

155 难题考验女婿。 为娶天女，人类的男性始祖在天界经历了三番五次的考验，解决了一系列难题。

出处：

口承神话：

川1，第27页（彝族，德昌县），第181页（纳西族，木里县），第184页（蒙古族，盐源县）；川2，第298页（彝族，石棉县），第557、573页（羌族，汶川县），第574页（羌族，北川县），第946页（蒙古族，盐源县），第953、958页（纳西族，木里县）；川4，第161页（羌族，北川县）。

综1，第63—65页（蒙古族，四川省木里县）。

155.1 难题是一天砍掉很多树。

出处：

口承神话：

川1，第179页（纳西族，木里县），第183页（蒙古族，盐源县）；川2，第299页（彝族，石棉县），第572页（羌族，汶川县），第574页（羌族，北川县），第945页（蒙古族，盐源县），第950、952、958页（纳西族，木里县）；川4，第160页（羌族，北川县）。

155.2 难题是一天把地上的树全部烧完。

出处：

口承神话：

川1，第179页（纳西族，木里县），第183页（蒙古族，盐源县）；川2，第299页（彝族，石棉县），第572页（羌族，汶川县），第574页（羌族，北川县），第945页（蒙古族，盐源县），第950、952、958页（纳西族，木里县）；川4，第160页（羌族，北川县）。

155.3 难题是一天播撒众多的种子。

出处：

口承神话：

川1，第179页（纳西族，木里县），第183页（蒙古族，盐源县）；川2，第299页（彝族，石棉县），第572页（羌族，汶川县），第574页（羌族，北川县），第945页（蒙古族，盐源县），第950、952、958页（纳西族，木里县）；川4，第160页（羌族，北川县）。

155.4　难题是把撒出去的菜籽全部捡回来。

出处：

口承神话：

川1，第180页（纳西族，木里县），第184页（蒙古族，盐源县）；川2，第299页（彝族，石棉县），第573页（羌族，汶川县），第946页（蒙古族，盐源县），第951页（纳西族，木里县）。

155.5　难题是接住神滚下的柴和石头。

出处：

口承神话：

川2，第572页（羌族，汶川县）。

155.6　难题是挤老虎奶或者捉老虎。

出处：

口承神话：

川1，第184页（蒙古族，盐源县）；川2，第946页（蒙古族，盐源县），第953、958页（纳西族，木里县）。

155.7　难题是一天收割所有的庄稼。

出处：

口承神话：

川2，第952页（纳西族，木里县）。

155.8　难题是打岩羊。

出处：

口承神话：

川2，第952页（纳西族，木里县）。

155.9　难题是用灰搓成绳子。

参照：153.12。

出处：

口承神话：

川1，第27页（彝族，德昌县）。

156　神祇婚姻的帮助者。建议或者帮助神祇结亲的神、人、动物或者物体。

156.1　神为帮助者。

出处：

口承神话：

辽27，第167页（汉族，白塔区）。

浙5，第8页（汉族，淳安县）；浙7，第4页（汉族，德清县）；浙12，第2、6页（汉族，富阳县）；浙25，第6页（汉族，兰溪市）；浙28，第4页（汉族，临安县）；浙49，第12页（汉族，泰顺县）；浙58，第4页（汉族，仙居县）；浙62，第5页（汉族，义乌市）；浙64，第8页（汉族，永嘉县）。

豫2，第6页（汉族，郸城县）；豫23，第4页（汉族，杞县）；豫26，第7页（汉族，社旗县）；豫27，第2页（汉族，沈丘县）；豫31，第5页（汉族，通许县）；豫32，第59、61页（汉族，桐柏县）；豫45，第2页（汉族，禹州市）；豫47，第1页（回族，驻马店市）。

川1，第154页（土家族，黔江县）；川2，第693页（土家族，酉阳县），第812页（苗族，兴文县）；川4，第8页（汉族，北川县）；川8，第6页（汉族，邛崃县）；川9，第1页（汉族，双流县）；川17，第5页（汉族，筠连县），第8页（苗族，筠连县）；川19，第1页（汉族，邻水县）；川22，第33页（汉族，屏山县）；川25，第1页（汉族，射洪县）；川31，第1页（汉族，璧山县）。

综7，第136页（汉族，河南省西华县），第140页（汉族，河南省南阳县），第145页（汉族，河南省沈丘县）。

156.1.1　创世者为帮助者。

出处：

口承神话：

桂1，第7页（壮族，武宣县）；桂4，第6页（汉族，玉林市）；桂10，第12页（壮族，南宁市）；桂14，第4页（瑶族，桂林市）。

川1，第107页（汉族，双流县），第189页（傈僳族，德昌县）；川2，第824页（苗族，木里县），第936页（傈僳族，德昌县）。

156.2　动植物为帮助者。

出处：

口承神话：

冀2，第13页（汉族，承德县）。

辽50，第2页（满族，岫岩县）。

豫32，第62页（汉族，桐柏县）。

川1，第138、146页（彝族，峨边县）；川2，第297页（彝族，峨边县）。

156.2.1　乌龟为帮助者。

出处：

口承神话：

浙8，第13页（汉族，定海区）；浙16，第3页（汉族，海盐县）；浙25，第6页（汉族，兰溪市）；浙67，第243页（汉族，余姚市）。

豫3，第13页（汉族，登封县）；豫27，第4页（汉族，沈丘县）；豫29，第4页（汉族，太康县）；豫36，第4页（汉族，息县）。

桂1，第6页（壮族，武宣县）；桂2，第154页（瑶族，钟山县）。

川1，第98页（汉族，三台县），第105页（汉族，西充县），第156页（土家族，酉阳县）；川2，第695页（土家族，酉阳县）；川4，第5页（羌族，北川县）；川5，第7页（汉族，灌县）；川7，第1页（汉族，彭县）；川11，第5页（汉族，新津县）；川24，第6页（汉族，三台县）；川27，第5页（汉族，西充县）；川33，第1页（汉族，大足县）。

综7，第34页（汉族，河南省桐柏盘古山区），第79页（汉族，河南省信阳鸡公山区），第96、105、138、147页（汉族，河南省沈丘县），第102页（汉族，河南省），第158页（汉族，河南省项城县）。

156.2.2　青蛙为帮助者。

出处：

口承神话：

川1，第156页（土家族，酉阳县）。

156.2.3　老虎为帮助者。

出处：

口承神话：

辽6，第1页（汉族，本溪县）。

156.2.4　牛（包括铁牛）为帮助者。

出处：

口承神话：

综7，第143页（汉族，河南省项城县），第164页（汉族，河南省）。

156.2.5　竹子为帮助者。

出处：

口承神话：

桂1，第7页（壮族，武宣县）。

156.2.6　葫芦为帮助者。

出处：

口承神话：

桂11，第4页（壮族，大新县）。

156.3　物体为帮助者。

156.3.1　石狮子（石磨、石头等）为帮助者。

出处：

口承神话：

辽 11，第 30 页（汉族，东沟县）；辽 53，第 7 页（汉族，振兴区）。

浙 4，第 1 页（汉族，常山县）；浙 25，第 4 页（汉族，兰溪市）；浙 27，第 35 页（畲族，丽水市），第 36 页（汉族，丽水市）；浙 28，第 7、8 页（汉族，临安县）；浙 31，第 6 页（汉族，龙游县）；浙 38，第 10 页（汉族，青田县）；浙 40，第 3 页（汉族，衢县）；浙 60，第 17 页（汉族，萧山市）。

豫 14，第 5 页（汉族，武陟县）；豫 16，第 24 页（汉族，泌阳县）；豫 17，第 2 页（汉族，密县）；豫 21，第 9 页（汉族，濮阳县）；豫 32，第 2 页（汉族，桐柏县）；豫 41，第 4 页（汉族，新野县）。

综 7，第 37 页（汉族，河南省桐柏盘古山区），第 130 页（汉族，河南省商丘、开封），第 161 页（汉族，河南省驻马店市），第 169 页（汉族，河南省内乡一带）。

156.3.2　天书的建议。天上降下天书，令始祖成亲。

出处：

口承神话：

综 7，第 32 页（汉族，河南省桐柏盘古山区）。

159　神祇的婚姻——其他母题。

159.1　神的爱情。

参照：452，452.1，487。

出处：

口承神话：

冀 6，第 40 页（汉族，藁城县）。

浙 32，第 8 页（汉族，宁海县）。

豫 1，第 368 页（汉族，淅川县）；豫 30，第 4 页（汉族，汤阴县）。

桂 8，第 98 页（汉族，钦州市）。

陕 2，第 104 页（汉族，渭滨区）；陕 10，第 10 页（汉族，杨陵区）。

综 7，第 35 页（汉族，河南省桐柏盘古山区），第 178、189、195 页（汉族，河南省），第 331 页（汉族，河南省嵩岳伊洛区）。

159.2　神与下界的女子结婚。

出处：

口承神话：

川 1，第 318 页（汉族，成都市东、西城区），第 323 页（汉族，巴县）；川 2，第 814 页（苗族，珙县）。

159.3　神的两个妻子。

参照：221.2。

出处：

古代文献：

《史记》卷一《五帝本纪》、《列女传·有虞二妃》、《楚辞·天问》洪兴祖补注引《列女传》（舜与娥皇、女英）。

口承神话：

桂4，第9页（汉族，玉林市）。

川2，第327页（彝族，凉山州）。

159.4 神祇夫妇一年一度相会。

出处：

古代文献：

《月令广义·七月令》引《小说》、《尔雅翼》卷十三《释鸟一·鹊》、《续齐谐记》（牵牛与织女）。

159.4.1 乌鹊搭桥，帮助神祇夫妇相会。

出处：

古代文献：

《岁华纪丽》卷三《七夕》注引《风俗通》；《尔雅翼》卷十三《释鸟一·鹊》；《燕京岁时记》（"鹊填桥"）。

160 神祇的职司。

161 天帝。天界的最高统治者。

对照：汤A101 至高之神。其他所有神的主宰。

出处：

古代文献：

《楚辞·天问》《山海经·海内经》《山海经·海外东经》（帝）。

口承神话：

冀1，第3页（汉族，满城县），第6页（汉族，保定市）；冀2，第13、21、22、605、606、637页（汉族，承德县），第17、603、623页（汉族，双滦区），第24页（汉族，双桥区），第637页（汉族，鹰手营子矿区）；冀3，第18、26、279、303页（汉族，抚宁县）；冀4，第6、159、202、277页（汉族，藁城县）；冀5，第3、9、15、277、297、305、322页（汉族，藁城县）；冀6，第40、124、212、410、499、560页（汉族，藁城县）；冀7，第285、450、471、615、690页（汉族，藁城县）；冀8，第495页（汉族，藁城县）；冀9，第3、4、14页（汉族，涉县）；冀10，第129页（汉族，成安县），第132、226页（汉族，涉县）；冀13，第1、4、178页（汉族，武安县）；冀14，第119、120、137、165、168、169页（汉族，武安县）；冀15，第22页（汉族，下花园区）；冀16，第330页（汉族，广宗县）；冀17，第137页（汉族，宣化区）；冀18，第7、35页（汉族，茶坊区），第20、24、32、33、62页（汉族，宣化县），第28页（汉族，下花园区），第36页（汉族，庞家堡区）；冀19，第116、117、118页（汉族，赵县）。

黑1，第12页（满族，宁安县），第25页（汉族，黑河市），第27页（汉族，甘南县），第310页（汉族，依兰县），第463页（汉族，绥滨县）。

辽1，第87、475页（汉族，北票市）；辽2，第473页（满族，北镇县），第483页（汉族，北镇县）；辽3，第121页（汉族，北镇县）；辽4，第150、171页（汉族，本溪市）；辽5，第284页（汉族，平山区）；辽6，第4页（汉族，本溪县）；辽7，第101、126页（昌图县），第131页（汉族，昌图县）；辽9，第88页（蒙古族，朝阳县）；辽10，第106、110页（汉族，大洼县）；辽11，第8、24页（汉族，东沟县）；辽12，第191、207页（满族，凤城县）；辽13，第6页（汉族，抚顺郊区）；辽15，第132页（汉族，抚顺望花区）；辽17，第264页（汉族，甘井子区）；辽18，第293、612页（汉族，海城市）；辽20，第358、360页（汉族，桓仁县）；辽21，第285、359、387、397页（汉族，建昌县）；辽24，第137页（汉族，开原县）；辽25，第21页（汉族，康平县）；辽28，第147页（汉族，太子河区）；辽31，第17、19页（满族，清原县）；辽32，第195、259页（汉族，沙河口区）；辽33，第120、543、752页（汉族，大东区）；辽34，第302页（满族，和平区）；辽36，第414、607、615页（汉族，苏家屯区）；辽39，第344、397页（汉族，瓦房店市）；辽41，第146、165页（汉族，西丰县）；辽42，第64、71、162页（汉族，细河区）；辽43，第6页（满族，新宾县）；辽44，第23、25、86、153页（满族，新宾县）；辽46，第163页（汉族，新金县）；辽48，第112页（回族，新民县）；辽49，第388、393页（汉族，兴城县）；辽50，第7页（满族，岫岩县）；辽51，第314页（汉族，义县）；辽52，第4、233页（汉族，营口县）；辽53，第6页（汉族，振兴区）；辽54，第113页（蒙古族，喀左县）；辽58，第3、5、6、7、20页（蒙古族，建昌县）。

浙1，第3、7、315、371页（汉族，安吉县）；浙2，第4、7、8、190、193、194、228页（汉族，苍南县）；浙3，第454页（汉族，长兴县）；浙4，第148页（汉族，常山县）；浙5，第4、12、426、429、441、443、494、495页（汉族，淳安县）；浙6，第278、280页（汉族，慈溪市）；浙8，第1、2、3、10、13、206页（汉族，定海区）；浙9，第7、14、17、19、267页（汉族，东阳县）；浙10，第2、7、10、11页（汉族，洞头县）；浙11，第2、3、5、210页（汉族，奉化市）；浙12，第311、336、339、341页（汉族，富阳县）；浙13，第137页（汉族，拱墅区）；浙14，第6页（汉族，海宁市）；浙15，第102页（汉族，海曙区）；浙16，第6页（汉族，海盐县）；浙17，第2、9、203页（汉族，黄岩市）；浙18，第3页（汉族，嘉善县）；浙19，第3、219、223、224页（汉族，建德县）；浙21，第112、164页（汉族，江东区）；浙22，第3、128页（汉族，金华县）；浙23，第5、7、9、201、211页（汉族，缙云县）；浙24，第119、123页（汉族，开化县）；浙26，第3、6页（汉族，乐清县）；浙27，第13、15、16、17、32、38、508、560页（汉族，丽水市）；浙28，第3、14、16、195页（汉族，临安县）；浙29，第1、167页（汉族，临海市）；浙30，第7页（汉族，龙泉县）；浙31，第4、11、269、273、275、315、539、558、635页（汉族，龙游县）；浙32，第3、8、12、13、16、

206页（汉族，宁海县）；浙34，第7页（汉族，平湖县）；浙35，第1、171页（汉族，平阳县），第168页（畲族，平阳县）；浙36，第5、9、10、12、208页（汉族，浦江县）；浙37，第170页（汉族，普陀区）；浙38，第7、8页（汉族，青田县）；浙39，第2、4、115页（汉族，庆元县）；浙40，第10、12、13页（汉族，衢县）；浙42，第118、124页（汉族，三门县）；浙43，第9页（汉族，上虞县）；浙44，第2、10、12、14、16页（汉族，绍兴县）；浙47，第16、17、189、191、193、194、200页（汉族，松阳县）；浙48，第4、9、10、12、13、43、162、236页（汉族，遂昌县）；浙49，第23、132页（汉族，泰顺县）；浙50，第1、206页（汉族，天台县）；浙51，第101页（汉族，桐庐县）；浙55，第10、258页（汉族，武义县），第267、301页（畲族，武义县）；浙56，第4、189页（汉族，婺城区）；浙57，第263页（汉族，西湖区）；浙58，第7、9、96页（汉族，仙居县）；浙59，第5、192、200页（汉族，象山县）；浙60，第4、8、18页（汉族，萧山市）；浙61，第3、8、9、10、227页（汉族，新昌县）；浙62，第233页（汉族，义乌市）；浙63，第162、278、280、282、284页（汉族，鄞县）；浙64，第5、6页（汉族，永嘉县）；浙65，第3页（汉族，永康县）；浙66，第199、200、203、214、216页（汉族，余杭县）；浙67，第123页（汉族，余姚市）；浙68，第3、4、5、7、8、10、14、16、18、19、216页（汉族，玉环县）；浙69，第143页（汉族，越城区）；浙70，第2页（汉族，云和县）；浙71，第2页（汉族，镇海区）；浙72，第6、13、15、17、21、409、412、416、448页（汉族，诸暨县）。

豫1，第280、282、284、292、368页（汉族，淅川县）；豫2，第13、14、16、17、18、23、192、195页（汉族，郸城县）；豫3，第14页（汉族，登封县）；豫4，第89、90、91页（汉族，扶沟县）；豫5，第82页（汉族，巩义市）；豫6，第138、170页（汉族，滑县）；豫7，第3、153、168页（汉族，淮滨县）；豫8，第1页（汉族，辉县市）；豫9，第134页（回族，吉县）；豫13，第5页（汉族，林县）；豫14，第9、16页（汉族，武陟县）；豫15，第2页（汉族，孟县）；豫16，第19、28页（汉族，泌阳县）；豫18，第361、384、400、408、436页（汉族，南召县）；豫19，第550、553页（汉族，南召县）；豫20，第1、7、12、18页（汉族，平舆县）；豫21，第6、13、143、148页（汉族，濮阳县）；豫22，第3、6页（汉族，淇县）；豫23，第1、2、6页（汉族，杞县）；豫25，第4、5、7、8、10、11、12、18、19、234、243页（汉族，汝南县）；豫26，第1、6、9、15、159、161页（汉族，社旗县）；豫27，第4、117、142、144页（汉族，沈丘县）；豫28，第2、11、13、16页（汉族，渑池县）；豫29，第22、102页（汉族，太康县）；豫31，第8页（汉族，通许县）；豫32，第1、13、17、18、21、34、42、44、50、51、52、53、56、61、68、71、76、95、98页（汉族，桐柏县）；豫33，第247、278页（汉族，桐柏县）；豫35，第159、202页（汉族，尉氏县）；豫36，第27、28页（汉族，息县）；豫37，第88页（汉族，淅川县）；豫38，第1、5、7、276页（汉族，项城县）；豫39，第57页（汉族，新县）；豫40，第4、7页（汉族，新乡县）；豫41，第168、173、175页（汉族，新野县）；豫45，第229、281页（汉族，禹州市）。

桂1，第3页（壮族，武宣县）；桂2，第1、3、15页（汉族，钟山县）；桂3，第

173 页（仫佬族，柳州市）；桂 4，第 10、105、109 页（壮族，玉林市）；桂 5，第 9 页（苗族，隆林县）；桂 8，第 8 页（汉族，钦州市）；桂 9，第 258 页（汉族，合浦县）；桂 10，第 2、15、145 页（汉族，南宁市）；桂 11，第 57、95 页（壮族，大新县）；桂 12，第 109、114 页（壮族，凭祥市）；桂 13，第 78 页（汉族，合山市）；桂 15，第 5、122 页（壮族，扶绥县）。

川 1，第 39、98 页（汉族，三台县），第 41 页（汉族，高县），第 43 页（汉族，金堂县），第 45、48、201、219、255、257、289、324 页（汉族，巴县），第 47、71 页（汉族，万县），第 52 页（汉族，荣县），第 55、250 页（汉族，绵竹县），第 61、315 页（汉族，成都市东、西城区），第 63、175、241 页（苗族，筠连县），第 69 页（汉族，渠县），第 75 页（汉族，巫山县），第 91 页（汉族，中江县），第 110、325 页（汉族，都江堰市），第 115 页（彝族，冕宁县），第 137、144 页（彝族，峨边县），第 151 页（羌族，理县），第 153 页（土家族，黔江县），第 183 页（蒙古族，盐源县），第 221 页（汉族，盐亭县），第 236 页（羌族，茂县），第 274 页（汉族，巴中县），第 298 页（汉族，成都市）；川 2，第 285 页（彝族地区），第 294、305 页（彝族，峨边县），第 304 页（彝族，德昌县），第 329 页（彝族，奉节县），第 397 页（彝族，西昌市），第 560、563 页（羌族，理县），第 563、568 页（羌族，汶川县），第 565 页（羌族，松潘县），第 692 页（土家族，酉阳县），第 728 页（土家族，黔江县），第 811、827 页（苗族，马边县），第 828 页（苗族，盐边县），第 828 页（苗族，筠连县），第 857 页（苗族，珙县），第 934 页（傣族，会理县），第 945 页（蒙古族，盐源县），第 949 页（傈僳族，盐边县）；川 3，第 127、132 页（汉族，安县）；川 4，第 2、4、9、54、57、158 页（羌族，北川县）；川 5，第 1 页（汉族，灌县）；川 6，第 1、3、80 页（汉族，龙泉驿区）；川 7，第 7 页（汉族，彭县）；川 13，第 198、200、243 页（汉族，涪陵市）；川 14，第 2、3、51 页（汉族，简阳县）；川 16，第 1 页（汉族，金川县）；川 17，第 9、12 页（苗族，筠连县）；川 18，第 130、144 页（汉族，洪雅）；川 19，第 3 页（汉族，邻水县）；川 20，第 82、83 页（汉族，南川县），第 139 页（汉族，江北区）；川 21，第 1、2、3、5 页（汉族，平武县）；川 22，第 30 页（彝族，屏山县）；川 23，第 136 页（汉族，渠县）；川 24，第 1、8 页（汉族，三台县）；川 25，第 150 页（汉族，射洪县）；川 29，第 7 页（汉族，荥经县）；川 30，第 1、3、6、155 页（汉族，营山县）；川 31，第 73 页（汉族，璧山县）；川 32，第 1 页（汉族，大渡口区）；川 34，第 4 页（汉族，合川县）；川 36，第 7 页（汉族，綦江县）；川 38，第 2 页（汉族，沙坪坝区）；川 41，第 48 页（汉族，资中县）；川 42，第 14 页（汉族，自贡市）。

陕 1，第 38、64 页（汉族，宝鸡县），第 104 页（汉族，凤县）；陕 2，第 8、25、98、101 页（汉族，宝鸡县），第 18 页（汉族，陇县），第 38 页（汉族，渭滨区），第 87 页（汉族，岐山县）；陕 3，第 119、142 页（汉族，凤县）；陕 6，第 4、179、197 页（汉族，华县）；陕 7，第 133、134 页（汉族，蓝田县）；陕 8，第 1、340 页（汉族，潼关县），第 5 页（汉族，华县），第 31 页（汉族，韩城）；陕 9，第 28、50 页（汉族，西乡县）；陕 10，第 2、15 页（汉族，兴平县），第 5、11、18 页（汉族，乾县），第 7 页（汉族，泾阳县），第10页（汉族，杨陵区），第16页（汉族，三原县）；陕11，第356页（汉族，礼泉县），第357页（汉族，长武县），第390页（汉族，永寿县），第391页（汉族，乾县），第431页（汉族，彬县）。

综1，第180—182页（汉族，淮河流域）；综4，第212页（布依族），第225页（满族，黑龙江省宁安县），第232页（瑶族，广东省连南瑶族自治县）；综7，第25、35、41、43页（汉族，河南省桐柏盘古山区），第63页（汉族，河南省太行山区），第85、190、122页（汉族，河南省），第96、138页（汉族，河南省沈丘县），第167页（汉族，河南省内乡一带），第261、306页（汉族，河南省灵宝县），第312页（汉族，河南省三门峡市），第333、346页（汉族，河南省嵩岳伊洛区）。

161.1　天帝往世间派人。

参照：1078.1。

出处：

口承神话：

冀5，第3页（汉族，藁城县）。

浙8，第13页（汉族，定海区）；浙29，第1页（汉族，临海市）；浙49，第6、16页（汉族，泰顺县）；浙61，第3、7页（汉族，新昌县）；浙72，第15页（汉族，诸暨县）。

川2，第12页（白马藏族，平武县白马乡）。

161.2　天帝的家庭。

参照：221。

161.2.1　天帝的妻子。

参照：221.2。

出处：

口承神话：

冀1，第3、10页（汉族，满城县）；冀2，第13页（汉族，承德县）；冀5，第3、5、15页（汉族，藁城县）；冀6，第41页（汉族，藁城县）；冀7，第81、613页（汉族，藁城县）；冀8，第323、494、495页（汉族，藁城县）；冀9，第4页（汉族，涉县）；冀14，第229页（汉族，武安县）；冀17，第140页（汉族，宣化区）；冀18，第41页（汉族，茶坊区）；冀19，第118页（汉族，赵县）。

辽4，第171页（汉族，本溪市）；辽11，第8页（汉族，东沟县）；辽15，第132、137页（汉族，抚顺望花区）；辽21，第363页（汉族，建昌县）；辽33，第120页（汉族，大东区）；辽36，第386、388页（汉族，苏家屯区）。

浙1，第373页（汉族，安吉县）；浙2，第107页（汉族，苍南县）；浙5，第493页（汉族，淳安县）；浙6，第224页（汉族，慈溪市）；浙17，第9页（汉族，黄岩市）；浙18，第4页（汉族，嘉善县）；浙19，第219页（汉族，建德县）；浙29，第2页（汉族，临海市）；浙32，第8页（汉族，宁海县）；浙34，第2页（汉族，平湖县）；

浙36，第10页（汉族，浦江县）；浙40，第12、14页（汉族，衢县）；浙43，第9、11、168页（汉族，上虞县）；浙49，第6页（汉族，泰顺县）；浙50，第1页（汉族，天台县）；浙54，第8页（汉族，文成县）；浙58，第5、94页（汉族，仙居县）；浙64，第387页（汉族，永嘉县）；浙67，第245页（汉族，余姚市）；浙72，第14页（汉族，诸暨县）。

豫2，第195页（汉族，郸城县）；豫4，第2页（汉族，扶沟县）；豫6，第169页（汉族，滑县）；豫15，第2页（汉族，孟县）；豫16，第21页（汉族，泌阳县）；豫18，第361、424页（汉族，南召县）；豫19，第550页（汉族，南召县）；豫25，第243页（汉族，汝南县）；豫31，第8页（汉族，通许县）；豫32，第42、50、71页（汉族，桐柏县）；豫33，第278页（汉族，桐柏县）；豫36，第27、28页（汉族，息县）；豫38，第5、7、9页（汉族，项城县）；豫40，第4页（汉族，新乡县）；豫44，第58页（汉族，延津县）。

川1，第41页（汉族，高县），第75页（汉族，巫山县），第115页（彝族，冕宁县），第138、148页（彝族，峨边县），第259页（汉族，巴县），第297页（汉族，绵竹县）；川2，第15页（白马藏族，平武县），第32页（藏族，炉霍县炉霍乡），第289页（彝族），第295页（彝族，峨边县），第572页（羌族，汶川县），第697页（土家族，黔江县），第809、810页（苗族，筠连县），第812页（苗族，兴文县），第825页（苗族，古蔺县），第937页（傈僳族，米易县）；川4，第7页（汉族，北川县）；川13，第243页（汉族，涪陵市）；川19，第1页（汉族，邻水县）；川20，第1页（汉族，江北区），第82页（汉族，南川县）；川21，第6页（汉族，平武县）；川22，第31页（彝族，屏山县）；川30，第6页（汉族，营山县）；川33，第3页（汉族，大足县）。

陕2，第10页（汉族，宝鸡县），第82页（汉族，渭滨区）；陕4，第5页（汉族，佛坪县）；陕10，第11页（汉族，乾县）。

综7，第192页（汉族，河南省许昌地区），第222、224页（汉族，河南省），第226页（汉族，河南省焦作市）。

161.2.2　天帝的儿女。

参照：221.3。

出处：

口承神话：

冀3，第18页（汉族，抚宁县）；冀5，第277页（汉族，藁城县）；冀7，第613页（汉族，藁城县）。

辽11，第8页（汉族，东沟县）；辽33，第543页（汉族，大东区）；辽36，第386页（汉族，苏家屯区）；辽50，第7页（满族，岫岩县）。

浙38，第7页（汉族，青田县）；浙47，第16、191页（汉族，松阳县）；浙49，第6页（汉族，泰顺县）；浙55，第10页（汉族，武义县）；浙56，第189页（汉族，婺城区）；浙61，第10页（汉族，新昌县）；浙64，第6页（汉族，永嘉县）；浙66，第214页（汉族，余杭县）；浙68，第8页（汉族，玉环县）。

豫 2，第 18 页（汉族，郸城县）；豫 14，第 10、16 页（汉族，武陟县）；豫 19，第 550 页（汉族，南召县）；豫 20，第 1 页（汉族，平舆县）；豫 22，第 6 页（汉族，淇县）；豫 26，第 1 页（汉族，社旗县）；豫 27，第 142 页（汉族，沈丘县）；豫 32，第 1 页（汉族，桐柏县）；豫 35，第 159 页（汉族，尉氏县）；豫 44，第 58 页（汉族，延津县）。

桂 1，第 3 页（壮族，武宣县）；桂 4，第 10 页（壮族，玉林市）；桂 10，第 2 页（汉族，南宁市）。

川 1，第 41 页（汉族，高县），第 43 页（汉族，金堂县），第 75 页（汉族，巫山县），第 115 页（彝族，冕宁县），第 137、144 页（彝族，峨边县），第 175 页（苗族，筠连县），第 183 页（蒙古族，盐源县）；川 2，第 31 页（藏族，炉霍县炉霍乡），第 289 页（彝族），第 296 页（彝族，峨边县），第 298 页（彝族，石棉县），第 572 页（羌族，汶川县），第 809、826 页（苗族，筠连县），第 812 页（苗族，兴文县），第 945 页（蒙古族，盐源县）；川 4，第 2 页（羌族，北川县）；川 22，第 30 页（彝族，屏山县）；川 29，第 7 页（汉族，荥经县）。

陕 8，第 1 页（汉族，潼关县）；陕 10，第 16 页（汉族，三原县）。

综 7，第 35 页（汉族，河南省桐柏盘古山区），第 190 页（汉族，河南省），第 226 页（汉族，河南省焦作市），第 334 页（汉族，河南省嵩岳伊洛区）。

161.3　天帝的使者。

参照：162。

出处：

口承神话：

冀 1，第 3 页（汉族，满城县）；冀 2，第 17、603 页（汉族，双滦区），第 24 页（汉族，双桥区），第 637 页（汉族，鹰手营子矿区）；冀 3，第 279、303 页（汉族，抚宁县）；冀 5，第 297 页（汉族，藁城县）；冀 14，第 137、165 页（汉族，武安县）；冀 15，第 22 页（汉族，下花园区）；冀 18，第 28 页（汉族，下花园区），第 62 页（汉族，宣化县）。

辽 4，第 171 页（汉族，本溪市）；辽 5，第 285 页（汉族，平山区）；辽 12，第 191、207 页（满族，凤城县）；辽 17，第 264 页（汉族，甘井子区）；辽 18，第 293 页（汉族，海城市）；辽 21，第 397 页（汉族，建昌县）；辽 22，第 106 页（汉族，锦县）；辽 44，第 153 页（满族，新宾县）；辽 49，第 393 页（汉族，兴城县）；辽 51，第 314 页（汉族，义县）；辽 54，第 113 页（蒙古族，喀左县）；辽 58，第 3、5 页（蒙古族，建昌县）。

浙 1，第 3、315 页（汉族，安吉县）；浙 5，第 12、426 页（汉族，淳安县）；浙 6，第 278 页（汉族，慈溪市）；浙 15，第 102 页（汉族，海曙区）；浙 18，第 3 页（汉族，嘉善县）；浙 23，第 5 页（汉族，缙云县）；浙 27，第 17 页（汉族，丽水市）；浙 28，第 3 页（汉族，临安县）；浙 30，第 7 页（汉族，龙泉县）；浙 31，第 11、271 页（汉族，龙游县）；浙 35，第 1 页（汉族，平阳县）；浙 36，第 9 页（汉族，浦江县）；浙 42，第 118 页（汉族，三门县）；浙 48，第 4、13 页（汉族，遂昌县）；浙 58，第 7 页（汉族，仙居县）；浙60，第4页（汉族，萧山市）；浙66，第199、214、216页（汉族，余杭县）；浙68，第7、18、19、216页（汉族，玉环县）；浙72，第6、21页（汉族，诸暨县）。

豫2，第13页（汉族，郸城县）；豫13，第5页（汉族，林县）；豫16，第19页（汉族，泌阳县）；豫18，第361、400页（汉族，南召县）；豫20，第12页（汉族，平舆县）；豫25，第4、18、244页（汉族，汝南县）；豫26，第161页（汉族，社旗县）；豫32，第95页（汉族，桐柏县）；豫38，第1页（汉族，项城县）；豫45，第281页（汉族，禹州市）。

桂11，第95页（壮族，大新县）；桂13，第78页（汉族，合山市）；桂15，第122页（汉族，扶绥县）。

川1，第145页（彝族，峨边县）；川2，第295页（彝族，峨边县）；川21，第2页（汉族，平武县）。

陕1，第38页（汉族，宝鸡县）；陕2，第8、98页（汉族，宝鸡县），第87页（汉族，岐山县）；陕7，第133、134页（汉族，蓝田县）；陕11，第391页（汉族，乾县）。

综7，第222页（汉族，河南省）。

161.4　天帝的坐骑。

参照：224。

出处：

口承神话：

辽49，第388页（汉族，兴城县）。

浙31，第539页（汉族，龙游县）。

161.5　天帝毁灭宇宙。

出处：

口承神话：

浙8，第10页（汉族，定海区）；浙28，第3页（汉族，临安县）。

豫16，第20页（汉族，泌阳县）。

综7，第138页（汉族，河南省沈丘县），第167页（汉族，河南省内乡一带）。

161.6　天帝收回人间的粮食。因为人类的堕落。

参照：162.7，1125.1。

出处：

口承神话：

冀14，第137页（汉族，武安县）。

辽12，第192页（满族，凤城县）；辽21，第397页（汉族，建昌县）；辽34，第302页（满族，和平区）。

浙36，第9页（汉族，浦江县）；浙39，第114页（汉族，庆元县）。

豫6，第138页（汉族，滑县）；豫18，第362页（汉族，南召县）；豫23，第2页

（汉族，杞县）；豫26，第160、161页（汉族，社旗县）；豫32，第56页（汉族，桐柏县）。

川2，第26页（白马藏族，平武县白马乡）。

陕1，第104页（汉族，凤县）；陕7，第134页（汉族，蓝田县）。

161.7 天帝赐给人神鞭以鞭打有毒的草。中草药的发明。

参照：186.1，222.14.2，1061.2。

出处：

口承神话：

川1，第250页（汉族，绵竹县）。

162 天神。天界的一般神祇。

参照：161.3。

对照：*汤*A210 天空之神。*汤*A211 天界之神。*汤*A216 空气之神。

出处：

口承神话：

冀5，第16、18页（汉族，藁城县）；冀7，第285页（汉族，藁城县）；冀12，第419页（汉族，高邑县）；冀18，第33、39页（汉族，宣化县）；冀19，第117页（汉族，赵县）。

黑1，第15、18、24、51、60、63、67页（满族，宁安县），第23、29页（鄂伦春族，黑河市），第25页（汉族，黑河市），第28页（汉族，甘南县），第31页（鄂伦春族，呼玛县），第60页（满族，海林县）。

辽1，第87、465页（汉族，北票市）；辽2，第473页（满族，北镇县）；辽3，第121页（汉族，北镇县）；辽4，第150、171页（汉族，本溪市）；辽5，第284页（汉族，平山区）；辽6，第1、4页（汉族，本溪县）；辽9，第88页（蒙古族，朝阳县）；辽13，第6页（汉族，抚顺郊区）；辽15，第137页（汉族，抚顺望花区）；辽18，第293、612页（汉族，海城市）；辽20，第358页（汉族，桓仁县）；辽21，第359、387页（汉族，建昌县）；辽23，第49页（汉族，凌河区）；辽24，第137页（汉族，开原县）；辽25，第21页（汉族，康平县）；辽31，第19页（满族，清原县）；辽32，第212、259页（汉族，沙河口区）；辽33，第527页（汉族，大东区）；辽34，第302页（满族，和平区）；辽36，第381、607、615页（汉族，苏家屯区）；辽38，第92页（汉族，铁岭县）；辽39，第397页（汉族，瓦房店市）；辽42，第64、71、163页（汉族，细河区）；辽44，第23、26、86页（满族，新宾县）；辽46，第163页（汉族，新金县）；辽48，第107、112页（回族，新民县）；辽52，第234页（汉族，营口县）；辽58，第20页（蒙古族，建昌县）。

浙2，第7页（汉族，苍南县）；浙3，第69页（汉族，长兴县）；浙5，第4、10、12、426页（汉族，淳安县）；浙8，第1页（汉族，定海区）；浙16，第502页（汉族，海盐县）；浙27，第15、38页（汉族，丽水市）；浙28，第16页（汉族，临安县）；浙

30，第 7 页（汉族，龙泉县）；浙 31，第 315、558 页（汉族，龙游县）；浙 32，第 10 页（汉族，宁海县）；浙 39，第 1、4、114 页（汉族，庆元县）；浙 48，第 4、9 页（汉族，遂昌县）；浙 52，第 4 页（汉族，桐乡县）；浙 55，第 3、301 页（畲族，武义县）；浙 58，第 9 页（汉族，仙居县）；浙 60，第 16 页（汉族，萧山市）；浙 66，第 9 页（汉族，余杭县）；浙 68，第 3、8 页（汉族，玉环县）；浙 70，第 2 页（汉族，云和县）。

豫 2，第 13 页（汉族，郸城县）；豫 7，第 179 页（汉族，淮滨县）；豫 11，第 11 页（汉族，开封县）；豫 14，第 9 页（汉族，武陟县）；豫 16，第 28 页（汉族，泌阳县）；豫 18，第 400 页（汉族，南召县）；豫 20，第 14 页（汉族，平舆县）；豫 27，第 142、144 页（汉族，沈丘县）；豫 28，第 13 页（汉族，渑池县）；豫 29，第 23 页（汉族，太康县）；豫 32，第 16、22、40、43 页（汉族，桐柏县）；豫 38，第 197 页（汉族，项城县）；豫 41，第 175 页（汉族，新野县）；豫 47，第 4 页（回族，驻马店市）。

桂 2，第 3 页（汉族，钟山县）；桂 4，第 10 页（壮族，玉林市），第 96 页（汉族，玉林市）；桂 5，第 4、6 页（彝族，隆林县），第 62 页（仡佬族，隆林县）；桂 10，第 15 页（汉族，南宁市），第 18 页（回族，南宁市）；桂 11，第 97 页（壮族，大新县）；桂 12，第 114 页（壮族，凭祥市）；桂 13，第 3 页（壮族，合山市）；桂 14，第 4 页（瑶族，桂林市）；桂 15，第 5 页（壮族，扶绥县）；

川 1，第 17 页（汉族，绵竹县），第 24 页（彝族，德昌县），第 37 页（汉族，万源县），第 43 页（汉族，金堂县），第 45、48、255、289、324 页（汉族，巴县），第 47 页（汉族，万县），第 77 页（汉族，梁平县），第 81 页（羌族，汶川县），第 91 页（汉族，中江县），第 109、325 页（汉族，都江堰市），第 112 页（汉族，米易县），第 126 页（藏族，小金县），第 135 页（藏族，若尔盖县），第 136、144 页（彝族，峨边县），第 176、243 页（苗族，筠连县），第 177 页（回族，犍为县），第 211、213 页（傈僳族，德昌县），第 272 页（纳西族，德昌县），第 274 页（汉族，巴中县），第 314 页（汉族，成都市东、西城区）；川 2，第 2 页（白马藏族，平武县白马乡），第 3 页（藏族，木里县），第 24 页（藏族，康定县），第 30 页（藏族，若尔盖县），第 270、273 页（彝族，凉山州），第 272 页（彝族，德昌县），第 297 页（彝族，石棉县），第 305 页（彝族，峨边县），第 397 页（彝族，西昌市），第 547 页（羌族，茂县），第 548、552 页（羌族，松潘县），第 554、563 页（羌族，理县），第 563、565、567、570 页（羌族，汶川县），第 564 页（羌族，黑水县），第 690 页（土家族，川湘边区），第 813 页（苗族，珙县），第 824 页（苗族，木里县），第 828 页（苗族，筠连县），第 940、954 页（傈僳族，德昌县），第 944 页（回族，犍为县），第 946 页（蒙古族，盐源县），第 948 页（蒙古族，木里县），第 949、956、962 页（纳西族，木里县）；川 4，第 159 页（羌族，北川县）；川 18，第 130 页（汉族，洪雅县）；川 20，第 2 页（汉族，江北区）；川 22，第 33 页（汉族，屏山县）；川 30，第 3 页（汉族，营山县）。

藏 1，第 10 页（藏族，波密县）。

陕 2，第 6 页（汉族，渭滨区）；陕 4，第 3、5 页（汉族，佛坪县）；陕 7，第 135 页（汉族，蓝田县）；陕 8，第 5 页（汉族，华县）；陕 10，第 5、13 页（汉族，乾县）。

综1，第52页（哈尼族，云南省元江县），第195页（汉族，浙江省湖州市），第216—220页（彝族，贵州省威宁县），第264页（哈尼族，云南省）；综4，第111页（彝族，贵州省）。

162.1　天神的孩子。

参照：161.2.2，164.5，165.5，168.11，181.1，181.2，184.2，188.2.2，221.3。

出处：

古代文献：

《拾遗记》卷一（少昊）；《太平御览》卷七十八《皇王部三·太昊庖牺氏》引《诗含神雾》（伏羲）。

口承神话：

辽42，第64页（汉族，细河区）；辽52，第4页（汉族，营口县）。

浙48，第4页（汉族，遂昌县）。

川1，第27页（彝族，德昌县），第37页（汉族，万源县），第81页（羌族，汶川县），第126页（藏族，小金县），第314页（汉族，成都市东、西城区）；川2，第25页（藏族，红原县），第310页（彝族，凉山州），第555、558、574页（羌族，汶川县），第575页（羌族，理县），第951、952、961页（纳西族，木里县），第957页（蒙古族，木里县）；川4，第159页（羌族，北川县）。

162.2　天神赐给人智慧。

参照：1163。

出处：

口承神话：

川1，第130页（藏族，金川县）；川2，第28页（藏族，木里县），第29页（藏族，金川县）；川16，第3页（藏族，金川县）。

藏1，第10页（藏族，波密县）。

162.3　天神制造"哑水"让动物喝，动物因此丧失说话能力。

参照：1623.1。

出处：

口承神话：

浙1，第371页（汉族，安吉县）；浙11，第3页（汉族，奉化市）；浙16，第503页（汉族，海盐县）。

豫2，第13页（汉族，郸城县）；豫11，第11页（汉族，开封县）；豫20，第14页（汉族，平舆县）。

桂4，第106页（汉族，玉林市）。

川2，第303页（彝族，凉山州）。

162.4　天神命令神匠制造雷电劈打人间。

参照：168.2。

出处：

口承神话：

川 2，第 312 页（彝族，凉山州）。

162.5　天神用火烧毁世界。

参照：951.3。

出处：

口承神话：

川 2，第 555 页（羌族，黑水县）。

162.6　天神下雨形成洪水以惩罚人类。

参照：908。

出处：

口承神话：

川 2，第 566 页（羌族，汶川县），第 957 页（蒙古族，木里县）。

162.7　天神收回人间的粮食。因为人类的堕落。

参照：161.6，1125.1。

出处：

口承神话：

冀 18，第 40 页（汉族，宣化县）。

浙 52，第 4 页（汉族，桐乡县）。

163　女神。

参照：164.2，165.1，167.1，168.1，169.1，169.2，171.1，171.2，181.3，185.4，191.1，192.2，193.3，353.3，356.3，516.1，2413.1.1。

出处：

古代文献：

《说文解字》十二下"女部"、《太平御览》卷七十八《皇王部三·女娲氏》引《风俗通》、《淮南子·览冥训》（女娲）；《山海经·西次三经》《淮南子·览冥训》（西王母）；《淮南子·览冥训》、《全上古三代秦汉三国六朝文·全后汉文》卷五十五辑《灵宪》（嫦娥）；《山海经·大荒北经》（魃）；《山海经·大荒南经》（羲和）；《太平御览》卷十五《天部十五·雾》引《黄帝玄女战法》（玄女）；《广博物志》卷九引《玄女法》（九天玄女）。

口承神话：

冀 1，第 7 页（汉族，满城县）；冀 3，第 18 页（汉族，抚宁县）；冀 4，第 3、5 页（汉族，藁城县）；冀 5，第 3 页（汉族，藁城县）；冀 6，第 124、339、597 页（汉族，藁城县）；冀 7，第 81、453 页（汉族，藁城县）；冀 8，第 1 页（汉族，藁城县）；冀 9，第 1、2 页（汉族，涉县）；冀 11，第 3 页（汉族，衡水市）；冀 12，第 223 页（汉族，高邑县）；冀16，第330页（汉族，广宗县），第468、496页（汉族，邢台市）；冀18，第10页（汉族，庞家堡区），第29、46页（汉族，宣化县）。

黑1，第31页（鄂伦春族，呼玛县），第54页（满族，宁安县）。

辽2，第485页（汉族，北镇县）；辽6，第1、4页（汉族，本溪县）；辽10，第86、88、110页（汉族，大洼县）；辽14，第378页（汉族，抚顺露天区）；辽15，第132页（汉族，抚顺望花区）；辽21，第363页（汉族，建昌县）；辽33，第120页（汉族，大东区）；辽39，第397、500页（汉族，瓦房店市）；辽42，第60页（汉族，细河区）；辽43，第1、4页（满族，新宾县）；辽44，第26页（满族，新宾县）；辽45，第2页（汉族，新宾县）；辽47，第10页（汉族，新民县）；辽48，第112页（回族，新民县）。

浙2，第4页（汉族，苍南县）；浙3，第66、68、69页（汉族，长兴县）；浙5，第5、8、429、443页（汉族，淳安县）；浙8，第1页（汉族，定海区）；浙9，第8、10页（汉族，东阳县）；浙10，第254页（汉族，洞头县）；浙11，第1页（汉族，奉化市）；浙14，第3页（汉族，海宁市）；浙19，第2页（汉族，建德县）；浙24，第5页（汉族，开化县）；浙25，第3页（汉族，兰溪市）；浙26，第6页（汉族，乐清县）；浙27，第27、28页（汉族，丽水市）；浙28，第1、12、14页（汉族，临安县）；浙31，第6、317页（汉族，龙游县）；浙32，第7页（汉族，宁海县）；浙34，第1页（汉族，平湖县）；浙36，第12页（汉族，浦江县）；浙39，第4页（汉族，庆元县）；浙41，第141页（汉族，瑞安市）；浙43，第4、6页（汉族，上虞县）；浙44，第2、5、20页（汉族，绍兴县）；浙47，第13页（汉族，松阳县）；浙48，第7页（汉族，遂昌县）；浙56，第4、6页（汉族，婺城区）；浙68，第3、8、12、16页（汉族，玉环县）。

豫8，第1页（汉族，辉县市）；豫9，第136页（汉族，吉县）；豫14，第10页（汉族，武陟县）；豫18，第1、10页（汉族，南召县）；豫19，第550页（汉族，南召县）；豫21，第7、23页（汉族，濮阳县）；豫23，第10、14页（汉族，杞县）；豫25，第3、11页（汉族，汝南县）；豫28，第16页（汉族，渑池县）；豫29，第23、107页（汉族，太康县）；豫32，第57页（汉族，桐柏县）；豫38，第3页（汉族，项城县）；豫40，第2页（汉族，新乡县）；豫44，第58页（汉族，延津县）；豫45，第3页（汉族，禹州市）。

桂15，第5页（壮族，扶绥县）。

川1，第14、257、259、266、285、291页（汉族，巴县），第16页（汉族，广汉县），第17、249页（汉族，绵竹县），第19页（汉族，简阳县），第35页（汉族，巫溪县），第52页（汉族，荣县），第63页（苗族，筠连县），第80页（汉族，合江县），第108页（汉族，双流县），第116页（汉族，德昌县），第120页（汉族，德阳市市中区），第130页（藏族，金川县），第288页（汉族，成都市），第335页（汉族，巫山县）；川2，第566、570页（羌族，汶川县），第691页（土家族，川湘边区），第691页（土家族，黔江县）；川4，第1页（羌族，北川县）；川9，第2页（汉族，双流县）；川14，第1、2页（汉族，简阳县）；川16，第3页（藏族，金川县）；川17，第4、9页（汉族，筠连县）；川20，第85页（汉族，南川县）；川31，第73页（汉族，璧山县）；

川33，第2页（汉族，大足县）；川36，第7页（汉族，綦江县）。

藏1，第4页（藏族，林周县）。

陕2，第4页（汉族，千阳县），第25、75、101页（汉族，宝鸡县）；陕4，第4页（汉族，佛坪县）；陕6，第236页（汉族，华县）；陕7，第3页（汉族，蓝田县）；陕9，第28页（汉族，西乡县）；陕10，第3、12页（汉族，旬邑县）；陕11，第467页（汉族，长武县）。

综7，第35、41页（汉族，河南省桐柏盘古山区），第55、56页（汉族，河南省开封府区），第60、61页（汉族，河南省太行山区），第66、68页（汉族，河南省西华思都岗区），第191页（汉族，河南省许昌地区）。

164　太阳神。

对照：艾68型　太阳和月亮。汤A220　日神。

出处：

古代文献：

《白虎通·五行》（炎帝、祝融）。

口承神话：

冀1，第1页（汉族，望都县）；冀5，第9页（汉族，藁城县）；冀6，第124页（汉族，藁城县）；冀7，第451页（汉族，藁城县）；冀9，第7页（汉族，成安县）；冀18，第20、24、54页（汉族，宣化县）。

辽42，第163页（汉族，细河区）。

浙10，第7页（汉族，洞头县）；浙68，第6页（汉族，玉环县）。

豫18，第424页（汉族，南召县）；豫20，第1页（汉族，平舆县）；豫21，第13页（汉族，濮阳县）；豫22，第6页（汉族，淇县）；豫27，第142页（汉族，沈丘县）；豫28，第13页（汉族，渑池县）；豫32，第46、71、95页（汉族，桐柏县）；豫33，第320、329页（汉族，桐柏县）；豫38，第1页（汉族，项城县）。

川29，第7页（汉族，荥经县）；川31，第2页（汉族，璧山县）。

陕2，第83、103页（汉族，渭滨区）。

综1，第220页（彝族，贵州省威宁县），第252页（景颇族，云南省）；综7，第190页（汉族，河南省）。

164.1　男性太阳神。

出处：

口承神话：

辽9，第312页（汉族，朝阳县）；辽42，第65页（汉族，细河区）。

浙60，第5页（汉族，萧山市）；浙67，第245页（汉族，余姚市）。

豫1，第366页（汉族，淅川县）；豫24，第142页（汉族，沁阳县）；豫38，第5页（汉族，项城县）。

桂10，第1页（汉族，南宁市）。

川1，第48、202页（汉族，巴县），第176页（苗族，筠连县）；川2，第305页（彝族，峨边县），第827页（苗族，筠连县）。

陕9，第50页（汉族，西乡县）；陕10，第16页（汉族，三原县）。

164.2　太阳女神。

对照：汤A220.1　太阳女神。

出处：

口承神话：

辽11，第24页（汉族，东沟县）；辽36，第414页（汉族，苏家屯区）。

浙8，第3、4页（汉族，定海区）；浙28，第17页（汉族，临安县）；浙36，第3页（汉族，浦江县）；浙38，第7页（汉族，青田县）；浙43，第6页（汉族，上虞县）；浙48，第4页（汉族，遂昌县）；浙60，第4页（汉族，萧山市）。

豫20，第1页（汉族，平舆县）；豫32，第32页（汉族，桐柏县）。

川1，第140页（彝族，攀枝花市）；川4，第158页（羌族，北川县）。

陕8，第1页（汉族，潼关县）；陕10，第3页（汉族，礼泉县）。

综7，第181页（汉族，河南省商丘县）。

164.3　太阳神有仙火。

出处：

口承神话：

川1，第18页（汉族，绵竹县）。

164.4　太阳神有粮食种子。

出处：

口承神话：

川1，第203页（汉族，巴县）。

164.5　太阳神的孩子。

参照：221.3，232.1.1，442，863。

出处：

口承神话：

桂8，第98页（汉族，钦州市）。

藏1，第17页（珞巴族，墨脱县）。

164.5.1　太阳神的八个儿子。

出处：

口承神话：

浙28，第17页（汉族，临安县）。

164.5.2　太阳神的九个儿子。

出处：

口承神话：

冀7，第451页（汉族，藁城县）。

豫22，第6页（汉族，淇县）。

164.5.3　太阳神的十个孩子。

出处：

口承神话：

冀6，第124页（汉族，藁城县）。

辽9，第312页（汉族，朝阳县）。

浙56，第189页（汉族，婺城区）。

豫18，第424页（汉族，南召县）；豫27，第142页（汉族，沈丘县）；豫32，第71页（汉族，桐柏县）。

桂4，第10页（壮族，玉林市）。

川17，第5页（汉族，筠连县）；川29，第7页（汉族，荥经县）；川31，第2页（汉族，璧山县）。

陕10，第16页（汉族，三原县）。

综7，第190页（汉族，河南省）。

164.5.4　太阳神的十二个孩子。

出处：

口承神话：

冀5，第9页（汉族，藁城县）。

164.5.5　太阳神的女儿。

出处：

口承神话：

浙8，第8页（汉族，定海区）。

豫38，第1页（汉族，项城县）。

陕2，第104页（汉族，渭滨区）。

165　月亮神。

参照：183.4.1。

对照：艾68型　太阳和月亮。汤A240　月神。

出处：

口承神话：

综1，第220页（彝族，贵州省威宁县），第253页（景颇族，云南省）。

165.1　月亮女神。

对照：汤A240.1　月亮女神。

出处：

口承神话：

辽42，第66页（汉族，细河区）。

浙8，第3、4页（汉族，定海区）；浙43，第6页（汉族，上虞县）；浙48，第4页（汉族，遂昌县）；浙60，第4页（汉族，萧山市）。

豫20，第1页（汉族，平舆县）；豫21，第13页（汉族，濮阳县）；豫32，第32页（汉族，桐柏县）；豫38，第5页（汉族，项城县）。

桂10，第1页（汉族，南宁市）。

川2，第305页（彝族，峨边县）。

陕8，第1页（汉族，潼关县）；陕9，第50页（汉族，西乡县）。

165.1.1　盗食了不死药的女人奔入月中，成为月精。

参照：235。

出处：

古代文献：

《全上古三代秦汉三国六朝文·全上古三代文》卷十五辑《归藏》、《淮南子·览冥训》、《初学记》卷一《天部上·天一》引《淮南子》（嫦娥）。

165.2　男性月亮神。

出处：

口承神话：

辽11，第24页（汉族，东沟县）；辽36，第414页（汉族，苏家屯区）。

浙36，第3页（汉族，浦江县）；浙38，第7页（汉族，青田县）。

川1，第48页（汉族，巴县），第140页（彝族，攀枝花市）；川4，第159页（羌族，北川县）；川24，第3页（汉族，三台县）。

165.3　蟾蜍为月精。

参照：489.1。

出处：

古代文献：

《太平御览》卷四《天部四·月》引《春秋演孔图》。

165.4　兔子为月精。

参照：489.2。

出处：

古代文献：

《太平御览》卷九百七《兽部十九·兔》引《典略》（"兔者，明月之精"）。

165.5　月亮的孩子。

出处：

口承神话：

藏1，第17页（珞巴族，墨脱县）。

166　星辰之神。

对照：汤 A250　星神。
出处：
口承神话：
黑 1，第 15 页（满族，宁安县）。
综 4，第 88—89 页（彝族）。

166.1　不和睦的兄弟俩分别主管商星和参星。

出处：
古代文献：
《左传·昭公元年》（"昔高辛氏有二子"）。

167　云神。

对照：汤 A283　云神。
出处：
古代文献：
《楚辞·九歌·云中君》；《左传·昭公十七年》（黄帝）。
口承神话：
桂 2，第 1 页（汉族，钟山县）。
川 2，第 270 页（彝族，凉山州）。

167.1　女云神。

出处：
口承神话：
浙 48，第 4 页（汉族，遂昌县）。
陕 9，第 50 页（汉族，西乡县）。

168　雷神。

参照：244.6.2，322.3.1，852，872.2，906.3.2。
对照：汤 A284　雷神。
出处：
古代文献：
《山海经·海内东经》（雷神）；《楚辞·离骚》王逸注（丰隆）；《搜神记》卷十二
（"霹雳被格"）。
口承神话：
冀 5，第 5、322 页（汉族，藁城县）；冀 14，第 137 页（汉族，武安县）。
黑 1，第 27 页（鄂伦春族，黑河市）。
辽 1，第 88 页（汉族，北票市）；辽 2，第 485 页（汉族，北镇县）；辽 8，第 309 页

（汉族，长海县）；辽10，第110页（汉族，大洼县）；辽21，第364页（汉族，建昌县）；辽33，第527页（汉族，大东区）；辽42，第71页（汉族，细河区）；辽43，第6页（满族，新宾县）。

浙2，第6、8页（汉族，苍南县）；浙10，第9、11页（汉族，洞头县）；浙11，第230页（汉族，奉化市）；浙22，第3页（汉族，金华县）；浙23，第9页（汉族，缙云县）；浙27，第38页（汉族，丽水市）；浙34，第7页（汉族，平湖县）；浙35，第1页（汉族，平阳县）；浙43，第9页（汉族，上虞县）；浙45，第6页（汉族，嵊泗县）；浙48，第4、9页（汉族，遂昌县）；浙49，第23页（汉族，泰顺县）；浙64，第7页（汉族，永嘉县）；浙66，第200页（汉族，余杭县）；浙67，第123、245页（汉族，余姚市）；浙72，第9、13、15页（汉族，诸暨县）。

豫14，第16页（汉族，武陟县）；豫15，第2页（汉族，孟县）；豫25，第15页（汉族，汝南县）；豫29，第15页（汉族，太康县）；豫32，第22页（汉族，桐柏县）。

桂1，第3页（壮族，武宣县）；桂2，第1页（汉族，钟山县），第5、154页（瑶族，钟山县）；桂3，第2、195页（壮族，柳州市）；桂8，第4、8页（汉族，钦州市）；桂10，第2页（汉族，南宁市），第9页（壮族，南宁市）；桂13，第3页（壮族，合山市）；桂14，第3页（瑶族，桂林市）。

川1，第52页（汉族，荣县），第53页（汉族，阆中县），第55页（汉族，绵竹县），第91页（汉族，中江县），第151页（羌族，理县），第231页（汉族，巴县），第244页（苗族，筠连县），第299页（汉族，成都市）；川2，第562页（羌族，理县），第952页（纳西族，木里县）；川7，第6页（汉族，彭县）；川17，第7页（苗族，筠连县）；川21，第5页（汉族，平武县）；川22，第35页（彝族，屏山县）；川24，第8页（汉族，三台县）；川38，第2页（汉族，沙坪坝区）；川42，第13页（汉族，自贡市）。

陕2，第54、87、95页（汉族，岐山县）；陕8，第1页（汉族，潼关县），第31页（汉族，韩城）；陕9，第49页（汉族，西乡县）。

综1，第56页（哈尼族，云南省元江县）；综4，第214页（布依族）；综7，第222页（汉族，河南省）。

168.1　女雷神。

对照：汤A284.1　女雷神。

出处：

口承神话：

浙32，第206页（汉族，宁海县）。

川1，第175页（苗族，筠连县）；川2，第826页（苗族，筠连县）；川17，第4页（汉族，筠连县）。

168.2　雷神惩罚忤逆之人。

参照：162.4。

出处：

口承神话：

辽33，第527页（汉族，大东区）。

浙2，第6页（汉族，苍南县）；浙10，第9、11页（汉族，洞头县）；浙22，第3页（汉族，金华县）；浙35，第1页（汉族，平阳县）；浙48，第9页（汉族，遂昌县）；浙67，第123页（汉族，余姚市）；浙72，第13页（汉族，诸暨县）。

豫29，第16页（汉族，太康县）。

桂2，第5页（瑶族，钟山县）；桂8，第8页（汉族，钦州市）；桂10，第3页（汉族，南宁市）；桂14，第3页（瑶族，桂林市）。

川1，第53页（汉族，阆中县），第214页（傈僳族，德昌县）；川2，第6页（藏族，木里县），第955页（傈僳族，德昌县）；川21，第5页（汉族，平武县）。

168.3　雷神的胆能治病。

出处：

口承神话：

川2，第6页（藏族，木里县）。

168.4　雷神被捉。

参照：244.6.2。

对照：汤A173.2　神被关押。

出处：

口承神话：

浙23，第9页（汉族，缙云县），浙64，第8页（汉族，永嘉县）。

桂1，第4页（壮族，武宣县）；桂2，第1页（汉族，钟山县），第5、154页（瑶族，钟山县）；桂3，第2页（壮族，柳州市）；桂10，第9页（壮族，南宁市）；桂13，第3页（壮族，合山市）；桂14，第3页（瑶族，桂林市）。

川2，第275页（彝族，甘洛县），第313页（彝族，凉山州），第694页（土家族，秀山县）；川17，第7页（苗族，筠连县）；川22，第35页（彝族，屏山县）；川38，第2页（汉族，沙坪坝区）。

168.5　雷神的脸为什么是黑的。因为和灶神打斗，被灶神打成了黑的。

参照：193.2。

出处：

口承神话：

川1，第55页（汉族，绵竹县）。

168.6　五个雷神。

出处：

口承神话：

浙2，第8页（汉族，苍南县）。

168.7　雷神变为水雷。

出处：

口承神话：

浙2，第8页（汉族，苍南县）。

168.8　雷神的婚姻。

出处：

口承神话：

川1，第52页（汉族，荣县）；川42，第13页（汉族，自贡市）。

168.9　雷神的妻子。

参照：221.2。

出处：

口承神话：

浙45,第6页(汉族,嵊泗县);浙67,第245页(汉族,余姚市)。

豫29,第15页(汉族,太康县)。

川24,第8页(汉族,三台县);川42,第13页(汉族,自贡市)。

168.10　地上的人上天变为雷神。

出处：

口承神话：

桂5，第9页（苗族，隆林县）。

168.11　雷神的孩子。

出处：

口承神话：

桂5，第9页（苗族，隆林县）。

169　电神。

对照：汤 A285　闪电之神。

出处：

口承神话：

冀14，第137页（汉族，武安县）。

浙27，第38页（汉族，丽水市）；浙67，第124页（汉族，余姚市）。

169.1　女电神。

出处：

口承神话：

冀1，第10页（汉族，满城县）。

辽1，第88页（汉族，北票市）；辽8，第309页（汉族，长海县）；辽42，第71页

（汉族，细河区）；辽43，第6页（满族，新宾县）。

浙35，第2页（汉族，平阳县）；浙48，第4、9页（汉族，遂昌县）；浙49，第23页（汉族，泰顺县）；浙72，第9、15页（汉族，诸暨县）。

豫15，第2页（汉族，孟县）；豫25，第15页（汉族，汝南县）；豫29，第15页（汉族，太康县）。

桂2，第1页（汉族，钟山县）；桂10，第2页（汉族，南宁市）。

川1，第91页（汉族，中江县），第244页（苗族，筠连县），第299页（汉族，成都市）；川2，第952页（纳西族，木里县）；川24，第8页（汉族，三台县）。

陕8，第1页（汉族，潼关县）。

综7，第222页（汉族，河南省）。

169.1.1 地上的人成为闪电女神。

出处：

口承神话：

浙2，第7页（汉族，苍南县）；浙22，第3页（汉族，金华县）；浙35，第2页（汉族，平阳县）；浙48，第9页（汉族，遂昌县）；浙72，第14页（汉族，诸暨县）。

桂10，第3页（汉族，南宁市）。

171 风神。

对照：*汤A282 风神。*

出处：

古代文献：

《山海经·大荒北经》《韩非子·十过》（风伯）；《山海经·大荒东经》（折丹）；《山海经·大荒南经》（因因乎）；《楚辞·离骚》王逸注（飞廉）。

口承神话：

黑1，第18页（满族，宁安县）。

辽4，第171页（汉族，本溪市）；辽10，第88页（汉族，大洼县）；辽33，第120页（汉族，大东区）；辽41，第149页（汉族，西丰县）。

浙27，第38页（汉族，丽水市）；浙36，第208页（汉族，浦江县）；浙62，第8页（汉族，义乌市）；浙65，第3页（汉族，永康县）；浙67，第123页（汉族，余姚市）。

豫15，第2页（汉族，孟县）；豫25，第9页（汉族，汝南县）。

川1，第18页（汉族，绵竹县），第299页（汉族，成都市）；川2，第270页（彝族，凉山州），第574页（羌族，北川县）；川4，第160页（羌族，北川县）。

陕2，第89、95页（汉族，岐山县）；陕6，第6页（汉族，华县）；陕7，第134页（汉族，蓝田县）；陕9，第49页（汉族，西乡县）。

综1，第55页（哈尼族，云南省元江县），第122—123页（哈尼族，云南省），第200页（汉族，陕西省黄陵县），第216—220页（彝族，贵州省威宁县），第284页（彝族，四川省）。

171.1 女风神。

对照：汤 A282.0.1 女风神。

出处：

古代文献：

《酉阳杂俎》续集卷三《支诺皋下》（封十八姨）。

口承神话：

冀1，第10页（汉族，满城县）；冀5，第322页（汉族，藁城县）。

辽9，第182页（汉族，朝阳县）；辽36，第381页（汉族，苏家屯区）。

浙27，第11页（汉族，丽水市）；浙48，第4页（汉族，遂昌县）。

豫1，第367页（汉族，淅川县）；豫8，第2页（汉族，辉县市）；豫32，第1页（汉族，桐柏县）；豫47，第5页（汉族，驻马店市）。

桂2，第1页（汉族，钟山县）。

陕8，第38页（汉族，韩城）；陕10，第9页（汉族，杨陵区）。

171.2 南风女神。

出处：

口承神话：

辽42，第71页（汉族，细河区）。

171.3 北风神。

出处：

口承神话：

辽42，第71页（汉族，细河区）。

171.4 东风神。

出处：

口承神话：

辽42，第71页（汉族，细河区）。

171.5 西风神。

出处：

口承神话：

辽42，第71页（汉族，细河区）。

172 雨神。

对照：汤 A287 雨神。

出处：

古代文献：

《山海经·大荒北经》《韩非子·十过》（雨师）；《山海经·大荒东经》《山海经·大

荒北经》（应龙）；《山海经·海外东经》（妾）；《楚辞·天问》；《搜神记》卷四（"风伯雨师"条下屏翳、号屏、玄冥）；《列仙传》卷上《赤松子》（"赤松子者，神农时雨师也"）。

口承神话：

辽1，第88页（汉族，北票市）；辽4，第171页（汉族，本溪市）；辽10，第88、110页（汉族，大洼县）；辽41，第149页（汉族，西丰县）。

浙27，第38页（汉族，丽水市）；浙28，第3页（汉族，临安县）；浙35，第4页（汉族，平阳县）；浙36，第208页（汉族，浦江县）；浙48，第4页（汉族，遂昌县）；浙65，第3页（汉族，永康县）；浙67，第245页（汉族，余姚市）。

豫1，第367页（汉族，淅川县）；豫8，第2页（汉族，辉县市）；豫15，第2页（汉族，孟县）；豫21，第13页（汉族，濮阳县）；豫28，第13页（汉族，渑池县）；豫32，第76页（汉族，桐柏县）。

川1，第18页（汉族，绵竹县），第299页（汉族，成都市）；川2，第574页（羌族，北川县）；川4，第160页（羌族，北川县）；川30，第8页（汉族，营山县）。

陕2，第89、95页（汉族，岐山县）；陕6，第6页（汉族，华县）；陕7，第134页（汉族，蓝田县）；陕8，第31页（汉族，韩城）；陕10，第5页（汉族，乾县）。

综1，第56页（哈尼族，云南省元江县），第200页（汉族，陕西省黄陵县）；综7，第43页（汉族，河南省桐柏盘古山区）。

172.1　女雨神。

对照：汤A287.1　女雨神。

出处：

口承神话：

辽36，第386页（汉族，苏家屯区）。

172.2　龙为雨神。

参照：188.2，224.2，322.9，653.3。

出处：

口承神话：

冀1，第10页（汉族，满城县）。

辽2，第483页（汉族，北镇县）。

浙23，第7、10页（汉族，缙云县）。

豫1，第367页（汉族，淅川县）；豫36，第27页（汉族，息县）。

陕8，第1页（汉族，潼关县）；陕10，第9页（汉族，杨陵区）；陕11，第431页（汉族，彬县）。

综7，第43页（汉族，河南省桐柏盘古山区）。

173　冰雹神。

出处：

口承神话：

豫 1，第 285 页（汉族，淅川县）。

174　雪神。

出处：

口承神话：

辽 1，第 88 页（汉族，北票市）。

175　水神。一称水伯。普遍或局部水域的神圣管辖者。

对照：汤 A420　水神。

出处：

古代文献：

《山海经·海外东经》（天吴）；《楚辞·天问》王逸注、《左传·昭公二十九年》（共工氏）；《文选·洛神赋》李善注引《汉书音义》（宓妃为洛水之神）。

口承神话：

冀 6，第 40 页（汉族，藁城县）；冀 18，第 54 页（汉族，宣化县）。

浙 48，第 7、240 页（汉族，遂昌县）；浙 64，第 5 页（汉族，永嘉县）。

豫 18，第 10 页（汉族，南召县）；豫 23，第 7、10 页（汉族，杞县）；豫 25，第 8 页（汉族，汝南县）；豫 29，第 22 页（汉族，太康县）；豫 30，第 4 页（汉族，汤阴县）；豫 47，第 5 页（汉族，驻马店市）。

川 1，第 14 页（汉族，巴县），第 120 页（汉族，德阳市市中区），第 314 页（汉族，成都市东、西城区）；川 2，第 956 页（纳西族，木里县），第 957 页（蒙古族，木里县）。

陕 1，第 64 页（汉族，宝鸡县）。

综 4，第 89—90 页（彝族），第 232 页（瑶族，广东省连南瑶族自治县）；综 7，第 55 页（汉族，河南省开封府区）。

175.1　水神的妻子。

参照：221.2。

出处：

口承神话：

川 2，第 30 页（藏族，木里县）。

175.2　水神的女儿。

出处：

口承神话：

川 2，第 14、31 页（藏族，木里县）。

175.3　水神做坏事。

出处：

口承神话：

川2，第30页（藏族，木里县）。

175.4　涸泽之精。主管将要干涸的水泽。

出处：

古代文献：

《管子·水地》（庆忌）。

175.5　波涛之神。

出处：

古代文献：

《楚辞·九章·哀郢》王逸注；《淮南子·览冥训》高诱注。

176　河神。一称河伯或河精。

对照：汤A425　河神。

出处：

古代文献：

《楚辞·天问》王逸注（河伯；"雒嫔，水神"）；《楚辞·离骚·河伯》；《尸子·尸子存疑》（"禹理洪水……见白面长人鱼身出曰：'吾河精也'"）；《穆天子传》卷一（"阳纡之山，河伯无夷之所都居"）；《搜神记》卷十三（"二华之山"条下"河神巨灵"）。

口承神话：

冀5，第7页（汉族，藁城县）；冀9，第3页（汉族，涉县）；冀10，第126页（汉族，涉县）；冀14，第120页（汉族，武安县）；冀19，第116页（汉族，赵县）。

黑1，第16页（满族，宁安县）。

辽22，第106页（汉族，锦县）；辽49，第393页（汉族，兴城县）。

豫5，第82页（汉族，巩义市）。

川1，第319页（汉族，成都市东、西城区）；川18，第119页（汉族，洪雅县）。

综1，第185页（汉族，河南省）；综7，第346页（汉族，河南省嵩岳伊洛区）。

177　海神。

对照：汤A421　海神。

出处：

古代文献：

《山海经·大荒东经》；《楚辞·远游》王逸注；《初学记》卷二《天部下·雪二》注（"南海神名祝融，北海神名玄冥，东海神名勾芒，西海神名蓐收，河伯名冯修"）。

口承神话：

综1，第68页（藏族，四川省木里县）。

178　江神。

出处：

古代文献：

《文选·江赋》李善注及刘良注。

179　干旱之神。

对照：汤 A431.1.4　干旱和贫瘠女神。

出处：

古代文献：

《山海经·大荒北经》《诗·大雅·云汉》（魃）；《说文解字》九上"鬼部"释"魃"。

口承神话：

陕2，第89页（汉族，岐山县）。

综1，第188—190页（布依族，贵州省），第202页（汉族，陕西省黄陵县）。

181　火神。

对照：汤 A493　火神。

出处：

古代文献：

《左传·哀公九年》《左传·昭公十七年》（炎帝）；《国语·郑语》《国语·楚语下》（黎）；《史记》卷四十《楚世家》（重黎）；《太平御览》卷五百二十九《礼仪部八·五祀》引《五经异义》（祝融）；《左传·昭公十八年》、《国语·周语上》韦昭注（回禄）。

口承神话：

冀1，第3、4页（汉族，满城县）；冀6，第40页（汉族，藁城县）；冀13，第1页（汉族，武安县）；冀18，第54页（汉族，宣化县）。

黑1，第18页（满族，宁安县）。

浙2，第228页（汉族，苍南县）；浙23，第9页（汉族，缙云县）；浙28，第3页（汉族，临安县）；浙36，第5页（汉族，浦江县）；浙48，第7页（汉族，遂昌县）；浙64，第5页（汉族，永嘉县）；浙65，第3页（汉族，永康县）。

豫18，第10页（汉族，南召县）；豫23，第10页（汉族，杞县）；豫29，第22页（汉族，太康县）；豫30，第4页（汉族，汤阴县）；豫40，第12页（汉族，新乡县）。

桂3，第195页（壮族，柳州市）。

川1，第45、48、231页（汉族，巴县），第120页（汉族，德阳市市中区），第236页（羌族，茂县），第314页（汉族，成都市东、西城区）；川2，第568、574页（羌族，汶川县），第957页（蒙古族，木里县）；川4，第160页（羌族，北川县）。

陕1，第64页（汉族，宝鸡县）；陕8，第38页（汉族，韩城）。

综1，第150页（羌族，四川省茂县），第154页（鄂伦春族，内蒙古自治区鄂伦春自治县）；综7，第55页（汉族，河南省开封府区），第183页（汉族，河南省商丘县）。

181.1　火神的九个儿子——太阳。

出处：

口承神话：

川1，第45、48页（汉族，巴县）。

181.1.1　火神的儿子为害人间。

出处：

口承神话：

川1，第45、48页（汉族，巴县）。

181.2　火神的女儿。

出处：

口承神话：

冀6，第40页（汉族，藁城县）。

181.3　女火神。

出处：

口承神话：

黑1，第37页（鄂伦春族，逊克县），第38页（鄂温克族，讷河县）。

综1，第154页（鄂伦春族，内蒙古自治区鄂伦春自治县）。

182　四方之神。管理东、西、南、北四方的神灵。

参照：1671。

对照：汤A417　四方之神。四个神或精灵分别在世界的东、南、西、北四个角上。

出处：

古代文献：

《楚辞·远游》。

182.1　五方之神。管理东、西、南、北、中五方的神灵。

参照：1673。

古代文献：

《淮南子·天文训》《淮南子·时则训》。

182.1.1　五方神，专管下界动土起造。

出处：

口承神话：

川2，第328页（彝族，奉节县）。

182.2　东方之神。

出处：

古代文献：

《山海经·海外东经》（句芒）；《淮南子·天文训》《淮南子·时则训》（太昊、句芒）；《吕氏春秋·孟春纪第一·孟春》高诱注（太昊伏羲氏、句芒）。

口承神话：

黑1，第309页（汉族，依兰县）。

浙3，第66页（汉族，长兴县）。

川1，第290页（汉族，巴县）。

181.2.1　东方之神是太阳神。

出处：

口承神话：

综1，第220页（彝族，贵州省威宁县）。

182.3　南方之神。

出处：

古代文献：

《山海经·海外南经》（祝融）；《淮南子·天文训》（炎帝、朱明）；《淮南子·时则训》（赤帝、祝融）。

口承神话：

黑1，第309页（汉族，依兰县）。

浙3，第66页（汉族，长兴县）。

182.3.1　南方之神是天神。

出处：

口承神话：

综1，第220页（彝族，贵州省威宁县）。

182.4　中央之神。

出处：

古代文献：

《淮南子·天文训》《淮南子·时则训》（黄帝、后土）。

口承神话：

黑1，第309页（汉族，依兰县）。

浙3，第66页（汉族，长兴县）。

182.4.1　中央之神是风神。

出处：

口承神话：

综1，第220页（彝族，贵州省威宁县）。

182.5　西方之神。

出处：

古代文献：

《山海经·海外西经》（蓐收）；《淮南子·天文训》《淮南子·时则训》（少昊、蓐收）。

口承神话：

黑1，第309页（汉族，依兰县）。

浙3，第66页（汉族，长兴县）。

豫23，第6页（汉族，杞县）。

182.5.1　西方之神是月亮神。

出处：

口承神话：

综1，第220页（彝族，贵州省威宁县）。

182.6　北方之神。

出处：

古代文献：

《山海经·海外北经》（禺彊）；《淮南子·天文训》《淮南子·时则训》（颛顼、玄冥）。

口承神话：

黑1，第309页（汉族，依兰县）。

浙3，第66页（汉族，长兴县）。

豫23，第7页（汉族，杞县）。

182.6.1　北方之神是地神。

出处：

口承神话：

综1，第220页（彝族，贵州省威宁县）。

183　四季之神。执掌春、夏、秋、冬四季的神。

参照：563，563.2。

对照：汤A496　季节之神。

出处：

口承神话：

冀6，第410页（汉族，藁城县）。

浙17，第1页（汉族，黄岩市）。

183.1　夏之神。

出处：

古代文献：

《淮南子·天文训》（炎帝、朱明）。

183.1.1　夏之神是天神。

出处：

口承神话：

冀6，第410页（汉族，藁城县）。

综1，第220页（彝族，贵州省威宁县）。

183.2　冬之神。

出处：

古代文献：

《淮南子·天文训》（颛顼、玄冥）。

183.2.1　冬之神是天神。

出处：

口承神话：

冀6，第410页（汉族，藁城县）。

183.2.2　冬之神是地神。

出处：

口承神话：

综1，第220页（彝族，贵州省威宁县）。

183.3　春之神。

对照：汤A496.1　春之神。

出处：

古代文献：

《淮南子·天文训》《淮南子·时则训》（太昊、句芒）。

183.3.1　春之神是太阳神。

出处：

口承神话：

综1，第220页（彝族，贵州省威宁县）。

183.4　秋之神。

出处：

古代文献：

《淮南子·天文训》（少昊、蓐收）。

183.4.1　秋之神是月亮神。

出处：

口承神话：

综1，第220页（彝族，贵州省威宁县）。

183.5 其他执掌天时之神。

183.5.1 众鸟执掌四季天时。

出处：

古代文献：

《左传·昭公十七年》（"凤鸟氏，历正也；玄鸟氏，司分者也；……"）。

184 地神。

对照：汤 A400 土地之神。

出处：

古代文献：

《初学记》卷五《地部上·总载地一》引《物理论》（"其神曰祇，亦曰媪，大而名之曰黄地，小而名之曰神州，亦名后土"）。

口承神话：

黑 1，第 11 页（汉族，青冈县）。

辽 10，第 84 页（汉族，大洼县）。

浙 3，第 69 页（汉族，长兴县）；浙 8，第 1 页（汉族，定海区）；浙 9，第 17、19 页（汉族，东阳县）；浙 28，第 16 页（汉族，临安县）；浙 39，第 1 页（汉族，庆元县）；浙 68，第 3、8 页（汉族，玉环县）。

豫 27，第 4 页（汉族，沈丘县）；豫 37，第 89 页（汉族，淅川县）。

桂 3，第 2 页（壮族，柳州市）；桂 8，第 8 页（汉族，钦州市）。

川 1，第 24 页（彝族，德昌县）；川 2，第 2 页（白马藏族，平武县白马乡），第 30 页（藏族，若尔盖县），第 33 页（藏族，炉霍县炉霍乡），第 270、273 页（彝族，凉山州），第 272 页（彝族，德昌县），第 956 页（纳西族，木里县）；川 4，第 2 页（羌族，北川县）。

综 1，第 52、56 页（哈尼族，云南省元江县），第 68 页（藏族，四川省木里县），第 195 页（汉族，浙江省湖州市），第 216 页（彝族，贵州省威宁县）；综 4，第 111 页（彝族，贵州省）；综 7，第 41 页（汉族，河南省桐柏盘古山区）。

184.1 地母。

对照：汤 A401 地母。大地被认为是抚育万物的母亲。

出处：

口承神话：

浙 52，第 5 页（汉族，桐乡县）。

川 2，第 19 页（藏族，马尔康县），第 328 页（彝族，奉节县）。

184.2 地神的孩子。

出处：

口承神话：

川 4，第 2 页（羌族，北川县）。

185　农神。掌管农业耕作的神灵。

对照：汤 A432　农业之神。汤 A541.2　文化英雄是农业之神。

出处：

古代文献：

《山海经·大荒西经》（后稷、叔均）；《山海经·大荒北经》（叔均）；《绎史》卷四《炎帝纪》引《帝王世纪》、《绎史》卷四《炎帝纪》引《周书》、《搜神记》卷一、《淮南子·修务训》（神农）；《说苑·君道》（后稷）。

口承神话：

冀 3，第 329 页（汉族，抚宁县）；冀 5，第 18 页（汉族，藁城县）；冀 6，第 262 页（汉族，藁城县）；冀 18，第 48 页（汉族，宣化县）。

黑 1，第 93 页（汉族，密山县）。

辽 6，第 6 页（汉族，本溪县）；辽 12，第 191 页（满族，凤城县）；辽 37，第 259 页（汉族，新城子区）；辽 39，第 342 页（汉族，瓦房店市）；辽 44，第 87 页（满族，新宾县）。

浙 5，第 443 页（汉族，淳安县）；浙 9，第 8、14 页（汉族，东阳县）；浙 11，第 8 页（汉族，奉化市）；浙 25，第 7 页（汉族，兰溪市）；浙 27，第 13 页（汉族，丽水市）；浙 28，第 12 页（汉族，临安县）；浙 44，第 2 页（汉族，绍兴县）；浙 47，第 194 页（汉族，松阳县）；浙 52，第 5 页（汉族，桐乡县）；浙 56，第 4 页（汉族，婺城区）；浙 64，第 14 页（汉族，永嘉县）。

豫 1，第 284 页（汉族，淅川县）；豫 23，第 13 页（汉族，杞县）；豫 25，第 11 页（汉族，汝南县）；豫 28，第 1 页（汉族，渑池县）；豫 32，第 52 页（汉族，桐柏县）；豫 40，第 3 页（汉族，新乡县）；豫 42，第 96 页（汉族，修武县）；豫 43，第 96 页（汉族，鄢陵县）。

桂 3，第 195 页（壮族，柳州市）。

川 1，第 80、204 页（汉族，合江县），第 199、201、266 页（汉族，巴县），第 215 页（汉族，都江堰市），第 217 页（汉族，成都市东城区）；川 4，第 64 页（汉族，北川县）；川 9，第 108 页（汉族，双流县）；川 20，第 85 页（汉族，南川县）；川 36，第 7 页（汉族，綦江县）。

陕 2，第 25、71、74、77 页（汉族，宝鸡县），第 28、30、31、46、48、57、61、63、81、105 页（汉族，渭滨区），第 69 页（汉族，扶风县），第 87 页（汉族，岐山县）；陕 10，第 15 页（汉族，杨陵区）；陕 11，第 391 页（汉族，乾县）。

综 7，第 59 页（汉族，河南省开封府区），第 175 页（汉族，河南省温县），第 178 页（汉族，河南省）。

185.1　农神的妻子。

参照：221.2。

出处：

口承神话：

浙52，第5页（汉族，桐乡县）。

川1，第203页（汉族，巴县）。

185.2　农神的母亲。

参照：111。

出处：

口承神话：

陕2，第32页（汉族，渭滨区）；陕10，第14页（汉族，杨陵区）。

185.3　谷神。

对照：汤A433.1　谷神。

出处：

口承神话：

冀18，第32页（汉族，宣化县）。

辽4，第172页（汉族，本溪市）；辽32，第220页（汉族，沙河口区）；辽58，第7页（蒙古族，建昌县）。

浙22，第132页（汉族，金华县）；浙31，第538页（汉族，龙游县）；浙47，第186页（汉族，松阳县）；浙62，第235页（汉族，义乌市）；浙65，第6页（汉族，永康县）。

桂5，第63页（彝族，隆林县）。

陕2，第74页（汉族，宝鸡县）。

综1，第270页（纳西族，云南省）。

185.4　女米神。

出处：

口承神话：

川1，第213页（傈僳族，德昌县）；川2，第954页（傈僳族，德昌县）。

185.5　麦神。

出处：

口承神话：

浙62，第235页（汉族，义乌市）。

豫6，第170页（汉族，滑县）；豫21，第132页（汉族，濮阳县）；豫30，第118页（汉族，汤阴县）。

186　药神。发明或掌管中草药的神。

出处：

古代文献：

《淮南子·修务训》、《搜神记》卷一、《述异记》卷下（神农）。

口承神话：

冀2，第688页（满族，承德县）；冀5，第19页（汉族，藁城县）；冀18，第48页（汉族，宣化县）。

黑1，第93页（汉族，密山县）。

辽44，第86页（满族，新宾县）。

浙9，第14页（汉族，东阳县）；浙11，第8页（汉族，奉化市）；浙38，第4页（汉族，青田县）；浙44，第20页（汉族，绍兴县）。

川1，第217页（汉族，成都市东城区），第246页（汉族，巴县），第248页（汉族，高县），第250页（汉族，绵竹县），第251页（汉族，都江堰市），第254页（汉族，大邑县）；川5，第8、9、11页（汉族，灌县）；川17，第13页（汉族，筠连县）；川21，第8页（汉族，平武县）。

陕2，第30、33、36、38、49、56、57、65、105、106页（汉族，渭滨区），第34、53页（汉族，岐山县），第49、75页（汉族，宝鸡县）。

综7，第175页（汉族，河南省温县），第178页（汉族，河南省）。

186.1　药神的神鞭。神用来鞭打并识别草药。

参照：161.7，222.14.2，1601.2。

出处：

古代文献：

《搜神记》卷一、《述异记》卷下（神农鞭百草）。

口承神话：

陕2，第54页（汉族，岐山县）。

186.2　药兽。能帮助药神尝百草。

参照：1604，1735.3。

出处：

口承神话：

川1，第252页（汉族，都江堰市），第253页（汉族，大邑县）；川5，第9页（汉族，灌县）。

陕2，第51页（汉族，渭滨区）。

186.3　药神的角。药神吃了有毒的草，毒气能从角里化解。

出处：

口承神话：

冀5，第18、19页（汉族，藁城县）。

187　植物之神。

对照：A430　植物之神。

出处：

口承神话：

综1，第56页（哈尼族，云南省元江县）。

187.1　草神。

对照：汤A433.5　草神（或草之天使）。

出处：

口承神话：

辽58，第7页（蒙古族，建昌县）。

浙12，第336、338、339页（汉族，富阳县）；浙28，第195页（汉族，临安县）；浙55，第8页（汉族，武义县），第267页（畲族，武义县）；浙61，第8页（汉族，新昌县）；浙63，第283页（汉族，鄞县）。

川1，第69页（汉族，渠县）；川21，第4页（汉族，平武县）；川23，第136页（汉族，渠县）。

187.2　花神。

对照：汤A434　花神（男神或女神）。

出处：

口承神话：

冀6，第125页（汉族，藁城县）。

浙44，第14页（汉族，绍兴县）。

豫14，第9页（汉族，武陟县）。

综7，第42页（汉族，河南省桐柏盘古山区）。

187.3　树神。

对照：汤A435　树木和森林之神。

出处：

口承神话：

川2，第956页（纳西族，木里县）；川17，第4页（汉族，筠连县）。

综1，第142—143页（基诺族，云南省景洪县）。

187.3.1　树林神。

对照：汤A419.1　特定森林之神。

出处：

口承神话：

川2，第556页（羌族，汶川县）。

187.3.1.1　树林神的女儿与凡人结婚。

出处：

口承神话：

川2，第556页（羌族，汶川县）。

187.3.2　柏树神。

出处：

口承神话：

川2，第270页（彝族，凉山州）。

综1，第283页（彝族，四川省）。

187.3.3　杉树神。

出处：

口承神话：

川2，第270页（彝族，凉山州）。

综1，第283页（彝族，四川省）。

187.3.4　柏树神是天神的舅舅。

出处：

口承神话：

川1，第178页（纳西族，木里县）；川2，第950页（纳西族，木里县）。

188　动物之神。

对照：汤A440　动物之神。汤A441.1　家畜之神。汤A441.2　家禽之神。汤A443.1 野兽之神。汤A443.2　野禽之神。

出处：

口承神话：

桂13，第3页（壮族，合山市）。

188.1　蛇神。

对照：汤A446　爬行动物之神。

出处：

口承神话：

黑1，第15页（满族，宁安县）。

川1，第208页（苗族，筠连县）；川2，第18页（藏族，马尔康县）。

188.2　龙神。

参照：172.2，224.2，322.9，653.3。

出处：

口承神话：

冀1，第10页（汉族，满城县）；冀2，第22页（汉族，承德县）；冀5，第7、14、322页（汉族，藁城县）；冀6，第338、557页（汉族，藁城县）；冀16，第330页（汉族，广宗县）；冀17，第137页（汉族，宣化区）。

辽2，第483页（汉族，北镇县）；辽11，第10页（汉族，东沟县）；辽15，第137页（汉族，抚顺望花区）；辽31，第21页（满族，清原县）；辽41，第148页（汉族，西丰县）；辽44，第25页（满族，新宾县）。

浙1，第373页（汉族，安吉县）；浙2，第228页（汉族，苍南县）；浙10，第7页（汉族，洞头县）；浙23，第7、10页（汉族，缙云县）；浙36，第13页（汉族，浦江县）；浙58，第7页（汉族，仙居县）；浙68，第5页（汉族，玉环县）。

豫1，第367页（汉族，淅川县）；豫3，第9页（汉族，登封县）；豫9，第134页（回族，吉县）；豫15，第2页（汉族，孟县）；豫22，第3页（汉族，淇县）；豫26，第10页（汉族，社旗县）；豫32，第97页（汉族，桐柏县）；豫36，第27页（汉族，息县）；豫38，第3页（汉族，项城县）。

桂2，第1页（汉族，钟山县）；桂3，第195页（壮族，柳州市）；桂4，第5页（汉族，玉林市）；桂10，第9页（壮族，南宁市）。

川1，第196页（汉族，中江县），第245页（苗族，筠连县）；川2，第18页（藏族，马尔康县），第306页（彝族，峨边县）；川27，第6页（汉族，西充县）。

陕2，第8页（汉族，宝鸡县）；陕10，第7页（汉族，泾阳县），第9页（汉族，杨陵区）。

综7，第43页（汉族，河南省桐柏盘古山区），第193页（汉族，河南省许昌地区），第261页（汉族，河南省灵宝县）。

188.2.1　龙神的妻子。

参照：221.2。

出处：

口承神话：

冀1，第10页（汉族，满城县）。

188.2.2　龙神的儿女。

出处：

口承神话：

冀2，第22页（汉族，承德县）。

桂8，第98页（汉族，钦州市）。

188.3　牛神。

出处：

口承神话：

辽32，第259页（汉族，沙河口区）；辽33，第752页（汉族，大东区）；辽44，第87页（满族，新宾县）。

浙7，第295页（汉族，德清县）；浙25，第7页（汉族，兰溪市）；浙31，第269、275页（汉族，龙游县）；浙48，第13页（汉族，遂昌县），第236页（畲族，遂昌县）；浙63，第284页（汉族，鄞县）。

豫21，第148页（汉族，濮阳县）；豫25，第7、10、234页（汉族，汝南县）；豫28，第11页（汉族，渑池县）；豫32，第52页（汉族，桐柏县）。

桂 3，第 194 页（壮族，柳州市）。

川 1，第 219 页（汉族，巴县）；川 2，第 696 页（土家族，黔江县），第 828 页（苗族，盐边县）；川 4，第 10 页（羌族，北川县）；川 18，第 6 页（汉族，洪雅）；川 20，第 82、83 页（汉族，南川县）。

陕 6，第 179 页（汉族，华县）；陕 8，第 340 页（汉族，潼关县）。

188.4 熊神。

出处：

口承神话：

川 2，第 270 页（彝族，凉山州）。

综 1，第 283 页（彝族，四川省）。

188.5 猴神。

出处：

口承神话：

川 2，第 557 页（羌族，汶川县）。

188.6 虎神。

出处：

口承神话：

黑 1，第 15 页（满族，宁安县）。

188.7 豹神。

出处：

口承神话：

黑 1，第 15 页（满族，宁安县）。

188.8 猪神。

出处：

口承神话：

辽 44，第 87 页（满族，新宾县）。

188.9 鸡神。

出处：

口承神话：

浙 8，第 3 页（汉族，定海区）。

188.10 鹰神。

出处：

口承神话：

黑 1，第 15 页（满族，宁安县）。

辽 28，第 147 页（汉族，太子河区）。

188.11　虫神。

出处：

口承神话：

辽 32，第 220 页（汉族，沙河口区）。

豫 1，第 284 页（汉族，淅川县）。

188.12　蚕神。

出处：

口承神话：

浙 25，第 7 页（汉族，兰溪市）；浙 28，第 195 页（汉族，临安县）；浙 31，第 269 页（汉族，龙游县）；浙 48，第 13 页（汉族，遂昌县）。

188.13　水獭神。

出处：

口承神话：

黑 1，第 15 页（满族，宁安县）。

189　山神。普遍或局部地方的山神。

对照：汤 A495　山神。汤 A418　特定山峦之神。

出处：

古代文献：

《山海经·西山经》（陆吾等）；《山海经·中山经》（济山之神、吉神泰逢等）；《山海经·大荒西经》（西王母、日月山之神嘘等）；《山海经·大荒北经》（九凤、彊良等）；《山海经·海外北经》（钟山之神烛阴等）。

口承神话：

黑 1，第 16、65 页（满族，宁安县）。

辽 1，第 465 页（汉族，北票市）；辽 2，第 474 页（满族，北镇县）；辽 10，第 84 页（汉族，大洼县）。

浙 46，第 4 页（汉族，嵊县）。

豫 2，第 171 页（汉族，郸城县）；豫 6，第 1 页（汉族，滑县）；豫 28，第 13 页（汉族，渑池县）；豫 33，第 278 页（汉族，桐柏县）；豫 47，第 5 页（汉族，驻马店市）。

川 1，第 207 页（苗族，筠连县）；川 2，第 18 页（藏族，马尔康县），第 32 页（藏族，炉霍县炉霍乡），第 554、560 页（羌族，理县），第 568 页（羌族，松潘县），第 956 页（纳西族，木里县）；川 8，第 6 页（汉族，邛崃县）。

陕 7，第 135 页（汉族，蓝田县）；陕 8，第 24 页（汉族），第 31 页（汉族，韩城）。

189.1　三个山神。

出处：

口承神话：

川2，第30页（藏族，木里县）。

189.2　山神的首领。

出处：

口承神话：

川2，第552页（羌族，黑水县）。

189.3　山神的妻子。

参照：221.2。

出处：

口承神话：

川2，第553页（羌族，黑水县）。

189.4　山神的聚会。

出处：

口承神话：

川2，第552页（羌族，黑水县）。

189.5　山神之间的比试。

出处：

口承神话：

浙46，第5页（汉族，嵊县）。

川2，第553页（羌族，茂县）。

189.6　老虎为山神。

出处：

口承神话：

黑1，第35页（鄂伦春族，呼玛县）。

191　媒神。创立或执掌人间恋爱与婚姻制度的神灵。

对照：**汤** A475.0.2　婚姻之神。

出处：

古代文献：

《路史·后纪二》（女娲）。

口承神话：

冀6，第364页（汉族，藁城县）。

豫27，第2页（汉族，沈丘县）。

综1，第240—241页（羌族，四川省茂县）。

191.1　女媒神。

出处：

口承神话：

川 2，第 550 页（羌族，汶川县）。

192　生育神。

对照：汤 A477　生育女神。

出处：

口承神话：

黑 1，第 41 页（鄂温克族，黑河市）。

192.1　生育神是男神。

出处：

口承神话：

川 2，第 550 页（羌族，汶川县）。

192.2　生育女神。

出处：

口承神话：

黑 1，第 63 页（满族，宁安县）。

川 2，第 550 页（羌族，汶川县）。

193　灶神。

参照：1799。

对照：汤 A411.2　灶神。

出处：

古代文献：

《论衡·祭意篇》（炎帝）；《风俗通义》卷八《祀典》引《周礼》、《太平御览》卷五百二十九《礼仪部八·五祀》引《五经异义》（祝融）；《酉阳杂俎》前集卷十四《诺皋记上》（隗、张单、壤子）。

口承神话：

辽 18，第 293 页（汉族，海城市）；辽 32，第 195 页（汉族，沙河口区）；辽 33，第 527 页（汉族，大东区）。

浙 2，第 228 页（汉族，苍南县）；浙 3，第 454 页（汉族，长兴县）；浙 10，第 11 页（汉族，洞头县）；浙 19，第 3 页（汉族，建德县）；浙 23，第 9 页（汉族，缙云县）；浙 31，第 559 页（汉族，龙游县）；浙 37，第 170 页（汉族，普陀区）；浙 38，第 8 页（汉族，青田县）；浙 39，第 147 页（汉族，庆元县）；浙 44，第 10 页（汉族，绍兴县）；浙 67，第 245 页（汉族，余姚市）；浙 72，第 10 页（汉族，诸暨县）。

豫 1，第 281 页（汉族，淅川县）；豫 7，第 3 页（汉族，淮滨县）；豫 18，第 407、436 页（汉族，南召县）；豫 19，第 554 页（汉族，南召县）。

桂 10，第 145 页（汉族，南宁市）。

川1，第55页（汉族，绵竹县）；川6，第80页（汉族，龙泉驿区）；川7，第6页（汉族，彭县）；川18，第6页（汉族，洪雅县）；川21，第5页（汉族，平武县）。

陕1，第104页（汉族，凤县）；陕3，第142页（汉族，凤县）；陕7，第135页（汉族，蓝田县）；陕11，第431页（汉族，彬县）。

193.1　灶神夫人。

出处：

古代文献：

《酉阳杂俎》前集卷十四《诺皋记上》（卿忌）；《少室山房笔丛·壬部》卷四十三《玉壶遐览二》引《司马季主传》（王卿忌）。

193.2　为什么灶神是聋的。因为和雷神的打斗。

参照：168.5。

出处：

口承神话：

川1，第55页（汉族，绵竹县）；川7，第6页（汉族，彭县）；川21，第6页（汉族，平武县）。

193.3　女灶神。

出处：

口承神话：

浙10，第12页（汉族，洞头县）。

194　工匠之神。

对照：汤A451　工匠之神。

出处：

口承神话：

豫29，第6页（汉族，太康县）。

综1，第283页（彝族，四川省）。

194.1　窑神。

出处：

口承神话：

冀18，第56页（汉族，张家口市）。

195　猎神。

对照：汤A452　狩猎之神。汤A452.1　狩猎女神。

出处：

口承神话：

黑1，第60页（满族，宁安县）。

综1，第157页（怒族，云南省怒江州）。

196　音乐之神。

对照：汤 A465.2　音乐之神。

出处：

古代文献：

《尚书·舜典》、《荀子·成相》、《说苑·君道》、《帝王世纪集校》第二（夔）；《吕氏春秋·仲夏纪第五·古乐》（伶伦）。

197　刑罚之神。

出处：

古代文献：

《山海经·西次三经》（西王母）；《国语·晋语二》（蓐收）；《说苑·君道》《白虎通·圣人》《论衡·是应篇》（皋陶）；《尚书·吕刑》《墨子·尚贤中第九》（伯夷）。

198　冥界之神。执掌冥界、众鬼以及人的生死。

参照：796。

对照：汤 A310　冥界之神。

出处：

古代文献：

《论衡·订鬼篇》引《山海经》（神荼、郁垒）；《楚辞·招魂》（土伯）及王逸注（后土）；《乐府诗集》卷二十七《相和歌辞二·蒿里四首》（鬼伯）；《梦梁录》卷二（东岳圣帝）；《博物志》卷一《泰山》（泰山，一曰天帝之孙）。

口承神话：

冀3，第26页（汉族，抚宁县）；冀5，第276页（汉族，藁城县）。

辽29，第475页（汉族，文圣区）；辽33，第543页（汉族，大东区）。

浙10，第10、11页（汉族，洞头县）；浙32，第216页（汉族，宁海县）；浙51，第99页（汉族，桐庐县）；浙55，第8页（汉族，武义县）；浙66，第203页（汉族，余杭县）；浙72，第6、25页（汉族，诸暨县）。

豫21，第23页（汉族，濮阳县）；豫32，第18页（汉族，桐柏县）。

桂10，第3页（汉族，南宁市）。

川30，第5页（汉族，营山县）。

199　黑暗之神。

对照：汤 A107　黑暗之神与光明之神。前者邪恶而后者善良。汤 A700.8　太阳、月亮和黑暗是神的三个孩子。

出处：

口承神话：

综1，第105页（哈萨克族，新疆维吾尔自治区）。

209 神祇的职司——其他母题。

209.1 路神。

出处：

口承神话：

黑1，第41页（满族，阿城县），第47页（满族，宁安县）。

浙31，第538页（汉族，龙游县）。

209.2 门神。

对照：汤 A411.1 门神。

出处：

古代文献：

《论衡·订鬼篇》引《山海经》、《月令广义·正月令》（神荼、郁垒）。

口承神话：

陕10，第15页（汉族，兴平县）。

209.3 智慧之神。

对照：汤 A461 智慧之神。

出处：

口承神话：

黑1，第25页（满族，宁安县）。

川2，第270页（彝族，凉山州）。

209.4 福神。

出处：

口承神话：

浙37，第170页（汉族，普陀区）。

209.5 财神。

出处：

口承神话：

豫28，第1页（汉族，渑池县）。

209.6 慈爱之神。

出处：

口承神话：

陕2，第40页（汉族，渭滨区）。

209.7 恶神。

对照：汤 A478 灾难之神。

出处：

口承神话：

豫36，第28页（汉族，息县）；豫47，第5页（汉族，驻马店市）。

川1，第16页（汉族，广汉县），第128页（藏族，阿坝县），第236页（羌族，茂县），第326页（汉族，都江堰市）；川2，第4页（藏族，阿坝县），第302页（彝族，盐边县），第319页（藏族，凉山州），第568页（羌族，汶川县）。

209.7.1　瘟神。

对照：汤A478.1　瘟疫女神。

出处：

口承神话：

辽33，第334页（汉族，大东区）。

浙9，第14页（汉族，东阳县）；浙44，第20页（汉族，绍兴县）。

豫1，第285页（汉族，淅川县）。

桂13，第3页（壮族，合山市）。

川4，第69页（汉族，北川县）。

209.8　生死神。

对照：汤A487　死神。

出处：

口承神话：

川2，第729页（土家族，黔江县）。

209.9　民族神。

对照：汤A415　部落或民族之神。

出处：

口承神话：

川2，第942页（纳西族，木里县）。

209.10　社神。

出处：

古代文献：

《国语·鲁语上》（后土）；《淮南子·氾论训》（禹）；《礼记·郊特牲》正义引《五经通义》（社公）。

209.11　蚕桑神。

出处：

口承神话：

川1，第223页（汉族，盐亭县）。

209.12　建筑神。

出处：

口承神话：

川 1，第 255 页（汉族，巴县）。

209.13　煤神。

出处：

口承神话：

豫 13，第 1 页（汉族，林县）。

209.14　铜神。

出处：

口承神话：

综 7，第 261 页（汉族，河南省灵宝县）。

209.15　妖魔。

出处：

口承神话：

黑 1，第 13、50、55、64、67 页（满族，宁安县），第 21 页（回族，绥芬河市）。
藏 1，第 5 页（门巴族，墨脱县）。

209.16　祖先神。

出处：

口承神话：

黑 1，第 16、46、57 页（满族，宁安县），第 39 页（鄂温克族，黑河市）。

209.17　仓库神。

出处：

口承神话：

黑 1，第 31 页（鄂伦春族，呼玛县）。

209.18　断事神。

出处：

口承神话：

黑 1，第 51 页（满族，宁安县）。

209.19　巡天神。

出处：

口承神话：

黑 1，第 60 页（满族，海林县）。

209.20　雾神。

出处：

口承神话：

综 1，第 56 页（哈尼族，云南省元江县）。

209.21 盐神。

出处：

口承神话：

综 1，第 176 页（阿昌族，云南省陇川县、梁河县）。

209.22 畜神。

出处：

口承神话：

综 1，第 270 页（纳西族，云南省），第 283 页（彝族，四川省）。

210 神祇的本领。

211 神在母亲腹中即能说话。

对照：汤 A511.1.2 文化英雄在出生之前就说话。

出处：

口承神话：

冀 3，第 19 页（汉族，抚宁县）；冀 11，第 2 页（汉族，衡水市）。

辽 36，第 388 页（汉族，苏家屯区）。

浙 7，第 12 页（汉族，德清县）。

豫 1，第 365 页（汉族，淅川县）；豫 21，第 14 页（汉族，濮阳县）；豫 41，第 2 页（汉族，新野县）。

212 神出生不久即能说话。

出处：

古代文献：

《史记》卷一《五帝本纪》（黄帝）。

口承神话：

浙 13，第 132 页（汉族，拱墅区）。

豫 23，第 6 页（汉族，杞县）。

川 1，第 237 页（羌族，茂县）；川 2，第 566、569 页（羌族，汶川县）。

陕 2，第 76 页（汉族，宝鸡县），第 81 页（汉族，渭滨区）。

综 1，第 218 页（彝族，贵州省威宁县）。

213 神能够变形。

对照：汤 A527.3.1 文化英雄自身能够变形。

出处：

口承神话：

冀18，第20页（汉族，宣化县）。

豫28，第16页（汉族，渑池县）。

213.1 神能够变成动物。

出处：

古代文献：

《汉书·武帝纪第六》颜师古注引《淮南子》（禹变熊）。

口承神话：

冀2，第22页（汉族，承德县）；冀9，第7页（汉族，成安县）。

黑1，第14页（满族，宁安县）。

辽4，第171页（汉族，本溪市）。

浙9，第22页（汉族，东阳县）；浙12，第6页（汉族，富阳县）；浙43，第7页（汉族，上虞县）。

豫3，第4页（汉族，登封县）；豫21，第132页（汉族，濮阳县）。

桂13，第4页（壮族，合山市）。

川1，第321页（汉族，成都市东、西城区），第336页（汉族，巫山县），第341页（汉族，资中县）。

综1，第187页（汉族，河南省），第217页（彝族，贵州省威宁县）；综7，第66页（汉族，河南省西华思都岗区），第102页（汉族，河南省），第103页（汉族，河南省沈丘县），第309页（汉族，河南省三门峡市），第337、341页（汉族，河南省嵩岳伊洛区）。

213.2 神能够变成无生物。

出处：

口承神话：

黑1，第13页（满族，宁安县）。

豫3，第4页（汉族，登封县）；豫23，第7页（汉族，杞县）。

川1，第337页（汉族，巫山县）。

综1，第217页（彝族，贵州省威宁县）。

213.3 神有时变为男的，有时变为女的。

出处：

口承神话：

黑1，第46页（满族，宁安县）。

213.4 神会隐身术。

出处：

口承神话：

藏1，第5页（门巴族，墨脱县）。

214　神知禽兽。神了解禽兽的起源和性格。

出处：

古代文献：

《汉书·地理志第八下》（"昔伯益知禽兽"）；《物原·技原第十五》（"伯益始辨鸟兽语"）。

口承神话：

川2，第328页（彝族，奉节县）。

215　神有非凡的力气。

对照：汤A526.7　文化英雄具有超凡的力气和技艺。

出处：

口承神话：

黑1，第26页（鄂伦春族，黑河市）。

浙27，第30页（汉族，丽水市）。

川1，第312页（土家族，酉阳县）；川2，第697页（土家族，酉阳县）。

综1，第114页（汉族，山西省灵县），第150页（羌族，四川省茂县）。

215.1　神能够用屁股堵住急流。

出处：

口承神话：

川2，第317页（彝族，凉山州）。

215.2　神能够一指戳穿大山。

出处：

口承神话：

川2，第317页（彝族，凉山州）。

215.3　神能担山。

参照：222.19，231.2，239。

出处：

口承神话：

冀1，第2页（汉族，望都县），第3页（汉族，满城县）；冀2，第17页（汉族，双滦区）；冀3，第301、303页（汉族，抚宁县）；冀9，第15页（汉族，大名县）；冀18，第18页（汉族，下花园区），第20、24、62页（汉族，宣化县），第23页（汉族，庞家堡区），第26页（汉族，张家口）。

黑1，第25页（汉族，黑河市）。

215.4　神能推倒山。

出处：

口承神话：

综1，第112页（赫哲族，黑龙江省同江县）。

215.5 神能抬几座山重的东西。

出处：

口承神话：

综1，第308页（傈僳族，云南省）。

215.6 神一跺脚，能在地上形成深潭。

出处：

口承神话：

综1，第112页（赫哲族，黑龙江省同江县）。

216 神有不同寻常的肚量。

出处：

口承神话：

浙27，第30页（汉族，丽水市）。

216.1 神能喝干河水、湖水或海水。

对照：汤A133.1 巨大的神喝干了湖水。

出处：

古代文献：

《山海经·大荒北经》《山海经·海外北经》（夸父）。

口承神话：

冀1，第3页（汉族，满城县）。

陕8，第3页（汉族，潼关县）。

综1，第112页（赫哲族，黑龙江省同江县），第115页（汉族，山西省灵县）。

216.2 神一顿饭吃若干多的东西。

出处：

口承神话：

黑1，第26页（鄂伦春族，黑河市）。

217 神有非凡的速度。

217.1 文化英雄能飞行。

对照：汤A171.3 神在飘浮的云柱、雷和闪电间飞翔。

出处：

口承神话：

冀2，第19页（汉族，承德县）。

豫32，第69页（汉族，桐柏县）。

综1，第150页（羌族，四川省茂县）。

217.2　**神行走如飞。**

出处：

口承神话：

陕8，第3页（汉族，潼关县）。

217.3　**神与太阳比赛速度。**

出处：

古代文献：

《山海经·大荒北经》《山海经·海外北经》（夸父）。

口承神话：

冀1，第2页（汉族，望都县）。

217.4　**神一天能绕地球一圈。**

出处：

口承神话：

综1，第308页（傈僳族，云南省）。

219　**神祇的本领——其他母题。**

219.1　**神鼓腹则雷起。**

出处：

口承神话：

陕2，第95页（汉族，岐山县）。

219.2　**神动则风生。**

出处：

口承神话：

陕2，第95页（汉族，岐山县）。

219.3　**神能入火不化。**

出处：

口承神话：

陕2，第95页（汉族，岐山县）。

220　**神祇的日常生活。**

对照：汤A150　神的日常生活。

221　**神的家。**

参照：31，161.2，317.5，447，491。

对照：A168　神的家庭。

221.1　神的父母。

参照：111，185.2。

出处：

古代文献：

《太平御览》卷七十八《皇王部三·太昊庖牺氏》引《诗含神雾》、《补史记·三皇本纪》、《拾遗记》卷一"春皇庖牺"条（伏羲的父母）；《太平御览》卷七十八《皇王部三·炎帝神农氏》引《帝王世纪》、《补史记·三皇本纪》（炎帝神农氏的父母）；《论衡·奇怪篇》（尧的父母）；《诗经·大雅·生民》、《史记》卷四《周本纪》、《论衡·诘术篇》（后稷的父母）；《诗经·大雅·玄鸟》、《楚辞·天问》、《史记》卷三《殷本纪》、《拾遗记》卷二"殷汤"条（契的父母）；《史记》卷五《秦本纪》（大业的父母）；《太平御览》卷四《天部四·月》引《遁甲开山图》荣氏解、《世本·帝系篇》张澍稡集补注本（禹的父母）。

口承神话：

冀5，第17页（汉族，藁城县）；冀7，第285页（汉族，藁城县）。

浙23，第9页（汉族，缙云县）；浙44，第24页（汉族，绍兴县）；浙64，第10页（汉族，永嘉县）。

陕2，第21页（汉族，千阳县），第28、80页（汉族，渭滨区），第76页（汉族，宝鸡县）；陕8，第14页（汉族，华阴县）。

综7，第332、353页（汉族，河南省嵩岳伊洛区）。

221.2　神的妻子。

参照：32，159.3，161.2.1，168.9，175.1，185.1，188.2.1，189.3，193.1。

对照：汤A32.3　创世者的妻子。汤A164.7　神的妒妻。

出处：

古代文献：

《楚辞·天问》（羿妻雒嫔）；《山海经·大荒南经》（帝俊之妻羲和）；《山海经·海内经》（黄帝妻雷祖）；《淮南子·览冥训》高诱注、《初学记》卷一《天部上·天一》引《淮南子》（羿妻姮娥）；《述异记》卷上（盘古氏夫妻）。

口承神话：

冀6，第42、124、339页（汉族，藁城县）；冀7，第451页（汉族，藁城县）；冀18，第52页（汉族，宣化县）。

辽42，第64页（汉族，细河区）。

浙9，第19、27页（汉族，东阳县）；浙25，第3页（汉族，兰溪市）；浙48，第4页（汉族，遂昌县）；浙52，第5页（汉族，桐乡市）；浙60，第13页（汉族，萧山市）。

豫1，第368页（汉族，淅川县）；豫3，第4页（汉族，登封县）；豫5，第83页（汉族，巩义市）；豫8，第2页（汉族，辉县市）；豫14，第11页（汉族，武陟县）。

桂 10，第 8 页（壮族，南宁市）。

川 1，第 296 页（汉族，绵竹县），第 299 页（汉族，成都市），第 318 页（汉族，成都市东、西城区）；川 2，第 960 页（傈僳族，德昌县）；川 4，第 164 页（羌族，北川县）；川 22，第 40 页（彝族，屏山县）。

陕 1，第 121 页（汉族，陇县）；陕 2，第 38、49、56、65、104 页（汉族，渭滨区），第 95 页（汉族，岐山县）；陕 10，第 9 页（汉族，杨陵区）。

综 7，第 178、189、195 页（汉族，河南省），第 309、311、320、321 页（汉族，河南省三门峡市），第 331、332、337、340、348 页（汉族，河南省嵩岳伊洛区）。

221.3　神的儿女。

参照：4，63，161.2.2，162.1，164.5，165.5，168.11，181.1，181.2，184.2，188.2.2，364.2.5。

出处：

古代文献：

《山海经·北山经》（炎帝之女女娃）；《山海经·大荒北经》（黄帝之女魃）；《山海经·海内经》（黄帝子孙）；《山海经·大荒西经》（颛顼子孙）；《山海经·大荒西经》（帝俊生后稷）；《拾遗记》卷一（白帝之子太白之精少昊）。

口承神话：

冀 5，第 17 页（汉族，藁城县）；冀 6，第 40、597 页（汉族，藁城县）；冀 7，第 81、285 页（汉族，藁城县）；冀 18，第 29 页（汉族，宣化县）。

黑 1，第 13 页（满族，宁安县），第 27 页（汉族，甘南县）。

辽 42，第 64 页（汉族，细河区）。

浙 9，第 18、19、27 页（汉族，东阳县）；浙 17，第 1 页（汉族，黄岩市）；浙 38，第 8 页（汉族，青田县）；浙 48，第 4 页（汉族，遂昌县）；浙 52，第 5 页（汉族，桐乡县）。

豫 3，第 20 页（汉族，登封县）；豫 5，第 82 页（汉族，巩义市）；豫 14，第 9 页（汉族，武陟县）；豫 18，第 10 页（汉族，南召县）；豫 32，第 18、98 页（汉族，桐柏县）；豫 40，第 2 页（汉族，新乡县）。

桂 2，第 6 页（瑶族，钟山县）；桂 10，第 8 页（壮族，南宁市）。

川 1，第 322 页（汉族，成都市东、西城区）；川 2，第 315 页（彝族，凉山州），第 329 页（彝族，奉节县），第 562 页（羌族，理县）；川 4，第 164 页（羌族，北川县）。

藏 1，第 5 页（门巴族，墨脱县），第 7 页（珞巴族，墨脱县）。

陕 1，第 121 页（汉族，陇县）；陕 2，第 21 页（汉族，千阳县），第 65、104 页（汉族，渭滨区），第 89、94 页（汉族，岐山县）；陕 7，第 3 页（汉族，蓝田县）；陕 8，第 14 页（汉族，华阴县），第 27 页（汉族，渭南）。

综 7，第 178 页（汉族，河南省），第 332、339、340 页（汉族，河南省嵩岳伊洛区）。

221.4 神的亲戚。

出处：

口承神话：

冀2，第21页（汉族，承德县）；冀7，第81页（汉族，藁城县）；冀18，第24页（汉族，宣化县）。

黑1，第25页（汉族，黑河市）。

辽11，第8页（汉族，东沟县）。

豫28，第13、16页（汉族，渑池县）。

川2，第960页（傈僳族，德昌县）。

222 神的宝物。

参照：72。

对照：汤A156 神的珍贵财产。

222.1 神的绣花针。

参照：458.2。

出处：

口承神话：

川1，第37页（汉族，万源县）；川11，第1页（汉族，新津县）。

222.2 神的刀剑。

出处：

口承神话：

黑1，第18页（满族，宁安县）。

辽42，第163页（汉族，细河区）。

川1，第37页（汉族，万源县）。

陕2，第78页（汉族，渭滨区）。

综7，第177页（汉族，河南省温县）。

222.3 神的太阳宝、月亮宝。太阳、月亮是神的宝贝。

参照：441，471。

出处：

口承神话：

川1，第43页（汉族，金堂县）。

222.4 神的赶山鞭。神用该鞭可以赶动大山。

参照：238，461.6，743.2。

出处：

口承神话：

冀1，第7页（汉族，满城县）；冀2，第17页（汉族，双滦区），第20、22页（汉族，承德县）。

辽1，第465页（汉族，北票市）；辽11，第10页（汉族，东沟县）；辽15，第137页（汉族，抚顺望花区）；辽24，第137页（汉族，开原县）；辽31，第21页（满族，清原县）；辽58，第21页（蒙古族，建昌县）。

浙12，第7页（汉族，富阳县）；浙38，第12页（汉族，青田县）。

222.5　神的乾坤袋。袋里装满人间一切好东西。

出处：

口承神话：

浙21，第164页（汉族，江东区）；浙31，第11页（汉族，龙游县）。

222.6　神的斧头。

参照：72.1，362.1.2。

出处：

口承神话：

冀5，第17页（汉族，藁城县）；冀15，第7页（汉族，下花园区）。

浙18，第3页（汉族，嘉善县）。

桂5，第9页（苗族，隆林县）；桂10，第2页（汉族，南宁市）；桂14，第3页（瑶族，桂林市）。

川5，第3页（汉族，灌县）。

综7，第315页（汉族，河南省三门峡市），第326页（汉族，河南省），第345页（汉族，河南省嵩岳伊洛区）。

222.7　神的玉鼓。

出处：

口承神话：

浙48，第4页（汉族，遂昌县）。

222.8　神的宝镜。

出处：

口承神话：

冀2，第21页（汉族，承德县）。

黑1，第13页（满族，宁安县）。

浙48，第4页（汉族，遂昌县）。

桂10，第3页（汉族，南宁市）。

川31，第3页（汉族，璧山县）。

222.9　神的银盘。

出处：

口承神话：

浙48，第4页（汉族，遂昌县）。

222.10 神的拂尘。

出处：

口承神话：

浙48，第4页（汉族，遂昌县）。

222.11 神的神锤。

出处：

口承神话：

浙10，第9页（汉族，洞头县）。

222.12 神的镰刀。

出处：

口承神话：

冀6，第560页（汉族，藁城县）。

豫32，第40页（汉族，桐柏县）。

222.13 神的铜锅。能够煮干海。

出处：

口承神话：

综7，第84页（汉族，河南省）。

222.14 神的神鞭。

222.14.1 神鞭能鞭分黄河与洪水。

出处：

口承神话：

综7，第87页（汉族，河南省），第365、366页（汉族，河南省太行王屋区）。

222.14.2 神鞭能分辨草药。

参照：161.7，186.1，1601.2。

出处：

口承神话：

陕2，第54页（汉族，岐山县）。

222.15 神的宝船。船能大能小。

出处：

口承神话：

综7，第326页（汉族，河南省）。

222.16 神的降龙木杖。

出处：

口承神话：

冀1，第7页（汉族，满城县）。

陕2，第82页（汉族，渭滨区）。

222.17　神的划河簪。

出处：

口承神话：

冀1，第7页（汉族，满城县）。

222.18　神的退水珠。

出处：

口承神话：

冀1，第7页（汉族，满城县）。

222.19　神的挑山扁担。

参照：215.3，231.2，239。

出处：

口承神话：

冀2，第17页（汉族，双滦区）；冀18，第23页（汉族，庞家堡区）。

222.20　金镰刀。用它顷刻间能收割天下所有的庄稼。

出处：

口承神话：

陕2，第17页（汉族，岐山县）。

222.21　神的腰铃。

出处：

口承神话：

黑1，第13页（满族，宁安县）。

222.22　神的手鼓。

出处：

口承神话：

黑1，第13页（满族，宁安县）。

222.23　神的法器。

出处：

口承神话：

藏1，第5页（门巴族，墨脱县）。

223　神的武器。

对照：汤 A157　神的武器。

223.1　神的弓。

对照：汤 A157.6　神的弓。

出处：

古代文献：

《淮南子·本经训》（"帝俊赠羿彤弓素矰"）；《太平御览》卷七十九《皇王部四·黄帝轩辕氏》引《龙鱼河图》（蚩尤兄弟制作大弩）。

口承神话：

冀2，第20页（汉族，承德县）；冀5，第9页（汉族，藁城县）；冀6，第338页（汉族，藁城县）；冀7，第451页（汉族，藁城县）。

黑1，第13、18页（满族，宁安县），第22页（鄂温克族，嫩江县），第26页（鄂伦春族，黑河市），第28页（汉族，甘南县）。

豫32，第14、70页（汉族，桐柏县）。

川1，第45、289页（汉族，巴县），第286页（汉族，成都市），第294页（汉族，高县），第296页（汉族，绵竹县），第310页（彝族，西昌市）；川31，第2页（汉族，璧山县）。

陕2，第82页（汉族，渭滨区）。

223.2 神的箭。

对照：汤 A157.2   神的箭。

出处：

古代文献：

《淮南子·本经训》（"帝俊赠羿彤弓素矰"）。

口承神话：

冀2，第20页（汉族，承德县）；冀5，第8、9页（汉族，藁城县）；冀6，第338页（汉族，藁城县）；冀7，第286、451页（汉族，藁城县）。

黑1，第13页（满族，宁安县），第22页（鄂温克族，嫩江县），第26页（鄂伦春族，黑河市），第28页（汉族，甘南县）。

辽42，第65、162页（汉族，细河区）。

浙28，第11页（汉族，临安县）。

豫32，第14、68、70页（汉族，桐柏县）；豫38，第1页（汉族，项城县）。

川1，第45页（汉族，巴县），第294页（汉族，高县），第296页（汉族，绵竹县），第299页（汉族，成都市）；川31，第2页（汉族，璧山县）。

陕2，第82页（汉族，渭滨区）。

223.3 神的斧头。

出处：

古代文献：

《山海经·海外西经》（刑天"操干戚以舞"）。

口承神话：

冀5，第17页（汉族，藁城县）。

豫3，第20页（汉族，登封县）；豫9，第136页（汉族，吉县）。

川1，第324页（汉族，巴县），第337页（汉族，巫山县）。

223.4　神的盾。

出处：

古代文献：

《山海经·海外西经》（刑天"操干戚以舞"）。

223.5　神的刀。

出处：

古代文献：

《太平御览》卷七十九《皇王部四·黄帝轩辕氏》引《龙鱼河图》（蚩尤兄弟制作刀）。

223.6　神的剑。

出处：

口承神话：

豫32，第14页（汉族，桐柏县）。

综7，第315页（汉族，河南省三门峡市）。

223.7　神的戟。

出处：

古代文献：

《太平御览》卷七十九《皇王部四·黄帝轩辕氏》引《龙鱼河图》（蚩尤兄弟制作戟）。

223.8　神的棍棒。

出处：

古代文献：

《太平御览》卷七十九《皇王部四·黄帝轩辕氏》引《龙鱼河图》（蚩尤兄弟制作兵杖）。

223.9　神的木排。

出处：

口承神话：

黑1，第55页（满族，宁安县）。

224　神的坐骑。

参照：161.4。

对照：汤A155　神的动物。

224.1　神的马。

对照：汤A155.2　神的马。

出处：

口承神话：

冀7，第451页（汉族，藁城县）；冀18，第24页（汉族，宣化县）。

黑1，第22页（鄂温克族，嫩江县）。

豫32，第70页（汉族，桐柏县）。

综7，第324页（汉族，河南省三门峡市）。

224.1.1 神的有九层翅膀的飞马。

出处：

口承神话：

川2，第327页（彝族，凉山州）；川22，第40页（彝族，屏山县）。

224.2 神的龙。

参照：172.2，188.2，322.9，653.3。

出处：

古代文献：

《山海经·海外东经》（句芒乘两龙）；《山海经·海外南经》（祝融乘两龙）；《山海经·海外西经》（蓐收乘两龙）；《山海经·海外北经》（禺彊乘两龙）；《史记》卷二十八《封禅书》（黄帝骑龙升天）。

口承神话：

浙3，第67页（汉族，长兴县）；浙7，第23页（汉族，德清县）；浙12，第2页（汉族，富阳县）。

豫29，第1页（汉族，太康县）。

陕2，第82、103页（汉族，渭滨区）。

综7，第84页（汉族，河南省），第261、262页（汉族，河南省灵宝县）。

224.3 神的龙犬。

出处：

口承神话：

浙55，第301页（畲族，武义县）。

224.4 神的麒麟。

出处：

口承神话：

豫16，第21页（汉族，泌阳县）。

224.5 神的仙鹤。

出处：

口承神话：

豫32，第13页（汉族，桐柏县）。

224.6　神的五色鸟。

对照：汤A155.3　神的鸟。

出处：

口承神话：

陕2，第6页（汉族，渭滨区）。

224.7　神的三足乌。

参照：322.1.1，454.1.1，456.1，459.1.2。

出处：

古代文献：

《汉武帝别国洞冥记》卷四（羲和驭之）。

225　神的助手。

参照：34。

对照：汤A195　神的伙伴。汤A528　文化英雄有超自然的帮手。

出处：

口承神话：

黑1，第24页（满族，宁安县）。

陕2，第89页（汉族，岐山县）。

225.1　神的两个助手。

出处：

口承神话：

黑1，第12页（满族，宁安县）。

225.2　神的三个助手。

出处：

口承神话：

豫18，第10页（汉族，南召县）。

川2，第317页（彝族，凉山州）。

225.3　神的多个助手。

出处：

口承神话：

冀15，第1页（汉族，下花园区）；冀18，第18页（汉族，下花园区），第20页（汉族，宣化县）。

黑1，第18页（满族，宁安县）。

综7，第246页（汉族，河南省密县、禹县）。

226 神的衣服。

出处：

口承神话：

黑1，第55页（满族，宁安县）。

227 神的食物。

对照：汤A153 神的食物。

227.1 玉为神的食物。

出处：

古代文献：

《山海经·西次三经》（"是有玉膏，其原沸沸汤汤，黄帝是食是飨"）。

227.2 铁（沙）石为神的食物。

出处：

古代文献：

《述异记》卷上、《太平御览》卷七十九《皇王部四·黄帝轩辕氏》引《龙鱼河图》（蚩尤兄弟）。

227.3 神的酒。

出处：

口承神话：

冀6，第41页（汉族，藁城县）。

230 神祇的行为。

参照：436，451，478，486，518。

231 追日。神追赶太阳。

出处：

古代文献：

《山海经·海外北经》、《山海经·大荒北经》、陶渊明《读山海经》、《太平御览》卷四十七《地部十二·覆釜山》引《郡国志》、《太平御览》卷五十六《地部二十一·堆》引《安定图经》、《朝野佥载》卷五（夸父追日）。

口承神话：

豫30，第8页（汉族，汤阴县）。

陕8，第3页（汉族，潼关县），第7页（汉族，富平县）。

综1，第114页（汉族，山西省灵县）；综7，第272页（汉族，河南省灵宝县）。

231.1　动物追赶太阳。

出处：

口承神话：

冀9，第7页（汉族，成安县）。

综1，第141—142页（汉族，吉林省农安县）。

231.2　神担山追日。

参照：215.3，222.19，239。

出处：

口承神话：

冀1，第2页（汉族，望都县），第3页（汉族，满城县）；冀2，第17页（汉族，双滦区）；冀3，第301、303页（汉族，抚宁县）；冀9，第15页（汉族，大名县）；冀15，第1页（汉族，下花园区）；冀18，第18页（汉族，下花园区），第20、25、62页（汉族，宣化县），第23页（汉族，庞家堡区），第26页（汉族，张家口）。

黑1，第25页（汉族，黑河市）。

辽1，第465页（汉族，北票市）；辽11，第9页（汉族，东沟县）；辽23，第49页（汉族，凌河区）。

豫4，第1页（汉族，扶沟县）；豫8，第3页（汉族，辉县市）；豫28，第14页（汉族，渑池县）；豫32，第96页（汉族，桐柏县）；豫41，第7页（汉族，新野县）；豫47，第136页（汉族，驻马店市）。

川29，第8页（汉族，荥经县）。

陕6，第4页（汉族，华县）；陕8，第5页（汉族，华县），第7页（汉族，富平县）；陕10，第17页（汉族，彬县）。

232　射日。文化英雄去除多余的太阳。

参照：461。

对照：艾67型　十日并出。

232.1　射日的原因。

232.1.1　多日并出，为害人间。

参照：164.5，442，458.3，863，952。

对照：艾67型　十日并出。汤A720.2　从前太阳的巨大热量给人类带来了灾难。汤A1052.3　世界末日时四个（七个）太阳出现在天空中。

出处：

古代文献：

《楚辞·招魂》；《淮南子·本经训》；《楚辞·天问》；《论衡·感虚篇》；《论衡·说日篇》；《论衡·对作篇》。

口承神话：

冀1，第3页（汉族，满城县）；冀2，第17页（汉族，双滦区），第19页（汉族，承德县）；冀3，第301、303、574页（汉族，抚宁县）；冀4，第6页（汉族，藁城县）；冀5，第8、9页（汉族，藁城县）；冀6，第124、338页（汉族，藁城县）；冀7，第451页（汉族，藁城县）；冀9，第7页（汉族，成安县），第15页（汉族，大名县）；冀15，第1页（汉族，下花园区）；冀18，第23页（汉族，庞家堡区），第24、62页（汉族，宣化县），第26页（汉族，张家口）。

黑1，第25页（汉族，黑河市），第26页（鄂伦春族，黑河市），第27页（汉族，甘南县）。

辽1，第465页（汉族，北票市）；辽7，第121页（昌图县）；辽9，第312页（汉族，朝阳县）；辽10，第298页（汉族，大洼县）；辽11，第8页（汉族，东沟县）；辽15，第137页（汉族，抚顺望花区）；辽18，第606、612页（汉族，海城市）；辽19，第40页（汉族，黑山县）；辽23，第49页（汉族，凌河区）；辽24，第137页（汉族，开原县）；辽25，第35页（汉族，康平县）；辽32，第224页（汉族，沙河口区）；辽39，第504、505页（汉族，瓦房店市）；辽42，第65、162页（汉族，细河区）；辽52，第236页（汉族，营口县）；辽56，第311页（汉族，喀左县）；辽58，第20页（蒙古族，建昌县）。

浙10，第4页（汉族，洞头县）；浙27，第6页（畲族，丽水市）；浙28，第10、17页（汉族，临安县）；浙54，第5页（汉族，文成县）；浙56，第189页（汉族，婺城区）；浙57，第262页（汉族，西湖区）；浙60，第2页（汉族，萧山市）。

豫4，第1页（汉族，扶沟县）；豫5，第83页（汉族，巩义市）；豫8，第3页（汉族，辉县市）；豫13，第5页（汉族，林县）；豫18，第424页（汉族，南召县）；豫20，第242页（汉族，平舆县）；豫22，第6页（汉族，淇县）；豫24，第143页（汉族，沁阳县）；豫25，第17页（汉族，汝南县）；豫27，第142页（汉族，沈丘县）；豫29，第107页（汉族，太康县）；豫30，第3页（汉族，汤阴县）；豫32，第69、70、95页（汉族，桐柏县）；豫33，第329页（汉族，桐柏县）；豫38，第1页（汉族，项城县）；豫41，第7页（汉族，新野县）；豫47，第136页（汉族，驻马店市）。

桂3，第198页（壮族，柳州市）；桂4，第10页（壮族，玉林市）；桂10，第13页（壮族，南宁市）；桂11，第1页（壮族，大新县）；桂13，第6页（汉族，合山市）。

川1，第25页（彝族，德昌县），第46、285、292页（汉族，巴县），第294页（汉族，高县），第296页（汉族，绵竹县），第301页（汉族，永川县），第303页（汉族，南部县），第305页（汉族，盐亭县），第306页（汉族，德阳市），第308页（彝族，西昌市），第312页（土家族，酉阳县）；川2，第310页（彝族，凉山州），第328页（彝族，奉节县），第551页（羌族，理县），第696页（土家族，酉阳县），第811页（苗族，马边县）；川4，第157页（羌族，北川县），第6、60页（汉族，北川县）；川5，第1页（汉族，灌县）；川11，第3页（汉族，新津县）；川15，第166页（汉族，剑阁县）；川17，第5页（汉族，筠连县）；川18，第66页（汉族，洪雅县）；川22，第37页（彝族，屏山县）；川27，第8页（汉族，西充县）；川29，第7页（汉族，荥经县）；

川 42，第 8 页（汉族，自贡市）。

陕 2，第 8、98 页（汉族，宝鸡县）；陕 6，第 4 页（汉族，华县）；陕 8，第 5 页（汉族，华县）；陕 10，第 2 页（汉族，礼泉县），第 3 页（汉族，旬邑县），第 6 页（汉族，乾县），第 16 页（汉族，三原县），第 17 页（汉族，彬县）。

综 1，第 21 页（侗族，贵州省黎平县），第 68 页（藏族，四川省木里县），第 111 页（汉族，四川省巴县），第 112 页（赫哲族，黑龙江省同江县），第 218 页（彝族，贵州省威宁县），第 311 页（傈僳族，云南省）；综 4，第 43 页（苗族），第 167—168 页（彝族，贵州省），第 197—198 页（布依族）；综 7，第 188、190、195 页（汉族，河南省）。

232.1.2　源于复仇。太阳晒死了神的母亲。

出处：

口承神话：

冀 7，第 285 页（汉族，藁城县）；冀 18，第 18 页（汉族，下花园区），第 20 页（汉族，宣化县），第 26 页（汉族，张家口）。

陕 10，第 17 页（汉族，彬县）。

综 1，第 110 页（珞巴族，西藏自治区米林县）。

232.2　文化英雄用箭射落多余的太阳。

出处：

古代文献：

《淮南子·本经训》（羿射十日）。

口承神话：

冀 2，第 20 页（汉族，承德县）；冀 3，第 574 页（汉族，抚宁县）；冀 4，第 6 页（汉族，藁城县）；冀 5，第 8、9 页（汉族，藁城县）；冀 6，第 124、339 页（汉族，藁城县）；冀 7，第 81、451 页（汉族，藁城县）；冀 9，第 7 页（汉族，成安县）。

黑 1，第 26 页（鄂伦春族，黑河市），第 28 页（汉族，甘南县）。

辽 9，第 313 页（汉族，朝阳县）；辽 10，第 298 页（汉族，大洼县）；辽 18，第 606 页（汉族，海城市）；辽 19，第 40 页（汉族，黑山县）；辽 25，第 35 页（汉族，康平县）；辽 32，第 224 页（汉族，沙河口区）；辽 39，第 504、505 页（汉族，瓦房店市）；辽 42，第 65、163 页（汉族，细河区）；辽 56，第 311 页（汉族，喀左县）；辽 58，第 20 页（蒙古族，建昌县）。

浙 10，第 4 页（汉族，洞头县）；浙 27，第 6 页（畲族，丽水市）；浙 28，第 11、17 页（汉族，临安县）；浙 54，第 5 页（汉族，文成县）；浙 56，第 189 页（汉族，婺城区）；浙 57，第 262 页（汉族，西湖区）；浙 60，第 2 页（汉族，萧山市）。

豫 5，第 83 页（汉族，巩义市）；豫 13，第 6 页（汉族，林县）；豫 18，第 424 页（汉族，南召县）；豫 22，第 6 页（汉族，淇县）；豫 24，第 143 页（汉族，沁阳县）；豫 27，第 143 页（汉族，沈丘县）；豫 29，第 108 页（汉族，太康县）；豫 30，第 3 页（汉族，汤阴县）；豫 32，第 41、70 页（汉族，桐柏县）；豫 38，第 2 页（汉族，项城县）。

桂 4，第 11 页（壮族，玉林市）；桂 10，第 14 页（壮族，南宁市）；桂 11，第 1 页

（壮族，大新县）。

川1，第25页（彝族，德昌县），第46、48、285、289、292页（汉族，巴县），第286、299页（汉族，成都市），第294页（汉族，高县），第296页（汉族，绵竹县），第302页（汉族，永川县），第307页（汉族，德阳市），第310页（彝族，西昌市），第313页（土家族，酉阳县）；川2，第311页（彝族，凉山州），第328页（彝族，奉节县），第551页（羌族，理县），第571页（羌族，北川县），第697页（土家族，酉阳县），第811页（苗族，马边县）；川4，第157页（羌族，北川县）；川17，第6页（汉族，筠连县）；川22，第37页（彝族，屏山县）；川29，第7页（汉族，荥经县）；川42，第8页（汉族，自贡市）。

陕2，第8页（汉族，宝鸡县）；陕10，第2页（汉族，礼泉县），第3页（汉族，旬邑县），第6页（汉族，乾县）。

综7，第188、190、195页（汉族，河南省）。

232.3　文化英雄用竹竿打落多余的太阳。

出处：

口承神话：

豫33，第330页（汉族，桐柏县）。

桂3，第199页（壮族，柳州市）；桂13，第6页（汉族，合山市）。

川1，第303页（汉族，南部县），第305页（汉族，盐亭县）；川4，第7、61页（汉族，北川县）；川11，第3页（汉族，新津县）；川15，第167页（汉族，剑阁县）；川18，第66页（汉族，洪雅县）；川24，第2页（汉族，三台县）；川27，第8页（汉族，西充县）。

232.4　动物射日。

232.4.1　虫子射日。

出处：

口承神话：

藏1，第9页（珞巴族，米林县）。

综1，第110页（珞巴族，西藏自治区米林县）。

233　文化英雄寻找太阳。

参照：463.3。

出处：

口承神话：

冀7，第285页（汉族，藁城县）；冀13，第2页（汉族，武安县）。

浙13，第137页（汉族，拱墅区）；浙32，第10页（汉族，宁海县）；浙47，第19页（汉族，松阳县）。

豫32，第29页（汉族，桐柏县）。

陕2，第6页（汉族，渭滨区）。

234　射月。文化英雄去除多余的月亮。

参照：498，498.1。

出处：

口承神话：

综1，第311—312页（傈僳族，云南省）；综4，第44页（苗族），第167—168页（彝族，贵州省）。

234.1　多月并出，为害人间。

参照：482，495.1，952。

出处：

口承神话：

浙54，第5页（汉族，文成县）。

川1，第25页（彝族，德昌县），第308页（彝族，西昌市）；川2，第310页（彝族，凉山州），第328页（彝族，奉节县）；川18，第66页（汉族，洪雅县）；川22，第37页（彝族，屏山县）。

综1，第311页（云南省，傈僳族）；综4，第43—44页（苗族），第167—168页（彝族，贵州省）。

234.2　文化英雄射落不规则的月亮。

出处：

口承神话：

浙33，第1页（汉族，鸥海县）。

川22，第37页（彝族，屏山县）。

234.3　文化英雄用竹竿或其他工具打落多余的月亮。

出处：

口承神话：

川18，第66页（汉族，洪雅县）。

235　奔月。因为偷吃了不死药或其他原因，下界的人（神）升上了月亮。

参照：165.1.1。

出处：

古代文献：

《全上古三代秦汉三国六朝文·全上古三代文》卷十五《古逸》辑《归藏》、《淮南子·览冥训》及高诱注、《初学记》卷一《天部上·天一》引《淮南子》、《全上古三代秦汉三国六朝文·全后汉文》卷五十五辑《灵宪》、《独异志》卷上《姮娥奔月》（嫦娥奔月）。

冀5，第8页（汉族，藁城县）；冀6，第125、340页（汉族，藁城县）；冀7，第82、453页（汉族，藁城县）。

浙10，第6页（汉族，洞头县）；浙54，第6页（汉族，文成县）。

豫2，第20页（汉族，郸城县）；豫5，第86页（汉族，巩义市）；豫18，第425页（汉族，南召县）；豫32，第42、43、74页（汉族，桐柏县）。

桂4，第15页（壮族，玉林市）。

川1，第285、291页（汉族，巴县），第288页（汉族，成都市），第297页（汉族，绵竹县）。

综7，第189、195页（汉族，河南省），第191页（汉族，河南省许昌地区）。

236　治理洪水。

参照：1000。

对照：汤A533　文化英雄管控河流。

出处：

口承神话：

冀1，第7页（汉族，满城县）；冀5，第17页（汉族，藁城县）；冀15，第7页（汉族，下花园区）。

辽10，第89页（汉族，大洼县）；辽45，第2页（汉族，新宾县）。

浙7，第10、15、19、21、24页（汉族，德清县）；浙9，第17、20、21、22、24、25、27页（汉族，东阳县）；浙11，第10、11页（汉族，奉化市）；浙27，第30页（汉族，丽水市）；浙31，第6页（汉族，龙游县）；浙32，第11、12页（汉族，宁海县）；浙44，第19、24页（汉族，绍兴县）；浙46，第6页（汉族，嵊县）；浙48，第4页（汉族，遂昌县）；浙52，第5页（汉族，桐乡县）；浙60，第13页（汉族，萧山市）；浙64，第5页（汉族，永嘉县）。

豫3，第3、5、20页（汉族，登封县）；豫6，第3页（汉族，滑县）；豫9，第136页（汉族，吉县）；豫14，第18页（汉族，武陟县）；豫32，第77页（汉族，桐柏县）；豫36，第13页（汉族，息县）；豫41，第6页（汉族，新野县）。

川1，第315页（汉族，成都市东、西城区），第324页（汉族，巴县），第325页（汉族，都江堰市），第336页（汉族，巫山县），第341页（汉族，资中县）；川2，第697页（土家族，黔江县），第960页（傈僳族，德昌县）；川4，第164页（羌族，北川县）；川10，第2页（汉族，西城区）；川13，第6页（汉族，涪陵市）；川34，第2页（汉族，合川县）；川41，第1页（汉族，资中县）。

陕2，第21页（汉族，千阳县），第57页（汉族，渭滨区）；陕8，第14页（汉族，华阴县），第23页（汉族），第25、29、31、34、38页（汉族，韩城），第27页（汉族，渭南）；陕10，第6页（汉族，乾县）；陕11，第467页（汉族，长武县）。

综7，第288页（汉族，河南省淅川县），第306页（汉族，河南省灵宝县），第

308、311、312、315、317、318、319、321、323页（汉族，河南省三门峡市），第325页（汉族，河南省），第331、332、337、340、345、347、348、350、351、353页（汉族，河南省嵩岳伊洛区），第362页（汉族，河南省桐柏淮源区），第364、365、366页（汉族，河南省太行王屋区）。

237 修补残破的天空。

参照：883，943，990，991。

出处：

口承神话：

冀1，第7页（汉族，满城县）；冀3，第19页（汉族，抚宁县）；冀4，第3页（汉族，藁城县）；冀5，第14页（汉族，藁城县）；冀6，第597页（汉族，藁城县）；冀8，第1页（汉族，藁城县）；冀9，第2页（汉族，涉县）；冀11，第3页（汉族，衡水市）；冀16，第496页（汉族，邢台市）；冀18，第10页（汉族，庞家堡区），第46页（汉族，宣化县）。

辽10，第88页（汉族，大洼县）；辽14，第378页（汉族，抚顺露天区）；辽15，第132页（汉族，抚顺望花区）；辽42，第62页（汉族，细河区）；辽45，第2页（汉族，新宾县）；辽47，第2页（汉族，新民县）；辽50，第10页（满族，岫岩县）。

浙2，第4页（汉族，苍南县）；浙3，第67、68页（汉族，长兴县）；浙8，第1页（汉族，定海区）；浙11，第1页（汉族，奉化市）；浙14，第3页（汉族，海宁市）；浙25，第3页（汉族，兰溪市）；浙27，第27页（汉族，丽水市）；浙28，第1、12、14页（汉族，临安县）；浙31，第6页（汉族，龙游县）；浙38，第2页（汉族，青田县）；浙39，第4页（汉族，庆元县）；浙48，第7页（汉族，遂昌县）；浙64，第5页（汉族，永嘉县）。

豫1，第365页（汉族，淅川县）；豫2，第10页（汉族，郸城县）；豫9，第136页（汉族，吉县）；豫16，第23页（汉族，泌阳县）；豫18，第10页（汉族，南召县）；豫23，第12、14页（汉族，杞县）；豫26，第13页（汉族，社旗县）；豫27，第4页（汉族，沈丘县）；豫28，第17页（汉族，渑池县）；豫29，第23、107页（汉族，太康县）；豫32，第30、31页（汉族，桐柏县）。

桂4，第6页（汉族，玉林市）。

川1，第14页（汉族，巴县），第108页（汉族，双流县），第120页（汉族，德阳市市中区）；川4，第2页（羌族，北川县）；川9，第2页（汉族，双流县）；川14，第1、2页（汉族，简阳县）；川18，第2页（汉族，洪雅县）。

陕2，第4页（汉族，千阳县），第101页（汉族，宝鸡县）；陕7，第3页（汉族，蓝田县）；陕10，第3页（汉族，旬邑县）；陕8，第7页（汉族，富平县）；陕11，第467页（汉族，长武县）。

综7，第35页（汉族，河南省桐柏盘古山区），第55、56页（汉族，河南省开封府区），第60、61、63页（汉族，河南省太行山区），第66、68页（汉族，河南省西华思都岗区），第 95、104、138、149、166 页（汉族，河南省沈丘县），第 99 页（汉族，河南省淮阳县）。

237.1　文化英雄织布遮天。

参照：402.3。

出处：

口承神话：

川1，第 56 页（汉族，屏山县）；川22，第 23 页（汉族，屏山县）。

238　赶山。神用赶山鞭赶山。

参照：222.4，743.2。

出处：

口承神话：

辽31，第 21 页（满族，清原县）。

239　担山填海。

参照：215.3，222.19，231.2。

出处：

口承神话：

豫28，第 17 页（汉族，渑池县）。

川14，第 2 页（汉族，简阳县）。

241　盗食不死药。

出处：

古代文献：

《淮南子·览冥训》及高诱注、《全上古三代秦汉三国六朝文·全后汉文》卷五十五辑《灵宪》、《全上古三代秦汉三国六朝文·全上古三代文》卷十五辑《归藏》、李商隐诗《常娥》（嫦娥窃药）。

口承神话：

冀6，第 124 页（汉族，藁城县）。

浙54，第 6 页（汉族，文成县）。

豫32，第 42 页（汉族，桐柏县）。

川1，第 285、291 页（汉族，巴县），第 288 页（汉族，成都市），第 297 页（汉族，绵竹县）。

藏1，第 7 页（珞巴族，墨脱县）。

242　盗火。

出处：

口承神话：

藏1，第5页（门巴族，墨脱县）。

243 神祇之间的打赌或比赛。

参照：71，354.1.6。

对照：汤A163 神祇之间的竞赛。

出处：

口承神话：

冀1，第2页（汉族，望都县）；冀18，第56页（汉族，张家口）。

川2，第961页（傈僳族，德昌县）。

陕10，第10页（汉族，杨陵区）。

综7，第68页（汉族，河南省西华思都岗区）。

244 神祇或神人之间的争斗与杀戮。

参照：556.2.6，557.6，565.8，853。

对照：汤A162 神的冲突。汤A525 善恶文化英雄。

出处：

古代文献：

《列子·黄帝第二》、《全上古三代秦汉三国六朝文·全上古三代文》卷十五辑《归藏》、《淮南子·兵略训》、《新书·益壤》（黄帝与炎帝）；《史记》卷一《五帝本纪》（黄帝与炎帝、黄帝与蚩尤）；《逸周书·尝麦解》（炎黄与蚩尤）；《山海经·大荒北经》（黄帝与蚩尤、应龙与蚩尤及夸父）；《山海经·大荒东经》（应龙与蚩尤及夸父）；《山海经·大荒北经》吴任臣注引《广成子传》、《通典》卷一百四十一《乐一·乐序》、《太平御览》卷十五《天部十五·雾》引《志林》及《黄帝玄女战法》、《太平御览》卷七十九引《龙鱼河图》、《述异记》卷上、《太平广记·目录卷第一》卷六十三《女仙八·骊山姥》引《集仙传·骊山姥》、《云笈七签》卷一百《轩辕本纪》、《皇览·冢墓记》（黄帝与蚩尤）；《山海经·海外西经》（刑天与帝）；《淮南子·天文训》《论衡·谈天篇》（共工与颛顼）；《荀子·成相》（禹与共工）；《补史记·三皇本纪》（共工与祝融）。

口承神话：

黑1，第12页（满族，宁安县）。

桂1，第4页（壮族，武宣县）；桂4，第5页（汉族，玉林市）。

综1，第93页（汉族，吉林省长春市），第105页（哈萨克族，新疆维吾尔自治区），第182页（汉族，淮河流域），第199—203页（汉族，陕西省黄陵县），第208—216页（纳西族，云南省），第216页（彝族，贵州省威宁县）；综4，第226页（满族，黑龙江省宁安县）。

244.1 天神之间的争斗。

参照：905.2。

对照：汤 A162.7　神之间的一次战斗。

出处：

口承神话：

冀1，第7页（汉族，满城县）；冀2，第22页（汉族，承德县）；冀6，第42页（汉族，藁城县）；冀18，第20、25、54页（汉族，宣化县）。

辽6，第1页（汉族，本溪县）；辽10，第88页（汉族，大洼县）；辽41，第148页（汉族，西丰县）；辽47，第1页（汉族，新民县）。

浙3，第67页（汉族，长兴县）；浙8，第1页（汉族，定海区）；浙31，第558页（汉族，龙游县）；浙48，第7页（汉族，遂昌县）；浙64，第5、6页（汉族，永嘉县）。

豫1，第282页（汉族，淅川县）；豫18，第10页（汉族，南召县）；豫20，第17页（汉族，平舆县）；豫23，第11页（汉族，杞县）；豫26，第259页（汉族，社旗县）；豫29，第22页（汉族，太康县）；豫30，第5页（汉族，汤阴县）；豫33，第321页（汉族，桐柏县）。

川1，第14、323页（汉族，巴县），第17、55页（汉族，绵竹县），第120页（汉族，德阳市市中区），第314页（汉族，成都市东、西城区）；川14，第2页（汉族，简阳县）；川42，第13页（汉族，自贡市）。

陕11，第467页（汉族，长武县）。

综7，第55页（汉族，河南省开封府区）。

244.1.1　无头之神仍操干戚以舞。神被砍头之后，乃以乳为目，以脐为口，操干戚以舞。

出处：

古代文献：

《山海经·海外西经》、陶渊明《读山海经》（刑天）。

244.2　天神与地神之间的争斗。

参照：905.1。

出处：

口承神话：

辽42，第72、163页（汉族，细河区）。

桂3，第2页（壮族，柳州市）；桂10，第9页（壮族，南宁市）。

川2，第30页（藏族，若尔盖县）。

244.3　神杀死或制服妖魔。

参照：983，1004。

对照：汤 A531　文化英雄（半神）战胜魔怪。汤 A531.1.1　文化英雄消灭魔鬼。汤 A531.2　文化英雄消灭蛇。

出处：

口承神话：

冀7，第236页（汉族，藁城县）；冀15，第8页（汉族，下花园区）。

黑1，第16、18、54、56、59页（满族，宁安县）。

浙72，第39页（汉族，诸暨县）。

豫5，第84页（汉族，巩义市）；豫18，第10页（汉族，南召县）；豫23，第7、8页（汉族，杞县）；豫32，第69、77页（汉族，桐柏县）。

川1，第162页（土家族，黔江县）；川2，第571页（羌族，汶川县）；川22，第39页（彝族，屏山县）。

陕8，第34、39页（汉族，韩城）；陕11，第467页（汉族，长武县）。

综7，第288页（汉族，河南省淅川县）。

244.4 部落神之间的争斗。

出处：

口承神话：

冀17，第137页（汉族，宣化区）；冀18，第52页（汉族，宣化县）。

浙27，第40、42页（汉族，丽水市）；浙45，第2页（汉族，嵊泗县）；浙64，第388页（汉族，永嘉县）。

豫17，第4、6、9页（汉族，密县）；豫23，第12页（汉族，杞县）；豫32，第46页（汉族，桐柏县）；豫38，第151页（汉族，项城县）。

川1，第164页（苗族，筠连县），第263页（汉族，都江堰市），第290页（汉族，巴县）；川2，第823页（苗族，筠连县）；川5，第13页（汉族，灌县）。

陕2，第89页（汉族，岐山县）。

综7，第55页（汉族，河南省开封府区），第246页（汉族，河南省密县、禹县），第273页（汉族，河南省灵宝县）。

244.5 神与龙的争斗。

对照：汤A162.2 闪电神和海洋龙神的战斗。

出处：

口承神话：

豫29，第1页（汉族，太康县）；豫32，第12、14、15页（汉族，桐柏县）。

陕2，第78页（汉族，渭滨区）。

综7，第85页（汉族，河南省），第362页（汉族，河南省桐柏淮源区）。

244.6 人间英雄与神的争斗。

244.6.1 文化英雄与天神的争斗。

出处：

口承神话：

川2，第957页（蒙古族，木里县），第962页（纳西族，木里县）。

244.6.2 人间英雄与雷公的争斗。

参照：168.4。

对照：汤 A173.2 神被关押。

出处：

口承神话：

浙 23，第 9 页（汉族，缙云县）；浙 64，第 8 页（汉族，永嘉县）。

川 2，第 329 页（彝族，奉节县），第 562 页（羌族，理县）；川 17，第 7 页（苗族，筠连县）；川 22，第 35 页（彝族，屏山县）；川 38，第 2 页（汉族，沙坪坝区）。

陕 2，第 54、87 页（汉族，岐山县）。

244.6.2.1　**用铜帽、铜网捉住雷公。**

出处：

口承神话：

川 2，第 313 页（彝族，凉山州）。

244.6.2.2　**用铁钟关住雷公。**

出处：

口承神话：

川 2，第 694 页（土家族，秀山县）。

244.6.2.3　**用青苔铺在屋顶上，使雷公滑倒，从而捉住雷公。**

出处：

口承神话：

桂 1，第 4 页（壮族，武宣县）；桂 2，第 5 页（瑶族，钟山县）；桂 5，第 10 页（苗族，隆林县）；桂 10，第 9 页（壮族，南宁市）；桂 13，第 3 页（壮族，合山市）；桂 14，第 3 页（瑶族，桂林市）。

综 1，第 19 页（侗族，贵州省黎平县），第 39 页（苗族，湖南省湘西地区，贵州省松桃县）。

244.6.2.4　**用笼子关住雷公。**

出处：

口承神话：

桂 1，第 4 页（壮族，武宣县）；桂 3，第 2 页（壮族，柳州市）；桂 10，第 9 页（壮族，南宁市）；桂 13，第 3 页（壮族，合山市）。

川 17，第 7 页（苗族，筠连县）。

244.6.2.5　**将雷公关在仓里。**

出处：

口承神话：

桂 2，第 154 页（瑶族，钟山县）。

250　**文化英雄创造文化。**

参照：1400—1899。

对照：汤 A530　文化英雄创立法律和秩序。

251　文化英雄发明农具。

参照：1560。

252　文化英雄发现中草药。

参照：1600。
对照：汤 A1438　药物（治疗）的起源。

253　文化英雄发现茶。

参照：1601.4。

254　文化英雄发明文字。

参照：1610。
对照：汤 A541.1　文化英雄发明并教授爱尔兰语。

255　文化英雄发明纺织技艺。

参照：1593。
对照：汤 A1457.3　用网捕鱼的起源。

256　文化英雄发明渔猎。

参照：1592。
对照：汤 A1457　渔业的起源。

257　文化英雄发明八卦。

参照：1741.1。

258　文化英雄发明指南针。

参照：1599.2。

258.1　文化英雄发明罗盘。

出处：

口承神话：

浙27，第40页（汉族，丽水市）。

259　文化英雄发明饮食器具。

参照：1500。

261　文化英雄发明日常生活用具。

参照：1520。
对照：汤 A1446.5　家用工具的获得。

262　文化英雄发明建筑。

参照：1594。
对照：汤 A1445　建筑手艺的获得。

263　文化英雄发明乐器。

参照：1653。

264　文化英雄创建法律。

参照：1821。

265　文化英雄创建彝家火把节。

出处：
口承神话：
川 2，第 317 页（彝族，凉山州）。

270　神祇的死亡或离去。

参照：60。
对照：汤 A76　创世者的死亡。汤 A192　神的死亡或离去。
出处：
古代文献：
《淮南子·览冥训》（女娲升天）；《山海经·海内西经》《山海经·海内经》《淮南子·地形训》（后稷）；《史记》卷二十八《封禅书》（黄帝升天）。
口承神话：
冀 7，第 83 页（汉族，藁城县）。
陕 2，第 72、77 页（汉族，宝鸡县）；陕 7，第 3、4 页（汉族，蓝田县）；陕 10，第 17 页（汉族，彬县）。
综 1，第 176 页（阿昌族，云南省陇川县、梁河县），第 182 页（汉族，淮河流域），第 193 页（汉族，河南省）；综 4，第 223 页（布依族）；综 7，第 156 页（汉族，河南省项城县），第 178 页（汉族，河南省）。

271　神死于杀戮。

对照：汤 A192.1.1　老年神被年轻神杀害。

出处：

古代文献：

《山海经·海内经》（祝融杀鲧）；《楚辞·天问》（天帝杀鲧）；《国语·晋语八》（鲧被杀）；《山海经·西山经》［鼓与钦（丕）杀葆江；帝杀鼓与钦（丕）］；《山海经·海内西经》（危与贰负杀窫窳）；《山海经·大荒东经》《山海经·大荒北经》（应龙杀夸父与蚩尤）；《山海经·大荒北经》吴任臣注引《广成子传》（黄帝杀蚩尤）；《云笈七签》卷一百《轩辕本纪》（黄帝杀蚩尤）；《皇览·冢墓记》（黄帝杀蚩尤）；《孟子·离娄章句下》（逄蒙杀羿）；《国语·鲁语下》（禹杀防风氏）。

口承神话：

冀5，第6、16、17页（汉族，藁城县）；冀6，第40页（汉族，藁城县）。

辽41，第149页（汉族，西丰县）。

浙7，第10、20、29页（汉族，德清县）；浙9，第20页（汉族，东阳县）；浙32，第12页（汉族，宁海县）；浙44，第25页（汉族，绍兴县）；浙68，第6页（汉族，玉环县）。

豫14，第16页（汉族，武陟县）；豫18，第10页（汉族，南召县）；豫23，第13页（汉族，杞县）；豫28，第12页（汉族，渑池县）；豫32，第40、86页（汉族，桐柏县）；豫33，第321页（汉族，桐柏县）。

川1，第264页（汉族，都江堰市），第317页（汉族，成都市东、西城区）；川2，第962页（纳西族，木里县）。

藏1，第5页（门巴族，墨脱县），第7页（珞巴族，墨脱县）。

陕2，第17、89、90页（汉族，岐山县），第21页（汉族，千阳县）；陕8，第14页（汉族，华阴县）。

综1，第180—182页（汉族，淮河流域），第202—203页（汉族，陕西省黄陵县），第213—215页（纳西族，云南省）；综4，第226页（满族，黑龙江省宁安县）；综7，第56页（汉族，河南省开封府区），第332、353页（汉族，河南省嵩岳伊洛区），第362页（汉族，河南省桐柏淮源区）。

272　神溺水而死。

出处：

古代文献：

《山海经·北次三经》、《述异记》卷上（女娃化身精卫）；《云笈七签》卷一百《轩辕本纪》（奇相氏）；《文选·洛神赋》李善注（宓妃）；《楚辞·九歌》洪兴祖补注引《抱朴子》（冯夷）。

口承神话：

浙8，第8页（汉族，定海区）；浙48，第4页（汉族，遂昌县）。

综7，第288页（汉族，河南省淅川县）。

272.1　神落海被海蛇咬死。

出处：

口承神话：

川2，第327页（彝族，凉山州）；川22，第41页（彝族，屏山县）。

273 神干渴而死。

出处：

古代文献：

《山海经·大荒北经》《山海经·海外北经》（夸父）。

口承神话：

豫30，第9页（汉族，汤阴县）。

陕8，第3页（汉族，潼关县）。

综1，第115页（汉族，山西省灵县）；综7，第273页（汉族，河南省灵宝县）。

274 神老死。

出处：

口承神话：

桂10，第8页（壮族，南宁市）。

综7，第105页（汉族，河南省沈丘县）。

275 神劳累而死。

出处：

口承神话：

冀1，第2页（汉族，望都县）；冀3，第302页（汉族，抚宁县）；冀7，第285页（汉族，藁城县）；冀18，第10页（汉族，庞家堡区）。

辽42，第62页（汉族，细河区）。

浙3，第67、68页（汉族，长兴县）；浙27，第28、30页（汉族，丽水市）；浙55，第301页（畲族，武义县）；浙60，第2页（汉族，萧山市）。

川1，第121页（汉族，德阳市市中区）。

276 神死后，尸体或精魂变形为其他生物或无生物。

参照：102，373，412，431，458.5，472，511，554.1，556.1，558.1，562.1，617，701，722.1，725.1，731，741.2，752，761，765.1，770.1，1081，1444，1594.4，1772，1773，1911，2411。

出处：

古代文献：

《绎史》卷一《开辟原始》引《五运历年记》（盘古化生万物）；《述异记》卷上（盘古、精卫）；《山海经·中山经》（女尸）；《水经注》卷三十四《江水》（瑶姬）；《渚宫旧事》卷三注引《襄阳耆旧传》（瑶姬化草）；《山海经·海内经》（后稷）；《山海经·

海内经》注引《开筮》（鲧化黄龙）；《楚辞·天问》《左传·昭公七年》（鲧化黄熊）；《国语·晋语八》（鲧化黄能）；《拾遗记》卷二"夏禹"条（鲧化玄鱼）；《汉书·武帝纪第六》颜师古注引《淮南子》（涂山氏化石）。

口承神话：

综1，第91—92页（汉族，湖北省京山县），第176页（阿昌族，云南省陇川县、梁河县），第182页（汉族，淮河流域），第188页（汉族，河南省）；综4，第223页（布依族），第226页（满族，黑龙江省宁安县），第248—251页（白族）。

276.1　神死后，精气变成治水英雄。

出处：

口承神话：

川1，第317页（汉族，成都市东、西城区），第326页（汉族，都江堰市）。

276.2　神的尸体化为龙。

出处：

口承神话：

浙7，第14页（汉族，德清县）。

川1，第317页（汉族，成都市东、西城区）。

陕2，第35页（汉族，岐山县）。

276.3　神死后身体化为石头或大山。

参照：731，752。

出处：

口承神话：

冀2，第20页（汉族，承德县）；冀6，第42页（汉族，藁城县）；冀18，第10页（汉族，庞家堡区）。

川1，第321页（汉族，成都市东、西城区）。

276.4　神死后变为星辰。

参照：511。

出处：

口承神话：

辽41，第149页（汉族，西丰县）。

276.5　神死后化为虹。

参照：553。

出处：

口承神话：

浙68，第5页（汉族，玉环县）。

276.6　神死后化为鸟。

出处：

口承神话：

浙8，第8页（汉族，定海区）。

276.7 神死后化为花草树木、虫鸟万物。

参照：1911，2411。

出处：

口承神话：

综7，第132页（汉族，河南省正阳县）。

277 神死后担任神职或受到祭祀。

出处：

古代文献：

《吕氏春秋·孟春纪第一·孟春》高诱注（伏羲、句芒）；《文选·高唐赋》、《渚宫旧事》卷三注引《襄阳耆旧传》（瑶姬）；《文选·洛神赋》李善注（宓妃）；《楚辞·九歌》洪兴祖补注引《抱朴子》（冯夷）；《淮南子·氾论训》（羿、禹）。

口承神话：

浙11，第9页（汉族，奉化市）。

川1，第248页（汉族，高县），第307页（汉族，德阳市）。

278 神的离去。

对照：汤A192.2 神的离去。汤A560 文化英雄（半神）的离去。汤A561 神离去并前往西方。汤A562 神离去并前往东方。汤A566 文化英雄返回上界。

出处：

口承神话：

冀12，第223页（汉族，高邑县）。

陕7，第4页（汉族，蓝田县）。

综7，第36、37页（汉族，河南省桐柏盘古山区），第261、262页（汉族，河南省灵宝县）。

279 神的死亡——其他母题。

279.1 神被气死。

出处：

口承神话：

川1，第288页（汉族，成都市）。

综7，第272页（汉族，河南省灵宝县）。

279.2 神被毒死。

出处：

口承神话：

黑1，第94页（汉族，密山县）。

浙38，第4页（汉族，青田县）。

桂11，第102页（壮族，大新县）。

川1，第291页（汉族，巴县）。

陕2，第34页（汉族，岐山县），第56页（汉族，渭滨区）。

综4，第227页（满族，黑龙江省宁安县）。

279.3　神从天上掉下摔死。

出处：

口承神话：

桂2，第5页（瑶族，钟山县）。

279.4　神的坟墓。

出处：

古代文献：

《述异记》卷上、《广博物志》卷九引《元丰九域志》（盘古墓）；《挥麈录》卷一、《太平广记·目录卷第八》卷三百九十《塚墓二·女娲墓》、《路史·后纪二》注引《寰宇记》（女娲墓）。

口承神话：

综7，第68、69页（汉族，河南省西华思都岗区），第121页（汉族，河南省淮阳县）。

279.5　神死后复活。

出处：

古代文献：

《淮南子·地形训》（后稷）。

口承神话：

川2，第963页（纳西族，木里县）。

陕2，第26页（汉族，宝鸡县）。

综1，第193页（汉族，河南省）。

第二编

宇宙起源母题

(300 — 1049)

300—349　宇宙的初始状况与构造

300　宇宙的初始状况。

对照：汤 A650—699　宇宙的性质。

301　原始之水。起初宇宙中只有一片茫茫大水。

对照：汤 A810　原始之水：起初，所有东西俱为水所覆盖。

出处：

口承神话：

黑 1，第 20 页（回族，绥芬河市）。

辽 10，第 98 页（汉族，大洼县）；辽 35，第 63、65 页（回族，沈河区）。

浙 52，第 3 页（汉族，桐乡县）。

藏 1，第 6、7、17 页（珞巴族，墨脱县）。

综 1，第 94 页（土族，青海省），第 96 页（基诺族，云南省）。

302　原始的混沌。

参照：12，362.1.6，372，419.3，611。

对照：艾 57 型　混沌（卵形世界）。汤 A605　原始的混沌。汤 A620.1　自然的创造——进化型。从原始的混沌中逐渐出现世界和生命。汤 A801　地球源于原始的混沌。

出处：

古代文献：

《楚辞·天问》；《淮南子·精神训》；《论衡·谈天篇》。

口承神话：

冀 4，第 6 页（汉族，藁城县）；冀 5，第 4 页（汉族，藁城县）。

黑 1，第 4 页（汉族，呼玛县）。

浙 2，第 1 页（汉族，苍南县）；浙 6，第 274 页（汉族，慈溪市）；浙 8，第 1、2 页（汉族，定海区）；浙 24，第 1 页（汉族，开化县）；浙 28，第 13 页（汉族，临安县）；浙 32，第 1 页（汉族，宁海县）；浙 37，第 1 页（汉族，普陀区）；浙 38，第 2 页（汉族，青田县）；浙 44，第 1 页（汉族，绍兴县）；浙 55，第 1 页（畲族，武义县）。

豫 25，第 3 页（汉族，汝南县）。

桂 2，第 153 页（壮族，钟山县）；桂 5，第 3 页（苗族，隆林县）。

川 1，第 3 页（汉族，奉节县），第 22 页（藏族，若尔盖县），第 45 页（汉族，巴县）；川2，第1页（藏族，木里县），第2页（白马藏族，平武县白马乡），第272页（彝族，凉山州）。

陕2，第5页（汉族，宝鸡县）。

综1，第99页（苗族，云南省马关县、麻栗坡县），第101（白马藏族，四川省平武县），第103页（哈萨克族，新疆维吾尔自治区），第110页（珞巴族，西藏自治区米林县），第291（拉祜族，云南省澜沧县）；综4，第42页（苗族），第96、154页（彝族，四川省凉山州）；综7，第26页（汉族，河南省桐柏盘古山区）。

302.1　宇宙卵。宇宙混沌未开，像是一只蛋（球）。

参照：362.5，371，411，614。

对照：汤A641　宇宙卵。宇宙从一枚卵中产生。汤A27　创世者从卵中降生。汤A114.2　神由卵中生出。

出处：

古代文献：

《艺文类聚》卷一《天部上·天》引《三五历记》（"天地浑沌如鸡子"）。

口承神话：

冀6，第571页（汉族，藁城县）。

黑1，第3页（汉族，通河县）。

浙1，第1页（汉族，安吉县）；浙5，第1页（汉族，淳安县）；浙9，第1页（汉族，东阳县）；浙26，第1页（汉族，乐清县）；浙27，第1页（汉族，丽水市）；浙28，第12页（汉族，临安县）；浙36，第1页（汉族，浦江县）；浙40，第1页（汉族，衢县）；浙43，第1页（汉族，上虞县）；浙56，第1页（汉族，婺城区）；浙64，第3页（汉族，永嘉县）。

豫14，第1页（汉族，武陟县）；豫21，第5页（汉族，濮阳县）；豫26，第1页（汉族，社旗县）；豫40，第1页（汉族，新乡县）。

桂4，第3页（汉族，玉林市）。

川1，第7页（汉族，崇庆县）；川17，第4页（汉族，筠连县）。

陕2，第3页（汉族，凤县）；陕3，第27页（汉族，凤县）；陕10，第1页（汉族，三原县）。

综1，第91页（汉族，湖北省京山县）；综6，第1页（汉族，浙江省东阳县）；综7，第4页（汉族，河南省太行山区），第15页（汉族，河南省桐柏盘古山区），第48页（汉族，河南省豫西山区），第68页（汉族，河南省西华思都岗区）。

302.1.1　起初宇宙是一个石蛋。

出处：

口承神话：

陕2，第1页（汉族，宝鸡县）。

302.2　起初宇宙间充满了大气。

出处：

口承神话：

辽39，第500页（汉族，瓦房店市）。

302.3　宇宙由阴、阳两种元素构成。

出处：

古代文献：

《楚辞·天问》（"明明暗暗，惟时何为？阴阳三合，何本何化？"）；《艺文类聚》卷一《天部上·天》引《三五历记》（"阳清为天，阴浊为地"）。

口承神话：

浙2，第1页（汉族，苍南县）。

302.4　起初宇宙间只有风在吹。

出处：

口承神话：

川1，第29页（傈僳族，德昌县）；川2，第933页（傈僳族，德昌县）。

303　原始的黑暗。

对照：汤A605.1　原始的黑暗。

出处：

古代文献：

《楚辞·天问》（"冥昭瞢暗，谁能极之？"）。

口承神话：

冀2，第21页（汉族，承德县）。

黑1，第20页（回族，绥芬河市）。

辽9，第182页（汉族，朝阳县）。

川1，第12页（汉族，大邑县），第37页（汉族，万源县）；川2，第270页（彝族，凉山州），第549页（羌族，汶川县）；川5，第1页（汉族，灌县）；川18，第1页（汉族，洪雅县）。

综1，第27页（回族，广西壮族自治区南宁市），第115页（汉族，四川省巴县），第239页（羌族，四川省茂县）；综4，第42页（苗族）；综7，第4页（汉族，河南省太行山区）。

303.1　宇宙的黑暗是由于还没有太阳、月亮。

出处：

口承神话：

冀1，第5页（汉族，保定市）。

辽9，第182页（汉族，朝阳县）。

川5，第1页（汉族，灌县）。

303.2　宇宙的黑暗是由于天未开。

出处：

口承神话：

其他 2，第 7 页（鲁凯族，台湾省台东县）。

304　天地相连。

参照：360。

对照：汤 A625.2.1　天和地原本由脐带连接。脐带被割断。

出处：

古代文献：

《尚书·吕刑》《国语·楚语下》（绝地天通）。

口承神话：

冀 6，第 597 页（汉族，藁城县）。

浙 18，第 3 页（汉族，嘉善县）；浙 19，第 1 页（汉族，建德县）；浙 32，第 206 页（汉族，宁海县）；浙 55，第 2 页（畲族，武义县）；浙 68，第 3 页（汉族，玉环县）；浙 69，第 158 页（汉族，越城区）。

豫 25，第 3 页（汉族，汝南县）。

桂 8，第 1 页（汉族，钦州市）。

川 1，第 10 页（汉族，宜宾县），第 24 页（彝族，德昌县）；川 2，第 1 页（藏族，若尔盖县），第 272 页（彝族，德昌县），第 285 页（彝族）；川 4，第 1 页（羌族，北川县）；川 42，第 1 页（汉族，自贡市）。

藏 1，第 9 页（珞巴族，米林县）。

其他 3，第 191 页（佤族，云南省）。

综 1，第 25 页（德昂族，云南省保山县），第 91 页（汉族，湖北省京山县），第 106 页（独龙族，云南省），第 109 页（排湾族，台湾省），第 110 页（珞巴族，西藏自治区米林县），第 235 页（彝族，云南省新平县），第 283 页（彝族，四川省），第 302 页（普米族，云南省宁蒗县，四川省西昌市、木里县）；综 4，第 7 页（苗族，贵州省台江县、施秉县、凯里市），第 86 页（彝族），第 207 页（布依族）；综 7，第 4 页（汉族，河南省太行山区）。

304.1　起初天和地之间距离很近。

对照：艾 90 型　植物长上天。汤 A625.2　天空的升高。起初，天空离地面很近（经常是由于天父和地母的连接），后来天空被升高到现在的位置。

出处：

口承神话：

冀 12，第 419 页（汉族，高邑县）。

浙 5，第 426 页（汉族，淳安县）；浙 6，第 276 页（汉族，慈溪市）；浙 10，第 254 页（汉族，洞头县）；浙 17，第 203 页（汉族，黄岩市）；浙 23，第 1 页（汉族，缙云县）；浙 24，第 119 页（汉族，开化县）；浙 32，第 3 页（汉族，宁海县）；浙 40，第 1 页（汉族，衢县）；浙 55，第 2 页（畲族，武义县）；浙 64，第 3、7 页（汉族，永嘉县）。

桂 2，第 3 页（汉族，钟山县）；桂 3，第 1、198 页（壮族，柳州市）；桂 5，第 8 页（苗族，隆林县）；桂 10，第 4 页（壮族，南宁市）；桂 11，第 97 页（壮族，大新县）；桂 12，第 109 页（壮族，凭祥市）；桂 13，第 6 页（汉族，合山市）；桂 15，第 122 页（汉族，扶绥县）。

川 2，第 690 页（土家族，川湘边区）。

综 1，第 283 页（彝族，四川省）；综 4，第 42 页（苗族），第 222 页（布依族），第 232 页（瑶族，广东省连南瑶族自治县）；综 7，第 54 页（汉族，河南省开封府区）。

304.1.1　天和地只有一山之隔。

出处：

口承神话：

川 2，第 31 页（藏族，炉霍县炉霍乡）。

304.2　起初神和人只隔着一座山住着。

出处：

口承神话：

川 1，第 235 页（羌族，茂县）；川 2，第 568 页（羌族，汶川县）。

304.3　起初天上与人间没有阻隔，神与人常来常往。

出处：

口承神话：

黑 1，第 309 页（汉族，依兰县）。

浙 5，第 426 页（汉族，淳安县）；浙 12，第 336、338 页（汉族，富阳县）；浙 18，第 3 页（汉族，嘉善县）；浙 27，第 38 页（汉族，丽水市）；浙 40，第 10 页（汉族，衢县）；浙 44，第 12 页（汉族，绍兴县）；浙 55，第 10 页（汉族，武义县）；浙 63，第 283 页（汉族，鄞县）。

川 2，第 575 页（羌族，理县），第 812 页（苗族，兴文县）；川 4，第 159 页（羌族，北川县）。

305　起初宇宙是不完美的。

出处：

口承神话：

浙 27，第 3 页（汉族，丽水市）。

综 1，第 94 页（纳西族，云南省丽江地区），第 283 页（彝族，四川省）；综 7，第 66 页（汉族，河南省西华思都岗区）。

305.1　起初天上都是石头，经常往下掉。

参照：329.2。

出处：

辽50，第9页（满族，岫岩县）。

浙28，第1页（汉族，临安县）。

川1，第56页（汉族，屏山县）；川22，第23页（汉族，屏山县）。

305.2　起初天上有洞。

参照：991.1。

出处：

口承神话：

冀8，第1、182页（汉族，藁城县）。

浙25，第3页（汉族，兰溪市）；浙28，第1页（汉族，临安县）；浙39，第4页（汉族，庆元县）；浙47，第13页（汉族，松阳县）。

豫1，第365页（汉族，淅川县）；豫21，第14页（汉族，濮阳县）。

陕2，第4页（汉族，千阳县）。

306　起初生物和无生物都会说话。

参照：1066，1901，2401。

出处：

口承神话：

桂4，第105页（汉族，玉林市）；桂10，第4页（壮族，南宁市）。

川2，第303、312页（彝族，凉山州）。

综1，第56页（佤族，云南省沧源县），第94页（纳西族，云南省丽江地区），第98页（基诺族，云南省）。

307　起初生物和无生物都会走路。

参照：2402。

出处：

口承神话：

综1，第94页（纳西族，云南省丽江地区）。

308　起初人间与阴间可以相互往来，而且相互开亲。

出处：

口承神话：

川2，第397页（彝族，西昌市）。

309　宇宙的初始状况——其他母题。

309.1　起初天上没有月亮和星星。

出处：

冀 3，第 11 页（汉族，抚宁县）。

309.2　起初宇宙间只有一个石鼓。

出处：

口承神话：

浙 25，第 1 页（汉族，兰溪市）。

310　宇宙的构造。

对照：*汤* A650　作为整体的宇宙。

311　宇宙的分层。

对照：*汤* A651　世界的等级。存在一系列的世界，一个在一个之上。

出处：

口承神话：

综 1，第 103 页（哈萨克族，新疆维吾尔自治区）。

311.1　起初天地间分上、中、下三界。

出处：

口承神话：

桂 10，第 3 页（壮族，南宁市）。

311.2　天有多重。

对照：*汤* A651.1　系列的上界。

出处：

口承神话：

辽 24，第 1 页（回族，开原县）。

川 2，第 959 页（蒙古族，木里县）。

综 4，第 102—122、174 页（彝族，贵州省），第 225 页（满族，黑龙江省宁安县）。

311.2.1　天有三重。

对照：*汤* A651.1.1　三重天。

出处：

口承神话：

川 1，第 187 页（傈僳族，德昌县）；川 2，第 6 页（藏族，若尔盖县），第 935 页（傈僳族，德昌县）。

311.2.2　天有七重。

对照：*汤* A651.1.4　七个天堂。七个上界的系列世界。

出处：

口承神话：

综 1，第 103 页（哈萨克族，新疆维吾尔自治区）。

311.2.3　天有九重。

对照：汤 A651.1.6　九重天。汤 A651.1.6.1　天堂的九个等级。

出处：

古代文献：

《楚辞·天问》；《淮南子·天文训》。

口承神话：

冀 6，第 597 页（汉族，藁城县）。

浙 28，第 15 页（汉族，临安县）；浙 32，第 3、16 页（汉族，宁海县）。

桂 13，第 4 页（壮族，合山市）。

综 7，第 5 页（汉族，河南省太行山区）。

311.2.4　天有十二重。

出处：

口承神话：

综 4，第 201—205、210—215 页（布依族）。

311.2.5　天有十七重。

出处：

口承神话：

黑 1，第 12 页（满族，宁安县）。

311.2.6　天有三十三重。

出处：

口承神话：

浙 68，第 19 页（汉族，玉环县）。

312　天梯。可以借它而上下于天界。

对照：汤 A652.2　从天空垂下的树。一棵树倒挂在天上，人类通过它的枝干与上界来往。汤 A666　天梯（供死后去往天国者使用）。汤 A666.1　天堂八个梯级的天梯。

出处：

古代文献：

《楚辞·九思》。

口承神话：

冀 15，第 23 页（汉族，下花园区）。

黑 1，第 310 页（汉族，依兰县）。

辽 9，第 89 页（蒙古族，朝阳县）。

浙 3，第 68 页（汉族，长兴县）；浙 8，第 6 页（汉族，定海区）；浙 19，第 224 页

（汉族，建德县）；浙 23，第 1 页（汉族，缙云县）；浙 27，第 38 页（汉族，丽水市）；浙 28，第 195 页（汉族，临安县）；浙 32，第 3 页（汉族，宁海县）；浙 40，第 10 页（汉族，衢县）；浙 51，第 101 页（汉族，桐庐县）；浙 69，第 158 页（汉族，越城区）。

豫 14，第 9 页（汉族，武陟县）；豫 32，第 40 页（汉族，桐柏县）。

川 2，第 571 页（羌族，北川县），第 959 页（蒙古族，木里县）；川 4，第 158、159 页（羌族，北川县）。

综 4，第 201 页（布依族）。

312.1　宇宙树。从下界高耸入天界的大树，可以缘之上下，往来于天地间。

对照：汤 A652　世界树。树从最底层的下界生长至最高的上界。汤 A652.1　通往天界的树。

出处：

古代文献：

《山海经·海内南经》《山海经·海内经》《淮南子·地形训》（建木）。

口承神话：

冀 15，第 23 页（汉族，下花园区）。

黑 1，第 310 页（汉族，依兰县）。

浙 27，第 38 页（汉族，丽水市）。

综 1，第 33 页（汉族，四川省珙县），第 41 页（苗族，湖南省湘西地区，贵州省松桃县）；综 4，第 232 页（瑶族，广东省连南瑶族自治县）。

312.1.1　用树木造天梯。

出处：

口承神话：

桂 5，第 9 页（苗族，隆林县）。

312.1.2　马桑树为宇宙树。

参照：2547。

出处：

口承神话：

川 1，第 98 页（汉族，三台县），第 153 页（土家族，黔江县），第 303 页（汉族，南部县），第 305 页（汉族，盐亭县），第 313 页（土家族，酉阳县）；川 2，第 563 页（羌族，汶川县），第 691、697 页（土家族，酉阳县），第 728 页（土家族，黔江县）；川 3，第 127 页（汉族，安县）；川 4，第 7 页（汉族，北川县）；川 13，第 243 页（汉族，涪陵市）；川 15，第 167 页（汉族，剑阁县）；川 18，第 66 页（汉族，洪雅县）；川 19，第 1 页（汉族，邻水县）；川 20，第 1 页（汉族，江北区）；川 21，第 6 页（汉族，平武县）；川 24，第 2、5 页（汉族，三台县）；川 25，第 149 页（汉族，射洪县）；川 27，第 8 页（汉族，西充县）；川 30，第 6 页（汉族，营山县）；川 34，第 4 页（汉族，合川县）。

陕 9，第 49 页（汉族，西乡县）。

综 1，第 255—256 页（苗族，云南省大关县）；综 4，第 197 页（布依族）。

312.1.3 铁树是宇宙树。

出处：

口承神话：

川 2，第 938 页（傈僳族，德昌县）。

312.1.4 铜树是宇宙树。

出处：

口承神话：

川 2，第 938 页（傈僳族，德昌县）。

312.1.5 扶桑树是宇宙树。

参照：449.3，652.2。

出处：

口承神话：

川 1，第 100 页（汉族，珙县），第 298 页（汉族，成都市）。

312.1.6 桃树是宇宙树。

出处：

口承神话：

川 2，第 30 页（藏族，若尔盖县），第 294 页（彝族，峨边县）。

312.2 山为天梯。

出处：

古代文献：

《山海经·海内经》（肇山）；《山海经·海外西经》（登葆山）；《山海经·大荒西经》（灵山）；《淮南子·地形训》（昆仑山）。

口承神话：

黑 1，第 310 页（汉族，依兰县）。

川 1，第 242 页（苗族，筠连县）；川 2，第 574 页（羌族，北川县）；川 4，第 159 页（羌族，北川县）。

综 1，第 95 页（纳西族，云南省丽江地区）。

312.3 天柱是天梯。

312.3.1 连接天地的铜柱。

参照：403。

出处：

口承神话：

川 2，第 290 页（彝族）。

312.3.2　连接天地的铁柱。

参照：403.3.8。

出处：

口承神话：

川2，第290页（彝族）。

312.3.3　连接天与地的高台。

出处：

口承神话：

综1，第106页（独龙族，云南省）。

312.4　攀爬宇宙树到达天上。

312.4.1　猴子沿着宇宙树爬到天上。

参照：911.1，911.2，912.1。

出处：

口承神话：

川1，第98页（汉族，三台县），第153页（土家族，黔江县）；川2，第692页（土家族，酉阳县），第728页（土家族，黔江县）；川3，第127页（汉族，安县）；川13，第243页（汉族，涪陵市）；川19，第1页（汉族，邻水县）；川20，第1页（汉族，江北区）；川24，第2、5页（汉族，三台县）；川25，第149页（汉族，射洪县）；川30，第6页（汉族，营山县）；川34，第4页（汉族，合川县）。

陕9，第50页（汉族，西乡县）。

312.4.2　狗沿着宇宙树爬到天上。

出处：

口承神话：

川2，第938页（傈僳族，德昌县）。

312.4.3　人沿着宇宙树爬到天上。

出处：

口承神话：

冀15，第23页（汉族，下花园区）。

浙27，第38页（汉族，丽水市）。

川1，第303页（汉族，南部县），第305页（汉族，盐亭县），第313页（土家族，酉阳县）；川4，第7页（汉族，北川县）；川18，第66页（汉族，洪雅县）；川21，第6页（汉族，平武县）。

312.5　天梯的毁坏。从此天地以及人神之间的交通被阻隔。

对照：汤A666.2　啮齿类动物咬断了通往其他世界的梯子，所以鬼魂留在了地球上。

312.5.1　砍断天梯。

出处：

口承神话：

桂5，第10页（苗族，隆林县）。

312.5.2　天梯被神锯断。

出处：

口承神话：

浙27，第39页（汉族，丽水市）。

川1，第245页（苗族，筠连县）；川4，第161页（羌族，北川县）；川30，第6页（汉族，营山县）。

312.5.3　宇宙树受到诅咒而变小。

出处：

口承神话：

川1，第98页（汉族，三台县），第153页（土家族，黔江县），第303页（汉族，南部县），第305页（汉族，盐亭县）；川2，第563页（羌族，汶川县），第691、697页（土家族，酉阳县），第728页（土家族，黔江县）；川3，第127页（汉族，安县）；川4，第7页（汉族，北川县）；川13，第243页（汉族，涪陵市）；川15，第167页（汉族，剑阁县）；川19，第1页（汉族，邻水县）；川20，第2页（汉族，江北区）；川21，第6页（汉族，平武县）；川24，第4页（汉族，三台县）；川25，第150页（汉族，射洪县）；川27，第8页（汉族，西充县）；川34，第4页（汉族，合川县）。

陕9，第51页（汉族，西乡县）。

312.5.4　神收回天梯。

出处：

口承神话：

黑1，第310页（汉族，依兰县）。

浙19，第224页（汉族，建德县）；浙23，第2页（汉族，缙云县）；浙51，第102页（汉族，桐庐县）；浙69，第158页（汉族，越城区）。

313　地阶。神下凡用的阶梯。

出处：

古代文献：

《山海经·海内南经》《山海经·海内经》《淮南子·地形训》（建木）。

313.1　山是地阶。

出处：

古代文献：

《山海经·海内经》（肇山）；《山海经·海外西经》（登葆山）；《山海经·大荒西经》

（灵山）；《淮南子·地形训》（昆仑山）。

口承神话：

浙27，第38页（汉族，丽水市）。

313.2　地阶被破坏。神推倒地阶。

出处：

口承神话：

浙27，第39页（汉族，丽水市）。

314　天河。天界的河流。

参照：724.1，903，946。

出处：

口承神话：

冀13，第4页（汉族，武安县）。

黑1，第30页（赫哲族，饶河县）。

辽16，第4页（汉族，抚顺新抚区）。

浙14，第6页（汉族，海宁市）；浙17，第2页（汉族，黄岩市）；浙27，第15页（汉族，丽水市）；浙34，第4页（汉族，平湖县）；浙48，第7页（汉族，遂昌县）；浙60，第8、17页（汉族，萧山市）；浙64，第6、8页（汉族，永嘉县）；浙68，第16页（汉族，玉环县）。

豫2，第9、17页（汉族，郸城县）；豫29，第22页（汉族，太康县）。

桂3，第194页（壮族，柳州市）；桂10，第11页（壮族，南宁市）。

川1，第14、323页（汉族，巴县），第16页（汉族，广汉县），第17页（汉族，绵竹县），第133页（藏族，若尔盖县），第314页（汉族，成都市东、西城区）；川2，第575页（羌族，理县），第827页（苗族，马边县）；川5，第1页（汉族，灌县）；川18，第119页（汉族，洪雅县）；川19，第3页（汉族，邻水县）。

陕4，第5页（汉族，佛坪县）。

综1，第235页（彝族，云南省新平县）；综4，第203页（布依族）；综7，第35页（汉族，河南省桐柏盘古山区）。

314.1　天河里是银水。

出处：

口承神话：

川1，第325页（汉族，都江堰市）；川2，第31页（藏族，理县）。

314.2　神的头帕变成天河。

出处：

口承神话：

综4，第223页（布依族）。

314.3　神开出天河。

出处：

口承神话：

桂3，第194页（壮族，柳州市）。

315　天地之中。天与地的中心。

对照：汤 A1181　世界中心的确定。通过抵达其尽头而确定。

出处：

古代文献：

《山海经·海内经》（都广之野）；《楚辞·离骚》洪兴祖补注引《禹本纪》（昆仑）。

口承神话：

综7，第54页（汉族，河南省开封府区）。

315.1　天地相连的中间。

出处：

口承神话：

川2，第285页（彝族）。

316　天地之间的距离。

对照：汤 A658　宇宙的大小和距离。

316.1　天地之间有九万里。

出处：

古代文献：

《艺文类聚》卷一《天部上·天》引《三五历记》（"故天去地九万里"）。

口承神话：

黑1，第3页（汉族，通河县）。

浙1，第1页（汉族，安吉县）。

豫40，第1页（汉族，新乡县）。

综1，第91页（汉族，湖北省京山县）；综7，第5页（汉族，河南太行山区）。

316.2　天地之间有十万八千里。

出处：

口承神话：

辽17，第264页（汉族，甘井子区）。

浙32，第3页（汉族，宁海县）。

317　天庭。或称"天宫"，是众神在天上的居所。

参照：651。

对照：汤 A661　天堂。一个极乐世界。

出处：

口承神话：

冀1，第3页（汉族，满城县）；冀2，第17、603页（汉族，双滦区），第605页（汉族，承德县）；冀3，第279页（汉族，抚宁县）；冀5，第15页（汉族，藁城县）；冀6，第40、124、557页（汉族，藁城县）；冀7，第450页（汉族，藁城县）；冀12，第419页（汉族，高邑县）；冀14，第137、229页（汉族，武安县）；冀17，第140页（汉族，宣化区）；冀18，第36页（汉族，庞家堡区）；冀19，第118页（汉族，赵县）。

黑1，第14、19页（满族，宁安县），第28页（汉族，甘南县），第310页（汉族，依兰县），第463页（汉族，绥滨县）。

辽2，第473页（满族，北镇县）；辽4，第171页（汉族，本溪市）；辽6，第5页（汉族，本溪县）；辽7，第131页（汉族，昌图县）；辽11，第9页（汉族，东沟县）；辽12，第207页（满族，凤城县）；辽18，第612页（汉族，海城市）；辽20，第360页（汉族，桓仁县）；辽21，第363页（汉族，建昌县）；辽22，第106页（汉族，锦县）；辽25，第21页（汉族，康平县）；辽31，第20页（满族，清原县）；辽32，第195、259页（汉族，沙河口区）；辽33，第120、752页（汉族，大东区）；辽34，第302页（满族，和平区）；辽36，第353、615页（满族，苏家屯区）；辽39，第342、397页（汉族，瓦房店市）；辽41，第146页（汉族，西丰县）；辽42，第57、65、162页（汉族，细河区）；辽44，第25页（满族，新宾县）；辽46，第163页（汉族，新金县）；辽50，第7页（满族，岫岩县）；辽52，第4页（汉族，营口县）；辽56，第339页（汉族，喀左县）；辽58，第3页（蒙古族，建昌县）。

浙2，第190、193页（汉族，苍南县）；浙3，第454页（汉族，长兴县）；浙4，第146页（汉族，常山县）；浙5，第426、495页（汉族，淳安县）；浙6，第278页（汉族，慈溪市）；浙9，第17、267、287页（汉族，东阳县）；浙10，第7页（汉族，洞头县）；浙11，第210页（汉族，奉化市）；浙12，第342页（汉族，富阳县）；浙14，第6页（汉族，海宁市）；浙17，第203页（汉族，黄岩市）；浙18，第3页（汉族，嘉善县）；浙19，第223页（汉族，建德县）；浙21，第164页（汉族，江东区）；浙23，第5、10、211页（汉族，缙云县）；浙24，第123页（汉族，开化县）；浙25，第7页（汉族，兰溪市）；浙26，第6页（汉族，乐清县）；浙27，第32页（畲族，丽水市），第560页（汉族，丽水市）；浙30，第7页（汉族，龙泉县）；浙31，第13、269、275、315、635页（汉族，龙游县）；浙32，第3、16页（汉族，宁海县）；浙35，第168页（畲族，平阳县）；浙36，第10、208页（汉族，浦江县）；浙37，第170页（汉族，普陀区）；浙38，第7页（汉族，青田县）；浙42，第118、124页（汉族，三门县）；浙43，第13页（汉族，上虞县）；浙47，第17页（汉族，松阳县）；浙48，第4、9、13、43页（汉族，遂昌县）；浙50，第206页（汉族，天台县）；浙51，第101页（汉族，桐庐县）；浙55，第10页（汉族，武义县），第301页（畲族，武义县）；浙57，第263页（汉族，西湖区）；浙60，第8页（汉族，萧山市）；浙61，第7、9页（汉族，新昌县）；浙62，第8、235页（汉族，义乌市）；浙63，第162、278、282页（汉族，鄞县）；浙

68，第5、7、19页（汉族，玉环县）；浙69，第143页（汉族，越城区）；浙72，第18、409页（汉族，诸暨县）。

豫1，第280、282页（汉族，淅川县）；豫2，第16、18页（汉族，郸城县）；豫7，第1、152页（汉族，淮滨县）；豫14，第2、9页（汉族，武陟县）；豫15，第2页（汉族，孟县）；豫16，第21页（汉族，泌阳县）；豫18，第385、400页（汉族，南召县）；豫19，第553页（汉族，南召县）；豫20，第2、17页（汉族，平舆县）；豫21，第148页（汉族，濮阳县）；豫23，第1页（汉族，杞县）；豫24，第144页（汉族，沁阳县）；豫25，第10、234、243页（汉族，汝南县）；豫26，第161页（汉族，社旗县）；豫27，第144页（汉族，沈丘县）；豫29，第22、102页（汉族，太康县）；豫31，第9页（汉族，通许县）；豫32，第9、13、20、34、42、46、71、97页（汉族，桐柏县）；豫33，第247页（汉族，桐柏县）；豫35，第159页（汉族，尉氏县）；豫36，第27页（汉族，息县）；豫37，第88页（汉族，淅川县）；豫38，第1、3、7、9页（汉族，项城县）；豫39，第57页（汉族，新县）；豫40，第1页（汉族，新乡县）；豫41，第168、173页（汉族，新野县）；豫44，第59页（汉族，延津县）。

桂2，第3、15页（汉族，钟山县）；桂4，第10、96、110页（壮族，玉林市）；桂5，第9页（苗族，隆林县）；桂8，第8页（汉族，钦州市）；桂10，第15页（汉族，南宁市），第18页（回族，南宁市），第21页（壮族，南宁市）；桂12，第109页（壮族，凭祥市）；桂13，第4页（壮族，合山市）；桂14，第4页（瑶族，桂林市）；桂15，第5页（壮族，扶绥县）。

川1，第41页（汉族，高县），第45、48、255、289页（汉族，巴县），第47页（汉族，万县），第52页（汉族，荣县），第54页（汉族，阆中县），第55页（汉族，绵竹县），第61、316页（汉族，成都市东、西城区），第81页（羌族，汶川县），第98页（汉族，三台县），第135页（藏族，若尔盖县），第136、144页（彝族，峨边县），第177页（回族，犍为县），第183页（蒙古族，盐源县），第221页（汉族，盐亭县），第235页（羌族，茂县），第245页（苗族，筠连县），第325页（汉族，都江堰市），第335页（汉族，巫山县）；川2，第31页（藏族，炉霍县炉霍乡），第273页（彝族，凉山州），第295页（彝族，峨边县），第304页（彝族，德昌县），第550、563、566、568、572页（羌族，汶川县），第560、575页（羌族，理县），第690页（土家族，川湘边区），第697页（土家族，黔江县），第809页（苗族，筠连县），第945页（蒙古族，盐源县），第959页（蒙古族，木里县）；川3，第127页（汉族，安县）；川19，第1、3页（汉族，邻水县）；川20，第1页（汉族，江北区），第82页（汉族，南川县）；川21，第4页（汉族，平武县）；川24，第5页（汉族，三台县）；川30，第6页（汉族，营山县）；川33，第3页（汉族，大足县）；川36，第8页（汉族，綦江县）；川38，第3页（汉族，沙坪坝区）；川42，第3、13页（汉族，自贡市）。

陕1，第65页（汉族，宝鸡县）；陕2，第8页（汉族，宝鸡县），第17页（汉族，岐山县）；陕3，第119页（汉族，凤县）；陕4，第4页（汉族，佛坪县）；陕6，第179页（汉族，华县）；陕7，第134页（汉族，蓝田县）；陕10，第7页（汉族，泾阳县），第 10 页（汉族，杨陵区）；陕 11，第 356 页（汉族，礼泉县），第 390 页（汉族，永寿县），第 391 页（汉族，乾县）。

综 1，第 221 页（满族，吉林省长春市），第 254 页（苗族，云南省大关县）；综 4，第 189—190 页（壮族，广西壮族自治区都安县、东兰县），第 201—205、210—215 页（布依族），第 225 页（满族，黑龙江省宁安县）；综 7，第 22 页（汉族，河南省桐柏盘古山区），第 222、225 页（汉族，河南省），第 227 页（汉族，河南省焦作市），第 334 页（汉族，河南省嵩岳伊洛区）。

317.1　天宫的神匠。

出处：

口承神话：

浙 27，第 17 页（汉族，丽水市）。

川 2，第 313 页（彝族，凉山州）。

317.2　天门。天庭之门。

对照：汤 A661.0.1　天门。

出处：

口承神话：

冀 1，第 3 页（汉族，满城县）；冀 5，第 15 页（汉族，藁城县）；冀 6，第 40、410、557、560 页（汉族，藁城县）；冀 7，第 454 页（汉族，藁城县）；冀 13，第 1 页（汉族，武安县）；冀 17，第 138 页（汉族，宣化区）；冀 18，第 35 页（汉族，茶坊区）。

黑 1，第 310 页（汉族，依兰县）。

辽 4，第 172 页（汉族，本溪市）；辽 7，第 131 页（汉族，昌图县）；辽 17，第 265 页（汉族，甘井子区）；辽 21，第 359、363 页（汉族，建昌县）；辽 31，第 21 页（满族，清原县）；辽 44，第 153 页（满族，新宾县）。

浙 1，第 315 页（汉族，安吉县）；浙 5，第 426 页（汉族，淳安县）；浙 6，第 282 页（汉族，慈溪市）；浙 8，第 6、206 页（汉族，定海区）；浙 11，第 210 页（汉族，奉化市）；浙 14，第 6 页（汉族，海宁市）；浙 15，第 102 页（汉族，海曙区）；浙 19，第 223 页（汉族，建德县）；浙 23，第 5、10 页（汉族，缙云县）；浙 24，第 119 页（汉族，开化县）；浙 27，第 15、560 页（汉族，丽水市），第 34 页（畲族，丽水市）；浙 30，第 7 页（汉族，龙泉县）；浙 31，第 270、275 页（汉族，龙游县）；浙 32，第 8、206 页（汉族，宁海县）；浙 34，第 4、6 页（汉族，平湖县）；浙 35，第 1、3 页（汉族，平阳县），第 168 页（畲族，平阳县）；浙 36，第 12、208 页（汉族，浦江县）；浙 37，第 170 页（汉族，普陀区）；浙 39，第 4 页（汉族，庆元县）；浙 43，第 9、11、13 页（汉族，上虞县）；浙 48，第 13 页（汉族，遂昌县）；浙 49，第 23、132 页（汉族，泰顺县）；浙 51，第 102 页（汉族，桐庐县）；浙 54，第 163 页（汉族，文成县）；浙 58，第 94、96 页（汉族，仙居县）；浙 59，第 193、200 页（汉族，象山县）；浙 60，第 8、18 页（汉族，萧山市）；浙 61，第 227 页（汉族，新昌县）；浙 63，第 280 页（汉族，鄞县）；浙 64，第 387 页（汉族，永嘉县）；浙 67，第 245 页（汉族，余姚市）；浙 68，第 16、19、216

页（汉族，玉环县）；浙72，第412、416页（汉族，诸暨县）。

豫2，第19页（汉族，郸城县）；豫15，第3页（汉族，孟县）；豫19，第551页（汉族，南召县）；豫21，第148页（汉族，濮阳县）；豫25，第19、234页（汉族，汝南县）；豫28，第11页（汉族，渑池县）；豫29，第22页（汉族，太康县）；豫32，第1、13、16、42页（汉族，桐柏县）；豫38，第197页（汉族，项城县）；豫45，第281页（汉族，禹州市）。

桂2，第1、15页（汉族，钟山县），第5页（瑶族，钟山县）；桂4，第10页（壮族，玉林市），第97页（汉族，玉林市）；桂8，第3、8页（汉族，钦州市）；桂10，第20页（回族，南宁市）；桂12，第109页（壮族，凭祥市）；桂14，第3页（瑶族，桂林市）。

川1，第47页（汉族，万县），第67页（汉族，巴中县），第77页（汉族，梁平县），第115页（彝族，冕宁县），第151页（羌族，理县），第154页（土家族，黔江县），第156页（土家族，酉阳县），第176、244页（苗族，筠连县）；川2，第272页（彝族，凉山州），第556、563、564、569页（羌族，汶川县），第563页（羌族，理县），第692、695页（土家族，酉阳县），第694页（土家族，秀山县），第729页（土家族，黔江县），第809、827页（苗族，筠连县），第825页（苗族，古蔺县），第937页（傈僳族，米易县），第938页（傈僳族，德昌县）；川3，第132页（汉族，安县）；川6，第5页（汉族，龙泉驿区）；川13，第8页（汉族，涪陵市）；川16，第1页（汉族，金川县）；川17，第12页（苗族，筠连县）；川20，第82、84页（汉族，南川县）；川30，第6、8页（汉族，营山县）；川33，第3、66页（汉族，大足县）；川34，第4页（汉族，合川县）；川36，第8页（汉族，綦江县）；川38，第2页（汉族，沙坪坝区）。

陕2，第12页（汉族，宝鸡县）；陕7，第134页（汉族，蓝田县）；陕9，第28、50页（汉族，西乡县）；陕10，第11页（汉族，乾县）。

综7，第44页（汉族，河南省桐柏盘古山区），第222、224页（汉族，河南省），第306页（汉族，河南省灵宝县），第335页（汉族，河南省嵩岳伊洛区）。

317.3　天门的看守。

对照：汤 A661.0.1.5　持铁杆的处女是天堂两个门的护卫者。

出处：

口承神话：

冀7，第454页（汉族，藁城县）。

浙23，第10页（汉族，缙云县）；浙32，第8页（汉族，宁海县）；浙35，第168页（畲族，平阳县）；浙67，第245页（汉族，余姚市）；浙68，第16页（汉族，玉环县）。

豫14，第9页（汉族，武陟县）。

川1，第115页（彝族，冕宁县）；川2，第556页（羌族，汶川县）。

陕9，第50页（汉族，西乡县）。

综7，第44页（汉族，河南省桐柏盘古山区）。

317.3.1　看守天门的神兽。

出处：

古代文献：

《山海经·海内西经》（开明兽）。

口承神话：

综1，第178—179页（汉族，淮河流域）。

317.4　天兵天将。

出处：

口承神话：

冀1，第6页（汉族，保定市）；冀5，第17页（汉族，藁城县）；冀6，第212、557页（汉族，藁城县）；冀7，第454、690页（汉族，藁城县）；冀10，第132页（汉族，涉县）；冀13，第1、4页（汉族，武安县）；冀14，第137、229页（汉族，武安县）；冀17，第138页（汉族，宣化区）；冀19，第118页（汉族，赵县）。

黑1，第18页（满族，宁安县），第463页（汉族，绥滨县）。

辽7，第131页（汉族，昌图县）；辽12，第207页（满族，凤城县）；辽20，第360页（汉族，桓仁县）；辽21，第360页（汉族，建昌县）；辽31，第19页（满族，清原县）；辽36，第388、615页（汉族，苏家屯区）；辽44，第25页（满族，新宾县）；辽48，第112页（回族，新民县）；辽49，第389页（汉族，兴城县）；辽52，第233页（汉族，营口县）。

浙2，第107页（汉族，苍南县）；浙4，第150页（汉族，常山县）；浙5，第426页（汉族，淳安县）；浙6，第282页（汉族，慈溪市）；浙9，第288页（汉族，东阳县）；浙12，第311、341页（汉族，富阳县）；浙15，第102页（汉族，海曙区）；浙19，第223页（汉族，建德县）；浙23，第5、10页（汉族，缙云县）；浙32，第3、8、16页（汉族，宁海县）；浙34，第4页（汉族，平湖县）；浙35，第1、3页（汉族，平阳县），第168页（畲族，平阳县）；浙36，第209页（汉族，浦江县）；浙43，第11页（汉族，上虞县）；浙44，第12页（汉族，绍兴县）；浙47，第200页（汉族，松阳县）；浙48，第43页（汉族，遂昌县）；浙51，第101页（汉族，桐庐县）；浙55，第301页（畲族，武义县）；浙58，第96页（汉族，仙居县）；浙60，第8页（汉族，萧山市）；浙63，第278页（汉族，鄞县）；浙64，第387页（汉族，永嘉县）；浙67，第246页（汉族，余姚市）；浙68，第16、19页（汉族，玉环县）；浙72，第19页（汉族，诸暨县）。

豫2，第16页（汉族，郸城县）；豫4，第90、91页（汉族，扶沟县）；豫14，第9页（汉族，武陟县）；豫15，第2页（汉族，孟县）；豫16，第19页（汉族，泌阳县）；豫19，第551页（汉族，南召县）；豫23，第2页（汉族，杞县）；豫25，第8、244页（汉族，汝南县）；豫26，第160、161页（汉族，社旗县）；豫29，第22、102页（汉族，太康县）；豫31，第8页（汉族，通许县）；豫32，第18、20、40、53、56、98页（汉族，桐柏县）；豫35，第159页（汉族，尉氏县）；豫38，第197页（汉族，项城县）；

豫40，第7页（汉族，新乡县）；豫45，第229、282页（汉族，禹州市）。

桂2，第3、15页（汉族，钟山县）；桂3，第2页（壮族，柳州市）；桂4，第11页（壮族，玉林市）；桂10，第9页（壮族，南宁市），第15页（汉族，南宁市）。

川1，第41页（汉族，高县），第175页（苗族，筠连县），第277页（汉族，巴中县），第315页（汉族，成都市东、西城区），第325页（汉族，都江堰市）；川2，第556页（羌族，汶川县），第692页（土家族，酉阳县），第826页（苗族，筠连县），第959页（蒙古族，木里县）；川30，第6页（汉族，营山县）。

陕1，第104页（汉族，凤县）；陕2，第17页（汉族，岐山县），第102页（汉族，宝鸡县）；陕3，第142页（汉族，凤县）；陕4，第3页（汉族，佛坪县）；陕9，第28页（汉族，西乡县）；陕11，第356页（汉族，礼泉县），第390页（汉族，永寿县），第391页（汉族，乾县）。

综7，第35、44页（汉族，河南省桐柏盘古山区），第193页（汉族，河南省许昌地区），第225页（汉族，河南省），第334页（汉族，河南省嵩岳伊洛区）。

317.5　天庭中的宫殿。

参照：447，491。

出处：

口承神话：

冀5，第15页（汉族，藁城县）；冀6，第124页（汉族，藁城县）；冀17，第137页（汉族，宣化区）。

黑1，第310页（汉族，依兰县）。

辽12，第192页（满族，凤城县）；辽17，第264页（汉族，甘井子区）；辽44，第153页（满族，新宾县）。

浙5，第426页（汉族，淳安县）；浙19，第3页（汉族，建德县）；浙23，第10页（汉族，缙云县）；浙34，第7页（汉族，平湖县）；浙44，第12页（汉族，绍兴县）；浙72，第416页（汉族，诸暨县）。

豫2，第19页（汉族，郸城县）；豫7，第153页（汉族，淮滨县）；豫32，第98页（汉族，桐柏县）。

川1，第61页（汉族，成都市东、西城区），第146页（彝族，峨边县），第153页（土家族，黔江县），第244页（苗族，筠连县），第255页（汉族，巴县），第325页（汉族，都江堰市），第335页（汉族，巫山县）；川2，第692页（土家族，酉阳县），第829页（苗族，筠连县）；川30，第6、8页（汉族，营山县）。

陕2，第8页（汉族，宝鸡县），第87页（汉族，岐山县）；陕9，第50页（汉族，西乡县）。

综7，第222页（汉族，河南省），第334页（汉族，河南省嵩岳伊洛区）。

320　天界的神物。

参照：650。

321　天界的树。

对照：汤 A652.3　上界的树。

出处：

古代文献：

《山海经·海外东经》《淮南子·天文训》（扶桑）。

口承神话：

川 1，第 143 页（彝族，峨边县）；川 2，第 546 页（羌族，理县、汶川县）。

综 4，第 85—86 页（彝族），第 185—187 页（彝族），第 214 页（布依族）。

321.1　蟠桃树。

参照：326。

出处：

口承神话：

冀 18，第 5 页（汉族，下花园区）。

浙 17，第 9 页（汉族，黄岩市）；浙 60，第 8 页（汉族，萧山市）。

川 2，第 826 页（苗族，筠连县）；川 21，第 6 页（汉族，平武县）；川 30，第 6 页（汉族，营山县）。

321.2　仙果。食之可以长寿。

出处：

口承神话：

辽 24，第 1 页（回族，开原县）；辽 42，第 57 页（汉族，细河区）。

321.3　生命树。结的果实是"灵魂"。

出处：

口承神话：

综 1，第 104 页（哈萨克族，新疆维吾尔自治区）。

321.4　生长万物的神树。

出处：

口承神话：

黑 1，第 16、18 页（满族，宁安县）。

321.5　智慧树。其树枝可以给予神和人智慧。

出处：

口承神话：

黑 1，第 24 页（满族，宁安县）。

322　天界的神兽。

出处：

口承神话：

综4，第202、214页（布依族）。

322.1 乌鸦。

参照：2015.1。

出处：

口承神话：

陕6，第197页（汉族，华县）。

322.1.1 三足乌。

参照：224.7，454.1.1，456.1，459.1.2。

出处：

古代文献：

《山海经·大荒东经》；《楚辞·天问》王逸注；《淮南子·精神训》；《汉武帝别国洞冥记》卷四。

322.2 三青鸟。

出处：

古代文献：

《山海经·海内北经》；《山海经·西次三经》；《山海经·大荒西经》。

322.3 天鸡。

参照：449.4。

出处：

古代文献：

《古小说钩沉》辑《玄中记》（天鸡鸣而日中阳乌应之，阳乌鸣则天下之鸡皆鸣）。

口承神话：

冀8，第323页（汉族，藁城县）。

黑1，第27页（汉族，甘南县）。

浙3，第454页（汉族，长兴县）。

川1，第298页（汉族，成都市）；川2，第942页（纳西族，木里县）；川31，第2页（汉族，璧山县）。

陕2，第9页（汉族，宝鸡县），第82页（汉族，渭滨区）。

322.3.1 雷公鸡。雷神用来兴风造云、闪电施雨。

参照：168，852，872.2，906.3.2。

出处：

口承神话：

川1，第150页（羌族，理县）；川2，第562页（羌族，理县）。

322.4 凤凰。

参照：653.5，2011，2202。

出处：

口承神话：

辽 49，第 388 页（汉族，兴城县）。

豫 25，第 11 页（汉族，汝南县）。

川 1，第 321 页（汉族，成都市东、西城区）。

322.5　神鹰。

出处：

口承神话：

川 1，第 321 页（汉族，成都市东、西城区）。

322.6　神燕。

参照：2013.2。

出处：

口承神话：

辽 7，第 131 页（汉族，昌图县）。

322.7　喜鹊。

参照：2014.2。

出处：

口承神话：

黑 1，第 63 页（满族，宁安县）。

辽 7，第 132 页（汉族，昌图县）。

陕 6，第 197 页（汉族，华县）。

322.8　鹭鸟。

出处：

口承神话：

川 1，第 249 页（汉族，绵竹县）。

322.9　龙或神蛇。

参照：172.2，188.2，224.2，653.3。

出处：

古代文献：

《史记》卷二十八《封禅书》（"有龙垂胡髯下迎黄帝"）。

口承神话：

冀 1，第 7 页（汉族，满城县）；冀 6，第 560 页（汉族，藁城县）。

黑 1，第 27 页（汉族，甘南县），第 66 页（满族，宁安县）。

辽 44，第 25 页（满族，新宾县）；辽 49，第 388 页（汉族，兴城县）。

浙 4，第 150 页（汉族，常山县）；浙 7，第 15、291 页（汉族，德清县）；浙 8，第 42 页（汉族，定海区）；浙 10，第 7 页（汉族，洞头县）；浙 27，第 33 页（畲族，丽水市）；浙32，第10、11页（汉族，宁海县）。

豫6，第2页（汉族，滑县）；豫7，第1页（汉族，淮滨县）；豫22，第3页（汉族，淇县）。

桂5，第6页（彝族，隆林县）。

川1，第202、246页（汉族，巴县）；川2，第306页（彝族，凉山州），第566页（羌族，汶川县），第825页（苗族，古蔺县）。

陕2，第70页（汉族，宝鸡县），第82页（汉族，渭滨区）；陕10，第7页（汉族，泾阳县）。

综7，第261页（汉族，河南省灵宝县）。

322.10　天狗。

参照：459.1.1，461.3，497.1.1，498.3。

出处：

口承神话：

冀2，第21页（汉族，承德县）；冀8，第323、495页（汉族，藁城县）；冀18，第32页（汉族，宣化县）。

辽4，第171页（汉族，本溪市）；辽52，第215页（汉族，营口县）；辽57，第244页（蒙古族，喀左县）。

浙8，第4页（汉族，定海区）；浙14，第6页（汉族，海宁市）；浙23，第5页（汉族，缙云县）；浙32，第8页（汉族，宁海县）；浙43，第11页（汉族，上虞县）；浙47，第189、194页（汉族，松阳县）；浙48，第162页（汉族，遂昌县）；浙68，第16页（汉族，玉环县）。

豫1，第292页（汉族，淅川县）；豫7，第152页（汉族，淮滨县）；豫20，第242页（汉族，平舆县）；豫21，第14页（汉族，濮阳县）；豫25，第18页（汉族，汝南县）；豫26，第161页（汉族，社旗县）；豫32，第42、95页（汉族，桐柏县）；豫41，第173页（汉族，新野县）。

桂5，第62页（仡佬族，隆林县）。

川1，第38页（汉族，万源县），第63页（苗族，筠连县），第166页（苗族，珙县）；川2，第546页（羌族，理县、汶川县），第573页（羌族，汶川县），第577页（羌族，理县），第827页（苗族，马边县），第952、961页（纳西族，木里县），第957页（蒙古族，木里县）；川17，第5页（汉族，筠连县），第9页（苗族，筠连县）。

陕2，第82页（汉族，渭滨区）。

322.11　神牛。

参照：1931.6。

出处：

口承神话：

冀2，第605页（汉族，承德县）；冀5，第277页（汉族，藁城县）；冀7，第615页（汉族，藁城县）；冀10，第132页（汉族，涉县）；冀14，第229页（汉族，武安县）；冀17，第138页（汉族，宣化区）；冀18，第35页（汉族，茶坊区），第36页（汉族，庞家堡区）；冀19，第118页（汉族，赵县）。

辽32，第259页（汉族，沙河口区）；辽39，第342页（汉族，瓦房店市）；辽44，第23页（满族，新宾县）；辽49，第388页（汉族，兴城县）。

浙1，第315页（汉族，安吉县）；浙2，第190页（汉族，苍南县）；浙3，第267页（汉族，长兴县）；浙4，第146、156页（汉族，常山县）；浙5，第4页（汉族，淳安县）；浙6，第282页（汉族，慈溪市）；浙7，第291页（汉族，德清县）；浙8，第206页（汉族，定海区）；浙9，第267页（汉族，东阳县）；浙11，第210页（汉族，奉化市）；浙12，第311、336、338、341页（汉族，富阳县）；浙13，第185页（汉族，拱墅区）；浙15，第102页（汉族，海曙区）；浙19，第223页（汉族，建德县）；浙21，第112页（汉族，江东区）；浙22，第146页（汉族，金华县）；浙25，第7页（汉族，兰溪市）；浙27，第17、18、503、560页（汉族，丽水市）；浙31，第275页（汉族，龙游县）；浙32，第16、206页（汉族，宁海县）；浙34，第7页（汉族，平湖县）；浙35，第168页（畲族，平阳县）；浙36，第208页（汉族，浦江县）；浙39，第2页（汉族，庆元县）；浙40，第10、12页（汉族，衢县）；浙42，第124页（汉族，三门县）；浙43，第13页（汉族，上虞县）；浙44，第12页（汉族，绍兴县）；浙47，第193、194页（汉族，松阳县）；浙48，第13页（汉族，遂昌县），第236页（畲族，遂昌县）；浙49，第132页（汉族，泰顺县）；浙50，第206页（汉族，天台县）；浙51，第102页（汉族，桐庐县）；浙58，第94、96页（汉族，仙居县）；浙59，第192、200页（汉族，象山县）；浙60，第18页（汉族，萧山市）；浙61，第7页（汉族，新昌县）；浙62，第233、341页（汉族，义乌市）；浙63，第162、284页（汉族，鄞县）；浙65，第156页（汉族，永康县）；浙66，第199、200页（汉族，余杭县）；浙68，第216页（汉族，玉环县）；浙69，第143页（汉族，越城区）；浙72，第409、412页（汉族，诸暨县）。

豫1，第282页（汉族，淅川县）；豫4，第89页（汉族，扶沟县）；豫19，第553页（汉族，南召县）；豫20，第7、8页（汉族，平舆县）；豫21，第148页（汉族，濮阳县）；豫23，第1页（汉族，杞县）；豫25，第7、10、234页（汉族，汝南县）；豫32，第52页（汉族，桐柏县）；豫37，第88页（汉族，淅川县）；豫41，第168页（汉族，新野县）。

桂3，第173页（仫佬族，柳州市）；桂4，第96页（汉族，玉林市）；桂9，第258页（汉族，合浦县）；桂10，第146页（汉族，南宁市）；桂11，第57页（壮族，大新县）。

川1，第71页（汉族，万县），第219页（汉族，巴县）；川2，第32页（藏族，炉霍县炉霍乡），第558页（羌族，汶川县），第939页（傈僳族，德昌县）；川3，第132页（汉族，安县）；川4，第54页（汉族，北川县）；川6，第80页（汉族，龙泉驿区）；川7，第7页（汉族，彭县）；川18，第6、130页（汉族，洪雅县）；川20，第139页（汉族，江北区）；川21，第3、7页（汉族，平武县）；川26，第182页（汉族，西昌市）；川31，第73页（汉族，璧山县）；川33，第66页（汉族，大足县）；川36，第7、

8 页（汉族，綦江县）；川 41，第 48 页（汉族，资中县）。

陕 3，第 119 页（汉族，凤县）；陕 6，第 179 页（汉族，华县）；陕 8，第 340 页（汉族，潼关县）；陕 9，第 28 页（汉族，西乡县）；陕 11，第 356 页（汉族，礼泉县）。

综 7，第 306 页（汉族，河南省灵宝县）。

322.12　天马。

参照：1929.3.4。

出处：

口承神话：

辽 49，第 388 页（汉族，兴城县）。

浙 72，第 412 页（汉族，诸暨县）。

豫 25，第 243 页（汉族，汝南县）；豫 32，第 97 页（汉族，桐柏县）。

桂 9，第 258 页（汉族，合浦县）。

川 1，第 145 页（彝族，峨边县）；川 2，第 295 页（彝族，峨边县）。

322.13　神驴。

参照：1932.3。

出处：

口承神话：

辽 13，第 6 页（汉族，抚顺郊区）。

豫 23，第 1 页（汉族，杞县）。

桂 9，第 258 页（汉族，合浦县）。

322.14　神猪。

参照：1005.5，1928.5。

出处：

口承神话：

冀 10，第 132 页（汉族，涉县）。

浙 17，第 9 页（汉族，黄岩市）；浙 47，第 194 页（汉族，松阳县）；浙 68，第 216 页（汉族，玉环县）。

豫 37，第 88 页（汉族，淅川县）。

川 3，第 132 页（汉族，安县）。

322.15　天界的猴子。

参照：312.4.1，911.1，911.2，912.1，1948.3。

出处：

口承神话：

川 2，第 940 页（傈僳族，德昌县）。

322.16　天猫。

参照：1926。

出处：

口承神话：

冀2，第21页（汉族，承德县）；冀18，第41页（汉族，茶坊区）。

浙43，第11页（汉族，上虞县）。

豫1，第280页（汉族，淅川县）。

322.17　天界的老鼠。

参照：1951.2。

出处：

口承神话：

冀2，第21页（汉族，承德县）；冀18，第41页（汉族，茶坊区）。

浙19，第219页（汉族，建德县）；浙24，第123页（汉族，开化县）；浙48，第10页（汉族，遂昌县）。

川2，第939页（傈僳族，德昌县）。

322.18　麒麟。

出处：

口承神话：

豫16，第21页（汉族，泌阳县）。

322.19　天狼。

出处：

口承神话：

陕2，第82页（汉族，渭滨区）。

322.20　独角兽。

出处：

口承神话：

辽36，第607页（汉族，苏家屯区）。

322.21　天蚕。

参照：2045.1。

出处：

口承神话：

浙1，第315页（汉族，安吉县）；浙4，第146页（汉族，常山县）；浙12，第336、339页（汉族，富阳县）；浙19，第223页（汉族，建德县）；浙22，第146页（汉族，金华县）；浙25，第7页（汉族，兰溪市）；浙27，第17、18页（汉族，丽水市）；浙31，第269页（汉族，龙游县）；浙35，第168页（畲族，平阳县）；浙40，第10页（汉族，衢县）；浙42，第124页（汉族，三门县）；浙47，第194页（汉族，松阳县）；浙48，第13页（汉族，遂昌县）；浙50，第206页（汉族，天台县）；浙51，第102页（汉族，桐庐县）；浙61，第227页（汉族，新昌县）；浙65，第156页（汉族，永康县）；

浙72，第409页（汉族，诸暨县）。

322.22 黄蜂。

出处：

口承神话：

桂10，第21页（壮族，南宁市）。

322.23 硬壳虫。

出处：

口承神话：

桂10，第21页（壮族，南宁市）；桂11，第95、97页（壮族，大新县）。

323 息壤。能够自己不断长大的神土。

参照：721.2，1002.1。

出处：

古代文献：

《山海经·海内经》；《淮南子·地形训》；《山海经·海内经》郭璞注引《开筮》。

口承神话：

黑1，第15页（满族，宁安县）。

浙7，第15、19页（汉族，德清县）；浙9，第19页（汉族，东阳县）；浙32，第12页（汉族，宁海县）。

川13，第8页（汉族，涪陵市）。

综1，第178—180页（汉族，淮河流域）。

323.1 窃取息壤。

出处：

古代文献：

《山海经·海内经》（"鲧窃帝之息壤"）。

口承神话：

浙9，第17页（汉族，东阳县）；浙32，第12页（汉族，宁海县）。

川1，第61、316页（汉族，成都市东、西城区），第326页（汉族，都江堰市）。

323.2 窃取息壤的过程中动物提供了帮助。

出处：

口承神话：

川1，第326页（汉族，都江堰市）。

324 天书。天书上写有人间的过去与未来。

出处：

口承神话：

川1，第337页（汉族，巫山县）；川2，第298页（彝族，石棉县），第956页（纳西族，木里县）；川22，第31页（彝族，屏山县）。

豫2，第18页（汉族，郸城县）。

324.1　蝙蝠盗取天书。

出处：

口承神话：

川2，第15页（白马藏族，平武县）。

324.2　老鼠咬烂天书。

出处：

口承神话：

川1，第138、146页（彝族，峨边县）；川2，第290页（彝族），第295页（彝族，峨边县）；川22，第31页（彝族，屏山县）。

325　瑶池。

出处：

口承神话：

浙17，第9页（汉族，黄岩市）；浙34，第2页（汉族，平湖县）。

川1，第75、335页（汉族，巫山县）；川30，第6页（汉族，营山县）。

326　蟠桃园。其中的蟠桃三千年一开花，三千年一结果，再过三千年才成熟，吃了长生不老。

参照：321.1。

出处：

口承神话：

冀18，第5页（汉族，下花园区）。

辽33，第120页（汉族，大东区）。

豫4，第2页（汉族，扶沟县）；豫20，第8页（汉族，平舆县）；豫26，第15页（汉族，社旗县）；豫36，第28页（汉族，息县）。

川21，第6页（汉族，平武县）。

综7，第192页（汉族，河南省许昌地区）。

327　天界的桥。

对照：汤A657.1　连接天与地的桥梁。汤A661.0.5　天堂的桥。汤A661.0.5.1　灵魂桥：正直的人容易通过，其他人不易通过。汤A791.3　虹是神做的桥。

出处：

口承神话：

辽48，第112页（回族，新民县）。

328 伊甸园。伊甸园里有麦果和一男一女看守。

出处：

口承神话：

黑1，第21页（回族，绥芬河市）。

329 天界的神物——其他母题。

329.1 天鼓。

出处：

口承神话：

川2，第557页（羌族，汶川县）。

329.2 天界的石头。

参照：305.1。

出处：

口承神话：

川1，第17页（汉族，绵竹县）；川22，第23页（汉族，屏山县）。

329.3 定水神珠。

出处：

口承神话：

川1，第323页（汉族，巴县）。

330 宇宙的构造——其他母题。

331 天边。天界的尽头。

对照：汤A1181 世界中心的确定。通过抵达其尽头而确定。

出处：

口承神话：

冀3，第12页（汉族，抚宁县）。

黑1，第41页（鄂温克族，黑河市）。

桂5，第6页（彝族，隆林县）。

川2，第271页（彝族，凉山州），第562页（羌族，理县）。

332 天地相连的地方。

对照：汤A659.3 天地相接之处是河流的发源地。

出处：

口承神话：

川2，第305页（彝族，峨边县），第308、312页（彝族，凉山州）；川4，第161页（羌族，北川县）。

藏1，第9页（珞巴族，米林县）。

333　人神交界的地方。

出处：

口承神话：

川1，第235页（羌族，茂县）；川2，第550、568页（羌族，汶川县）。

350—399　宇宙的起源

350　宇宙的创造。神以某种方式创造了宇宙。

对照：艾55型　开天辟地。汤A600　宇宙的创造。

351　创世者单独创造宇宙万物。

参照：1。

出处：

古代文献：

《开辟衍绎通俗志传》第一回及附录《乩仙天地判说》（盘古）。

口承神话：

冀6，第571页（汉族，藁城县）；冀11，第2页（汉族，衡水市）。

黑1，第21页（回族，绥芬河市），第22页（鄂温克族，嫩江县）。

辽5，第284页（汉族，平山区）。

浙1，第1页（汉族，安吉县）；浙3，第66页（汉族，长兴县）；浙5，第1页（汉族，淳安县）；浙6，第274页（汉族，慈溪市）；浙8，第2页（汉族，定海区）；浙14，第1页（汉族，海宁市）；浙20，第70页（汉族，江北区）；浙23，第1页（汉族，缙云县）；浙24，第1页（汉族，开化县）；浙25，第1页（汉族，兰溪市）；浙26，第1页（汉族，乐清县）；浙27，第2、3页（汉族，丽水市）；浙36，第1页（汉族，浦江县）；浙37，第1页（汉族，普陀区）；浙38，第1页（汉族，青田县）；浙43，第1页（汉族，上虞县）；浙44，第1页（汉族，绍兴县）；浙56，第1页（汉族，婺城区）；浙59，第1、3页（汉族，象山县）；浙60，第1页（汉族，萧山市）；浙64，第3、5页（汉族，永嘉县）。

豫14，第1页（汉族，武陟县）；豫21，第5页（汉族，濮阳县）；豫25，第3页

（汉族，汝南县）；豫26，第1页（汉族，社旗县）；豫32，第1页（汉族，桐柏县）；豫40，第1页（汉族，新乡县）。

桂8，第4页（汉族，钦州市）；桂10，第17页（回族，南宁市）。

川1，第3页（汉族，奉节县），第5页（汉族，巴县），第67页（汉族，巴中县）；川2，第824页（苗族，木里县）；川4，第1页（羌族，北川县），第156页（藏族，北川县）；川17，第4页（汉族，筠连县）；川19，第2页（汉族，邻水县）；川42，第1页（汉族，自贡市）。

陕2，第1、5页（汉族，宝鸡县），第3页（汉族，凤县）；陕10，第1页（汉族，三原县）；陕3，第27页（汉族，凤县）。

综1，第103—106页（哈萨克族，新疆维吾尔自治区）；综4，第207—209页（布依族），第229—231页（瑶族，广西壮族自治区）；综7，第5页（汉族，河南省太行山区），第15、26页（汉族，河南省桐柏盘古山区），第48页（汉族，河南省豫西山区）。

352　神开天辟地。

对照：艾55型　开天辟地。

出处：

古代文献：

《开辟衍绎通俗志传》第一回及附录《乩仙天地判说》（盘古）。

口承神话：

冀3，第26、279页（汉族，抚宁县）；冀5，第10页（汉族，藁城县）；冀6，第212、571页（汉族，藁城县）；冀11，第2页（汉族，衡水市）；冀12，第222页（汉族，高邑县）。

黑1，第3页（汉族，通河县），第4页（汉族，呼玛县），第6页（汉族，五常县）。

辽6，第4页（汉族，本溪县）；辽10，第86页（汉族，大洼县）；辽24，第170页（汉族，开原县）；辽58，第1页（蒙古族，建昌县）。

浙1，第1、3页（汉族，安吉县）；浙2，第1、194页（汉族，苍南县），第1页（汉族，宁海县）；浙5，第1、443、495页（汉族，淳安县）；浙6，第274、276页（汉族，慈溪市）；浙8，第2、10页（汉族，定海区）；浙9，第1、8、14页（汉族，东阳县）；浙14，第1、3页（汉族，海宁市）；浙19，第1、2页（汉族，建德县）；浙23，第1页（汉族，缙云县）；浙24，第1、5页（汉族，开化县）；浙25，第3、7页（汉族，兰溪市）；浙27，第2、3、4页（汉族，丽水市）；浙28，第1、3、12、16页（汉族，临安县）；浙31，第3页（汉族，龙游县）；浙32，第3页（汉族，宁海县）；浙36，第1、12页（汉族，浦江县）；浙37，第1页（汉族，普陀区）；浙38，第1、2、7页（汉族，青田县）；浙39，第4、5页（汉族，庆元县）；浙40，第1页（汉族，衢县）；浙43，第1、2、4页（汉族，上虞县）；浙44，第5页（汉族，绍兴县）；浙48，第7、13页（汉族，遂昌县）；浙49，第5页（汉族，泰顺县）；浙54，第10页（汉族，文成县）；浙56，第4页（汉族，婺城区）；浙58，第7页（汉族，仙居县）；浙59，第1、3页（汉族，象山县）；浙60，第4、18页（汉族，萧山市）；浙64，第3页（汉族，永嘉县）；浙65，第1页（汉族，永康县）；浙68，第3、10、16页（汉族，玉环县）。

豫9，第136页（汉族，吉县）；豫12，第1页（汉族，兰考县）；豫14，第3页（汉族，武陟县）；豫18，第1页（汉族，南召县）；豫25，第3、11页（汉族，汝南县）；豫32，第1、12、17、47页（汉族，桐柏县）；豫38，第1、3页（汉族，项城县）；豫40，第1页（汉族，新乡县）。

桂2，第153页（壮族，钟山县）；桂3，第174、194页（壮族，柳州市）；桂4，第3、4页（汉族，玉林市）；桂8，第1页（汉族，钦州市）；桂14，第3页（瑶族，桂林市）。

川1，第3页（汉族，奉节县），第35页（汉族，巫溪县），第57页（汉族，郫县），第71页（汉族，万县），第107页（汉族，双流县），第116页（汉族，德昌县），第120页（汉族，德阳市市中区），第122页（汉族，彭山县），第170页（苗族，兴文县），第219页（汉族，巴县），第296页（汉族，绵竹县）；川2，第566页（羌族，汶川县），第691页（土家族，黔江县），第823页（苗族，兴文县）；川5，第1页（汉族，灌县）；川9，第1页（汉族，双流县）；川21，第3、7页（汉族，平武县）；川30，第1页（汉族，营山县）；川41，第2页（汉族，资中县）。

陕2，第2、5、25、99页（汉族，宝鸡县），第3页（汉族，凤县）；陕3，第27页（汉族，凤县）；陕8，第55页（汉族，合阳县）；陕10，第1、12、16页（汉族，三原县）。

综7，第4页（汉族，河南省太行山区），第15、26页（汉族，河南省桐柏盘古山区），第48页（汉族，河南省豫西山区），第56页（汉族，河南省开封府区）。

353 创世者及其协助者联合创造宇宙。

参照：30。

出处：

口承神话：

综1，第16—18页（瑶族，广西壮族自治区巴马瑶族自治县），第105页（哈萨克族，新疆维吾尔自治区），第291—292页（拉祜族，云南省澜沧县）；综4，第188—193页（壮族，广西壮族自治区都安县、东兰县）。

353.1 协助者是恶魔。在创世者创造世界的过程中，恶魔破坏或阻挠创造活动。

对照：汤A60 创世的破坏者。一个邪恶的对手试图清除或破坏创世者的工作。

出处：

口承神话：

浙32，第1页（汉族，宁海县）。

川1，第22页（藏族，若尔盖县）。

综1，第105—106页（哈萨克族，新疆维吾尔自治区），第308—310页（傈僳族，云南省）。

353.1.1　创世过程中神与恶魔的斗争。

出处：

口承神话：

浙 32，第 1 页（汉族，宁海县）。

综 1，第 105—106 页（哈萨克族，新疆维吾尔自治区）。

353.2　协助者是动物。

出处：

口承神话：

综 4，第 177 页（彝族，贵州省）。

353.2.1　协助者是青蛙和蛇。

出处：

口承神话：

川 2，第 270 页（彝族，凉山州）。

353.2.2　协助者是龙。

出处：

口承神话：

川 1，第 22 页（藏族，若尔盖县）。

353.3　协助者是女神。

出处：

口承神话：

辽 10，第 86 页（汉族，大洼县）。

浙 25，第 3 页（汉族，兰溪市）；浙 38，第 2 页（汉族，青田县）；浙 43，第 4 页
（汉族，上虞县）；浙 48，第 7 页（汉族，遂昌县）；浙 68，第 16 页（汉族，玉环县）。

综 7，第 35 页（汉族，河南省桐柏盘古山区）。

353.4　协助者是多位神祇。

出处：

口承神话：

浙 28，第 12 页（汉族，临安县）；浙 38，第 2 页（汉族，青田县）；浙 43，第 2、4
页（汉族，上虞县）。

353.5　协助者是太阳和月亮。

对照：**汤 A38.1　创世者的同伴：太阳和月亮。**

出处：

口承神话：

综 1，第 105 页（哈萨克族，新疆维吾尔自治区）。

354　诸神联合创造宇宙。

参照：2。

对照：汤 A2　多个创世者。汤 A37　联合创世者。

出处：

口承神话：

桂 3，第 195 页（壮族，柳州市）。

综 1，第 239 页（羌族，四川省茂县），第 283—291 页（彝族，四川省）；综 4，第 70—76 页（彝族，云南省楚雄彝族自治州），第 85—92 页（彝族），第 97—100 页（彝族，四川省凉山州），第 176—177 页（彝族，贵州省）。

354.1　二神联合创造宇宙。

参照：2.1。

出处：

古代文献：

《淮南子·精神训》（"有二神混生，经天营地"）。

口承神话：

冀 6，第 645 页（汉族，藁城县）。

综 1，第 101 页（白马藏族，四川省平武县），第 302—303 页（普米族，云南省宁蒗县，四川省西昌市、木里县）。

354.1.1　天神和地神联合创造宇宙。

出处：

口承神话：

冀 5，第 10 页（汉族，藁城县）。

浙 2，第 1 页（汉族，苍南县）；浙 5，第 3 页（汉族，淳安县）；浙 39，第 1 页（汉族，庆元县）；浙 48，第 6 页（汉族，遂昌县）；浙 54，第 3 页（汉族，文成县）。

川 1，第 11 页（汉族，筠连县）；川 2，第 2 页（白马藏族，平武县白马乡）；川 17，第 3 页（汉族，筠连县）；川 22，第 22 页（汉族，屏山县）。

354.1.2　二神在争斗中创造了宇宙。

出处：

口承神话：

川 18，第 1 页（汉族，洪雅县）。

综 1，第 216—217 页（彝族，贵州省威宁县）。

354.1.3　最初的夫妇为创世者。

对照：汤 A2.2　最初的人类夫妇作为创世者。

出处：

口承神话：

浙25，第3页（汉族，兰溪市）；浙40，第2页（汉族，衢县）。

桂4，第3页（汉族，玉林市）。

川1，第10页（汉族，宜宾县），第12页（汉族，大邑县）；川2，第545页（羌族，理县、汶川县），第547页（羌族，汶川县）。

藏1，第8页（珞巴族，米林县）。

354.1.4　兄弟创世。

参照：2.1.1。

出处：

口承神话：

浙47，第12页（汉族，松阳县）。

桂5，第3页（苗族，隆林县）。

藏1，第5页（门巴族，墨脱县），第7页（珞巴族，墨脱县）。

354.1.5　兄妹创世。

参照：2.1.2。

出处：

口承神话：

浙28，第1页（汉族，临安县）。

豫16，第23页（汉族，泌阳县）。

354.1.6　创世过程中的比赛。在两位神（兄妹、夫妻或者两位男神）之间，进行了有关创世活动的比赛。

参照：71，243。

对照：汤A85　创世过程中的比赛（夫妻之间）。汤A163　神祇之间的竞赛。

出处：

口承神话：

川1，第9页（汉族，屏山县）；川2，第544页（汉族，屏山县）；川18，第1页（汉族，洪雅县）；川22，第22页（汉族，屏山县）。

354.2　三个神联合创造宇宙。

参照：2.2。

出处：

口承神话：

冀5，第4页（汉族，藁城县）。

黑1，第7页（汉族，五常县）。

浙8，第1页（汉族，定海区）；浙19，第1页（汉族，建德县）；浙38，第5页（汉族，青田县）。

川2，第6页（藏族，若尔盖县）。

藏1，第6页（珞巴族，墨脱县）。

354.3　多个天神联合创造宇宙。

参照：2.3。

出处：

口承神话：

黑 1，第 17 页（满族，宁安县）。

辽 42，第 57 页（汉族，细河区）。

浙 44，第 5 页（汉族，绍兴县）。

川 1，第 24 页（彝族，德昌县）；川 2，第 270 页（彝族，凉山州），第 272 页（彝族，德昌县），第 549 页（羌族，汶川县）。

355　动物创造宇宙。

参照：21。

355.1　冰天鹅和冰蚂蚁造天地。

参照：21.1，21.4。

出处：

口承神话：

辽 42，第 57 页（汉族，细河区）。

浙 44，第 5 页（汉族，绍兴县）。

川 1，第 24 页（彝族，德昌县）；川 2，第 270 页（彝族，凉山州），第 272 页（彝族，德昌县），第 549 页（羌族，汶川县）。

356　世界的父母。

对照：汤 A625　世界的父母：天父和地母是宇宙的父母。天父降临于地母之上，于是产生了世界。汤 A625.1　天母与地父。

356.1　天父与地母结合，生出了宇宙。

出处：

口承神话：

藏 1，第 8、9、17 页（珞巴族，米林县）。

综 1，第 110、224 页（珞巴族，西藏自治区米林县）；综 4，第 111、154、159 页（彝族，贵州省）。

356.2　神祇夫妻生出宇宙。

出处：

口承神话：

桂 4，第 3 页（汉族，玉林市）。

356.3　女神生出宇宙万物。

出处：

口承神话：

藏1，第214页（珞巴族，米林县）。

357　宇宙的系列创造。创世者在一段时间里连续创造了宇宙万物。

出处：

口承神话：

黑1，第21页（回族，绥芬河市）。

360　天地的分离。由于某种原因或经过某种行为，天与地相连的原初状况发生改变，天地之间出现了巨大的距离。

参照：304。

对照：艾56型　天地分离。汤A625.2.1　天和地原本由脐带连接。脐带被割断。

出处：

口承神话：

桂5，第3页（苗族，隆林县）。

川4，第1页（羌族，北川县）；川42，第1页（汉族，自贡市）。

综7，第4页（汉族，河南省太行山区）。

361　天地分离的原因。

出处：

口承神话：

综1，第91页（汉族，湖北省京山县），第106页（独龙族，云南省），第109页（排湾族，台湾省），第235页（彝族，云南省新平县），第283—285页（彝族，四川省）；综4，第7页（苗族，贵州省台江县、施秉县、凯里市），第52—53页（苗族），第98—99页（彝族，四川凉山州），第207页（布依族）。

361.1　由于人的罪孽，致使天地分离。

出处：

古代文献：

《尚书·吕刑》（苗民作乱）；《国语·楚语下》（"九黎乱德"）。

口承神话：

浙18，第3页（汉族，嘉善县）。

综1，第106页（独龙族，云南省）。

361.2　由于复仇的行为。

出处：

口承神话：

综1，第106页（独龙族，云南省）。

361.3　由于人们生活不方便。

出处：

口承神话：

综4，第52页（苗族）。

362　天地分离的方式。

362.1　神绝地天通。神把天上举，把地下抑，于是天地分离。

出处：

古代文献：

《尚书·吕刑》《山海经·大荒西经》《国语·楚语下》（重黎绝地天通）。

口承神话：

浙1，第1页（汉族，安吉县）；浙23，第1页（汉族，缙云县）；浙36，第2页（汉族，浦江县）；浙37，第1页（汉族，普陀区）；浙43，第1页（汉族，上虞县）；浙44，第1页（汉族，绍兴县）；浙56，第1页（汉族，婺城区）；浙59，第3页（汉族，象山县）；浙64，第3页（汉族，永嘉县）。

豫25，第3页（汉族，汝南县）；豫26，第1页（汉族，社旗县）。

川1，第12页（汉族，大邑县）；川2，第544页（羌族，北川县）；川4，第156页（藏族，北川县）。

陕2，第2页（汉族，宝鸡县）；陕10，第1页（汉族，三原县）。

综7，第5页（汉族，河南省太行山区）。

362.1.1　神用叉子撬开紧合的天地。

出处：

口承神话：

川2，第270页（彝族，凉山州）。

综1，第284页（彝族，四川省）。

362.1.2　神用斧子（或手掌、凿子等）砍开紧合的天地。

参照：72.1，222.6。

出处：

口承神话：

冀6，第597页（汉族，藁城县）。

黑1，第3页（汉族，通河县）。

浙1，第1页（汉族，安吉县）；浙18，第3页（汉族，嘉善县）；浙24，第1页（汉族，开化县）；浙27，第2页（汉族，丽水市）；浙32，第1页（汉族，宁海县）；浙40，第1页（汉族，衢县）；浙43，第1页（汉族，上虞县）。

豫14，第1页（汉族，武陟县）；豫21，第5页（汉族，濮阳县）；豫25，第3页（汉族，汝南县）；豫40，第1页（汉族，新乡县）。

川 17，第 4 页（汉族，筠连县）。

陕 2，第 1、5 页（汉族，宝鸡县），第 3 页（汉族，凤县）；陕 3，第 27 页（汉族，凤县）。

综 4，第 7 页（苗族，贵州省台江县、施秉县、凯里市），第 207 页（布依族）；综 7，第 15 页（汉族，河南省桐柏盘古山区）。

362.1.3　神砍断连接天地的神山，天地分离。

出处：

口承神话：

川 2，第 574 页（羌族，北川县）。

362.1.4　两个创世者把天地扯开。

出处：

口承神话：

川 1，第 10 页（汉族，宜宾县）。

362.1.5　扫天扫地。神用扫帚把天往上扫，把地往下扫，从而分离天地。

出处：

口承神话：

综 4，第 99 页（彝族，四川省凉山州）。

362.1.6　神在混沌里一阵乱打，天地遂分开。

参照：302，372。

对照：艾 57 型　混沌（卵形世界）。汤 A605　原始的混沌。汤 A801　地球源于原始的混沌。

出处：

口承神话：

冀 6，第 571 页（汉族，藁城县）。

浙 5，第 1 页（汉族，淳安县）；浙 6，第 274 页（汉族，慈溪市）；浙 8，第 1 页（汉族，定海区）；浙 9，第 1 页（汉族，东阳县）；浙 56，第 1 页（汉族，婺城区）。

川 1，第 7 页（汉族，崇庆县）。

综 7，第 4 页（汉族，河南省太行山区），第 48 页（汉族，河南省豫西山区）。

362.2　用撑天柱分离天地。

参照：403。

出处：

口承神话：

浙 10，第 255 页（汉族，洞头县）；浙 28，第 13 页（汉族，临安县）。

川 1，第 24 页（彝族，德昌县）；川 2，第 272 页（彝族，德昌县），第 272 页（彝族，凉山州）；川 42，第 1 页（汉族，自贡市）。

综 1，第 95 页（纳西族，云南省丽江地区），第 235 页（彝族，云南省新平县）。

362.2.1　巨树分离天地。

出处：

口承神话：

综4，第207页（布依族）。

362.3　动物分离天地。

362.3.1　昆虫弄断撑天柱，致使天地不再相连。

出处：

口承神话：

川2，第291页（彝族）。

362.3.1.1　蚂蚁弄断撑天柱，致使天地不再相连。

出处：

口承神话：

川1，第147页（彝族，峨边县）；川2，第291页（彝族），第296页（彝族，峨边县）。

综1，第106页（独龙族，云南省）。

362.3.2　鸟把天上举，分离天地。

参照：419.1。

出处：

口承神话：

川1，第20页（藏族，若尔盖县）；川2，第1页（藏族，若尔盖县）。

362.3.3　巨龙缩回水里，天地分开。

出处：

口承神话：

川1，第23页（藏族，若尔盖县）。

362.3.4　石狮子分离天地。

出处：

口承神话：

浙31，第3页（汉族，龙游县）；浙72，第2页（汉族，诸暨县）。

362.3.5　公牦牛和白母狼分离天地。

出处：

口承神话：

综1，第302—303页（普米族，云南省宁蒗县，四川省西昌市、木里县）。

362.3.6　螃蟹分离天地。

出处：

口承神话：

综 4，第 52 页（苗族）。

362.4　山和树将天地分离。

出处：

口承神话：

川 1，第 81 页（羌族，汶川县）。

362.5　蛋壳一半上升为天，一半下降为地。

参照：302.1，371，411，614。

出处：

口承神话：

综 1，第 91 页（汉族，湖北省京山县）。

363　盖合天地。天和地最初是分离的，后来神使之盖合在一起。

出处：

口承神话：

综 1，第 97 页（基诺族，云南省），第 99 页（苗族，云南省马关县、麻栗坡县），第 101 页（白马藏族，四川省平武）。

363.1　缝合天地。神用线将天和地连在一起。

出处：

口承神话：

综 4，第 230 页（瑶族，广西壮族自治区）。

364　天空的升高。起初，天空距离地面很近，后来天空被升高到现在的位置。

参照：1064，1122。

对照：汤 A625.2　天空的升高。起初，天空离地面很近（经常是由于天父和地母的连接），后来天空被升高到现在的位置。

出处：

口承神话：

冀 12，第 419 页（汉族，高邑县）。

浙 5，第 426 页（汉族，淳安县）；浙 6，第 276 页（汉族，慈溪市）；浙 17，第 203 页（汉族，黄岩市）；浙 32，第 3、16 页（汉族，宁海县）；浙 40，第 1 页（汉族，衢县）；浙 55，第 2 页（畲族，武义县）；浙 64，第 7 页（汉族，永嘉县）；浙 68，第 4 页（汉族，玉环县）。

豫 41，第 2 页（汉族，新野县）。

综 1，第 284 页（彝族，四川省）；综 4，第 8 页（苗族，贵州省台江县、施秉县、凯里市），第 222 页（布依族），第 233 页（瑶族，广东省连南瑶族自治县）。

364.1　天神把天空升高。

出处：

口承神话：

冀 12，第 420 页（汉族，高邑县）。

浙 5，第 426 页（汉族，淳安县）；浙 6，第 276 页（汉族，慈溪市）；浙 17，第 203 页（汉族，黄岩市）；浙 40，第 1 页（汉族，衢县）；浙 55，第 2 页（畲族，武义县）；浙 64，第 7 页（汉族，永嘉县）；浙 68，第 4 页（汉族，玉环县）。

豫 41，第 2 页（汉族，新野县）。

桂 2，第 3 页（汉族，钟山县）；桂 10，第 7 页（壮族，南宁市）。

364.2 天空为什么被升高。

364.2.1 天帝不满人类坐享其成而升高天空。

出处：

口承神话：

浙 17，第 203 页（汉族，黄岩市）；浙 55，第 2 页（畲族，武义县）；浙 68，第 4 页（汉族，玉环县）。

364.2.2 天帝因为凡人到天堂不守规矩而升高天空。

出处：

口承神话：

浙 5，第 426 页（汉族，淳安县）；浙 32，第 3、16 页（汉族，宁海县）；浙 40，第 1 页（汉族，衢县）。

364.2.3 天神因为人类对神的冒犯而升高天空。

出处：

口承神话：

冀 12，第 420 页（汉族，高邑县）。

浙 64，第 7 页（汉族，永嘉县）。

364.2.4 天帝为了不再闻到人间的臭气而升高天空。

出处：

口承神话：

桂 2，第 3 页（汉族，钟山县）。

364.2.5 天父和地母的孩子请求分离天地。

出处：

口承神话：

藏 1，第 8 页（珞巴族，米林县）。

364.2.6 由于天地之间距离很近，人们生活不方便。

出处：

口承神话：

其他 3，第 191 页（佤族，云南省）。

综 1，第 109 页（排湾族，台湾省），第 235 页（彝族，云南省新平县）；综 4，第 8 页（苗族，贵州省台江县、施秉县、凯里市），第 222 页（布依族）。

364.2.7　天空被升高是对人或神的过错的惩罚。

出处：

口承神话：

综 4，第 233 页（瑶族，广东省连南瑶族自治县）。

364.3　升高天空的方式。

364.3.1　把天往上顶，把地往下踩。

出处：

口承神话：

川 1，第 12 页（汉族，大邑县）。

综 4，第 8 页（苗族，贵州省台江县、施秉县、凯里市），第 222—223 页（布依族）。

364.3.2　用扫帚扫天，使天升高。

对照：汤 A625.2.3　升高天空：用扫帚击打。老妇人扫地时驼背撞上了云彩。她就用扫帚击打天空，天空就升高了。

出处：

口承神话：

综 1，第 285 页（彝族，四川省）；综 4，第 99 页（彝族，四川省凉山州）。

364.3.2.1　用铜扫帚和铁扫帚扫天。

出处：

口承神话：

川 2，第 271 页（彝族，凉山州）。

364.3.3　砍断连接天地的藤萝把天空升高。

对照：汤 A625.2.1　天和地原本由脐带连接。脐带被割断。

出处：

口承神话：

浙 32，第 3、16 页（汉族，宁海县）；浙 69，第 158 页（汉族，越城区）。

364.3.4　用人头祭天，天升高。

出处：

口承神话：

其他 3，第 191 页（佤族，云南省）。

364.3.5　舂米的妇女用杵击打天空，使之升高。

对照：汤 A625.2.2　太阳为什么升高：它是被一位妇女的臼杵击打升高的。

出处：

口承神话：

综1，第109页（排湾族，台湾省）。

364.3.6　天父离开地母，天地分离。

出处：

口承神话：

藏1，第8页（珞巴族，米林县）。

370　宇宙的进化。没有创造神的介入，宇宙是从某种原始的物质和胚胎中自然而然地发展起来的。

对照：汤 A620　宇宙的自然创造。

出处：

口承神话：

综1，第208页（纳西族，云南省）；综4，第154页（彝族，贵州省）。

371　宇宙从卵中产生。

参照：302.1，362.5，411，614。

对照：艾57型　混沌（卵形世界）。汤 A641　宇宙卵。宇宙从一枚卵中产生。

出处：

口承神话：

综1，第208页（纳西族，云南省）。

371.1　卵变为天和地。卵的一半上升变为天，一半下降变为地。

对照：汤 A641.1　从蛋里产生的天和地。它们是一只蛋的蛋壳的两半。它们分开时从中产生了爱神。

出处：

古代文献：

《艺文类聚》卷一《天部上·天》引《三五历记》（"天地浑沌如鸡子……阳清为天，阴浊为地"）。

口承神话：

冀6，第571页（汉族，藁城县）。

辽56，第340页（汉族，喀左县）。

浙1，第1页（汉族，安吉县）；浙9，第1页（汉族，东阳县）；浙36，第1页（汉族，浦江县）；浙43，第1页（汉族，上虞县）；浙64，第3页（汉族，永嘉县）。

豫14，第1页（汉族，武陟县）；豫25，第3页（汉族，汝南县）；豫40，第1页（汉族，新乡县）。

川1，第7页（汉族，崇庆县）；川2，第806页（苗族，筠连县）；川17，第4页（汉族，筠连县）。

陕2，第3页（汉族，凤县），第5页（汉族，宝鸡县）；陕3，第27页（汉族，凤县）；陕10，第1页（汉族，三原县）。

综1，第91页（汉族，湖北省京山县）；综7，第48页（汉族，河南省豫西山区）。

371.2　卵变成宇宙万物。

出处：

口承神话：

川2，第5页（藏族，乡城县）。

372　宇宙从原始的混沌中出现。

对照：艾57型　混沌（卵形世界）。汤A620.1　自然的创造——进化型。从原始的混沌中逐渐出现世界和生命。汤A801　地球源于原始的混沌。

出处：

口承神话：

综4，第96页（彝族，四川省凉山州）。

373　尸体化生宇宙。

参照：276。

对照：艾55型　开天辟地。汤A614　宇宙由创世者身体的各部分化生而来。汤A614.1　宇宙由人的身体的各部分化生而来。汤A642　宇宙从被杀的巨人的尸体中产生。汤A831　地球源于神、人或动物的身体。

出处：

古代文献：

《说文解字》十二下"女部"释"娲"（"古之神圣女，化万物者也"）；《绎史》卷一《开辟原始》引《五运历年记》、《述异记》卷上、《楚辞·天问》王逸注（盘古化生）。

口承神话：

黑1，第3页（汉族，通河县）。

川1，第3页（汉族，奉节县），第7页（汉族，崇庆县）。

综4，第79—84页（彝族，云南省楚雄彝族自治州），第223页（布依族），第248—251页（白族）；综7，第5页（汉族，河南省太行山区）。

374　宇宙从气体中生成。

对照：汤A621　宇宙从凝结的气体中生成。

374.1　宇宙从风中生成。

出处：

口承神话：

综1，第216页（彝族，贵州省威宁县）。

374.2　宇宙从雾中生成。

出处：

口承神话：

综4，第102页（彝族，贵州省）。

379　宇宙的起源——其他母题。

379.1　系谱式起源。A 产生 B，B 产生 C，最后产生了今天的世界。

对照：汤 A645　宇宙的创造：系谱型。A 产生 B，B 产生 C，如此等等，最后产生了今天的宇宙。

出处：

口承神话：

综4，第201页（布依族）。

400—599　天界诸物的起源

400　天界的性质和状况。

对照：汤 A660　上界的性质。

401　天的初始状况。

401.1　天是一团混沌。

出处：

口承神话：

川1，第67页（汉族，巴中县）。

401.2　天是一枚卵。

出处：

口承神话：

川2，第545页（羌族，理县、汶川县）。

401.3　天似撮箕。

出处：

口承神话：

综4，第7页（苗族，贵州省台江县、施秉县、凯里市）。

401.4 天空每日升高一丈。

出处:

古代文献:

《艺文类聚》卷一《天部上·天》引《三五历记》("天日高一丈")。

口承神话:

冀6,第571页(汉族,藁城县)。

黑1,第3页(汉族,通河县)。

桂8,第1页(汉族,钦州市)。

陕2,第3页(汉族,凤县),第5页(汉族,宝鸡县);陕3,第27页(汉族,凤县)。

401.5 起初天很矮。

出处:

口承神话:

桂10,第4页(壮族,南宁市)。

402 天的性状。

对照:汤A702 天的性质。

402.1 天是圆拱形的。

参照:631.2。

对照:汤A702.2 天是穹隆(帐篷)。

出处:

古代文献:

《楚辞·惜誓》("睹天地之圆方");《淮南子·天文训》("天道曰圆");《淮南子·兵略训》("天圆而无端");《大戴礼记·曾子天圆》("天圆而地方")。

口承神话:

浙5,第3页(汉族,淳安县);浙6,第276页(汉族,慈溪市);浙8,第1、2页(汉族,定海区);浙27,第27页(汉族,丽水市);浙55,第1页(畲族,武义县)。

川1,第5页(汉族,巴县);川2,第2页(白马藏族,平武县白马乡)。

综4,第7页(苗族,贵州省台江县、施秉县、凯里市),第89页(彝族),第230页(瑶族,广西壮族自治区)。

402.2 天是橄榄形的。两头尖,中间大。

出处:

口承神话:

桂4,第4页(汉族,玉林市)。

402.3 天为什么是青色的。因为神织青布遮住了天。

参照:237.1。

出处：

口承神话：

川1，第56页（汉族，屏山县）；川22，第23页（汉族，屏山县）。

402.4　天为什么是蓝色的。因为神用染料染的。

对照：汤 A702.4　天空为什么是蓝色的。

出处：

口承神话：

综4，第207页（布依族）。

403　撑天柱。是天地之间的支撑。

参照：312.3.1，312.3.2，362.2，362.3.1，419.5，421，619.1。

对照：汤 A665　天空的支撑。汤 A665.1　空间之神举着天空。汤 A665.2　柱子支撑着天空。

出处：

古代文献：

《楚辞·天问》（"八柱何当"）；《淮南子·天文训》（"天柱折，地维绝"，不周山为天柱）；《淮南子·览冥训》（"四极废""四极正"）；《神异经》（"昆仑之山，有铜柱焉，其高入天，所谓天柱也"）。

口承神话：

综1，第92页（汉族，湖北省京山县），第95页（纳西族，云南省丽江地区），第235页（彝族，云南省新平县），第285（彝族，四川省）；综4，第12—13页（苗族，贵州省台江县、施秉县、凯里市），第48—52页（苗族），第76—79页（彝族，云南省楚雄彝族自治州），第99页（彝族，四川省凉山州），第230页（瑶族，广西壮族自治区）。

403.1　用撑天柱撑天的原因。

403.1.1　因为天空摇晃不稳。

出处：

口承神话：

浙6，第276页（汉族，慈溪市）；浙27，第3页（汉族，丽水市）；浙28，第13页（汉族，临安县）；浙48，第7页（汉族，遂昌县）。

川1，第19页（汉族，简阳县）；川14，第1页（汉族，简阳县）。

综4，第12—13、35—39页（苗族，贵州省台江县、施秉县、凯里市），第48—49页（苗族），第76—79页（彝族，云南省楚雄彝族自治州），第177页（彝族，贵州省）；综7，第99页（汉族，河南省淮阳县）。

403.1.2　因为天与地距离很近。

出处：

口承神话：

浙 10，第 254 页（汉族，洞头县）。

403.1.3 为了分离紧合的天地。

出处：

口承神话：

川 42，第 1 页（汉族，自贡市）。

综 1，第 95 页（纳西族，云南省丽江地区），第 235 页（彝族，云南省新平县）。

403.2 打造撑天柱。

出处：

口承神话：

冀 18，第 46 页（汉族，宣化县）。

综 4，第 35—37 页（苗族，贵州省台江县、施秉县、凯里市），第 50 页（苗族）。

403.3 撑天柱的种类。

403.3.1 用人或神的身体做撑天柱。

对照：汤 A665.2.1.1 世界的四个角上有四位神祇在支撑着天空。

出处：

口承神话：

浙 6，第 276 页（汉族，慈溪市）。

综 1，第 16 页（瑶族，广西壮族自治区巴马瑶族自治县）；综 4，第 35（苗族，贵州省台江县、施秉县、凯里市），第 48 页（苗族）。

403.3.2 尸体化为撑天柱。

出处：

口承神话：

综 1，第 92 页（汉族，湖北省京山县）；综 4，第 230 页（瑶族，广西壮族自治区）。

403.3.3 神的角做撑天柱。

出处：

口承神话：

浙 27，第 3 页（汉族，丽水市）。

403.3.4 神的肋骨做撑天柱。

出处：

口承神话：

川 42，第 1 页（汉族，自贡市）。

403.3.5 动物为撑天柱。

对照：汤 A665.5 巨大的章鱼支撑着大地和天空。汤 A665.6 蛇支撑天空。

出处：

口承神话：

综4，第46页（苗族）。

403.3.5.1 鳌鱼做撑天柱。

出处：

口承神话：

豫2，第9页（汉族，郸城县）。

403.3.5.2 鳌足（鱼足）做撑天柱。

出处：

古代文献：

《淮南子·览冥训》（"断鳌足以立四极"）。

口承神话：

黑1，第22页（鄂温克族，嫩江县）。

浙10，第255页（汉族，洞头县）；浙64，第5页（汉族，永嘉县）。

豫23，第12页（汉族，杞县）。

川1，第14页（汉族，巴县），第19页（汉族，简阳县）；川2，第546页（羌族，理县、汶川县）；川14，第1页（汉族，简阳县）。

陕11，第467页（汉族，长武县）。

综7，第99页（汉族，河南省淮阳县）。

403.3.5.3 虾脚做撑天柱。

出处：

口承神话：

浙48，第7页（汉族，遂昌县）。

403.3.5.4 虎骨做撑天柱。

出处：

口承神话：

综4，第77—79页（彝族，云南省楚雄彝族自治州）。

403.3.5.5 山是撑天柱。

对照：汤A665.3 山脉支撑着天空。汤A665.3.1 四座山脉支撑着天空。

出处：

古代文献：

《楚辞·天问》王逸注（八山为柱）；《吴越春秋·勾践归国外传第八》（昆仑山，地柱）；《艺文类聚》卷七《山部上·昆仑山》引《龙鱼河图》（昆仑山）；《列子·汤问第五》、《淮南子·天文训》、《淮南子·览冥训》、《论衡·谈天篇》、《珊玉集》卷十二《壮力篇第二》、《补史记·三皇本纪》（不周山）。

口承神话：

冀1，第7页（汉族，满城县）。

辽6，第1页（汉族，本溪县）。

浙3，第67、68页（汉族，长兴县）；浙7，第19页（汉族，德清县）；浙40，第1页（汉族，衢县）；浙64，第5页（汉族，永嘉县）。

豫18，第10页（汉族，南召县）；豫23，第11页（汉族，杞县）；豫29，第22页（汉族，太康县）。

川1，第14、323页（汉族，巴县），第16页（汉族，广汉县），第120页（汉族，德阳市市中区），第314页（汉族，成都市东、西城区）。

陕2，第4页（汉族，千阳县）。

综1，第95页（纳西族，云南省丽江地区），第285（彝族，四川省）；综4，第99页（彝族，四川省凉山州），第247页（白族）；综7，第55页（汉族，河南省开封府区）。

403.3.6　石柱撑天。

出处：

口承神话：

综1，第110页（珞巴族，米林县）。

403.3.6.1　玉柱撑天。

出处：

口承神话：

豫28，第16页（汉族，渑池县）。

综1，第95页（纳西族，云南省丽江地区）。

403.3.7　用金银做撑天柱。

出处：

口承神话：

川1，第24页（彝族，德昌县）；川2，第272页（彝族，德昌县）。

综1，第95页（纳西族，云南省丽江地区），第235页（彝族，云南省新平县）；综4，第12—13页（苗族，贵州省台江县、施秉县、凯里市），第50页（苗族）。

403.3.8　用铁制成撑天柱。

参照：312.3.2。

出处：

口承神话：

浙38，第2页（汉族，青田县）。

综1，第95页（纳西族，云南省丽江地区）。

403.3.9　用珍珠制成撑天柱。

出处：

口承神话：

综1，第95页（纳西族，云南省丽江地区）。

403.3.10 用冰块做撑天柱。

参照：562.9.5，562.10.2。

出处：

口承神话：

陕2，第20页（汉族，千阳县）。

403.3.11 巨树做撑天柱。

参照：562.11.1。

对照：*汤* A665.4 树木支撑着天空。

出处：

口承神话：

综4，第36（苗族，贵州省台江县、施秉县、凯里市），第48页（苗族）。

403.4 多根撑天柱。

对照：*汤* A665.2.0.1 数根柱子支撑着天空。

出处：

古代文献：

《楚辞·天问》（八柱）；《淮南子·览冥训》（"断鳌足以立四极"）。

口承神话：

综4，第37（苗族，贵州省台江县、施秉县、凯里市），第46、50页（苗族，贵州省），第79页（彝族，云南省楚雄彝族自治州），第99页（彝族，贵州省凉山州），第177页（彝族，贵州省），第247页（白族）。

403.4.1 四根撑天柱。

对照：*汤* A665.2.1 四根撑天柱。*汤* A665.2.1.1 世界的四个角上有四位神祇在支撑着天空。*汤* A665.2.1.2 四个侏儒支撑着天空。*汤* A665.2.1.3 天空通过柱子的支撑延伸。*汤* A665.3.1 四座山脉支撑着天空。

出处：

口承神话：

黑1，第22页（鄂温克族，嫩江县）。

浙6，第276页（汉族，慈溪市）；浙10，第255页（汉族，洞头县）；浙48，第7页（汉族，遂昌县）；浙64，第5页（汉族，永嘉县）。

豫2，第9页（汉族，郸城县）；豫18，第10页（汉族，南召县）。

川1，第14页（汉族，巴县），第145页（彝族，峨边县），第24页（彝族，德昌县）；川2，第271页（彝族，凉山州），第272页（彝族，德昌县），第296页（彝族，峨边县），第546页（羌族，理县、汶川县）；川42，第1页（汉族，自贡市）。

陕11，第467页（汉族，长武县）。

综7，第99页（汉族，河南省淮阳县）。

403.4.2　五根撑天柱。分别矗立在大地的东、南、西、北和中央。

出处：

口承神话：

综 1，第 95 页（纳西族，云南省丽江地区）；综 4，第 230 页（瑶族，广西壮族自治区）。

403.4.3　八根撑天柱。

出处：

口承神话：

浙 27，第 3 页（汉族，丽水市）。

403.5　撑天柱立在山上。

出处：

口承神话：

川 1，第 17 页（汉族，绵竹县）。

403.6　倾斜的撑天柱。

出处：

口承神话：

浙 38，第 2 页（汉族，青田县）。

403.7　撑天柱的改变。起初，撑天柱都是一样长，因此天地一般平，雨水不下降，神于是设法改变了撑天柱的长短。

出处：

口承神话：

综 4，第 40 页（苗族，贵州省台江县、施秉县、凯里市）。

403.8　撑天柱的毁坏。

参照：853.1，884。

出处：

古代文献：

《淮南子·览冥训》（"四极废"）。

口承神话：

冀 6，第 597 页（汉族，藁城县）。

404　天向西北方向倾斜。

参照：886。

出处：

古代文献：

《列子·汤问第五》《淮南子·天文训》《论衡·谈天篇》（"天倾西北"）。

口承神话：

浙 2，第 4 页（汉族，苍南县）。

404.1　因为撑天柱长短不齐，所以天倾斜。

出处：

口承神话：

浙 48，第 7 页（汉族，遂昌县）。

川 1，第 19 页（汉族，简阳县）；川 14，第 1 页（汉族，简阳县）；川 42，第 14 页（汉族，自贡市）。

405　天维。天有绳子维系，所以才不会下坠。

参照：885。

出处：

古代文献：

《管子·白心》；《淮南子·天文训》；《楚辞·天问》王逸注；《路史·后纪二》。

406　天有四极。

出处：

古代文献：

《列子·汤问第五》《淮南子·览冥训》《论衡·谈天篇》《补史记·三皇本纪》《路史·后纪二》（女娲断鳌足以立四极）。

口承神话：

综 4，第 104—105 页（彝族，贵州省）。

407　人作为天。

407.1　天和地是一对夫妇。

对照：汤 A702.5　天与地的婚姻。

出处：

口承神话：

藏 1，第 8、9 页（珞巴族，米林县）。

综 1，第 110 页（珞巴族，西藏自治区米林县），第 310 页（傈僳族，云南省）；综 4，第 154、159 页（彝族，贵州省）。

410　天空的起源。

出处：

口承神话：

综 1，第 303 页（普米族，云南省宁蒗县，四川省西昌市、木里县）。

411　天空起源于卵。

参照：302.1，362.5，614。

对照：汤 A701.1　天空由原始之水中长出的蛋里出现。

出处：

口承神话：

川2，第545页（羌族，理县、汶川县）。

综7，第48页（汉族，河南省豫西山区）。

411.1　蛋清变为天。

出处：

古代文献：

《艺文类聚》卷一《天部上·天》引《三五历记》　（"天地浑沌如鸡子……阳清为天"）。

口承神话：

冀6，第571页（汉族，藁城县）。

黑1，第3页（汉族，通河县）。

辽56，第340页（汉族，喀左县）。

浙1，第1页（汉族，安吉县）；浙9，第1页（汉族，东阳县）；浙36，第1页（汉族，浦江县）；浙37，第1页（汉族，普陀区）；浙56，第1页（汉族，婺城区）；浙64，第3页（汉族，永嘉县）。

豫14，第1页（汉族，武陟县）；豫21，第5页（汉族，濮阳县）；豫40，第1页（汉族，新乡县）。

桂4，第3页（汉族，玉林市）。

川2，第806页（苗族，筠连县）。

陕2，第3页（汉族，凤县）；陕3，第27页（汉族，凤县）。

综1，第91页（汉族，湖北省京山县）；综6，第1页（汉族，浙江省东阳县）。

411.2　蛋壳的一部分变为天。

出处：

口承神话：

浙43，第1页（汉族，上虞县）。

川17，第4页（汉族，筠连县）。

陕10，第1页（汉族，三原县）。

411.3　蛋黄变成天。

出处：

口承神话：

辽39，第500页（汉族，瓦房店市）。

411.4　石鼓（或石蛋）的一半变为天。

出处：

口承神话：

浙 25，第 1 页（汉族，兰溪市）。

陕 2，第 2 页（汉族，宝鸡县）。

412　尸体化为天。

参照：276。

对照：汤 A701.2　天空起源于伊玛尔（Ymir）的头骨。

出处：

口承神话：

川 1，第 121 页（汉族，德阳市市中区）。

综 1，第 97 页（基诺族，云南省）；综 4，第 79—80 页（彝族，云南省楚雄彝族自治州）。

413　清轻之气形成天。

参照：616。

出处：

古代文献：

《列子·天瑞第一》（"清轻者上为天"）；《淮南子·天文训》（"清阳者薄靡而为天"）；《论衡·谈天篇》（"清者为天"）。

口承神话：

浙 6，第 274 页（汉族，慈溪市）；浙 32，第 1 页（汉族，宁海县）。

豫 12，第 1 页（汉族，兰考县）；豫 25，第 3 页（汉族，汝南县）。

川 1，第 3 页（汉族，奉节县），第 7 页（汉族，崇庆县）；川 42，第 1 页（汉族，自贡市）。

陕 2，第 5 页（汉族，宝鸡县）。

综 7，第 4 页（汉族，河南省太行山区）。

414　神创造天。

对照：汤 A700.4　创造了植物世界之后创造了天界物体。汤 A701　天空的创造。

出处：

口承神话：

冀 6，第 597 页（汉族，藁城县）。

黑 1，第 20 页（回族，绥芬河市）。

浙 2，第 1 页（汉族，苍南县）；浙 5，第 3 页（汉族，淳安县）；浙 8，第 2 页（汉族，定海区）；浙 19，第 1 页（汉族，建德县）；浙 23，第 1 页（汉族，缙云县）；浙 28，第16页（汉族，临安县）；浙39，第1页（汉族，庆元县）；浙40，第2页（汉族，衢县）；浙48，第6页（汉族，遂昌县）；浙54，第3页（汉族，文成县）；浙55，第1页（畲族，武义县）；浙64，第7页（汉族，永嘉县）。

桂3，第196页（壮族，柳州市）；桂10，第17页（回族，南宁市）。

川1，第5页（汉族，巴县），第9页（汉族，屏山县），第11页（汉族，筠连县）；川2，第2页（白马藏族，平武县白马乡），第544页（汉族，屏山县），第824页（苗族，木里县）；川17，第3页（汉族，筠连县）；川18，第1页（汉族，洪雅县）；川22，第22页（汉族，屏山县）。

综1，第9页（苗族，云南省富宁县），第27页（回族，广西壮族自治区南宁市），第99页（苗族，云南省马关县、麻栗坡县），第103页（哈萨克族，新疆维吾尔自治区），第121页（哈尼族，云南省），第210页（纳西族，云南省），第239页（羌族，四川省茂县），第291—292页（拉祜族，云南省澜沧县）；综4，第70—72页（彝族，云南省楚雄彝族自治州），第89页（彝族），第176页（彝族，贵州省），第208页（布依族）。

414.1　神用青石造天。

出处：

口承神话：

浙8，第2页（汉族，定海区）；浙47，第12页（汉族，松阳县）。

川2，第546页（羌族，理县、汶川县）。

414.2　月亮兄弟造天。

出处：

口承神话：

川2，第960页（傈僳族，德昌县）。

414.3　神用雨帽造天。

出处：

口承神话：

综1，第16页（瑶族，广西壮族自治区巴马瑶族自治县）；综4，第229页（瑶族，广西壮族自治区）。

414.4　织天。天是神用线织成的。

出处：

口承神话：

综4，第106页（彝族，贵州省）。

415　动物造天。

415.1　天鹅用蓝羽毛和唾液造天。

出处：

口承神话：

川 1，第 30 页（傈僳族，德昌县）；川 2，第 933 页（傈僳族，德昌县）。

415.2 拱屎虫造天。

出处：

口承神话：

辽 39，第 500 页（汉族，瓦房店市）。

416 天是由神或动物生育出来的。

出处：

口承神话：

综 4，第 52 页（苗族），第 194 页（布依族）。

416.1 巨鸟生出天空。

出处：

口承神话：

综 4，第 6 页（苗族，贵州省台江县、施秉县、凯里市）。

417 天起源于物体的变形。

417.1 神的手帕变成天。

出处：

口承神话：

豫 16，第 22 页（汉族，泌阳县）。

417.2 神或人变成了天空。

出处：

口承神话：

综 4，第 245 页（白族）。

418 开天。起初，天未开。

418.1 用弓箭射天，天开了。

出处：

口承神话：

其他 2，第 7 页（鲁凯族，台湾省台东县）。

419 天空的起源——其他母题。

419.1 神鸟把大地的被子举上去成为天。

参照：362.3.3。

出处：

口承神话：

川1，第20页（藏族，若尔盖县）；川2，第1页（藏族，若尔盖县）。

419.2　创世者摇动翅膀出现了天空。

出处：

口承神话：

川2，第2页（藏族，木里县）。

419.3　创世者把混沌扯开，上升的部分成为天。

参照：302，362.1.6，611。

对照：汤A605　原始的混沌。汤A801　地球源于原始的混沌。

出处：

口承神话：

川1，第10页（汉族，宜宾县）。

419.4　神绝地天通，托着的部分成为天。

出处：

口承神话：

川1，第13页（汉族，大邑县）。

419.5　神用撑天柱把天顶起，天遂成为天。

参照：403。

出处：

口承神话：

川1，第24页（彝族，德昌县）；川2，第272页（彝族，德昌县）。

420　天空的变化。

421　撑天。起初天摇晃不定，因而神用撑天柱撑天。

参照：403。

出处：

口承神话：

川1，第19页（汉族，简阳县）；川2，第545页（羌族，理县、汶川县）。

综4，第247页（白族）。

422　钉天。为使天空稳固，神设法钉天。

出处：

口承神话：

综 4，第 223 页（布依族）。

423　使天变圆。起初天的形状不圆，神设法使之变成圆形。

出处：

口承神话：

浙 1，第 1 页（汉族，安吉县）。

综 4，第 7 页（苗族，贵州省台江县、施秉县、凯里市）。

424　使天变小。天起初太大，神设法使之变小。

出处：

口承神话：

浙 5，第 3 页（汉族，淳安县）；浙 38，第 1 页（汉族，青田县）。

425　使天变大。天起初太小，神设法使之变大。

出处：

口承神话：

综 1，第 99 页（苗族，云南省马关县、麻栗坡县），第 292（拉祜族，云南省澜沧县）；综 4，第 8 页（苗族，贵州省台江县、施秉县、凯里市），第 74—75 页（彝族，云南省楚雄彝族自治州）。

426　量天。天造好之后，神测量天的大小和宽窄。

出处：

口承神话：

综 4，第 9 页（苗族，贵州省台江县、施秉县、凯里市），第 73—74 页（彝族，云南省楚雄彝族自治州）。

427　试天。天造好之后，神用打雷等方式试验天是否牢固。

出处：

口承神话：

综 4，第 75 页（彝族，云南省楚雄彝族自治州）。

430　太阳的起源。

出处：

口承神话：

综 1，第 303 页（普米族，云南省宁蒗县，四川省西昌市、木里县）；综 4，第 88 页（彝族）。

431　太阳由神的身体化成。

参照：276，458.5。

对照：汤 A718.2　太阳和月亮源于神性身体。汤 A715.4　太阳和月亮是由地母的乳房变的。

431.1　太阳由神的眼睛变成。

对照：汤 A714.7　太阳和月亮是神的眼睛，神的兄弟死后，神挖出了双眼变成太阳和月亮。

出处：

古代文献：

《绎史》卷一《开辟原始》引《五运历年记》、《述异记》卷上（盘古的左眼化为太阳）。

口承神话：

黑 1，第 3 页（汉族，通河县）。

辽 50，第 8 页（满族，岫岩县）。

浙 1，第 1 页（汉族，安吉县）；浙 26，第 1 页（汉族，乐清县）；浙 27，第 3 页（汉族，丽水市）；浙 36，第 2 页（汉族，浦江县）；浙 43，第 1 页（汉族，上虞县）；浙 59，第 3 页（汉族，象山县）；浙 60，第 4 页（汉族，萧山市）；浙 64，第 3 页（汉族，永嘉县）。

豫 25，第 3 页（汉族，汝南县）；豫 38，第 4 页（汉族，项城县）；豫 40，第 2 页（汉族，新乡县）。

桂 2，第 153 页（壮族，钟山县）。

川 1，第 3 页（汉族，奉节县），第 6 页（汉族，巴县）；川 2，第 2 页（藏族，木里县），第 544 页（羌族，北川县），第 806 页（苗族，筠连县）；川 4，第 156 页（藏族，北川县）。

陕 8，第 56 页（汉族，合阳县）；陕 10，第 1 页（汉族，三原县）。

综 1，第 91 页（汉族，湖北省京山县），第 97 页（基诺族，云南省），第 217 页（彝族，贵州省威宁县）；综 4，第 80 页（彝族，云南省楚雄彝族自治州），第 223 页（布依族），第 248 页（白族）；综 7，第 5 页（汉族，河南省太行山区）。

431.2　太阳由神的嘴巴变成。

出处：

口承神话：

浙 56，第 1 页（汉族，婺城区）。

431.3　太阳由神的头变成。

对照：汤 A718.1　太阳来自作为祭品的年轻人的头。

出处：

口承神话：

冀6，第571页（汉族，藁城县）。

浙25，第1页（汉族，兰溪市）。

432 太阳是神的儿女。

对照：汤A715 太阳是第一对夫妇生的。汤A715.3 太阳和月亮是由恶魔生出的。

出处：

古代文献：

《山海经·大荒南经》（帝俊之妻羲和生十日）。

口承神话：

综4，第194页（布依族，广西壮族自治区都安县、东兰县）。

432.1 太阳的母亲。

对照：汤A715.1 一个女人生出了太阳和月亮。汤A715.2 太阳和月亮是由一位女神因风受孕而生的。汤A715.6 蜥蜴生出太阳和月亮。

出处：

古代文献：

《山海经·大荒南经》《淮南子·天文训》（羲和）。

口承神话：

冀18，第29页（汉族，宣化县）。

浙7，第2页（汉族，德清县）；浙58，第6页（汉族，仙居县）。

川1，第298页（汉族，成都市）；川2，第328页（彝族，奉节县）。

432.1.1 太阳的母亲是天神。

出处：

口承神话：

辽42，第64页（汉族，细河区）。

浙38，第7页（汉族，青田县）；浙49，第6页（汉族，泰顺县）。

豫19，第550页（汉族，南召县）。

432.1.2 太阳的母亲是始祖。

出处：

口承神话：

川1，第140页（彝族，攀枝花市）。

432.1.3 太阳的母亲是大地。

出处：

口承神话：

藏1，第8、9页（珞巴族，米林县）。

综1，第110、224页（珞巴族，西藏自治区米林县）。

432.2　太阳的父亲。

出处：

古代文献：

《山海经·大荒南经》（帝俊）。

口承神话：

浙7，第2页（汉族，德清县）。

432.2.1　太阳的父亲是天神。

出处：

口承神话：

冀5，第9页（汉族，藁城县）；冀6，第124页（汉族，藁城县）；冀7，第451页（汉族，藁城县）；冀9，第7页（汉族，成安县）。

辽9，第312页（汉族，朝阳县）；辽42，第64页（汉族，细河区）。

浙38，第7页（汉族，青田县）；浙47，第17页（汉族，松阳县）；浙49，第6页（汉族，泰顺县）；浙56，第189页（汉族，婺城区）。

豫18，第424页（汉族，南召县）；豫19，第550页（汉族，南召县）；豫20，第1页（汉族，平舆县）；豫22，第6页（汉族，淇县）；豫27，第142页（汉族，沈丘县）；豫32，第95页（汉族，桐柏县）；豫38，第1页（汉族，项城县）。

桂4，第10页（壮族，玉林市）。

川1，第37页（汉族，万源县），第41、294页（汉族，高县），第45页（汉族，巴县），第298页（汉族，成都市），第308页（彝族，西昌市）；川2，第310页（彝族，凉山州），第809页（苗族，筠连县）；川29，第7页（汉族，荥经县）。

综7，第190页（汉族，河南省）。

432.2.2　太阳的父亲是创世者。

出处：

口承神话：

川1，第35页（汉族，巫溪县）。

432.2.3　太阳的父亲是始祖。

出处：

口承神话：

川1，第140页（彝族，攀枝花市）。

432.2.4　太阳的父亲是天空。

出处：

口承神话：

藏1，第8、9页（珞巴族，米林县）。

综1，第110、224页（珞巴族，西藏自治区米林县）。

433 太阳由神创造。

对照：汤 A717　英雄用树造出了太阳和月亮，并把它们交替地送入天空。汤 A717.1 英雄用树造出了太阳和月亮，并用创世者儿子的血使它们活起来。汤 A719.3　创世的第四天创造了太阳。

出处：

口承神话：

冀 5，第 4、10 页（汉族，藁城县）。

黑 1，第 21 页（回族，绥芬河市）。

辽 5，第 284 页（汉族，平山区）。

浙 3，第 66 页（汉族，长兴县）；浙 55，第 1 页（畲族，武义县）。

桂 3，第 195、196 页（壮族，柳州市）。

川 2，第 549 页（羌族，汶川县），第 824 页（苗族，木里县）。

综 1，第 9 页（苗族，云南省富宁县），第 104 页（哈萨克族，新疆维吾尔自治区），第 239 页（羌族，四川省茂县）；综 4，第 162—163 页（彝族，贵州省），第 207—208 页（布依族），第 231 页（瑶族，广西壮族自治区）。

433.1　用泥巴捏出太阳。

出处：

口承神话：

冀 4，第 6 页（汉族，藁城县）。

433.2　用金子造成太阳。

出处：

口承神话：

综 1，第 292 页（拉祜族，云南省澜沧县）；综 4，第 12—13 页（苗族，贵州省台江县、施秉县、凯里市）。

433.3　神造出九十九个太阳。

出处：

口承神话：

川 2，第 273 页（彝族，凉山州）。

433.4　神吹的气合拢变成太阳。

出处：

口承神话：

川 1，第 10 页（汉族，宜宾县）。

433.5　神的意念产生了太阳。

出处：

口承神话：

川 2，第 273 页（彝族，凉山州）。

434　太阳起源于物体的变形。

对照：汤 A714　太阳是由扔上天空的物体变成的。汤 A718.3　太阳来自扔入洪水中的果核。

434.1　蛋变成太阳。

出处：

口承神话：

川 2，第 5 页（藏族，乡城县）。

434.2　蛋壳变成太阳。

出处：

口承神话：

浙 5，第 1 页（汉族，淳安县）；浙 9，第 1 页（汉族，东阳县）；浙 24，第 1 页（汉族，开化县）。

豫 21，第 5 页（汉族，濮阳县）。

川 2，第 271 页（彝族，凉山州）。

434.3　石头变成太阳。

出处：

口承神话：

豫 29，第 107 页（汉族，太康县）。

陕 2，第 2 页（汉族，宝鸡县）。

434.4　铜弹子变成太阳。

出处：

口承神话：

浙 5，第 1 页（汉族，淳安县）；浙 9，第 1 页（汉族，东阳县）；浙 24，第 1 页（汉族，开化县）。

豫 21，第 5 页（汉族，濮阳县）。

川 2，第 271 页（彝族，凉山州）。

综 1，第 285（彝族，四川省）。

434.5　神灯变成太阳。

出处：

口承神话：

辽 9，第 184 页（汉族，朝阳县）。

川 2，第 564 页（羌族，汶川县）。

434.6　饭团变成太阳。

出处：

口承神话：

浙54，第4页（汉族，文成县）；浙72，第2页（汉族，诸暨县）。

434.7　太阳由人变成。

对照：汤 A711　太阳是离开地球的人。人，通常是超自然诞生的人，升上天空，成了太阳。汤 A711.1　太阳和月亮是叔叔和侄子升上天空而成的。

出处：

口承神话：

冀2，第14页（汉族，承德县）。

辽9，第184页（汉族，朝阳县）。

浙44，第4页（汉族，绍兴县）；浙58，第6页（汉族，仙居县）。

豫32，第32页（汉族，桐柏县）。

川1，第39页（汉族，三台县），第129页（藏族，阿坝县）；川2，第4页（藏族，阿坝县）；川4，第4页（汉族，北川县）；川6，第1页（汉族，龙泉驿区）；川22，第24页（汉族，屏山县）；川24，第1页（汉族，三台县）；川34，第1页（汉族，合川县）；川40，第86页（汉族，铜梁县）；川42，第2页（汉族，自贡市）。

综1，第87页（卑南族，台湾省台东县），第109页（排湾族，台湾省），第251页（苗族，贵州省）。

434.8　狼变成太阳。

出处：

口承神话：

豫38，第5页（汉族，项城县）。

435　太阳从植物中出现。

435.1　太阳从葫芦中出来。

出处：

口承神话：

川1，第31页（傈僳族，德昌县）；川2，第934页（傈僳族，德昌县）。

436　安装太阳。神把太阳安装在天上。

参照：230，478，518。

对照：汤 A714.1　太阳和月亮是安在天上的眼睛。汤 A714.2　太阳和月亮被安置在大树之顶。英雄造出太阳和月亮，并把它们系在宇宙树的顶端。

出处：

口承神话：

冀14，第128页（汉族，武安县）。

439 太阳的起源——其他母题。

439.1 火球成为太阳。

出处：

口承神话：

冀13，第2页（汉族，武安县）。

浙31，第3页（汉族，龙游县）。

川1，第313页（土家族，酉阳县）；川2，第697页（土家族，酉阳县）；川5，第1页（汉族，灌县）。

439.2 鸟是太阳。

出处：

口承神话：

冀5，第7页（汉族，藁城县）；冀7，第285页（汉族，藁城县）。

浙28，第10页（汉族，临安县）。

439.3 鸟啄破迷雾出现太阳。

出处：

口承神话：

浙9，第4页（汉族，东阳县）。

439.4 太阳来自神的赐予。

出处：

口承神话：

豫27，第4页（汉族，沈丘县）。

439.5 神的灯笼是太阳。

出处：

口承神话：

辽50，第6页（满族，岫岩县）。

439.6 神补天后出现太阳。

对照：汤A719.2 世界大灾难之后，新太阳重新出现并开始了新的纪元。

出处：

口承神话：

川1，第108页（汉族，双流县）；川9，第2页（汉族，双流县）。

439.7 神搅动海水，搅出太阳。

出处：

口承神话：

藏1，第5页（门巴族，墨脱县），第7页（珞巴族，墨脱县）。

440 太阳的性质和状况。

441 太阳是神的宝物。

参照：222.3。

出处：

口承神话：

冀2，第21页（汉族，承德县）。

川1，第43页（汉族，金堂县）。

442 从前有多个太阳。

参照：164.5，232.1.1，458.3，863，952。

出处：

口承神话：

综4，第167—168页（彝族，贵州省）。

442.1 从前有七十二个太阳。

出处：

口承神话：

冀18，第23页（汉族，庞家堡区），第24页（汉族，宣化县）。

442.2 从前有十八个太阳。

出处：

口承神话：

豫8，第3页（汉族，辉县市）。

442.3 从前有十三个太阳。

出处：

口承神话：

辽15，第137页（汉族，抚顺望花区）。

442.4 从前有十二个太阳。

对照：汤A739.3 每个太阳工作一个月，并与其他十一个兄弟一起玩。如果他们全部一起出现，整个地球将被烧干。

出处：

口承神话：

冀2，第17页（汉族，双滦区），第19页（汉族，承德县）；冀3，第301页（汉族，抚宁县）；冀5，第9页（汉族，藁城县）；冀7，第285页（汉族，藁城县）；冀9，第7页（汉族，成安县）；冀18，第20页（汉族，宣化县），第26页（汉族，张家口）。

黑1，第25页（汉族，黑河市），第26页（鄂伦春族，黑河市）。

辽1，第465页（汉族，北票市）；辽7，第121页（昌图县）；辽10，第298页（汉族，大洼县）；辽11，第8页（汉族，东沟县）；辽18，第612页（汉族，海城市）；辽23，第49页（汉族，凌河区）；辽24，第137页（汉族，开原县）；辽39，第505页（汉族，瓦房店市）；辽42，第64、162页（汉族，细河区）；辽52，第236页（汉族，营口县）；辽56，第311页（汉族，喀左县）。

浙1，第4页（汉族，安吉县）。

豫20，第242页（汉族，平舆县）；豫29，107页（汉族，太康县）；豫32，第95页（汉族，桐柏县）。

桂3，第198页（壮族，柳州市）；桂10，第13页（壮族，南宁市）；桂13，第6页（汉族，合山市）。

川1，第39页（汉族，三台县），第140页（彝族，攀枝花市），第303页（汉族，南部县），第305页（汉族，盐亭县），第312页（土家族，酉阳县）；川2，第328页（彝族，凉山州），第696页（土家族，酉阳县）；川4，第6、60页（汉族，北川县）；川11，第3页（汉族，新津县）；川15，第166页（汉族，剑阁县）；川24，第1页（汉族，三台县）；川27，第161页（汉族，西充县）。

陕2，第98页（汉族，宝鸡县）。

综1，第21页（侗族，贵州省黎平县），第42页（苗族，湖南省湘西地区，贵州省松桃县）；综4，第43页（苗族），第197页（布依族）。

442.5 从前有十个太阳。

出处：

古代文献：

《山海经·大荒南经》；《山海经·海外西经》；《左传·昭公七年》；《淮南子·地形训》；《论衡·说日篇》。

口承神话：

冀1，第3页（汉族，满城县）；冀3，第574页（汉族，抚宁县）；冀4，第6页（汉族，藁城县）；冀5，第7页（汉族，藁城县）；冀6，第124、338页（汉族，藁城县）；冀7，第451页（汉族，藁城县）；冀18，第62页（汉族，宣化县）。

黑1，第27页（汉族，甘南县）。

辽9，第312页（汉族，朝阳县）；辽18，第606页（汉族，海城市）；辽19，第40页（汉族，黑山县）；辽25，第35页（汉族，康平县）；辽32，第224页（汉族，沙河口区）；辽39，第504页（汉族，瓦房店市）。

浙10，第4页（汉族，洞头县）；浙27，第6页（畲族，丽水市）；浙28，第10页（汉族，临安县）；浙54，第5页（汉族，文成县）；浙56，第189页（汉族，婺城区）；浙57，第262页（汉族，西湖区）；浙60，第2页（汉族，萧山市）。

豫4，第1页（汉族，扶沟县）；豫5，第83页（汉族，巩义市）；豫13，第5页（汉族，林县）；豫18，第424页（汉族，南召县）；豫24，第142页（汉族，沁阳县）；

豫 27，第 142 页（汉族，沈丘县）；豫 30，第 3 页（汉族，汤阴县）；豫 32，第 46、70 页（汉族，桐柏县）；豫 33，第 329 页（汉族，桐柏县）；豫 38，第 1 页（汉族，项城县）；豫 41，第 7 页（汉族，新野县）。

桂 4，第 10 页（壮族，玉林市）。

川 1，第 7 页（汉族，崇庆县），第 285、289、292 页（汉族，巴县），第 294 页（汉族，高县），第 296 页（汉族，绵竹县），第 298 页（汉族，成都市）；川 2，第 571 页（羌族，北川县），第 811 页（苗族，马边县）；川 4，第 157 页（羌族，北川县）；川 5，第 1 页（汉族，灌县）；川 17，第 5 页（汉族，筠连县）；川 29，第 7 页（汉族，荥经县）。

陕 2，第 8 页（汉族，宝鸡县）；陕 6，第 4 页（汉族，华县）；陕 8，第 5 页（汉族，华县）；陕 10，第 2 页（汉族，礼泉县），第 3 页（汉族，旬邑县），第 16 页（汉族，三原县）。

综 1，第 111 页（汉族，四川省巴县）；综 7，第 188、190、195 页（汉族，河南省）。

442.6　从前有九个太阳。

出处：

口承神话：

冀 3，第 302 页（汉族，抚宁县）；冀 15，第 1 页（汉族，下花园区）；冀 18，第 18 页（汉族，下花园区）。

辽 58，第 20 页（蒙古族，建昌县）。

浙 28，第 17 页（汉族，临安县）；浙 62，第 340 页（汉族，义乌市）。

豫 22，第 6 页（汉族，淇县）；豫 25，第 17 页（汉族，汝南县）；豫 32，第 41 页（汉族，桐柏县）；豫 47，第 136 页（汉族，驻马店市）。

桂 5，第 3 页（苗族，隆林县）；桂 11，第 1 页（壮族，大新县）。

川 1，第 45 页（汉族，巴县），第 178 页（纳西族，木里县），第 286 页（汉族，成都市），第 301 页（汉族，永川县），第 306 页（汉族，德阳市）；川 2，第 9 页（藏族，木里县），第 551 页（羌族，理县），第 554 页（羌族，茂县），第 807 页（苗族，筠连县），第 949 页（纳西族，木里县）；川 18，第 66 页（汉族，洪雅县）；川 24，第 2 页（汉族，三台县）；川 27，第 8 页（汉族，西充县）；川 42，第 8 页（汉族，自贡市）。

藏 1，第 9 页（珞巴族，米林县），第 17 页（珞巴族，墨脱县）。

综 1，第 68 页（藏族，四川省木里县），第 110 页（珞巴族，西藏自治区米林县），第 311 页（傈僳族，云南省）。

442.7　从前有八个太阳。

出处：

口承神话：

冀 9，第 15 页（汉族，大名县）。

442.8　从前有七个太阳。

对照：汤 A720.1　从前有七个太阳。

出处：

口承神话：

川1，第25页（彝族，德昌县），第187页（傈僳族，德昌县）；川2，第935、960页（傈僳族，德昌县），第949页（傈僳族，盐边县）。

陕10，第17页（汉族，彬县）。

综1，第98页（基诺族，云南省）。

442.9　从前有六个太阳。

出处：

口承神话：

川1，第308页（彝族，西昌市）；川2，第273、310页（彝族，凉山州），第810页（苗族，兴文县）；川22，第37页（彝族，屏山县）。

442.10　从前有三个太阳。

出处：

口承神话：

综1，第112页（赫哲族，黑龙江省同江县）。

442.11　从前有两个太阳。

出处：

口承神话：

浙36，第3页（汉族，浦江县）。

桂3，第1页（壮族，柳州市）。

综1，第195页（汉族，浙江省湖州市）。

443　太阳被囚禁在洞里（或盒子、罐子里）。

对照：汤A721　太阳被装在盒子（或陶罐、山洞）里。

出处：

口承神话：

浙13，第137页（汉族，拱墅区）；浙47，第19页（汉族，松阳县）。

综1，第208—209页（纳西族，云南省）。

443.1　太阳被天帝囚禁。

出处：

口承神话：

冀2，第18页（汉族，双滦区）。

川1，第39页（汉族，三台县）；川24，第1页（汉族，三台县）。

443.2　太阳被支住，不能再动。

出处：

口承神话：

黑1，第26页（鄂伦春族，黑河市）。

444　太阳被盗。

对照：汤 A721.1　太阳被盗。太阳被一个怪兽把持，后被盗出并带到了地界。
出处：
口承神话：
冀6，第557页（汉族，藁城县）；冀13，第2页（汉族，武安县）。
浙32，第10页（汉族，宁海县）。
川1，第43页（汉族，金堂县）。
综1，第208—209页（纳西族，云南省）。

445　太阳躲藏起来。以免被捉或被射。

对照：汤 A734　太阳躲藏起来。汤 A734.1　太阳躲藏在洞里。
出处：
口承神话：
冀1，第4页（汉族，满城县）。
浙60，第5页（汉族，萧山市）。
豫1，第366页（汉族，淅川县）。
桂3，第1页（壮族，柳州市）。
陕2，第8页（汉族，宝鸡县），第14页（汉族，凤翔县），第82页（汉族，渭滨区）。

446　使太阳远离人间。起初，太阳离人间很近。

对照：汤 A625.2.2　太阳为什么升高：它是被一位妇女的臼杵击打升高的。汤 A727 升高太阳。起初太阳很低，后被巫师一点点升高。
出处：
口承神话：
其他2，第8页（鲁凯族，台湾省台东县）。

446.1　用棍击打太阳，使之升高。

出处：
口承神话：
其他2，第8页（鲁凯族，台湾台省东县）。

447　太阳的宫殿。

参照：317.5，491。
出处：
口承神话：

辽1，第466页（汉族，北票市）。

豫20，第242页（汉族，平舆县）。

川1，第298页（汉族，成都市）。

陕2，第82、104页（汉族，渭滨区）。

综7，第181页（汉族，河南省商丘县）。

447.1　太阳居住在神木上。

出处：

古代文献：

《山海经·海外东经》《淮南子·地形训》（扶桑）。

口承神话：

川1，第298页（汉族，成都市）。

陕2，第82页（汉族，渭滨区）。

448　太阳作为人。

对照：汤A736　太阳作为人。

448.1　太阳和月亮是男人和女人。

对照：艾68型　太阳和月亮。汤A736.1　太阳和月亮是男人和女人。

出处：

口承神话：

浙9，第6页（汉族，东阳县）；浙10，第1页（汉族，洞头县）；浙38，第14页（汉族，青田县）；浙58，第6页（汉族，仙居县）；浙61，第5页（汉族，新昌县）。

豫32，第33、35页（汉族，桐柏县）。

桂10，第1页（汉族，南宁市）。

川23，第6页（汉族，渠县）；川40，第86页（汉族，铜梁县）。

陕4，第3页（汉族，佛坪县）。

综1，第105页（哈萨克族，新疆维吾尔自治区）。

448.2　太阳和月亮是女人和男人。

出处：

口承神话：

冀1，第6页（汉族，保定市）；冀2，第14、16页（汉族，承德县）；冀4，第7页（汉族，藁城县）；冀6，第499页（汉族，藁城县）；冀13，第1页（汉族，武安县）；冀18，第27页（汉族，宣化县）。

辽11，第24页（汉族，东沟县）；辽21，第143页（汉族，建昌县）。

浙12，第333页（汉族，富阳县）；浙18，第4页（汉族，嘉善县）；浙38，第7页（汉族，青田县）；浙47，第17页（汉族，松阳县）；浙49，第6页（汉族，泰顺县）。

豫20，第2、4页（汉族，平舆县）。

川 2，第 960 页（傈僳族，德昌县）；川 4，第 4 页（汉族，北川县）；川 6，第 1 页（汉族，龙泉驿区）；川 11，第 1 页（汉族，新津县）；川 13，第 5 页（汉族，涪陵市）；川 18，第 3 页（汉族，洪雅县）；川 21，第 1 页（汉族，平武县）；川 22，第 24 页（汉族，屏山县）；川 24，第 1 页（汉族，三台县）；川 30，第 1 页（汉族，营山县）；川 32，第 1 页（汉族，大渡口区）；川 34，第 1 页（汉族，合川县）；川 36，第 1 页（苗族，綦江县）；川 42，第 2、14 页（汉族，自贡市）。

藏 1，第 5 页（门巴族，墨脱县）。

陕 10，第 2 页（汉族，兴平县）。

综 1，第 292 页（拉祜族，云南省澜沧县）。

448.3　太阳和月亮是一对恋人。

对照：汤 A736.1.3　太阳和月亮是一对恋人。

出处：

口承神话：

豫 20，第 2 页（汉族，平舆县）。

川 2，第 551 页（羌族，理县）。

陕 4，第 3 页（汉族，佛坪县）。

综 1，第 105 页（哈萨克族，新疆维吾尔自治区）。

448.4　太阳和月亮是夫妇。

对照：汤 A736.1.4　太阳和月亮结婚。汤 A736.1.4.2　太阳和月亮是兄妹兼夫妇。

出处：

口承神话：

冀 6，第 499 页（汉族，藁城县）。

辽 36，第 414 页（汉族，苏家屯区）。

浙 9，第 6 页（汉族，东阳县）；浙 10，第 1 页（汉族，洞头县）；浙 36，第 3 页（汉族，浦江县）；浙 39，第 3 页（汉族，庆元县）；浙 45，第 1 页（汉族，嵊泗县）。

豫 32，第 33、35 页（汉族，桐柏县）。

桂 10，第 1 页（汉族，南宁市）。

川 2，第 564 页（羌族，汶川县），第 810 页（苗族，筠连县）。

藏 1，第 5 页（门巴族，墨脱县）。

陕 10，第 2 页（汉族，兴平县）。

综 1，第 108 页（哈尼族，云南省）；综 4，第 167—170 页（彝族，贵州省）。

448.5　太阳和月亮是兄妹。

对照：汤 A736.1.4.2　太阳和月亮是兄妹兼夫妇。

448.5.1　太阳是姊妹，月亮是兄弟。

对照：汤 A736.1.1　太阳姊妹和月亮兄弟。兄弟在夜间造访姐姐（或妹妹）。她在他的身上留下标记以便认出他来。他逃跑后，她举着燃烧的木头在后面追。她是太阳，他是月亮。

出处：

口承神话：

冀2，第14、16页（汉族，承德县）；冀4，第7页（汉族，藁城县）；冀13，第1页（汉族，武安县）；冀18，第27页（汉族，宣化县）。

黑1，第28页（鄂伦春族，黑河市）。

辽11，第24页（汉族，东沟县）；辽21，第143页（汉族，建昌县）。

浙12，第333页（汉族，富阳县）；浙18，第4页（汉族，嘉善县）；浙38，第7页（汉族，青田县）；浙47，第17页（汉族，松阳县）；浙49，第6页（汉族，泰顺县）。

川1，第35页（汉族，巫溪县），第37页（汉族，万源县），第39页（汉族，三台县），第112页（汉族，米易县），第140页（彝族，攀枝花市），第187页（傈僳族，德昌县），第308页（彝族，西昌市）；川2，第310页（彝族，凉山州），第328页（彝族，奉节县），第564页（羌族，汶川县），第809页（苗族，筠连县），第810页（苗族，兴文县），第935页（傈僳族，德昌县）；川4，第4页（汉族，北川县）；川6，第1页（汉族，龙泉驿区）；川11，第1页（汉族，新津县）；川13，第5页（汉族，涪陵市）；川21，第1页（汉族，平武县）；川22，第24页（汉族，屏山县）；川24，第1页（汉族，三台县）；川30，第1页（汉族，营山县）；川32，第1页（汉族，大渡口区）；川34，第1页（汉族，合川县）；川36，第1页（苗族，綦江县）；川42，第2、14页（汉族，自贡市）。

综1，第114页（汉族，四川省巴县）。

448.5.2　太阳是兄弟，月亮是姊妹。

对照：汤A736.1.2　太阳兄弟和月亮姊妹。

出处：

口承神话：

辽42，第64页（汉族，细河区）。

浙58，第6页（汉族，仙居县）；浙61，第5页（汉族，新昌县）。

川1，第41页（汉族，高县）；川2，第810页（苗族，叙永县）；川23，第6页（汉族，渠县）；川40，第86页（汉族，铜梁县）。

448.6　太阳和月亮都是女人。

出处：

口承神话：

川2，第11页（藏族，若尔盖县）。

448.6.1　太阳是妈妈，月亮是女儿。

出处：

口承神话：

川2，第274页（彝族，凉山州）。

448.6.2 太阳是婆婆，月亮是小姑娘。

出处：

口承神话：

豫 32，第 32 页（汉族，桐柏县）。

448.6.3 太阳和月亮是姊妹或姑嫂。

出处：

口承神话：

冀 18，第 29 页（汉族，宣化县）。

浙 7，第 2 页（汉族，德清县）；浙 8，第 3、4 页（汉族，定海区）；浙 14，第 1 页（汉族，海宁市）；浙 43，第 6 页（汉族，上虞县）。

豫 1，第 357 页（汉族，淅川县）；豫 2，第 8 页（汉族，郸城县）；豫 14，第 2 页（汉族，武陟县）；豫 20，第 1 页（汉族，平舆县）；豫 32，第 29、32 页（汉族，桐柏县）。

川 1，第 129 页（藏族，阿坝县）；川 2，第 4 页（藏族，阿坝县）。

陕 2，第 5 页（汉族，宝鸡县）；陕 8，第 1 页（汉族，潼关县）。

448.7 太阳是女性。

对照：汤 A736.2 太阳是女人。汤 A736.4 太阳和月亮是姐妹：天空神的女儿。

出处：

口承神话：

豫 38，第 1 页（汉族，项城县）。

川 4，第 158 页（羌族，北川县）。

陕 10，第 17 页（汉族，彬县）。

448.8 太阳和月亮是兄弟：太阳是哥哥，月亮是弟弟。

出处：

口承神话：

浙 1，第 377 页（汉族，安吉县）；浙 12，第 334 页（汉族，富阳县）；浙 54，第 163 页（汉族，文成县）。

川 1，第 73 页（汉族，雅安市）。

448.9 众太阳是兄弟。

出处：

口承神话：

豫 24，第 142 页（汉族，沁阳县）。

川 1，第 294 页（汉族，高县）；川 17，第 5 页（汉族，筠连县）；川 29，第 7 页（汉族，荥经县）。

陕 4，第 4 页（汉族，佛坪县）；陕 10，第 3 页（汉族，旬邑县）。

448.10　众太阳是兄弟姐妹。

出处：

古代文献：

《山海经·大荒南经》（"羲和者，帝俊之妻，生十日"）。

口承神话：

辽9，第312页（汉族，朝阳县）。

449　太阳的行为。

449.1　太阳抢东西。

出处：

口承神话：

川2，第938页（傈僳族，德昌县）。

449.2　太阳怀孕生下血胞，血水变成了人。

出处：

口承神话：

川1，第113页（汉族，米易县）。

449.3　太阳白天沿着神树的枝丫搭成的天桥运行。

参照：312.1.5，652.2。

对照：汤A726　太阳每天穿过天空的过程。

出处：

口承神话：

川1，第100页（汉族，珙县）。

449.4　神鸡叫太阳上车。

参照：322.3。

出处：

口承神话：

川1，第298页（汉族，成都市）。

陕2，第82页（汉族，渭滨区）。

449.5　太阳吞食自己的孩子。

参照：541.2。

出处：

口承神话：

浙39，第3页（汉族，庆元县）。

449.6　太阳下凡到人间。

出处：

口承神话：

冀1，第1页（汉族，望都县）。

451 浴日。太阳的母亲给太阳洗澡。

参照：230，486。

出处：

古代文献：

《山海经·大荒南经》（浴日于甘渊）；《山海经·海外东经》（浴日于汤谷）；《淮南子·天文训》（浴日于咸池）。

口承神话：

川1，第298页（汉族，成都市）；川23，第6页（汉族，渠县）。

陕2，第83页（汉族，渭滨区）。

综4，第92页（彝族）。

452 太阳的爱情。

对照：汤A736.7.1 太阳与人间女子结婚。

出处：

口承神话：

豫19，第551页（汉族，南召县）。

陕4，第5页（汉族，佛坪县）。

452.1 太阳与月亮的爱情。

出处：

口承神话：

冀13，第1页（汉族，武安县）。

浙10，第1页（汉族，洞头县）；浙36，第3页（汉族，浦江县）；浙38，第14页（汉族，青田县）；浙39，第3页（汉族，庆元县）；浙45，第1页（汉族，嵊泗县）；浙71，第1页（汉族，镇海区）。

豫20，第2、4页（汉族，平舆县）；豫32，第34、35页（汉族，桐柏县）。

川1，第41页（汉族，高县），第112页（汉族，米易县）。

陕4，第3页（汉族，佛坪县）。

452.2 太阳想结婚。

出处：

口承神话：

陕2，第14页（汉族，凤翔县）。

453 太阳被惩罚。

出处：

口承神话：

陕2，第9页（汉族，宝鸡县）；陕4，第3、5页（汉族，佛坪县）。

454　太阳中有动物。

454.1　太阳中有金乌。

出处：

古代文献：

《山海经·大荒东经》（"一日方至，一日方出，皆载于乌"）；《楚辞·天问》（"乌焉解羽"）；《楚辞·天问》王逸注（"日中九乌皆死，堕其羽翼"）。

454.1.1　太阳中有三足乌。

参照：224.7，322.1.1，456.1，459.1.2。

出处：

古代文献：

《淮南子·精神训》（"日中有踆乌"）。

455　太阳中有人。

出处：

口承神话：

辽57，第171页（蒙古族，喀左县）。

浙36，第3页（汉族，浦江县）。

456　太阳的御者。

456.1　乌鸦负载着太阳运行。

参照：224.7，322.1.1，454.1.1，459.1.2。

出处：

古代文献：

《山海经·大荒东经》（"一日方至，一日方出，皆载于乌"）。

456.2　乌龟负载着太阳运行。

出处：

口承神话：

川1，第100页（汉族，珙县）。

综1，第33页（汉族，四川省珙县）。

456.3　神驾着龙拉的车子载着太阳。

对照：汤A724　太阳的车。汤A724.1　太阳的驭者。太阳驾驭着它的马匹，乘车驶过天际。

出处：

口承神话：

黑 1，第 27 页（汉族，甘南县）。

川 1，第 298 页（汉族，成都市）。

陕 2，第 82、103 页（汉族，渭滨区）。

457 神管辖着太阳的运行。

对照：汤 A726.1 太阳和月亮的每日旅行在神的直接控制下。

457.1 天帝之子管辖太阳。

出处：

口承神话：

川 1，第 44 页（汉族，金堂县）。

457.2 天神管辖太阳。

出处：

口承神话：

冀 6，第 557 页（汉族，藁城县）。

457.3 地上的人上天管理太阳。

出处：

口承神话：

辽 50，第 6 页（满族，岫岩县）。

浙 60，第 4 页（汉族，萧山市）。

457.4 神每天迎送太阳。

出处：

口承神话：

辽 9，第 184 页（汉族，朝阳县）。

458 太阳的光和热。

对照：汤 A733 太阳的热和光。

458.1 为什么太阳的光比月亮强烈。

对照：汤 A733.1 为什么太阳的光比月亮强烈。

出处：

口承神话：

综 1，第 117 页（汉族，四川省巴县）。

458.1.1 太阳因为懒，没有学好发光的本领。

出处：

口承神话：

川1，第35页（汉族，巫溪县）。

458.2　为什么人眼不敢看太阳。因为太阳有绣花针，谁看它就刺谁的眼。

参照：222.1。

对照：艾68型　太阳和月亮。

出处：

口承神话：

冀1，第6页（汉族，保定市）；冀2，第15、16页（汉族，承德县）；冀4，第7页（汉族，藁城县）；冀6，第499页（汉族，藁城县）；冀18，第28、29页（汉族，宣化县）。

辽9，第184页（汉族，朝阳县）；辽11，第24页（汉族，东沟县）；辽21，第143页（汉族，建昌县）；辽36，第414页（汉族，苏家屯区）；辽50，第6页（满族，岫岩县）。

浙7，第2页（汉族，德清县）；浙12，第333页（汉族，富阳县）；浙18，第4页（汉族，嘉善县）；浙36，第3页（汉族，浦江县）；浙38，第7页（汉族，青田县）；浙43，第6页（汉族，上虞县）；浙47，第17页（汉族，松阳县）；浙49，第6页（汉族，泰顺县）；浙60，第4页（汉族，萧山市）；浙71，第1页（汉族，镇海区）。

豫1，第357页（汉族，淅川县）；豫2，第9页（汉族，郸城县）；豫20，第2页（汉族，平舆县）；豫32，第29、32、33页（汉族，桐柏县）。

川1，第35页（汉族，巫溪县），第37页（汉族，万源县），第39页（汉族，三台县），第44页（汉族，金堂县），第140页（彝族，攀枝花市），第311页（彝族，西昌市）；川2，第312页（彝族，凉山州），第328页（彝族，奉节县），第564页（羌族，汶川县），第810页（苗族，筠连县）；川4，第4、158页（汉族，北川县）；川6，第2页（汉族，龙泉驿区）；川11，第1页（汉族，新津县）；川13，第5页（汉族，涪陵市）；川18，第3页（汉族，洪雅县）；川21，第2页（汉族，平武县）；川22，第24页（汉族，屏山县），第38页（彝族，屏山县）；川23，第6页（汉族，渠县）；川24，第1页（汉族，三台县）；川30，第2页（汉族，营山县）；川32，第1页（汉族，大渡口区）；川34，第1页（汉族，合川县）；川36，第1页（苗族，綦江县）；川40，第86页（汉族，铜梁县）；川42，第2、14页（汉族，自贡市）。

陕2，第5页（汉族，宝鸡市）；陕4，第3页（汉族，佛坪县）；陕8，第2页（汉族，潼关县）；陕10，第2页（汉族，兴平县），第3页（汉族，礼泉县），第18页（汉族，彬县）。

综1，第116页（汉族，四川省巴县），第292页（拉祜族，云南省澜沧县）。

458.2.1　为什么人眼不敢看太阳，因为太阳往脸上擦的粉太多了，晃得人睁不开眼睛。

出处：

口承神话：

黑1，第29页（鄂伦春族，黑河市）。

458.2.2 为什么人眼不敢看太阳，因为太阳丑，怕别人看它，就发出刺人的光。

出处：

口承神话：

浙8，第4页（汉族，定海区）；浙14，第1页（汉族，海宁市）；浙45，第1页（汉族，嵊泗县）。

458.3 太阳的热量给人类带来灾难。

参照：232.1.1，863，952。

对照：汤 A720.2　从前太阳的巨大热量给人类带来了灾难。汤 A1052.3　世界末日时四个（七个）太阳出现在天空中。

出处：

古代文献：

《淮南子·本经训》（"十日并出，焦禾稼，杀草木，而民无所食"）。

口承神话：

冀1，第3页（汉族，满城县）；冀2，第17页（汉族，双滦区），第19页（汉族，承德县）；冀3，第301、303、574页（汉族，抚宁县）；冀4，第6页（汉族，藁城县）；冀5，第7、9页（汉族，藁城县）；冀6，第124、338页（汉族，藁城县）；冀7，第451页（汉族，藁城县）；冀9，第7页（汉族，成安县），第15页（汉族，大名县）；冀15，第1页（汉族，下花园区）；冀18，第18页（汉族，下花园区），第20、24、62页（汉族，宣化县），第23页（汉族，庞家堡区），第26页（汉族，张家口）。

黑1，第25页（汉族，黑河市），第26页（鄂伦春族，黑河市），第27页（汉族，甘南县）。

辽1，第465页（汉族，北票市）；辽7，第121页（昌图县）；辽9，第312页（汉族，朝阳县）；辽10，第298页（汉族，大洼县）；辽11，第8页（汉族，东沟县）；辽15，第137页（汉族，抚顺望花区）；辽18，第606、612页（汉族，海城市）；辽19，第40页（汉族，黑山县）；辽23，第49页（汉族，凌河区）；辽24，第137页（汉族，开原县）；辽25，第35页（汉族，康平县）；辽32，第224页（汉族，沙河口区）；辽39，第504、505页（汉族，瓦房店市）；辽42，第65、162页（汉族，细河区）；辽52，第236页（汉族，营口县）；辽56，第311页（汉族，喀左县）；辽58，第20页（蒙古族，建昌县）。

浙1，第4页（汉族，安吉县）；浙10，第4页（汉族，洞头县）；浙27，第6页（畲族，丽水市）；浙28，第10、17页（汉族，临安县）；浙36，第3页（汉族，浦江县）；浙54，第5页（汉族，文成县）；浙56，第189页（汉族，婺城区）；浙57，第262页（汉族，西湖区）；浙60，第2页（汉族，萧山市）；浙67，第245页（汉族，余姚市）。

豫4，第1页（汉族，扶沟县）；豫5，第83页（汉族，巩义市）；豫8，第3页（汉族，辉县市）；豫13，第5页（汉族，林县）；豫18，第424页（汉族，南召县）；豫20，第 242 页（汉族，平舆县）；豫 22，第 6 页（汉族，淇县）；豫 24，第 143 页（汉族，沁阳县）；豫 25，第 17 页（汉族，汝南县）；豫 27，第 142 页（汉族，沈丘县）；豫 29，第 107 页（汉族，太康县）；豫 30，第 3 页（汉族，汤阴县）；豫 32，第 70、95 页（汉族，桐柏县）；豫 33，第 329 页（汉族，桐柏县）；豫 38，第 1 页（汉族，项城县）；豫 41，第 7 页（汉族，新野县）；豫 47，第 136 页（汉族，驻马店市）。

桂 3，第 198 页（壮族，柳州市）；桂 4，第 10 页（壮族，玉林市）；桂 5，第 3 页（苗族，隆林县）；桂 10，第 13 页（壮族，南宁市）；桂 11，第 1 页（壮族，大新县）；桂 13，第 6 页（汉族，合山市）。

川 1，第 25 页（彝族，德昌县），第 39 页（汉族，三台县），第 45、285、292 页（汉族，巴县），第 140 页（彝族，攀枝花市），第 294 页（汉族，高县），第 296 页（汉族，绵竹县），第 298 页（汉族，成都市），第 301 页（汉族，永川县），第 305 页（汉族，盐亭县），第 306 页（汉族，德阳市），第 308 页（彝族，西昌市），第 312 页（土家族，酉阳县）；川 2，第 310 页（彝族，凉山州），第 551 页（羌族，理县），第 571 页（羌族，北川县），第 696 页（土家族，酉阳县），第 807 页（苗族，筠连县），第 810 页（苗族，兴文县），第 811 页（苗族，马边县），第 811 页（苗族，盐边县），第 935 页（傈僳族，德昌县），第 949 页（傈僳族，盐边县）；川 4，第 6、60 页（汉族，北川县），第 157 页（羌族，北川县）；川 5，第 1 页（汉族，灌县）；川 11，第 3 页（汉族，新津县）；川 15，第 166 页（汉族，剑阁县）；川 17，第 5 页（汉族，筠连县）；川 18，第 66 页（汉族，洪雅县）；川 22，第 37 页（彝族，屏山县）；川 24，第 1、2 页（汉族，三台县）；川 27，第 8 页（汉族，西充县）；川 29，第 7 页（汉族，荥经县）；川 42，第 8 页（汉族，自贡市）。

陕 2，第 8、98 页（汉族，宝鸡县）；陕 6，第 4 页（汉族，华县）；陕 8，第 5 页（汉族，华县）；陕 10，第 2 页（汉族，礼泉县），第 3 页（汉族，旬邑县），第 6 页（汉族，乾县），第 16 页（汉族，三原县），第 17 页（汉族，彬县）。

其他 2，第 8 页（鲁凯族，台湾省台东县）。

综 1，第 112 页（赫哲族，黑龙江省同江县），第 114 页（汉族，山西省灵县）；综 4，第 43 页（苗族）；综 7，第 188、190、195 页（汉族，河南省）。

458.4　太阳为什么是红的。

对照：汤 A739.5　太阳为什么是红的。

458.4.1　太阳看见妹妹洗澡，所以脸羞红了。

出处：

口承神话：

川 2，第 810 页（苗族，叙永县）。

458.4.2　神把太阳烧成红彤彤的。

出处：

口承神话：

综4，第208页（布依族）。

458.5 阳光起源于神的尸体化生。

参照：276，431。

出处：

口承神话：

综4，第80页（彝族，云南省楚雄彝族自治州）。

458.6 太阳为什么是热辣辣的：神把太阳烤得热辣辣的。

出处：

口承神话：

综4，第208页（布依族）。

459 日食。

对照：汤A737 日食和月食的原因。

459.1 日食的发生是由于动物吞食太阳。

459.1.1 天狗吞食太阳。

参照：322.10，461.3。

出处：

口承神话：

辽44，第87页（满族，新宾县）。

豫21，第14页（汉族，濮阳县）；豫32，第96页（汉族，桐柏县）。

川1，第38页（汉族，万源县）；川2，第938页（傈僳族，德昌县）。

陕2，第83页（汉族，渭滨区）。

459.1.2 三足乌吞食太阳。

参照：224.7，322.1.1，454.1.1，456.1。

出处：

古代文献：

《宛陵集·日蚀》注（"食日者，三足乌也"）。

459.2 日食的发生是因为太阳与龙的比斗。

出处：

口承神话：

藏1，第6页（门巴族，墨脱县），第8页（珞巴族，墨脱县）。

461 太阳的死亡。

参照：232。

461.1 文化英雄射死太阳。

对照：汤A716.1 最初有四个太阳，文化英雄射下了三个。

出处:

古代文献:

《楚辞·天问》("羿焉弹日,乌焉解羽");《楚辞·天问》王逸注("羿仰射十日,中其九日,日中九乌皆死")。

口承神话:

冀2,第20页(汉族,承德县);冀3,第574页(汉族,抚宁县);冀4,第6页(汉族,藁城县);冀5,第8、9页(汉族,藁城县);冀6,第124、339页(汉族,藁城县);冀7,第81、451页(汉族,藁城县);冀9,第7页(汉族,成安县)。

黑1,第26页(鄂伦春族,黑河市),第28页(汉族,甘南县)。

辽9,第313页(汉族,朝阳县);辽10,第298页(汉族,大洼县);辽18,第606页(汉族,海城市);辽19,第40页(汉族,黑山县);辽25,第35页(汉族,康平县);辽32,第224页(汉族,沙河口区);辽39,第504、505页(汉族,瓦房店市);辽42,第65、163页(汉族,细河区);辽56,第311页(汉族,喀左县);辽58,第20页(蒙古族,建昌县)。

浙10,第4页(汉族,洞头县);浙27,第6页(畲族,丽水市);浙28,第11、17页(汉族,临安县);浙36,第3页(汉族,浦江县);浙54,第5页(汉族,文成县);浙56,第189页(汉族,婺城区);浙57,第262页(汉族,西湖区);浙60,第2页(汉族,萧山市)。

豫5,第83页(汉族,巩义市);豫13,第6页(汉族,林县);豫18,第424页(汉族,南召县);豫22,第6页(汉族,淇县);豫24,第143页(汉族,沁阳县);豫27,第143页(汉族,沈丘县);豫29,第108页(汉族,太康县);豫30,第3页(汉族,汤阴县);豫32,第41、70页(汉族,桐柏县);豫38,第2页(汉族,项城县)。

桂4,第11页(壮族,玉林市);桂5,第3页(苗族,隆林县);桂10,第14页(壮族,南宁市);桂11,第1页(壮族,大新县)。

川1,第25页(彝族,德昌县),第46、48、285、289、292页(汉族,巴县),第286页(汉族,成都市),第294页(汉族,高县),第296页(汉族,绵竹县),第302页(汉族,永川县),第307页(汉族,德阳市),第310页(彝族,西昌市),第313页(土家族,酉阳县);川2,第311页(彝族,凉山州),第328页(彝族,奉节县),第551页(羌族,理县),第571页(羌族,北川县),第697页(土家族,酉阳县),第811页(苗族,马边县);川4,第157页(羌族,北川县);川17,第6页(汉族,筠连县);川22,第37页(彝族,屏山县);川29,第7页(汉族,荥经县);川42,第8页(汉族,自贡市)。

藏1,第9页(珞巴族,米林县)。

陕2,第8页(汉族,宝鸡县);陕10,第2页(汉族,礼泉县),第3页(汉族,旬邑县),第6页(汉族,乾县)。

综7,第188、190、195页(汉族,河南省)。

461.1.1 太阳被射下,变成死的鸟(三足乌或乌鸦等)。

出处:

古代文献：

《楚辞·天问》（"羿焉彃日，乌焉解羽"）；《楚辞·天问》王逸注（"日中九乌皆死"）。

口承神话：

冀7，第451页（汉族，藁城县）。

浙54，第5页（汉族，文成县）。

豫20，第243页（汉族，平舆县）；豫32，第70页（汉族，桐柏县）。

川1，第299页（汉族，成都市）；川18，第66页（汉族，洪雅县）。

461.2　太阳的死亡是由于被伤害。

出处：

口承神话：

冀7，第285页（汉族，藁城县）。

综1，第110页（珞巴族，西藏自治区米林县）。

461.3　天狗吃掉或咬死太阳。

参照：322.10，459.1.1。

出处：

口承神话：

豫20，第243页（汉族，平舆县）；豫25，第18页（汉族，汝南县）；豫32，第96页（汉族，桐柏县）。

川2，第810页（苗族，兴文县）。

461.4　文化英雄用山压住多余的太阳。

出处：

口承神话：

冀1，第3页（汉族，满城县）；冀2，第17页（汉族，双滦区），第20页（汉族，承德县）；冀3，第301、303页（汉族，抚宁县）；冀9，第15页（汉族，大名县）；冀15，第1页（汉族，下花园区）；冀18，第18页（汉族，下花园区），第20、25、62页（汉族，宣化县），第23页（汉族，庞家堡区），第27页（汉族，张家口）。

黑1，第25页（汉族，黑河市）。

辽1，第465页（汉族，北票市）；辽11，第8页（汉族，东沟县）；辽18，第612页（汉族，海城市）；辽23，第49页（汉族，凌河区）；辽58，第21页（蒙古族，建昌县）。

豫4，第1页（汉族，扶沟县）；豫8，第3页（汉族，辉县市）；豫32，第96页（汉族，桐柏县）；豫41，第7页（汉族，新野县）；豫47，第136页（汉族，驻马店市）。

陕2，第98页（汉族，宝鸡县）；陕6，第4页（汉族，华县）；陕8，第5页（汉族，华县）；陕10，第17页（汉族，三原县），第18页（汉族，彬县）。

461.5　文化英雄捉拿太阳。

出处：

口承神话：

辽52，第236页（汉族，营口县）。

豫13，第5页（汉族，林县）。

陕2，第98页（汉族，宝鸡县）；陕8，第3页（汉族，潼关县）。

461.6　文化英雄用赶山鞭把太阳赶进海里或山洞里。

参照：222.4。

出处：

口承神话：

辽7，第121页（昌图县）；辽15，第137页（汉族，抚顺望花区）；辽24，第137页（汉族，开原县）。

461.7　文化英雄用水浇灭太阳。

出处：

口承神话：

川5，第1页（汉族，灌县）。

462　太阳幸免于难。一个太阳躲过了被射杀或捉拿，因而存留下来。

462.1　太阳躲在某一植物（如马齿苋、水叶菜、马莲菜等）底下，从而躲过了射杀。

参照：2562。

出处：

口承神话：

冀1，第4页（汉族，满城县）；冀2，第18页（汉族，双滦区），第20页（汉族，承德县）；冀3，第302、303页（汉族，抚宁县）；冀4，第6页（汉族，藁城县）；冀7，第285页（汉族，藁城县）；冀9，第16页（汉族，大名县）。

黑1，第25页（汉族，黑河市），第28页（汉族，甘南县）。

辽1，第466页（汉族，北票市）；辽7，第121页（昌图县）；辽9，第313页（汉族，朝阳县）；辽10，第298页（汉族，大洼县）；辽11，第8页（汉族，东沟县）；辽18，第606、612页（汉族，海城市）；辽19，第40页（汉族，黑山县）；辽23，第49页（汉族，凌河区）；辽24，第137页（汉族，开原县）；辽25，第35页（汉族，康平县）；辽32，第224、225页（汉族，沙河口区）；辽39，第504页（汉族，瓦房店市）；辽42，第163页（汉族，细河区）；辽52，第236页（汉族，营口县）；辽58，第21页（蒙古族，建昌县）。

浙28，第11页（汉族，临安县）；浙56，第189页（汉族，婺城区）；浙57，第262页（汉族，西湖区）。

豫8，第3页（汉族，辉县市）；豫20，第243页（汉族，平舆县）；豫22，第6页（汉族，淇县）；豫24，第143页（汉族，沁阳县）；豫25，第18页（汉族，汝南县）；豫27，第143页（汉族，沈丘县）；豫32，第96页（汉族，桐柏县）；豫47，第136页（汉族，驻马店市）。

川1，第295页（汉族，高县）；川42，第8页（汉族，自贡市）。

陕2，第98页（汉族，宝鸡县）。

综7，第190页（汉族，河南省）。

462.2　太阳因躲在山底而幸免于难。

出处：

口承神话：

辽39，第505页（汉族，瓦房店市）。

浙28，第17页（汉族，临安县）。

462.3　太阳因躲在海底而幸免于难。

出处：

口承神话：

冀18，第20页（汉族，宣化县）。

桂10，第14页（壮族，南宁市）。

陕10，第4页（汉族，旬邑县）。

462.4　太阳因躲在马蹄底下而幸免于难。

参照：2128.5。

出处：

口承神话：

冀9，第7页（汉族，成安县）。

462.5　太阳错认救命恩人。太阳错把一种菜当作自己的救命恩人，而忽视了真正救自己的菜。

出处：

口承神话：

冀2，第18页（汉族，双滦区）；冀3，第302页（汉族，抚宁县）。

辽1，第466页（汉族，北票市）；辽7，第121页（昌图县）；辽18，第606页（汉族，海城市）；辽25，第35页（汉族，康平县）；辽58，第21页（蒙古族，建昌县）。

463　太阳重新出来。

463.1　被盗或被囚的太阳重新回到天空。

对照：汤A721.3　被盗的太阳重新回到了天空。

出处：

口承神话：

冀6，第558页（汉族，藁城县）；冀13，第2页（汉族，武安县）。

浙13，第137页（汉族，拱墅区）；浙32，第10页（汉族，宁海县）；浙47，第19页（汉族，松阳县）。

综1，第209页（纳西族，云南省）。

463.2　动物喊太阳重新出来。

463.2.1　公鸡喊太阳出来。

参照：2121.8。

出处：

口承神话：

冀1，第5页（汉族，满城县）；冀3，第574页（汉族，抚宁县）；冀7，第286页（汉族，藁城县）。

辽9，第314页（汉族，朝阳县）；辽19，第40页（汉族，黑山县）；辽39，第505页（汉族，瓦房店市）；辽56，第311页（汉族，喀左县）。

浙27，第7页（畲族，丽水市）。

豫1，第366页（汉族，淅川县）；豫24，第144页（汉族，沁阳县）；豫30，第4页（汉族，汤阴县）。

桂3，第1页（壮族，柳州市）；桂10，第15页（壮族，南宁市）。

川1，第102页（汉族，珙县），第293页（汉族，巴县），第302页（汉族，永川县）；川2，第311页（彝族，凉山州），第811页（苗族，马边县）。

陕2，第9页（汉族，宝鸡县），第15页（汉族，凤翔县）；陕10，第4页（汉族，旬邑县）。

463.2.2　牛喊太阳出来。

出处：

口承神话：

辽9，第313页（汉族，朝阳县）。

豫30，第4页（汉族，汤阴县）。

川2，第311页（彝族，凉山州）。

463.2.3　山羊喊太阳出来。

出处：

口承神话：

川2，第311页（彝族，凉山州）。

463.2.4　雄狮喊太阳出来。

出处：

口承神话：

辽9，第313页（汉族，朝阳县）。

463.2.5　兔子喊太阳出来。

出处：

口承神话：

浙60，第5页（汉族，萧山市）。

463.2.6　乌鹊喊太阳出来。

出处：

口承神话：

冀1，第4页（汉族，满城县）。

辽39，第505页（汉族，瓦房店市）。

川1，第293页（汉族，巴县）。

463.2.7　乌鸦喊太阳出来。

出处：

口承神话：

川1，第293页（汉族，巴县）。

463.2.8　猫头鹰喊太阳出来。

出处：

口承神话：

川1，第293页（汉族，巴县）。

463.2.9　百灵鸟喊太阳出来。

出处：

口承神话：

冀3，第574页（汉族，抚宁县）。

辽19，第40页（汉族，黑山县）。

463.2.10　百鸟一齐喊太阳出来。

出处：

口承神话：

辽56，第311页（汉族，喀左县）。

463.3　文化英雄喊太阳出来。

参照：233。

出处：

口承神话：

辽56，第311页（汉族，喀左县）。

浙28，第18页（汉族，临安县）。

豫30，第4页（汉族，汤阴县）；豫32，第96页（汉族，桐柏县）。

川1，第26页（彝族，德昌县）；川2，第328页（彝族，奉节县）；川22，第38页

（彝族，屏山县）。

463.4 天神喊太阳出来。

出处：

口承神话：

辽 42，第 163 页（汉族，细河区）。

陕 2，第 9 页（汉族，宝鸡县），第 82 页（汉族，渭滨区）。

469 太阳的性质和状况——其他母题。

469.1 为什么太阳和月亮不能相见。

出处：

口承神话：

浙 12，第 334 页（汉族，富阳县）；浙 54，第 164 页（汉族，文成县）；浙 61，第 6 页（汉族，新昌县）。

豫 32，第 35 页（汉族，桐柏县）；豫 38，第 5 页（汉族，项城县）。

川 1，第 42 页（汉族，高县）；川 2，第 551 页（羌族，理县），第 564 页（羌族，汶川县）；川 5，第 3 页（汉族，灌县）；川 18，第 3 页（汉族，洪雅县）；川 23，第 6 页（汉族，渠县）。

综 1，第 105 页（哈萨克族，新疆维吾尔自治区）。

469.2 为什么太阳好像总在追月亮。

出处：

口承神话：

辽 57，第 171 页（蒙古族，喀左县）。

浙 71，第 1 页（汉族，镇海区）。

469.3 为什么月亮和星星总在追太阳。

对照：汤 A735　月亮追赶太阳。

出处：

口承神话：

豫 20，第 3 页（汉族，平舆县）。

469.4 为什么太阳东升西落。因为它在寻找唱歌的鸡。

参照：2121.8。

出处：

口承神话：

豫 1，第 366 页（汉族，淅川县）。

469.5 为什么太阳中间总有一个黑点。因为太阳被神射中了左眼。

出处：

口承神话：

冀18，第25页（汉族，宣化县）。

470　月亮的起源。

参照：1796。

出处：

口承神话：

综1，第303页（普米族，云南省宁蒗县，四川省西昌市、木里县）；综4，第88页（彝族），第188页（壮族，广西壮族自治区都安县、东兰县）。

471　月亮是神的宝贝。

参照：222.3。

出处：

口承神话：

川1，第43页（汉族，金堂县）。

472　月亮源于神的身体化生。

参照：276。

对照：汤A715.4　太阳和月亮是由地母的乳房变的。汤A741.2　作为牺牲的年轻人的胸腔变成月亮。

472.1　月亮由神（或动物）的眼睛化成。

对照：汤A714.7　太阳和月亮是神的眼睛，神的兄弟死后，神挖出了双眼变成太阳和月亮。

出处：

古代文献：

《绎史》卷一《开辟原始》引《五运历年记》、《述异记》卷上（盘古的右眼化为月亮）。

口承神话：

冀6，第571页（汉族，藁城县）。

黑1，第3页（汉族，通河县）。

辽50，第8页（满族，岫岩县）。

浙1，第1页（汉族，安吉县）；浙26，第1页（汉族，乐清县）；浙27，第3页（汉族，丽水市）；浙36，第2页（汉族，浦江县）；浙43，第1页（汉族，上虞县）；浙59，第3页（汉族，象山县）；浙60，第4页（汉族，萧山市）；浙64，第3页（汉族，永嘉县）。

豫25，第3页（汉族，汝南县）；豫38，第4页（汉族，项城县）；豫40，第2页

（汉族，新乡县）。

桂2，第153页（壮族，钟山县）。

川1，第3页（汉族，奉节县），第6页（汉族，巴县）；川2，第2页（藏族，木里县），第544页（羌族，北川县），第806页（苗族，筠连县）；川4，第156页（藏族，北川县）。

陕8，第56页（汉族，合阳县）；陕10，第1页（汉族，三原县）。

综1，第91页（汉族，湖北省京山县），第97页（基诺族，云南省），第217页（彝族，贵州省威宁县）；综4，第80页（彝族，云南省楚雄彝族自治州），第223页（布依族），第248页（白族）；综7，第5页（汉族，河南省太行山区）。

472.2　月亮由神的耳朵变成。

出处：

口承神话：

浙56，第1页（汉族，婺城区）。

472.3　神的头变成月亮。

出处：

口承神话：

浙25，第1页（汉族，兰溪市）。

473　月亮是神生出的孩子。

对照：汤A745.1　第一对夫妇生出了月亮。

出处：

古代文献：

《山海经·大荒西经》（常羲生十二月）。

口承神话：

综4，第194页（布依族）。

473.1　月亮的母亲。

对照：汤A715.1　一个女人生出了太阳和月亮。汤A715.2　太阳和月亮是由一位女神因风受孕而生的。汤A715.3　太阳和月亮是由恶魔生出的。汤A745.2　月亮的妈妈。天空中最远的星星。

出处：

古代文献：

《山海经·大荒西经》（常羲）。

口承神话：

冀18，第29页（汉族，宣化县）。

浙58，第6页（汉族，仙居县）。

川2，第328页（彝族，奉节县）。

473.1.1 月亮的母亲是天神。

出处：

古代文献：

《山海经·大荒西经》（常羲）。

口承神话：

辽42，第64页（汉族，细河区）。

浙38，第7页（汉族，青田县）；浙49，第6页（汉族，泰顺县）。

川2，第274页（彝族，凉山州）。

473.1.2 月亮的母亲是始祖。

出处：

口承神话：

川1，第140页（彝族，攀枝花市）。

473.1.3 月亮的母亲是大地。

出处：

口承神话：

藏1，第8页（珞巴族，米林县）。

综1，第224页（珞巴族，西藏自治区米林县）。

473.2 月亮的父亲。

473.2.1 月亮的父亲是天神。

出处：

古代文献：

《山海经·大荒西经》（帝俊）。

口承神话：

辽42，第64页（汉族，细河区）。

浙38，第7页（汉族，青田县）；浙47，第17页（汉族，松阳县）；浙49，第6页（汉族，泰顺县）。

川1，第37页（汉族，万源县），第41页（汉族，高县），第308页（彝族，西昌市）；川2，第310页（彝族，凉山州），第809页（苗族，筠连县）。

473.2.2 月亮的父亲是创世者。

出处：

口承神话：

川1，第35页（汉族，巫溪县）。

473.2.3 月亮的父亲是始祖。

出处：

口承神话：

川1，第140页（彝族，攀枝花市）。

473.2.4　月亮的父亲是天空。

出处：

口承神话：

藏1，第8页（珞巴族，米林县）。

综1，第224页（珞巴族，西藏自治区米林县）。

474　月亮由神创造。

对照：**汤A717**　英雄用树造出了太阳和月亮，并把它们交替地送入天空。**汤A717.1**
英雄用树造出了太阳和月亮，并用创世者儿子的血使它们活起来。

出处：

口承神话：

冀5，第4、10页（汉族，藁城县）。

黑1，第21页（回族，绥芬河市）。

辽5，第284页（汉族，平山区）。

浙3，第66页（汉族，长兴县）；浙55，第1页（畲族，武义县）。

川2，第549页（羌族，汶川县），第824页（苗族，木里县）。

综1，第9页（苗族，云南省富宁县），第104页（哈萨克族，新疆维吾尔自治区），
第239页（羌族，四川省茂县）；综4，第207页（布依族），第231页（瑶族，广西壮族
自治区）。

474.1　神造出八十八个月亮。

出处：

口承神话：

川2，第273页（彝族，凉山州）。

474.2　文化英雄画出月亮。

出处：

口承神话：

冀3，第12页（汉族，抚宁县）。

474.3　用银子造成月亮。

出处：

口承神话：

综1，第292页（拉祜族，云南省澜沧县）；综4，第12—13页（苗族，贵州省台江
县、施秉县、凯里市）。

474.4　神吹的气合拢形成月亮。

出处：

口承神话：

川1，第10页（汉族，宜宾县）。

474.5　文化英雄织出月亮。

出处：

口承神话：

陕6，第224页（汉族，华县）。

474.6　神的意念产生月亮。

出处：

口承神话：

川2，第273页（彝族，凉山州）。

475　月亮起源于物体的变形。

对照：汤A741.1　月亮由抛向天空的水变成。汤A743　月亮由物体变形而来。汤A743.1　月亮起源于贝壳。

475.1　卵变成月亮。

出处：

口承神话：

川2，第5页（藏族，乡城县）。

475.1.1　蛋壳变成月亮。

出处：

口承神话：

浙5，第1页（汉族，淳安县）；浙9，第1页（汉族，东阳县）；浙24，第1页（汉族，开化县）。

豫21，第5页（汉族，濮阳县）。

川2，第271页（彝族，凉山州）。

475.2　石头变成月亮。

出处：

口承神话：

浙48，第8页（汉族，遂昌县）。

陕2，第2页（汉族，宝鸡县）。

475.3　铜弹子变成月亮。

出处：

口承神话：

浙5，第1页（汉族，淳安县）；浙9，第1页（汉族，东阳县）；浙24，第1页（汉族，开化县）。

豫21，第5页（汉族，濮阳县）。

川2，第271页（彝族，凉山州）。

综1，第285页（彝族，四川省）。

475.4　火把变成月亮。

出处：

口承神话：

川2，第690页（土家族，川湘边区）。

475.5　火球变成月亮。

出处：

口承神话：

浙31，第3页（汉族，龙游县）。

川1，第313页（土家族，酉阳县）；川2，第697页（土家族，酉阳县）；川5，第2页（汉族，灌县）。

475.6　神灯变成月亮。

出处：

口承神话：

辽9，第184页（汉族，朝阳县）。

川2，第564页（羌族，汶川县）。

475.7　镜子变成月亮。

对照：汤A714.4　太阳和月亮是天空的金属镜子。

出处：

口承神话：

辽50，第6页（满族，岫岩县）。

475.8　饭团变成月亮。

出处：

口承神话：

浙54，第4页（汉族，文成县）；浙72，第2页（汉族，诸暨县）。

475.9　太阳变成月亮。

对照：汤A736.8　最初的月亮变成太阳，太阳变成月亮。

出处：

口承神话：

豫4，第1页（汉族，扶沟县）；豫33，第330页（汉族，桐柏县）。

桂3，第2页（壮族，柳州市）；桂11，第1页（壮族，大新县）。

川1，第297页（汉族，绵竹县）。

475.9.1　被射的太阳的碎片变成月亮。

出处：

口承神话：

浙36，第3页（汉族，浦江县）；浙60，第2页（汉族，萧山市）。

475.10　天神变成月亮。

出处：

口承神话：

冀6，第558页（汉族，藁城县）。

475.11　人变成月亮。

对照：汤A711.1　太阳和月亮是叔叔和侄子升上天空变成的。汤A741　月亮由扔向天空的物体或人变成。汤A747　人变形成了月亮。

出处：

口承神话：

冀2，第14页（汉族，承德县）。

辽9，第184页（汉族，朝阳县）；辽55，第8页（蒙古族，喀左县）。

浙58，第6页（汉族，仙居县）。

川1，第39页（汉族，三台县），第129页（藏族，阿坝县）；川2，第4页（藏族，阿坝县）；川4，第4页（汉族，北川县）；川6，第1页（汉族，龙泉驿区）；川22，第24页（汉族，屏山县）；川24，第1页（汉族，三台县）；川34，第1页（汉族，合川县）；川40，第86页（汉族，铜梁县）；川42，第2页（汉族，自贡市）。

综1，第87页（卑南族，台湾省台东县），第109页（排湾族，台湾省），第251页（苗族，贵州省）。

475.12　兔子变成月亮。

出处：

口承神话：

豫38，第5页（汉族，项城县）。

476　月亮从植物中出现。

476.1　月亮从葫芦中出来。

出处：

口承神话：

川1，第31页（傈僳族，德昌县）；川2，第934页（傈僳族，德昌县）。

477　神戳天后形成的洞眼成为月亮。

出处：

口承神话：

川1，第9页（汉族，屏山县）；川2，第544页（汉族，屏山县）；川22，第22页（汉族，屏山县）。

478 安装月亮。神把月亮安装在天上。

参照：230，436，518。

出处：

口承神话：

冀14，第128页（汉族，武安县）。

479 月亮的起源——其他母题。

479.1 月亮来自神的赐予。

出处：

口承神话：

豫27，第4页（汉族，沈丘县）。

479.2 神搅动海水，搅出月亮。

出处：

口承神话：

藏1，第5页（门巴族，墨脱县），第7页（珞巴族，墨脱县）。

480 月亮的性质和状况。

481 从前，月亮是不规则的。

出处：

口承神话：

浙33，第1页（汉族，鸥海县）。

481.1 文化英雄射中月亮，使之变成圆形。

出处：

口承神话：

浙33，第1页（汉族，鸥海县）。

482 从前有多个月亮。

参照：234.1，495.1，952。

出处：

口承神话：

综4，第168页（彝族，贵州省）。

482.1 从前有十二个月亮。

出处：

古代文献：

《山海经·大荒西经》（"常羲生月十有二"）。

口承神话：

川1，第39页（汉族，三台县）；川2，第328页（彝族，奉节县）；川24，第1页（汉族，三台县）。

综4，第43页（苗族）。

482.2　从前有九个月亮。

出处：

口承神话：

浙54，第5页（汉族，文成县）。

桂5，第3页（苗族，隆林县）。

川1，第187页（傈僳族，德昌县）；川2，第935、960页（傈僳族，德昌县）；川18，第66页（汉族，洪雅县）；川24，第2页（汉族，三台县）。

482.3　从前有七个月亮。

对照：汤A759.5　从前有七个月亮。

出处：

口承神话：

川1，第25页（彝族，德昌县），第308页（彝族，西昌市）；川2，第273、310页（彝族，凉山州）；川22，第37页（彝族，屏山县）。

综1，第311页（傈僳族，云南省）。

482.4　从前有六个月亮。

出处：

川2，第810页（苗族，兴文县）。

483　月亮被囚禁在洞里（或盒子、罐子里）。

对照：汤A754　月亮被藏在盒子里。

出处：

口承神话：

综1，第208—209页（纳西族，云南省）。

483.1　月亮被天帝囚禁。

出处：

口承神话：

川1，第39页（汉族，三台县）；川24，第1页（汉族，三台县）。

483.2　月亮被太阳锁在家里，只有晚上才能出来。

出处：

口承神话：

川 1，第 73 页（汉族，雅安市）。

484　月亮被盗。

对照：汤 A753.3.2　月亮从一个花园里被盗出。汤 A758　盗月。月亮为一个怪兽持有，被盗后被带到下界。

出处：

口承神话：

辽 36，第 353 页（满族，苏家屯区）。

川 1，第 43 页（汉族，金堂县）。

综 1，第 208—209 页（纳西族，云南省）。

485　月亮的行为。

485.1　月亮抢东西。

出处：

口承神话：

辽 6，第 9 页（汉族，本溪县）。

川 2，第 938 页（傈僳族，德昌县）。

485.2　月亮偷天帝的宝石。

出处：

口承神话：

川 1，第 47 页（汉族，万县）。

485.3　月亮抽烟。

出处：

口承神话：

川 4，第 4 页（汉族，北川县）。

486　浴月。月亮的母亲给月亮洗澡。

参照：230，451。

出处：

古代文献：

《山海经·大荒西经》（常羲浴月）。

口承神话：

川 2，第 810 页（苗族，叙永县）。

综 4，第 92 页（彝族），第 207 页（布依族）。

487　月亮的爱情。

参照：452.1。

出处：

口承神话：

冀 13，第 1 页（汉族，武安县）。

浙 9，第 6 页（汉族，东阳县）；浙 39，第 3 页（汉族，庆元县）。

川 1，第 48 页（汉族，巴县），第 112 页（汉族，米易县）。

陕 4，第 3 页（汉族，佛坪县）。

488　月亮里有树。

对照：艾 25 型　月宫里的人。汤 A751.6　月亮里的木棉树和荨麻。汤 A751.6.1
月亮中的斑点是创世者为了减少月光而种的菩提树。汤 A751.9.1　月亮上一排排的棕榈
树（月中斑点）。

出处：

古代文献：

《酉阳杂俎》前集卷一《天咫》（桂树）。

口承神话：

冀 7，第 496 页（汉族，藁城县）。

浙 66，第 10 页（汉族，余杭县）。

豫 32，第 33 页（汉族，桐柏县）。

综 4，第 90 页（彝族），第 205 页（布依族），第 233 页（瑶族，广东省连南瑶族自
治县）。

488.1　月中有桂树。

出处：

古代文献：

李白《古朗月行》（"桂树何团团"）；《酉阳杂俎》前集卷一《天咫》（"旧言月中有
桂……高五百丈"）。

口承神话：

冀 5，第 8 页（汉族，藁城县）；冀 6，第 125 页（汉族，藁城县）。

辽 47，第 5 页（汉族，新民县）。

浙 1，第 13 页（汉族，安吉县）；浙 29，第 2 页（汉族，临海市）；浙 33，第 2 页
（汉族，鸥海县）；浙 40，第 14 页（汉族，衢县）；浙 48，第 12 页（汉族，遂昌县）；浙
49，第 26 页（汉族，泰顺县）；浙 54，第 6、8 页（汉族，文成县）；浙 71，第 2 页（汉
族，镇海区）。

豫 2，第 20 页（汉族，郸城县）；豫 32，第 43 页（汉族，桐柏县）。

川 24，第 3 页（汉族，三台县）；川 30，第 3 页（汉族，营山县）。

陕 6，第 225 页（汉族，华县）。

综 7，第 192 页（汉族，河南省许昌地区）。

488.2　月中有松树。

出处：

口承神话：

浙4，第159页（汉族，常山县）；浙18，第2页（汉族，嘉善县）。

川2，第274页（彝族，凉山州）。

488.3　月中的娑罗树（"婆娑树""沙菩树"）。

出处：

口承神话：

浙8，第6页（汉族，定海区）；浙32，第8、9页（汉族，宁海县）；浙60，第7页（汉族，萧山市）。

川1，第142页（彝族，西昌市）；川2，第275页（彝族，仁和区），第811页（苗族，盐边县）；川13，第7页（汉族，涪陵市）；川24，第4页（汉族，三台县）；川30，第4页（汉族，营山县）；川34，第3页（汉族，合川县）。

488.4　神仙因受到惩罚而砍伐月中的树。

对照：艾25型　月宫里的人。汤A751.1　月中人是被送到那里受惩罚的人。

出处：

古代文献：

《酉阳杂俎》前集卷一《天咫》（"人姓吴名刚，西河人，学仙有过，谪令伐树"）。

口承神话：

冀7，第496页（汉族，藁城县）。

综4，第205页（布依族）。

488.5　砍斫月中神树，神树随创随合。

对照：艾25型　月宫里的人。

出处：

古代文献：

《酉阳杂俎》前集卷一《天咫》（吴刚伐桂）。

口承神话：

辽47，第5页（汉族，新民县）。

浙8，第6页（汉族，定海区）；浙12，第344页（汉族，富阳县）；浙18，第2页（汉族，嘉善县）；浙32，第8页（汉族，宁海县）；浙40，第14页（汉族，衢县）；浙48，第12页（汉族，遂昌县）；浙54，第6、8页（汉族，文成县）；浙60，第7页（汉族，萧山市）；浙63，第280页（汉族，鄞县）；浙65，第12页（汉族，永康县）；浙66，第10页（汉族，余杭县）；浙71，第2页（汉族，镇海区）；浙72，第36页（汉族，诸暨县）。

豫2，第21页（汉族，郸城县）。

川1，第142页（彝族，西昌市）；川2，第275页（彝族，仁和区），第811页（苗族，盐边县）；川 13，第 7 页（汉族，涪陵市）；川 24，第 4 页（汉族，三台县）；川 30，第 3、4 页（汉族，营山县）；川 34，第 3 页（汉族，合川县）。

陕 6，第 226 页（汉族，华县）。

综 4，第 205 页（布依族）。

489　月亮里有动物。

489.1　月亮里有蟾蜍。

参照：165.4。

对照：汤 A751.3　月中有蛙。

出处：

古代文献：

《全上古三代秦汉三国六朝文·全后汉文》卷五十五辑《灵宪》（"嫦娥遂托身于月，是为蟾蜍"）；《初学记》卷一《天部上·天一》引《淮南子》（姮娥"托身于月，是为蟾蜍"）；《论衡·说日篇》（"月中有兔、蟾蜍"）；李白《古朗月行》（"蟾蜍蚀圆影"）；《酉阳杂俎》前集卷一《天咫》（"旧言月中有桂，有蟾蜍"）。

口承神话：

浙 32，第 11 页（汉族，宁海县）。

豫 32，第 45 页（汉族，桐柏县）。

综 7，第 193 页（汉族，河南省许昌地区）。

489.2　月亮里有兔子。

参照：165.4。

对照：汤 A751.2　月亮中有兔子（或其他动物）。

出处：

古代文献：

《楚辞·天问》（"厥利维何，而顾兔在腹"）；《论衡·说日篇》（"月中有兔、蟾蜍"）；李白《把酒问月》（"白兔捣药秋复春"）、《古朗月行》（"白兔捣药成，问言与谁餐"）。

口承神话：

冀 3，第 13 页（汉族，抚宁县）。

辽 57，第 170 页（蒙古族，喀左县）。

浙 33，第 2 页（汉族，鸥海县）；浙 49，第 26 页（汉族，泰顺县）；浙 54，第 6 页（汉族，文成县）。

豫 2，第 20 页（汉族，郸城县）。

川 2，第 274 页（彝族，凉山州）。

陕 6，第 226 页（汉族，华县）。

489.3　月亮里有乌鸦。

出处：

口承神话：

浙63，第280页（汉族，鄞县）。

489.4　月亮里有猴子。

出处：

口承神话：

豫40，第9页（汉族，新乡县）。

491　月宫。月亮里的宫殿。

参照：317.5，447。

对照：汤A753.2　月亮拥有房子。

出处：

口承神话：

冀3，第13页（汉族，抚宁县）；冀5，第7页（汉族，藁城县）；冀6，第125页（汉族，藁城县）；冀7，第82页（汉族，藁城县）；冀8，第383页（汉族，藁城县）。

浙10，第6页（汉族，洞头县）；浙14，第201页（汉族，海宁市）；浙32，第11页（汉族，宁海县）；浙33，第3页（汉族，鸥海县）；浙48，第12页（汉族，遂昌县）；浙54，第6页（汉族，文成县）。

豫2，第20页（汉族，郸城县）；豫5，第86页（汉族，巩义市）；豫18，第425页（汉族，南召县）；豫27，第2页（汉族，沈丘县）；豫32，第33、43、45页（汉族，桐柏县）；豫40，第9页（汉族，新乡县）。

川1，第326页（汉族，都江堰市）；川2，第274页（彝族，凉山州），第944页（回族，犍为县）；川30，第3、4页（汉族，营山县）。

陕6，第225页（汉族，华县）。

综4，第205页（布依族），第233页（瑶族，广东省连南瑶族自治县）；综7，第189、196页（汉族，河南省），第191页（汉族，河南省许昌地区）。

492　月亮里有人。

对照：艾25型　月宫里的人。汤A751　月亮的人。一个人在月亮里，对于他如何在月亮里，有各种解释。

出处：

口承神话：

冀3，第13页（汉族，抚宁县）；冀5，第8页（汉族，藁城县）；冀6，第125、340页（汉族，藁城县）；冀7，第82页（汉族，藁城县）；冀8，第383页（汉族，藁城县）。

辽36，第354页（满族，苏家屯区）；辽37，第408页（汉族，新城子区）；辽47，第5页（汉族，新民县）；辽57，第170页（蒙古族，喀左县）。

浙1，第14页（汉族，安吉县）；浙4，第159页（汉族，常山县）；浙10，第6页

（汉族，洞头县）；浙 12，第 344 页（汉族，富阳县）；浙 18，第 2 页（汉族，嘉善县）；
浙 29，第 2 页（汉族，临海市）；浙 32，第 8、9 页（汉族，宁海县）；浙 33，第 2 页
（汉族，鸥海县）；浙 36，第 3 页（汉族，浦江县）；浙 40，第 14 页（汉族，衢县）；浙
48，第 12 页（汉族，遂昌县）；浙 49，第 26 页（汉族，泰顺县）；浙 54，第 6、8 页（汉
族，文成县）；浙 60，第 7 页（汉族，萧山市）；浙 63，第 280 页（汉族，鄞县）；浙 66，
第 10 页（汉族，余杭县）；浙 72，第 36 页（汉族，诸暨县）。

豫 2，第 20 页（汉族，郸城县）；豫 5，第 86 页（汉族，巩义市）；豫 18，第 425 页
（汉族，南召县）；豫 32，第 42、43 页（汉族，桐柏县）。

桂 4，第 15 页（壮族，玉林市）。

川 1，第 142 页（彝族，西昌市），第 285 页（汉族，巴县），第 288 页（汉族，成都
市），第 326 页（汉族，都江堰市）；川 2，第 274 页（彝族，凉山州），第 275 页（彝族，
仁和区），第 811 页（苗族，盐边县）；川 13，第 7 页（汉族，涪陵市）。

陕 6，第 226 页（汉族，华县）。

综 7，第 189、195 页（汉族，河南省），第 191 页（汉族，河南省许昌地区）。

493　月亮的御者。为月亮驾车的神。

对照：汤 A757　月亮船。汤 A757.1　月亮车。

出处：

古代文献：

《楚辞・离骚》王逸注（"望舒，月御也"）；《初学记》卷一《天部上・天一》引
《淮南子》（"月御曰望舒，亦曰纤阿"）；《史记》卷一百一十七《司马相如列传》司马贞
索隐（纤阿为御）。

493.1　马是月亮的御者。

出处：

口承神话：

川 2，第 312 页（彝族，凉山州）。

494　神管辖着月亮的运行。

对照：汤 A759.6　月亮在神的直接控制下。

494.1　天帝的孩子管辖月亮。

出处：

口承神话：

川 1，第 44 页（汉族，金堂县）。

494.2　地上的人上天管理月亮。

出处：

口承神话：

辽 50，第 6 页（满族，岫岩县）。

浙 36，第 3 页（汉族，浦江县）；浙 60，第 4 页（汉族，萧山市）。

494.3 神每天迎送月亮。

出处：

口承神话：

辽 9，第 184 页（汉族，朝阳县）。

495 月亮的光和热。

495.1 从前，月亮的热量给人类带来了灾难。

参照：234.1，482，952。

出处：

口承神话：

浙 33，第 1 页（汉族，鸥海县）；浙 49，第 25 页（汉族，泰顺县）；浙 54，第 5 页（汉族，文成县）。

桂 5，第 3 页（苗族，隆林县）。

川 1，第 25 页（彝族，德昌县），第 308 页（彝族，西昌市）；川 2，第 811 页（苗族，盐边县），第 935 页（傈僳族，德昌县）；川 18，第 66 页（汉族，洪雅县）；川 22，第 37 页（彝族，屏山县）；川 24，第 1、2 页（汉族，三台县）。

495.2 文化英雄用布遮住月亮，使其丧失热量。

出处：

口承神话：

浙 33，第 2 页（汉族，鸥海县）；浙 49，第 26 页（汉族，泰顺县）。

496 月亮发生周期性变化的原因。

对照：汤 A755 月亮周期性变化的原因。

出处：

口承神话：

冀 13，第 1 页（汉族，武安县）。

浙 60，第 4 页（汉族，萧山市）。

496.1 月亮的周期性变化是由于神把月亮砍去了一半。

出处：

口承神话：

川 1，第 47 页（汉族，万县）。

496.2 月亮的周期性变化是由于动物的啃咬。

对照：汤 A755.4.3 月亮的周期性变化是由于动物啃咬月亮边缘。

496.2.1　月亮的周期性变化是由于狗的啃咬。

出处：

口承神话：

辽6，第10页（汉族，本溪县）。

浙23，第6页（汉族，缙云县）。

川17，第5页（汉族，筠连县），第10页（苗族，筠连县）。

496.3　月亮的周期性变化是因为害羞和害怕。

出处：

口承神话：

浙1，第377页（汉族，安吉县）。

豫20，第4页（汉族，平舆县）。

川1，第48页（汉族，巴县）；川23，第6页（汉族，渠县）。

496.3.1　月亮的脸因为洗澡被看见而吓白，嘴因此一张一合。张时形成圆月，合时形成弦月。

出处：

口承神话：

川2，第810页（苗族，叙永县）。

496.4　月亮的周期性变化是由于它每月要与太阳相会。

出处：

口承神话：

浙9，第7页（汉族，东阳县）；浙10，第1页（汉族，洞头县）。

豫32，第34页（汉族，桐柏县）。

496.5　月亮的周期性变化是因为它怕冷，所以有时会把自己裹起来。

出处：

口承神话：

浙43，第6页（汉族，上虞县）。

496.6　月亮的周期性变化是由于变成它的神眨眼睛。

出处：

口承神话：

综7，第5页（汉族，河南省太行山区）。

496.7　月亮的周期性变化是为了见自己的心上人。

出处：

口承神话：

冀8，第383页（汉族，藁城县）。

496.8　月亮的周期性变化是因为她怀孕、生孩子（星星）。

出处：

口承神话：

综1，第108页（哈尼族，云南省）。

496.9　月亮变淡是因为蒙上了纱巾。

出处：

口承神话：

豫2，第8页（汉族，郸城县）。

496.10　月亮变淡是因为生病。

对照：汤A755.3　月亮变淡是因为生病。

496.11　月亮变淡是因为失掉了自己的火把。

出处：

口承神话：

综1，第117页（汉族，四川省巴县）。

496.12　为什么三十晚上看不见月亮。是因为它被吞吃了。

出处：

口承神话：

藏1，第5页（门巴族，墨脱县）。

497　月食。

497.1　月食的发生是因为动物吞食了月亮。

497.1.1　天狗吞（吐）月亮。

参照：322.10。

出处：

口承神话：

辽44，第87页（满族，新宾县）。

浙8，第4页（汉族，定海区）；浙23，第6页（汉族，缙云县）；浙32，第9页（汉族，宁海县）。

豫21，第14页（汉族，濮阳县）；豫32，第42页（汉族，桐柏县）。

川1，第38页（汉族，万源县），第63页（苗族，筠连县）；川2，第938页（傈僳族，德昌县）；川17，第5页（汉族，筠连县），第10页（苗族，筠连县）。

综1，第117页（汉族，四川省巴县）；综4，第215页（布依族）。

497.1.2　蟾蜍吞月亮。

出处：

古代文献：

《淮南子·说林训》（"月照天下，蚀于詹诸"）及高诱注（"詹诸，月中蛤蟆，食月"）；李白《古朗月行》（"蟾蜍蚀圆影，大明夜已残"）。

497.2　月食的发生是因为月亮和龙的比斗。

出处：

口承神话：

藏1，第6页（门巴族，墨脱县），第8页（珞巴族，墨脱县）。

498　月亮的死亡。

参照：234。

498.1　文化英雄射死月亮。

出处：

口承神话：

浙54，第5页（汉族，文成县）。

桂5，第3页（苗族，隆林县）。

川1，第25页（彝族，德昌县），第310页（彝族，西昌市）；川2，第311页（彝族，凉山州），第328页（彝族，奉节县）；川22，第37页（彝族，屏山县）。

498.2　文化英雄打落多余的月亮。

出处：

口承神话：

川18，第66页（汉族，洪雅县）；川24，第2页（汉族，三台县）。

498.3　天狗吃掉月亮。

参照：322.10。

出处：

口承神话：

川2，第810页（苗族，兴文县）。

499　月亮重新出来。躲藏或被盗的月亮重新回到天空。

出处：

口承神话：

辽36，第356页（满族，苏家屯区）。

综1，第209页（纳西族，云南省）。

499.1　牛喊月亮出来。

出处：

口承神话：

川2，第311页（彝族，凉山州）。

499.2　山羊喊月亮出来。

出处：

口承神话：

川2，第311页（彝族，凉山州）。

499.3　公鸡喊月亮出来。

出处：

口承神话：

川2，第311页（彝族，凉山州），第811页（苗族，马边县）。

499.4　文化英雄喊月亮出来。

出处：

口承神话：

川1，第26页（彝族，德昌县）；川2，第328页（彝族，奉节县）；川22，第38页（彝族，屏山县）。

501　人为什么不敢用手指月亮。

501.1　因为月亮有小刀，谁指它就割谁的耳朵。

出处：

口承神话：

川1，第37页（汉族，万源县），第39页（汉族，三台县），第44页（汉族，金堂县）；川24，第1页（汉族，三台县）。

501.2　因为人们同情月亮的爱情，不让小孩指它。

出处：

口承神话：

陕4，第4页（汉族，佛坪县）。

509　月亮的性质和状况——其他母题。

509.1　月中黑影的起源。

509.1.1　月中黑影是神的血迹。

出处：

口承神话：

冀7，第83页（汉族，藁城县）。

509.1.2　月中黑影是受惩罚刺在脸上的字。

出处：

口承神话：

冀13，第1页（汉族，武安县）。

509.1.3　月中黑影是被戳伤后留下的痕迹。

出处：

口承神话：

桂 3，第 2 页（壮族，柳州市）。

509.2　月亮的颜色为什么发白。神洗月亮使之发白。

出处：

口承神话：

综 4，第 207 页（布依族）。

510　星星的起源。

出处：

口承神话：

综 1，第 303 页（普米族，云南省宁蒗县，四川省西昌市、木里县）；综 4，第 88 页（彝族）。

511　星辰起源于神的尸体化生。

参照：276，276.4。

511.1　星辰由神的身体化成。

出处：

口承神话：

冀 6，第 560 页（汉族，藁城县）。

辽 41，第 149 页（汉族，西丰县）。

豫 32，第 40 页（汉族，桐柏县）。

川 1，第 121 页（汉族，德阳市市中区）。

陕 2，第 17 页（汉族，岐山县）。

511.2　星辰由神的发须化成。

出处：

古代文献：

《绎史》卷一《开辟原始》引《五运历年记》（盘古死后"发髭为星辰"）。

口承神话：

浙 36，第 2 页（汉族，浦江县）；浙 43，第 1 页（汉族，上虞县）；浙 59，第 3 页（汉族，象山县）。

豫 40，第 2 页（汉族，新乡县）。

川 1，第 3 页（汉族，奉节县）。

综 1，第 91 页（汉族，湖北省京山县）；综 7，第 5 页（汉族，河南省太行山区）。

511.3　星星由神的心脏化成。

出处：

口承神话：

综4，第249页（白族）。

511.4　星辰由神的牙齿化成。

出处：

口承神话：

辽50，第8页（满族，岫岩县）。

桂2，第153页（壮族，钟山县）。

综4，第223页（布依族），第80页（彝族，云南省楚雄彝族自治州），第248页（白族）。

511.5　星辰由神的眼睛化成。

出处：

口承神话：

冀6，第571页（汉族，藁城县）。

浙56，第1页（汉族，婺城区）。

511.6　血珠化成星星。

对照：汤A764.2　星星是月亮的血滴。

出处：

口承神话：

综1，第217页（彝族，贵州省威宁县）。

511.7　神的汗珠（或泪水）化为星星。

出处：

口承神话：

浙27，第3页（汉族，丽水市）；浙64，第3页（汉族，永嘉县）。

陕8，第55页（汉族，合阳县）。

512　星星起源于物体的变形。

对照：汤A763　星星由扔进天空中的物体变成。

512.1　卵变成星星。

出处：

口承神话：

川2，第5页（藏族，乡城县）。

512.1.1　蛋壳变成星星。

出处：

口承神话：

浙5，第1页（汉族，淳安县）；浙9，第1页（汉族，东阳县）；浙24，第1页（汉族，开化县）。

豫21，第5页（汉族，濮阳县）。

512.2　沙子变成星星。

出处：

口承神话：

川1，第129页（藏族，阿坝县）；川2，第4页（藏族，阿坝县），第271页（彝族，凉山州）。

综1，第285页（彝族，四川省）。

512.3　火球（太阳、月亮等）的碎片变成星星。

对照：汤 A764　星星是月亮的碎片。

出处：

口承神话：

黑1，第12页（满族，宁安县）。

辽42，第66页（汉族，细河区）。

浙33，第2页（汉族，鸥海县）；浙36，第3页（汉族，浦江县）；浙60，第2页（汉族，萧山市）。

豫33，第330页（汉族，桐柏县）。

桂4，第11页（壮族，玉林市）。

川1，第46、49页（汉族，巴县）；川24，第2页（汉族，三台县）。

512.4　银子变成星星。

出处：

口承神话：

川1，第47页（汉族，万县）。

综1，第292页（拉祜族，云南省澜沧县）。

512.5　石头变成星星。

出处：

口承神话：

浙48，第8页（汉族，遂昌县）。

川1，第16页（汉族，广汉县）。

陕2，第2页（汉族，宝鸡县）。

综7，第95页（汉族，河南省沈丘县）。

512.5.1　宝石变成星星。

出处：

口承神话：

冀6，第598页（汉族，藁城县）。

512.6　珍珠变成星星。

出处：

口承神话：

辽47，第4页（汉族，新民县）。

512.7　冰变成星星。

出处：

口承神话：

川1，第31页（傈僳族，德昌县）；川2，第934页（傈僳族，德昌县）。

512.8　神钉在天上的钉子或针眼成为星星。

出处：

口承神话：

冀5，第14页（汉族，藁城县）。

辽10，第88页（汉族，大洼县）；辽47，第2页（汉族，新民县）。

浙55，第2页（畲族，武义县）；浙72，第16页（汉族，诸暨县）。

豫32，第30页（汉族，桐柏县）。

川2，第690页（土家族，川湘边区）。

512.9　芝麻变成星星。

出处：

口承神话：

浙54，第4页（汉族，文成县）。

512.10　饭团变成星星。

出处：

口承神话：

浙31，第3页（汉族，龙游县）；浙72，第3页（汉族，诸暨县）。

512.11　太阳变成星星。

出处：

口承神话：

川5，第1页（汉族，灌县）。

512.12　月亮抽烟溅出的火星变成星星。

出处：

口承神话：

川4，第4页（汉族，北川县）。

512.13　神按在天上的手印形成星星。

出处：

口承神话：

综1，第97页（基诺族，云南省）。

513　星星由神变成。

出处：

口承神话：

冀6，第558页（汉族，藁城县）。

桂10，第11页（壮族，南宁市）。

513.1　人变成星星。

对照：汤A761　升空成为星星。人或动物升上天空变成了星星。

出处：

口承神话：

冀5，第12页（汉族，藁城县）。

黑1，第31页（赫哲族，饶河县），第32页（鄂伦春族，呼玛县），第32页（赫哲族，同江市），第33页（满族，宁安县）。

辽36，第356页（满族，苏家屯区）；辽47，第4页（汉族，新民县）；辽52，第3页（汉族，营口县）。

浙16，第11页（汉族，海盐县）；浙17，第2页（汉族，黄岩市）；浙32，第10页（汉族，宁海县）；浙34，第10、11页（汉族，平湖县）；浙42，第3页（汉族，三门县）；浙44，第4页（汉族，绍兴县）；浙64，第6页（汉族，永嘉县）；浙72，第33页（汉族，诸暨县）。

豫2，第7页（汉族，郸城县）。

川38，第3页（汉族，沙坪坝区）。

陕3，第29页（汉族，凤县）。

综1，第251页（苗族，贵州省）。

514　星星是太阳和月亮的孩子。

对照：汤A764.1　星星是月亮的孩子。汤A764.1.1　星星是太阳的孩子，但太阳吞吃自己的孩子，所以白天没有星星。汤A764.1.2　太阳吃掉了自己所有的孩子，除了启明星。所以月亮带着她所有的孩子藏了起来。汤A764.1.3　星星是太阳和月亮的孩子。汤A764.2　星星是月亮的血滴。汤A764.3　多数闪亮的星星是太阳的孩子，其他的是月亮的孩子。

出处：

口承神话：

浙9，第6页（汉族，东阳县）；浙39，第3页（汉族，庆元县）。

豫 32，第 35 页（汉族，桐柏县）。

藏 1，第 5 页（门巴族，墨脱县）。

陕 4，第 4 页（汉族，佛坪县）。

综 1，第 108 页（哈尼族，云南省）。

515　天地结合生出星星。

出处：

口承神话：

藏 1，第 8 页（珞巴族，米林县）。

516　星星由神创造。

对照：汤 A760.1　星星由创世者创造。

出处：

口承神话：

冀 5，第 4、10 页（汉族，藁城县）。

黑 1，第 21 页（回族，绥芬河市）。

辽 5，第 284 页（汉族，平山区）。

浙 3，第 66 页（汉族，长兴县）。

桂 3，第 195 页（壮族，柳州市）。

川 2，第 549 页（羌族，汶川县）。

综 1，第 239 页（羌族，四川省茂县）；综 4，第 231 页（瑶族，广西壮族自治区）。

516.1　女神造出星星。

出处：

口承神话：

川 2，第 272 页（彝族，凉山州）。

516.2　神的意念产生星星。

出处：

口承神话：

川 2，第 273 页（彝族，凉山州）。

517　星星起源于神的行为。

517.1　神戳天后形成的洞和眼成为星星。

出处：

口承神话：

川 1，第 9 页（汉族，屏山县）；川 2，第 544 页（汉族，屏山县）；川 22，第 22 页（汉族，屏山县）。

517.2　星星来自神的赐予。

出处：

口承神话：

豫 27，第 4 页（汉族，沈丘县）。

517.3　神搅动海水，出现了星星。

出处：

口承神话：

藏 1，第 7 页（珞巴族，墨脱县）。

518　安装星星。神把星星安在了天上。

参照：230，436，478。

对照：汤 A763.2　星星是天神挂在天幕上的装饰品。

出处：

口承神话：

冀 14，第 128 页（汉族，武安县）。

520　特定星星的起源。

对照：汤 A770　特定星星的起源。

出处：

口承神话：

冀 5，第 12 页（汉族，藁城县）；冀 6，第 560、598 页（汉族，藁城县）；冀 7，第 683 页（汉族，藁城县）。

辽 52，第 3 页（汉族，营口县）。

浙 16，第 11 页（汉族，海盐县）；浙 17，第 2 页（汉族，黄岩市）；浙 32，第 10 页（汉族，宁海县）；浙 34，第 10、11 页（汉族，平湖县）；浙 42，第 3 页（汉族，三门县）；浙 44，第 4 页（汉族，绍兴县）；浙 64，第 6 页（汉族，永嘉县）；浙 72，第 33 页（汉族，诸暨县）。

豫 2，第 6 页（汉族，郸城县）；豫 32，第 40 页（汉族，桐柏县）。

川 2，第 273 页（彝族，凉山州）。

陕 2，第 17 页（汉族，岐山县）。

综 7，第 97 页（汉族，河南省沈丘县）。

521　北斗星的起源。

出处：

口承神话：

浙 54，第 4 页（汉族，文成县）。

521.1 神的意念产生北斗星。

出处：

口承神话：

川2，第273页（彝族，凉山州）。

521.2 北斗七星由人变成。

出处：

口承神话：

冀7，第683页（汉族，藁城县）。

黑1，第32页（鄂伦春族，呼玛县），第32页（赫哲族，同江市）。

陕3，第29页（汉族，凤县）。

521.3 宝石变成北斗七星。

出处：

口承神话：

冀6，第598页（汉族，藁城县）。

522 火星的起源。

522.1 神的意念产生火星。

出处：

口承神话：

川2，第273页（彝族，凉山州）。

523 木星的起源。

523.1 神的意念产生木星。

出处：

口承神话：

川2，第273页（彝族，凉山州）。

524 土星的起源。

524.1 神的意念产生土星。

出处：

口承神话：

川2，第273页（彝族，凉山州）。

525 水星的起源。

525.1 神的意念产生水星。

出处：

口承神话：

川2，第273页（彝族，凉山州）。

526 北极星的起源。

对照：汤 A774 北极星的起源。

526.1 人死后变为北极星。

出处：

口承神话：

黑1，第33页（满族，宁安县）。

川1，第51页（汉族，奉节县）。

527 南极星的起源。

527.1 人死后变为南极星。

出处：

口承神话：

川1，第51页（汉族，奉节县）。

528 启明星的起源。

对照：汤 A781.1 启明星的起源。

出处：

口承神话：

综4，第249页（白族）。

528.1 人上天变为启明星。

出处：

口承神话：

冀5，第12页（汉族，藁城县）。

辽36，第356页（满族，苏家屯区）；辽47，第4页（汉族，新民县）。

浙13，第138页（汉族，拱墅区）。

豫2，第8页（汉族，郸城县）。

528.2 神变为启明星。

出处：

口承神话：

浙72，第30页（汉族，诸暨县）。

529 流星的起源。

对照：汤 A788 流星的起源。

出处：

口承神话：

综1，第93页（汉族，吉林省长春市）。

529.1　神补天用的小石头下落成为流星。

出处：

口承神话：

川1，第16页（汉族，广汉县）。

529.2　被神从天上打下的星星成为流星。

出处：

口承神话：

桂10，第2页（汉族，南宁市）。

531　银河的起源。神缝补天空，形成银河。

对照：汤A778　银河的起源。

出处：

口承神话：

桂4，第6页（汉族，玉林市）。

综7，第95页（汉族，河南省沈丘县）。

540　星星的性质和状况。

541　为什么早上看不见星星。

出处：

口承神话：

综1，第108页（哈尼族，云南省）。

541.1　为什么早上看不见七姊妹星，能看见北斗星。因为北斗星贪玩。

出处：

口承神话：

川2，第5页（藏族，木里县）。

541.2　星星害怕被自己的父亲太阳吃掉，所以早晨都躲了起来。

参照：449.5。

对照：汤A764.1.1　星星是太阳的孩子，但太阳吞吃自己的孩子。所以白天没有星星。

出处：

口承神话：

综 1，第 108 页（哈尼族，云南省）。

542　最初，天上的星星和地上的人一样多，每个星星对应一个人。

出处：

口承神话：

浙 72，第 16 页（汉族，诸暨县）。

豫 6，第 1 页（汉族，滑县）。

川 2，第 5 页（藏族，木里县）。

543　星星之间的比赛。

543.1　七姊妹星与北斗七星的比赛。

出处：

口承神话：

川 2，第 5 页（藏族，木里县）。

544　星星是人。

出处：

口承神话：

陕 3，第 29 页（汉族，凤县）。

544.1　七姊妹星是女孩，北斗七星是男孩。

出处：

口承神话：

川 2，第 5 页（藏族，木里县）。

544.2　星星是女孩，与始祖结婚繁衍人类。

出处：

口承神话：

川 2，第 11 页（藏族，若尔盖县）。

545　星星之间有仇恨或恩怨，从不见面。

出处：

古代文献：

《左传·昭公元年》（"昔高辛氏有二子"）；杜甫《赠卫八处士》（"人生不相见，动如参与商"）。

口承神话：

辽 39，第 505 页（汉族，瓦房店市）；辽 52，第 3 页（汉族，营口县）。

浙 64，第 6 页（汉族，永嘉县）。

546 月亮的周围为什么有满天的星斗。因为星星正和月亮妈妈玩耍。

对照：汤 A764.1　星星是月亮的孩子。

出处：

口承神话：

综 1，第 108 页（哈尼族，云南省）。

547 洗星星。星星蒙上灰尘晦暗不明，神洗之使其重放光明。

出处：

口承神话：

综 4，第 92 页（彝族）。

550　其他自然现象的起源。

551　光的起源。

参照：1400。

对照：汤 A1411　盗光。起初无光，后为文化英雄盗得。汤 A1412　光的其他起源。

551.1　文化英雄射开天空才有了光。

对照：汤 A1412.3　通过文化英雄而获得日光。

出处：

口承神话：

其他 2，第 8 页（鲁凯族，台湾省台东县）。

551.2　创世者说要光明，就有了光明。

出处：

口承神话：

黑 1，第 21 页（回族，绥芬河市）。

551.3　盗光。

对照：汤 A1411　盗光。起初无光，后为文化英雄盗得。

出处：

口承神话：

综 1，第 208—210 页（纳西族，云南省）。

551.4　光被藏在盒子（或洞）里。

对照：汤 A1411.1　光藏在盒子（或篮子）里。

出处：

口承神话：

综1，第208—209页（纳西族，云南省）。

552　彩霞的起源。

对照：汤 A797　朝霞与晚霞的起源。

552.1　神的血形成彩霞。

出处：

口承神话：

综1，第303页（普米族，云南省宁蒗县，四川省西昌市、木里县）；综4，第223页（布依族）。

552.1.1　星星流出的血形成彩霞。

出处：

口承神话：

浙39，第3页（汉族，庆元县）。

552.1.2　创世者吐出的血形成彩霞。

出处：

口承神话：

川1，第13页（汉族，大邑县）。

552.1.3　神挖掉双眼时流出的血形成彩云。

出处：

口承神话：

辽50，第8页（满族，岫岩县）。

552.1.4　被太阳父亲吃掉的星星流出的血形成彩霞。

出处：

口承神话：

综1，第108页（哈尼族，云南省）。

552.2　补天的五色石发出的光成为彩云。

参照：992.2.1。

出处：

口承神话：

川2，第690页（土家族，川湘边区）。

552.3　神的衣服变成彩霞。

出处：

口承神话：

豫19，第551页（汉族，南召县）。

553 虹的起源。

参照：276，276.4

对照：汤 A791　虹的起源。

553.1　人死后化成虹。

出处：

口承神话：

综 1，第 121 页（傈僳族，云南省）；综 4，第 244 页（白族）。

553.2　龙神死后化成虹。

出处：

口承神话：

浙 10，第 8 页（汉族，洞头县）；浙 68，第 6 页（汉族，玉环县）。

553.3　神的衣服变成虹。

出处：

口承神话：

浙 44，第 4 页（汉族，绍兴县）；浙 47，第 20 页（畲族，松阳县）。

553.4　蛤蟆吐的气变成虹。

出处：

口承神话：

豫 32，第 44 页（汉族，桐柏县）。

554　云的起源。

对照：汤 A1133　云的起源。汤 A1130.1　天使管理云、风和雨。

554.1　云起源于神的尸体化生。神死后，气息形成云。

参照：276。

对照：汤 A1133.1　云起源于伊玛尔的大脑。

出处：

古代文献：

《绎史》卷一《开辟原始》引《五运历年记》（盘古死后"气成风云"）。

口承神话：

浙 24，第 5 页（汉族，开化县）。

554.2　云起源于物体的变形。

出处：

口承神话：

综 1，第 285 页（彝族，四川省）。

554.2.1　卵变成云。

出处：

口承神话：

川2，第5页（藏族，乡城县）。

554.2.2　撒向天空的铁沙变成云。

出处：

口承神话：

川2，第271页（彝族，凉山州）。

554.2.3　羽毛变成云。

出处：

口承神话：

川1，第30页（傈僳族，德昌县）；川2，第933页（傈僳族，德昌县）。

554.2.4　神的衣衫变成云。

出处：

口承神话：

综4，第223页（布依族）。

554.2.5　神嘴里的气变成云。

出处：

口承神话：

浙36，第2页（汉族，浦江县）；浙43，第1页（汉族，上虞县）；浙59，第3页（汉族，象山县）；浙64，第3页（汉族，永嘉县）。

豫25，第3页（汉族，汝南县）；豫40，第2页（汉族，新乡县）。

川1，第3页（汉族，奉节县）；川2，第544页（羌族，北川县）；川4，第156页（藏族，北川县）。

综7，第5页（汉族，河南省太行山区）。

554.2.6　神的身体变成云。

出处：

口承神话：

浙1，第1页（汉族，安吉县）。

554.2.7　神的毛发变成云。

出处：

口承神话：

综1，第91—92页（汉族，湖北省京山县）。

554.2.8　神或上古动物身体中的油脂变成云。

出处：

口承神话：

综4，第80页（彝族，云南省楚雄彝族自治州），第250页（白族）。

554.3 云起源于神的行为。

对照：汤 A1133.2 云的起源：创世者用云装饰天空，使大山有时能被遮挡。

554.3.1 神吹气形成云。

出处：

口承神话：

浙9，第5页（汉族，东阳县）；浙25，第3页（汉族，兰溪市）。

川1，第6页（汉族，巴县）。

陕8，第55页（汉族，合阳县）。

综1，第92页（汉族，浙江省兰溪市）。

554.3.2 神造云。

出处：

口承神话：

黑1，第21页（回族，绥芬河市）。

554.3.3 盛火的陶罐被打开，火光冲到天上形成云。

出处：

口承神话：

藏1，第5页（门巴族，墨脱县）。

554.4 云是天地结合生出的孩子。

出处：

口承神话：

藏1，第8页（珞巴族，米林县）。

555 雾的起源。

对照：汤 A1134 薄雾（雾）的起源。

555.1 雾起源于物体的变形。

出处：

口承神话：

综1，第285页（彝族，四川省）。

555.1.1 撒向天空的铁沙变成雾。

出处：

口承神话：

川2，第271页（彝族，凉山州）。

555.1.2 神嘴里的气变成雾。

出处：

口承神话：

豫 25，第 3 页（汉族，汝南县）；豫 40，第 2 页（汉族，新乡县）。

综 4，第 80 页（彝族，云南省楚雄彝族自治州）；综 7，第 5 页（汉族，河南省太行山区）。

555.2 雾起源于神的规定。神规定早晨下雾。

出处：

口承神话：

川 14，第 3 页（汉族，简阳县）。

555.3 盛火的陶罐被打开，火光冲到天上形成雾。

出处：

口承神话：

藏 1，第 5 页（门巴族，墨脱县）。

556 雷的起源。

对照：汤 A1142 雷的起源。

556.1 雷起源于神的尸体化生。

参照：276。

出处：

口承神话：

浙 24，第 5 页（汉族，开化县）。

556.1.1 雷起源于死去的神的声音。

对照：汤 A1142.1 创世者（神）的声音形成雷。

出处：

古代文献：

《绎史》卷一《开辟原始》引《五运历年记》、《述异记》卷上（盘古死后"声为雷霆"）。

口承神话：

黑 1，第 3 页（汉族，通河县）。

浙 59，第 3 页（汉族，象山县）；浙 64，第 3 页（汉族，永嘉县）。

豫 25，第 3 页（汉族，汝南县）。

川 1，第 3 页（汉族，奉节县），第 6 页（汉族，巴县）。

陕 10，第 1 页（汉族，三原县）。

综 1，第 91 页（汉族，湖北省京山县）；综 7，第 5 页（汉族，河南省太行山区）。

556.1.2　神的喷嚏形成雷。

出处：

口承神话：

浙 1，第 1 页（汉族，安吉县）。

556.1.3　神的呼噜形成雷。

出处：

口承神话：

浙 27，第 3 页（汉族，丽水市）；浙 36，第 2 页（汉族，浦江县）。

556.1.4　创世者的魂灵变成雷。

出处：

口承神话：

浙 9，第 1 页（汉族，东阳县）。

豫 21，第 5 页（汉族，濮阳县）。

556.2　雷起源于神的行为。

对照：汤 A1142.8　雷来自雨神在天空的地板上拖动水囊发出的声音。

556.2.1　神鸟啄乌云形成雷。

出处：

口承神话：

浙 9，第 5 页（汉族，东阳县）。

556.2.2　月亮咬牙形成雷声。

出处：

口承神话：

浙 39，第 3 页（汉族，庆元县）。

556.2.3　神吹气形成雷。

出处：

古代文献：

《广博物志》卷九引《五运历年记》（"盘古之君，……吹为雷电"）。

556.2.4　神咳嗽形成雷。

出处：

口承神话：

综 4，第 223 页（布依族）。

556.2.5　神敲击肚子形成雷。

出处：

古代文献：

《山海经·海内东经》（"鼓其腹则雷"）。

556.2.6 神祇之间的争斗形成雷。

参照：244。

出处：

口承神话：

综1，第42页（苗族，湖南省湘西地区，贵州省松桃县），第222页（满族，吉林省长春市）。

556.2.7 创世者用弓箭射恶魔，射箭发出的响声形成雷。

出处：

口承神话：

综1，第105页（哈萨克族，新疆维吾尔自治区）。

556.2.8 神创造雷。

出处：

口承神话：

综4，第231页（瑶族，广西壮族自治区）。

556.3 雷是天地结合生下的孩子。

出处：

口承神话：

藏1，第8页（珞巴族，米林县）。

557 闪电的起源。

参照：244。

对照：*汤* A1141 闪电的起源。

557.1 神的瞳仁形成闪电。

出处：

古代文献：

《述异记》卷上（盘古"目瞳为电"）。

557.2 神的目光形成闪电。

出处：

口承神话：

黑1，第3页（汉族，通河县）。

557.3 神眨眼睛形成闪电。

出处：

口承神话：

陕10，第1页（汉族，三原县）。

综4，第223页（布依族）。

557.4 神鸟啄乌云形成闪电。

出处：

口承神话：

浙9，第5页（汉族，东阳县）。

557.5 神吹气形成闪电。

出处：

古代文献：

《广博物志》卷九引《五运历年记》（"盘古之君，……吹为雷电"）。

557.6 神祇之间的争斗形成闪电。

参照：244。

出处：

口承神话：

综1，第42页（苗族，湖南省湘西地区，贵州省松桃县），第222页（满族，吉林省长春市）。

557.7 创世者用弓箭射恶魔，射箭时喷出的火光形成闪电。

出处：

口承神话：

综1，第105页（哈萨克族，新疆维吾尔自治区）。

557.8 打雷之前要打闪的来历。为了验明正身，以惩罚坏人。

出处：

口承神话：

浙2，第7页（汉族，苍南县）；浙10，第10、11页（汉族，洞头县）；浙22，第3页（汉族，金华县）；浙35，第2页（汉族，平阳县）；浙48，第9页（汉族，遂昌县）；浙72，第14页（汉族，诸暨县）。

豫22，第5页（汉族，淇县）。

桂8，第9页（汉族，钦州市）；桂10，第3页（汉族，南宁市）。

川1，第54页（汉族，阆中县）；川24，第8页（汉族，三台县）。

557.9 闪电是天地结合生下的孩子。

出处：

口承神话：

藏1，第8页（珞巴族，米林县）。

558 雨的起源。

对照：汤A1131 雨的起源。汤A1130.1 天使管理云、风和雨。

出处：

口承神话：

藏1，第5页（门巴族，墨脱县）。

558.1　雨起源于神的尸体化生。

参照：276。

出处：

口承神话：

浙24，第5页（汉族，开化县）。

558.1.1　神死后汗水化成了雨。

出处：

古代文献：

《绎史》卷一《开辟原始》引《五运历年记》（盘古死后"汗流为雨泽"）。

口承神话：

黑1，第3页（汉族，通河县）。

浙1，第2页（汉族，安吉县）。

豫25，第3页（汉族，汝南县）；豫40，第2页（汉族，新乡县）。

综1，第92页（汉族，湖北省京山县）；综7，第5页（汉族，河南省太行山区）。

558.1.2　神的泪水化成了雨。

对照：汤 A1131.1　雨起源于眼泪。

出处：

口承神话：

浙64，第4页（汉族，永嘉县）。

川1，第3页（汉族，奉节县）。

558.2　雨起源于物体的变形。

558.2.1　汗水变成雨。

出处：

口承神话：

川1，第6页（汉族，巴县）。

综1，第303页（普米族，云南省宁蒗县，四川省西昌市、木里县）。

558.2.2　泪水变成雨。

对照：汤 A1131.1　雨起源于眼泪。

出处：

口承神话：

冀6，第499页（汉族，藁城县）。

藏1，第8页（珞巴族，米林县）。

综1，第105页（哈萨克族，新疆维吾尔自治区），第303页（普米族，云南省宁蒗县，四川省西昌市、木里县）。

558.2.3　唾液变成雨。

出处：

口承神话：

浙27，第3页（汉族，丽水市）。

综1，第97页（基诺族，云南省）。

558.3　雨起源于神的惩罚。

558.3.1　天降大米（或油、酒等）变成下雨。起初神给人间降下大米（或油、酒等），由于人类的堕落，神将天降大米（或油、酒等）变成了下雨。

参照：1125.3。

出处：

口承神话：

冀19，第117页（汉族，赵县）。

辽1，第88、475页（汉族，北票市）；辽4，第150页（汉族，本溪市）；辽6，第6页（汉族，本溪县）；辽10，第110页（汉族，大洼县）；辽18，第293页（汉族，海城市）；辽20，第358页（汉族，桓仁县）；辽44，第86页（满族，新宾县）；辽57，第244页（蒙古族，喀左县）。

浙36，第10页（汉族，浦江县）。

豫41，第175页（汉族，新野县）。

川1，第214页（傈僳族，德昌县）；川2，第955页（傈僳族，德昌县）。

558.4　雨起源于神的行为。

558.4.1　神吐气形成雨。

出处：

古代文献：

《广博物志》卷九引《五运历年记》（"盘古之君，……嘘为风雨"）。

558.4.2　神擂鼓形成雨。

出处：

口承神话：

综4，第208页（布依族）。

558.4.3　神造雨。

出处：

口承神话：

黑1，第21页（回族，绥芬河市）。

桂3，第195页（壮族，柳州市）。

559 雪的起源。

对照：汤 A1135.2　雪的起源。

559.1　唾液变成雪。

出处：

口承神话：

浙27，第3页（汉族，丽水市）。

559.2　泪水变成雪。

出处：

口承神话：

冀6，第499页（汉族，藁城县）。

综1，第105页（哈萨克族，新疆维吾尔自治区）。

559.3　神补天用的冰块变成雪。

参照：562.9.1，992.7。

出处：

口承神话：

豫32，第31页（汉族，桐柏县）。

559.4　仙树上的果实变成雪。

出处：

口承神话：

川1，第136、143页（彝族，峨边县）；川2，第294页（彝族，峨边县）。

559.5　天降米、面变成下雪。起初神给人间降下米、面，由于人类的堕落，神将天降米、面变成了下雪。

参照：1125.3。

出处：

口承神话：

冀2，第24页（汉族，双桥区）；冀14，第166页（汉族，武安县）；冀15，第22页（汉族，下花园区）；冀18，第28页（汉族，下花园区）；冀19，第117页（汉族，赵县）。

辽1，第88、475页（汉族，北票市）；辽3，第122页（汉族，北镇县）；辽4，第150页（汉族，本溪市）；辽5，第285页（汉族，平山区）；辽6，第6页（汉族，本溪县）；辽10，第110页（汉族，大洼县）；辽18，第293页（汉族，海城市）；辽20，第358页（汉族，桓仁县）；辽32，第214页（汉族，沙河口区）；辽38，第93页（汉族，铁岭县）；辽44，第86页（满族，新宾县）；辽52，第4页（汉族，营口县）；辽54，第114页（蒙古族，喀左县）；辽57，第244页（蒙古族，喀左县）；辽58，第5页（蒙古族，建昌县）。

浙9，第189页（汉族，东阳县）；浙36，第10、12页（汉族，浦江县）；浙50，第2页（汉族，天台县）。

豫2，第17页（汉族，郸城县）；豫18，第401页（汉族，南召县）；豫25，第6页（汉族，汝南县）；豫29，第102页（汉族，太康县）；豫40，第5页（汉族，新乡县）；豫41，第175页（汉族，新野县）；豫44，第59页（汉族，延津县）。

川1，第214页（傈僳族，德昌县）；川2，第939、955页（傈僳族，德昌县）。

陕10，第5页（汉族，乾县）。

561　冰雹的起源。

对照：汤A1135.4　冰雹的起源。

561.1　神的牙齿变成冰雹。

出处：

口承神话：

浙39，第3页（汉族，庆元县）。

561.2　神的唾液变成冰雹。

出处：

口承神话：

浙27，第3页（汉族，丽水市）。

561.3　神的眼泪变成冰雹。

出处：

口承神话：

冀6，第499页（汉族，藁城县）。

562　风的起源。

对照：汤A1120　现存秩序的建立：风。汤A1130.1　天使管理云、风和雨。

562.1　风来自神的尸体化生。

参照：276。

出处：

口承神话：

浙24，第5页（汉族，开化县）。

562.1.1　神死后变成风。

出处：

口承神话：

浙58，第6页（汉族，仙居县）。

562.1.2　死去的神的气息化为风。

出处：

古代文献：

《绎史》卷一《开辟原始》引《五运历年记》（"气成风云"）；《述异记》卷上（盘古"气为风"）。

口承神话：

黑1，第3页（汉族，通河县）。

浙1，第1页（汉族，安吉县）；浙27，第3页（汉族，丽水市）；浙43，第1页（汉族，上虞县）。

综1，第91页（汉族，湖北省京山县）；综4，第250页（白族）；综7，第5页（汉族，河南省太行山区）。

562.1.3 神嘴里的气变成风。

出处：

口承神话：

冀6，第571页（汉族，藁城县）。

浙36，第2页（汉族，浦江县）；浙59，第3页（汉族，象山县）；浙64，第3页（汉族，永嘉县）。

豫25，第3页（汉族，汝南县）；豫40，第1页（汉族，新乡县）。

川2，第544页（羌族，北川县）；川4，第156页（藏族，北川县）。

陕10，第1页（汉族，三原县）。

562.1.4 寒风来自妖怪变成的空气。

出处：

口承神话：

川2，第318页（藏族，凉山州）。

562.2 神创造风。

出处：

口承神话：

川2，第273页（彝族，凉山州）。

562.3 神的呼吸形成风。

对照：汤A1121 神的呼吸产生了风。

出处：

古代文献：

《山海经·海外北经》（烛阴"息为风"）。

口承神话：

综4，第223页（布依族）。

562.4 神叹的气变成风。

出处：

口承神话：

川1，第3页（汉族，奉节县）。

562.5　神吹气形成风。

出处：

口承神话：

川1，第6页（汉族，巴县）。

陕8，第55页（汉族，合阳县）。

综1，第97页（基诺族，云南省）；综4，第229页（瑶族，广西壮族自治区）。

562.6　神的头转动形成风。

出处：

口承神话：

辽42，第59页（汉族，细河区）。

562.7　神打鼓形成了风。

出处：

口承神话：

综4，第208页（布依族）。

562.8　龙的出行形成台风。

出处：

口承神话：

浙36，第13页（汉族，浦江县）。

562.9　为什么刮西北风就冷。

参照：990。

562.9.1　因为神用冰块（或雪团）补了西北方的天。

参照：559.3，992.7。

出处：

口承神话：

冀3，第19页（汉族，抚宁县）；冀18，第46页（汉族，宣化县）。

辽15，第132页（汉族，抚顺望花区）；辽36，第388页（汉族，苏家屯区）。

豫16，第23页（汉族，泌阳县）；豫21，第15页（汉族，濮阳县）；豫27，第4页（汉族，沈丘县）。

综1，第93页（汉族，吉林省长春市）；综7，第39页（汉族，河南省桐柏盘古山区），第61、63页（汉族，河南省太行山区）。

562.9.2　因为西北方的天空没有补好。

出处：

口承神话：

冀4，第5页（汉族，藁城县）；冀8，第183页（汉族，藁城县）；冀11，第3页

（汉族，衡水市）。

浙3，第68页（汉族，长兴县）。

综7，第95页（汉族，河南省沈丘县）。

562.9.3　因为西北角的天被扯破了。

出处：

口承神话：

浙38，第1页（汉族，青田县）。

562.9.4　因为用河水和石头补了西北方的天。

出处：

口承神话：

综7，第100页（汉族，河南省淮阳县）。

562.9.5　因为用冰块做了西北方的撑天柱。

参照：403.3.10。

出处：

口承神话：

陕2，第20页（汉族，千阳县）。

562.10　为什么刮东北风就冷。

参照：990。

对照：艾66型　大地的形状。

562.10.1　因为神用冰块补了东北方的天。

出处：

口承神话：

豫2，第6、10页（汉族，郸城县）；豫26，第13页（汉族，社旗县）；豫32，第31页（汉族，桐柏县）；豫47，第4页（回族，驻马店市）。

综7，第66页（汉族，河南省西华思都岗区），第104、166页（汉族，河南省沈丘县），第153页（汉族，河南省平舆县）。

562.10.2　因为神用冰柱做了东北方的撑天柱。

参照：403.3.10。

出处：

口承神话：

豫25，第5页（汉族，汝南县）。

562.10.3　因为东北方的天没有长成，都是冰凌。

出处：

口承神话：

综7，第144、147页（汉族，河南省沈丘县）。

562.11 为什么刮西南风就热。

562.11.1 神用木柴做了西南方的撑天柱。

参照：403.3.11。

出处：

口承神话：

豫 25，第 5 页（汉族，汝南县）。

563 四季的确立。

参照：1660，1661。

对照：汤 A1150 季节的划分。

出处：

口承神话：

浙 16，第 4 页（汉族，海盐县）。

豫 26，第 260 页（汉族，社旗县）。

桂 5，第 3 页（苗族，隆林县）。

563.1 四季起源于神的行为。

对照：汤 A1151 偷盗季节。缺少特定季节，于是文化英雄从怪物那里偷来了季节并把它带给他的人民。汤 A1152 没有骨头的人翻身产生季节。汤 A1153 南和北结婚生出了季节。汤 A1157 季节的起因：神在各个至日将太阳前后推移。

563.1.1 恶神施魔法，第一个冬季来到人间。

出处：

口承神话：

川 2，第 568 页（羌族，汶川县）。

综 1，第 149 页（羌族，四川省茂县）。

563.1.2 神使天地旋转，定出春夏秋冬。

出处：

口承神话：

浙 66，第 199 页（汉族，余杭县）。

563.1.3 神吹气形成冬天，呼气形成夏天。

出处：

古代文献：

《山海经·海外北经》（烛阴"吹为冬，呼为夏"）。

563.2 四姐妹或四兄弟各管一个季节，春夏秋冬四季确立。

参照：183。

出处：

口承神话：

浙6，第275页（汉族，慈溪市）；浙11，第7页（汉族，奉化市）；浙17，第1页（汉族，黄岩市）。

川1，第59页（汉族，郫县）。

陕1，第121页（汉族，陇县）；陕10，第11页（汉族，乾县）。

563.3　神补天后四季始得确立。

出处：

口承神话：

豫18，第10页（汉族，南召县）。

川1，第108页（汉族，双流县）；川9，第2页（汉族，双流县）。

563.4　冷热神轮流值班，出现了四季变化。

出处：

口承神话：

冀6，第411页（汉族，藁城县）。

564　阴晴的起源。

564.1　阴晴起源于神的行为。

564.1.1　神高兴就是晴天，发怒就是阴天。

出处：

古代文献：

《述异记》卷上（"盘古氏喜为晴，怒为阴"）。

565　昼夜的确立。

参照：1660。

对照：汤A1170　昼夜的确立。

出处：

口承神话：

综4，第44页（苗族），第84页（彝族，云南省楚雄彝族自治州），第93页（彝族）。

565.1　神睁开眼睛为昼，闭上眼睛为夜。

对照：汤A1171.1　创世者的眼睛睁开创造了白天。

出处：

古代文献：

《山海经·海外北经》（烛阴"视为昼，瞑为夜"）；《山海经·大荒北经》（烛龙"其瞑乃晦，其视乃明"）。

口承神话：

川2，第544页（羌族，北川县）；川4，第156页（藏族，北川县）。

综4，第183页（彝族，贵州省），第248页（白族）。

565.2　神造出太阳和月亮，世上遂有了昼夜之分。

出处：

口承神话：

川1，第10页（汉族，宜宾县），第297页（汉族，绵竹县）。

565.3　神使天地旋转，划分昼夜。

出处：

口承神话：

浙66，第199页（汉族，余杭县）。

565.4　神偷出太阳后，方有昼夜之分。

出处：

口承神话：

冀2，第21页（汉族，承德县）。

565.5　神让太阳管白天，让月亮管晚上，从此有了昼夜之分。

出处：

口承神话：

冀18，第30页（汉族，宣化县）。

浙8，第3页（汉族，定海区）。

川1，第26页（彝族，德昌县），第30页（傈僳族，德昌县），第311页（彝族，西昌市），第313页（土家族，酉阳县）；川5，第3页（汉族，灌县）；川30，第2页（汉族，营山县）。

565.6　昼夜来自神的规定。神规定有昼夜之分。

对照：汤A1172　夜晚和白昼的确定。经过许多争论之后，白天和夜晚的相对长度的划分被确定下来。

出处：

口承神话：

黑1，第25页（汉族，黑河市）。

桂5，第3页（苗族，隆林县）。

川14，第3页（汉族，简阳县）。

565.6.1　神规定太阳白天出来，月亮晚上出来。

出处：

口承神话：

黑1，第29页（鄂伦春族，黑河市）。

565.7　幸存的太阳时出时藏，遂形成昼夜之分。

出处：

口承神话：

冀2，第20页（汉族，承德县）；冀4，第6页（汉族，藁城县）。

565.8　神祇之间的争斗形成了昼夜之分。

参照：244。

出处：

口承神话：

冀6，第558页（汉族，藁城县）。

565.9　神把光明和黑暗分开，给光明起名叫昼，给黑夜起名叫夜。

出处：

口承神话：

黑1，第21页（回族，绥芬河市）。

565.10　神生育出白天和黑夜。

出处：

口承神话：

综4，第194页（布依族）。

566　空气的起源。神造出空气。

出处：

口承神话：

黑1，第21页（回族，绥芬河市）。

569　天界诸物的起源——其他母题。

569.1　黎明前特别黑暗的原因。由于神的行为。

出处：

口承神话：

浙38，第14页（汉族，青田县）。

豫22，第3页（汉族，淇县）。

569.2　为什么下雨时总刮风。因为雨神和风神不和。

出处：

口承神话：

冀1，第10页（汉族，满城县）。

600—849　地界诸物的起源

600　地球的初始状况。

601　起初，地比天大。

出处：

口承神话：

浙2，第2页（汉族，苍南县）；浙5，第3页（汉族，淳安县）；浙19，第1页（汉族，建德县）；浙28，第16页（汉族，临安县）；浙38，第1页（汉族，青田县）；浙39，第1页（汉族，庆元县）；浙40，第2页（汉族，衢县）；浙47，第13页（汉族，松阳县）；浙48，第6页（汉族，遂昌县）；浙49，第5页（汉族，泰顺县）；浙54，第3页（汉族，文成县）；浙55，第1页（畲族，武义县）。

豫18，第384页（汉族，南召县）。

桂2，第4页（瑶族，钟山县）。

川1，第5页（汉族，巴县），第11页（汉族，筠连县），第30页（傈僳族，德昌县）；川2，第544页（汉族，屏山县）；川17，第3页（汉族，筠连县）；川18，第1页（汉族，洪雅县）；川22，第22页（汉族，屏山县）。

602　起初，地球像一个盒子。

出处：

口承神话：

川1，第20页（藏族，若尔盖县）；川2，第1页（藏族，若尔盖县）。

603　起初，地球是一堆泥巴。

出处：

口承神话：

川1，第67页（汉族，巴中县）。

604　起初，大地是平的，没有山。

出处：

口承神话：

黑1，第17页（满族，宁安县）。

川1，第81页（羌族，汶川县）。

605　起初，地像席子。

出处：

口承神话：

综4，第7页（苗族，贵州省台江县、施秉县、凯里市）。

606　起初，地很薄。

出处：

口承神话：

桂10，第4页（壮族，南宁市）。

610　地球的起源。

对照：汤A800　地球的创造。

出处：

口承神话：

综1，第303页（普米族，云南省宁蒗县，四川省西昌市、木里县）。

611　创世者把混沌扯开，沉下去的变成地。

参照：302，362.1.6，419.3。

对照：汤A605　原始的混沌。汤A801　地球源于原始的混沌。

出处：

口承神话：

川1，第10页（汉族，宜宾县）。

陕2，第5页（汉族，宝鸡县）。

综7，第48页（汉族，河南省豫西山区）。

611.1　神绝地天通后，踩下去的部分成为地。

出处：

口承神话：

川1，第13页（汉族，大邑县）。

陕2，第2页（汉族，宝鸡县）；陕10，第1页（汉族，三原县）。

612　神创造地球。

对照：汤A811.2　三个神使地球长成。汤A813　原始之海上的木筏。创世者站在木筏上创造了地球。汤 A830　创世者创造地球。汤 A832　创世者因为孤独而创造了地球。由于对自己孤零零地处在原始之水中不满，创世者创造了地球。汤 A835.1　用神的宝座下的雪创造地球。汤 A837　创世者逐步创造地球。

出处：

口承神话：

黑1，第17页（满族，宁安县），第20页（回族，绥芬河市）。

辽16，第4页（汉族，抚顺新抚区）。

浙2，第1页（汉族，苍南县）；浙8，第2页（汉族，定海区）；浙23，第1页（汉族，缙云县）；浙40，第2页（汉族，衢县）；浙55，第1页（畲族，武义县）。

桂10，第17页（回族，南宁市）。

川1，第5页（汉族，巴县），第9页（汉族，屏山县），第11页（汉族，筠连县）；川2，第277页（彝族，喜德县），第544页（汉族，屏山县），第824页（苗族，木里县）；川17，第3页（汉族，筠连县）；川18，第1页（汉族，洪雅县）；川22，第22页（汉族，屏山县）。

藏1，第6页（珞巴族，墨脱县）。

综1，第9页（苗族，云南省富宁县），第27页（回族，广西壮族自治区南宁市），第99页（苗族，云南省马关县、麻栗坡县），第103页（哈萨克族，新疆维吾尔自治区），第121—122页（哈尼族，云南省），第210页（纳西族，云南省），第239页（羌族，四川省茂县），第291—292（拉祜族，云南省澜沧县）；综4，第71—73页（彝族，云南省楚雄彝族自治州），第89页（彝族），第100页（彝族，四川省凉山州），第176—178页（彝族，贵州省），第208页（布依族），第230页（瑶族，广西壮族自治区）。

612.1　地神创造地球。

出处：

口承神话：

浙2，第1页（汉族，苍南县）；浙5，第3页（汉族，淳安县）；浙19，第1页（汉族，建德县）；浙28，第16页（汉族，临安县）；浙39，第1页（汉族，庆元县）；浙47，第12页（汉族，松阳县）；浙48，第6页（汉族，遂昌县）；浙54，第3页（汉族，文成县）。

川2，第2页（白马藏族，平武县白马乡）。

612.2　太阳创造地球。

出处：

口承神话：

川2，第960页（傈僳族，德昌县）。

612.3　大地是用泥捏的。

出处：

口承神话：

综1，第308—310页（傈僳族，云南省）；综4，第225页（满族，黑龙江省宁安县）。

612.4　织地。地是神用线织成的。

出处：

口承神话：

综4，第108—109页（彝族，贵州省）。

613　动物创造地球。

613.1　蚂蚁创造地球。

出处：

口承神话：

川1，第30页（傈僳族，德昌县）；川2，第933页（傈僳族，德昌县）。

613.2　神鸟摇动翅膀出现了地球。

出处：

口承神话：

川2，第2页（藏族，木里县）。

613.3　螟蛉虫创造地球。

出处：

口承神话：

辽39，第500页（汉族，瓦房店市）。

613.4　神鸟衔来泥土生成地球。

出处：

口承神话：

浙7，第1页（汉族，德清县）；浙52，第3页（汉族，桐乡县）。

614　地起源于卵。

参照：302.1，362.5，411。

出处：

口承神话：

综7，第48页（汉族，河南省豫西山区）。

614.1　地是一枚卵（或一只球）。

出处：

口承神话：

豫32，第1页（汉族，桐柏县）。

川2，第545页（羌族，理县、汶川县）。

614.2　卵的重浊部分变为地。

出处：

古代文献：

《艺文类聚》卷一《天部上·天》引《三五历记》（"天地浑沌如鸡子……天地开辟，阳清为天，阴浊为地"）。

口承神话：

冀6，第571页（汉族，藁城县）。

黑1，第3页（汉族，通河县）。

浙1，第1页（汉族，安吉县）；浙36，第1页（汉族，浦江县）；浙64，第3页（汉族，永嘉县）。

豫14，第1页（汉族，武陟县）；豫40，第1页（汉族，新乡县）。

桂4，第3页（汉族，玉林市）。

川2，第806页（苗族，筠连县）。

陕2，第3页（汉族，凤县）；陕3，第27页（汉族，凤县）。

614.3　蛋壳变为地。

出处：

口承神话：

浙37，第1页（汉族，普陀区）；浙43，第1页（汉族，上虞县）。

川17，第4页（汉族，筠连县）。

614.4　蛋黄变为地。

出处：

口承神话：

辽39，第500页（汉族，瓦房店市）；辽56，第340页（汉族，喀左县）。

浙9，第1页（汉族，东阳县）；浙56，第1页（汉族，婺城区）。

豫21，第5页（汉族，濮阳县）。

川2，第806页（苗族，筠连县）。

综1，第91页（汉族，湖北省京山县）。

614.5　石蛋的一半变成地。

出处：

口承神话：

陕2，第2页（汉族，宝鸡县）。

615　地球起源于物体的变形。

615.1　地球起源于球。

出处：

口承神话：

浙8，第2页（汉族，定海区）。

豫16，第22页（汉族，泌阳县）。

陕10，第1页（汉族，三原县）。

615.2　石头变成地球。

出处：

口承神话：

综7，第15页（汉族，河南省桐柏盘古山区）。

615.3　大地由神或人变化而成。

出处：

口承神话：

综4，第245页（白族）。

616　地球是由重浊之气形成的。

参照：413。

出处：

古代文献：

《列子·天瑞第一》（"浊重者下为地"）；《淮南子·天文训》（"重浊者凝滞而为地"）；《论衡·谈天篇》（"浊者为地"）。

口承神话：

浙6，第274页（汉族，慈溪市）；浙32，第2页（汉族，宁海县）。

豫12，第1页（汉族，兰考县）；豫25，第3页（汉族，汝南县）。

川1，第3页（汉族，奉节县），第7页（汉族，崇庆县）；川42，第1页（汉族，自贡市）。

陕2，第5页（汉族，宝鸡县）。

综7，第5页（汉族，河南省太行山区）。

617　大地起源于神或人的尸体化生。

参照：276，722.1，725.1。

对照：汤A831　地球源于神、人或动物的身体。

出处：

口承神话：

辽42，第59页（汉族，细河区）。

川1，第121页（汉族，德阳市市中区）。

综1，第97页（基诺族，云南省）；综4，第79—84页（彝族，云南省楚雄彝族自治州）。

617.1 大地由果核里生出的人变成。

对照：汤A835 地球来自恶魔嘴中的坚果。神把坚果扔过自己的左肩，恶魔用嘴把它接住。坚果快速增长，恶魔把它吐了出来。

出处：

口承神话：

辽42，第59页（汉族，细河区）。

618 地球是神生育出来的。

出处：

口承神话：

综4，第52页（苗族）。

618.1 巨鸟生出了大地。

出处：

口承神话：

综4，第7页（苗族，贵州省台江县、施秉县、凯里市）。

619 地球的起源——其他母题。

619.1 神用撑天柱分离天地，地才成为地。

参照：403。

出处：

口承神话：

川1，第24页（彝族，德昌县）；川2，第272页（彝族，德昌县）。

619.2 创世者用意念创造了地球。

出处：

口承神话：

川1，第22页（藏族，若尔盖县）。

619.3 洪水后，鸽子找到陆地。

参照：941.2。

出处：

口承神话：

辽35，第64页（回族，沈河区）。

619.4 地壳的起源。

619.4.1 神的脑壳变成地壳。

出处：

口承神话：

辽 42，第 59 页（汉族，细河区）。

620 原始之水。最初，水覆盖了一切。

参照：301。

出处：

口承神话：

黑 1，第 6 页（汉族，五常县），第 20 页（回族，绥芬河市）。

辽 10，第 98 页（汉族，大洼县）；辽 35，第 63 页（回族，沈河区）。

浙 16，第 5 页（汉族，海盐县）；浙 52，第 3 页（汉族，桐乡县）；浙 58，第 9 页（汉族，仙居县）。

川 1，第 22 页（藏族，若尔盖县），第 60 页（汉族，成都市东、西城区）；川 2，第 3 页（藏族，阿坝县）。

621 潜水者。创世者派动物们去原始之水的底部取些土来。许多动物失败了，一种动物成功了。地球就由带上来的一点泥土形成。

参照：721.1。

对照：汤 A812 潜水者。原始之海上漂浮着木筏，创世者派动物们去海底取些土来。许多动物失败了，一种动物（经常是麝鼠）成功了。地球就由带上来的一点土形成。

621.1 鳌鱼是潜水者。

出处：

口承神话：

辽 10，第 99 页（汉族，大洼县）。

622 地球由扔在原始之水上的物体（如泥土、沙土、树叶、石块等）形成。

对照：汤 A814 地球由扔在原始之水上的物体形成。

出处：

口承神话：

黑 1，第 7 页（汉族，五常县）。

浙 52，第 3 页（汉族，桐乡县）。

川 1，第 123 页（藏族，乡城县）。

综 1，第 94 页（土族，青海省）。

623 地球在乌龟（鳌鱼）背上。地球建立在一只漂浮在原始之水中的乌龟（鳌鱼）背上。

对照：汤 A815　地球立在乌龟背上。地球建立在一只漂浮在原始之水中的乌龟背上。

出处：

口承神话：

辽 10，第 99 页（汉族，大洼县）。

浙 9，第 4 页（汉族，东阳县）；浙 16，第 6 页（汉族，海盐县）；浙 52，第 3 页（汉族，桐乡县）；浙 66，第 213 页（汉族，余杭县）。

624　地球从海中升起。

对照：汤 A816　地球从海中升起。

出处：

口承神话：

浙 58，第 9 页（汉族，仙居县）。

630　地球的性质和状况。

631　地球的形状。

631.1　地是圆球形的。

对照：汤 A875　车轮形状的地球。

出处：

口承神话：

浙 1，第 1 页（汉族，安吉县）；浙 8，第 2 页（汉族，定海区）。

川 2，第 2 页（白马藏族，平武县白马乡）。

综 4，第 7 页（苗族，贵州省台江县、施秉县、凯里市）；综 4，第 89 页（彝族）。

631.2　地是方形的。

参照：402.1。

对照：汤 A851　地球如何变成了长方形。父神位于地球的一端，子神位于另一端。

出处：

古代文献：

《楚辞·惜誓》（"睹天地之圆方"）；《大戴礼记·曾子天圆》（"天圆而地方"）；《淮南子·天文训》（"地道曰方"）；《淮南子·兵略训》（"地方而无垠"）。

口承神话：

浙 27，第 27 页（汉族，丽水市）。

631.3 地是橄榄形的。两头尖，中间大。

出处：

口承神话：

桂4，第4页（汉族，玉林市）。

632 地有多层。

出处：

口承神话：

综1，第103页（哈萨克族，新疆维吾尔自治区），第225页（满族，黑龙江省宁安县）；综4，第177—178页（彝族，贵州省）。

632.1 地有十八层。

出处：

口承神话：

浙68，第19页（汉族，玉环县）。

豫40，第1页（汉族，新乡县）。

632.2 地有二十八层。

出处：

口承神话：

桂4，第3页（汉族，玉林市）。

633 地每日长厚或下降一丈。

出处：

古代文献：

《艺文类聚》卷一《天部上·天》引《三五历记》（"地日厚一丈"）。

口承神话：

冀6，第571页（汉族，藁城县）。

黑1，第3页（汉族，通河县）。

桂8，第1页（汉族，钦州市）。

陕2，第3页（汉族，凤县），第5页（汉族，宝鸡县）；陕3，第27页（汉族，凤县）。

634 地维。系着大地的绳子。

参照：891.5。

对照：汤A841.1 四条世界之维。地球是从天空的四个角上的绳索悬吊下来的。

出处：

古代文献：

《淮南子·天文训》（"天柱折，地维绝"）；《补史记·三皇本纪》（"天柱折，地维缺"）。

口承神话：

川2，第271页（彝族，凉山州）。

综1，第285页（彝族，四川省）。

635　大地的中心。

出处：

口承神话：

综1，第104页（哈萨克族，新疆维吾尔自治区）；综4，第46页（苗族）。

636　大地有四极。

出处：

古代文献：

《淮南子·览冥训》（"四极废，九州裂"）；《绎史》卷一《开辟原始》引《五运历年记》（"四肢五体为四极五岳"）。

口承神话：

综1，第285（彝族，四川省）；综4，第99页（彝族，四川省凉山州），第110页（彝族，贵州省）。

637　大地漂浮在水面上。

对照：汤A817　地球从天上来到原始海洋上。

出处：

古代文献：

《列子·汤问第五》（五神山）；《晋书》卷十一《天文上》（"水浮天而载地"）。

口承神话：

川2，第3页（藏族，木里县）。

综1，第94页（土族，青海省）；综4，第225页（满族，黑龙江省宁安县）。

638　大地的支撑。大地由某种或某些东西支撑着。

参照：403。

对照：艾66型　大地的形状。汤A840　地球的支撑者。

出处：

口承神话：

综4，第76—77页（彝族，云南省楚雄彝族自治州）。

638.1　支撑大地的原因。

638.1.1　大地摇晃不定。

出处：

口承神话：

综1，第104页（哈萨克族，新疆维吾尔自治区）；综4，第12—13页（苗族，贵州省台江县、施秉县、凯里市），第76—77页（彝族，云南省楚雄彝族自治州），第247页（白族）。

638.2　地神支撑大地。

参照：958.2。

对照：汤A842　亚特拉斯巨人（Atlas）。一个人用肩膀支撑着地球。

出处：

口承神话：

浙38，第8页（汉族，青田县）；浙54，第10页（汉族，文成县）。

638.3　支撑大地的东西。

638.3.1　动物支撑大地。

参照：958.1。

对照：艾66型　大地的形状。汤A844　地球立在动物的背上。汤A844.3　鱼支撑地球。汤A844.5　地球立在一头站在鱼身上的牛的角上。

出处：

口承神话：

综4，第247页（白族）。

638.3.1.1　乌龟支撑大地。

对照：汤A844.1　地球立在海龟的背上。汤A844.6　地球立在乌龟、蛇和大象身上。

出处：

口承神话：

黑1，第19页（满族，宁安县）。

川2，第3页（藏族，木里县）。

638.3.1.2　鳌足支地。

出处：

口承神话：

冀12，第223页（汉族，高邑县）。

浙47，第14页（汉族，松阳县）。

638.3.1.3　牛支撑大地。

对照：汤A844.2　公牛支撑地球。

出处：

口承神话：

浙49，第8页（汉族，泰顺县）。

综1，第104页（哈萨克族，新疆维吾尔自治区）。

638.3.1.4　鳄鱼支撑大地。

出处：

口承神话：

辽 16，第 4 页（汉族，抚顺新抚区）。

综 4，第 44 页（苗族）。

638.3.1.5　鲤鱼支撑大地。

出处：

口承神话：

豫 20，第 6 页（汉族，平舆县）。

638.3.1.6　龙支撑大地。

出处：

口承神话：

综 4，第 179—180 页（彝族，贵州省）。

638.3.2　巨大的柱子支撑着大地。

对照：汤 A841　世界之柱。四根（或两根）柱子或支撑物支撑着地球。

出处：

古代文献：

《楚辞·天问》洪兴祖补注引《河图》（八柱）；《博物志》卷一《地》（四柱）。

口承神话：

综 4，第 12—13 页（苗族，贵州省台江县、施秉县、凯里市），第 221 页（布依族）。

638.3.3　用金银铸造撑地柱。

出处：

古代文献：

《太平御览》卷三十七《地部二·地下》引《关令内传》（"地厚万里，其下得大空，大空四角下有自然金柱，辄方圆五千里"）。

口承神话：

综 4，第 12—13 页（苗族，贵州省台江县、施秉县、凯里市）。

638.3.4　有多根撑地柱。

对照：汤 A841　世界之柱。四根（或两根）柱子或支撑物支撑着地球。

出处：

口承神话：

综 4，第 247 页（白族）。

639　神圣的动物驮着大地。

参照：958.1。

对照：汤 A844　地球立在动物的背上。汤 A815　地球立在乌龟背上。地球建立在一只漂浮在原始之水中的乌龟背上。汤 A815.1　地球源于巨蛇之头。地球矗立在一条漂浮在原始之水上的巨蛇的头上。

639.1　鳌驮负着大地。

出处：

口承神话：

黑 1，第 4 页（汉族，牡丹江市），第 5 页（汉族，呼玛县）。

辽 10，第 99 页（汉族，大洼县）。

浙 7，第 10 页（汉族，德清县）；浙 9，第 4 页（汉族，东阳县）；浙 16，第 6 页（汉族，海盐县）；浙 52，第 3 页（汉族，桐乡县）。

桂 8，第 2 页（汉族，钦州市）。

川 2，第 546 页（羌族，理县、汶川县）。

综 4，第 247 页（白族）。

639.1.1　巨鳌驮着大山。

出处：

古代文献：

《列子·汤问第五》（"使巨鳌十五，举首而戴之"）。

639.2　鱼驮负着大地。

出处：

口承神话：

冀 5，第 235 页（汉族，藁城县）；冀 13，第 4 页（汉族，武安县）。

浙 66，第 213 页（汉族，余杭县）。

综 4，第 76—77 页（彝族，云南省楚雄彝族自治州），第 225 页（满族，黑龙江省宁安县）。

639.3　蛤蟆驮着大地。

出处：

口承神话：

综 1，第 94 页（土族，青海省）。

639.4　驮地动物的定期休息。

639.4.1　数只动物轮班歇息。

出处：

古代文献：

《列子·汤问第五》（十五只巨鳌"迭为三番，六万岁一交焉"）。

639.5 驮地动物的看管者。

639.5.1 鹰神看管鳌鱼（或鳄鱼）。

出处：

口承神话：

辽16，第4页（汉族，抚顺新抚区）；辽28，第147页（汉族，太子河区）。

639.5.2 金鸡看管鳌鱼。

出处：

口承神话：

川10，第4页（汉族，西城区）；川26，第6页（汉族，西昌市）。

639.5.3 神鸟看管神龟。

出处：

口承神话：

黑1，第4页（汉族，牡丹江市）。

639.5.4 天神看管神龟。

出处：

口承神话：

黑1，第19页（满族，宁安县）。

650 地界的神界与神物。

参照：320。

651 下都。天帝与众神在地上的都邑。

参照：317。

对照：汤A662　上界（天堂）是一座山。天空是山下边虚空的部分。

651.1 山上的神界。

出处：

古代文献：

《山海经·海内西经》《山海经·西山经》（昆仑山）；《楚辞·天问》（昆仑悬圃）。

口承神话：

辽43，第1页（满族，新宾县）。

豫44，第58页（汉族，延津县）。

桂4，第11页（壮族，玉林市）。

川1，第249页（汉族，绵竹县）。

综1，第148—151页（羌族，四川省茂县），第177页（汉族，淮河流域）；综7，第223页（汉族，河南省）。

652 地界的神树。

对照：汤 A878 地球之树。生命或命运之树。

652.1 可以缘之从地面通往地底的神树。连接地面与地底或冥界。

出处：

口承神话：

浙 1，第 7 页（汉族，安吉县）。

综 1，第 269 页（珞巴族，西藏自治区米林县）。

652.2 用枝丫为太阳搭建天桥的神树。

参照：312.1.5，449.3。

出处：

口承神话：

川 1，第 100 页（汉族，珙县）。

652.3 不死树。食之长寿。

出处：

古代文献：

《山海经・大荒南经》；《淮南子・地形训》。

653 地界的神圣动物。

出处：

口承神话：

综 4，第 218—220 页（布依族）。

653.1 三青鸟。

出处：

口承神话：

川 1，第 249 页（汉族，绵竹县）。

653.2 穿山甲。穿山成洞，帮助文化英雄治水。

出处：

口承神话：

川 1，第 323 页（汉族，巴县）。

653.3 龙。

参照：172.2，188.2，224.2，322.9。

出处：

口承神话：

冀 5，第 14 页（汉族，藁城县）；冀 18，第 10 页（汉族，庞家堡区）。

黑 1，第 4 页（汉族，呼玛县），第 48 页（满族，宁安县），第 61 页（满族，海林县）。

浙7，第15、23页（汉族，德清县）；浙23，第1页（汉族，缙云县）。

豫9，第136页（汉族，吉县）；豫32，第12、14、15、22、69页（汉族，桐柏县）。

川1，第323页（汉族，巴县）。

陕2，第40、78页（汉族，渭滨区）；陕8，第33页（汉族，韩城）。

综7，第17页（汉族，河南省桐柏盘古山区），第84页（汉族，河南省），第288页（汉族，河南省淅川县），第353页（汉族，河南省嵩岳伊洛区），第361页（汉族，河南省桐柏淮源区）。

653.4　会飞的牛。

出处：

口承神话：

浙1，第5页（汉族，安吉县）。

653.5　凤凰。

参照：322.4，2011，2202。

出处：

口承神话：

黑1，第5页（汉族，呼玛县）。

浙13，第132页（汉族，拱墅区）；浙23，第1页（汉族，缙云县）。

豫11，第264页（汉族，开封县）。

川31，第2页（汉族，璧山县）。

653.6　神龟。

出处：

口承神话：

冀15，第7页（汉族，下花园区）。

黑1，第5页（汉族，呼玛县），第61页（满族，海林县）。

浙7，第15、19页（汉族，德清县）。

653.7　龙马。

出处：

口承神话：

综7，第88、89页（汉族，河南省孟津县）。

654　地界的神药。

出处：

口承神话：

川1，第321页（汉族，成都市东、西城区）。

藏1，第7页（珞巴族，墨脱县）。

654.1　不死药。 食之可以长生不死或起死回生。

出处：

古代文献：

《山海经·海内西经》；《淮南子·览冥训》；《初学记》卷一《天部上·天一》引《淮南子》；《全上古三代秦汉三国六朝文·全后汉文》卷五十五辑《灵宪》；《全上古三代秦汉三国六朝文·全上古三代文》卷十五辑《归藏》。

口承神话：

冀6，第124、339页（汉族，藁城县）；冀7，第82、453页（汉族，藁城县）。

浙54，第5页（汉族，文成县）。

豫5，第85页（汉族，巩义市）；豫18，第424页（汉族，南召县）；豫32，第41页（汉族，桐柏县）。

桂4，第11页（壮族，玉林市）。

川1，第287页（汉族，成都市）。

综1，第177页（汉族，淮河流域）。

654.1.1　不死草。

出处：

古代文献：

《博物志》卷二《外国》（禹以不死之草疗治二臣）。

口承神话：

川1，第285、290页（汉族，巴县）。

654.1.2　饮之不老或不死的水。

出处：

古代文献：

《淮南子·地形训》（丹水）。

655　地界的神兵。

出处：

口承神话：

桂3，第2页（壮族，柳州市）。

660　地球的地形特点及其起源。

661　地形一般特点的起源。

对照：*汤A900　地球的一般特征。*

661.1　文化英雄匆忙补地，造成了地球现在的形状。

参照：681。

对照：汤 A901 原始英雄（半神、神灵）的经历造成地形的特征。神的脚印、英雄的大道等等。

出处：

口承神话：

川 2，第 690 页（土家族，川湘边区）。

662 大地的东方或东南方低陷。

出处：

古代文献：

《楚辞·天问》（"康回凭怒，地何故以东南倾"）；《列子·汤问第五》《淮南子·天文训》（"地不满东南"）。

口承神话：

冀 5，第 235 页（汉族，藁城县）；冀 12，第 223 页（汉族，高邑县）；冀 13，第 4 页（汉族，武安县）。

豫 20，第 6 页（汉族，平舆县）。

综 4，第 223 页（布依族）。

662.1 大地西北高、东南低的原因。文化英雄治水时把西北方垫高了。

出处：

口承神话：

陕 2，第 22 页（汉族，千阳县）。

663 大地被降低。起初，地与天之间距离很近，后来，天空被升高，大地被降低，天地之间才出现了今天的距离。

出处：

口承神话：

综 1，第 285（彝族，四川省）；综 4，第 99 页（彝族，四川省凉山州）。

663.1 女神拿扫帚把地往低处扫，地愈来愈低。

出处：

口承神话：

川 2，第 271 页（彝族，凉山州）。

670 地球的变化。

对照：汤 A850 地球的变化。

671 使地球变小。地球造得太大，与天合不到一起，于是神使地球变小。

参照：703.2，723.1，733.2，742.1，743.1，744.1，745.2。

对照：汤 A852　使地球变小。地球造得太大了，神用计从魔怪那里得知如何使地球变小。

出处：

口承神话：

辽 39，第 500 页（汉族，瓦房店市）。

浙 2，第 2 页（汉族，苍南县）；浙 5，第 3 页（汉族，淳安县）；浙 19，第 1 页（汉族，建德县）；浙 28，第 16 页（汉族，临安县）；浙 38，第 1 页（汉族，青田县）；浙 39，第 1 页（汉族，庆元县）；浙 40，第 2 页（汉族，衢县）；浙 47，第 13 页（汉族，松阳县）；浙 48，第 6 页（汉族，遂昌县）；浙 49，第 5 页（汉族，泰顺县）；浙 54，第 3 页（汉族，文成县）；浙 55，第 1 页（畲族，武义县）。

豫 18，第 385 页（汉族，南召县）。

桂 2，第 4 页（瑶族，钟山县）。

川 1，第 5 页（汉族，巴县），第 11 页（汉族，筠连县），第 30 页（傈僳族，德昌县）；川 2，第 2 页（白马藏族，平武县白马乡），第 545 页（汉族，屏山县），第 933、960 页（傈僳族，德昌县）；川 17，第 3 页（汉族，筠连县）；川 18，第 1 页（汉族，洪雅县）；川 22，第 22 页（汉族，屏山县）。

综 1，第 97 页（基诺族，云南省），第 99 页（苗族，云南省马关县、麻栗坡县），第 101 页（白马藏族，四川省平武县）；综 4，第 74—75 页（彝族，云南省楚雄彝族自治州），第 230 页（瑶族，广西壮族自治区），第 246 页（白族）。

672　使地球变大。地球造得太小，神使之变大。

对照：汤 A853　使地球变大。在创造过程中逐渐变大。汤 A853.1　让地球变成原来的双倍大小。人口增长的需要。

出处：

口承神话：

综 1，第 97 页（基诺族，云南省），第 292（拉祜族，云南省澜沧县）；综 4，第 8 页（苗族，贵州省台江县、施秉县、凯里市）。

673　使地球变圆。起初，地球不是圆的，神设法使之变成圆形。

出处：

口承神话：

综 4，第 7 页（苗族，贵州省台江县、施秉县、凯里市）。

680　修整与试测大地。

对照：汤 A857　稳固地球。

681　补地。大地出现残缺或漏洞，创世者或文化英雄因此补地。

参照：661.1，980。

对照：艾66型　大地的形状。

出处：

口承神话：

川2，第690页（土家族，川湘边区）。

陕2，第20页（汉族，千阳县）。

综1，第292页（拉祜族，云南省澜沧县）；综4，第44页（苗族），第75—76页（彝族，云南省楚雄彝族自治州），第164页（彝族，贵州省），第245—246页（白族）；综7，第129页（汉族，河南省商丘、开封）。

681.1　补地的是动物。

出处：

口承神话：

综1，第292（拉祜族，云南省澜沧县）。

681.2　用龟壳补地。

出处：

口承神话：

浙47，第14页（汉族，松阳县）。

681.3　用草木灰补地。

出处：

口承神话：

陕11，第467页（汉族，长武县）。

681.4　用水补地。

出处：

口承神话：

综4，第246页（白族）。

681.5　用缝补或织补的方法补地。

出处：

口承神话：

综1，第100页（苗族，云南省马关县、麻栗坡县）；综4，第76页（彝族，云南省楚雄彝族自治州），第164—165页（彝族，贵州省）。

682　支地。大地不稳固，神设法支地。

参照：980。

682.1　乌龟支撑大地。

出处:

口承神话:

川2,第3页（藏族,木里县）。

682.2　用鳌足支地。

出处:

口承神话:

浙47,第14页（汉族,松阳县）。

682.3　用支地柱支地。

出处:

口承神话:

综4,第247页（白族）。

683　镇地。为了使地不再动摇,神以物镇压之。

参照:980。

对照:汤A857.2　创世者的巨人协助者为了稳固地球,在地球表面重的地方放了山谷,在轻的地方放了大山。汤A857.3　创世者的巨人协助者用树稳固摇晃的地球。

出处:

口承神话:

综1,第95页（纳西族,云南省丽江地区）。

683.1　用石头压地,不让地往上冒。

出处:

口承神话:

川2,第271页（彝族,凉山州）。

683.1.1　压地石。或称"镇地石"。压在大地边缘的石头。

出处:

口承神话:

川2,第271页（彝族,凉山州）。

综4,第99页（彝族,四川省凉山州）,第181页（彝族,贵州省）。

683.2　用铁块镇地。

出处:

口承神话:

川2,第272页（彝族,凉山州）。

683.3　用黄金镇地。

出处:

口承神话：

综1，第95页（纳西族，云南省丽江地区）。

683.4　用鳌鱼镇地。

出处：

口承神话：

川2，第545页（羌族，理县、汶川县）。

683.5　用神狗对付驮负大地的鳌鱼，使地不再震动。

出处：

口承神话：

川2，第546页（羌族，理县、汶川县）。

683.6　神鸟看管驮负大地的神龟，使地不震动。

出处：

口承神话：

黑1，第4页（汉族，牡丹江市）。

684　绷地。用绳子把地绷住。

出处：

口承神话：

川2，第271页（彝族，凉山州）。

685　量地。大地造好之后，测量地的大小和宽窄。

出处：

口承神话：

综4，第9页（苗族，贵州省台江县、施秉县、凯里市），第73—74页（彝族，云南省楚雄彝族自治州）。

686　试地。地造好之后，用地震等方式试验它是否牢固。

出处：

口承神话：

综4，第75页（彝族，云南省楚雄彝族自治州）。

690　水及其特点的起源。

对照：汤A910　水的一般特点的起源。

691　水从天上来。

出处：

口承神话：

川1，第25页（彝族，德昌县），第82页（羌族，汶川县）；川2，第272页（彝族，德昌县），第273页（彝族，凉山州）。

691.1　水由天地之间的裂缝流出。

出处：

口承神话：

川2，第271页（彝族，凉山州）。

691.2　文化英雄引来天水。

出处：

口承神话：

川19，第3页（汉族，邻水县）。

692　水起源于神的身体。

出处：

口承神话：

浙56，第1页（汉族，婺城区）。

692.1　神的血液化为水。

出处：

口承神话：

辽42，第59页（汉族，细河区）。

浙60，第1页（汉族，萧山市）。

川2，第2页（藏族，木里县）。

692.2　神的尿液化为水。

出处：

口承神话：

浙60，第1页（汉族，萧山市）。

692.3　神的眼泪化为水。

对照：汤A911　水由眼泪而来。

出处：

口承神话：

川1，第121页（汉族，德阳市市中区）。

693　水起源于物体的变形。

693.1　卵变成水。

出处：

口承神话：

川2，第5页（藏族，乡城县）。

693.1.1 宇宙卵的蛋黄变成水。

出处：

口承神话：

辽39，第500页（汉族，瓦房店市）。

694 水起源于神的创造。

出处：

口承神话：

桂3，第195页（壮族，柳州市）；桂5，第4页（彝族，隆林县）。

695 神生出了水。

出处：

口承神话：

综4，第194页（布依族）。

700 江河湖海的起源与性质。

对照：汤A920 海的起源。汤A930 河流的起源。

701 江河湖海起源于神的尸体化生。

参照：276。

对照：汤A920.1.11 妇女变为池水。

出处：

口承神话：

浙24，第5页（汉族，开化县）；浙56，第1页（汉族，婺城区）。

豫32，第69页（汉族，桐柏县）。

综1，第176页（阿昌族，云南省陇川县、梁河县）；综4，第80页（彝族，云南省楚雄彝族自治州）。

701.1 神的血液化成江河湖海。

出处：

古代文献：

《绎史》卷一《开辟原始》引《五运历年记》（盘古死后"血液为江河"）。

口承神话：

冀6，第571页（汉族，藁城县）。

黑1，第3页（汉族，通河县）。

辽42，第59页（汉族，细河区）。

浙1，第1页（汉族，安吉县）；浙27，第3页（汉族，丽水市）；浙36，第2页（汉族，浦江县）；浙64，第3页（汉族，永嘉县）。

豫25，第3页（汉族，汝南县）；豫40，第2页（汉族，新乡县）。

川1，第3页（汉族，奉节县），第7页（汉族，崇庆县）；川2，第806页（苗族，筠连县）。

综1，第92页（汉族，湖北省京山县）；综4，第80页（彝族，云南省楚雄彝族自治州）；综7，第5页（汉族，河南省太行山区）。

701.2 神的五脏变成江河湖海。

出处：

口承神话：

综4，第249页（白族）。

701.2.1 神的肚子和肠子变成江河湖海。

出处：

口承神话：

浙26，第1页（汉族，乐清县）；浙36，第2页（汉族，浦江县）。

桂2，第153页（壮族，钟山县）。

川2，第544页（羌族，北川县）；川4，第1页（羌族，北川县），第156页（藏族，北川县）。

综4，第223页（布依族），第249页（白族）。

701.3 神的四肢变成江河湖海。

出处：

口承神话：

浙16，第4页（汉族，海盐县）；浙56，第1页（汉族，婺城区）。

川1，第121页（汉族，德阳市市中区）。

701.3.1 神的手臂变成江河湖海。

出处：

口承神话：

浙25，第1页（汉族，兰溪市）；浙28，第15页（汉族，临安县）。

701.4 江海源于神身上的脂膏。

出处：

古代文献：

《述异记》卷上（"昔盘古氏之死也，……脂膏为江海"）。

701.5 神的肚脐变成了海子。

出处：

口承神话：

综4，第249页（白族）。

701.6　被杀的龙变成河流。

对照：汤 A924.2　海洋起源于腐烂的蛇。

出处：

口承神话：

冀1，第8页（汉族，满城县）。

陕2，第78页（汉族，渭滨区）。

702　江河湖海源于物体的变形。

702.1　江河源于神的眼泪。

对照：汤 A920.1.5　湖泊起源于眼泪。

出处：

古代文献：

《述异记》卷上（"盘古氏泣为江河"）。

口承神话：

浙59，第3页（汉族，象山县）。

豫21，第7页（汉族，濮阳县）。

川1，第129页（藏族，阿坝县）；川2，第4页（藏族，阿坝县）。

陕2，第1页（汉族，宝鸡县）；陕8，第55页（汉族，合阳县）；陕10，第1页（汉族，三原县）。

702.1.1　神的泪水汇成海洋。

对照：汤 A1115　为什么海水是咸的。

出处：

口承神话：

陕2，第1页（汉族，宝鸡县）。

综1，第303页（普米族，云南省宁蒗县，四川省西昌市、木里县）。

702.2　江河源于神的尿液。

出处：

口承神话：

藏1，第17页（珞巴族，墨脱县）。

702.3　露水形成大海。

出处：

口承神话：

综1，第96页（纳西族，云南省丽江地区），第208页（纳西族，云南省）。

703　江河湖海起源于神的行为。

对照：汤 A920.1.2　湖泊起源于原始公牛的挖掘。汤 A924.4　海洋起源于挖掘地球。

出处：

口承神话：

浙 5，第 4 页（汉族，淳安县）。

综 7，第 364 页（汉族，河南省太行王屋区）。

703.1　创世者用手、脚划沟，遂形成河流。

出处：

口承神话：

川 1，第 21 页（藏族，若尔盖县）；川 2，第 1 页（藏族，若尔盖县）；川 19，第 2 页（汉族，邻水县）；川 42，第 1 页（汉族，自贡市）。

浙 7，第 1 页（汉族，德清县）；浙 8，第 2 页（汉族，定海区）；浙 24，第 1 页（汉族，开化县）。

703.2　神挤压大地使之变小后，凹下的部分成为江河。

参照：671，742.1，743.1。

出处：

口承神话：

川 2，第 2 页（白马藏族，平武县白马乡）。

浙 2，第 2 页（汉族，苍南县）；浙 5，第 3 页（汉族，淳安县）；浙 38，第 1 页（汉族，青田县）；浙 40，第 2 页（汉族，衢县）；浙 47，第 13 页（汉族，松阳县）；浙 48，第 6 页（汉族，遂昌县）；浙 49，第 5 页（汉族，泰顺县）；浙 55，第 1 页（畲族，武义县）。

综 1，第 97 页（基诺族，云南省），第 99 页（苗族，云南省马关县、麻栗坡县），第 101 页（白马藏族，四川省平武县）；综 4，第 75 页（彝族，云南省楚雄彝族自治州），第 230 页（瑶族，广西壮族自治区）。

703.3　神用棍子（或簪子、宝剑等）在地上一拨，就形成了江河。

出处：

口承神话：

川 2，第 697 页（土家族，黔江县）。

综 1，第 42 页（苗族，湖南省湘西地区，贵州省松桃县）；综 7，第 177 页（汉族，河南省温县），第 227 页（汉族，河南省焦作市）。

703.4　神甩出的东西把地弄凹的地方，形成了江河湖海。

出处：

口承神话：

浙28，第16页（汉族，临安县）；浙60，第1页（汉族，萧山市）。

豫32，第1页（汉族，桐柏县）。

川2，第271页（彝族，凉山州）。

综1，第55页（哈尼族，云南省元江县），第285页（彝族，四川省），第303页（普米族，云南省宁蒗县，四川省西昌市、木里县）。

703.5　文化英雄在大地上犁出河渠。

出处：

口承神话：

川19，第3页（汉族，邻水县）。

703.6　神砍出的沟成为河流。

出处：

口承神话：

川2，第546页（羌族，理县、汶川县）。

703.7　神从天上往下撒东西（如金子、石头、泥巴等），没有撒到的地方成为海。

参照：723.4，733.7，741.1.1，948.1。

出处：

口承神话：

川2，第552页（羌族，松潘县）。

703.8　神跺脚形成河流。

出处：

口承神话：

川2，第690页（土家族，川湘边区）。

703.9　创世者让原始之水中的巨龙缩水，露出的地方形成了河和海子。

参照：723.6。

出处：

口承神话：

川1，第23页（藏族，若尔盖县）。

703.10　被神射下的太阳的碎片落在地上，砸出的坑形成江河湖海。

出处：

口承神话：

黑1，第26页（鄂伦春族，黑河市）。

桂4，第11页（壮族，玉林市）。

703.11　神与恶魔争斗，把大地弄出沟洼，形成了江河湖海。

出处：

口承神话：

黑 1，第 18 页（满族，宁安县）。

703.12 神把水汇集在一起，形成了江河湖海。

出处：

口承神话：

黑 1，第 21 页（回族，绥芬河市）。

703.13 神龟发怒出现了大海。

出处：

口承神话：

辽 10，第 85 页（汉族，大洼县）。

704 江河湖海起源于神的创造。

对照：汤 A920.1.7 仙女创造湖泊。汤 A920.1.10 巨人或者魔鬼创造湖泊。汤 A930.1 河流的创造者。汤 A930.1.1 蛇是河流和湖泊的创造者。

出处：

口承神话：

辽 5，第 284 页（汉族，平山区）。

浙 1，第 3 页（汉族，安吉县）；浙 28，第 1 页（汉族，临安县）；浙 43，第 2、4 页（汉族，上虞县）；浙 44，第 7 页（汉族，绍兴县）。

桂 8，第 1 页（汉族，钦州市）。

综 1，第 16 页（瑶族，广西壮族自治区巴马瑶族自治县）；综 4，第 9 页（苗族，贵州省台江县、施秉县、凯里市），第 89 页（彝族），第 208 页（布依族）。

705 因为支撑大地的鳌鱼身上不平，低的地方成为了河。

出处：

口承神话：

浙 52，第 3 页（汉族，桐乡县）。

706 宇宙卵的蛋清变为海。

出处：

口承神话：

川 2，第 806 页（苗族，筠连县）。

707 洪水汇成海洋。

出处：

口承神话：

综 7，第 55 页（汉族，河南省开封府区）。

708　洪水潮天后，大地上的沟洼处形成河海。

出处：

口承神话：

川2，第563页（羌族，汶川县）。

综7，第132页（汉族，河南省正阳县）。

708.1　海子的起源。洪水潮天时留下来的。

出处：

口承神话：

川1，第152页（羌族，理县）；川2，第563页（羌族，理县）。

709　江河湖海的性质。

709.1　海有十二层。

出处：

口承神话：

综4，第215—221页（布依族）。

709.2　为什么海水是咸的。因为海洋由神的眼泪汇成。

对照：汤A1115　为什么海水是咸的。

出处：

口承神话：

陕2，第1页（汉族，宝鸡县）。

综1，第303页（普米族，云南省宁蒗县，四川省西昌市、木里县）。

710　其他水的起源。

对照：汤A940　其他水的起源。

711　泉水的起源。

对照：艾69型　泉的来历。汤A941　泉水的起源。

711.1　眼泪变成泉水。

对照：汤A941.2　泉水起源于眼泪。

出处：

口承神话：

川1，第129页（藏族，阿坝县）；川2，第4页（藏族，阿坝县）。

712　温泉的起源。

对照：汤A942　温泉的起源。

712.1　被射落的太阳变成温泉。

出处：

口承神话：

川 1，第 297 页（汉族，绵竹县）。

712.2　太阳被压的地方出现温泉。

出处：

口承神话：

冀 18，第 23 页（汉族，庞家堡区），第 27 页（汉族，张家口）。

713　露水的起源。

对照：汤 A1132　露水的起源。

713.1　汗水变成露水。

出处：

口承神话：

黑 1，第 3 页（汉族，通河县）。

浙 1，第 2 页（汉族，安吉县）。

豫 25，第 3 页（汉族，汝南县）。

川 2，第 690 页（土家族，川湘边区）。

综 1，第 303 页（普米族，云南省宁蒗县，四川省西昌市、木里县）；综 7，第 5 页（汉族，河南省太行山区）。

713.2　眼泪变成露水。

出处：

口承神话：

浙 39，第 3 页（汉族，庆元县）；浙 64，第 4 页（汉族，永嘉县）。

豫 32，第 43 页（汉族，桐柏县）。

综 1，第 108 页（哈尼族，云南省），第 303 页（普米族，云南省宁蒗县，四川省西昌市、木里县）。

713.3　天神降下露水。

出处：

口承神话：

辽 30，第 18 页（汉族，双台子区）。

714　暗河的起源。神引入地下的洪水成为暗河。

出处：

口承神话：

川 2，第 694 页（土家族，秀山县）。

715 黄河的起源。黄龙游过的地方成为黄河。

出处：

口承神话：

豫15，第3页（汉族，孟县）；豫29，第2页（汉族，太康县）。

综7，第85页（汉族，河南省）。

720 陆地的起源。

对照：汤A950 陆地的起源。

721 陆地（田地）的起源。

721.1 潜水者取出的土变成陆地。

参照：621。

出处：

口承神话：

辽10，第99页（汉族，大洼县）。

721.2 息壤生成平地。

参照：323。

出处：

口承神话：

川1，第62页（汉族，成都市东、西城区）。

721.3 神的肌肉变成田地。

出处：

口承神话：

浙16，第4页（汉族，海盐县）；浙56，第1页（汉族，婺城区）；浙59，第3页（汉族，象山县）；浙64，第3页（汉族，永嘉县）。

豫25，第3页（汉族，汝南县）；豫40,·第2页（汉族，新乡县）。

综4，第223页（布依族）；综7，第5页（汉族，河南省太行山区）。

721.4 神造出田地。

出处：

口承神话：

浙1，第3页（汉族，安吉县）；浙28，第1页（汉族，临安县）；浙43，第2、4页（汉族，上虞县）；浙44，第6页（汉族，绍兴县）。

桂3，第194页（壮族，柳州市）。

藏1，第6页（珞巴族，墨脱县）。

722 土壤的起源。

722.1 土壤起源于神的尸体化生。

参照：276，617，725.1。

722.1.1 土壤由神的筋脉或肌肉化成。

出处：

古代文献：

《绎史》卷一《开辟原始》引《五运历年记》 （盘古死后"筋脉为地里，肌肉为田土"）。

口承神话：

黑1，第3页（汉族，通河县）。

浙1，第2页（汉族，安吉县）；浙27，第4页（汉族，丽水市）；浙28，第15页（汉族，临安县）；浙59，第3页（汉族，象山县）；浙60，第1页（汉族，萧山市）；浙64，第3页（汉族，永嘉县）。

豫40，第2页（汉族，新乡县）。

川1，第3页（汉族，奉节县），第7页（汉族，崇庆县）；川2，第2页（藏族，木里县）。

综1，第92页（汉族，湖北省京山县）；综4，第250页（白族）；综7，第5页（汉族，河南省太行山区）。

722.1.2 神的头变成土壤。

出处：

口承神话：

辽42，第59页（汉族，细河区）。

722.2 卵变为土壤。

出处：

口承神话：

川2，第5页（藏族，乡城县）。

722.3 神开辟天地时砍出的石末变成土壤。

出处：

口承神话：

陕2，第2页（汉族，宝鸡县）。

723 平地（平坝）的起源。

出处：

口承神话：

浙5，第4页（汉族，淳安县）。

川2，第547页（彝族，茂县）；川34，第2页（汉族，合川县）；川42，第1页（汉族，自贡市）。

综1，第286页（彝族，四川省）；综4，第75页（彝族，云南省楚雄彝族自治州），第100页（彝族，四川省凉山州）。

723.1　神挤压地球出现了平地。

参照：671。

出处：

口承神话：

浙49，第5页（汉族，泰顺县）；浙59，第3页（汉族，象山县）。

川1，第5页（汉族，巴县），第9页（汉族，屏山县），第30页（傈僳族，德昌县）；川2，第933页（傈僳族，德昌县）。

723.2　神跺脚或踩地，从而出现平原。

出处：

口承神话：

川2，第272页（彝族，凉山州），第690页（土家族，川湘边区）。

723.3　神用锤捶地形成平地。

出处：

口承神话：

川2，第315页（彝族，凉山州），第329页（彝族，奉节县），第546页（羌族，理县、汶川县）。

723.4　神从天上往下撒东西（如金子、石头、泥巴等），撒得薄的地方成为平原。

参照：703.7，733.7，741.1.1，948.1。

出处：

口承神话：

川2，第552页（羌族，松潘县）。

723.5　创世者推平大山，使大地出现平坝。

出处：

口承神话：

川1，第21页（藏族，若尔盖县）；川2，第1页（藏族，若尔盖县）。

723.6　创世者让巨龙缩水，出现了平坝。

参照：703.9。

出处：

口承神话：

川1，第23页（藏族，若尔盖县）。

723.7　神撒神土形成平原。

出处：

口承神话：

藏1，第7页（珞巴族，墨脱县）。

724　草原的起源。

724.1　神砍断了天河通向海子的河水，海子干了成为草原。

参照：314。

出处：

口承神话：

川1，第135页（藏族，若尔盖县）。

724.2　神撒神土形成草原。

出处：

口承神话：

藏1，第7页（珞巴族，墨脱县）。

725　道路的起源。

对照：汤A1435.2　道路（驿路、要塞）的起源。

出处：

口承神话：

综4，第200页（布依族）。

725.1　道路起源于神或人的尸体化生。

参照：276，617，722.1。

725.1.1　神的筋脉变成道路。

出处：

古代文献：

《绎史》卷一《开辟原始》引《五运历年记》（盘古死后"筋脉为地里"）。

口承神话：

冀6，第571页（汉族，藁城县）。

黑1，第3页（汉族，通河县）。

浙1，第2页（汉族，安吉县）；浙36，第2页（汉族，浦江县）；浙59，第3页（汉族，象山县）；浙64，第3页（汉族，永嘉县）。

豫25，第3页（汉族，汝南县）；豫40，第2页（汉族，新乡县）。

综1，第92页（汉族，湖北省京山县）；综4，第223页（布依族），第250页（白族）；综7，第5页（汉族，河南省太行山区）。

725.1.2 神或神圣动物的骨头变成了道路。

出处：

口承神话：

浙16，第1页（汉族，海盐县）。

综4，第80页（彝族，云南省楚雄彝族自治州）。

726 沙漠的起源。

对照：汤 A957 沙漠的起源。

726.1 神没有撒下种子的地方成为沙漠。

出处：

口承神话：

浙39，第2页（汉族，庆元县）。

729 陆地的起源——其他母题。

729.1 为什么地上有洞。神为了让雨水漏下在地上打洞。

对照：汤 A983 山谷和穴洞的起源。

出处：

口承神话：

川1，第11页（汉族，筠连县）；川17，第3页（汉族，筠连县）。

730 山的起源。

对照：汤 A960 山的起源。

731 山起源于神或动物的尸体化生。

参照：276，276.3。

对照：汤 A961.4 山脉起源于被屠巨蛇的身体的各部分。汤 A969.1 山起源于被埋葬的巨人。

出处：

古代文献：

《绎史》卷一《开辟原始》引《五运历年记》（盘古死后"四肢五体为四极五岳"）。

口承神话：

冀2，第20页（汉族，承德县）；冀18，第10页（汉族，庞家堡区）。

浙24，第5页（汉族，开化县）。

豫32，第69页（汉族，桐柏县）。

陕8，第4页（汉族，潼关县）。

综1，第115页（汉族，山西省灵县）；综4，第226页（满族，黑龙江省宁安县）；综7，第5页（汉族，河南省太行山区）。

731.1　山起源于创世者的筋络。

出处：

口承神话：

川2，第2页（藏族，木里县）。

731.2　山起源于创世者的骨头。

对照：汤A961.5　山起源于被杀巨人的骨骼。

出处：

口承神话：

冀6，第571页（汉族，藁城县）。

浙26，第1页（汉族，乐清县）；浙27，第3页（汉族，丽水市）。

川1，第7页（汉族，崇庆县）；川2，第4页（藏族，阿坝县）。

731.2.1　山起源于猴子的骨头。

出处：

口承神话：

川2，第6页（藏族，若尔盖县）。

731.3　神的头化成山。

对照：汤A962.8　山和山脊的起源：源于神的头颅的碎片。

出处：

古代文献：

《述异记》卷上（"昔盘古氏之死也，头为四岳"，又云"盘古氏头为东岳"）。

口承神话：

浙16，第4页（汉族，海盐县）。

陕10，第1页（汉族，三原县）。

731.3.1　创世者头上的角变为山。

出处：

口承神话：

浙25，第1页（汉族，兰溪市）。

731.4　神的肢体化成了山。

出处：

古代文献：

《绎史》卷一《开辟原始》引《五运历年记》（盘古死后"四肢五体为四极五岳"）；《述异记》卷上（"昔盘古氏之死也，头为四岳"，又云"盘古氏头为东岳，腹为中岳，左臂为南岳，右臂为北岳，足为西岳"）。

黑1，第3页（汉族，通河县），第18页（满族，宁安县）。

辽50，第8页（满族，岫岩县）。

浙1，第1页（汉族，安吉县）；浙9，第1页（汉族，东阳县）；浙28，第15页（汉族，临安县）；浙43，第1页（汉族，上虞县）；浙64，第3页（汉族，永嘉县）。

豫21，第5页（汉族，濮阳县）；豫40，第2页（汉族，新乡县）。

川1，第3页（汉族，奉节县），第121页（汉族，德阳市市中区），第128页（藏族，阿坝县）。

综4，第249页（白族）；综6，第1页（汉族，浙江省东阳县）；综7，第5页（汉族，河南省太行山区）。

731.5　神的鼻子化成了山。

出处：

口承神话：

浙36，第2页（汉族，浦江县）；浙56，第1页（汉族，婺城区）。

综1，第92页（汉族，湖北省京山县）。

731.6　神的耳朵化成了悬崖。

出处：

口承神话：

综1，第92页（汉族，湖北省京山县）。

731.7　神的毛发化成了山。

出处：

口承神话：

综1，第217页（彝族，贵州省威宁县）。

731.8　神的手指化成了山。

出处：

口承神话：

桂2，第153页（壮族，钟山县）。

731.9　神的粪便变成山。

出处：

口承神话：

藏1，第17页（珞巴族，墨脱县）。

732　山起源于物体的变形。

对照：汤A963　山起源于掉下的或扔出的石头（土、沙）。

732.1　卵变成山。

出处：

口承神话：

川2，第5页（藏族，乡城县）。

732.2　宇宙卵的碎壳变成高山。

出处：

口承神话：

豫21，第5页（汉族，濮阳县）。

732.3　泥巴或沙粒变成山。

对照：汤A963.3　泥土落下形成山。汤A963.7　山起源于路过的人留下的沙土。汤A963.9　从天空掉下的泥土形成了山。

出处：

口承神话：

冀15，第2页（汉族，下花园区）；冀18，第19页（汉族，下花园区），第21页（汉族，宣化县），第27页（汉族，张家口）。

陕10，第17页（汉族，三原县），第18页（汉族，彬县）。

综1，第310页（傈僳族，云南省）。

732.3.1　堆积的土壤形成了山。

出处：

口承神话：

浙28，第16页（汉族，临安县）；浙32，第12页（汉族，宁海县）；浙44，第6页（汉族，绍兴县）；浙60，第1页（汉族，萧山市）。

川14，第2页（汉族，简阳县）；川19，第2页（汉族，邻水县）。

732.3.2　泥沙堆积成山。

出处：

口承神话：

川2，第563页（羌族，汶川县）。

732.4　石头变成高山。

出处：

口承神话：

辽10，第99页（汉族，大洼县）。

陕2，第1页（汉族，宝鸡县）。

732.5　金银变成了山。

出处：

口承神话：

川2，第291页（彝族）。

732.6　被射下的太阳落在地上成为山。

出处：

口承神话：

川2，第571页（羌族，北川县）；川4，第157页（羌族，北川县）。

732.7　山起源于天神给的山种子。

出处：

口承神话：

川1，第81页（羌族，汶川县）。

732.8　神造太阳和月亮后，废料落下来变成了山。

出处：

口承神话：

冀5，第10页（汉族，藁城县）。

732.9　被射下的星星摔在地上，形成了山。

出处：

口承神话：

综1，第55页（哈尼族，云南省元江县）。

732.10　火山来自文化英雄投下的天火。

出处：

口承神话：

川1，第244页（苗族，筠连县）。

733　山起源于神的行为。

对照：汤A962　山源于古代的神的活动。汤A969.9　山脉或山冈起源于恶魔的行为。汤A964　古代的竞赛或战争形成了山。

出处：

口承神话：

浙5，第4页（汉族，淳安县）；浙8，第2页（汉族，定海区）。

川2，第547页（彝族，茂县）；川34，第2页（汉族，合川县）；川42，第1页（汉族，自贡市）。

综1，第286页（彝族，四川省）；综4，第100页（彝族，四川省凉山州）。

733.1　神造山。

对照：汤A962.2　神用手造出山。

出处：

口承神话：

辽5，第284页（汉族，平山区）。

浙1，第3页（汉族，安吉县）；浙28，第1页（汉族，临安县）；浙43，第2、4页（汉族，上虞县）。

桂5，第4页（彝族，隆林县）；桂8，第1页（汉族，钦州市）。

川 2，第 277 页（彝族，喜德县）。

综 4，第 9 页（苗族，贵州省台江县、施秉县、凯里市）；综 7，第 335 页（汉族，河南省嵩岳伊洛区）。

733.2　神挤压大地使地球变小，凸出的部分成为山。

参照：671，745.2。

出处：

口承神话：

辽 39，第 500 页（汉族，瓦房店市）。

浙 2，第 2 页（汉族，苍南县）；浙 5，第 3 页（汉族，淳安县）；浙 19，第 1 页（汉族，建德县）；浙 39，第 1 页（汉族，庆元县）；浙 47，第 13 页（汉族，松阳县）；浙 48，第 6 页（汉族，遂昌县）；浙 49，第 5 页（汉族，泰顺县）；浙 54，第 3 页（汉族，文成县）；浙 55，第 1 页（畲族，武义县）。

豫 18，第 385 页（汉族，南召县）。

川 1，第 5 页（汉族，巴县），第 9 页（汉族，屏山县），第 11 页（汉族，筠连县），第 30 页（傈僳族，德昌县）；川 2，第 544 页（汉族，屏山县），第 933 页（傈僳族，德昌县）；川 17，第 3 页（汉族，筠连县）；川 18，第 1 页（汉族，洪雅县）；川 22，第 22 页（汉族，屏山县）。

综 1，第 97 页（基诺族，云南省），第 99 页（苗族，云南省马关县、麻栗坡县），第 101 页（白马藏族，四川省平武县）；综 4，第 75 页（彝族，云南省楚雄彝族自治州），第 246 页（白族）。

733.3　神缝连天地，地上凸出的褶皱形成山。

出处：

口承神话：

桂 2，第 4 页（瑶族，钟山县）。

综 4，第 230 页（瑶族，广西壮族自治区）。

733.4　神撞击大地，凸出的部分形成山。

出处：

口承神话：

综 1，第 303 页（普米族，云南省宁蒗县，四川省西昌市、木里县）。

733.5　神跺脚跺出了山。

出处：

口承神话：

川 2，第 272 页（彝族，凉山州），第 690 页（土家族，川湘边区）。

733.6　神用锤捶地或用斧子砍地，形成的高处成为山。

对照：汤 A962.7　山起源于文化英雄用剑击打地球。

出处：

豫 32，第 1 页（汉族，桐柏县）。

川 2，第 546 页（羌族，理县、汶川县）。

733.7　神从天上往下撒东西（如金子、石头、泥巴等），撒得多的地方成为山。

参照：703.7，723.4，741.1.1，948.1。

出处：

口承神话：

川 2，第 552 页（羌族，松潘县）。

陕 2，第 19 页（汉族，陇县）。

733.8　创世者让巨龙缩水，出现了山。

出处：

口承神话：

川 1，第 23 页（藏族，若尔盖县）。

733.9　神撒土形成山。

出处：

口承神话：

藏 1，第 7 页（珞巴族，墨脱县）。

733.10　神堆积土壤形成山。

出处：

古代文献：

《淮南子·地形训》。

734　由于支撑大地的鳌鱼身上不平，高的地方成为山。

出处：

口承神话：

浙 9，第 4 页（汉族，东阳县）；浙 52，第 3 页（汉族，桐乡县）。

735　神生育出了山。

对照：汤 A962.9　山是神从前的儿女。

出处：

口承神话：

综 4，第 194 页（布依族）。

735.1　天地结合生出山。

出处：

口承神话：

藏1，第8页（珞巴族，米林县）。

736 山的特征的起源。

736.1 山之所以高低不平的由来。是神用鞭子抽打的缘故。
出处：

口承神话：

综1，第6页（汉族，辽宁省大洼县）。

740 其他地形地貌及其特征的起源。

741 丘陵的起源。

741.1 丘陵起源于神的行为。

741.1.1 神从天上往下撒东西（如金子、石头、泥巴等），撒得不多的地方成为丘陵。
参照：703.7，723.4，733.7，948.1。

出处：

口承神话：

川2，第552页（羌族，松潘县）。

741.1.2 神用棍子敲打泥土形成了丘陵。
出处：

口承神话：

综1，第42页（苗族，湖南省湘西地区，贵州省松桃县）。

741.1.3 神补地时在地上走动形成山岭。
出处：

口承神话：

川2，第690页（土家族，川湘边区）。

741.2 丘陵起源于神或人的尸体化生。
参照：276。

741.2.1 神或人的肌肉变成了丘陵。
出处：

口承神话：

综1，第92页（汉族，湖北省京山县）。

741.2.2 神的肚子或骨头变成丘陵。
出处：

口承神话：

浙26，第1页（汉族，乐清县）；浙27，第3页（汉族，丽水市）。

742　峡谷的起源。

对照：汤A983　山谷和穴洞的起源。

出处：

口承神话：

综1，第97页（基诺族，云南省），第286页（彝族，四川省），第310页（傈僳族，云南省）；综4，第208页（布依族）。

742.1　神挤压地球，凹下的部分形成峡谷。

参照：671。

出处：

口承神话：

辽39，第500页（汉族，瓦房店市）。

浙38，第1页（汉族，青田县）。

川1，第9页（汉族，屏山县）。

742.2　神撒神土，撒得少的地方形成峡谷。

出处：

口承神话：

藏1，第7页（珞巴族，墨脱县）。

743　沟壑的起源。

出处：

口承神话：

综1，第101页（白马藏族，四川省平武县）；综4，第100页（彝族，四川省凉山州），第208页（布依族）。

743.1　神挤压地球，凹下的部分形成沟壑。

参照：671，703.2。

出处：

口承神话：

辽39，第500页（汉族，瓦房店市）。

浙39，第1页（汉族，庆元县）；浙54，第3页（汉族，文成县）。

川1，第5页（汉族，巴县），第30页（傈僳族，德昌县）；川2，第2页（白马藏族，平武县白马乡），第933页（傈僳族，德昌县）。

743.2　神用赶山鞭赶山形成沟壑。

参照：222.4，238。

出处：

口承神话：

冀2，第23页（汉族，承德县）。

辽31，第22页（满族，清原县）。

744 沼泽的起源。

744.1 神挤压地球，形成沼泽。

参照：671。

出处：

口承神话：

川1，第11页（汉族，筠连县）；川17，第3页（汉族，筠连县）。

744.2 神的呕吐行为形成沼泽。

出处：

古代文献：

《山海经·大荒北经》（相繇"所歍所尼，即为源泽，不辛乃苦"）。

744.3 星星降落砸地形成了沼泽。

出处：

口承神话：

综1，第55页（哈尼族，云南省元江县）。

745 山坡与高地的起源。

出处：

口承神话：

辽39，第500页（汉族，瓦房店市）。

浙2，第2页（汉族，苍南县）；浙38，第1页（汉族，青田县）；浙40，第2页（汉族，衢县）；浙48，第6页（汉族，遂昌县）；浙49，第5页（汉族，泰顺县）。

豫18，第385页（汉族，南召县）。

川2，第2页（白马藏族，平武县白马乡），第933页（傈僳族，德昌县）。

745.1 神的膝盖和手腕变成了山坡。

出处：

口承神话：

综4，第223页（布依族）。

745.2 神挤压地球形成山坡与高地。

参照：671，733.2。

出处：

口承神话：

辽39，第500页（汉族，瓦房店市）。

浙2，第2页（汉族，苍南县）；浙38，第1页（汉族，青田县）；浙40，第2页（汉族，衢县）；浙48，第6页（汉族，遂昌县）；浙49，第5页（汉族，泰顺县）。

豫18，第385页（汉族，南召县）。

川2，第2页（白马藏族，平武县白马乡），第933页（傈僳族，德昌县）。

745.3　神用锤捶地，凸起的部分形成高低不平的山地。

出处：

口承神话：

川2，第315页（彝族，凉山州），第329页（彝族，奉节县）。

750　石头的起源。

对照：汤A970　岩石的起源。

751　石头起源于物体的变形。

751.1　卵变成石头。

出处：

口承神话：

川2，第5页（藏族，乡城县）。

751.1.1　宇宙卵的碎壳变成石头。

出处：

口承神话：

浙9，第1页（汉族，东阳县）。

豫21，第5页（汉族，濮阳县）。

综7，第6页（汉族，河南省太行山区）。

751.2　神或人变成石头。

对照：汤A974　人变成石头。

出处：

口承神话：

川2，第398页（彝族，西昌市）。

其他2，第41—42页（鲁凯族，台湾省台东县）。

751.3　星星变成石头。

出处：

口承神话：

综1，第55页（哈尼族，云南省元江县）。

751.4   木渣变成石头。

出处：

口承神话：

综1，第217页（彝族，贵州省威宁县）。

751.5   神药变成石头。

出处：

口承神话：

藏1，第8页（珞巴族，墨脱县）。

752   石头起源于神或人的尸体化生。

参照：276，276.3。

752.1   神或人的骨头化作石头。

出处：

口承神话：

浙1，第2页（汉族，安吉县）；浙56，第1页（汉族，婺城区）；浙59，第3页（汉族，象山县）；浙60，第1页（汉族，萧山市）；浙64，第4页（汉族，永嘉县）。

川2，第2页（藏族，木里县），第6页（藏族，若尔盖县），第544页（羌族，北川县）；川4，第157页（藏族，北川县）。

综1，第92页（汉族，湖北省京山县）；综4，第223页（布依族），第250页（白族）。

752.2   神的脑浆变成岩浆。

出处：

口承神话：

辽42，第59页（汉族，细河区）。

752.3   神的牙齿变成石头。

出处：

口承神话：

综4，第248页（白族）。

752.4   神的头变成岩石。

出处：

口承神话：

综1，第176页（阿昌族，云南省陇川县、梁河县）。

752.5   神的鼻子变成石头。

出处：

口承神话：

桂2，第153页（壮族，钟山县）。

753 石头起源于天上。

对照：**汤 A971** 岩石起源于从神的筛子中落下的石头。

出处：

口承神话：

川1，第18页（汉族，绵竹县）；川2，第277页（彝族，喜德县），第552页（羌族，松潘县）。

综1，第286—287页（彝族，四川省）。

754 神生育了石头。

出处：

口承神话：

综1，第88页（卑南族，台湾省台东县）；综4，第194页（布依族）。

755 鹅卵石的起源。洪水潮天时留下来的。

出处：

口承神话：

川2，第563页（羌族，理县）。

756 陨石的起源。

756.1 起源于物体的变形。

756.1.1 神的箭镞从天空落下来，形成陨石。

出处：

口承神话：

综1，第106页（哈萨克族，新疆维吾尔自治区）。

760 珠宝的起源。

761 珠宝起源于神的尸体化生。

参照：276。

761.1 神的皮肤和汗毛变成宝藏。

出处：

口承神话：

黑1，第3页（汉族，通河县）。

761.2 神的牙齿和骨头变成珠宝。

出处：

口承神话：

豫 25，第 3 页（汉族，汝南县）。

综 7，第 5 页（汉族，河南省太行山区）。

762 珠宝起源于卵中。

出处：

口承神话：

综 1，第 139 页（纳西族，四川省木里县）。

763 珊瑚的起源。

763.1 卵变成珊瑚。

出处：

口承神话：

川 2，第 942 页（纳西族，木里县）。

764 珍珠的起源。

对照：汤 A2827　珍珠的起源。

出处：

口承神话：

综 1，第 139 页（纳西族，四川省木里县）。

764.1 卵变成珍珠。

出处：

口承神话：

川 2，第 942 页（纳西族，木里县）。

764.2 神的骨骼（牙齿）变成珍珠。

出处：

口承神话：

冀 6，第 571 页（汉族，藁城县）。

浙 16，第 4 页（汉族，海盐县）；浙 59，第 3 页（汉族，象山县）；浙 64，第 4 页（汉族，永嘉县）。

765 玉石的起源。

765.1 玉石起源于神或人的尸体化生。

参照：276。

765.1.1　神的牙齿变成玉石。

出处：

口承神话：

冀6，第571页（汉族，藁城县）。

浙16，第4页（汉族，海盐县）；浙59，第3页（汉族，象山县）。

豫25，第3页（汉族，汝南县）；豫40，第2页（汉族，新乡县）。

综1，第92页（汉族，湖北省京山县）；综7，第5页（汉族，河南省太行山区）。

765.1.2　神的骨头变成玉石。

出处：

口承神话：

综7，第5页（汉族，河南省太行山区）。

765.2　玛瑙的起源。

出处：

口承神话：

综1，第139页（纳西族，四川省木里县）。

765.2.1　卵变成玛瑙。

出处：

口承神话：

川2，第942页（纳西族，木里县）。

770　金属的起源。

对照：*汤* A978　矿物的起源。*汤* A1432　金属的获得。

770.1　金属起源于神或人的尸体化生。

参照：276。

对照：*汤* A978.1　矿物起源于死去的文化英雄的尸体。

出处：

口承神话：

浙64，第4页（汉族，永嘉县）。

综4，第81页（彝族，云南省楚雄彝族自治州）。

771　黄金的起源。

对照：*汤* A1432.2　金子的获得。

出处：

口承神话：

综1，第139页（纳西族，四川省木里县）；综4，第14—15页（苗族，贵州省台江县、施秉县、凯里市），第81页（彝族，云南省楚雄彝族自治州）。

771.1　金子起源于天上。

出处：

口承神话：

川2，第552页（羌族，松潘县），第953页（纳西族，木里县）。

771.2　卵变成黄金。

出处：

口承神话：

川2，第942页（纳西族，木里县）。

771.3　神的骨头和牙齿变成金子。

出处：

口承神话：

浙64，第4页（汉族，永嘉县）。

综7，第5页（汉族，河南省太行山区）。

771.4　龙皮变成黄金。

出处：

口承神话：

综7，第261页（汉族，河南省灵宝县）。

771.5　为什么金矿都和石头、泥巴混在一起。因为神把它们夹在一起撒了下来。

出处：

口承神话：

川2，第552页（羌族，松潘县）。

772　白银的起源。

出处：

口承神话：

综1，第139页（纳西族，四川省木里县）；综4，第14—15页（苗族，贵州省台江县、施秉县、凯里市），第81页（彝族，云南省楚雄彝族自治州）。

772.1　卵变成白银。

出处：

口承神话：

川2，第942页（纳西族，木里县）。

772.2　白银起源于天上。

出处：

口承神话：

川2，第953页（纳西族，木里县）。

772.3　神的骨头变成银子。

出处：

口承神话：

浙64，第4页（汉族，永嘉县）。

综7，第5页（汉族，河南省太行山区）。

773　铜的起源。

对照：汤 A1432.3　黄铜的获得。汤 A1432.4　铜的获得。

出处：

口承神话：

综4，第81页（彝族，云南省楚雄彝族自治州）。

773.1　神的骨头变成铜。

出处：

口承神话：

浙64，第4页（汉族，永嘉县）。

综7，第5页（汉族，河南省太行山区）。

774　铁的起源。

对照：汤 A978.2　铁被用来惩罚雪松的傲慢。汤 A1432.1　铁的起源。

出处：

口承神话：

综4，第81页（彝族，云南省楚雄彝族自治州）。

774.1　铁起源于天上。

出处：

口承神话：

川2，第302页（彝族，盐边县）。

774.2　神的骨头变成铁。

出处：

口承神话：

浙64，第4页（汉族，永嘉县）。

综7，第5页（汉族，河南省太行山区）。

774.3　神的血管变成铁矿石。

出处：

口承神话：

冀18，第11页（汉族，庞家堡区）。

775　锡的起源。

出处：

口承神话：

综4，第81页（彝族，云南省楚雄彝族自治州）。

775.1　神的骨头变成锡。

出处：

口承神话：

浙64，第4页（汉族，永嘉县）。

780　煤炭的起源。

对照：汤A1431　煤的起源。

781　神造太阳、月亮后，落下的废料形成煤。

出处：

口承神话：

冀5，第10页（汉族，藁城县）。

782　升上天的神为人类留下煤炭。

出处：

口承神话：

冀15，第19页（汉族，下花园区）。

790　冥界的起源与性质。

791　冥界的起源。

出处：

口承神话：

综4，第226页（满族，黑龙江省宁安县）。

792　冥界。人死后的去处或鬼的住处。

对照：汤A671　地狱。极度痛苦和烦恼的下界。

出处：

口承神话：

冀3，第26页（汉族，抚宁县）。

辽1，第465页（汉族，北票市）；辽24，第6页（汉族，开原县）。

浙10，第10页（汉族，洞头县）。

豫32，第18页（汉族，桐柏县）；豫40，第1页（汉族，新乡县）。

桂10，第3页（汉族，南宁市）。

川2，第957页（蒙古族，木里县）。

综1，第269页（珞巴族，西藏自治区米林县）；综4，第178页（彝族，贵州省）。

792.1　天地之间鬼灵精怪居住的场所。

出处：

口承神话：

藏1，第7页（珞巴族，墨脱县）。

793　冥界的宫殿。

出处：

口承神话：

辽1，第465页（汉族，北票市）；辽24，第6页（汉族，开原县）。

浙28，第256页（汉族，临安县）；浙38，第8页（汉族，青田县）；浙72，第25页（汉族，诸暨县）。

豫32，第18页（汉族，桐柏县）。

794　十八层地狱。

出处：

口承神话：

冀3，第26页（汉族，抚宁县）。

795　冥界的神物。

795.1　神牛。

出处：

口承神话：

浙49，第8页（汉族，泰顺县）。

796　冥界的主宰。

参照：198。

对照：汤A675　下界的法官。汤A310　冥界之神。

出处：

古代文献：

《楚辞·招魂》（土伯）；《乐府诗集》卷二十七《相和歌辞二·蒿里四首》（鬼伯）。

口承神话：

冀3，第26页（汉族，抚宁县）。

辽1，第465页（汉族，北票市）；辽24，第6页（汉族，开原县）；辽29，第475页（汉族，文圣区）。

浙10，第10、11页（汉族，洞头县）；浙28，第256页（汉族，临安县）；浙32，第216页（汉族，宁海县）；浙38，第8页（汉族，青田县）；浙49，第8页（汉族，泰顺县）；浙51，第99页（汉族，桐庐县）；浙55，第8页（汉族，武义县）；浙66，第203页（汉族，余杭县）；浙68，第14页（汉族，玉环县）；浙72，第6、25页（汉族，诸暨县）。

豫21，第23（汉族，濮阳县）；豫32，第18页（汉族，桐柏县）。

桂10，第3页（汉族，南宁市）。

川30，第5页（汉族，营山县）。

796.1　天地之间的鬼王。

出处：

口承神话：

藏1，第7页（珞巴族，墨脱县）。

797　冥界的鬼差。

出处：

口承神话：

冀3，第26页（汉族，抚宁县）。

辽1，第465页（汉族，北票市）；辽24，第6页（汉族，开原县）。

浙32，第216页（汉族，宁海县）。

798　人死后魂归泰山。

出处：

古代文献：

《后汉书》卷九十《乌桓鲜卑列传·乌桓》（"护死者神灵归赤山，……如中国人死者魂神归岱山也"）；《乐府诗集》卷四十一《相和歌辞十六·怨诗行五首》（"人间乐未央，忽然归东岳"）。

810　鬼的起源。

参照：1059.10，1181。

811　鬼从南瓜中生出。

出处：

川1，第189页（傈僳族，德昌县）；川2，第935页（傈僳族，德昌县）。

812　鬼起源于卵中。

出处：

口承神话：

综1，第95页（纳西族，云南省丽江地区）。

813　上天的人变成了鬼。

出处：

口承神话：

综1，第107页（独龙族，云南省）。

814　鬼门。众鬼所出入的地方。

对照：汤A671.1　地狱的守门者。汤A671.5　环绕地狱的门。

出处：

古代文献：

《论衡·订鬼篇》引《山海经》。

814.1　鬼门在神山上。

出处：

古代文献：

《论衡·订鬼篇》引《山海经》（度朔山）。

814.2　鬼门在大树之下。

出处：

古代文献：

《论衡·订鬼篇》引《山海经》。

820　下界的起源与性质。

821　下界。与上界和中界同在。

出处：

口承神话：

桂10，第3页（壮族，南宁市）。

822　地下的小人国。

出处：

口承神话：

黑1，第13、18页（满族，宁安县）。

浙32，第18页（汉族，宁海县）。

川2，第940页（傈僳族，德昌县）。

823 幽都。幽冥无日之地。

出处：

古代文献：

《楚辞·招魂》；《楚辞·天问》王逸注；《博物志》卷一《地》（幽都）。

823.1 在幽冥之处，有神或神圣动物衔着烛火照耀着。

对照：汤A671.2.4 地狱之火。

出处：

古代文献：

《楚辞·天问》（"日安不到？烛龙何照？"）；《山海经·大荒北经》郭璞注引《诗含神雾》（"天不足西北，无有阴阳消息，故有龙衔火精以往照天门中"）。

824 地下国的主宰者。

出处：

口承神话：

黑1，第13、18页（满族，宁安县）。

825 水界。

出处：

口承神话：

辽10，第98页（汉族，大洼县）。

826 龙宫。

出处：

口承神话：

冀2，第22页（汉族，承德县）；冀5，第7页（汉族，藁城县）；冀6，第557页（汉族，藁城县）。

辽2，第483页（汉族，北镇县）；辽11，第10页（汉族，东沟县）；辽41，第148页（汉族，西丰县）。

浙36，第13页（汉族，浦江县）；浙58，第7页（汉族，仙居县）。

豫26，第10页（汉族，社旗县）；豫38，第3页（汉族，项城县）。

桂8，第98页（汉族，钦州市）。

川1，第81页（羌族，汶川县），第105页（汉族，西充县），第198页（汉族，中江县），第 336 页（汉族，巫山县）；川 27，第 4、6 页（汉族，西充县）。

850—1049　世界的毁灭与重建

850　世界大灾难。世界的现存秩序遭到极大破坏，或被毁灭。

对照：汤 A1000　世界的巨大灾难。世界被毁灭。通常发生的灾难是相同的，无论地球是最终被毁灭，还是毁灭之后又被更新。

851　灾难是由于对罪恶的惩罚。

对照：汤 A1003　灾难是由于对罪恶的惩罚。
出处：
口承神话：
浙 27，第 32 页（畲族，丽水市）。

851.1　天帝为惩罚女儿嫁到人间而降下洪水。
出处：
口承神话：
川 2，第 294 页（彝族，峨边县）。

851.2　天神因为人类不敬神的行为而发地火。
出处：
口承神话：
川 2，第 555 页（羌族，黑水县）。

851.3　因为人类浪费粮食，天神降下灾难。
出处：
口承神话：
川 2，第 566 页（羌族，汶川县）。
浙 5，第 5 页（汉族，淳安县）。

851.4　因为人心太坏，所以神降灾难。
出处：
口承神话：
浙 23，第 3 页（汉族，缙云县）；浙 56，第 6 页（汉族，婺城区）；浙 60，第 16 页（汉族，萧山市）。
豫 16，第 19 页（汉族，泌阳县）；豫 26，第 6 页（汉族，社旗县）。

综7，第37页（汉族，河南省桐柏盘古山区）。

852　雷公复仇。天上的雷公或雷婆为报复人间而降下大洪水。

参照：168。

出处：

口承神话：

浙64，第8页（汉族，永嘉县）。

桂2，第1页（汉族，钟山县），第5、154页（瑶族，钟山县）；桂3，第3页（壮族，柳州市）；桂10，第11页（壮族，南宁市）；桂13，第4页（壮族，合山市）。

川2，第562页（羌族，理县）。

综1，第19—21页（侗族，贵州省黎平县），第40页（苗族，湖南省湘西地区，贵州省松桃县）。

853　灾难是由于神祇之间的争斗。神祇之间发生了纷争，结果毁坏了世界的正常秩序。

参照：244。

出处：

口承神话：

黑1，第18页（满族，宁安县）。

桂4，第5页（汉族，玉林市）。

综1，第52—53页（哈尼族，云南省元江县），第93页（汉族，吉林省长春市）。

853.1　争斗中神撞倒了撑天柱。

参照：403.8，884。

出处：

古代文献：

《淮南子·天文训》《论衡·谈天篇》《补史记·三皇本纪》（共工怒触不周山）。

口承神话：

辽6，第1页（汉族，本溪县）。

川1，第14页（汉族，巴县），第17页（汉族，绵竹县），第120页（汉族，德阳市市中区）。

综1，第93页（汉族，吉林省长春市）。

853.2　叛神发洪水。

出处：

古代文献：

《淮南子·本经训》《路史·后纪二》（共工）。

854　灾难是由于神祇之间的职责交换。

出处：

口承神话：

综1，第68页（藏族，四川省木里县）。

854.1　灾难是由于太阳之间交换职责。

出处：

口承神话：

川2，第9页（藏族，木里县）。

855　灾难是由于神的渎职。

出处：

口承神话：

豫28，第13页（汉族，渑池县）。

综4，第232页（瑶族，广东省连南瑶族自治县）。

856　灾难是由于人世间的混乱。

出处：

口承神话：

黑1，第10页（汉族，青冈县）。

浙9，第10页（汉族，东阳县）；浙23，第3页（汉族，缙云县）；浙28，第3页（汉族，临安县）；浙31，第4页（汉族，龙游县）；浙36，第5页（汉族，浦江县）；浙50，第1页（汉族，天台县）；浙56，第6页（汉族，婺城区）；浙60，第16页（汉族，萧山市）；浙65，第3页（汉族，永康县）；浙68，第7页（汉族，玉环县）；浙72，第4、6页（汉族，诸暨县）。

豫16，第19页（汉族，泌阳县）；豫26，第6页（汉族，社旗县）。

综1，第98页（基诺族，云南省）；综7，第37页（汉族，河南省桐柏盘古山区），第138页（汉族，河南省沈丘县），第167页（汉族，河南省内乡一带）。

857　周期性的世界性灾难。

出处：

口承神话：

辽57，第167页（蒙古族，喀左县）。

浙20，第70页（汉族，江北区）；浙47，第16页（汉族，松阳县）；浙48，第1页（汉族，遂昌县）。

豫18，第2页（汉族，南召县）。

综7，第106页（汉族，河南省淮阳县），第128页（汉族，河南省商丘、开封），第

135 页（汉族，河南省西华县）。

857.1　神轮流管理大地，换班一次灾难便发生一次。

出处：

口承神话：

川 2，第 12 页（藏族，红原县）。

857.2　支撑大地的鳌鱼每隔一段时间活动一次，就发生一次世界灾难。

出处：

口承神话：

黑 1，第 5 页（汉族，呼玛县）。

860　灾难的预兆。预示灾难即将发生的征兆。

对照：汤 A1002.2　审判之日以前的先兆。

861　石狮子出汗。

出处：

口承神话：

浙 65，第 3 页（汉族，永康县）。

862　石狮子（或石龟）眼睛出血或变红。

出处：

古代文献：

《搜神记》卷二十（古巢老姥）。

口承神话：

黑 1，第 11 页（汉族，青冈县）。

辽 5，第 286 页（汉族，平山区）；辽 40，第 404 页（汉族，瓦房店市）；辽 45，第 1 页（汉族，新宾县）。

浙 9，第 10 页（汉族，东阳县）；浙 16，第 19 页（汉族，海盐县）；浙 19，第 5 页（汉族，建德县）；浙 23，第 3 页（汉族，缙云县）；浙 28，第 3、6 页（汉族，临安县）；浙 32，第 14 页（汉族，宁海县）；浙 47，第 14、16 页（汉族，松阳县）；浙 56，第 6 页（汉族，婺城区）；浙 60，第 16 页（汉族，萧山市）。

豫 12，第 1 页（汉族，兰考县）；豫 16，第 20 页（汉族，泌阳县）；豫 22，第 1 页（汉族，淇县）；豫 23，第 5 页（汉族，杞县）；豫 32，第 61 页（汉族，桐柏县）；豫 40，第 9 页（汉族，新乡县）。

桂 11，第 2 页（壮族，大新县）。

综 1，第 36 页（汉族，浙江省东阳县）；综 7，第 38 页（汉族，河南省桐柏盘古山区），第 135 页（汉族，河南省西华县），第 140 页（汉族，河南省南阳县），第 165 页

（汉族，河南省沈丘县）。

863 多日并出。

参照：164.5，442，458.3，952。

对照：汤 A1052.3 世界末日时四个（七个）太阳出现在天空中。

出处：

口承神话：

浙3，第69页（汉族，长兴县）。

综1，第195页（汉族，浙江省湖州市）。

870 灾难的预告。预先告知灾难的降临。

871 石龟（或石狮、石人、乌龟等）开口说话，预告灾难的降临。

对照：艾47型 洪水1。汤 A1002.2.3 石头说话是世界末日的先兆。

出处：

口承神话：

辽11，第29页（汉族，东沟县）；辽20，第353页（汉族，桓仁县）；辽26，第231页（汉族，宽甸县）；辽31，第5页（满族，清原县）；辽45，第1页（汉族，新宾县）；辽50，第1页（满族，岫岩县）；辽53，第6页（汉族，振兴区）。

浙25，第4页（汉族，兰溪市）；浙27，第32页（畲族，丽水市），第36页（汉族，丽水市）；浙31，第2页（汉族，龙游县）；浙36，第5页（汉族，浦江县）；浙38，第10页（汉族，青田县）；浙39，第5页（汉族，庆元县）；浙40，第3页（汉族，衢县）；浙47，第14页（汉族，松阳县）；浙48，第1页（汉族，遂昌县）；浙49，第9页（汉族，泰顺县）；浙55，第4页（畲族，武义县）。

豫3，第11页（汉族，登封县）；豫9，第134页（回族，吉县）；豫10，第209页（汉族，郏县）；豫14，第4页（汉族，武陟县）；豫17，第1页（汉族，密县）；豫21，第8页（汉族，濮阳县）；豫22，第1页（汉族，淇县）；豫25，第14页（汉族，汝南县）；豫27，第3页（汉族，沈丘县）；豫29，第3页（汉族，太康县）；豫31，第4页（汉族，通许县）；豫32，第61页（汉族，桐柏县）；豫36，第3页（汉族，息县）；豫40，第9页（汉族，新乡县）；豫45，第1页（汉族，禹州市）；豫46，第1页（汉族，周口市）；豫47，第1、3页（回族，驻马店市）。

综7，第29、31、32、36、38页（汉族，河南省桐柏盘古山区），第98、106、117页（汉族，河南省淮阳县），第103页（汉族，河南省沈丘县），第128页（汉族，河南省商丘、开封），第135页（汉族，河南省西华县），第151、163页（汉族，河南省），第167页（汉族，河南省内乡一带）。

872 神祇预告灾难的降临。

出处：

口承神话：

黑1，第9页（汉族，呼兰县），第10页（汉族，青冈县），第33页（满族，宁安县）。

辽5，第286页（汉族，平山区）；辽40，第404页（汉族，瓦房店市）。

浙3，第69页（汉族，长兴县）；浙5，第5页（汉族，淳安县）；浙9，第10页（汉族，东阳县）；浙16，第19页（汉族，海盐县）；浙19，第5页（汉族，建德县）；浙25，第5页（汉族，兰溪市）；浙28，第3页（汉族，临安县）；浙31，第5页（汉族，龙游县）；浙32，第4页（汉族，宁海县）；浙47，第16页（汉族，松阳县）；浙49，第11页（汉族，泰顺县）；浙50，第1页（汉族，天台县）；浙58，第4页（汉族，仙居县）；浙72，第5页（汉族，诸暨县）。

豫2，第6页（汉族，郸城县）；豫16，第20页（汉族，泌阳县）；豫23，第5页（汉族，杞县）；豫25，第4页（汉族，汝南县）；豫26，第7页（汉族，社旗县）；豫27，第1页（汉族，沈丘县）。

桂11，第2页（壮族，大新县）。

川1，第26页（彝族，德昌县），第114页（彝族，冕宁县），第136、144页（彝族，峨边县），第178页（纳西族，木里县），第182页（蒙古族，盐源县）；川2，第9页（藏族，木里县），第13页（藏族，木里县），第287页（彝族），第294页（彝族，峨边县），第297页（彝族，石棉县），第945页（蒙古族，盐源县），第949、951页（纳西族，木里县）；川17，第11页（苗族，筠连县）；川22，第29页（彝族，屏山县）；川28，第1页（汉族，兴文县）。

综1，第36页（汉族，浙江省东阳县），第41页（苗族，湖南省湘西地区，贵州省松桃省），第46—47页（彝族，云南省罗平县、宣成县），第68页（藏族，四川省木里县），第73页（白族勒墨人，云南省碧江县），第195页（汉族，浙江省湖州市）；综7，第101页（汉族，河南省），第131页（汉族，河南省正阳县），第139、144、165页（汉族，河南省沈丘县）。

872.1 神祇托梦预告灾难的降临。

出处：

口承神话：

川1，第114页（彝族，冕宁县）。

872.2 雷公预告灾难的降临。

出处：

口承神话：

桂2，第1页（汉族，钟山县）。

873   动物预告灾难的降临。

出处：

口承神话：

综 1，第 57 页（佤族，云南省沧源县），第 62 页（蒙古族，四川省木里县），第 311 页（傈僳族，云南省）。

873.1   牛预告灾难的降临。

出处：

口承神话：

川 2，第 564 页（羌族，黑水县）。

综 7，第 143 页（汉族，河南省项城县）。

873.2   乌鸦预告灾难的降临。

出处：

口承神话：

川 1，第 125 页（藏族，小金县）；川 2，第 807 页（苗族，筠连县）。

873.3   乌龟预告灾难的来临。

出处：

口承神话：

综 7，第 94、137、146、148、154 页（汉族，河南省沈丘县），第 156 页（汉族，河南省西华县），第 157 页（汉族，河南省项城县）。

873.4   狮子预告灾难的降临。

出处：

口承神话：

综 7，第 160 页（汉族，河南省驻马店市）。

880   世界大灾难时天界的混乱。

对照：汤 A1050   世界末日时天国崩溃。

881   天塌下来。

参照：961。

882   天不能覆盖大地。

出处：

古代文献：

《淮南子·览冥训》（"天不兼覆"）。

883　天空出现漏洞。

参照：237，943，990，991。

出处：

口承神话：

冀5，第13页（汉族，藁城县）；冀6，第597页（汉族，藁城县）；冀8，第1页（汉族，藁城县）；冀9，第2页（汉族，涉县）；冀12，第222页（汉族，高邑县）；冀18，第46页（汉族，宣化县）。

辽14，第378页（汉族，抚顺露天区）；辽45，第2页（汉族，新宾县）；辽47，第1页（汉族，新民县）。

浙3，第67、68页（汉族，长兴县）；浙14，第3页（汉族，海宁市）；浙27，第27页（汉族，丽水市）；浙28，第14页（汉族，临安县）；浙31，第5页（汉族，龙游县）。

豫2，第10页（汉族，郏城县）；豫9，第136页（汉族，吉县）；豫18，第10页（汉族，南召县）；豫23，第13页（汉族，杞县）；豫26，第13页（汉族，社旗县）；豫29，第3、22页（汉族，太康县）；豫32，第18页（汉族，桐柏县）；豫47，第4页（回族，驻马店市）。

桂4，第5页（汉族，玉林市）。

川1，第14页（汉族，巴县），第16页（汉族，广汉县），第17页（汉族，绵竹县）；川4，第1页（羌族，北川县）；川14，第2页（汉族，简阳县）。

陕2，第101页（汉族，宝鸡县）；陕11，第467页（汉族，长武县）。

综7，第55页（汉族，河南省开封府区）。

884　撑天柱毁坏。

参照：403.8，853.1。

出处：

古代文献：

《淮南子·天文训》《论衡·谈天篇》《补史记·三皇本纪》（"天柱折"）。

口承神话：

冀6，第597页（汉族，藁城县）。

884.1　神撞倒了撑天柱。

出处：

古代文献：

《列子·汤问第五》、《淮南子·天文训》、《论衡·谈天篇》、《瑂玉集》卷第十二《壮力篇第二》、《补史记·三皇本纪》、《路史·后纪二》（共工触山）。

口承神话：

冀1，第7页（汉族，满城县）。

辽6，第1页（汉族，本溪县）。

浙3，第67、68页（汉族，长兴县）；浙7，第19页（汉族，德清县）；浙39，第4页（汉族，庆元县）；浙64，第5页（汉族，永嘉县）。

豫18，第10页（汉族，南召县）；豫23，第11页（汉族，杞县）；豫28，第16页（汉族，渑池县）；豫29，第22页（汉族，太康县）。

川1，第14、323页（汉族，巴县），第16页（汉族，广汉县），第17页（汉族，绵竹县），第120页（汉族，德阳市市中区），第314页（汉族，成都市东、西城区）；川42，第14页（汉族，自贡市）。

陕11，第467页（汉族，长武县）。

综1，第93页（汉族，吉林省长春市）；综7，第55页（汉族，河南省开封府区）。

884.2　作为撑天柱的鳌鱼死亡。

出处：

口承神话：

豫2，第10页（汉族，郸城县）。

885　天维毁坏。系天的绳子断了。

参照：405。

出处：

古代文献：

《路史·后纪二》。

886　天向西北方倾斜。

参照：404。

出处：

古代文献：

《列子·汤问第五》《淮南子·天文训》《论衡·谈天篇》（"天倾西北"）。

口承神话：

豫18，第10页（汉族，南召县）；豫23，第13、15页（汉族，杞县）；豫28，第16页（汉族，渑池县）。

川1，第14页（汉族，巴县）；川42，第14页（汉族，自贡市）。

综1，第93页（汉族，吉林省长春市）。

887　太阳运行的规律混乱。

参照：232.1.1，461，863。

对照：艾67型　十日并出。汤A1052　世界末日时太阳的行为。汤A1052.1　世界末日时太阳被魔鬼吞噬。汤A1052.3　世界末日时四个（七个）太阳出现在天空中。

出处：

口承神话：

冀7，第284页（汉族，藁城县）。

浙36，第7页（汉族，浦江县）。

豫17，第1页（汉族，密县）；豫23，第13、15页（汉族，杞县）。

综1，第195页（汉族，浙江省湖州市），第68—69页（藏族，四川省木里县）；综4，第244页（白族）。

887.1　背负太阳的乌龟喝醉了，所以太阳不能出来。

出处：

口承神话：

川1，第100页（汉族，珙县）。

888　月亮运行的规律混乱。

对照：**汤 A1053**　世界末日时月亮的行为。

出处：

口承神话：

豫17，第1页（汉族，密县）。

综4，第244页（白族）。

889　星星从天空坠落。

对照：**汤 A1051**　世界末日时星星的行为。**汤 A1051.1**　世界末日时星星从天上坠落。

出处：

口承神话：

豫17，第1页（汉族，密县）。

综1，第93页（汉族，吉林省长春市）。

890　世界大灾难时地界的混乱。

参照：900，951，953，954，955，956，957，958，959，961。

对照：**汤 A1060**　世界末日时地球的混乱。

891　大地毁坏。

891.1　大地沉没。

参照：957，961。

对照：**汤 A1061**　世界末日时地球陷入大海。

出处：

口承神话：

冀12，第222页（汉族，高邑县）。

浙58，第7页（汉族，仙居县）；浙64，第5页（汉族，永嘉县）。

陕11，第467页（汉族，长武县）。

综1，第195—196页（汉族，浙江省湖州市）；综7，第39页（汉族，河南省桐柏盘古山区），第152页（汉族，河南省平舆县）。

891.2 大地向东南方倾斜。

出处：

古代文献：

《楚辞·天问》《列子·汤问第五》《淮南子·天文训》《论衡·谈天篇》《补史记·三皇本纪》（"地不满东南"）。

口承神话：

浙2，第4页（汉族，苍南县）。

豫28，第16页（汉族，渑池县）。

综1，第93页（汉族，吉林省长春市）。

891.3 大地出现了漏洞。

出处：

口承神话：

豫32，第18页（汉族，桐柏县）。

891.4 地不能承载万物。

出处：

古代文献：

《淮南子·览冥训》（"地不周载"）。

891.5 地维毁坏。系地的绳子断了。

参照：634。

出处：

古代文献：

《列子·汤问第五》《淮南子·天文训》《论衡·谈天篇》《补史记·三皇本纪》《路史·后纪二》（"地维绝"）。

892 魔怪为害。

出处：

古代文献：

《淮南子·览冥训》（"猛兽食颛民，鸷鸟攫老弱"）；《孟子·滕文公章句上》（"禽兽逼人"）；《孟子·滕文公章句下》（"蛇龙居之，民无所定"）。

口承神话：

川1，第315页（汉族，成都市东、西城区）。

陕11，第467页（汉族，长武县）。

893　天下大旱。

对照：汤 A1065　世界末日时持续的干旱。

出处：

古代文献：

《淮南子·本经训》（"焦禾稼，杀草木，而民无所食"）。

口承神话：

陕7，第134页（汉族，蓝田县）；陕9，第49页（汉族，西乡县）；陕10，第6页（汉族，乾县）。

894　城池陷落为湖。某一地方的城池陷落，化为湖泊。

出处：

古代文献：

《淮南子·精神训》。

894.1　城池陷落为湖是由于人心险恶。

出处：

古代文献：

《搜神记》卷二十（古巢老姥）。

口承神话：

浙32，第14页（汉族，宁海县）；浙59，第5页（汉族，象山县）。

895　五谷不登，草木横生，人民无处居住。

出处：

古代文献：

《孟子·滕文公章句上》（"草木畅茂，禽兽繁殖，五谷不登"）。

900　洪水潮天。全世界或局部地方的洪水泛滥。

参照：162.6，707，708，851.1，852，853.2，1000，1331.2，1331.4 等。

对照：艾47型　洪水1、洪水2、洪水3、洪水4、洪水5、洪水6。汤 A1010　洪水。全世界或局部地区的洪水泛滥。

出处：

古代文献：

《山海经·海内经》（"洪水滔天"）；《尚书·尧典》（"汤汤洪水方割"）；《孟子·滕文公章句上》（"洪水横流，泛滥于天下"）；《吕氏春秋·开春类第一·爱类》（"大溢逆流，……尽皆灭之，名曰鸿水"）；《淮南子·览冥训》（"水浩洋而不灭"）；《淮南子·本经训》（"共工振滔洪水，以薄空桑"）。

口承神话：

冀1，第7页（汉族，满城县）；冀2，第12页（汉族，承德县）；冀5，第5、15页（汉族，藁城县）；冀7，第135页（汉族，藁城县）；冀8，第1页（汉族，藁城县）；冀18，第4页（汉族，庞家堡区）。

黑1，第8页（汉族，加格达奇区），第9页（汉族，呼兰县），第12、18、33页（满族，宁安县），第44页（鄂伦春族，黑河市），第45页（鄂伦春族，呼玛县）。

辽5，第286页（汉族，平山区）；辽6，第1页（汉族，本溪县）；辽20，第353页（汉族，桓仁县）；辽26，第231页（汉族，宽甸县）；辽27，第167页（汉族，白塔区）；辽30，第30页（汉族，双台子区）；辽39，第502页（汉族，瓦房店市）；辽48，第107页（回族，新民县）；辽51，第314页（汉族，义县）；辽53，第66页（回族，振兴区）。

浙3，第69页（汉族，长兴县）；浙7，第8、10、19、21页（汉族，德清县）；浙8，第13页（汉族，定海区）；浙9，第11、17页（汉族，东阳县）；浙16，第1、20页（汉族，海盐县）；浙22，第2页（汉族，金华县）；浙25，第6页（汉族，兰溪市）；浙26，第2页（汉族，乐清县）；浙27，第27页（汉族，丽水市）；浙28，第14页（汉族，临安县）；浙32，第11页（汉族，宁海县）；浙46，第1、6页（汉族，嵊县）；浙47，第16页（汉族，松阳县）；浙48，第4、7页（汉族，遂昌县）；浙49，第11页（汉族，泰顺县）；浙50，第2页（汉族，天台县）；浙52，第5页（汉族，桐乡县）；浙58，第4页（汉族，仙居县）；浙60，第16页（汉族，萧山市）；浙64，第6、8页（汉族，永嘉县）；浙67，第243页（汉族，余姚市）；浙68，第7页（汉族，玉环县）。

豫1，第365页（汉族，淅川县）；豫3，第3页（汉族，登封县）；豫6，第2页（汉族，滑县）；豫9，第134页（回族，吉县）；豫16，第20页（汉族，泌阳县）；豫21，第8页（汉族，濮阳县）；豫23，第3页（汉族，杞县）；豫25，第14页（汉族，汝南县）；豫32，第12、31、35、61页（汉族，桐柏县）；豫36，第5、13页（汉族，息县）；豫41，第3页（汉族，新野县）。

桂1，第6页（壮族，武宣县）；桂2，第2页（汉族，钟山县），第5、154页（瑶族，钟山县）；桂3，第3、177页（壮族，柳州市）；桂4，第5、7页（汉族，玉林市）；桂5，第6页（彝族，隆林县）；桂8，第2页（汉族，钦州市）；桂10，第11页（壮族，南宁市）；桂11，第3页（壮族，大新县）；桂13，第4页（壮族，合山市）；桂14，第4页（瑶族，桂林市）；桂15，第3页（瑶族，扶绥县）。

川1，第205页（藏族，木里县），第14、199、323页（汉族，巴县），第17页（汉族，绵竹县），第27页（彝族，德昌县），第77页（汉族，梁平县），第97页（汉族，简阳县），第98页（汉族，三台县），第100页（汉族，珙县），第103页（汉族，西充县），第109、325页（汉族，都江堰市），第112页（汉族，米易县），第114页（彝族，冕宁县），第120页（汉族，德阳市市中区），第125页（藏族，小金县），第128页（藏族，阿坝县），第137、144页（彝族，峨边县），第140页（彝族，攀枝花市），第151页（羌族，理县），第154页（土家族，黔江县），第156页（土家族，酉阳县），第174

页（苗族，筠连县），第 178 页（纳西族，木里县），第 182 页（蒙古族，盐源县），第 314 页（汉族，成都市东、西城区），第 341 页（汉族，资中县）；川 2，第 3 页（藏族，阿坝县），第 8 页（藏族，木里县），第 13 页（白马藏族，平武县白马乡），第 284 页（彝族，德昌县），第 295 页（彝族，峨边县），第 397 页（彝族，西昌市），第 552、565 页（羌族，松潘县），第 695、726 页（土家族，酉阳县），第 696 页（土家族，黔江县），第 824 页（苗族，木里县），第 825 页（苗族，古蔺县），第 826 页（苗族，筠连县），第 827 页（苗族，马边县），第 827 页（苗族，盐边县），第 935 页（傈僳族，德昌县），第 937、948 页（傈僳族，米易县），第 947、957 页（蒙古族，木里县），第 951 页（纳西族，木里县）；川 4，第 1、5、162 页（羌族，北川县），第 8、201 页（汉族，北川县）；川 5，第 4、5 页（汉族，灌县）；川 6，第 3、5 页（汉族，龙泉驿区）；川 7，第 1 页（汉族，彭县）；川 8，第 5 页（汉族，邛崃县）；川 13，第 6 页（汉族，涪陵市）；川 14，第 1 页（汉族，简阳县）；川 17，第 8、12 页（苗族，筠连县）；川 18，第 4 页（汉族，洪雅县）；川 19，第 1、3 页（汉族，邻水县）；川 20，第 1 页（汉族，江北区），第 1 页（汉族，南川县）；川 22，第 24 页（汉族，屏山县），第 29 页（彝族，屏山县）；川 23，第 5 页（汉族，渠县）；川 24，第 5 页（汉族，三台县）；川 25，第 1、150 页（汉族，射洪县）；川 27，第 2 页（汉族，西充县）；川 28，第 1 页（汉族，兴文县）；川 29，第 6 页（汉族，荥经县）；川 30，第 7、9、10 页（汉族，营山县）；川 31，第 1 页（汉族，璧山县）；川 33，第 1 页（汉族，大足县）；川 34，第 1、2、4 页（汉族，合川县）；川 37，第 3 页（汉族，荣昌县）；川 38，第 2、4 页（汉族，沙坪坝区）；川 41，第 1 页（汉族，资中县）；川 42，第 2、322 页（汉族，自贡市）。

陕 2，第 19 页（汉族，陇县），第 21、42 页（汉族，千阳县）；陕 8，第 14 页（汉族，华阴县）；陕 9，第 51 页（汉族，西乡县）；陕 10，第 6 页（汉族，乾县）；陕 11，第 356 页（汉族，礼泉县）。

综 1，第 14 页（苗族，云南省富宁县），第 20 页（侗族，贵州省黎平县），第 25 页（德昂族，云南省保山市），第 33 页（汉族，四川省珙县），第 52 页（哈尼族，云南省元江县），第 57 页（佤族，云南省沧源县），第 60、243 页（拉祜族苦聪人，云南省镇沅县），第 62 页（蒙古族，四川省木里县），第 68 页（藏族，四川省木里县），第 71 页（傈僳族，云南省碧江县），第 73 页（白族勒墨人，云南省碧江县），第 98 页（基诺族，云南省），第 117、311 页（傈僳族，云南省），第 177 页（汉族，淮河流域），第 183—186 页（汉族，河南省），第 195 页（汉族，浙江省湖州市），第 235 页（彝族，云南省新平县），第 277 页（独龙族，云南省）；综 4，第 189—190 页（壮族，广西壮族自治区都安县、东兰县），第 199 页（布依族），第 228 页（侗族，广西壮族自治区龙胜县），第 232 页（瑶族，广东省连南瑶族自治县），第 243 页（白族）；综 7，第 17、27、33、35、37 页（汉族，河南省桐柏盘古山区），第 78 页（汉族，河南省信阳鸡公山区），第 88 页（汉族，河南省孟津县），第 94、104、155 页（汉族，河南省沈丘县）；综 7，第 132 页（汉族，河南省正阳县），第 135 页（汉族，河南省西华县），第 151、164 页（汉族，河南省），第 160 页（汉族，河南省驻马店市），第 162 页（汉族，河南省舞阳县），第 168

页（汉族，河南省内乡一带），第 171 页（汉族，河南省汤阴县），第 312 页（汉族，河南省三门峡市），第 330、337、349 页（汉族，河南省嵩岳伊洛区）。

901　洪水源于地震后的大雨。

出处：

口承神话：

川 2，第 15、17 页（白马藏族，平武县）。

902　天空出现大洞，降下大雨形成洪水。

对照：汤 A1015.3　洪水起源于神灵踏坏了天界的地板。

出处：

口承神话：

浙 28，第 14 页（汉族，临安县）。

川 4，第 1 页（羌族，北川县）。

903　天河漏水，造成洪水。

参照：314，946。

出处：

口承神话：

川 1，第 314 页（汉族，成都市东、西城区），第 323 页（汉族，巴县），第 325 页（汉族，都江堰市）；川 19，第 3 页（汉族，邻水县）。

综 4，第 232 页（瑶族，广东省连南瑶族自治县）；综 7，第 35 页（汉族，河南省桐柏盘古山区）。

904　由于神的渎职而引发洪水。

出处：

口承神话：

浙 48，第 4 页（汉族，遂昌县）。

豫 6，第 2 页（汉族，滑县）；豫 9，第 134 页（回族，吉县）。

905　洪水源于神祇之间的冲突。

对照：汤 A1015.1　洪水源于神祇之间的冲突。海神和雨神。

出处：

口承神话：

综 1，第 52—53 页（哈尼族，云南省元江县），第 177 页（汉族，淮河流域）。

905.1　天神与地神之间的冲突引发了洪水。

参照：244.2。

出处：

口承神话：

川 2，第 30 页（藏族，若尔盖县）。

905.2　天神之间的冲突引发了洪水。

参照：244.1。

出处：

口承神话：

冀 1，第 7 页（汉族，满城县）。

辽 6，第 1 页（汉族，本溪县）。

浙 7，第 19 页（汉族，德清县）；浙 48，第 7 页（汉族，遂昌县）；浙 64，第 6 页（汉族，永嘉县）。

桂 4，第 5 页（汉族，玉林市）。

川 1，第 314 页（汉族，成都市东、西城区），第 323 页（汉族，巴县）。

906　洪水的发生是由于神与人之间结仇。

出处：

口承神话：

综 1，第 235 页（彝族，云南省新平县）。

906.1　天帝的女儿因与人类的婚姻不如意而死亡，天帝愤怒而发洪水。

出处：

口承神话：

川 1，第 137、144 页（彝族，峨边县）；川 2，第 294 页（彝族，峨边县）。

906.2　人挖了天帝母亲的墓，天帝愤怒而发洪水。

出处：

口承神话：

川 2，第 297 页（彝族，石棉县）。

906.3　英雄与天神之间的争斗引发了洪水。

出处：

口承神话：

黑 1，第 8 页（汉族，加格达奇区）。

川 2，第 957 页（蒙古族，木里县）。

906.3.1　英雄偷了天帝的盐，天帝愤怒而发洪水。

参照：1451.2。

出处：

口承神话：

川 2，第 304 页（彝族，德昌县）。

906.3.2 英雄捉了雷神或雷神的雷公鸡,雷神发下洪水。

参照:168,244.6.2,322.3.1,852,872.2,903。

出处:

口承神话:

浙64,第8页(汉族,永嘉县)。

桂1,第6页(壮族,武宣县);桂2,第1页(汉族,钟山县),第5、154页(瑶族,钟山县);桂3,第3页(壮族,柳州市);桂10,第11页(壮族,南宁市);桂13,第4页(壮族,合山市);桂14,第4页(瑶族,桂林市)。

川1,第151页(羌族,理县);川2,第562页(羌族,理县),第694页(土家族,秀山县);川17,第8页(苗族,筠连县);川38,第2页(汉族,沙坪坝区)。

907 洪水的发生是由于神的赌气。龙王或雨神赌气造成洪水:龙王或雨神下雨的行情被人准确说出(例如"城内下两点,城外下三点"),因为赌气,龙王或雨神故意下错雨点(例如"城内下三点,城外下两点"),结果造成洪水。

出处:

口承神话:

综4,第243页(白族)。

908 洪水的发生是对人类罪恶的惩罚。

参照:162.6。

对照:艾47型 洪水2、洪水4。汤A1018 发生洪水是因为惩罚。

出处:

口承神话:

综1,第35页(汉族,浙江省东阳县),第44—47页(彝族,云南省罗平县、宣成县)。

908.1 由于人类浪费粮食,天神降下洪水。

出处:

口承神话:

辽5,第286页(汉族,平山区)。

浙50,第1页(汉族,天台县)。

川2,第566页(羌族,汶川县)。

908.2 由于世间太混乱,天神降下洪水。

出处:

口承神话:

辽53,第6页(汉族,振兴区)。

浙9,第10页(汉族,东阳县)。

豫 16，第 20 页（汉族，泌阳县）。

川 2，第 949 页（傈僳族，盐边县）。

综 1，第 98 页（基诺族，云南省）。

908.3　洪水的发生是对人类懒惰的惩罚。

出处：

口承神话：

川 2，第 948 页（蒙古族，木里县）。

909　因为地上人口太多而发洪水。

对照：汤 A1019.3　发洪水是因为地球上的人口太多。

出处：

口承神话：

浙 60，第 16 页（汉族，萧山市）；浙 68，第 7、10 页（汉族，玉环县）。

综 7，第 167 页（汉族，河南省内乡一带）。

911　天上装水的瓶子被撞翻，引发了洪水。

参照：312.4.1，322.15。

对照：艾 47 型　洪水 3（同类的传说）。汤 A1015.2　神灵导致洪水。

出处：

口承神话：

黑 1，第 18 页（满族，宁安县）。

911.1　天上装水的瓶子（或缸子、盆子等）被猴子打翻，引发了洪水。

出处：

口承神话：

川 1，第 98 页（汉族，三台县）；川 2，第 563 页（羌族，汶川县）；川 4，第 7 页（汉族，北川县），第 162 页（羌族，北川县）；川 6，第 3 页（汉族，龙泉驿区）；川 19，第 1 页（汉族，邻水县）；川 20，第 1 页（汉族，江北区）；川 24，第 5 页（汉族，三台县）；川 30，第 7、8 页（汉族，营山县）。

陕 8，第 14 页（汉族，华阴县）；陕 9，第 51 页（汉族，西乡县）。

911.2　猴子偷盗降雨瓶，发下洪水。

出处：

口承神话：

川 34，第 4 页（汉族，合川县）。

912　洪水的发生是由于向天神误报旱情。

对照：汤 A1015.2　精灵导致洪水。

912.1　误报旱情的是猴子。

参照：312.4.1。

出处：

口承神话：

冀 5，第 5 页（汉族，藁城县）。

豫 9，第 134 页（回族，吉县）。

川 1，第 153 页（土家族，黔江县）；川 2，第 692 页（土家族，酉阳）；川 25，第 149 页（汉族，射洪县）。

陕 2，第 19 页（汉族，陇县）；陕 10，第 6 页（汉族，乾县）。

912.2　误报旱情的是牛。

出处：

口承神话：

陕 11，第 356 页（汉族，礼泉县）。

913　发洪水是由于负责疏通海水的老鹰休息。

出处：

口承神话：

川 1，第 188 页（傈僳族，德昌县）；川 2，第 935 页（傈僳族，德昌县）。

914　地底下的鳌鱼翻身，水涌出形成洪水。

出处：

口承神话：

桂 8，第 2 页（汉族，钦州市）。

920　从洪水中逃生。

对照：汤 A1020　从洪水中逃生。

出处：

口承神话：

冀 5，第 6 页（汉族，藁城县）。

川 2，第 824 页（苗族，木里县）。

921　在盆（或石臼等）中躲避洪水。

出处：

口承神话：

浙 9，第 11 页（汉族，东阳县）；浙 50，第 2 页（汉族，天台县）。

综 1，第 53 页（哈尼族，云南省元江县），第 87 页（卑南族，台湾省台东县），第

36 页（汉族，浙江省东阳县）。

922　在水缸里躲避洪水。

出处：

口承神话：

浙 67，第 243 页（汉族，余姚市）。

川 31，第 1 页（汉族，璧山县）；川 33，第 1 页（汉族，大足县）。

923　在乌龟（或狮子）的肚子里躲避洪水。

对照：汤 A1027　通过鱼的拯救逃脱洪水。

出处：

口承神话：

综 7，第 94 页（汉族，河南省沈丘县），第 136 页（汉族，河南省西华县），第 160 页（汉族，河南省驻马店市）。

924　在石狮子（或石人、铁牛等）的肚子里躲避洪水。

出处：

口承神话：

辽 20，第 354 页（汉族，桓仁县）；辽 26，第 231 页（汉族，宽甸县）；辽 31，第 6 页（满族，清原县）；辽 45，第 1 页（汉族，新宾县）；辽 53，第 6 页（汉族，振兴区）。

浙 49，第 12 页（汉族，泰顺县）；浙 60，第 17 页（汉族，萧山市）。

豫 9，第 134 页（回族，吉县）；豫 16，第 20 页（汉族，泌阳县）；豫 21，第 8 页（汉族，濮阳县）；豫 25，第 14 页（汉族，汝南县）；豫 32，第 31、61 页（汉族，桐柏县）；豫 41，第 3 页（汉族，新野县）。

综 7，第 33、36 页（汉族，河南省桐柏盘古山区），第 151、164 页（汉族，河南省），第 154 页（汉族，河南省沈丘县），第 162 页（汉族，河南省舞阳县），第 168 页（汉族，河南省内乡一带）。

925　在葫芦或瓜中躲避洪水。

对照：汤 A1021.0.3　在葫芦中逃脱洪水。汤 A1029.4　在七个房间那样大的葫芦里逃脱洪水。

出处：

口承神话：

冀 2，第 12 页（汉族，承德县）。

黑 1，第 8 页（汉族，加格达奇区）。

浙 3，第 69 页（汉族，长兴县）；浙 22，第 2 页（汉族，金华县）。

桂 1，第 6 页（壮族，武宣县）；桂 2，第 2 页（汉族，钟山县），第 154 页（瑶族，钟山县）；桂3，第3页（壮族，柳州市）；桂4，第5、7页（汉族，玉林市）；桂8，第3页（汉族，钦州市）；桂10，第11页（壮族，南宁市）；桂11，第3页（壮族，大新县）；桂13，第4页（壮族，合山市）；桂14，第4页（瑶族，桂林市）；桂15，第3页（瑶族，扶绥县）。

川1，第97页（汉族，简阳县），第98页（汉族，三台县），第103页（汉族，西充县），第140页（彝族，攀枝花市），第154页（土家族，黔江县）；川2，第692页（土家族，酉阳县），第694页（土家族，秀山县），第948页（傈僳族，米易县）；川4，第5页（羌族，北川县）；川5，第4页（汉族，灌县）；川6，第3、5页（汉族，龙泉驿区）；川8，第5页（汉族，邛崃县）；川14，第1页（汉族，简阳县）；川17，第8页（苗族，筠连县）；川18，第4页（汉族，洪雅县）；川19，第1页（汉族，邻水县）；川20，第1页（汉族，南川县）；川24，第5页（汉族，三台县）；川25，第1页（汉族，射洪县）；川27，第3页（汉族，西充县）；川28，第1页（汉族，兴文县）；川30，第10页（汉族，营山县）；川34，第1页（汉族，合川县）。

陕2，第42页（汉族，千阳县）。

综1，第14页（苗族，云南省富宁县），第20页（侗族，贵州省黎平县），第25页（德昂族，云南省保山市），第41页（苗族，湖南省湘西地区，贵州省松桃县），第47页（彝族，云南省罗平县、宣成县），第71页（傈僳族，云南省碧江县），第73页（白族勒墨人，云南省碧江县），第195页（汉族，浙江省湖州市），第311页（傈僳族，云南省）；综4，第199页（布依族），第228页（侗族，广西壮族自治区龙胜县）。

925.1　神鸟预先告诉始祖种瓜（葫芦）。

出处：

口承神话：

川1，第103页（汉族，西充县）；川2，第948页（傈僳族，米易县）；川4，第5页（羌族，北川县）；川25，第1页（汉族，射洪县）；川27，第2页（汉族，西充县）。

925.2　鸟为始祖衔来瓜种。

出处：

口承神话：

冀2，第11页（汉族，承德县）。

桂14，第4页（瑶族，桂林市）。

川1，第97页（汉族，简阳县），第98页（汉族，三台县）；川6，第2页（汉族，龙泉驿区）；川14，第1页（汉族，简阳县）；川24，第5页（汉族，三台县）；川25，第1页（汉族，射洪县）；川30，第9页（汉族，营山县）。

925.3　神留下的牙齿成为葫芦种子。

出处：

口承神话：

黑1，第7页（汉族，加格达奇区）。

浙22，第2页（汉族，金华县）。

桂1，第5页（壮族，武宣县）；桂3，第3页（壮族，柳州市）；桂10，第10页（壮族，南宁市）；桂13，第4页（壮族，合山市）。

川17，第8页（苗族，筠连县）。

925.4　神授予始祖葫芦。

出处：

口承神话：

桂2，第1页（汉族，钟山县）；桂11，第2页（壮族，大新县）。

川28，第1页（汉族，兴文县）。

926　在神树上躲避洪水。

对照：汤A1023　在树上逃脱洪水。

出处：

口承神话：

浙68，第10页（汉族，玉环县）。

川1，第100页（汉族，珙县）；川37，第3页（汉族，荣昌县）。

综1，第34（汉族，四川省珙县）；综7，第131页（汉族，河南省正阳县）。

926.1　在大树干上躲避洪水。

对照：汤A1021.0.4　在漂浮的树上逃脱洪水。汤A1021.0.5　在空树干中逃脱洪水。

出处：

口承神话：

黑1，第44页（鄂伦春族，黑河市）。

桂4，第5页（汉族，玉林市）。

川41，第1页（汉族，资中县）。

927　在船上躲避洪水。

对照：汤A1021　在船上逃脱洪水。

出处：

口承神话：

辽5，第286页（汉族，平山区）；辽39，第502页（汉族，瓦房店市）；辽48，第107页（回族，新民县）；辽53，第66页（回族，振兴区）。

浙47，第16页（汉族，松阳县）。

桂2，第5、154页（瑶族，钟山县）。

川22，第24页（汉族，屏山县），第29页（彝族，屏山县）。

综1，第41（苗族，湖南省湘西地区，贵州省松桃县），第57页（佤族，云南省沧源县）。

927.1　在木船上躲避洪水。

出处：

口承神话：

浙7，第8页（汉族，德清县）。

桂5，第6页（彝族，隆林县）。

川1，第151页（羌族，理县）；川2，第562页（羌族，理县）；川7，第1页（汉族，彭县）；川17，第12页（苗族，筠连县）；川38，第2页（汉族，沙坪坝区）。

928　在篮子里躲避洪水。

对照：汤A1029.5　在盒子或篮子中逃脱洪水。

出处：

口承神话：

浙25，第6页（汉族，兰溪市）。

928.1　在笆箩里躲避洪水。

出处：

口承神话：

辽40，第405页（汉族，瓦房店市）。

928.2　在篓子里躲避洪水。

出处：

口承神话：

黑1，第44页（鄂伦春族，黑河市）。

929　在木房（木柜）中躲避洪水。

对照：汤A1021.0.6　在漂浮的建筑上逃脱洪水。

出处：

口承神话：

川1，第26页（彝族，德昌县），第114页（彝族，冕宁县），第137、144页（彝族，峨边县），第156页（土家族，酉阳县）；川2，第14页（藏族，木里县），第288页（彝族），第295页（彝族，峨边县），第297页（彝族，石棉县），第695页（土家族，酉阳县）；川23，第5页（汉族，渠县）。

931　在桶中躲避洪水。

对照：汤A1021.0.2　在木桶（木鼓）中逃脱洪水。

出处：

口承神话：

桂3，第177页（壮族，柳州市）。

川 4，第 162 页（羌族，北川县）。

综 1，第 235 页（彝族，云南省新平县）。

932　在皮口袋中躲避洪水。

出处：

口承神话：

川 1，第 125 页（藏族，小金县），第 178 页（纳西族，木里县），第 182 页（蒙古族，盐源县）；川 2，第 9 页（藏族，木里县），第 17 页（白马藏族，平武县白马乡），第 563 页（羌族，汶川县），第 945 页（蒙古族，盐源县），第 950、951 页（纳西族，木里县），第 957 页（蒙古族，木里县）。

综 1，第 62 页（蒙古族，四川省木里县），第 68 页（藏族，四川省木里县）。

933　在皮鼓中躲避洪水。

出处：

口承神话：

川 2，第 825 页（苗族，古蔺县）。

综 1，第 98 页（基诺族，云南省）。

939　从洪水中逃生——其他母题。

对照：*汤 A1029　逃脱洪水的其他方式。*

939.1　在神灵划的圆圈里躲避洪水。

出处：

口承神话：

川 2，第 13 页（白马藏族，平武县白马乡）。

939.2　在高山上躲避洪水。

对照：*汤 A1022　在高山上逃脱洪水。*

出处：

口承神话：

冀 8，第 1 页（汉族，藁城县）。

黑 1，第 9 页（汉族，呼兰县），第 45 页（鄂伦春族，呼玛县）。

浙 26，第 2 页（汉族，乐清县）；浙 64，第 8 页（汉族，永嘉县）。

豫 23，第 3 页（汉族，杞县）。

川 1，第 14 页（汉族，巴县）；川 2，第 696 页（土家族，黔江县），第 947 页（蒙古族，木里县）；川 20，第 1 页（汉族，江北区）。

综 7，第 171 页（汉族，河南省汤阴县）。

939.3　在岩洞里躲避洪水。

对照：*汤 A1024　在洞里逃脱洪水。*

出处：

口承神话：

辽27，第167页（汉族，白塔区）。

浙46，第1页（汉族，嵊县）；浙68，第7页（汉族，玉环县）。

川2，第949页（傈僳族，盐边县）。

939.4　被老虎叼到山上逃生。

出处：

口承神话：

辽6，第1页（汉族，本溪县）。

939.5　失败的逃生。未能以此种方式安全地从洪水中逃生。

939.5.1　在铁柜（或铁房子）中逃生失败。

出处：

口承神话：

川1，第26页（彝族，德昌县），第114页（彝族，冕宁县），第137、144页（彝族，峨边县）；川2，第288页（彝族），第295页（彝族，峨边县），第297页（彝族，石棉县）；川17，第12页（苗族，筠连县）；川22，第29页（彝族，屏山县）。

939.5.2　在铜柜中逃生失败。

出处：

口承神话：

川1，第114页（彝族，冕宁县），第137、144页（彝族，峨边县）；川2，第288页（彝族），第295页（彝族，峨边县），第297页（彝族，石棉县）。

939.5.3　在金银做的柜子中逃生失败。

出处：

口承神话：

川2，第297页（彝族，石棉县）。

939.5.4　在猪皮口袋中逃生失败。

出处：

口承神话：

川2，第951页（纳西族，木里县）。

939.5.5　在用粗针大线缝的牛皮口袋中逃生失败。

出处：

口承神话：

川1，第182页（蒙古族，盐源县）；川2，第957页（蒙古族，木里县）。

939.5.6　在土房子中逃生失败。

出处：

口承神话：

川1，第26页（彝族，德昌县）。

939.5.7　在树上逃生失败。

出处：

口承神话：

川1，第125页（藏族，小金县）。

939.6　洪水中动物获得救助而保存了生命。

对照：*汤* A1005　世界灾难中保存生命。

出处：

口承神话：

冀2，第12页（汉族，承德县）。

辽39，第502页（汉族，瓦房店市）；辽53，第66页（回族，振兴区）。

川1，第27页（彝族，德昌县），第77页（汉族，梁平县），第114页（彝族，冕宁县），第125页（藏族，小金县），第137页（彝族，峨边县），第178页（纳西族，木里县）；川2，第295页（彝族，峨边县），第950、951页（纳西族，木里县）；川17，第11页（苗族，筠连县）；川22，第30页（彝族，屏山县）。

940　洪水的试探与结束。

对照：*汤* A1028　洪水的结束。

941　放动物去试探洪水是否结束。

对照：*汤* A1021.2　鸟被送出方舟外侦查。

941.1　放公鸡出去试探。公鸡叫了几声，说明洪水结束。

出处：

口承神话：

川1，第183页（蒙古族，盐源县）；川2，第9、14页（藏族，木里县），第945页（蒙古族，盐源县）。

941.2　放鸽子出去试探。鸽子飞了回来，说明洪水没有结束。

参照：619.3。

出处：

口承神话：

辽5，第286页（汉族，平山区）。

川2，第9页（藏族，木里县）。

941.3　放猫出去试探。猫叫了几声，说明洪水结束。

出处：

口承神话：

川 1，第 183 页（蒙古族，盐源县）；川 2，第 945 页（蒙古族，盐源县）。

941.4　当鸡蛋孵出小鸡的时候，洪水结束。

出处：

口承神话：

川 1，第 144 页（彝族，峨边县）；川 2，第 288 页（彝族），第 295 页（彝族，峨边县），第 298 页（彝族，石棉县）。

941.5　放蚂蚁出去试探。

出处：

口承神话：

川 1，第 125 页（藏族，小金县）。

941.6　放獐子出去试探。

出处：

口承神话：

川 1，第 126 页（藏族，小金县）。

941.7　放喜鹊出去试探。

出处：

口承神话：

辽 5，第 286 页（汉族，平山区）。

941.8　放乌鸦出去试探。

出处：

口承神话：

川 17，第 12 页（苗族，筠连县）。

942　丢东西试探洪水是否结束。

942.1　丢棒槌出去试探。听到落地的响声，说明洪水结束。

出处：

口承神话：

川 2，第 9、14 页（藏族，木里县）。

943　神补天，洪水结束。

参照：237，883，990，991。

出处：

口承神话：

辽 6，第 1 页（汉族，本溪县）。

浙 28，第 14 页（汉族，临安县）。

川 1，第 15 页（汉族，巴县）；川 4，第 2 页（羌族，北川县）。

综 7，第 35 页（汉族，河南省桐柏盘古山区）。

944　神疏导洪水，洪水结束。

参照：1003。

出处：

口承神话：

川 6，第 3 页（汉族，龙泉驿区）；川 34，第 2 页（汉族，合川县）。

945　神用宝物结束洪水。

945.1　神把矛（或铁棍等）刺入地中，将洪水引入大海，结束了洪水。

对照：汤 A1028.1　恶作剧者（trickster）把矛刺在地上，将洪水引入大海，结束了洪水。

出处：

口承神话：

川 2，第 694 页（土家族，秀山县）；川 17，第 12 页（苗族，筠连县）。

945.2　天帝派神用"定海神针"结束洪水。

出处：

口承神话：

川 2，第 692 页（土家族，酉阳县）。

945.3　神用吸水瓶把水收回天上。

出处：

口承神话：

桂 4，第 5 页（汉族，玉林市）。

946　堵住天河，洪水结束。

参照：314，903。

出处：

口承神话：

综 1，第 53 页（哈尼族，云南省元江县），第 235 页（彝族，云南省新平县）；综 4，第 190 页（壮族，广西壮族自治区都安县、东兰县）。

946.1　神用箭射天河，使洪水退却。

参照：314，903。

出处：

口承神话：

川19，第3页（汉族，邻水县）。

综4，第190页（壮族，广西壮族自治区都安县、东兰县）。

947 太阳照射大地，使洪水结束。

出处：

口承神话：

川2，第552页（羌族，松潘县）。

豫32，第35页（汉族，桐柏县）。

综1，第42页（苗族，湖南省湘西地区，贵州省松桃县），第235页（彝族，云南省新平县）。

948 神往下扔东西，使洪水退去。

对照：汤A1028.2　鸟用砂石填堵了洪水。

948.1 神往下扔金子、石头、泥巴等把水镇住。

参照：703.7，723.4，733.7，741.1.1。

出处：

口承神话：

川2，第552页（羌族，松潘县）。

948.2 神往下洒金水止住洪水。

出处：

口承神话：

川1，第152页（羌族，理县）；川2，第563页（羌族，理县）。

949 洪水的结束——其他母题。

949.1 天帝让龙钻洞，让天兵天将挖坑，洪水结束。

出处：

口承神话：

桂5，第6页（彝族，隆林县）。

川2，第825页（苗族，古蔺县）。

949.2 神作法使洪水结束。

出处：

口承神话：

川2，第563页（羌族，汶川县）。

949.3 从水中冒出火球，把洪水烤干。

出处：

口承神话：

黑1，第12页（满族，宁安县）。

950 世界大灾难的其他形式。

对照：汤 A1009 世界灾难的其他方式。

951 大火成灾。毁灭了人类与世界。

对照：汤 A1030 世界之火。巨大的火灾毁灭了地球。有时（水灾传说也是如此）火灾是地方性的，并没有导致全世界的毁灭；有时大火标志着世界的末日。

出处：

古代文献：

《淮南子·览冥训》（"火爁炎而不灭"）。

口承神话：

冀18，第46页（汉族，宣化县）。

黑1，第45页（鄂伦春族，呼玛县）。

浙4，第1页（汉族，常山县）；浙5，第5、8页（汉族，淳安县）；浙7，第3页（汉族，德清县）；浙8，第10页（汉族，定海区）；浙11，第2页（汉族，奉化市）；浙19，第5页（汉族，建德县）；浙23，第3、201页（汉族，缙云县）；浙24，第3页（汉族，开化县）；浙25，第4页（汉族，兰溪市）；浙27，第15、16页（汉族，丽水市），第34、36页（畲族，丽水市）；浙30，第1页（汉族，龙泉县）；浙32，第4页（汉族，宁海县）；浙36，第6、7页（汉族，浦江县）；浙37，第2页（汉族，普陀区）；浙38，第10页（汉族，青田县）；浙39，第6页（汉族，庆元县）；浙40，第3页（汉族，衢县）；浙47，第14页（汉族，松阳县）；浙49，第9页（汉族，泰顺县）；浙54，第12页（汉族，文成县）；浙55，第5页（畲族，武义县）；浙56，第7页（汉族，婺城区）；浙58，第4页（汉族，仙居县）；浙62，第3、5页（汉族，义乌市）；浙64，第5页（汉族，永嘉县）；浙65，第3页（汉族，永康县）；浙72，第3、8页（汉族，诸暨县）。

豫46，第1页（汉族，周口市）。

川2，第564页（羌族，黑水县）。

综1，第12页（苗族，云南省富宁县），第289页（彝族，四川省）。

951.1 火山爆发，大火毁灭大地。

出处：

口承神话：

川2，第16页（藏族，若尔盖县）。

951.2 天上掉下火来，将天地间不干净的东西烧光。

出处：

口承神话：

浙48，第1页（汉族，遂昌县）。

川2，第279页（彝族，喜德县）。

951.3 天神用地火烧世界。

参照：162.5。

出处：

口承神话：

川2，第555页（羌族，黑水县）。

951.4 天上的油罐子倒了，落下油来，烧毁了世界。

出处：

口承神话：

浙27，第15页（汉族，丽水市）。

951.5 天火降落人间。

出处：

口承神话：

浙4，第1页（汉族，常山县）；浙5，第5、8页（汉族，淳安县）；浙11，第2页（汉族，奉化市）；浙19，第5页（汉族，建德县）；浙23，第3、201页（汉族，缙云县）；浙24，第3页（汉族，开化县）；浙25，第4、217页（汉族，兰溪市）；浙27，第33页（畲族，丽水市），第36页（汉族，丽水市）；浙28，第4、8页（汉族，临安县）；浙29，第171页（汉族，临海市）；浙30，第1页（汉族，龙泉县）；浙31，第2、5页（汉族，龙游县）；浙32，第4页（汉族，宁海县）；浙36，第5、7页（汉族，浦江县）；浙38，第10页（汉族，青田县）；浙39，第6页（汉族，庆元县）；浙40，第3页（汉族，衢县）；浙47，第14页（汉族，松阳县）；浙48，第1页（汉族，遂昌县）；浙49，第9页（汉族，泰顺县）；浙54，第12页（汉族，文成县）；浙55，第5页（畲族，武义县）；浙56，第7页（汉族，婺城区）；浙58，第4页（汉族，仙居县）；浙62，第3、5页（汉族，义乌市）；浙65，第3页（汉族，永康县）。

豫46，第1页（汉族，周口市）。

川2，第828页（苗族，盐边县）。

951.5.1 天上预先落下棉花做燃料。

出处：

口承神话：

浙5，第5页（汉族，淳安县）；浙19，第5页（汉族，建德县）；浙23，第201页（汉族，缙云县）；浙24，第3页（汉族，开化县）；浙27，第33页（畲族，丽水市），第36页（汉族，丽水市）；浙28，第8页（汉族，临安县）；浙30，第1页（汉族，龙泉县）；浙31，第2、5页（汉族，龙游县）；浙38，第10页（汉族，青田县）；浙39，第5页（汉族，庆元县）；浙47，第14页（汉族，松阳县）；浙48，第1页（汉族，遂昌县）；浙49，第9页（汉族，泰顺县）；浙54，第12页（汉族，文成县）。

951.5.2 天上预先落下油做燃料。

出处:

口承神话:

浙4，第1页（汉族，常山县）；浙5，第5、8页（汉族，淳安县）；浙7，第3页（汉族，德清县）；浙8，第10页（汉族，定海区）；浙11，第2页（汉族，奉化市）；浙19，第5页（汉族，建德县）；浙23，第3、201页（汉族，缙云县）；浙24，第3页（汉族，开化县）；浙25，第4、217页（汉族，兰溪市）；浙27，第15、36页（汉族，丽水市），第33页（畲族，丽水市）；浙28，第4、6、8页（汉族，临安县）；浙29，第1、171页（汉族，临海市）；浙30，第1页（汉族，龙泉县）；浙31，第2、5页（汉族，龙游县）；浙32，第4页（汉族，宁海县）；浙37，第2页（汉族，普陀区）；浙38，第10页（汉族，青田县）；浙39，第6页（汉族，庆元县）；浙40，第3页（汉族，衢县）；浙47，第14页（汉族，松阳县）；浙48，第1页（汉族，遂昌县）；浙49，第9页（汉族，泰顺县）；浙54，第12页（汉族，文成县）；浙55，第5页（畲族，武义县）；浙56，第7页（汉族，婺城区）；浙62，第3、5页（汉族，义乌市）；浙65，第3页（汉族，永康县）；浙72，第7页（汉族，诸暨县）。

951.5.3 天上预先落下砻糠做燃料。

出处:

口承神话:

浙31，第5页（汉族，龙游县）；浙40，第3页（汉族，衢县）；浙62，第5页（汉族，义乌市）。

951.5.4 天上预先落下馒头做燃料。

出处:

口承神话:

浙4，第1页（汉族，常山县）；浙24，第3页（汉族，开化县）。

951.6 从世界大火中逃生。

对照：*汤A1038 躲过世界之火后的人重新繁衍人类。*

951.6.1 在牛皮口袋中躲避大火。

出处:

口承神话:

川2，第564页（羌族，黑水县）。

951.6.2 在石狮子（或石猪、石龟等）肚里躲避大火。

出处:

口承神话:

浙4，第1页（汉族，常山县）；浙5，第5、8页（汉族，淳安县）；浙19，第5页（汉族，建德县）；浙24，第3页（汉族，开化县）；浙25，第4页（汉族，兰溪市）；浙

27，第33、36页（畲族，丽水市）；浙28，第6、8页（汉族，临安县）；浙30，第1页（汉族，龙泉县）；浙31，第2、5页（汉族，龙游县）；浙36，第5、7页（汉族，浦江县）；浙38，第10页（汉族，青田县）；浙39，第5页（汉族，庆元县）；浙40，第3页（汉族，衢县）；浙47，第15页（汉族，松阳县）；浙48，第1页（汉族，遂昌县）；浙49，第9页（汉族，泰顺县）；浙55，第5页（畲族，武义县）；浙56，第7页（汉族，婺城区）；浙62，第5页（汉族，义乌市）。

豫46，第1页（汉族，周口市）。

951.6.3　在石洞里躲避大火。

出处：

口承神话：

浙7，第3页（汉族，德清县）；浙23，第3、201页（汉族，缙云县）；浙28，第4页（汉族，临安县）；浙32，第4页（汉族，宁海县）；浙58，第4页（汉族，仙居县）；浙62，第3页（汉族，义乌市）。

951.6.4　在深井里躲避大火。

出处：

口承神话：

浙8，第10页（汉族，定海区）；浙11，第2页（汉族，奉化市）；浙37，第2页（汉族，普陀区）。

952　太阳或月亮的暴晒毁灭了人类或宇宙。

参照：458.3，495.1。

对照：汤A1052.3　世界末日时四个（七个）太阳出现在天空中。

出处：

口承神话：

辽7，第121页（昌图县）；辽9，第312页（汉族，朝阳县）；辽10，第298页（汉族，大洼县）；辽11，第8页（汉族，东沟县）；辽15，第137页（汉族，抚顺望花区）；辽18，第606、612页（汉族，海城市）；辽19，第40页（汉族，黑山县）；辽23，第49页（汉族，凌河区）；辽24，第137页（汉族，开原县）；辽25，第35页（汉族，康平县）；辽32，第224页（汉族，沙河口区）；辽39，第504、505页（汉族，瓦房店市）；辽42，第65、162页（汉族，细河区）；辽52，第236页（汉族，营口县）；辽56，第311页（汉族，喀左县）；辽58，第20页（蒙古族，建昌县）。

浙10，第4页（汉族，洞头县）；浙28，第10、17页（汉族，临安县）；浙54，第5页（汉族，文成县）；浙56，第189页（汉族，婺城区）；浙57，第262页（汉族，西湖区）；浙60，第2页（汉族，萧山市）；浙67，第245页（汉族，余姚市）。

豫24，第143页（汉族，沁阳县）；豫27，第142页（汉族，沈丘县）。

川1，第25页（彝族，德昌县），第294页（汉族，高县），第296页（汉族，绵竹县），第298页（汉族，成都市），第301页（汉族，永川县），第303页（汉族，南部县），第 305 页（汉族，盐亭县），第 306 页（汉族，德阳市），第 308 页（彝族，西昌市），第 312 页（土家族，酉阳县）；川 2，第 554 页（羌族，茂县），第 571 页（羌族，北川县），第 696 页（土家族，酉阳县），第 807 页（苗族，筠连县），第 935 页（傈僳族，德昌县），第 949 页（傈僳族，盐边县）；川 4，第 6 页（汉族，北川县），第 157 页（羌族，北川县）；川 22，第 37 页（彝族，屏山县）；川 27，第 8 页（汉族，西充县）；川 29，第 7 页（汉族，荥经县）；川 42，第 8 页（汉族，自贡市）。

综 1，第 68 页（藏族，四川省木里县），第 98 页（基诺族，云南省），第 111 页（汉族，四川省巴县），第 112 页（赫哲族，黑龙江省同江县）。

952.1　人类始祖躲在大树上免遭晒死。

出处：

口承神话：

川 2，第 571 页（羌族，北川县）；川 4，第 157 页（羌族，北川县）。

952.2　人类始祖藏在地洞中免遭晒死。

952.2.1　牛试探灾难是否结束。

出处：

口承神话：

川 2，第 807 页（苗族，筠连县）。

952.2.2　马试探灾难是否结束。

出处：

口承神话：

川 2，第 808 页（苗族，筠连县）。

952.2.3　蚂蚁试探灾难是否结束。

出处：

口承神话：

川 2，第 807 页（苗族，筠连县）。

953　持续的寒冬毁灭了世界。

对照：汤 A1040　持续的严冬毁灭了人种。

出处：

口承神话：

综 7，第 132 页（汉族，河南省正阳县）。

954　大雪毁灭世界。

出处：

口承神话：

辽 38，第 93 页（汉族，铁岭县）。

浙59，第4页（汉族，象山县）。

川2，第279页（彝族，喜德县）。

综1，第289页（彝族，四川省）。

955　持续的热风毁灭世界。

出处：

口承神话：

综7，第132页（汉族，河南省正阳县）。

956　大瘟疫毁灭了人类。

出处：

口承神话：

浙9，第14页（汉族，东阳县）。

综1，第10页（苗族，云南省富宁县）。

957　大地沉没毁灭了人类。

参照：891.1。

出处：

口承神话：

浙72，第5页（汉族，诸暨县）。

综1，第87页（卑南族，台湾省台东县）。

958　地震造成世界灾难。

对照：汤A1145　地震的起源。

出处：

口承神话：

辽16，第4页（汉族，抚顺新抚区）；辽28，第147页（汉族，太子河区）。

浙38，第8页（汉族，青田县）。

川2，第15页（白马藏族，平武县）。

958.1　支撑大地的神圣动物（鳌鱼、鳄鱼、神牛、神龟等）的活动造成地震。

参照：638.3.1，639。

对照：汤A1145.1　地震源于地下魔怪的活动。

出处：

口承神话：

黑1，第4页（汉族，牡丹江市），第5页（汉族，呼玛县），第19页（满族，宁安县），第22页（鄂温克族，嫩江县）。

辽 10，第 99 页（汉族，大洼县）；辽 16，第 4 页（汉族，抚顺新抚区）；辽 28，第 147 页（汉族，太子河区）。

浙 9，第 5 页（汉族，东阳县）；浙 16，第 6 页（汉族，海盐县）；浙 49，第 8 页（汉族，泰顺县）；浙 52，第 3 页（汉族，桐乡县）。

桂 8，第 2 页（汉族，钦州市）。

川 10，第 4 页（汉族，西城区）；川 26，第 6 页（汉族，西昌市）。

综 1，第 104 页（哈萨克族，新疆维吾尔自治区）；综 4，第 225 页（满族，黑龙江省宁安县）。

958.1.1　支撑大地的动物闭眼睛造成地震。

出处：

口承神话：

综 4，第 180 页（彝族，贵州省）。

958.2　支撑大地的地神换肩或换班，地就震动。

参照：638.2。

出处：

口承神话：

浙 38，第 8 页（汉族，青田县）；浙 54，第 10 页（汉族，文成县）。

958.3　大鱼翻身把天捅了个窟窿，把地捅了个大坑，从此世间混沌一片。

出处：

口承神话：

川 2，第 690 页（土家族，川湘边区）。

959　天地相合毁灭世界。

出处：

口承神话：

浙 1，第 10 页（汉族，安吉县）；浙 9，第 5 页（汉族，东阳县）；浙 62，第 4、5 页（汉族，义乌市）；浙 72，第 2 页（汉族，诸暨县）。

豫 3，第 12 页（汉族，登封县）；豫 10，第 210 页（汉族，郏县）；豫 18，第 3 页（汉族，南召县）；豫 45，第 1 页（汉族，禹州市）。

综 7，第 141 页（汉族，河南省密县）。

959.1　在山洞中躲避天地相合之灾。

出处：

口承神话：

浙 1，第 10 页（汉族，安吉县）；浙 62，第 4 页（汉族，义乌市）。

959.2　在石狮子、石龟肚里躲避天地相合之灾。

出处：

口承神话：

浙62，第5页（汉族，义乌市）；浙72，第2页（汉族，诸暨县）。

豫3，第12页（汉族，登封县）；豫10，第210页（汉族，郏县）；豫18，第3页（汉族，南召县）；豫45，第1页（汉族，禹州市）。

综7，第141页（汉族，河南省密县）。

961 天塌地陷。

参照：881，891.1。

出处：

口承神话：

冀1，第7页（汉族，满城县）；冀12，第222页（汉族，高邑县）；冀18，第5页（汉族，下花园区），第10页（汉族，庞家堡区），第46页（汉族，宣化县）。

黑1，第11页（汉族，青冈县）。

辽6，第1页（汉族，本溪县）；辽11，第29页（汉族，东沟县）；辽20，第353页（汉族，桓仁县）；辽27，第167页（汉族，白塔区）；辽31，第5页（满族，清原县）；辽39，第502页（汉族，瓦房店市）；辽45，第1页（汉族，新宾县）；辽50，第1页（满族，岫岩县）；辽53，第6页（汉族，振兴区）。

浙31，第6页（汉族，龙游县）；浙54，第11页（汉族，文成县）；浙64，第5页（汉族，永嘉县）；浙72，第5页（汉族，诸暨县）。

豫2，第6页（汉族，郸城县）；豫12，第2页（汉族，兰考县）；豫14，第4、5、7页（汉族，武陟县）；豫16，第20页（汉族，泌阳县）；豫17，第1页（汉族，密县）；豫22，第1页（汉族，淇县）；豫23，第3、5、13、15页（汉族，杞县）；豫25，第4、14页（汉族，汝南县）；豫26，第7页（汉族，社旗县）；豫27，第1、3页（汉族，沈丘县）；豫29，第3、22页（汉族，太康县）；豫31，第4页（汉族，通许县）；豫32，第30、58、61页（汉族，桐柏县）；豫36，第3、5页（汉族，息县）；豫40，第9页（汉族，新乡县）；豫41，第1、3页（汉族，新野县）；豫46，第1页（汉族，周口市）；豫47，第1、3页（回族，驻马店市）。

川1，第120页（汉族，德阳市市中区）。

陕2，第20、42页（汉族，千阳县）；陕11，第467页（汉族，长武县）。

综1，第36页（汉族，浙江省东阳县）；综7，第27、29、31、34、36、39页（汉族，河南省桐柏盘古山区），第94、104、137、138、144、146、148、166页（汉族，河南省沈丘县），第98、107、117页（汉族，河南省淮阳县），第102、151、164页（汉族，河南省），第128页（汉族，河南省商丘、开封），第140页（汉族，河南省南阳县），第143、155、157页（汉族，河南省项城县），第152页（汉族，河南省平舆县），第156页（汉族，河南省西华县）。

961.1 在石狮子（石龟、铁牛等）的肚子里躲避天塌地陷之灾。

出处：

口承神话：

黑1，第11页（汉族，青冈县）。

辽11，第29页（汉族，东沟县）；辽50，第2页（满族，岫岩县）；辽53，第6页（汉族，振兴区）。

浙72，第5页（汉族，诸暨县）。

豫2，第6页（汉族，郸城县）；豫14，第4页（汉族，武陟县）；豫16，第20页（汉族，泌阳县）；豫17，第1页（汉族，密县）；豫22，第1页（汉族，淇县）；豫23，第5页（汉族，杞县）；豫25，第14页（汉族，汝南县）；豫26，第7页（汉族，社旗县）；豫27，第1、3页（汉族，沈丘县）；豫29，第3页（汉族，太康县）；豫31，第4页（汉族，通许县）；豫32，第30、58、61页（汉族，桐柏县）；豫36，第3页（汉族，息县）；豫40，第9页（汉族，新乡县）；豫41，第3页（汉族，新野县）；豫46，第1页（汉族，周口市）；豫47，第1、3页（回族，驻马店市）。

综7，第29、31、34、36、38页（汉族，河南省桐柏盘古山区），第94、104、138、139、146、148页（汉族，河南省沈丘县），第99、107、117页（汉族，河南省淮阳县），第102、151、164页（汉族，河南省），第128页（汉族，河南省商丘、开封），第140页（汉族，河南省南阳县），第143、158页（汉族，河南省项城县），第156页（汉族，河南省西华县）。

961.2　在山上躲避天塌地陷之灾。

出处：

口承神话：

豫23，第3页（汉族，杞县）。

综7，第27页（汉族，河南省桐柏盘古山区）。

961.3　在山洞里躲避天塌地陷之灾。

出处：

口承神话：

豫12，第2页（汉族，兰考县）；豫41，第1页（汉族，新野县）。

综7，第152页（汉族，河南省平舆县）。

961.4　在庙里躲避天塌地陷之灾。

出处：

口承神话：

豫25，第4页（汉族，汝南县）。

961.5　其他躲避天塌地陷之灾的方式。

出处：

口承神话：

综7，第144、166页（汉族，河南省沈丘县）。

961.6   灾难中动物获得救助。

出处：

口承神话：

辽50，第2页（满族，岫岩县）。

969   世界大灾难——其他母题。

969.1   大灾难中善良的人得救。

出处：

古代文献：

《搜神记》卷二十（古巢老姥）。

口承神话：

浙59，第6页（汉族，象山县）。

综1，第40—41页（苗族，湖南省湘西地区，贵州省松桃县）。

969.1.1   给石龟（石狮）喂食的人得救。

出处：

口承神话：

辽11，第29页（汉族，东沟县）；辽31，第5页（满族，清原县）；辽45，第1页（汉族，新宾县）。

969.1.2   给化装成穷人来考察人间善恶的神以救助的人得救。

出处：

口承神话：

冀18，第7页（汉族，茶坊区）。

浙32，第14页（汉族，宁海县）。

综1，第35页（汉族，浙江省东阳县），第46—47页（彝族，云南省罗平县、宣成县）。

970   大灾难后人类的重新繁衍。

对照：汤A1029.6   洪水的幸存者重建家园。汤A1038   躲过世界之火后的人重新繁衍人类。汤A1045   一对夫妇在持续的严冬中幸存下来，重新繁衍了人种。

出处：

口承神话：

综4，第233页（瑶族，广东省连南瑶族自治县）。

971   幸存的兄妹用泥土创造人类。

参照：1074.1，1074.7.2。

出处：

口承神话：

黑1，第10页（汉族，呼兰县），第11页（汉族，青冈县）。

辽6，第2页（汉族，本溪县）；辽11，第31页（汉族，东沟县）；辽20，第354页（汉族，桓仁县）；辽26，第232页（汉族，宽甸县）；辽27，第168页（汉族，白塔区）；辽31，第6页（满族，清原县）；辽39，第503页（汉族，瓦房店市）；辽45，第2页（汉族，新宾县）；辽50，第3页（满族，岫岩县）；辽53，第7页（汉族，振兴区）。

浙16，第4页（汉族，海盐县）；浙31，第6页（汉族，龙游县）；浙46，第2页（汉族，嵊县）。

豫14，第8页（汉族，武陟县）；豫22，第1页（汉族，淇县）；豫23，第6页（汉族，杞县）；豫25，第15页（汉族，汝南县）；豫26，第2、8页（汉族，社旗县）；豫27，第4页（汉族，沈丘县）；豫29，第4页（汉族，太康县）；豫32，第62页（汉族，桐柏县）；豫36，第6页（汉族，息县）；豫40，第10页（汉族，新乡县）；豫45，第2页（汉族，禹州市）；豫46，第2页（汉族，周口市）；豫47，第1、3页（回族，驻马店市）。

川1，第97页（汉族，简阳县），第104页（汉族，西充县）；川5，第4页（汉族，灌县）；川6，第6页（汉族，龙泉驿区）；川14，第1页（汉族，简阳县）；川27，第3页（汉族，西充县）；川41，第2页（汉族，资中县）。

陕2，第42页（汉族，千阳县）。

综7，第27、29、33、37、39页（汉族，河南省桐柏盘古山区），第80页（汉族，河南省信阳鸡公山区），第96、105、138、145、147、149、166页（汉族，河南省沈丘县），第100页（汉族，河南省淮阳县），第103、152页（汉族，河南省），第130页（汉族，河南省商丘、开封），第132页（汉族，河南省正阳县），第136、157页（汉族，河南省西华县），第142页（汉族，河南省密县），第143、159页（汉族，河南省项城县），第153页（汉族，河南省平舆县），第161页（汉族，河南省驻马店市），第170页（汉族，河南省内乡一带）。

971.1　幸存的女人用泥土创造人类。

参照：1074.1。

对照：汤A1006.3　世界灾难之后，用红土造了新的人种。

出处：

口承神话：

综7，第155页（汉族，河南省项城县）。

972　幸存的始祖血亲婚配，重新繁衍人类。

参照：151，152，153，975，1075.1，1305。

对照：汤A1006.1　世界灾难之后，从仅留的一对（或一些）人种中繁衍了新的人种。汤A1006.2　世界灾难之后，乱伦产生新的人种。

972.1 幸存的兄妹结亲，重新繁衍人类。

参照：152。

出处：

口承神话：

冀 5，第 6 页（汉族，藁城县）；冀 8，第 3 页（汉族，藁城县）；冀 18，第 8 页（汉族，茶坊区）。

黑 1，第 8 页（汉族，加格达奇区），第 44 页（鄂伦春族，黑河市），第 45 页（鄂伦春族，呼玛县）。

辽 6，第 2 页（汉族，本溪县）；辽 31，第 7 页（满族，清原县）；辽 50，第 3 页（满族，岫岩县）。

浙 1，第 11 页（汉族，安吉县）；浙 4，第 2 页（汉族，常山县）；浙 5，第 6、8 页（汉族，淳安县）；浙 7，第 5 页（汉族，德清县）；浙 9，第 13 页（汉族，东阳县）；浙 12，第 2、6 页（汉族，富阳县）；浙 16，第 4 页（汉族，海盐县）；浙 19，第 6 页（汉族，建德县）；浙 22，第 2 页（汉族，金华县）；浙 23，第 4、201 页（汉族，缙云县）；浙 24，第 4 页（汉族，开化县）；浙 25，第 5、6 页（汉族，兰溪市）；浙 27，第 35 页（畲族，丽水市），第 37 页（汉族，丽水市）；浙 28，第 5、7、9 页（汉族，临安县）；浙 29，第 171 页（汉族，临海市）；浙 30，第 2 页（汉族，龙泉县）；浙 31，第 3、7 页（汉族，龙游县）；浙 32，第 5 页（汉族，宁海县）；浙 36，第 6、8 页（汉族，浦江县）；浙 38，第 11 页（汉族，青田县）；浙 39，第 6 页（汉族，庆元县）；浙 40，第 3 页（汉族，衢县）；浙 46，第 3 页（汉族，嵊县）；浙 47，第 15 页（汉族，松阳县）；浙 48，第 2 页（汉族，遂昌县）；浙 49，第 10、12、14 页（汉族，泰顺县）；浙 50，第 2 页（汉族，天台县）；浙 54，第 11、12 页（汉族，文成县）；浙 55，第 6 页（畲族，武义县）；浙 56，第 7 页（汉族，婺城区）；浙 58，第 4 页（汉族，仙居县）；浙 59，第 4 页（汉族，象山县）；浙 60，第 17 页（汉族，萧山市）；浙 62，第 3、5、6 页（汉族，义乌市）；浙 64，第 8 页（汉族，永嘉县）；浙 65，第 4 页（汉族，永康县）；浙 68，第 7 页（汉族，玉环县）；浙 72，第 3、5、8 页（汉族，诸暨县）。

豫 2，第 6 页（汉族，郸城县）；豫 3，第 14 页（汉族，登封县）；豫 9，第 135 页（回族，吉县）；豫 14，第 6 页（汉族，武陟县）；豫 16，第 28 页（汉族，泌阳县）；豫 17，第 2 页（汉族，密县）；豫 18，第 5 页（汉族，南召县）；豫 21，第 9 页（汉族，濮阳县）；豫 22，第 1 页（汉族，淇县）；豫 23，第 4、6 页（汉族，杞县）；豫 25，第 15 页（汉族，汝南县）；豫 26，第 2、8 页（汉族，社旗县）；豫 27，第 2、4 页（汉族，沈丘县）；豫 29，第 4 页（汉族，太康县）；豫 31，第 6 页（汉族，通许县）；豫 32，第 60 页（汉族，桐柏县）；豫 36，第 4、5 页（汉族，息县）；豫 41，第 4 页（汉族，新野县）；豫 47，第 1 页（回族，驻马店市）。

桂 1，第 8 页（壮族，武宣县）；桂 2，第 2 页（汉族，钟山县），第 154 页（瑶族，钟山县）；桂 3，第 3 页（壮族，柳州市）；桂 4，第 8 页（汉族，玉林市）；桂 5，第 7 页（彝族，隆林县）；桂 8，第 3 页（汉族，钦州市）；桂 10，第 12 页（壮族，南宁市）；桂

11，第 4 页（壮族，大新县）；桂 13，第 5 页（壮族，合山市）；桂 14，第 5 页（瑶族，桂林市）；桂 15，第 4 页（瑶族，扶绥县）。

川 2，第 564 页（羌族，黑水县），第 827 页（苗族，盐边县）；川 4，第 6、158、162 页（羌族，北川县），第 8、202 页（汉族，北川县）；川 6，第 4 页（汉族，龙泉驿区）；川 7，第 1 页（汉族，彭县）；川 8，第 6 页（汉族，邛崃县）；川 14，第 1 页（汉族，简阳县）；川 17，第 9、12 页（苗族，筠连县）；川 18，第 4 页（汉族，洪雅县）；川 19，第 1 页（汉族，邻水县）；川 20，第 1 页（汉族，江北区），第 1 页（汉族，南川县）；川 22，第 33 页（汉族，屏山县）；川 24，第 6 页（汉族，三台县）；川 25，第 1 页（汉族，射洪县）；川 27，第 3 页（汉族，西充县）；川 28，第 2 页（汉族，兴文县）；川 29，第 6 页（汉族，荥经县）；川 30，第 11 页（汉族，营山县）；川 31，第 1 页（汉族，璧山县）；川 33，第 1 页（汉族，大足县）；川 37，第 4 页（汉族，荣昌县）；川 38，第 4 页（汉族，沙坪坝区）；川 41，第 2 页（汉族，资中县）；川 42，第 4 页（汉族，自贡市）。

陕 2，第 43 页（汉族，千阳县）。

综 1，第 36 页（汉族，浙江省东阳县），第 42—44 页（苗族，湖南省湘西地区，贵州省松桃县），第 54—55 页（哈尼族，云南省元江县），第 71—72 页（傈僳族，云南省碧江县），第 87 页（卑南族，台湾省台东县），第 243 页（拉祜族苦聪人，云南省镇沅县），第 314 页（傈僳族，云南省）；综 4，第 228 页（侗族，广西壮族自治区龙胜县）；综 7，第 32、33、37、40 页（汉族，河南省桐柏盘古山区），第 103、164 页（汉族，河南省），第 108、118 页（汉族，河南省淮阳县），第 130 页（汉族，河南省商丘、开封），第 139 页（汉族，河南省沈丘县），第 141 页（汉族，河南省南阳县），第 142 页（汉族，河南省密县），第 143、158 页（汉族，河南省项城县），第 153 页（汉族，河南省平舆县），第 163 页（汉族，河南省舞阳县）。

972.2 幸存的爷爷和孙女结亲，重新繁衍人类。

参照：1711.2。

出处：

口承神话：

冀 18，第 4 页（汉族，庞家堡区），第 6 页（汉族，下花园区）。

973 幸存的人与天女结亲，重新繁衍人类。

参照：154。

出处：

口承神话：

川 1，第 27 页（彝族，德昌县），第 115 页（彝族，冕宁县），第 138、148 页（彝族，峨边县）；川 2，第 284 页（彝族，德昌县），第 291 页（彝族），第 296 页（彝族，峨边县），第 300 页（彝族，石棉县），第 946 页（蒙古族，盐源县）；川 22，第 32 页（彝族，屏山县）。

综 1，第 49—51 页（彝族，云南省罗平县、宣成县），第 62—68 页（蒙古族，四川省木里县）。

973.1　幸存的人与龙女结亲，重新繁衍人类。

出处：

口承神话：

川 2，第 10 页（藏族，木里县）。

综 1，第 70 页（藏族，四川省木里县）。

974　幸存的人与动物结合，重新繁衍人类。

对照：汤 A1006.4　女子与鼠结合产生了新的人种。

974.1　幸存的人与狗结合，重新繁衍人类。

出处：

口承神话：

浙 8，第 10 页（汉族，定海区）；浙 11，第 2 页（汉族，奉化市）；浙 37，第 2 页（汉族，普陀区）；浙 68，第 11 页（汉族，玉环县）。

974.2　幸存的人与牛结合，重新繁衍人类。

出处：

口承神话：

综 1，第 57—58 页（佤族，云南省沧源县）。

974.3　幸存的人与猴子结合，重新繁衍人类。

出处：

口承神话：

综 1，第 60 页（拉祜族苦聪人，云南省镇沅县）。

975　始祖结亲后，生下怪胎。把怪胎打开，里面出现人类；把怪胎剁碎撒向各处，或埋入地下，几天后挖出，怪胎变成了人。

出处：

口承神话：

浙 4，第 2 页（汉族，常山县）。

川 17，第 9 页（苗族，筠连县）；川 18，第 4 页（汉族，洪雅县）。

综 1，第 15 页（苗族，云南省富宁县），第 21 页（侗族，贵州省黎平县），第 34 页（汉族，四川省珙县），第 43 页（苗族，湖南省湘西地区，贵州省松桃县），第 55 页（哈尼族，云南省元江县），第 295—297 页（拉祜族，云南省澜沧县）；综 4，第 228 页（侗族，广西壮族自治区龙胜县）。

975.1　怪胎是肉坨。

出处：

口承神话：

冀18，第8页（汉族，茶坊区）。

黑1，第8页（汉族，加格达奇区）。

浙1，第11页（汉族，安吉县）；浙7，第5页（汉族，德清县）；浙8，第14页（汉族，定海区）；浙12，第2页（汉族，富阳县）；浙22，第2页（汉族，金华县）；浙27，第37页（汉族，丽水市）；浙31，第7页（汉族，龙游县）；浙38，第11页（汉族，青田县）；浙39，第6页（汉族，庆元县）；浙47，第15页（汉族，松阳县）；浙48，第2页（汉族，遂昌县）；浙49，第14页（汉族，泰顺县）；浙54，第12页（汉族，文成县）；浙56，第7页（汉族，婺城区）。

豫9，第135页（回族，吉县）；豫16，第28页（汉族，泌阳县）；豫31，第6页（汉族，通许县）；豫47，第1页（回族，驻马店市）。

桂2，第2页（汉族，钟山县），第154页（瑶族，钟山县）；桂3，第3页（壮族，柳州市）；桂4，第8页（汉族，玉林市）；桂5，第8页（彝族，隆林县）；桂10，第12页（壮族，南宁市）；桂15，第4页（瑶族，扶绥县）。

川1，第99页（汉族，三台县），第102页（汉族，珙县），第157页（土家族，酉阳县）；川2，第13页（白马藏族，平武县白马乡），第563页（羌族，汶川县），第571页（羌族，北川县），第694页（土家族，秀山县），第695页（土家族，酉阳县），第824页（苗族，木里县），第825页（苗族，古蔺县），第936页（傈僳族，德昌县），第948页（蒙古族，木里县），第948页（傈僳族，米易县）；川4，第8页（汉族，北川县），第158、162页（羌族，北川县）；川6，第4页（汉族，龙泉驿区）；川8，第6页（汉族，邛崃县）；川17，第12页（苗族，筠连县）；川19，第1页（汉族，邻水县）；川20，第1页（汉族，南川县）；川22，第33页（汉族，屏山县）；川24，第6页（汉族，三台县）；川25，第1页（汉族，射洪县）；川28，第2页（汉族，兴文县）；川30，第11页（汉族，营山县）；川31，第1页（汉族，璧山县）；川33，第1页（汉族，大足县）；川38，第4页（汉族，沙坪坝区）。

综1，第15页（苗族，云南省富宁县），第21页（侗族，贵州省黎平县），第34页（汉族，四川省珙县），第51页（彝族，云南省罗平县、宣成县），第55页（哈尼族，云南省元江县）；综4，第228页（侗族，广西壮族自治区龙胜县）；综7，第164页（汉族，河南省）。

975.2　怪胎是麻绳。将绳子砍成一节一节，撒向四方，变成了人。

出处：

口承神话：

川2，第18页（白马藏族，平武县白马乡）。

975.3　怪胎是葡萄。把葡萄扔出去变成了人。

出处：

口承神话：

川1，第155页（土家族，黔江县）；川2，第693页（土家族，酉阳县）。

975.4　怪胎是血胞、血块。把血胞砍烂，血水变成了人。

出处：

口承神话：

川1，第113页（汉族，米易县）；川7，第1页（汉族，彭县）；川14，第1页（汉族，简阳县）；川20，第1页（汉族，江北区）。

975.5　怪胎是瓜。把瓜砍开，瓜籽变成人。

出处：

口承神话：

桂14，第4页（瑶族，桂林市）。

975.5.1　怪胎是葫芦。把葫芦切开出现了人。

出处：

口承神话：

浙64，第8页（汉族，永嘉县）。

975.6　怪胎是磨刀石。把磨刀石打碎，碎石变成了人。

出处：

口承神话：

桂13，第5页（壮族，合山市）。

综1，第43页（苗族，湖南省湘西地区，贵州省松桃县）。

979　灾难后人类的重新繁衍——其他母题。

979.1　幸存的兄妹用其他方式繁衍了人类。

出处：

口承神话：

川1，第174页（苗族，筠连县）；川2，第565页（羌族，松潘县），第826页（苗族，筠连县）；川23，第5页（汉族，渠县）。

979.2　幸存的兄妹用混合的方式创造了人类。用两种或两种以上的方式重新繁衍人类。

参照：1074.7.2。

出处：

口承神话：

桂4，第6页（汉族，玉林市）。

陕2，第43页（汉族，千阳县）。

979.3　幸存兄妹的衣服变成了人类。

出处：

口承神话：

综4，第199页（布依族）。

980　大灾难后世界秩序的恢复与重建。

参照：661.1，681，682，683。

对照：汤A1006　世界灾难之后世界的更新。汤A1029.6　洪水的幸存者重建家园。

981　灾难中物种得救。在大灾难中，一对对动物被预留下来。

参照：939.6。

出处：

口承神话：

综1，第277页（独龙族，云南省）。

982　灾难后物种的重新繁衍。

参照：970。

出处：

口承神话：

综4，第233页（瑶族，广东省连南瑶族自治县）。

983　祛除为害人间的魔怪。

参照：244.3，1004。

对照：汤A531　文化英雄（半神）战胜魔怪。汤A531.1.1　文化英雄消灭魔鬼。汤A531.2　文化英雄消灭蛇。

出处：

古代文献：

《淮南子·览冥训》（黑龙）；《山海经·海外南经》《山海经·大荒南经》（凿齿）；《淮南子·本经训》（修蛇、九婴、大风等）。

口承神话：

桂4，第6页（汉族，玉林市）。

990　补天。天空残毁或缺漏，文化英雄设法补天。

参照：237，562.9，562.10，883，943。

出处：

古代文献：

《淮南子·览冥训》《补史记·三皇本纪》《路史·后纪二》（女娲补天）。

口承神话：

冀 1，第 7 页（汉族，满城县）；冀 3，第 19 页（汉族，抚宁县）；冀 4，第 3、5 页（汉族，藁城县）；冀 5，第 14 页（汉族，藁城县）；冀 6，第 597 页（汉族，藁城县）；冀 8，第 1、183 页（汉族，藁城县）；冀 9，第 2 页（汉族，涉县）；冀 11，第 3 页（汉族，衡水市）；冀 12，第 222 页（汉族，高邑县）；冀 18，第 10 页（汉族，庞家堡区），第 46 页（汉族，宣化县）。

辽 10，第 88 页（汉族，大洼县）；辽 15，第 132 页（汉族，抚顺望花区）；辽 36，第 388 页（汉族，苏家屯区）；辽 42，第 62 页（汉族，细河区）。

浙 2，第 4 页（汉族，苍南县）；浙 3，第 67、68 页（汉族，长兴县）；浙 8，第 1 页（汉族，定海区）；浙 14，第 3 页（汉族，海宁市）；浙 25，第 3 页（汉族，兰溪市）；浙 27，第 27 页（汉族，丽水市）；浙 38，第 2 页（汉族，青田县）；浙 39，第 4 页（汉族，庆元县）；浙 47，第 14 页（汉族，松阳县）；浙 48，第 7 页（汉族，遂昌县）；浙 64，第 5 页（汉族，永嘉县）。

豫 1，第 365 页（汉族，淅川县）；豫 2，第 10 页（汉族，郸城县）；豫 9，第 136 页（汉族，吉县）；豫 16，第 23 页（汉族，泌阳县）；豫 18，第 10 页（汉族，南召县）；豫 21，第 15 页（汉族，濮阳县）；豫 23，第 12、13 页（汉族，杞县）；豫 26，第 13 页（汉族，社旗县）；豫 27，第 3 页（汉族，沈丘县）；豫 28，第 17 页（汉族，渑池县）；豫 29，第 23、107 页（汉族，太康县）；豫 32，第 30、31 页（汉族，桐柏县）；豫 47，第 4 页（回族，驻马店市）。

桂 4，第 6 页（汉族，玉林市）。

川 1，第 108 页（汉族，双流县）；川 4，第 2 页（羌族，北川县）；川 9，第 2 页（汉族，双流县）；川 14，第 1、2 页（汉族，简阳县）；川 18，第 2 页（汉族，洪雅县）。

陕 2，第 4、20 页（汉族，千阳县），第 101 页（汉族，宝鸡县）；陕 7，第 3 页（汉族，蓝田县）；陕 8，第 7 页（汉族，富平县）；陕 10，第 3 页（汉族，旬邑县）；陕 11，第 467 页（汉族，长武县）。

综 1，第 92 页（汉族，浙江省兰溪市），第 100 页（苗族，云南省马关县、麻栗坡县），第 292（拉祜族，云南省澜沧县）；综 4，第 76 页（彝族，云南省楚雄彝族自治州），第 164—165 页（彝族，贵州省），第 194 页（布依族），第 245 页（白族）；综 7，第 35 页（汉族，河南省桐柏盘古山区），第 55、56 页（汉族，河南省开封府区），第 60、61、63 页（汉族，河南省太行山区），第 66、68 页（汉族，河南省西华思都岗区），第 95、104、138、149、166 页（汉族，河南省沈丘县），第 99 页（汉族，河南省淮阳县），第 129 页（汉族，河南省商丘、开封），第 153 页（汉族，河南省平舆县）。

991　补天的原因。

991.1　补天是为了弥补天界的最初缺陷。开天辟地后，天空即存在裂口。

参照：305.2。

出处：

口承神话：

冀3，第19页（汉族，抚宁县）；冀11，第3页（汉族，衡水市）。

辽50，第9页（满族，岫岩县）。

浙2，第4页（汉族，苍南县）；浙14，第3页（汉族，海宁市）；浙25，第3页（汉族，兰溪市）；浙28，第1页（汉族，临安县）；浙38，第2页（汉族，青田县）；浙47，第13页（汉族，松阳县）。

豫1，第365页（汉族，淅川县）；豫16，第23页（汉族，泌阳县）；豫21，第14页（汉族，濮阳县）；豫26，第13页（汉族，社旗县）；豫27，第3页（汉族，沈丘县）。

川18，第2页（汉族，洪雅县）；川22，第23页（汉族，屏山县）。

综1，第92页（汉族，浙江省兰溪市），第100页（苗族，云南省马关县、麻栗坡县），第292（拉祜族，云南省澜沧县）；综4，第245页（白族）；综7，第60、63页（汉族，河南省太行山区），第66、68页（汉族，河南省西华思都岗区），第129页（汉族，河南省商丘、开封），第138页（汉族，河南省沈丘县）。

991.2　补天是为了弥补被损坏的天空。由于某种原因，天空的最初完好被毁坏，天空出现了裂口，于是文化英雄补天。

出处：

古代文献：

《淮南子·览冥训》（女娲补天）。

口承神话：

冀5，第14页（汉族，藁城县）；冀6，第597页（汉族，藁城县）；冀9，第2页（汉族，涉县）；冀12，第222页（汉族，高邑县）。

辽6，第1页（汉族，本溪县）；辽14，第378页（汉族，抚顺露天区）；辽45，第2页（汉族，新宾县）。

浙3，第67、68页（汉族，长兴县）；浙27，第27页（汉族，丽水市）；浙28，第14页（汉族，临安县）；浙31，第6页（汉族，龙游县）；浙39，第4页（汉族，庆元县）；浙48，第7页（汉族，遂昌县）；浙64，第5页（汉族，永嘉县）。

豫2，第10页（汉族，郸城县）；豫18，第10页（汉族，南召县）；豫23，第12、13页（汉族，杞县）；豫28，第17页（汉族，渑池县）；豫29，第23页（汉族，太康县）；豫32，第30、31页（汉族，桐柏县）。

桂4，第6页（汉族，玉林市）。

川1，第14页（汉族，巴县），第16页（汉族，广汉县），第17页（汉族，绵竹县），第120页（汉族，德阳市市中区）；川2，第690页（土家族，川湘边区）；川4，第1页（羌族，北川县）。

陕2，第20页（汉族，千阳县），第101页（汉族，宝鸡县）；陕11，第467页（汉族，长武县）。

综4，第75页（彝族，云南省楚雄彝族自治州），第164页（彝族，贵州省），第194页（布依族）；综7，第35页（汉族，河南省桐柏盘古山区），第55页（汉族，河南省开封府区），第95、104、149、166页（汉族，河南省沈丘县），第99页（汉族，河南省淮阳县），第153页（汉族，河南省平舆县）。

991.3 补天是因为天空动荡。

出处：

口承神话：

综1，第95页（纳西族，云南省丽江地区）。

992 补天的方式。

992.1 用石头补天。

出处：

口承神话：

辽15，第132页（汉族，抚顺望花区）；辽36，第388页（汉族，苏家屯区）；辽50，第10页（满族，岫岩县）。

浙14，第3页（汉族，海宁市）；浙28，第1页（汉族，临安县）；浙48，第7页（汉族，遂昌县）。

豫29，第107页（汉族，太康县）。

川1，第16页（汉族，广汉县）。

综1，第95页（纳西族，云南省丽江地区）；综7，第63页（汉族，河南省太行山区），第99页（汉族，河南省淮阳县），第104页（汉族，河南省沈丘县）。

992.2 炼石补天。

出处：

古代文献：

《列子·汤问第五》；《淮南子·览冥训》《淮南子·天文训》；《论衡·谈天篇》；《补史记·三皇本纪》。

口承神话：

冀1，第7页（汉族，满城县）；冀3，第19页（汉族，抚宁县）；冀8，第1页（汉族，藁城县）；冀11，第3页（汉族，衡水市）；冀12，第222页（汉族，高邑县）；冀

16，第 496 页（汉族，邢台市）。

辽 14，第 378 页（汉族，抚顺露天区）。

浙 8，第 1 页（汉族，定海区）；浙 28，第 12、14 页（汉族，临安县）；浙 47，第 14 页（汉族，松阳县）。

豫 9，第 136 页（汉族，吉县）。

川 4，第 1 页（羌族，北川县）。

陕 2，第 101 页（汉族，宝鸡县）；陕 7，第 3 页（汉族，蓝田县）；陕 10，第 3 页（汉族，旬邑县）。

综 1，第 93 页（汉族，吉林省长春市）；综 4，第 44 页（苗族）；综 7，第 56 页（汉族，河南省开封府区），第 66、68 页（汉族，河南省西华思都岗区）。

992.2.1　炼五色石补天。

参照：552.2。

出处：

口承神话：

冀 4，第 3、5 页（汉族，藁城县）；冀 6，第 597 页（汉族，藁城县）；冀 9，第 2 页（汉族，涉县）；冀 18，第 10 页（汉族，庞家堡区），第 46 页（汉族，宣化县）。

辽 6，第 1 页（汉族，本溪县）。

浙 2，第 4 页（汉族，苍南县）；浙 3，第 67 页（汉族，长兴县）；浙 11，第 1 页（汉族，奉化市）；浙 27，第 27 页（汉族，丽水市）；浙 31，第 6 页（汉族，龙游县）；浙 39，第 4 页（汉族，庆元县）；浙 64，第 5 页（汉族，永嘉县）。

豫 18，第 10 页（汉族，南召县）；豫 23，第 13 页（汉族，杞县）；豫 28，第 17 页（汉族，渑池县）；豫 29，第 23 页（汉族，太康县）。

川 1，第 15 页（汉族，巴县），第 18 页（汉族，绵竹县），第 19 页（汉族，简阳县），第 120 页（汉族，德阳市市中区）；川 2，第 690 页（土家族，川湘边区）；川 14，第 1 页（汉族，简阳县）。

陕 11，第 467 页（汉族，长武县）。

综 7，第 55 页（汉族，河南省开封府区），第 60、61 页（汉族，河南省太行山区），第 95 页（汉族，河南省沈丘县）。

992.3　炼铁补天。

出处：

口承神话：

浙 38，第 2 页（汉族，青田县）。

992.4　用泥土补天。

出处：

口承神话：

冀11，第3页（汉族，衡水市）。

浙14，第3页（汉族，海宁市）；浙27，第27页（汉族，丽水市）；浙48，第7页（汉族，遂昌县）。

综1，第92页（汉族，浙江省兰溪市）。

992.4.1　用七色泥土补天。

出处：

口承神话：

浙25，第3页（汉族，兰溪市）。

992.5　用云补天。

出处：

口承神话：

辽45，第3页（汉族，新宾县）。

豫23，第13页（汉族，杞县）。

综4，第245页（白族）。

992.6　用雪补天。

出处：

口承神话：

辽36，第388页（汉族，苏家屯区）。

豫1，第365页（汉族，淅川县）。

992.7　用冰块补天。

参照：559.3，562.9.1。

出处：

口承神话：

冀3，第19页（汉族，抚宁县）；冀18，第46页（汉族，宣化县）。

辽15，第132页（汉族，抚顺望花区）。

豫2，第10页（汉族，郸城县）；豫16，第23页（汉族，泌阳县）；豫21，第15页（汉族，濮阳县）；豫26，第13页（汉族，社旗县）；豫27，第4页（汉族，沈丘县）；豫32，第31页（汉族，桐柏县）；豫47，第4页（回族，驻马店市）。

综1，第93页（汉族，吉林省长春市）；综7，第61、63页（汉族，河南省太行山区），第66页（汉族，河南省西华思都岗区），第104、138、149、166页（汉族，河南省沈丘县），第153页（汉族，河南省平舆县）。

992.8　缝补天空。

出处：

口承神话：

冀5，第14页（汉族，藁城县）。

浙3，第68页（汉族，长兴县）。

豫32，第30页（汉族，桐柏县）。

桂4，第6页（汉族，玉林市）。

综1，第100页（苗族，云南省马关县、麻栗坡县）；综4，第76页（彝族，云南省楚雄彝族自治州），第164—165页（彝族，贵州省）；综7，第95、104页（汉族，河南省沈丘县）。

992.8.1　用针线、梭子等补天。

出处：

口承神话：

冀5，第14页（汉族，藁城县）。

辽47，第2页（汉族，新民县）。

992.8.2　用龙牙、龙角、龙皮、龙筋补天。

出处：

口承神话：

冀5，第14页（汉族，藁城县）。

辽47，第2页（汉族，新民县）。

桂4，第6页（汉族，玉林市）。

992.8.3　用神的衣服补天。

出处：

口承神话：

辽47，第2页（汉族，新民县）。

992.8.4　用布补天。

出处：

口承神话：

川18，第2页（汉族，洪雅县）；川22，第24页（汉族，屏山县）。

992.8.5　用草木灰补天。

出处：

口承神话：

冀4，第5页（汉族，藁城县）。

992.8.6　神用自己的身体补天。

出处：

口承神话：

浙27，第28页（汉族，丽水市）。

川4，第2页（羌族，北川县）。

992.9　神吹气补天。

出处：

口承神话：

冀8，第183页（汉族，藁城县）。

辽15，第132页（汉族，抚顺望花区）。

992.9.1　补天的是动物。

出处：

口承神话：

综1，第292（拉祜族，云南省澜沧县）。

1000　治水。洪水为灾，文化英雄及其协助者想方设法治理水患。

参照：236。

出处：

古代文献：

《楚辞·天问》（鲧治水）；《孟子·滕文公章句上》（"禹疏九河"）；《楚辞·天问》洪兴祖补注引《吕氏春秋》（禹"复往治水"）；《山海经·海内经》注引《开筮》（伯鲧以息石息壤填堵洪水）；《吕氏春秋·季夏纪第六·音初》（"禹行功"）；《荀子·成相》（"禹有功，抑下鸿"）；《尸子·尸子存疑》（"禹理洪水"）；《淮南子·地形训》（禹以息土填洪水）；《汉书·武帝纪第六》颜师古注引《淮南子》（"禹治鸿水，通轩辕山，化为熊"）；《越绝书》卷八《外传记地》（禹忧民救水）；《拾遗记》卷二（夏禹"尽力沟洫，导川夷岳"）；《太平广记·目录卷第十》卷四百六十七《水族四·李汤》（"禹理水"）。

口承神话：

冀1，第7页（汉族，满城县）；冀5，第17页（汉族，藁城县）；冀15，第7页（汉族，下花园区）。

浙7，第10、15、19、24页（汉族，德清县）；浙11，第10页（汉族，奉化市）；浙27，第30页（汉族，丽水市）；浙44，第19、24页（汉族，绍兴县）；浙48，第4页（汉族，遂昌县）；浙60，第12页（汉族，萧山市）。

川4，第164页（羌族，北川县）；川10，第2页（汉族，西城区）；川13，第6页（汉族，涪陵市）；川34，第2页（汉族，合川县）；川41，第1页（汉族，资中县）。

豫3，第3、5、20页（汉族，登封县）；豫6，第3（汉族，滑县）；豫9，第136页（汉族，吉县）；豫14，第18页（汉族，武陟县）；豫32，第77、87、99页（汉族，桐柏县）；豫36，第13页（汉族，息县）；豫41，第6页（汉族，新野县）；豫45，第5、7、9页（汉族，禹州市）。

陕2，第21页（汉族，千阳县），第57页（汉族，渭滨区）；陕8，第14页（汉族，华阴县），第23页（汉族）；陕10，第6页（汉族，乾县）；陕11，第467页（汉族，长武县）。

综1，第177页（汉族，淮河流域），第183—184页（汉族，河南省）；综7，第308、311、312、321、323页（汉族，河南省三门峡市），第331、332、337、340、351页（汉族，河南省嵩岳伊洛区），第362页（汉族，河南省桐柏淮源区），第364、366页（汉族，河南省太行王屋区）。

1001　用芦苇烧成的灰去填塞洪水。

出处：

古代文献：

《淮南子·览冥训》《补史记·三皇本纪》（"积芦灰以止淫水"）。

口承神话：

浙3，第68页（汉族，长兴县）；浙64，第5页（汉族，永嘉县）。

陕11，第467页（汉族，长武县）。

1002　文化英雄用土堵塞洪水。

出处：

古代文献：

《山海经·海内经》（鲧窃息壤以堙洪水，禹布土以定九州）；《山海经·大荒北经》（"禹湮洪水"）；《楚辞·天问》（"地方九则，何以坟之？"）；《诗经·商颂·长发》（"洪水芒芒，禹敷下土方"）；《淮南子·地形训》（禹以息土填洪水）；《汉书·沟洫志第九》引《夏书》（"禹堙洪水十三年，过家不入门"）。

口承神话：

冀5，第17页（汉族，藁城县）。

浙32，第11页（汉族，宁海县）；浙60，第12页（汉族，萧山市）。

豫36，第13页（汉族，息县）。

川13，第6页（汉族，涪陵市）。

陕2，第21页（汉族，千阳县）；陕8，第14页（汉族，华阴县）。

综1，第177页（汉族，淮河流域）；综7，第332页（汉族，河南省嵩岳伊洛区）。

1002.1　用息壤填堵洪水。

参照：323，721.2。

出处：

古代文献：

《山海经·海内经》（"鲧窃帝之息壤以堙洪水"）。

口承神话：

川1，第316页（汉族，成都市东、西城区），第326页（汉族，都江堰市）。

浙7，第19页（汉族，德清县）；浙9，第17页（汉族，东阳县）；浙32，第12页（汉族，宁海县）。

综1，第177页（汉族，淮河流域）。

1003　文化英雄疏导洪水。

参照：940。

出处：

古代文献：

《楚辞·天问》（"洪泉极深，何以填之？地方九则，何以坟之？应龙何画？河海何历？"）；《拾遗记》卷二（夏禹"尽力沟洫，导川夷岳"）。

口承神话：

冀5，第17页（汉族，藁城县）。

辽45，第2页（汉族，新宾县）。

浙7，第17、21、24页（汉族，德清县）；浙9，第20、21、22、24、25、27页（汉族，东阳县）；浙11，第11页（汉族，奉化市）；浙27，第30页（汉族，丽水市）；浙31，第6页（汉族，龙游县）；浙32，第12页（汉族，宁海县）；浙46，第6页（汉族，嵊县）；浙60，第13页（汉族，萧山市）。

豫3，第3、9页（汉族，登封县）；豫6，第3页（汉族，滑县）；豫9，第136页（汉族，吉县）；豫14，第18页（汉族，武陟县）；豫32，第19、77、99页（汉族，桐柏县）。

川1，第317页（汉族，成都市东、西城区），第324页（汉族，巴县），第327页（汉族，都江堰市），第336页（汉族，巫山县）；川4，第164页（羌族，北川县）；川10，第2页（汉族，西城区）；川13，第6页（汉族，涪陵市）；川34，第2页（汉族，合川县）。

陕2，第21页（汉族，千阳县）；陕8，第14页（汉族，华阴县），第23页（汉族，第25、29、31、34、38页（汉族，韩城），第27页（汉族，渭南）；陕10，第6页（汉族，乾县）。

综1，第183、186页（汉族，河南省）；综7，第306页（汉族，河南省灵宝县），第308、312、315、317、318页（汉族，河南省三门峡市），第325页（汉族，河南省），第332、345、348、350、353页（汉族，河南省嵩岳伊洛区），第365页（汉族，河南省太行王屋区）。

1004　文化英雄祛除水怪。

参照：244.3，983。

对照：汤A531　文化英雄（半神）战胜魔怪。汤A531.1.1　文化英雄消灭魔鬼。

汤 A531.2　文化英雄消灭蛇。

出处：

古代文献：

《山海经·大荒北经》（禹杀相繇）；《山海经·海外北经》（禹杀相柳）；《荀子·成相》（禹除共工）。

口承神话：

冀1，第8页（汉族，满城县）；冀15，第8页（汉族，下花园区）；冀18，第45页（汉族，下花园区）。

豫9，第136页（汉族，吉县）；豫32，第77、81、83、84、99页（汉族，桐柏县）；豫36，第15页（汉族，息县）；豫45，第6、8页（汉族，禹州市）。

川1，第318页（汉族，成都市东、西城区），第323页（汉族，巴县），第341页（汉族，资中县）；川41，第1页（汉族，资中县）。

陕8，第34页（汉族，韩城）。

综1，第183—184、184—186页（汉族，河南省）；综7，第316、319页（汉族，河南省三门峡市），第327页（汉族，河南省），第352、353页（汉族，河南省嵩岳伊洛区），第362页（汉族，河南省桐柏淮源区），第364页（汉族，河南省太行王屋区）。

1005　治水过程中动物的帮助。

1005.1　龙帮助治水。

出处：

古代文献：

《楚辞·天问》（"应龙何画"）；《拾遗记》卷二"夏禹"条（"黄龙曳尾于前"）。

口承神话：

浙7，第15、24页（汉族，德清县）。

豫3，第9页（汉族，登封县）；豫41，第6页（汉族，新野县）。

川1，第323页（汉族，巴县），第326页（汉族，都江堰市）；川34，第2页（汉族，合川县）。

1005.2　神龟帮助治水。

出处：

古代文献：

《楚辞·天问》（"鸱龟曳衔"）；《拾遗记》卷二"夏禹"条（"玄龟负青泥于后"）。

口承神话：

浙7，第15、19页（汉族，德清县）；浙60，第13页（汉族，萧山市）。

川10，第2页（汉族，西城区）。

1005.3　千里马（决蹄）帮助治水。

出处：

口承神话：

川 1，第 318 页（汉族，成都市东、西城区）。

1005.4　穿山甲帮助治水。

出处：

口承神话：

川 1，第 323 页（汉族，巴县）。

1005.5　神猪帮助治水。

出处：

口承神话：

川 4，第 164 页（羌族，北川县）。

1005.6　金牛帮助治水。

出处：

口承神话：

综 7，第 306 页（汉族，河南省灵宝县）。

1006　治水过程中神的帮助。

1006.1　天神帮助治水。

出处：

口承神话：

冀 1，第 7 页（汉族，满城县）；冀 15，第 8 页（汉族，下花园区）；冀 18，第 45 页（汉族，下花园区）。

川 1，第 335 页（汉族，巫山县）。

综 7，第 327 页（汉族，河南省）。

1006.1.1　天兵天将帮助治水。

出处：

口承神话：

冀 5，第 17 页（汉族，藁城县）。

川 1，第 318 页（汉族，成都市东、西城区）。

1006.2　河神帮助治水。

出处：

口承神话：

川 1，第 319 页（汉族，成都市东、西城区）。

综 7，第 348 页（汉族，河南省嵩岳伊洛区）。

1006.3　山神帮助治水。

出处：

口承神话：

陕 8，第 24 页（汉族）。

1006.4　人类始祖帮助治水。

出处：

口承神话：

川 1，第 320 页（汉族，成都市东、西城区）。

第三编

人类起源母题

（1050 — 1399）

1050—1069　人类的初始状况

1050　人类的原初状况。

1051　起初人的身体特征与现在不同。

1051.1　起初人的模样会变来变去。

出处：

口承神话：

综1，第8页（云南省金平县），第26页（卑南族，台湾省台东县）。

1051.2　起初人没有头发。

出处：

口承神话：

陕2，第37页（汉族，千阳县）；陕10，第13页（汉族，泾阳县）。

1051.3　起初人脸朝着天上，脑壳朝着背后。

出处：

口承神话：

川1，第187页（傈僳族，德昌县）；川2，第935页（傈僳族，德昌县）。

1051.4　起初人的眼睛竖着长。

出处：

口承神话：

川2，第13页（白马藏族，平武县白马乡）。

综1，第44页（彝族，云南省罗平县、宣成县），第102页（白马藏族，四川省平武县）；综4，第85页（彝族）。

1051.5　起初人的眼睛长在头上，不能闭合。

出处：

口承神话：

川2，第949页（傈僳族，盐边县）。

1051.6　起初人长有若干只眼睛。

1051.6.1　起初人只有一只眼睛。

出处：

口承神话：

综4，第85页（彝族）。

1051.6.2　起初人有三只眼睛。

出处：

口承神话：

浙72，第9页（汉族，诸暨县）。

1051.7　起初人的眼睛长在膝盖上。

出处：

口承神话：

综1，第26页（卑南族，台湾省台东县）。

1051.8　起初人的脑袋前后都长有眼睛。

出处：

口承神话：

综1，第26—27页（卑南族，台湾省台东县）。

1051.9　起初人长着翅膀。

出处：

口承神话：

川1，第174页（苗族，筠连县）；川2，第826页（苗族，筠连县）。

1051.10　起初人没有膝盖。

出处：

口承神话：

辽24，第6页（汉族，开原县）。

陕10，第13页（汉族，泾阳县）。

综1，第84页（鄂伦春族，内蒙古自治区鄂伦春自治旗）。

1051.10.1　起初人的膝盖向后弯曲。

出处：

口承神话：

川1，第188页（傈僳族，德昌县）；川2，第935页（傈僳族，德昌县）。

1051.11　起初人长有尾巴。

参照：1097。

对照：艾72型　人原先有尾巴。

出处：

口承神话：

冀7，第690页（汉族，藁城县）。

黑1，第23页（满族，宁安县）。

辽 13，第 6 页（汉族，抚顺郊区）；辽 21，第 359 页（汉族，建昌县）；辽 39，第 340 页（汉族，瓦房店市）；辽 49，第 393 页（汉族，兴城县）；辽 58，第 3 页（蒙古族，建昌县）。

浙 2，第 16 页（汉族，苍南县）；浙 5，第 10、12 页（汉族，淳安县）；浙 7，第 6 页（汉族，德清县）；浙 8，第 9、10 页（汉族，定海区）；浙 11，第 2 页（汉族，奉化市）；浙 20，第 95 页（汉族，江北区）；浙 23，第 7 页（汉族，缙云县）；浙 25，第 4 页（汉族，兰溪市）；浙 37，第 2 页（汉族，普陀区）；浙 63，第 278 页（汉族，鄞县）；浙 66，第 8 页（汉族，余杭县）；浙 68，第 14 页（汉族，玉环县）；浙 72，第 15 页（汉族，诸暨县）。

豫 41，第 4 页（汉族，新野县）。

桂 4，第 6 页（汉族，玉林市）。

1051.11.1　人的尾巴出脓流水或者尾巴干黄，就表明这个人快死了。

出处：

口承神话：

冀 7，第 690 页（汉族，藁城县）。

辽 13，第 6 页（汉族，抚顺郊区）；辽 21，第 359 页（汉族，建昌县）；辽 49，第 393 页（汉族，兴城县）。

浙 2，第 16 页（汉族，苍南县）；浙 5，第 10、12 页（汉族，淳安县）；浙 7，第 6 页（汉族，德清县）；浙 8，第 10 页（汉族，定海区）；浙 11，第 2 页（汉族，奉化市）；浙 20，第 95 页（汉族，江北区）；浙 23，第 7 页（汉族，缙云县）；浙 37，第 2 页（汉族，普陀区）；浙 63，第 278 页（汉族，鄞县）；浙 66，第 8 页（汉族，余杭县）；浙 68，第 14 页（汉族，玉环县）；浙 72，第 15 页（汉族，诸暨县）。

豫 41，第 4 页（汉族，新野县）。

1051.11.2　人的尾巴是被天神粘上的智慧树枝。

出处：

口承神话：

黑 1，第 24 页（满族，宁安县）。

1051.12　起初人全身长满了毛。

出处：

口承神话：

冀 5，第 3 页（汉族，藁城县）。

浙 8，第 9 页（汉族，定海区）。

豫 38，第 7 页（汉族，项城县）。

桂 4，第 6 页（汉族，玉林市）。

川 1，第 130 页（藏族，金川县）；川 2，第 28 页（藏族，金川县）；川 16，第 3 页（藏族，金川县）。

陕 10，第 13 页（汉族，泾阳县）。

1051.13 起初人有着不同寻常的身高。

对照：汤 A1301   人类起初像巨人一样巨大。

出处：

口承神话：

冀 5，第 4 页（汉族，藁城县）。

川 2，第 13 页（白马藏族，平武县白马乡），第 548 页（羌族，茂县）。

综 1，第 102 页（白马藏族，四川平武县），第 278—279 页（汉族，四川省木里县）。

1051.13.1   起初人是弱小的矮子。

出处：

口承神话：

豫 23，第 10 页（汉族，杞县）。

桂 10，第 4 页（壮族，南宁市）。

川 2，第 13 页（白马藏族，四川省平武县白马乡）。

综 1，第 102 页（白马藏族，四川省平武县）；综 7，第 54 页（汉族，河南省开封府区）。

1052   起初人在腿上怀孕、生孩子。

出处：

口承神话：

综 1，第 26 页（卑南族，台湾省台东县），第 243 页（拉祜族苦聪人，云南省镇沅县）。

1052.1   起初人在膝盖上怀孕、生孩子。

出处：

口承神话：

综 1，第 243 页（佤族，云南省西盟县）。

1052.2   起初人从脚趾上生孩子。

出处：

口承神话：

综 1，第 26 页（卑南族，台湾省台东县）。

1053   起初男人生孩子。

出处：

口承神话：

综 1，第 242—243 页（佤族，云南省西盟县），第 243—244 页（拉祜族苦聪人，云南省镇沅县）。

1054 起初人是不死的。

出处：

口承神话：

综1，第252页（景颇族，云南省），第254页（苗族，云南省大关县）；综2，第530页（独龙族）。

1054.1 起初人通过蜕皮返老还童，长生不死。

出处：

口承神话：

浙1，第319页（汉族，安吉县）；浙5，第429页（汉族，淳安县）；浙19，第3页（汉族，建德县）；浙40，第13页（汉族，衢县）；浙48，第166页（汉族，遂昌县）。

桂4，第109页（汉族，玉林市）；桂15，第122页（汉族，扶绥县）。

川1，第91页（汉族，中江县），第93页（汉族，巴县）；川2，第728页（土家族，黔江县）。

藏1，第215页（珞巴族，隆子县）。

综1，第255页（苗族，云南省大关县），第256页（苗族，贵州省），第258页（汉族，四川省巴县），第260页（土家族，湖南省永顺县）。

1054.2 起初人不会生病，也不会死。

出处：

口承神话：

浙60，第8页（汉族，萧山市）。

川2，第302页（彝族，盐边县）。

1054.3 起初人死后能复活。

出处：

口承神话：

藏1，第189页（珞巴族，米林县）。

1055 起初人不住在地球上。

1055.1 起初人住在月亮上。

出处：

口承神话：

川1，第141页（彝族，西昌市）；川2，第274页（彝族，仁和区）。

1055.2 起初人住在天上。

出处：

口承神话：

辽24，第1页（回族，开原县）。

藏 1，第 214 页（珞巴族，米林县）。

1055.3　起初人住在地底下。

出处：

口承神话：

综 1，第 8 页（云南省金平县）。

1059　人类的原初状况——其他母题。

1059.1　起初人以草为食。

对照：汤 A1101.2.2　从前人吃草，牛吃稻米和豆类。

出处：

口承神话：

川 2，第 25 页（藏族，若尔盖县）。

1059.2　起初牛驱使人耕地。

参照：1550。

对照：汤 A1101.2.1　从前人耕地，牛是人的主人。

出处：

口承神话：

川 2，第 26 页（白马藏族，平武县白马乡）。

1059.3　起初世上没有男人，只有一个女人。

出处：

口承神话：

陕 2，第 37 页（汉族，千阳县）。

1059.4　起初人类乱伦婚配。

出处：

口承神话：

川 2，第 550 页（羌族，汶川县）。

1059.5　起初人跑得很快。

出处：

口承神话：

辽 24，第 6 页（汉族，开原县）。

川 2，第 940 页（傈僳族，德昌县）。

1059.6　起初人多病多灾。

出处：

口承神话：

辽 1，第 87 页（汉族，北票市）。

浙48，第236页（畲族，遂昌县）；浙72，第37页（汉族，诸暨县）。

川2，第956页（纳西族，木里县）。

1059.7 起初人和动物都不会说话。

参照：1620。

对照：汤A1101.2.3 从前人是哑巴，鸟和动物会说话。

出处：

口承神话：

浙31，第268页（汉族，龙游县）。

1059.8 起初人吃饭不讲顿数。

参照：1751.1。

出处：

口承神话：

浙15，第102页（汉族，海曙区）；浙21，第112页（汉族，江东区）；浙59，第200页（汉族，象山县）；浙63，第284页（汉族，鄞县）。

川36，第7页（汉族，綦江县）。

1059.8.1 起初人一天吃一顿饭，屙一次屎。

出处：

口承神话：

桂11，第97页（壮族，大新县）。

1059.9 起初人是背靠背连体出生的。

出处：

口承神话：

川21，第1页（汉族，平武县）。

1059.10 起初人与鬼生活在一起。

参照：810，1181。

出处：

口承神话：

综1，第275页（独龙族，云南省）。

1059.10.1 起初人与鬼是兄弟。

出处：

口承神话：

综1，第264页（哈尼族，云南省）。

1059.10.2 起初人鬼不分：人死变成鬼，鬼依旧在家里吃住。

出处：

口承神话：

综1，第266页（基诺族，云南省）。

1059.11　起初人会走会飞。

出处：

口承神话：

桂10，第4页（壮族，南宁市）。

1059.12　起初，人住在瓦罐（或石罐）中。

出处：

口承神话：

黑1，第15、18页（满族，宁安县）。

1059.13　起初人是短寿的。

对照：艾71型　人的寿命。

出处：

口承神话：

综1，第260—261页（纳西族摩梭人，云南省宁蒗县）。

1060　远古的黄金时代。那时人类生活得无忧无虑，幸福快乐，或长寿永生。

参照：1120。

对照：汤A1101.1　黄金时代。从前的完美时代。汤A1346.2　人必须劳动才能谋生：起初他们生活得太容易了——庄稼自己生长、结实，糖就在树上长着。汤A1346.2.2起初人们想要什么就有什么，生活无须劳动。汤A1420.4　最初人类毫不费力就可获得食物。

出处：

口承神话：

冀16，第468页（汉族，邢台市）。

浙12，第336、338页（汉族，富阳县）；浙17，第203页（汉族，黄岩市）；浙22，第133页（汉族，金华县）；浙26，第3页（汉族，乐清县）；浙27，第16、17页（汉族，丽水市）；浙28，第10页（汉族，临安县）；浙35，第171页（汉族，平阳县）；浙40，第10页（汉族，衢县）；浙47，第191页（汉族，松阳县）；浙51，第101页（汉族，桐庐县）；浙55，第8页（汉族，武义县）；浙57，第263页（汉族，西湖区）；浙58，第94页（汉族，仙居县）；浙59，第192页（汉族，象山县）；浙60，第18页（汉族，萧山市）；浙63，第283页（汉族，鄞县）；浙67，第245页（汉族，余姚市）；浙69，第158页（汉族，越城区）。

豫32，第16页（汉族，桐柏县）。

川2，第576页（羌族，理县）。

综4，第240—241页（白族）。

1061　人间衣食不缺。

出处：

口承神话：

桂15，第145页（汉族，扶绥县）。

综2，第530页（独龙族）；综4，第240页（白族）。

1061.1　粮食粒大穗高。

出处：

口承神话：

冀2，第603页（汉族，双滦区）；冀5，第3页（汉族，藁城县）；冀14，第137页（汉族，武安县）；冀16，第468页（汉族，邢台市）；冀18，第32、33、39页（汉族，宣化县）。

辽12，第191页（满族，凤城县）；辽21，第389、397页（汉族，建昌县）；辽34，第302页（满族，和平区）；辽41，第132页（满族，西丰县）；辽52，第215页（汉族，营口县）；辽58，第6页（蒙古族，建昌县）。

浙2，第192、193页（汉族，苍南县）；浙23，第217页（汉族，缙云县）；浙25，第217页（汉族，兰溪市）；浙26，第4页（汉族，乐清县）；浙36，第9页（汉族，浦江县）；浙39，第114页（汉族，庆元县）；浙40，第8页（汉族，衢县）；浙47，第188页（汉族，松阳县）；浙48，第162页（汉族，遂昌县）；浙60，第12页（汉族，萧山市）；浙68，第5页（汉族，玉环县）。

豫1，第292页（汉族，淅川县）；豫2，第191页（汉族，郸城县）；豫4，第90、91页（汉族，扶沟县）；豫6，第138、169页（汉族，滑县）；豫7，第168页（汉族，淮滨县）；豫18，第361页（汉族，南召县）；豫20，第12页（汉族，平舆县）；豫21，第132、143页（汉族，濮阳县）；豫23，第2页（汉族，杞县）；豫25，第8、243页（汉族，汝南县）；豫26，第159、161页（汉族，社旗县）；豫27，第144、145页（汉族，沈丘县）；豫28，第1页（汉族，渑池县）；豫29，第102页（汉族，太康县）；豫30，第118页（汉族，汤阴县）；豫31，第8页（汉族，通许县）；豫32，第53、55页（汉族，桐柏县）；豫36，第27页（汉族，息县）；豫38，第204页（汉族，项城县）；豫40，第7页（汉族，新乡县）；豫41，第172页（汉族，新野县）；豫42，第96页（汉族，修武县）；豫43，第95页（汉族，鄢陵县）；豫45，第228页（汉族，禹州市）。

桂5，第63页（彝族，隆林县）。

川1，第211页（傈僳族，德昌县）；川2，第102页（白马藏族，平武县白马乡），第567页（羌族，汶川县），第941页（傈僳族，德昌县）；川4，第9页（汉族，北川县）；川13，第198页（汉族，涪陵市）；川21，第2页（汉族，平武县）；川30，第155页（汉族，营山县）。

藏1，第200页（藏族，日土县）。

陕1，第104页（汉族，凤县）；陕2，第17页（汉族，岐山县）；陕3，第142页

（汉族，凤县）；陕7，第133页（汉族，蓝田县）；陕11，第390页（汉族，永寿县），第391页（汉族，乾县）。

综1，第44页（彝族，云南省罗平县、宣成县），第103页（白马藏族，四川省平武县），第261页（佤族，云南省西盟县）；综4，第197页（布依族）；综7，第103页（汉族，河南省）。

1061.2 粮食堆积如山，没有饥饿与忧伤。

出处：

口承神话：

川2，第24页（藏族，康定县）。

1061.3 神从天上给人间撒米、面（或油、酒等）。

出处：

口承神话：

冀2，第24页（汉族，双桥区）；冀5，第297页（汉族，藁城县）；冀10，第226页（汉族，涉县）；冀14，第165页（汉族，武安县）；冀15，第22页（汉族，下花园区）；冀18，第7页（汉族，茶坊区），第28页（汉族，下花园区）；冀19，第117页（汉族，赵县）。

辽1，第87、475页（汉族，北票市）；辽3，第121页（汉族，北镇县）；辽4，第150、171页（汉族，本溪市）；辽5，第285页（汉族，平山区）；辽6，第4页（汉族，本溪县）；辽10，第110页（汉族，大洼县）；辽18，第293页（汉族，海城市）；辽20，第358页（汉族，桓仁县）；辽32，第212页（汉族，沙河口区）；辽34，第302页（满族，和平区）；辽38，第92页（汉族，铁岭县）；辽44，第86页（满族，新宾县）；辽52，第4页（汉族，营口县）；辽54，第113页（蒙古族，喀左县）；辽57，第244页（蒙古族，喀左县）；辽58，第5页（蒙古族，建昌县）。

浙5，第5页（汉族，淳安县）；浙9，第189页（汉族，东阳县）；浙28，第3页（汉族，临安县）；浙36，第12页（汉族，浦江县）；浙50，第1页（汉族，天台县）。

豫2，第16页（汉族，郸城县）；豫18，第400页（汉族，南召县）；豫25，第5、8页（汉族，汝南县）；豫29，第102页（汉族，太康县）；豫32，第56页（汉族，桐柏县）；豫39，第57页（汉族，新县）；豫40，第4页（汉族，新乡县）；豫41，第175页（汉族，新野县）；豫44，第58页（汉族，延津县）。

川1，第213页（傈僳族，德昌县）；川2，第938、954页（傈僳族，德昌县）。

陕10，第5页（汉族，乾县）。

1061.4 少量谷米就可以吃饱。

出处：

口承神话：

其他2，第25—26页（鲁凯族，台湾省台东县）。

综1，第44页（彝族，云南省罗平县、宣成县）。

1061.5　谷子成熟后，会自动跑到人家里去。

出处：

口承神话：

桂 4，第 111 页（汉族，玉林市）；桂 7，第 256 页（汉族，藤县）。

综 1，第 44 页（彝族，云南省罗平县、宣成县）。

1061.6　人类所需的各种物品自动从洞中流出。

出处：

口承神话：

其他 2，第 45 页（鲁凯族，台湾省台东县）。

1061.7　米落锅后，不用煮自己就会熟。

出处：

口承神话：

桂 4，第 111 页（汉族，玉林市）。

1062　地上不长草，只长树木和五谷杂粮。

出处：

口承神话：

辽 4，第 150 页（汉族，本溪市）；辽 10，第 106 页（汉族，大洼县）；辽 41，第 165 页（汉族，西丰县）。

浙 1，第 315 页（汉族，安吉县）；浙 5，第 426 页（汉族，淳安县）；浙 28，第 195 页（汉族，临安县）；浙 30，第 7 页（汉族，龙泉县）；浙 31，第 275 页（汉族，龙游县）；浙 43，第 9 页（汉族，上虞县）；浙 52，第 4 页（汉族，桐乡县）；浙 68，第 19 页（汉族，玉环县）。

桂 5，第 4 页（彝族，隆林县）。

川 1，第 69 页（汉族，渠县）；川 4，第 10 页（羌族，北川县）；川 23，第 136 页（汉族，渠县）。

1063　起初柴草自动跑到人家里去。

出处：

口承神话：

桂 13，第 62 页（壮族，合山市）。

1064　天地相通，人可以自由地上天。

参照：364，1122。

出处：

口承神话：

冀 12，第 419 页（汉族，高邑县）。

浙 5，第 426 页（汉族，淳安县）；浙 12，第 336、338 页（汉族，富阳县）；浙 19，第 224 页（汉族，建德县）；浙 28，第 195 页（汉族，临安县）；浙 31，第 275、635 页（汉族，龙游县）；浙 40，第 10 页（汉族，衢县）；浙 44，第 12 页（汉族，绍兴县）；浙 69，第 158 页（汉族，越城区）。

桂 2，第 3 页（汉族，钟山县）。

综 1，第 252 页（景颇族，云南省）；综 4，第 197 页（布依族），第 232 页（瑶族，广东省连南瑶族自治县）。

1065　人神相通。人与神可以沟通、交流，和睦相处。

出处：

口承神话：

浙 18，第 3 页（汉族，嘉善县）；浙 24，第 119 页（汉族，开化县）；浙 27，第 38 页（汉族，丽水市）；浙 63，第 283 页（汉族，鄞县）。

川 2，第 566 页（羌族，汶川县），第 576 页（羌族，理县）。

综 1，第 148 页（羌族，四川省茂县），第 235 页（彝族，云南省新平县），第 252 页（景颇族，云南省）。

1066　人与禽兽语言相通，都会说话。

参照：306，1901。

口承神话：

浙 11，第 3 页（汉族，奉化市）；浙 63，第 282 页（汉族，鄞县）；浙 72，第 17 页（汉族，诸暨县）。

川 1，第 91 页（汉族，中江县）；川 2，第 303、312 页（彝族，凉山州）。

1067　起初人是长寿永生的。

对照：汤 A1323　最初人是长寿的。

出处：

口承神话：

浙 19，第 3 页（汉族，建德县）；浙 40，第 13 页（汉族，衢县）。

川 1，第 91 页（汉族，中江县），第 93 页（汉族，巴县）；川 2，第 728 页（土家族，黔江县）；川 4，第 163 页（羌族，北川县）；川 16，第 6 页（回族，金川县）；川 30，第 5 页（汉族，营山县）。

综 4，第 196—197 页（布依族），第 240—241 页（白族）；综 7，第 27 页（汉族，河南省桐柏盘古山区）。

1070—1199　人类的起源

1070　人类的起源。

对照：汤 A1200　人的创造。

1071　人类的多次创造。人类经过了多次创造，或者经过了多次更新换代，才最终形成今天这样。

对照：汤 A1225　起初的人是不完善的。人起初是不成熟的和不定形的，后来逐渐发展为现在的形状。

出处：

口承神话：

浙 44，第 5 页（汉族，绍兴县）。

川 1，第 187 页（傈僳族，德昌县）；川 2，第 13 页（白马藏族，平武县白马乡），第 280、281 页（彝族，喜德县），第 549 页（羌族，茂县），第 691 页（土家族，川湘边区），第 935 页（傈僳族，德昌县），第 949 页（傈僳族，盐边县）。

综 1，第 9—16 页（苗族，云南省富宁县），第 102 页（白马藏族，四川省平武县），第 287—288 页（彝族，四川省）。

1072　一系列失败的造人试验。以此方式造人未能成功。

对照：汤 A1226　经过一系列不成功的试验之后，创造了人。

1072.1　用金银造人失败。

出处：

口承神话：

川 2，第 280 页（彝族，喜德县）。

1072.2　用彩云造人失败。

出处：

口承神话：

川 2，第 280 页（彝族，喜德县）。

1072.3　用竹子造人失败。

出处：

口承神话：

川2，第281页（彝族，喜德县）。

1072.4 用杉木造人失败。

出处：

口承神话：

川2，第281页（彝族，喜德县）。

1072.5 用泥土造人失败。

出处：

口承神话：

浙44，第5页（汉族，绍兴县）。

陕2，第99页（汉族，宝鸡县）。

1073 造人的原因。

1073.1 神由于孤独寂寞而创造了人。

出处：

口承神话：

冀4，第3页（汉族，藁城县）；冀12，第223页（汉族，高邑县）。

辽24，第1页（回族，开原县）；辽42，第61页（汉族，细河区）；辽57，第167页（蒙古族，喀左县）。

浙18，第1页（汉族，嘉善县）；浙26，第7页（汉族，乐清县）；浙70，第2页（汉族，云和县）。

豫32，第57页（汉族，桐柏县）。

川1，第116页（汉族，德昌县）；川2，第691页（土家族，黔江县）。

陕2，第2、99页（汉族，宝鸡县）；陕10，第12页（汉族，三原县）。

综1，第3页（汉族，湖北省枝江市），第196页（汉族，浙江省湖州市），第303—304页（普米族，云南省宁蒗县，四川省西昌市、木里县）。

1073.2 创造人来管理世界。

对照：汤A1201　人被创造出来以统治世界。

出处：

口承神话：

冀3，第18页（汉族，抚宁县）。

黑1，第17页（满族，宁安县）。

辽10，第86页（汉族，大洼县）。

浙9，第8页（汉族，东阳县）；浙43，第4页（汉族，上虞县）；浙44，第2页（汉族，绍兴县）；浙56，第4页（汉族，婺城区）；浙68，第8页（汉族，玉环县）。

豫25，第11页（汉族，汝南县）。

桂8，第4页（汉族，钦州市）。

川1，第67页（汉族，巴中县）；川2，第549页（羌族，汶川县）。

陕8，第55页（汉族，合阳县）。

综1，第5页（汉族，浙江省东阳县），第6页（汉族，辽宁省大洼县），第104页（哈萨克族，新疆维吾尔自治区），第239页（羌族，四川省茂县）。

1074　神创造了人。

对照：汤A1210　创世者造人。

出处：

口承神话：

黑1，第15、24页（满族，宁安县）。

浙1，第8页（汉族，安吉县）；浙5，第443页（汉族，淳安县）；浙9，第14页（汉族，东阳县）；浙19，第3页（汉族，建德县）；浙27，第28页（汉族，丽水市）；浙32，第7页（汉族，宁海县）；浙41，第141页（汉族，瑞安市）；浙43，第6页（汉族，上虞县）；浙48，第7页（汉族，遂昌县）；浙56，第6页（汉族，婺城区）；浙62，第7页（汉族，义乌市）；浙64，第18页（汉族，永嘉县）。

豫9，第136页（汉族，吉县）；豫21，第23页（汉族，濮阳县）；豫25，第3页（汉族，汝南县）；豫32，第29页（汉族，桐柏县）；豫38，第276页（汉族，项城县）。

桂2，第153页（壮族，钟山县）；桂3，第195页（壮族，柳州市）；桂5，第3页（苗族，隆林县），第4页（彝族，隆林县）；桂8，第5页（汉族，钦州市）。

川1，第120页（汉族，德阳市市中区），第266页（汉族，巴县）；川2，第566页（羌族，汶川县），第938页（傈僳族，德昌县）；川5，第3、4页（汉族，灌县）；川21，第3、7页（汉族，平武县）。

陕9，第28页（汉族，西乡县）。

综4，第225页（满族，黑龙江省宁安县）；综7，第85页（汉族，河南省）。

1074.1　神用泥土创造了人。

参照：971，971.1，1091。

对照：艾70型　人类起源。汤A1241　人由泥土造成。

出处：

古代文献：

《太平御览》卷七十八《皇王部三·女娲氏》引《风俗通》（女娲抟土作人）。

口承神话：

冀2，第14页（汉族，承德县）；冀3，第18页（汉族，抚宁县）；冀4，第3、4页（汉族，藁城县）；冀5，第3、4页（汉族，藁城县）；冀6，第362页（汉族，藁城县）；冀9，第1页（汉族，涉县）；冀12，第223页（汉族，高邑县）；冀16，第330页（汉族，广宗县），第496页（汉族，邢台市）。

黑1，第10页（汉族，呼兰县），第11页（汉族，青冈县），第17页（满族，宁安县），第21页（回族，绥芬河市），第22页（鄂温克族，嫩江县），第23页（鄂伦春族，黑河市)。

辽5，第284页（汉族，平山区）；辽6，第2页（汉族，本溪县）；辽8，第309页（汉族，长海县）；辽10，第87、88页（汉族，大洼县）；辽11，第31页（汉族，东沟县）；辽20，第354页（汉族，桓仁县）；辽24，第1页（回族，开原县）；辽26，第232页（汉族，宽甸县）；辽27，第168页（汉族，白塔区）；辽39，第501页（汉族，瓦房店市）；辽42，第61页（汉族，细河区）；辽44，第138页（满族，新宾县）；辽45，第2页（汉族，新宾县）；辽50，第3页（满族，岫岩县）；辽53，第7页（汉族，振兴区）；辽57，第167页（蒙古族，喀左县）；辽58，第1页（蒙古族，建昌县）。

浙3，第66、70页（汉族，长兴县）；浙8，第2页（汉族，定海区）；浙9，第8页（汉族，东阳县）；浙11，第1页（汉族，奉化市）；浙14，第3页（汉族，海宁市）；浙16，第4页（汉族，海盐县）；浙18，第1页（汉族，嘉善县）；浙19，第2页（汉族，建德县）；浙20，第70页（汉族，江北区）；浙24，第5页（汉族，开化县）；浙26，第7页（汉族，乐清县）；浙27，第4页（汉族，丽水市）；浙28，第1、12页（汉族，临安县）；浙31，第6页（汉族，龙游县）；浙34，第1页（汉族，平湖县）；浙36，第12页（汉族，浦江县）；浙38，第5页（汉族，青田县）；浙43，第4页（汉族，上虞县）；浙44，第2页（汉族，绍兴县）；浙46，第2页（汉族，嵊县）；浙47，第14页（汉族，松阳县）；浙56，第4页（汉族，婺城区）；浙63，第281页（汉族，鄞县）；浙65，第1页（汉族，永康县）；浙68，第8、12页（汉族，玉环县）；浙70，第2页（汉族，云和县）。

豫6，第1页（汉族，滑县）；豫7，第2页（汉族，淮滨县）；豫8，第1页（汉族，辉县市）；豫12，第2页（汉族，兰考县）；豫14，第8页（汉族，武陟县）；豫16，第27页（汉族，泌阳县）；豫18，第1页（汉族，南召县）；豫21，第6、7页（汉族，濮阳县）；豫22，第1页（汉族，淇县）；豫23，第6页（汉族，杞县）；豫25，第11、15页（汉族，汝南县）；豫26，第2页（汉族，社旗县）；豫27，第4、5页（汉族，沈丘县）；豫29，第4页（汉族，太康县）；豫32，第3、18、57页（汉族，桐柏县）；豫36，第6页（汉族，息县）；豫40，第10页（汉族，新乡县）；豫45，第3页（汉族，禹州市）；豫47，第1页（回族，驻马店市），第3页（汉族，驻马店市）。

桂8，第4页（汉族，钦州市）；桂10，第18页（回族，南宁市）。

川1，第67页（汉族，巴中县），第97页（汉族，简阳县），第104页（汉族，西充县），第116页（汉族，德昌县），第122页（汉族，彭山县），第177页（回族，犍为县）；川2，第934页（傣族，会理县），第944页（回族，犍为县）；川4，第161页（羌族，北川县）；川5，第4页（汉族，灌县）；川6，第6页（汉族，龙泉驿区）；川14，第1页（汉族，简阳县）；川19，第2页（汉族，邻水县）；川33，第2页（汉族，大足县）；川41，第2页（汉族，资中县）；川42，第5页（汉族，自贡市）。

陕2，第2、25、99、101页（汉族，宝鸡县），第41页（汉族，扶风县），第42页（汉族，千阳县）；陕8，第55页（汉族，合阳县）；陕10，第12页（汉族，三原县）；陕11，第467页（汉族，长武县）。

其他 1，第 15—16 页（傣族）。

综 1，第 4 页（汉族，湖北省枝江县），第 4—5 页（汉族，河南省），第 5 页（汉族，浙江省东阳县），第 6 页（汉族，辽宁省大洼县），第 27 页（回族，广西壮族自治区南宁市），第 98 页（基诺族，云南省），第 104 页（哈萨克族，新疆维吾尔自治区），第 196 页（汉族，浙江省湖州市）；综 7，第 27、29、33、36、39 页（汉族，河南省桐柏盘古山区），第 63 页（汉族，河南省太行山区），第 69 页（汉族，河南省西华思都岗区），第 80 页（汉族，河南省信阳鸡公山区），第 96、105、138、145、147、149、166 页（汉族，河南省沈丘县），第 101 页（汉族，河南省淮阳县），第 130 页（汉族，河南省商丘、开封），第 132 页（汉族，河南省正阳县），第 136、157 页（汉族，河南省西华县），第 142 页（汉族，河南省密县），第 143、155、159 页（汉族，河南省项城县），第 152 页（汉族，河南省），第 153 页（汉族，河南省平舆县），第 170 页（汉族，河南省内乡一带）。

1074.1.1　人是用灰造成的。

出处：

口承神话：

综 1，第 67 页（蒙古族，四川省木里县）。

1074.1.2　泥土在造人过程中起辅助的作用。神用其他东西造人，但用泥土做补充。

出处：

口承神话：

综 1，第 84 页（鄂伦春族，内蒙古自治区鄂伦春自治旗）。

1074.2　神用植物创造人类。

对照：*汤 A1250　人由植物性物质造成。汤 A1255　人由植物造成。*

1074.2.1　神用树枝造人。

对照：*汤 A1251　人由树木造成。*

出处：

口承神话：

川 2，第 547 页（羌族，汶川县）。

1074.2.2　神用树干造人。

对照：*汤 A1251　人由树木造成。汤 A1252　人由木头造成。*

出处：

口承神话：

川 2，第 549 页（羌族，汶川县）。

1074.2.3　神用多种植物（如葫芦、竹子、树叶、豇豆、茅草、荷叶和泥土等）混合造人。

出处：

川2，第691页（土家族，川湘边区），第691页（土家族，黔江县）。

1074.2.4　神用木头造人。

对照：汤A1252　人由木头造成。

出处：

口承神话：

黑1，第20页（满族，阿城市）。

综1，第239页（羌族，四川省茂县）。

1074.3　神的意念创造了人类。

对照：汤A1211.0.1　神的思想产生了人类。

出处：

口承神话：

辽56，第339页（汉族，喀左县）。

1074.4　神用动物的骨肉或皮毛创造人类。

出处：

口承神话：

黑1，第23页（鄂伦春族，黑河市）。

陕10，第13页（汉族，泾阳县）。

综1，第84页（鄂伦春族，内蒙古自治区鄂伦春自治旗）。

1074.5　神用面捏成了人。

对照：汤A1266　人由食物造成。

出处：

口承神话：

豫32，第57页（汉族，桐柏县）。

1074.6　人由矿物造成。

对照：汤A1240　人类由矿物质造成。

1074.6.1　人由石头造成。

对照：汤A1245　人由石头造成。

出处：

口承神话：

陕10，第13页（汉族，泾阳县）。

1074.7　诸神合作造人。创造者与其协助者或反对者一同创造了人类。

对照：汤A1218　诸神合作造人。

出处：

口承神话：

豫18，第1页（汉族，南召县）。

综1，第4页（汉族，湖北省枝江县）。

1074.7.1　神祇夫妻共同造人。

出处：

古代文献：

《述异记》卷上（"盘古氏夫妻，阴阳之始也"）。

口承神话：

黑1，第10页（汉族，呼兰县）。

辽8，第309页（汉族，长海县）；辽45，第2页（汉族，新宾县）；辽50，第3页（满族，岫岩县）。

豫25，第15页（汉族，汝南县）。

川1，第104页（汉族，西充县）；川2，第565页（羌族，汶川县）。

陕2，第43页（汉族，千阳县）。

综7，第96、105、138、147、149、166页（汉族，河南省沈丘县），第101页（汉族，河南省淮阳县），第130页（汉族，河南省商丘、开封），第136、157页（汉族，河南省西华县），第142页（汉族，河南省密县），第143、159页（汉族，河南省项城县），第152页（汉族，河南省），第153页（汉族，河南省平舆县），第170页（汉族，河南省内乡一带）。

1074.7.2　兄妹始祖造人。

参照：971，979.2，1131.7。

出处：

口承神话：

黑1，第11页（汉族，青冈县）。

辽6，第2页（汉族，本溪县）；辽20，第354页（汉族，桓仁县）；辽26，第232页（汉族，宽甸县）；辽27，第168页（汉族，白塔区）；辽31，第6页（满族，清原县）；辽45，第2页（汉族，新宾县）；辽50，第3页（满族，岫岩县）。

豫12，第2页（汉族，兰考县）；豫23，第6页（汉族，杞县）；豫27，第4页（汉族，沈丘县）；豫29，第4页（汉族，太康县）。

川1，第8页（汉族，崇庆县），第97页（汉族，简阳县），第104页（汉族，西充县），第174页（苗族，筠连县），第195页（汉族，中江县），第257页（汉族，巴县）；川2，第726页（土家族，酉阳县），第728页（土家族，黔江县），第826页（苗族，筠连县）；川5，第3、4页（汉族，灌县）；川14，第1页（汉族，简阳县）；川42，第5页（汉族，自贡市）。

陕2，第42页（汉族，千阳县）。

综7，第36页（汉族，河南省桐柏盘古山区），第80页（汉族，河南省信阳鸡公山区），第96、105、138、145、147、149、166页（汉族，河南省沈丘县），第101页（汉族，河南省淮阳县），第 130 页（汉族，河南省商丘、开封），第 132 页（汉族，河南省正阳县），第 136、157 页（汉族，河南省西华县），第 142 页（汉族，河南省密县），第 143、159 页（汉族，河南省项城县），第 152 页（汉族，河南省），第 153 页（汉族，河南省平舆县），第 170 页（汉族，河南省内乡一带）。

1074.8　神捏的泥巴娃娃吃了粮食后成为人类的祖先。

出处：

口承神话：

川 2，第 15 页（藏族，木里县）。

1074.9　神用第一个人的肋骨造了第二个人。

参照：1131.4。

对照：汤 A1211　人由创世者的身体创造。汤 A1263　人由身体的一部分造成。

出处：

口承神话：

黑 1，第 21 页（回族，绥芬河市）。

陕 10，第 1 页（汉族，三原县）。

综 1，第 27 页（回族，广西壮族自治区南宁市）。

1074.10　神用蜜蜂炼成了人。

出处：

口承神话：

综 1，第 18 页（瑶族，广西壮族自治区巴马瑶族自治县）。

1075　神生育了人类。

对照：艾 48 型　人类最初的兄妹。

出处：

古代文献：

《淮南子·说林训》（"黄帝生阴阳，上骈生耳目，桑林生臂手，此女娲所以七十化也"）。

口承神话：

综 1，第 7—8 页（哈尼族，云南省元阳县），第 96 页（纳西族，云南省丽江地区），第 224 页（珞巴族，西藏自治区米林县）；综 4，第 194 页（布依族）。

1075.1　始祖血亲婚配后生育人类。

参照：151，152，975，1305。

出处：

口承神话：

黑 1，第 22 页（回族，绥芬河市），第 44 页（鄂伦春族，黑河市）。

辽 6，第 2 页（汉族，本溪县）；辽 31，第 7 页（满族，清原县）；辽 50，第 3 页

（满族，岫岩县）。

浙8，第14页（汉族，定海区）；浙27，第37页（汉族，丽水市）；浙68，第7页（汉族，玉环县）。

豫25，第15页（汉族，汝南县）；豫27，第4页（汉族，沈丘县）。

川1，第99页（汉族，三台县），第106页（汉族，西充县），第108页（汉族，双流县），第113页（汉族，米易县），第135页（藏族，若尔盖县）；川2，第944页（回族，犍为县）；川9，第2页（汉族，双流县）；川11，第6页（汉族，新津县）；川14，第1页（汉族，简阳县）；川17，第9页（苗族，筠连县）；川24，第6页（汉族，三台县）；川27，第5页（汉族，西充县）；川42，第4页（汉族，自贡市）。

陕2，第43页（汉族，千阳县）；陕7，第4页（汉族，蓝田县）。

综1，第307页（普米族，云南省宁蒗县，四川省西昌市、木里县）；综7，第26、33页（汉族，河南省桐柏盘古山区），第141页（汉族，河南省南阳县），第143、158页（汉族，河南省项城县），第153页（汉族，河南省平舆县）。

1075.1.1　兄妹始祖生育人类。

对照：艾48型　人类最初的兄妹。

出处：

古代文献：

《独异志》卷下《女娲兄妹为夫妇》（女娲兄妹）。

口承神话：

综1，第14—15页（苗族，云南省富宁县），第21—22页（侗族，贵州省黎平县），第34页（汉族，四川省珙县），第37—38页（汉族，浙江省东阳县），第43页（苗族，湖南省湘西地区，贵州省松桃县），第54—55页（哈尼族，云南省元江县），第71—72页（傈僳族，云南省碧江县），第99页（基诺族，云南省），第243页（拉祜族苦聪人，云南省镇沅县），第295—297页（拉祜族，云南省澜沧县），第314页（傈僳族，云南省）；综2，第253—255页（珞巴族，西藏自治区米林县）；综4，第228页（侗族，广西壮族自治区龙胜县）。

1075.1.2　姐弟始祖生育人类。

出处：

口承神话：

综1，第224—225页（珞巴族，西藏自治区米林县）。

1075.1.3　母子乱伦生人类。

出处：

口承神话：

其他2，第7—9页（鲁凯族，台湾省台东县）。

综1，第12—13页（苗族，云南省富宁县）。

1075.2　血缘始祖生出的后代再结成血缘婚，繁衍人类。

出处：

口承神话：

浙28，第7页（汉族，临安县）；浙62，第5页（汉族，义乌市）。

豫17，第2页（汉族，密县）；豫27，第2页（汉族，沈丘县）。

川1，第108页（汉族，双流县）；川2，第825页（苗族，木里县）。

综1，第70页（藏族，四川省木里县），第99页（基诺族，云南省），第104页（哈萨克族，新疆维吾尔自治区）；综7，第141页（汉族，河南省南阳县）。

1075.3　始祖分别与太阳、月亮和星星姑娘结合，生育了人类。

出处：

口承神话：

川2，第11页（藏族，若尔盖县）。

1075.4　创世者生出人类。

对照：汤A1216　人是创世者的后代。

出处：

口承神话：

浙5，第1页（汉族，淳安县）。

藏1，第214页（珞巴族，米林县）。

1075.5　始祖与动物结合繁衍了人类。

参照：1301。

对照：汤A1221.6　人类来自人和动物的交配。汤A1221.5　人类来自青蛙和火的女儿的结合。汤A1224.0.1　人类是人兽婚姻的产物。

1075.5.1　始祖与狗结合繁衍了人类。

参照：1301.1。

出处：

口承神话：

浙3，第66页（汉族，长兴县）；浙8，第10页（汉族，定海区）；浙11，第2页（汉族，奉化市）；浙37，第2页（汉族，普陀区）；浙68，第11页（汉族，玉环县）。

川1，第119页（汉族，三台县）；川24，第7页（汉族，三台县）。

陕2，第38页（汉族，千阳县）。

1075.5.2　始祖与猴子结合繁衍了人类。

出处：

口承神话：

川1，第123页（藏族，乡城县）。

综1，第60—61页（拉祜族苦聪人，云南省镇沅县）。

1075.5.3　始祖与牛结合繁衍了人类。

出处：

口承神话：

综1，第57—58页（佤族，云南省沧源县）。

1075.6　猴子与妖魔结合繁衍了人类。

参照：1161，1162。

出处：

口承神话：

川2，第9页（藏族，若尔盖县）。

藏1，第3、4页（藏族，拉萨市），第4页（藏族，林周县）。

1075.7　动物与动物结合繁衍了人类。

对照：汤A1224　人是动物的后代。

1075.7.1　猴子与旱獭结合繁衍了人类。

出处：

口承神话：

川2，第12页（藏族，红原县）。

1075.8　天地结合生育人类。

出处：

口承神话：

藏1，第6页（门巴族，墨脱县），第8、17页（珞巴族，米林县）。

综1，第224页（珞巴族，西藏自治区米林县）。

1075.9　人与天女结婚，生下的怪胎变成了人类。

出处：

口承神话：

综1，第44页（彝族，云南省罗平县、宣成县）。

1076　人从卵中生出。

参照：1308。

对照：艾49型　从肉团里诞生。

出处：

口承神话：

综1，第19页（侗族，贵州省黎平县），第86页（黎族，海南省）。

1077　人从石头中生出。

参照：1309。

出处：

口承神话：

豫12，第1页（汉族，兰考县）。

川1，第128页（藏族，阿坝县）；川2，第4页（藏族，阿坝县）。

其他2，第7、11页（鲁凯族，台湾省台东县）。

1078　人从天上降临。

出处：

口承神话：

藏1，第214页（珞巴族，米林县）。

综1，第7页（哈尼族，云南省元阳县），第32页（回族，广西壮族自治区南宁市），第92页（汉族，浙江省兰溪市），第134页（仡佬族，贵州省关岭县）。

1078.1　天帝派人下凡。

参照：161.1。

对照：汤A1215　人源于来到地球上的神。

出处：

口承神话：

冀5，第3、5页（汉族，藁城县）。

辽36，第399页（汉族，苏家屯区）。

浙8，第13页（汉族，定海区）；浙29，第1页（汉族，临海市）；浙49，第16页（汉族，泰顺县）；浙61，第3页（汉族，新昌县）；浙72，第15页（汉族，诸暨县）。

川2，第827页（苗族，马边县）。

1078.2　天神下凡生育人类。

出处：

口承神话：

桂10，第17页（汉族，南宁市），第21页（回族，南宁市）。

藏1，第17页（珞巴族，墨脱县）。

1079　人从神的身体的某一部分生出。

1079.1　人从神的肋腔生出。

出处：

口承神话：

辽24，第1页（回族，开原县）。

川1，第177页（回族，犍为县）；川2，第944页（回族，犍为县）。

1079.2　人从神的肚子里生出。

出处：

口承神话：

浙60，第1页（汉族，萧山市）。

1081　人类起源于神的尸体化生。

参照：276。

1081.1　神身上的虫类或小动物化成人类。

出处：

古代文献：

《绎史》卷一《开辟原始》引《五运历年记》（盘古死后，"身之诸虫，因风所感，化为黎甿"）。

口承神话：

川1，第6页（汉族，巴县）。

1082　人通过进化而产生。

对照：汤 A1220　进化造人。

1082.1　人从猴子进化而来。

对照：汤 A1224.5　人来自猴子。

出处：

口承神话：

冀14，第168页（汉族，武安县）。

浙23，第2页（汉族，缙云县）；浙63，第278页（汉族，鄞县）。

豫41，第5页（汉族，新野县）。

川1，第111页（汉族，都江堰市）；川2，第7页（藏族，若尔盖县），第548页（羌族，松潘县）；川5，第6页（汉族，灌县）；川9，第1页（汉族，双流县）。

综1，第306—307页（普米族，云南省宁蒗县，四川省西昌市、木里县），第310页（傈僳族，云南省）。

1082.2　蛤蟆进化成猴子，猴子进化成人。

出处：

口承神话：

浙8，第9页（汉族，定海区）。

川2，第964页（羌族，理县）。

1083　变化生人。

1083.1　雪变成人。

出处：

口承神话：

川1，第136、143页（彝族，峨边县）；川2，第280、281页（彝族，喜德县），第294页（彝族，峨边县），第304页（彝族，德昌县）。

综 1，第 291 页（彝族，四川省）。

1083.2　蛋变成人。

出处：

口承神话：

川 2，第 5 页（藏族，乡城县）。

1083.3　天帝扔下的蝌蚪变成人。

出处：

口承神话：

浙 68，第 10 页（汉族，玉环县）。

1083.4　虫子变成人。

出处：

口承神话：

浙 8，第 10 页（汉族，定海区）。

1083.5　玩具变成人。

出处：

口承神话：

浙 24，第 2 页（汉族，开化县）。

1083.6　神的灵魂变成人。

出处：

口承神话：

豫 40，第 2 页（汉族，新乡县）。

综 7，第 6 页（汉族，河南省太行山区）。

1083.7　天上滚下的石头变成人。

出处：

口承神话：

川 16，第 6 页（回族，金川县）。

1083.8　衣服变成人。

出处：

口承神话：

综 4，第 199 页（布依族）。

1083.9　神撒下的谷种变成人。

出处：

口承神话：

综 4，第 233 页（瑶族，广东省连南瑶族自治县）。

1084　气形成人。

出处:

古代文献:

《列子·天瑞第一》("和气者为人");《淮南子·精神训》。

1085　人从植物中出现。

对照:汤 A1221.3　人类来一对芦苇的结合。汤 A1221.4　人类来自树和藤本植物的结合。汤 A1236　人类从树上出现。

1085.1　人从花中出现。

出处:

口承神话:

辽 39,第 500 页(汉族,瓦房店市)。

川 2,第 11 页(藏族,若尔盖县)。

综 1,第 12 页(苗族,云南省富宁县)。

1085.2　人从葫芦里出现。

出处:

口承神话:

川 1,第 31 页(傈僳族,德昌县);川 2,第 934 页(傈僳族,德昌县),第 937 页(傈僳族,米易县)。

综 1,第 26 页(德昂族,云南省保山县),第 58—59 页(佤族,云南省沧源县),第 117 页(傈僳族,云南省),第 295 页(拉祜族,云南省澜沧县)。

1085.2.1　神种下葫芦种子。

出处:

口承神话:

川 2,第 937 页(傈僳族,米易县)。

1085.3　枣树生人。

出处:

口承神话:

豫 6,第 2 页(汉族,滑县)。

1085.4　树叶变人。

出处:

口承神话:

综 1,第 25 页(德昂族,云南省保山县)。

1085.5　竹生人。

出处:

古代文献：

《后汉书》卷八十六《南蛮西南夷列传·夜郎》（"剖竹视之，得一男儿"）。

口承神话：

其他2，第8、11页（鲁凯族，台湾省台东县）。

1085.6　榕树生人。

出处：

口承神话：

其他2，第11页（鲁凯族，台湾省台东县）。

1085.7　南瓜生人。

出处：

口承神话：

川1，第189页（傈僳族，德昌县）；川2，第935页（傈僳族，德昌县）。

1086　吞吃某种东西怀孕生人。

对照：艾51型　神奇受孕。

出处：

口承神话：

川2，第548页（羌族，茂县）。

1086.1　吞吃槟榔怀孕生人。

出处：

口承神话：

其他2，第7—9页（鲁凯族，台湾省台东县）。

1087　人从地下出现。人从地、洞穴等中出现。

参照：1314。

出处：

古代文献：

《世本·氏姓篇》秦嘉谟辑补本（"巴氏之子生于赤穴，四姓之子皆生黑穴"）；《晋书》卷一百二十《李特》（巴氏生于赤穴，四姓生于黑穴）。

口承神话：

综1，第9页（哈尼族，云南省金平县），第22—25页（佤族，云南省西盟县），第239页（羌族，四川省茂县）。

1088　残疾人的起源。

对照：艾70型　人类起源。

1088.1　神在搬运泥人的过程中，弄坏了泥人的四肢或五官。

出处：

口承神话：

冀2，第14页（汉族，承德县）；冀3，第18页（汉族，抚宁县）；冀4，第4页（汉族，藁城县）；冀5，第5页（汉族，藁城县）；冀9，第1页（汉族，涉县）；冀16，第330页（汉族，广宗县）。

黑1，第10页（汉族，呼兰县），第11页（汉族，青冈县）。

辽6，第2、4页（汉族，本溪县）；辽8，第310页（汉族，长海县）；辽10，第87页（汉族，大洼县）；辽11，第31页（汉族，东沟县）；辽20，第354页（汉族，桓仁县）；辽26，第232页（汉族，宽甸县）；辽27，第168页（汉族，白塔区）；辽28，第40页（汉族，太子河区）；辽45，第2页（汉族，新宾县）；辽50，第3页（满族，岫岩县）；辽53，第7页（汉族，振兴区）；辽58，第1页（蒙古族，建昌县）。

浙16，第4页（汉族，海盐县）；浙18，第1页（汉族，嘉善县）；浙34，第1页（汉族，平湖县）。

豫8，第1页（汉族，辉县市）；豫12，第2页（汉族，兰考县）；豫14，第8页（汉族，武陟县）；豫16，第27页（汉族，泌阳县）；豫21，第6页（汉族，濮阳县）；豫22，第1页（汉族，淇县）；豫23，第6页（汉族，杞县）；豫25，第15页（汉族，汝南县）；豫26，第2页（汉族，社旗县）；豫27，第4页（汉族，沈丘县）；豫29，第5页（汉族，太康县）；豫36，第6页（汉族，息县）；豫40，第10页（汉族，新乡县）；豫45，第3页（汉族，禹州市）；豫47，第1页（回族，驻马店市），第3页（汉族，驻马店市）。

桂8，第4页（汉族，钦州市）。

川1，第122页（汉族，彭山县）。

陕2，第43页（汉族，千阳县）；陕10，第12页（汉族，三原县）。

综1，第6页（汉族，辽宁省大洼县）；综7，第28、30、33、39页（汉族，河南省桐柏盘古山区），第96、105、145、147、150、166页（汉族，河南省沈丘县），第101页（汉族，河南省淮阳县），第130页（汉族，河南省商丘、开封），第133页（汉族，河南省正阳县），第137、157页（汉族，河南省西华县），第142页（汉族，河南省密县），第143、159页（汉族，河南省项城县），第152页（汉族，河南省），第153页（汉族，河南省平舆县），第170页（汉族，河南省内乡一带）。

1088.2 神用藤条蘸泥浆甩出来的人中出现了残疾人。

出处：

口承神话：

冀12，第223页（汉族，高邑县）。

浙26，第7页（汉族，乐清县）；浙68，第9页（汉族，玉环县）。

1088.3 神还没有造好就溜走的泥人成为残疾人。

出处：

口承神话：

浙43，第4页（汉族，上虞县）；浙46，第2页（汉族，嵊县）。

1088.4 切开始祖生下的葫芦，里面出现了残疾人。

出处：

口承神话：

浙 64，第 9 页（汉族，永嘉县）。

1088.5 世界灾难导致残疾人的产生。

出处：

口承神话：

黑 1，第 18 页（满族，宁安县）。

1089 人类的起源——其他母题。

1089.1 人从星星中下来。

出处：

口承神话：

豫 6，第 1 页（汉族，滑县）。

1089.2 人被鸟叼来。

出处：

口承神话：

豫 6，第 2 页（汉族，滑县）。

1089.3 女神和男神身影投射到的地方，出现了女人和男人。

出处：

口承神话：

综 1，第 10 页（苗族，云南省富宁县）。

1089.4 女神和男神的声音传到哪里，哪里就有了女人和男人。

出处：

口承神话：

综 1，第 13 页（苗族，云南省富宁县）。

1089.5 两位男神的膝盖相碰擦，生出了人类。

参照：1313。

出处：

口承神话：

综 1，第 19 页（高山族，台湾省）。

1089.6 由石头变成的猴子变成人。

出处：

口承神话：

川 1，第 111 页（汉族，都江堰市）；川 5，第 6 页（汉族，灌县）。

1089.7 吹风受孕。

出处：

口承神话：

综1，第7页（哈尼族，云南省元阳县）。

1090 人类身体特性的安排。

对照：汤 A1310 人类身体特性的安排。

1091 为什么人身上总有泥垢。因为人是用泥造的。

参照：971，1074.1。

出处：

口承神话：

冀3，第19页（汉族，抚宁县）；冀9，第2页（汉族，涉县）；冀16，第330页（汉族，广宗县）。

辽6，第2页（汉族，本溪县）；辽44，第138页（满族，新宾县）。

浙26，第7页（汉族，乐清县）；浙44，第3页（汉族，绍兴县）。

豫25，第12、13页（汉族，汝南县）；豫26，第8页（汉族，社旗县）；豫27，第4页（汉族，沈丘县）；豫36，第6页（汉族，息县）；豫46，第2页（汉族，周口市）。

川2，第13页（藏族，木里县）；川14，第1页（汉族，简阳县）。

陕2，第43页（汉族，千阳县）。

综1，第4页（汉族，湖北省枝江县），第6页（汉族，浙江省东阳县），第68页（蒙古族，四川省木里县）；综7，第30页（汉族，河南省桐柏盘古山区），第130页（汉族，河南省商丘、开封），第144页（汉族，河南省项城县），第152页（汉族，河南省），第154页（汉族，河南省平舆县），第170页（汉族，河南省内乡一带）。

1092 五官及其特征的起源。

对照：汤 A1316 面部特征的起源。

1092.1 眼睛的起源。

对照：汤 A1316.3 眼睛的起源。

1092.1.1 人吃仙果后长出眼睛。

出处：

口承神话：

浙56，第5页（汉族，婺城区）。

1092.1.2 神的孩子变成眼睛。

出处：

豫 38，第 10 页（汉族，项城县）。

1092.1.3 人的眼睛为什么要学着太阳的样子长。因为神的规定。

出处：

口承神话：

川 2，第 549 页（羌族，茂县）。

1092.2 耳朵的起源。

对照：汤 A1316.4 耳朵的起源。

1092.2.1 神的孩子变成耳朵。

出处：

口承神话：

豫 38，第 10 页（汉族，项城县）。

1092.2.2 人的耳朵为什么要学着树上木耳的样子长。因为神的规定。

出处：

口承神话：

川 2，第 549 页（羌族，茂县）。

1092.3 鼻子的起源。

1092.3.1 神的孩子变成鼻子。

出处：

口承神话：

豫 38，第 10 页（汉族，项城县）。

1092.3.2 人的鼻子为什么要学着山梁的样子长。因为神的规定。

出处：

口承神话：

川 2，第 549 页（羌族，茂县）。

1092.4 嘴巴的起源。

1092.4.1 神的孩子变成嘴巴。

出处：

口承神话：

豫 38，第 10 页（汉族，项城县）。

1092.4.2 人的牙齿为什么要学着悬崖上的白石头的样子长。因为神的规定。

出处：

口承神话：

川 2，第 549 页（羌族，茂县）。

1092.4.3　人的舌头为什么要学着石岩之间红石头的样子长。因为神的规定。

出处：

口承神话：

川2，第549页（羌族，茂县）。

1093　**手、肩、腿、脚及其特征的起源。**

对照：汤 A1311　手和脚的起源。

1093.1　**人的手指为什么有长有短。因为神的错话：神把"手指没有长短"说成了"手指有长短"。**

出处：

口承神话：

川2，第547页（羌族，茂县）。

1093.2　**人的肩膀为什么要学着山坡的样子长。因为神的规定。**

出处：

口承神话：

川2，第549页（羌族，茂县）。

1093.3　**人的大腿为什么要学着磨刀石的样子长。因为神的规定。**

出处：

口承神话：

川2，第549页（羌族，茂县）。

1093.4　**人的小腿为什么要学着直棒棒的样子长。因为神的规定。**

出处：

口承神话：

川2，第549页（羌族，茂县）。

1093.5　**人的脚板为什么要学着黄泥巴块的样子长。因为神的规定。**

出处：

口承神话：

川2，第549页（羌族，茂县）。

1093.6　**人的小腿上为什么有肌肉。因为神在人的小腿上捆了沙袋。**

出处：

口承神话：

川2，第549页（羌族，茂县）。

1093.7　**膝盖的起源。**

对照：汤 A1312.1　膝盖骨的起源。一块石头魔术般地与女人的身体结合在一起。

出处：

口承神话：

川2，第940页（傈僳族，德昌县）。

1093.7.1　人的膝盖骨为什么要学着石头的样子长。因为神的规定。

出处：

口承神话：

川2，第549页（羌族，茂县）。

1093.7.2　神给人的大腿上安了一块骨头，成为膝盖骨。

出处：

口承神话：

辽24，第6页（汉族，开原县）。

1093.8　为什么有的人有十二个脚指甲。始祖的脚指甲被石头划破留下的永久印记。

出处：

口承神话：

桂4，第9页（汉族，玉林市）。

1094　人体骨骼及其特征的起源。

对照：汤 A1312　人类骨骼的起源。

1094.1　人为什么有高矮。因为神的错话：神把"人不要有高矮"说成了"人要有高矮"。

出处：

口承神话：

川2，第547页（羌族，茂县）。

1094.2　人的脊梁骨的起源。

出处：

口承神话：

浙1，第4页（汉族，安吉县）。

1094.3　男人为什么少一根肋骨。因为偷吃禁果遭到神的惩罚。

出处：

口承神话：

浙62，第7页（汉族，义乌市）。

1095　身体毛发及其特征的起源。

对照：汤 A1315　头发和胡须的起源。

出处：

口承神话：

综1，第85页（鄂伦春族，内蒙古自治区鄂伦春自治旗）。

1095.1　为什么人身上没有毛。

1095.1.1　人身上的毛被气愤的动物们连根拔掉。

出处：

口承神话：

川1，第131页（藏族，金川县），第185页（蒙古族，盐源县）；川2，第29页（藏族，金川县），第946页（蒙古族，盐源县）；川16，第4页（藏族，金川县）。

藏1，第10页（藏族，波密县）。

1095.1.2　人身上的毛被烧掉或烫掉。

出处：

口承神话：

川1，第238页（羌族，茂县）；川2，第573页（羌族，汶川县），第574页（羌族，北川县）。

陕10，第13页（汉族，泾阳县）。

1095.2　为什么人有头发。

1095.2.1　人之所以有头发是因为人在被气愤的动物拔毛时，把头藏在了山洞里。

出处：

口承神话：

川1，第132页（藏族，金川县），第186页（蒙古族，盐源县）；川2，第29页（藏族，金川县），第946页（蒙古族，盐源县）；川16，第4页（藏族，金川县）。

1095.2.2　因为人抱住了头，所以头发没有被烧掉或拔掉。

出处：

口承神话：

川2，第573页（羌族，汶川县）。

藏1，第10页（藏族，波密县）。

1095.2.3　因为始祖违反禁忌，头上的毛没有褪掉。

出处：

口承神话：

川1，第119页（汉族，三台县）。

陕2，第38页（汉族，千阳县）。

1095.2.4　神使法术，让人长出头发。

出处：

口承神话：

陕10，第13页（汉族，泾阳县）。

1095.2.5　人的头发为什么学着森林的样子长。因为神的规定。

出处：

口承神话：

川2，第549页（羌族，茂县）。

1095.3　为什么人有腋毛。

1095.3.1　人之所以有腋毛是因为在被气愤的动物拔毛时，人的胳膊夹得紧。

出处：

口承神话：

川1，第132页（藏族，金川县），第186页（蒙古族，盐源县）；川2，第29页（藏族，金川县），第946页（蒙古族，盐源县）；川16，第4页（藏族，金川县）。

1095.3.2　人之所以有腋毛是因为那里的毛没有被烧掉或烫掉。

出处：

口承神话：

川2，第573页（羌族，汶川县）。

陕10，第13页（汉族，泾阳县）。

1095.4　为什么人的胯下有毛。

1095.4.1　人的胯下之所以有毛是因为在被气愤的动物拔毛时，始祖盘脚坐在了洞里面。

出处：

口承神话：

川1，第186页（蒙古族，盐源县）；川2，第946页（蒙古族，盐源县）。

1095.5　人的眉毛为什么要学着草丛的样子长。因为神的规定。

出处：

口承神话：

川2，第549页（羌族，茂县）。

1095.6　男人长胡子的起源。

对照：汤 A1315.3　胡须的起源。

1095.6.1　男人的胡子是神的赐予。

出处：

口承神话：

豫25，第19页（汉族，汝南县）；豫26，第15页（汉族，社旗县）。

1095.6.2　男人长胡子是因为其嘴边的毛没有被烫掉。

出处：

口承神话：

陕10，第13页（汉族，泾阳县）。

1096 内脏及其特征的起源。

对照：汤A1319.5 肝脏的起源。

1096.1 为什么人的肠肚要学着蛤蟆卵的样子长。因为神的规定。

出处：

口承神话：

川2，第549页（羌族，茂县）。

1096.2 为什么人的心脏要学着桃子的样子长。因为神的规定。

出处：

口承神话：

川2，第549页（羌族，茂县）。

1097 人为什么没有尾巴。

参照：1051.11。

对照：艾72型 人原先有尾巴。汤A1319.2 人为什么没有尾巴。

出处：

口承神话：

综1，第59页（佤族，云南省沧源县），第153页（羌族，四川省茂县）。

1097.1 人没有尾巴是因为文化英雄盗火时尾巴被门挤掉了。

出处：

口承神话：

川1，第240页（羌族，茂县）；川2，第569页（羌族，汶川县）。

1097.2 人没有尾巴是因为尾巴被剁去了。

出处：

口承神话：

冀7，第690页（汉族，藁城县）。

辽21，第360页（汉族，建昌县）；辽39，第341页（汉族，瓦房店市）；辽49，第393页（汉族，兴城县）。

浙5，第10、12页（汉族，淳安县）；浙8，第11页（汉族，定海区）；浙11，第2页（汉族，奉化市）；浙37，第2页（汉族，普陀区）；浙63，第278页（汉族，鄞县）；浙72，第16页（汉族，诸暨县）。

豫41，第4页（汉族，新野县）。

1097.3 人没有尾巴是因为尾巴被神揪去了。

出处：

口承神话：

辽58，第3页（蒙古族，建昌县）。

浙68，第14页（汉族，玉环县）。

1097.4　人没有尾巴是因为尾巴被烧掉（或磨掉、挤掉）了。

出处：

口承神话：

浙7，第6页（汉族，德清县）；浙25，第4页（汉族，兰溪市）。

1097.5　人没有尾巴是因为尾巴被白蚁蛀掉了。

出处：

口承神话：

浙2，第16页（汉族，苍南县）。

1097.6　人没有尾巴是因为喝了神的雨水尾巴掉了。

出处：

口承神话：

浙23，第7页（汉族，缙云县）。

1097.7　人的尾巴被神收回。

出处：

口承神话：

黑1，第24页（满族，宁安县）。

1099　人类身体特性的安排——其他母题。

对照：汤A1320　生命期限的确定。

1099.1　为什么人有不同的肤色。因为始祖是神用不同颜色的泥巴堆成的。

出处：

口承神话：

川2，第944页（回族，犍为县）。

1099.2　麻子脸和疤瘌眼的起源。造人时被鸡叨的。

出处：

口承神话：

辽10，第88页（汉族，大洼县）。

1099.3　为什么人身上有皱纹。因为人是始祖用藤条蘸泥甩出来的。

出处：

口承神话：

综7，第156页（汉族，河南省项城县）。

1099.4　为什么人的后脑勺是凹的。

出处：

口承神话：

综 1，第 69 页（藏族，四川省木里县）。

1100 人类生命期限的确定。

1101 分寿命。神为人及动物规定各自的生命期限。

对照：汤 A1321 人与动物重新调整生命长短。起初，人和动物都被给予了三十年的寿命。这对动物来说太长，而对人来说又太短，所以人被赠与了动物寿命的一部分。故此，一岁到三十岁，人精力充沛，因为这是人自己分得的寿命；三十岁到四十八岁，人要承受重负和打击，因为这是驴的寿命；四十八岁到六十岁，人没有牙齿，因为这是狗的寿命；六十岁到七十岁，人愚笨，因为这是猴子的寿命。汤 A1325 最初人是短寿的。

出处：

口承神话：

冀 9，第 14 页（汉族，成安县）；冀 14，第 169 页（汉族，武安县）。

浙 5，第 494 页（汉族，淳安县）；浙 6，第 280 页（汉族，慈溪市）；浙 11，第 5 页（汉族，奉化市）；浙 22，第 1 页（汉族，金华县）；浙 28，第 256 页（汉族，临安县）；浙 30，第 3 页（汉族，龙泉县）；浙 32，第 216 页（汉族，宁海县）；浙 44，第 40 页（汉族，绍兴县）；浙 49，第 16 页（汉族，泰顺县）；浙 50，第 3 页（汉族，天台县）；浙 54，第 13 页（汉族，文成县）；浙 55，第 9 页（汉族，武义县）；浙 64，第 18 页（汉族，永嘉县）；浙 65，第 12 页（汉族，永康县）；浙 72，第 26 页（汉族，诸暨县）。

豫 32，第 17 页（汉族，桐柏县）；豫 38，第 276 页（汉族，项城县）。

1102 人与动物重新调整生命期限的长短。起初，人和动物都被赋予了一定的生命期限，由于某种原因，后来人与动物将各自的生命期限做了调换。

出处：

口承神话：

浙 5，第 494 页（汉族，淳安县）；浙 28，第 256 页（汉族，临安县）。

综 1，第 260—261 页（纳西族摩梭人，云南省宁蒗县）。

1102.1 人和狗调换生命期限。

参照：1753.1.3，1756.1。

出处：

口承神话：

川 1，第 186 页（蒙古族，盐源县）；川 2，第 947 页（蒙古族，盐源县）。

1102.2 人与蛇（或龙）调换生命期限。

参照：1152，1155，2174.3。

出处：

口承神话:

浙1,第319页（汉族,安吉县）；浙5,第429页（汉族,淳安县）；浙19,第3页
（汉族,建德县）；浙40,第13页（汉族,衢县）。

川1,第91页（汉族,中江县）,第94页（汉族,巴县）；川4,第163页（羌族,
北川县）。

**1103　人的生命期限及其特征的起源。人从动物那里获得了额外的生命,但
因此必须承担相应的命运和生命特征。**

对照:汤A1321　人与动物重新调整生命长短。起初,人和动物都被给予了三十年的
寿命。这对动物来说太长,而对人来说又太短,所以人被赠与了动物寿命的一部分。故
此,一岁到三十岁,人精力充沛,因为这是人自己分得的寿命；三十岁到四十八岁,人
要承受重负和打击,因为这是驴的寿命；四十八岁到六十岁,人没有牙齿,因为这是狗
的寿命；六十岁到七十岁,人愚笨,因为这是猴子的寿命。

出处:

口承神话:

冀9,第14页（汉族,成安县）；冀14,第169页（汉族,武安县）。

浙5,第494页（汉族,淳安县）；浙6,第280页（汉族,慈溪市）；浙11,第5页
（汉族,奉化市）；浙22,第1页（汉族,金华县）；浙28,第256页（汉族,临安县）；
浙30,第3页（汉族,龙泉县）；浙32,第216页（汉族,宁海县）；浙44,第40页
（汉族,绍兴县）；浙49,第16页（汉族,泰顺县）；浙50,第3页（汉族,天台县）；
浙55,第9页（汉族,武义县）；浙64,第18页（汉族,永嘉县）；浙65,第12页（汉
族,永康县）；浙72,第26页（汉族,诸暨县）。

豫32,第17页（汉族,桐柏县）；豫38,第276页（汉族,项城县）。

1103.1　为什么人二十岁后要像牛马一样苦。因为这些年的寿命得自牛马。

出处:

口承神话:

冀9,第14页（汉族,成安县）。

浙11,第6页（汉族,奉化市）；浙32,第217页（汉族,宁海县）；浙72,第27
页（汉族,诸暨县）。

豫32,第17页（汉族,桐柏县）；豫38,第278页（汉族,项城县）。

1103.2　为什么人从二十岁到三十岁要干驴的活。因为这些年的寿命得自驴。

出处:

口承神话:

冀9,第14页（汉族,成安县）。

**1103.3　为什么人从二十岁到三十岁像猪一样过得舒服。因为这些年的寿命
得自猪。**

出处:

口承神话：

浙22，第1页（汉族，金华县）。

1103.4　为什么人从三十六岁到五十岁的十几年要辛勤劳作。因为这些年的寿命得自牛。

出处：

口承神话：

冀9，第14页（汉族，成安县）。

浙5，第494页（汉族，淳安县）；浙6，第281页（汉族，慈溪市）；浙22，第1页（汉族，金华县）；浙28，第256页（汉族，临安县）；浙30，第5页（汉族，龙泉县）；浙44，第40页（汉族，绍兴县）；浙49，第17页（汉族，泰顺县）；浙50，第3页（汉族，天台县）；浙55，第9页（汉族，武义县）；浙64，第19页（汉族，永嘉县）；浙65，第13页（汉族，永康县）；浙72，第27页（汉族，诸暨县）。

1103.5　为什么人从四十岁到五十岁爱打探消息，拼命赚钱。因为这些年的寿命得自猴子。

出处：

口承神话：

浙5，第494页（汉族，淳安县）；浙44，第40页（汉族，绍兴县）；浙50，第3页（汉族，天台县）；浙64，第19页（汉族，永嘉县）。

1103.6　为什么人从四十岁到六十岁像猪一样吃不到好东西。因为这些年的寿命得自猪。

出处：

口承神话：

浙32，第217页（汉族，宁海县）。

1103.7　为什么人从五十岁到六十岁的几年只在家看守门户。因为这些年的寿命得自狗。

出处：

口承神话：

冀9，第14页（汉族，成安县）。

浙5，第494页（汉族，淳安县）；浙6，第281页（汉族，慈溪市）；浙11，第6页（汉族，奉化市）；浙22，第1页（汉族，金华县）；浙28，第256页（汉族，临安县）；浙30，第5页（汉族，龙泉县）；浙32，第217页（汉族，宁海县）；浙44，第40页（汉族，绍兴县）；浙49，第17页（汉族，泰顺县）；浙50，第3页（汉族，天台县）；浙55，第9页（汉族，武义县）；浙64，第19页（汉族，永嘉县）；浙65，第13页（汉族，永康县）；浙72，第27页（汉族，诸暨县）。

豫32，第17页（汉族，桐柏县）；豫38，第278页（汉族，项城县）。

1103.8 为什么人从六十岁到七十岁夜里睡不熟，早上起得早。因为这些年的寿命得自鸡。

出处：

口承神话：

浙11，第6页（汉族，奉化市）。

豫38，第278页（汉族，项城县）。

1103.9 为什么人从七十岁到九十岁会驼背、长皱纹。因为这些年的寿命得自猴子。

出处：

口承神话：

浙6，第281页（汉族，慈溪市）；浙30，第6页（汉族，龙泉县）；浙55，第9页（汉族，武义县）。

1103.10 为什么人到七十来岁会像猫那样偷东西吃。因为这些年的寿命得自猫。

出处：

口承神话：

浙49，第17页（汉族，泰顺县）。

1104 为什么人能活八十岁。因为神的赐予。

出处：

口承神话：

冀14，第170页（汉族，武安县）。

1105 为什么人活到现在的年纪。因为分寿命时人把长寿丢弃了。

出处：

口承神话：

浙54，第13页（汉族，文成县）。

1110 人类麻烦的开始。

对照：汤 A1330 人类麻烦的开始。

1111 疾病的起源。

对照：汤 A1337 疾病的起源。

出处：

口承神话：

综4，第226页（满族，黑龙江省宁安县）。

1111.1　人吃五谷后出现了疾病。

出处：

口承神话：

川2，第567页（羌族，汶川县）。

1111.2　天帝派瘟神放病。

对照：汤A1337.0.1　神祇导致了疾病。

出处：

口承神话：

川2，第828页（苗族，盐边县）。

1111.3　神打开了盛着病灾的箱子，人间出现了疾病。

对照：汤A1337.0.1.1　瘟疫被创世者的信使装在盒子里带到人间。

出处：

口承神话：

豫32，第16页（汉族，桐柏县）。

1111.4　天帝因为人与动物调换了生命期限，所以诅咒人类有疾病灾难。

出处：

口承神话：

川1，第91页（汉族，中江县）。

1111.5　关押的毒虫疫兽被放出，人间出现了各种疾病。

出处：

口承神话：

川1，第249页（汉族，绵竹县）。

1111.6　人吃禁果后出现疾病。

出处：

口承神话：

浙60，第9页（汉族，萧山市）。

1111.7　神把人拉到天上弄死后，人类出现了疾病。

出处：

口承神话：

川2，第302页（彝族，盐边县）。

1111.8　妖怪变成的空气形成疾病。

出处：

口承神话：

川2，第318页（藏族，凉山州）。

1111.9　麻风病的起源。

出处：

口承神话：

藏 1，第 5 页（门巴族，墨脱县）。

1111.10　癫痫病的起源。

出处：

口承神话：

藏 1，第 5 页（门巴族，墨脱县）。

1112　为什么有的病没办法治。

1112.1　为什么麻风病没法治。因为神没告诉治病的方法。

出处：

口承神话：

川 2，第 318 页（藏族，凉山州）。

1120　乐园的丧失。由于种种原因，人类失去了最初的快乐幸福。

参照：1060。

对照：汤 A1331　乐园的丧失。因为某一罪孽，人失去了最初的快乐幸福。

出处：

口承神话：

浙 12，第 336 页（汉族，富阳县）；浙 35，第 172 页（汉族，平阳县）；浙 47，第 192 页（汉族，松阳县）；浙 60，第 18 页（汉族，萧山市）。

川 2，第 577 页（羌族，理县）。

综 4，第 197 页（布依族）。

1121　神奇谷米的丧失。人类失去了"少量即可吃饱"的神奇谷米。

出处：

口承神话：

其他 2，第 25—27 页（鲁凯族，台湾省台东县）。

综 1，第 44 页（彝族，云南省罗平县、宣成县）。

1121.1　起初结得密实的粮食结实少了。

出处：

口承神话：

冀 14，第 137 页（汉族，武安县）；冀 18，第 32 页（汉族，宣化县）。

辽 12，第 193 页（满族，凤城县）；辽 21，第 389、397 页（汉族，建昌县）；辽 52，第 215 页（汉族，营口县）。

浙 2，第 193 页（汉族，苍南县）；浙 26，第 5 页（汉族，乐清县）；浙 36，第 9 页（汉族，浦江县）；浙 47，第 189 页（汉族，松阳县）；浙 48，第 162 页（汉族，遂昌县）；浙 60，第 12 页（汉族，萧山市）。

川 1，第 212 页（傈僳族，德昌县）；川 2，第 941 页（傈僳族，德昌县）；川 4，第 9 页（汉族，北川县）；川 21，第 2 页（汉族，平武县）；川 30，第 155 页（汉族，营山县）。

陕 1，第 104 页（汉族，凤县）；陕 7，第 134 页（汉族，蓝田县）。

综 1，第 103 页（白马藏族，四川省平武县）。

1121.2　谷子不再自动跑到人家里去了。

出处：

口承神话：

桂 4，第 112 页（汉族，玉林市）；桂 7，第 256 页（汉族，藤县）。

综 1，第 44 页（彝族，云南省罗平县、宣成县）。

1121.3　自动流出人类所需物品的洞口不能再打开了。

出处：

口承神话：

其他 2，第 45—46 页（鲁凯族，台湾省台东县）。

1121.4　起初的大粒粮食变小了。

出处：

口承神话：

综 1，第 44 页（彝族，云南省罗平县、宣成县），第 262 页（佤族，云南省西盟县）；综 4，第 197 页（布依族）。

1122　人类不能再上天了。

参照：364，1064。

出处：

口承神话：

浙 19，第 224 页（汉族，建德县）；浙 69，第 158 页（汉族，越城区）。

综 1，第 106—107 页（独龙族，云南省）；综 4，第 233 页（瑶族，广东省连南瑶族自治县）。

1123　人神阻隔。起初人类能够与神灵接触交流，和睦相处，但由于某种原因，交通中断。

出处：

口承神话：

浙 27，第 39 页（汉族，丽水市）。

川1，第81页（羌族，汶川县）；川2，第578页（羌族，理县）。

综1，第235—236页（彝族，云南省新平县）。

1124 人类的祖先由于违反了神的旨意，失去了原本可以在天界享福的机会。

出处：

口承神话：

综1，第29—32页（回族，广西壮族自治区南宁市）。

1125 乐园的丧失是由于人类的罪孽。人类由于懒惰、贪婪、浪费、心肠狠毒等而受到神的惩罚。

出处：

口承神话：

综1，第44—45页（彝族，云南省罗平县、宣成县），第103页（白马藏族，四川省平武县）。

1125.1 由于人类的浪费或其他罪孽，神收回了所有的粮食和种子。

参照：161.6，162.7。

出处：

口承神话：

冀18，第40页（汉族，宣化县）。

辽12，第192页（满族，凤城县）。

浙17，第203页（汉族，黄岩市）；浙39，第114页（汉族，庆元县）；浙40，第8页（汉族，衢县）；浙52，第4页（汉族，桐乡县）。

豫32，第56页（汉族，桐柏县）。

川2，第24页（藏族，康定县），第566页（羌族，汶川县）。

1125.2 由于人类的浪费或其他罪恶，神收回了原本长得繁茂的庄稼，只留一些给狗（或人、麻雀、鸡、猪、猫、牛等）吃。

参照：1753.1，2512。

出处：

口承神话：

冀2，第603页（汉族，双滦区）；冀14，第138页（汉族，武安县）；冀16，第469页（汉族，邢台市）；冀18，第32、33页（汉族，宣化县）。

辽21，第397页（汉族，建昌县）；辽34，第302页（满族，和平区）；辽41，第132页（汉族，西丰县）。

浙23，第217页（汉族，缙云县）；浙26，第5页（汉族，乐清县）；浙36，第9页（汉族，浦江县）；浙60，第12页（汉族，萧山市）。

豫1，第292页（汉族，淅川县）；豫2，第192页（汉族，郸城县）；豫4，第91、92页（汉族，扶沟县）；豫6，第139、170页（汉族，滑县）；豫7，第169页（汉族，淮滨县）；豫18，第362页（汉族，南召县）；豫20，第13页（汉族，平舆县）；豫21，第134、143页（汉族，濮阳县）；豫23，第2页（汉族，杞县）；豫25，第9、244页（汉族，汝南县）；豫26，第160、161页（汉族，社旗县）；豫27，第145页（汉族，沈丘县）；豫28，第2页（汉族，渑池县）；豫29，第103页（汉族，太康县）；豫30，第118页（汉族，汤阴县）；豫31，第9页（汉族，通许县）；豫32，第53、55页（汉族，桐柏县）；豫35，第202页（汉族，尉氏县）；豫36，第27页（汉族，息县）；豫38，第204页（汉族，项城县）；豫40，第8页（汉族，新乡县）；豫41，第173页（汉族，新野县）；豫42，第97页（汉族，修武县）；豫43，第96页（汉族，鄢陵县）；豫45，第229页（汉族，禹州市）。

川2，第26、102页（白马藏族，平武县白马乡）；川21，第2页（汉族，平武县）。

藏1，第200页（藏族，日土县）。

陕1，第104页（汉族，凤县）；陕3，第142页（汉族，凤县）；陕7，第134页（汉族，蓝田县）；陕11，第390页（汉族，永寿县），第391页（汉族，乾县）。

1125.3　由于人类的浪费或心肠狠毒，神把原先撒下的米、面（或油、酒等）变成了雨雪。

参照：558.3.1，559.5。

出处：

口承神话：

冀2，第24页（汉族，双桥区）；冀5，第297页（汉族，藁城县）；冀10，第226页（汉族，涉县）；冀14，第166页（汉族，武安县）；冀15，第22页（汉族，下花园区）；冀18，第28页（汉族，下花园区）；冀19，第117页（汉族，赵县）。

辽1，第88、475页（汉族，北票市）；辽3，第122页（汉族，北镇县）；辽4，第150、171页（汉族，本溪市）；辽5，第285页（汉族，平山区）；辽6，第6页（汉族，本溪县）；辽10，第110页（汉族，大洼县）；辽18，第293页（汉族，海城市）；辽20，第358页（汉族，桓仁县）；辽32，第214页（汉族，沙河口区）；辽38，第93页（汉族，铁岭县）；辽44，第86页（满族，新宾县）；辽52，第4页（汉族，营口县）；辽54，第113页（蒙古族，喀左县）；辽57，第244页（蒙古族，喀左县）；辽58，第5页（蒙古族，建昌县）。

浙36，第10、12页（汉族，浦江县）；浙50，第2页（汉族，天台县）。

豫2，第17页（汉族，郸城县）；豫18，第401页（汉族，南召县）；豫29，第102页（汉族，太康县）；豫39，第58页（汉族，新县）；豫40，第5页（汉族，新乡县）；豫41，第175页（汉族，新野县）；豫44，第59页（汉族，延津县）。

川1，第214页（傈僳族，德昌县）；川2，第955页（傈僳族，德昌县）。

陕10，第5页（汉族，乾县）。

1125.4　由于人的懒惰，地里开始长草。

出处：

口承神话：

冀 2，第 603 页（汉族，双滦区）；冀 3，第 329 页（汉族，抚宁县）；冀 4，第 202 页（汉族，藁城县）；冀 6，第 263 页（汉族，藁城县）。

辽 4，第 150 页（汉族，本溪市）；辽 7，第 101 页（昌图县）；辽 10，第 107 页（汉族，大洼县）；辽 21，第 285 页（汉族，建昌县）；辽 31，第 17 页（满族，清原县）；辽 37，第 259 页（汉族，新城子区）；辽 41，第 165 页（汉族，西丰县）；辽 58，第 7 页（蒙古族，建昌县）。

豫 13，第 210 页（汉族，林县）；豫 25，第 8 页（汉族，汝南县）；豫 32，第 56、63 页（汉族，桐柏县）。

1126　由于狗的失误，神收回了原本长得繁茂的庄稼。

出处：

口承神话：

辽 52，第 215 页（汉族，营口县）。

浙 48，第 162 页（汉族，遂昌县）。

1130　人类两性区别的开始。

1131　两性的起源。

对照：汤 A1275.1　用男人的肋骨创造了第一个女人。汤 A1275.4　创世者创造了女人，然后让她生出了男人。汤 A1313.0.2　性的不同的起源。

1131.1　有鸡巴的是男人，被鸡或鸟啄掉了鸡巴的是女人。

出处：

口承神话：

浙 9，第 8 页（汉族，东阳县）。

豫 25，第 11 页（汉族，汝南县）。

陕 2，第 99 页（汉族，宝鸡县）。

综 1，第 5 页（汉族，浙江省东阳县）。

1131.2　始祖捏出的泥人中，抢到辣椒的是男人，抢到洋桃的是女人。

出处：

口承神话：

辽 39，第 501 页（汉族，瓦房店市）。

1131.3　始祖先捏的泥人成为男人或女人，后捏的成为女人或男人。

出处：

口承神话：

浙 44，第 2 页（汉族，绍兴县）；浙 68，第 12 页（汉族，玉环县）。

1131.4 从男性始祖身上取下的肋骨变成了女人。

参照：1074.9。

出处：

口承神话：

陕10，第1页（汉族，三原县）。

1131.5 男性始祖捏出男人，女性始祖捏出女人。

出处：

口承神话：

浙27，第4页（汉族，丽水市）。

川14，第1页（汉族，简阳县）。

陕2，第42页（汉族，千阳县）。

1131.6 女性始祖捏出男人，男性始祖捏出女人。

出处：

口承神话：

川27，第3页（汉族，西充县）。

1131.7 始祖造人时造出男女两样。

出处：

口承神话：

冀3，第19页（汉族，抚宁县）。

桂8，第4页（汉族，钦州市）。

1132 男性性征和性器官的起源。

对照：汤A1313.1 男性性器官的起源。

1132.1 为什么男性长喉结。因为男性始祖违背神的旨意，吞吃了禁果。

出处：

口承神话：

黑1，第22页（回族，绥芬河市）。

辽5，第285页（汉族，平山区）；辽24，第2页（回族，开原县）；辽36，第399页（汉族，苏家屯区）；辽44，第138页（满族，新宾县）。

浙5，第493页（汉族，淳安县）；浙60，第8页（汉族，萧山市）；浙63，第281页（汉族，鄞县）；浙65，第2页（汉族，永康县）；浙66，第9页（汉族，余杭县）。

豫27，第6页（汉族，沈丘县）。

桂10，第21页（回族，南宁市）。

川1，第177页（回族，犍为县）；川2，第944页（回族，犍为县）。

陕8，第56页（汉族，合阳县）。

综1，第32页（回族，广西壮族自治区南宁市）。

1132.2 男性始祖吞吃的核桃（或梅子、桃等）成为喉结。

出处：

口承神话：

冀18，第6页（汉族，下花园区）。

浙2，第107页（汉族，苍南县）；浙56，第5页（汉族，婺城区）；浙58，第5页（汉族，仙居县）；浙61，第4页（汉族，新昌县）；浙70，第3页（汉族，云和县）。

豫4，第2页（汉族，扶沟县）；豫26，第15页（汉族，社旗县）；豫36，第28页（汉族，息县）。

1132.3 神用泥巴造人时造出了男性生殖器。

出处：

口承神话：

浙19，第2页（汉族，建德县）；浙28，第1页（汉族，临安县）。

1132.4 神造出人后，人被鸟啄过的地方长出一块疙瘩，形成男性生殖器。

出处：

口承神话：

浙68，第12页（汉族，玉环县）。

1132.5 男性生殖器被称作"鸡巴"的由来。因为造人过程中被鸡啄食。

出处：

口承神话：

浙9，第8页（汉族，东阳县）。

综1，第5页（汉族，浙江省东阳县）。

1132.6 神往人身上安装辣椒，成为男人的性器官。

出处：

口承神话：

辽42，第62页（汉族，细河区）。

1132.7 男性生殖器长成这般大小的原因。原来的生殖器很大，后来被神劈或斩成这样。

出处：

口承神话：

浙32，第7页（汉族，宁海县）；浙43，第9页（汉族，上虞县）。

1132.8 把女人的下身挖去一块，补在男人身上，做成睾丸。

出处：

口承神话：

其他4，第一集第5—6页。

1132.9　神把汤圆丢在男人的下处，从此男人的性器官上有了睾丸。

出处：

口承神话：

其他4，第一集第5—6页。

1132.10　人类男性始祖吞下的禁果下沉，变成了睾丸。

出处：

口承神话：

桂10，第21页（回族，南宁市）。

综1，第27页（回族，广西壮族自治区南宁市）。

1132.11　神给人安装上男性生殖器。

出处：

口承神话：

黑1，第13页（满族，宁安县）。

1133　女性性征及性器官的起源。

对照：汤A1313.2　女性性器官的起源。

1133.1　女性乳房的起源。

对照：汤A1313.4　女性乳房的起源。

1133.1.1　神用泥巴造人时按照自己的样子造出了乳房。

出处：

口承神话：

浙28，第1页（汉族，临安县）。

1133.1.2　人吃仙果后长出乳房。

出处：

口承神话：

浙56，第5页（汉族，婺城区）。

1133.1.3　创世者把男人手掌心上的一团泥安在女人的胸前，变成了乳房。

出处：

口承神话：

其他1，第15—16页（傣族）。

1133.2　阴道的起源。

1133.2.1　神在女人的下身戳了一条槽。

出处：

口承神话：

浙28，第1页（汉族，临安县）。

其他 4，第一集第 5—6 页。

1133.2.2 神在女人的下身砍了一斧子。

出处：

口承神话：

浙 19，第 2 页（汉族，建德县）；浙 31，第 6 页（汉族，龙游县）。

1133.2.3 女人的阴道中长有牙齿。

出处：

口承神话：

综 1，第 224 页（珞巴族，西藏自治区米林县）。

1133.3 女性来月经的原因。因为吞吃了禁果。

对照：汤 A1355 月经的起源。汤 A1355.1.1 月经的起源：对夏娃吃禁果的惩罚。

出处：

口承神话：

黑 1，第 22 页（回族，绥芬河市）。

辽 24，第 2 页（回族，开原县）。

桂 10，第 21 页（回族，南宁市）。

川 1，第 177 页（回族，犍为县）；川 2，第 944 页（回族，犍为县）。

综 1，第 27 页（回族，广西壮族自治区南宁市）。

1133.4 神给人安装女性生殖器。

出处：

口承神话：

黑 1，第 13 页（满族，宁安县）。

1134 女人生孩子的起源。

出处：

口承神话：

综 1，第 243 页（佤族，云南省西盟县），第 244 页（拉祜族苦聪人，云南省镇沅县），第 256—267 页（苗族，贵州省）。

1135 女人怀孕时长大肚皮、分娩时要承受痛苦的原因。吞吃禁果得到的惩罚。

出处：

口承神话：

浙 58，第 5 页（汉族，仙居县）；浙 62，第 7 页（汉族，义乌市）。

1136 情欲的起源。女性始祖吞吃禁果后产生情欲。

出处：

口承神话：

辽5，第285页（汉族，平山区）。

1137　为什么男人爱摸女人的乳房。

出处：

口承神话：

其他1，第15—16页（傣族）。

1138　男女性交的开始。

对照：汤A1352　性交的起源。

1138.1　烧裂的鸡蛋迸溅到最初的一对男女的下处，他们看见了彼此的下处，从此相爱。

出处：

口承神话：

综1，第224页（珞巴族，西藏自治区米林县）。

1138.2　消除女人阴道中的牙齿后，最初的男女性交才成功。

对照：汤A1352.1　夫妻之间无限制性交的起源。

出处：

口承神话：

综1，第224页（珞巴族，西藏自治区米林县）。

1138.3　神教会人类交配。

出处：

口承神话：

黑1，第18页（满族，宁安县）。

1139　人类两性区别的开始——其他母题。

1139.1　为什么女人擅长唱歌跳舞。因为神在捏女人的时候捏出了不同的舞姿。

出处：

口承神话：

川2，第934页（傈族，会理县）。

1139.2　为什么女人衣裳特别漂亮。因为神在捏女人的时候涂上了各种颜色。

出处：

口承神话：

川2，第934页（傈族，会理县）。

1139.3　为什么女人不如男人健壮有力。

1139.3.1　因为始祖用泥捏出的女人被雨淋了。

参照：971，1074.1。

出处：

口承神话：

辽39，第503页（汉族，瓦房店市）。

1139.3.2　因为男始祖捏的是男人，女始祖捏的是女人。

出处：

口承神话：

陕2，第42页（汉族，千阳县）。

1139.3.3　因为男始祖吃了禁果，力气就大。

出处：

口承神话：

陕8，第56页（汉族，合阳县）。

1139.4　为什么男人不如女人健壮有力。因为神用泥土造了女人，并给她们吃了智慧果。

出处：

口承神话：

黑1，第23页（鄂伦春族，黑河市）。

1139.5　为什么男人比女人粗心。因为造人时用的材料不同。

出处：

口承神话：

综1，第92页（汉族，浙江省兰溪市）。

1140　人类的成长与成熟。

对照：汤A1360　人类的生长与成熟。

1141　人越来越精，精到极点，大地就要毁灭。

出处：

口承神话：

川2，第12页（藏族，红原县）。

1150　死亡的起源。

对照：汤A1335　死亡的起源。

1151 随着第一个人的死去，死亡开始降临人间。

出处：

口承神话：

浙 19，第 4 页（汉族，建德县）。

藏 1，第 216 页（珞巴族，隆子县）。

综 1，第 254 页（景颇族，云南省），第 310 页（傈僳族，云南省）；综 2，第 530 页（独龙族）。

1152 由于忍受不了脱皮的痛苦，人情愿死亡。

参照：1102.2，2174.3。

对照：汤 A1335.4 死亡的起源：初民穿上新皮。孩子认不出母亲，所以她又披上了旧皮。

出处：

口承神话：

浙 5，第 429 页（汉族，淳安县）；浙 48，第 166 页（汉族，遂昌县）。

综 1，第 255—256 页（苗族，云南省大关县），第 256—267 页（苗族，贵州省），第 259 页（汉族，四川省巴县），第 260 页（土家族，湖南省永顺县）。

1153 由于错传消息而出现死亡。

对照：汤 A1335.1 误传消息导致死亡。

出处：

口承神话：

综 1，第 256 页（苗族，云南省大关县），第 259 页（汉族，安徽省淮南县）。

1153.1 喜鹊把天神的"人老脱壳，蛇老要死"错传成了"人老要死，蛇老脱壳"。

出处：

口承神话：

浙 66，第 203 页（汉族，余杭县）。

桂 8，第 5 页（汉族，钦州市）；桂 10，第 22 页（壮族，南宁市）；桂 11，第 95 页（壮族，大新县）；桂 12，第 110 页（壮族，凭祥市）；桂 15，第 123 页（汉族，扶绥县）。

1153.2 屎壳郎把"一蜕就去"错传成了"一死了之"。

出处：

口承神话：

桂 4，第 110 页（汉族，玉林市）。

1153.3　啄木鸟错传消息而出现人的死亡。

出处：

口承神话：

藏1，第190页（珞巴族，米林县）。

1154　人被神拉到天上弄死。

出处：

口承神话：

川2，第302页（彝族，盐边县）。

1155　由于人将脱壳的本领转换给了蛇（或龙），于是人开始死亡。

参照：1102.2，1152，2174.3。

对照：汤A1335.5　死亡的起源：蛇取代人而获得了永生。

出处：

口承神话：

浙1，第319页（汉族，安吉县）；浙5，第429页（汉族，淳安县）；浙48，第166页（汉族，遂昌县）。

川1，第92页（汉族，中江县），第94页（汉族，巴县）；川2，第729页（土家族，黔江县）；川4，第163页（羌族，北川县）；川16，第6页（回族，金川县）；川30，第5页（汉族，营山县）。

综1，第259页（汉族，四川省巴县），第260页（土家族，湖南省永顺县）。

1156　人吃禁果后开始出现死亡。

出处：

口承神话：

浙60，第9页（汉族，萧山市）。

1157　由于人厌倦了生活而出现死亡。

对照：汤A1335.9　人厌倦了生活而导致死亡产生。

出处：

口承神话：

综1，第252—254页（景颇族，云南省），第260页（土家族，湖南省永顺县）。

1160　人类精神和道德特点的起源。

对照：汤A1370　精神和道德特点的起源。

1161　为什么有的人粗暴、恶劣：因为像自己的妖魔父亲。

参照：1075.6。

出处：

口承神话：

川2，第9页（藏族，若尔盖县）。

1162　为什么有的人温顺、慈善：因为像自己的母猴母亲。

参照：1075.6。

出处：

口承神话：

川2，第9页（藏族，若尔盖县）。

1163　为什么人最聪明，最富于智慧。因为神的奖赏。

出处：

口承神话：

浙72，第11页（汉族，诸暨县）。

川2，第326页（彝族，凉山州）。

1163.1　因为人喝了天神给的"智慧"或"聪明"。

参照：162.2。

出处：

口承神话：

浙72，第22页（汉族，诸暨县）。

川1，第131页（藏族，金川县）；川2，第29页（藏族，金川县）；川16，第4页（藏族，金川县）。

藏1，第10页（藏族，波密县）。

1163.2　因为神给了人智慧树枝。

出处：

口承神话：

黑1，第24页（满族，宁安县）。

1164　为什么人有着不同的性格。因为人是由不同的神造的。

出处：

口承神话：

辽42，第62页（汉族，细河区）。

浙14，第3页（汉族，海宁市）。

1165 为什么有的人聪明，有的人笨。因为神造人使用的工具不同。

出处：

口承神话：

浙24，第5页（汉族，开化县）；浙28，第2页（汉族，临安县）。

综7，第170页（汉族，河南省内乡一带）。

1166 懒惰的起源。

对照：汤A1377 懒惰的起源。

1167 恐惧的起源。

对照：汤A1382 恐惧的起源。

1168 仇恨的起源。

对照：汤A1388 仇恨的起源。

1170 阶级的起源。

1171 因为神创造人的方式不同，所以出现人的不同等级。

1171.1 神用手捏制的泥人，成为富贵、贤达、智慧的人；用绳子蘸泥甩出来的泥人，是下贱、愚蠢、贫穷的人。

参照：1074.1，1074.7.2。

出处：

古代文献：

《风俗通义·佚文》（"女娲抟黄土作人……故富贵贤知者，黄土人也；贫贱凡庸者，引绹人也"）。

口承神话：

冀12，第223页（汉族，高邑县）。

浙38，第5页（汉族，青田县）。

陕10，第12页（汉族，三原县）。

1180 人类生活秩序的奠定。

1181 人与鬼的分离。

参照：810，1059.10。

出处：

口承神话：

综1，第264—265页（哈尼族，云南省），第266页（基诺族，云南省）。

1181.1　人设法让鬼离开。

1181.1.1　让鬼吃生姜：鬼吃不了，从此离开了人。

出处：

口承神话：

综1，第267页（基诺族，云南省）。

1181.1.2　让鬼数竹篾片上的洞：鬼数不清，从此离开了人。

出处：

口承神话：

综1，第267—268页（基诺族，云南省）。

1181.1.3　让鬼等石头烂了再回家，鬼从此就与人分开了。

出处：

口承神话：

综1，第268页（基诺族，云南省）。

1181.2　用洪水把人和鬼分开。

出处：

口承神话：

综1，第277页（独龙族，云南省）。

1181.3　天神把鬼怪赶走或捉住。

出处：

口承神话：

冀6，第212页（汉族，藁城县）。

1182　人与鬼之间的争斗。

出处：

口承神话：

综1，第264—265页（哈尼族，云南省），第266—268页（基诺族，云南省），第268—270页（珞巴族，西藏自治区米林县），第270—274页（纳西族，云南省），第275—278页（独龙族，云南省）。

1200—1299 姓氏的起源

1200 百家姓的起源。

1200.1 始祖生下或造出的后代形成人间的百家姓。

出处：

口承神话：

冀18，第8页（汉族，茶坊区）。

黑1，第8页（汉族，加格达奇区），第10页（汉族，呼兰县）。

浙5，第9页（汉族，淳安县）；浙8，第14页（汉族，定海区）；浙12，第2页（汉族，富阳县）；浙27，第37页（汉族，丽水市）；浙31，第7页（汉族，龙游县）；浙38，第11页（汉族，青田县）；浙39，第6页（汉族，庆元县）；浙47，第15页（汉族，松阳县）；浙49，第14页（汉族，泰顺县）。

豫16，第29页（汉族，泌阳县）；豫23，第6页（汉族，杞县）；豫31，第7页（汉族，通许县）；豫32，第3页（汉族，桐柏县）。

桂1，第8页（壮族，武宣县）；桂2，第2页（汉族，钟山县）；桂5，第8页（彝族，隆林县）；桂10，第13页（壮族，南宁市）；桂15，第4页（瑶族，扶绥县）。

川1，第104页（汉族，西充县）；川2，第825页（苗族，木里县）；川4，第6、158、162页（羌族，北川县），第8页（汉族，北川县）；川5，第4页（汉族，灌县）；川6，第5页（汉族，龙泉驿区）；川7，第2页（汉族，彭县）；川8，第6页（汉族，邛崃县）；川14，第1页（汉族，简阳县）；川19，第1页（汉族，邻水县）；川20，第1页（汉族，江北区），第2页（汉族，南川县）；川22，第33页（汉族，屏山县）；川24，第6页（汉族，三台县）；川25，第2页（汉族，射洪县）；川27，第3页（汉族，西充县）；川28，第2页（汉族，兴文县）；川29，第6页（汉族，荥经县）；川30，第11页（汉族，营山县）；川33，第2页（汉族，大足县）；川37，第4页（汉族，荣昌县）；川38，第4页（汉族，沙坪坝区）；川42，第5页（汉族，自贡市）。

综1，第15页（苗族，云南省富宁县），第34页（汉族，四川省珙县），第43页（苗族，湖南省湘西地区、贵州省松桃县），第51页（彝族，云南省罗平县、宣成县）；综7，第26页（汉族，河南省桐柏盘古山区），第153页（汉族，河南省平舆县）。

1200.2 文化英雄定下人间的百家姓。

出处：

口承神话：

陕7，第9页（汉族，蓝田县）。

1200.3　猴子进化成的人抱住什么树就姓什么，形成人间的百家姓。

出处：

口承神话：

冀14，第168页（汉族，武安县）。

1201　白姓的起源。

出处：

口承神话：

黑1，第45页（鄂伦春族，呼玛县）。

1201.1　始祖生下的肉坨剁碎后，扔在白香树或柏树上变成人的姓白。

出处：

口承神话：

川2，第694页（土家族，秀山县）；川25，第2页（汉族，射洪县）；川33，第2页（汉族，大足县）。

1201.2　猴子进化成的人抱住柏树的姓白。

出处：

口承神话：

冀14，第168页（汉族，武安县）。

1202　柴姓的起源。始祖生下的肉坨剁碎后，扔在柴山上变成人的姓柴。

出处：

口承神话：

浙12，第2页（汉族，富阳县）。

1203　陈姓的起源。始祖捏出的泥人放在橙子树上变成人的姓陈。

出处：

口承神话：

川5，第4页（汉族，灌县）。

1204　丁姓的起源。始祖生下的肉坨剁碎后，用肉丁捏成人的姓丁。

出处：

口承神话：

浙8，第14页（汉族，定海区）。

1205　房姓的起源。始祖生下的肉坨剁碎后，扔在房子上变成人的姓房。

出处：

口承神话：

川2，第948页（蒙古族，木里县）。

1206　风姓的起源。始祖让办事像风一样快的人姓风。

出处：

口承神话：

陕7，第9页（汉族，蓝田县）。

1207　甘姓的起源。始祖捏出的泥人放在柑子树上变成人的姓甘。

出处：

口承神话：

川5，第4页（汉族，灌县）。

1207.1　始祖生下的怪胎剁碎后，扔在柑树上变成人的姓甘。

出处：

口承神话：

桂5，第8页（彝族，隆林县）。

川19，第1页（汉族，邻水县）；川33，第2页（汉族，大足县）。

1208　谷姓的起源。始祖生下的肉坨烧爆后，迸在谷子上变成人的姓谷。

出处：

口承神话：

川2，第949页（傈僳族，米易县）。

1208.1　始祖让种谷子的人姓谷。

出处：

口承神话：

陕7，第9页（汉族，蓝田县）。

1209　何姓的起源。

出处：

口承神话：

黑1，第45页（鄂伦春族，呼玛县）。

综1，第15页（苗族，云南省富宁县）。

1209.1　始祖生下的肉坨剁碎后，扔在河里变成人的姓何。

出处：

口承神话：

川2，第564页（羌族，汶川县）；川22，第33页（汉族，屏山县）。

1209.2　始祖生下的葡萄扔到河边变成人的姓何。

出处：

口承神话：

川2，第693页（土家族，酉阳县）。

1209.3　始祖做出的泥人放在河边变成人的姓何。

出处：

口承神话：

豫32，第3页（汉族，桐柏县）。

1211　胡姓的起源。始祖生下的葡萄扔在湖边变成人的姓胡。

出处：

口承神话：

川2，第693页（土家族，酉阳县）。

1212　花姓的起源。

出处：

口承神话：

综1，第51页（彝族，云南省罗平县、宣成县）。

1212.1　始祖让住在花旁的人姓花。

出处：

口承神话：

陕7，第9页（汉族，蓝田县）。

1213　黄姓的起源。始祖造出的泥人，在黄荆树下变成人的姓黄。

出处：

口承神话：

川1，第104页（汉族，西充县）；川27，第3页（汉族，西充县）。

1213.1　始祖生下的肉坨剁碎后，扔在黄泥里或黄桷树上变成人的姓黄。

出处：

口承神话：

浙47，第15页（汉族，松阳县）。

川28，第2页（汉族，兴文县）；川38，第4页（汉族，沙坪坝区）。

1214　江姓的起源。始祖生下的肉坨剁碎后，扔在江边变成人的姓江。

出处：

口承神话：

浙 12，第 2 页（汉族，富阳县）。

1215　蓝姓的起源。龙或狗与女性始祖结婚生下的后代姓蓝。

出处：

口承神话：

浙 5，第 14 页（畲族，淳安县）；浙 19，第 9 页（畲族，建德县）；浙 27，第 21、25 页（畲族，丽水市）；浙 28，第 21 页（畲族，临安县）；浙 55，第 13 页（畲族，武义县）。

1216　兰姓的起源。始祖生下的肉坨烧爆后，迸在兰草上变成人的姓兰。

出处：

口承神话：

川 2，第 949 页（傈僳族，米易县）。

1217　李姓的起源。

出处：

口承神话：

综 1，第 15 页（苗族，云南省富宁县），第 34 页（汉族，四川省珙县）。

1217.1　始祖生下的葡萄扔到李树下变成人的姓李。

出处：

口承神话：

川 2，第 693 页（土家族，酉阳县）。

1217.2　始祖生下的肉坨剁碎后，扔在李树上变成人的姓李。

出处：

口承神话：

桂 5，第 8 页（彝族，隆林县）。

川 1，第 99 页（汉族，三台县），第 102 页（汉族，珙县）；川 2，第 825 页（苗族，木里县），第 825 页（苗族，古蔺县），第 948 页（蒙古族，木里县）；川 6，第 5 页（汉族，龙泉驿区）；川 7，第 2 页（汉族，彭县）；川 8，第 6 页（汉族，邛崃县）；川 19，第 1 页（汉族，邻水县）；川 20，第 1 页（汉族，江北区）；川 22，第 33 页（汉族，屏山县）；川 24，第 6 页（汉族，三台县）；川 25，第 2 页（汉族，射洪县）；川 28，第 2 页（汉族，兴文县）；川 29，第 6 页（汉族，荥经县）；川 33，第 2 页（汉族，大足县）；川 37，第 4 页（汉族，荣昌县）；川 38，第 4 页（汉族，沙坪坝区）。

1217.3　始祖做出的泥人放到李树底下变成人的姓李。

出处：

口承神话：

辽44，第138页（满族，新宾县）。

豫32，第3页（汉族，桐柏县）。

川5，第4页（汉族，灌县）；川42，第5页（汉族，自贡市）。

1217.4　始祖生下的血胞里的血滴在李子上变成人的姓李。

出处：

口承神话：

川14，第1页（汉族，简阳县）。

1218　雷姓的起源。龙或狗与女性始祖结婚生下的后代姓雷。

出处：

口承神话：

浙5，第14页（畲族，淳安县）；浙19，第9页（畲族，建德县）；浙27，第21、25页（畲族，丽水市）；浙28，第21页（畲族，临安县）；浙55，第13页（畲族，武义县）。

1219　廖姓的起源。

出处：

口承神话：

综1，第43页（苗族，湖南省湘西地区，贵州省松桃县）。

1221　林姓的起源。

出处：

口承神话：

综1，第15页（苗族，云南省富宁县）。

1221.1　始祖生下的肉坨剁碎后，扔在树林里变成人的姓林。

出处：

口承神话：

川2，第564页（羌族，汶川县）。

1222　柳姓的起源。

出处：

口承神话：

综1，第51页（彝族，云南省罗平县、宣成县）。

1222.1　始祖生下的肉坨剁碎后，扔在柳树上变成人的姓柳。

出处：

口承神话：

冀18，第8页（汉族，茶坊区）。

川2，第948页（蒙古族，木里县）；川7，第2页（汉族，彭县）；川37，第4页（汉族，荣昌县）。

1222.2　始祖做出的泥人中，放在柳树底下变成人的姓柳。

出处：

口承神话：

辽44，第138页（满族，新宾县）。

川5，第4页（汉族，灌县）；川42，第5页（汉族，自贡市）。

1222.3　始祖让住在柳树下的人姓柳。

出处：

口承神话：

陕7，第9页（汉族，蓝田县）。

1223　龙姓的起源。

出处：

口承神话：

综1，第43页（苗族，湖南省湘西地区，贵州省松桃县）。

1224　麻姓的起源。

出处：

口承神话：

综1，第43页（苗族，湖南省湘西地区，贵州省松桃县）。

1225　马姓的起源。始祖生下的肉坨剁碎后，扔在马圈上变成人的姓马。

出处：

口承神话：

川2，第948页（蒙古族，木里县）。

1225.1　始祖造泥人时，在马桑树下变成人的姓马。

出处：

口承神话：

川1，第104页（汉族，西充县）；川27，第3页（汉族，西充县）。

1225.2　始祖让喂马的人姓马。

出处：

口承神话：

陕7，第9页（汉族，蓝田县）。

1226　牛姓的起源。始祖生下的肉坨剁碎后，扔在牛圈上变成人的姓牛。

出处：

口承神话：

川2，第948页（蒙古族，木里县）。

1226.1　始祖让养牛的人姓牛。

出处：

口承神话：

陕7，第9页（汉族，蓝田县）。

1227　盘姓的起源。龙或狗与女性始祖结婚生下的后代姓盘。

出处：

口承神话：

浙5，第14页（畲族，淳安县）；浙19，第8页（畲族，建德县）；浙27，第21、25页（畲族，丽水市）；浙28，第21页（畲族，临安县）；浙55，第13页（畲族，武义县）。

1228　桑姓的起源。始祖捏出的泥人，放在桑树上变成人的姓桑。

出处：

口承神话：

川5，第4页（汉族，灌县）。

1229　陶姓的起源。

出处：

口承神话：

综1，第15页（苗族，云南省富宁县），第34页（汉族，四川省珙县），第51页（彝族，云南省罗平县、宣成县）。

1229.1　始祖生下的葡萄扔到桃树下变成人的姓陶。

出处：

口承神话：

川2，第693页（土家族，酉阳县）。

1229.2　始祖生下的肉坨剁碎后，扔在桃树上变成人的姓陶。

出处：

口承神话：

桂5，第8页（彝族，隆林县）。

川2，第825页（苗族，木里县），第825页（苗族，古蔺县）；川6，第5页（汉族，龙泉驿区）；川 19，第 1 页（汉族，邻水县）；川 20，第 1 页（汉族，江北区）；川 29，第 6 页（汉族，荥经县）；川 33，第 2 页（汉族，大足县）；川 37，第 4 页（汉族，荣昌县）。

1229.3　始祖生下的血胞里的血滴在桃子上变成人的姓陶。

出处：

口承神话：

川 14，第 1 页（汉族，简阳县）。

1231　桃姓的起源。始祖生下的肉坨剁碎后，扔在桃树上变成人的姓桃。

出处：

口承神话：

川 1，第 102 页（汉族，珙县）；川 7，第 2 页（汉族，彭县）；川 22，第 33 页（汉族，屏山县）；川 28，第 2 页（汉族，兴文县）。

1231.1　始祖捏出的泥人放在桃树下变成的人姓桃。

出处：

口承神话：

豫 32，第 3 页（汉族，桐柏县）。

川 42，第 5 页（汉族，自贡市）。

1232　童姓的起源。始祖生下的怪胎剁碎后，扔在桐树上变成人的姓童。

出处：

口承神话：

川 6，第 5 页（汉族，龙泉驿区）。

1233　田姓的起源。始祖生下的肉坨剁碎后，扔在田头变成人的姓田。

出处：

口承神话：

川 2，第 694 页（土家族，秀山县），第 948 页（蒙古族，木里县）。

1233.1　始祖让种田的人姓田。

出处：

口承神话：

陕 7，第 9 页（汉族，蓝田县）。

1234　石姓的起源。

出处：

口承神话：

综1，第15页（苗族，云南省富宁县），第43页（苗族，湖南省湘西地区，贵州省松桃县）。

1234.1　始祖生下的肉坨剁碎后，扔在石头上变成人的姓石。

出处：

口承神话：

浙12，第2页（汉族，富阳县）；浙47，第15页（汉族，松阳县）。

川2，第564页（羌族，汶川县），第948页（蒙古族，木里县）；川18，第4页（汉族，洪雅县）；川22，第33页（汉族，屏山县）。

1234.2　始祖造人时放在石头上的泥人变成人的姓石。

出处：

口承神话：

豫32，第3页（汉族，桐柏县）。

川1，第104页（汉族，西充县）；川27，第3页（汉族，西充县）。

1235　王姓的起源。始祖生下的肉坨剁碎后，扔在树上变成人的姓王。

出处：

口承神话：

川2，第825页（苗族，木里县）。

1236　吴姓的起源。

出处：

口承神话：

黑1，第44页（鄂伦春族，黑河市），第45页（鄂伦春族，呼玛县）。

综1，第43页（苗族，湖南省湘西地区，贵州省松桃县）。

1236.1　始祖生下的怪胎剁碎后，没地方放的那一块变成的人姓吴。

出处：

口承神话：

川37，第4页（汉族，荣昌县）。

1236.2　始祖生下的后代挂在屋檐上的姓吴。

出处：

口承神话：

川29，第6页（汉族，荥经县）。

1237　杨姓的起源。始祖生下的肉坨剁碎后，扔在杨树上变成人的姓杨。

出处：

口承神话：

冀18，第8页（汉族，茶坊区）。

川2，第694页（土家族，秀山县），第948页（蒙古族，木里县）；川7，第2页（汉族，彭县）；川8，第6页（汉族，邛崃县）；川25，第2页（汉族，射洪县）。

1237.1　始祖做出的泥人中放在杨树底下变成人的姓杨。

出处：

口承神话：

辽8，第310页（汉族，长海县）；辽44，第138页（满族，新宾县）。

川42，第5页（汉族，自贡市）。

1237.2　猴子进化成的人抱住杨树的姓杨。

出处：

口承神话：

冀14，第168页（汉族，武安县）。

1238　叶姓的起源。

出处：

口承神话：

综1，第51页（彝族，云南省罗平县、宣成县）。

1238.1　始祖生下的肉坨剁碎后，落在树叶上变成人的姓叶。

出处：

口承神话：

浙47，第15页（汉族，松阳县）。

1239　鱼姓的起源。始祖让打鱼的人姓鱼。

出处：

口承神话：

陕7，第9页（汉族，蓝田县）。

1241　张姓的起源。始祖生下的肉坨剁碎后，扔在樟树上变成人的姓张。

出处：

口承神话：

川1，第99页（汉族，三台县）；川2，第825页（苗族，木里县）；川24，第6页（汉族，三台县）。

1241.1　猴子进化成的人抱住樟树的姓张。

出处：

口承神话：

冀14，第168页（汉族，武安县）。

1242　赵姓的起源。

出处：

口承神话：

桂15，第4页（瑶族，扶绥县）。

1242.1　始祖生下的怪胎剁碎后，落在灶头上变成人的姓赵。

出处：

口承神话：

川18，第4页（汉族，洪雅县）。

1242.2　始祖生下的怪胎剁碎后，扔在皂角树上变成人的姓赵。

出处：

口承神话：

川6，第5页（汉族，龙泉驿区）。

1243　钟姓的起源。龙或狗与女性始祖结婚生下的后代姓钟。

出处：

口承神话：

浙5，第14页（畲族，淳安县）；浙19，第9页（畲族，建德县）；浙27，第21、25页（畲族，丽水市）；浙28，第21页（畲族，临安县）；浙55，第13页（畲族，武义县）。

1243.1　始祖生下的怪胎剁碎后，扔在棕树上变成人的姓钟。

出处：

口承神话：

川37，第4页（汉族，荣昌县）。

1244　祝姓的起源。始祖生下的怪胎剁碎后，落在竹子上变成人的姓祝。

出处：

口承神话：

川18，第4页（汉族，洪雅县）。

1245　朱姓的起源。始祖生下的血胞里的血滴在猪身上变成人的姓朱。

出处：

口承神话：

川14，第1页（汉族，简阳县）。

1246 韦姓的起源。始祖生下的怪胎剁碎后，扔出时始祖说"韦"时变成人的姓韦。

出处：
口承神话：
桂10，第13页（壮族，南宁市）。

1247 **钱姓的起源。**

出处：
口承神话：
桂15，第4页（瑶族，扶绥县）。

1248 **孙姓的起源。**

出处：
口承神话：
桂15，第4页（瑶族，扶绥县）。

1249 **刘姓的起源。**

出处：
口承神话：
桂15，第4页（瑶族，扶绥县）。

1251 **魏姓的起源。**

出处：
口承神话：
黑1，第44页（鄂伦春族，黑河市），第45页（鄂伦春族，呼玛县）。

1252 **关姓的起源。**

出处：
口承神话：
黑1，第44页（鄂伦春族，黑河市），第45页（鄂伦春族，呼玛县）。

1253 **葛姓的起源。**

出处：
口承神话：
黑1，第44页（鄂伦春族，黑河市），第45页（鄂伦春族，呼玛县）。

1254　莫姓的起源。

出处：

口承神话：

黑1，第45页（鄂伦春族，黑河市），第45页（鄂伦春族，呼玛县）。

1255　孟姓的起源。

出处：

口承神话：

黑1，第45页（鄂伦春族，呼玛县）。

1256　杜姓的起源。

出处：

口承神话：

黑1，第45页（鄂伦春族，呼玛县）。

1300—1399　部落或民族的起源

1300　部落或特定人种的起源。

对照：汤 A1610　各种部落的起源。

出处：

口承神话：

其他2，第11—12、15—19页（鲁凯族，台湾省台东县）。

综1，第15页（苗族，云南省富宁县），第22页（侗族，贵州省黎平县），第22—25页（佤族，云南省西盟县），第26页（德昂族，云南省保山县），第59页（佤族，云南省沧源县），第71页（傈僳族，云南省碧江县），第79—84页（满族，辽宁省丹东市），第84页（鄂伦春族，内蒙古自治区鄂伦春自治旗），第86页（黎族，海南省），第88页（卑南族，台湾省台东县），第99页（基诺族，云南省），第104页（哈萨克族，新疆维吾尔自治区），第121页（傈僳族，云南省）；综4，第200页（布依族）。

1301　人兽结合，生下的后代形成新的氏族、部落或人种。

参照：1075.5。

对照：艾41 型　狗的传说。汤 A1610.3　部族起源于动物婚姻的杂交后代。

1301.1 人与狗或狼结合，繁衍了某一部落或人种。

参照：1075.5.1。

出处：

古代文献：

《后汉书》卷八十六《南蛮西南夷列传·南蛮》、《风俗通义·佚文》、《山海经·海内北经》郭璞注、《搜神记》卷十四（盘瓠神话）；《北史》卷九十八《高车传》（"下为狼妻而产子"）；《北史》卷九十九《突厥传》（"及长，与狼交合"）；《通典》卷一百九十七《边防十三·突厥上》（狼为始祖）。

口承神话：

冀7，第324页（汉族，藁城县）。

浙5，第14页（畲族，淳安县）；浙19，第9页（畲族，建德县）；浙27，第21、25页（畲族，丽水市）；浙28，第21页（畲族，临安县）。

川1，第164、173页（苗族，筠连县），第169页（苗族，珙县）；川2，第8页（藏族，木里县），第819页（苗族，珙县），第821页（苗族，酉阳县），第822、823页（苗族，筠连县）；川26，第3页（汉族，西昌市）。

综1，第71页（傈僳族，云南省碧江县），第203—207页（瑶族，广西壮族自治区金秀县）。

1301.2 人与鼠结合，生下的后代形成某一氏族或部落。

出处：

口承神话：

川2，第820页（苗族，筠连县）。

综1，第71页（傈僳族，云南省碧江县），第77—78页（白族勒墨人，云南省碧江县）。

1301.3 人与蛇结合，生下的后代形成某一氏族或部落。

出处：

口承神话：

川2，第820页（苗族，筠连县）。

综1，第72页（傈僳族，云南省碧江县），第72—73页（怒族，云南省），第76—77页（白族勒墨人，云南省碧江县）。

1301.4 人与虎结合，生下的后代形成某一氏族或部落。

出处：

口承神话：

川1，第160页（土家族，黔江县）；川2，第819页（苗族，筠连县）。

综1，第72页注释（傈僳族，云南省碧江县），第74—76页（白族勒墨人，云南省碧江县）。

1301.5　人与熊结合，生下的后代形成某一氏族或部落。

出处：

口承神话：

川2，第819页（苗族，筠连县）。

综1，第74页（白族勒墨人，云南省碧江县）。

1301.6　人与猴结合，生下的后代形成某一氏族或部落。

出处：

口承神话：

川1，第123页（藏族，乡城县）。

1301.7　人与鱼结合，生下的后代形成某一氏族或部落。

出处：

口承神话：

综1，第71页（傈僳族，云南省碧江县）。

1301.8　人与羊结合，生下的后代形成某一氏族或部落。

出处：

口承神话：

综1，第71—72页（傈僳族，云南省碧江县）。

1301.9　人与猪结合，生下的后代形成某一氏族或部落。

出处：

口承神话：

综1，第72页（傈僳族，云南省碧江县）。

1301.10　人与牛结合，生下的后代形成某一氏族或部落。

出处：

口承神话：

综1，第72页（傈僳族，云南省碧江县）。

1301.11　人与马结合，生下的后代形成某一氏族或部落。

出处：

口承神话：

综1，第72页（傈僳族，云南省碧江县）。

1301.12　人与青蛙结合，生下的后代形成某一氏族或部落。

出处：

口承神话：

综1，第72页（傈僳族，云南省碧江县）。

1302　人与毛毛虫结合，生下的后代形成某一氏族或部落。

对照：汤 A1610.3　部族起源于动物婚姻的杂交后代。

出处：

口承神话：

川2，第820页（苗族，筠连县）。

综1，第72页（傈僳族，云南省碧江县），第78—79页（白族勒墨人，云南省碧江县）。

1303　人与植物结合，生下的后代形成某一氏族或部落。

1303.1　人与荞麦结合，生下的后代形成某一氏族或部落。

出处：

口承神话：

综1，第71页（傈僳族，云南省碧江县）。

1304　始祖与天女婚配后生出的后代形成某一氏族或部落。

出处：

口承神话：

辽43，第6页（满族，新宾县）。

川1，第115页（彝族，冕宁县），第138、148页（彝族，峨边县）；川2，第297页（彝族，峨边县）；川22，第32页（彝族，屏山县）。

综1，第79—82页（满族，辽宁省丹东市）。

1305　始祖血亲婚配后生下的后代形成不同的种族。

参照：151，152，975，1075.1。

出处：

口承神话：

川1，第157页（土家族，酉阳县），第190页（傈僳族，德昌县）；川2，第825页（苗族，古蔺县），第827页（苗族，盐边县），第936页（傈僳族，德昌县），第948页（蒙古族，木里县）。

综1，第15页（苗族，云南省富宁县），第22页（侗族，贵州省黎平县），第52页（彝族，云南省罗平县、宣成县），第88页（卑南族，台湾省台东县），第314页（傈僳族，云南省）；综4，第228页（侗族，广西壮族自治区龙胜县）。

1305.1　始祖生下的后代血亲婚配，繁衍为新的部族。

出处：

古代文献：

《后汉书》卷八十六《南蛮西南夷列传·南蛮》、《搜神记》卷十四（盘瓠后代自相婚配）。

口承神话：

综1，第104页（哈萨克族，新疆维吾尔自治区）。

1306　神生育出某一特定的部落或民族。

出处：

古代文献：

《山海经·大荒北经》（獂兜、苗民、犬戎）；《山海经·大荒西经》（北狄）。

口承神话：

综1，第8页（哈尼族，云南省元阳县）。

1307　神创造了某一氏族、部落或民族。

出处：

口承神话：

综1，第67—68页（蒙古族，四川省木里县），第84页（鄂伦春族，内蒙古自治区鄂伦春自治旗）。

1307.1　神用不同的土色造人，所以出现不同的民族和国家。

出处：

口承神话：

辽42，第62页（汉族，细河区）。

1308　部落或民族从卵中生出。

参照：1076。

出处：

口承神话：

综1，第86页（黎族，海南省）。

1309　部落或民族从石头中产生。

参照：1077。

出处：

口承神话：

其他2，第11页（鲁凯族，台湾省台东县）。

综1，第88页（卑南族，台湾省台东县）。

1311　部落从树中产生。

出处：

口承神话：

其他2，第11页（鲁凯族，台湾省台东县）。

1312　部落或民族从葫芦中产生。

对照：汤A1610.4　部落起源于不同树木的果实。

出处：

口承神话：

综 1，第 26 页（德昂族，云南省保山县），第 59 页（佤族，云南省沧源县）。

1313　部落或民族起源于两神的膝盖相碰擦。

参照：1089.5。

出处：

口承神话：

综 1，第 18—19 页（高山族，台湾省）。

1314　部落或民族从地中（或洞中、湖中等）出现。

参照：1087。

出处：

口承神话：

综 1，第 24 页（佤族，云南省西盟县）。

1315　天神降落人间，成为部落或民族的祖先神。

出处：

口承神话：

黑 1，第 16 页（满族，宁安县）。

藏 1，第 214 页（珞巴族，米林县）。

1316　住在神树的枝丫上的人，形成了不同的部落或民族。

出处：

口承神话：

黑 1，第 16、18 页（满族，宁安县）。

1320　特定部落或民族的起源。

对照：汤 A1611　特定部落的起源。

出处：

口承神话：

综 1，第 298—299 页（拉祜族，云南省澜沧县）；综 4，第 200 页（布依族）。

1321　白族的起源。

出处：

口承神话：

综1，第8页（哈尼族，云南省元阳县），第26页（德昂族，云南省保山县），第314页（傈僳族，云南省）。

1322 布朗族的起源。

出处：

口承神话：

综2，第487页（布朗族）；综1，第226—227页（布朗族，云南省）。

1323 布依族的起源。

出处：

口承神话：

综4，第200页（布依族）。

1324 朝鲜族的起源。

出处：

古代文献：

《论衡·吉验篇》；《好太王碑》；《魏书》卷一百《高句丽传》。

口承神话：

综2，第21页（朝鲜族）。

1325 傣族的起源。

出处：

口承神话：

综1，第8页（哈尼族，云南省元阳县），第24页（佤族，云南省西盟县），第26页（德昂族，云南省保山县），第59页（佤族，云南省沧源县），第121页（傈僳族，云南省），第299页（拉祜族，云南省澜沧县）。

1325.1 神用泥土捏的人下到凡间后成为傣族的祖先。

出处：

口承神话：

川2，第934页（傣族，会理县）。

1325.2 洪水后幸存的人与天女结婚，生下的后代成为傣族的祖先。

出处：

口承神话：

川1，第138页（彝族，峨边县）。

1326 德昂族的起源。

出处：

口承神话：

综1，第26页（德昂族，云南省保山县）。

1327 侗族的起源。

出处：

口承神话：

综1，第22页（侗族，贵州省黎平县）；综4，第228页（侗族，广西壮族自治区龙胜县）。

1328 鄂伦春族的起源。

出处：

口承神话：

综1，第84页（鄂伦春族，内蒙古自治区鄂伦春自治旗）。

1329 哈尼族的起源。

出处：

口承神话：

综1，第8页（哈尼族，云南省元阳县）。

1331 汉族的起源。

出处：

口承神话：

藏1，第17页（珞巴族，墨脱县），第214页（珞巴族，米林县）。

其他2，第11—12页（鲁凯族，台湾省台东县）。

综1，第8页（哈尼族，云南省元阳县），第15页（苗族，云南省富宁县），第22页（侗族，贵州省黎平县），第24页（佤族，云南省西盟县），第26页（德昂族，云南省保山县），第52页（彝族，云南省罗平县、宣成县），第59页（佤族，云南省沧源县），第121、314页（傈僳族，云南省），第298—299页（拉祜族，云南省澜沧县）；综4，第200页（布依族），第228页（侗族，广西壮族自治区龙胜县）。

1331.1 洪水后幸存的兄妹结婚，生下的后代成为汉族的祖先。

出处：

口承神话：

川2，第827页（苗族，盐边县），第951页（纳西族，木里县）。

1331.2 洪水后幸存的兄妹结婚，生下的肉坨剁碎后变成的会说汉话的人成为汉族的祖先。

出处：

口承神话：

川1，第157页（土家族，酉阳县）；川2，第695页（土家族，酉阳县），第826页（苗族，古蔺县）。

1331.3　从南瓜中生出的兄妹结婚，生下的后代成为汉族的祖先。

出处：

口承神话：

川1，第190页（傈僳族，德昌县）；川2，第936页（傈僳族，德昌县）。

1331.4　洪水后幸存的人与天女结婚，生下的后代成为汉族的祖先。

出处：

口承神话：

川1，第28页（彝族，德昌县），第115页（彝族，冕宁县），第138、148页（彝族，峨边县），第181页（纳西族，木里县）；川2，第284页（彝族，德昌县），第293页（彝族），第297页（彝族，峨边县），第301页（彝族，石棉县），第953页（纳西族，木里县）；川22，第32页（彝族，屏山县）。

1331.5　天狗与人间女子结合，生下的后代成为汉族的祖先。

出处：

口承神话：

川1，第166页（苗族，珙县）；川2，第819页（苗族，珙县）。

1331.6　创世者的后代成为汉族的祖先。

出处：

口承神话：

川1，第171页（苗族，兴文县）；川2，第823页（苗族，兴文县）。

1331.7　客家人的起源。

1331.7.1　洪水后幸存的兄妹结婚，生下的葡萄变成的人成为客家人的祖先。

出处：

口承神话：

川1，第155页（土家族，黔江县）。

1332　回族的起源。

出处：

口承神话：

综1，第26页（德昂族，云南省保山县）。

1332.1　被从伊甸园赶出的神结合，生下的后代形成回族。

出处：

口承神话：

黑1，第22页（回族，绥芬河市）。

1333　景颇族的起源。

出处：

口承神话：

综 1，第 26 页（德昂族，云南省保山县），第 121 页（傈僳族，云南省）。

1334　珞巴族的起源。

出处：

口承神话：

藏 1，第 17 页（珞巴族，墨脱县），第 214 页（珞巴族，米林县）。

综 1，第 225 页（珞巴族，西藏自治区米林县）。

1335　拉祜族的起源。

出处：

口承神话：

综 1，第 24 页（佤族，云南省西盟县），第 298—299 页（拉祜族，云南省澜沧县）。

1336　黎族的起源。

出处：

口承神话：

综 1，第 86 页（黎族，海南省）。

1337　傈僳族的起源。

出处：

口承神话：

综 1，第 26 页（德昂族，云南省保山县），第 72 页注释（傈僳族，云南省碧江县），第 314 页（傈僳族，云南省）。

1337.1　从南瓜中生出的兄妹结婚，生下的后代成为傈僳族的祖先。

出处：

口承神话：

川 1，第 190 页（傈僳族，德昌县）；川 2，第 936 页（傈僳族，德昌县）。

1337.2　从葫芦中生出的始祖兄妹结婚，生下的后代成为傈僳族的祖先。

出处：

口承神话：

川 2，第 937 页（傈僳族，米易县）。

1338　满族的起源。

出处：

口承神话：

综1，第79—84页（满族，辽宁省丹东市）。

1338.1　女神吞吃红果而怀孕，生下的后代成为满族的祖先。

出处：

口承神话：

辽43，第3页（满族，新宾县）。

1338.2　人与天女结婚，生下的后代成为满族的祖先。

出处：

口承神话：

辽43，第6页（满族，新宾县）。

1339　蒙古族的起源。

出处：

口承神话：

综1，第67—68页（蒙古族，四川省木里县）。

1341　苗族的起源。

出处：

口承神话：

综1，第15页（苗族，云南省富宁县），第22页（侗族，贵州省黎平县），第52页（彝族，云南省罗平县、宣成县）；综4，第200页（布依族），第228页（侗族，广西壮族自治区龙胜县）。

1341.1　洪水后幸存的兄妹结婚，生下的后代成为苗族的祖先。

出处：

口承神话：

川2，第827页（苗族，盐边县）。

1341.2　洪水后幸存的兄妹结婚，生下的肉坨剁碎后变成的会说苗话的人成为苗族的祖先。

出处：

口承神话：

川1，第158页（土家族，酉阳县）；川2，第696页（土家族，酉阳县），第826页（苗族，古蔺县）。

1341.3　洪水后幸存的兄妹结婚，生下的葡萄变成的人成为苗族的祖先。

出处：

口承神话：

川1，第155页（土家族，黔江县）。

1341.4　洪水后幸存的人与天女结婚，生下的后代成为苗族的祖先。

出处：

口承神话：

川1，第138页（彝族，峨边县）。

1341.5　狗与人间女子结合，生下的后代成为苗族的祖先。

出处：

口承神话：

川1，第164、173页（苗族，筠连县），第166页（苗族，珙县）；川2，第819页（苗族，珙县），第821页（苗族，酉阳县），第822、823页（苗族，筠连县）。

1341.6　创世者的后代成为苗族的祖先。

出处：

口承神话：

川1，第171页（苗族，兴文县）；川2，第823页（苗族，兴文县）。

1342　纳西族的起源。

出处：

口承神话：

综1，第52页（彝族，云南省罗平县、宣成县），第121页（傈僳族，云南省）。

1342.1　洪水后幸存的兄妹结婚，生下的后代成为纳西族的祖先。

出处：

口承神话：

川2，第951页（纳西族，木里县）。

1342.2　洪水后幸存的人与天女结婚，生下的后代成为纳西族的祖先。

出处：

口承神话：

川1，第181页（纳西族，木里县）；川2，第953页（纳西族，木里县）。

1343　怒族的起源。

出处：

口承神话：

综1，第314页（傈僳族，云南省）。

1344　畲族的起源。狗头蛇身的人与人间女子结合，生下的后代成为畲族的祖先。

出处：

口承神话：

浙5，第14页（畲族，淳安县）；浙19，第9页（畲族，建德县）；浙28，第21页（畲族，临安县）；浙55，第12、13页（畲族，武义县）。

1345　土家族的起源。洪水后幸存的兄妹结婚，生下的葡萄变成的人成为土家族的祖先。

出处：

口承神话：

川1，第155页（土家族，黔江县）。

1345.1　洪水后幸存的兄妹结婚，生下的肉坨剁碎后变成的会说土家语的人成为土家族的祖先。

出处：

口承神话：

川1，第157页（土家族，酉阳县）；川2，第695页（土家族，酉阳县）。

1345.2　半人半虎的文化英雄与人间女子结合，生下的后代成为土家族的祖先。

出处：

口承神话：

川1，第163页（土家族，黔江县）。

1346　佤族的起源。

出处：

口承神话：

综1，第24页（佤族，云南省西盟县），第59页（佤族，云南省沧源县），第299页（拉祜族，云南省澜沧县）。

1347　瑶族的起源。

出处：

口承神话：

综1，第15页（苗族，云南省富宁县），第22页（侗族，贵州省黎平县）；综4，第228页（侗族，广西壮族自治区龙胜县）。

1348　彝族的起源。

出处：

口承神话：

综1，第8页（哈尼族，云南省元阳县），第15页（苗族，云南省富宁县），第52页（彝族，云南省罗平县、宣威县），第121页（傈僳族，云南省）。

1348.1　洪水后幸存的兄妹结婚，生下的后代成为彝族的祖先。

出处：

口承神话：

川1，第28页（彝族，德昌县），第115页（彝族，冕宁县），第138、148页（彝族，峨边县）；川2，第284页（彝族，德昌县），第293页（彝族），第297页（彝族，峨边县），第301页（彝族，石棉县）；川22，第32页（彝族，屏山县）。

1348.2　从南瓜中生出的兄妹结婚，生下的后代成为彝族的祖先。

出处：

口承神话：

川1，第190页（傈僳族，德昌县）；川2，第936页（傈僳族，德昌县）。

1348.3　洪水后幸存的人与天女结婚，生下的后代成为彝族的祖先。

出处：

口承神话：

川2，第827页（苗族，盐边县）。

1348.4　天狗与人间女子结合，生下的后代成为彝族的祖先。

出处：

口承神话：

川1，第166页（苗族，珙县）；川2，第819页（苗族，珙县）。

1349　藏族的起源。

出处：

口承神话：

藏1，第17页（珞巴族，墨脱县），第17、214页（珞巴族，米林县）。

综1，第121、314页（傈僳族，云南省）。

1349.1　洪水后幸存的兄妹结婚，生下的后代成为藏族的祖先。

出处：

口承神话：

川2，第951页（纳西族，木里县）。

1349.2　洪水后幸存的人与天女结婚，生下的后代成为藏族的祖先。

出处：

口承神话：

川1，第28页（彝族，德昌县），第138、149页（彝族，峨边县），第181页（纳西族，木里县）；川2，第284页（彝族，德昌县），第293页（彝族），第297页（彝族，峨边县），第301页（彝族，石棉县），第953页（纳西族，木里县）。

1351　鲁凯族的起源。

出处：

口承神话：

其他2，第7—9、11页（鲁凯族，台湾省台东县）。

1352　卑南族的起源。

出处：

口承神话：

其他2，第11—12页（鲁凯族，台湾省台东县）。

综1，第88页（卑南族，台湾省台东县）。

1353　雅美族的起源。

出处：

口承神话：

综1，第19页（高山族，台湾省），第88页（卑南族，台湾省台东县）。

1354　排湾族的起源。

出处：

口承神话：

综1，第88页（卑南族，台湾省台东县）。

1355　门巴族的起源。

出处：

口承神话：

藏1，第17页（珞巴族，墨脱县）。

1360　特定部落或民族的起源——其他母题。

1361　西番的起源。洪水后幸存的人与天女结婚，生下的后代成为西番的祖先。

出处：

口承神话：

川1，第115页（彝族，冕宁县）。

1362 大陆人的起源。

出处：

口承神话：

综1，第88页（卑南族，台湾省台东县）。

1363 巴人的起源。

出处：

古代文献：

《山海经·海内经》；《世本·氏姓篇》秦嘉谟辑补本；《晋书》卷一百二十《李特》。

1364 僜人的起源。

出处：

口承神话：

藏1，第17页（珞巴族，墨脱县）。

1365 克钦人的起源。

出处：

口承神话：

综1，第314页（傈僳族，云南省）。

1366 日本人的起源。

出处：

口承神话：

综1，第88页（卑南族，台湾省台东县）。

1367 印度人的起源。

出处：

口承神话：

藏1，第214页（珞巴族，米林县）。

1370 不同人种的起源。

对照：汤A1614 白人和有色人种的起源。

1371 神用不同颜色的泥土造人，所以出现各色皮肤的人。

参照：971，1074.1。

出处：

口承神话：

川 1，第 177 页（回族，犍为县）；川 2，第 944 页（回族，犍为县）。

1372　白种人的起源。

对照：汤 A1614　白人和有色人种的起源。汤 A1614.9　白人的起源。

出处：

口承神话：

综 1，第 59 页（佤族，云南省沧源县）。

1372.1　始祖用白颜色的泥捏成的人成为白种人。

出处：

口承神话：

豫 14，第 8 页（汉族，武陟县）。

陕 2，第 43 页（汉族，千阳县）。

1372.2　始祖用面捏成的人蒸后颜色为白的成为白种人。

出处：

口承神话：

豫 32，第 57 页（汉族，桐柏县）。

1373　黑人的起源。始祖用黑颜色的泥捏成的人成为黑人。

对照：汤 A1614.2　黑人的黑皮肤是因为他们在白人之后去洗澡。汤 A1614.8　黑人部落的形成是因为女人被放在了火上。

出处：

口承神话：

豫 14，第 8 页（汉族，武陟县）。

陕 2，第 43 页（汉族，千阳县）。

1373.1　始祖用面捏成的人蒸后颜色为黑的成为黑人。

出处：

口承神话：

豫 32，第 57 页（汉族，桐柏县）。

1374　黄种人的起源。始祖用面捏成的人蒸后颜色为黄的成为黄种人。

出处：

口承神话：

豫 32，第 57 页（汉族，桐柏县）。

1374.1　因为神用黄泥造了中国人，所以中国人的皮肤是黄色的。

出处：

口承神话：

浙 28，第 2 页（汉族，临安县）。

1380　民族差异的起源。

出处：

口承神话：

其他 2，第 11—12 页（鲁凯族，台湾省台东县）。

综 1，第 298—299 页（拉祜族，云南省澜沧县），第 52 页（彝族，云南省罗平县、宣威县）。

1381　民族肤色差异的起源。

出处：

口承神话：

辽 57，第 168 页（蒙古族，喀左县）。

1381.1　鲁凯族人皮肤黑的原因。是因为从石头中生出。

出处：

口承神话：

其他 2，第 11 页（鲁凯族，台湾省台东县）。

1381.2　汉人皮肤白的原因。是因为从树中生出。

出处：

口承神话：

其他 2，第 11 页（鲁凯族，台湾省台东县）。

1382　侗族喜欢住在依山傍水的地方的原因。他们是始祖身上的肉变成的，有硬也有软。

出处：

口承神话：

川 2，第 828 页（苗族，盐边县）。

1383　苗族为什么要向汉族租种土地。因为始祖分地时苗族的地界标志被烧了。

出处：

口承神话：

川 2，第 828 页（苗族，盐边县）。

1384　苗族住在山顶上的原因。他们是始祖身上的骨头变的，所以喜欢住在硬硬的山上。

出处：

口承神话：

综1，第22页（侗族，贵州省黎平县）。

1385　苗族为什么忌讳骂狗的话。因为狗是他们的祖先。

出处：

口承神话：

川1，第164页（苗族，筠连县）。

1386　汉族为什么得到了好田好地。始祖分地时汉族的地界标志没有被烧。

出处：

口承神话：

川1，第28页（彝族，德昌县）；川2，第301页（彝族，石棉县），第828页（苗族，盐边县）。

浙55，第15页（畲族，武义县）。

1387　畲族的地盘为什么小。因为始祖分地时畲族的地界标志没有了。

出处：

口承神话：

浙55，第15页（畲族，武义县）。

1388　瑶族喜欢穿花衣裳的原因。他们是始祖的心肺变成的，颜色有红有白。

出处：

口承神话：

综1，第22页（侗族，贵州省黎平县）。

1389　彝族住高山的起源。因为始祖分地时彝族的地界标志被烧，失去了地。

出处：

口承神话：

川1，第28页（彝族，德昌县）；川2，第301页（彝族，石棉县）。

1389.1　始祖把"世代做高官"听成了"世代住高山"，从此住在了山上。

1391　藏族为什么住得不集中。始祖分地时藏族的地界标志被烧了一半。

出处：

口承神话：

川2，第301页（彝族，石棉县）。

1392　藏族为什么住高山。因为始祖分地时藏族的地界标志被烧，失去了地。

出处：

口承神话：

川1，第28页（彝族，德昌县）。

藏1，第214页（珞巴族，米林县）。

1393　彝族为什么要向汉族租种土地。因为始祖分地时彝族的地界标志被烧了。

出处：

口承神话：

川2，第828页（苗族，盐边县）。

1394　瑶族为什么总是住山里。因为始祖把"朝廷住山，瑶人住原"错念成了"瑶人住山，朝廷住原"。

出处：

口承神话：

桂2，第5页（瑶族，钟山县）。

1395　汉族喜欢居住在江河边的原因。他们是始祖身上的血变的。

出处：

口承神话：

综1，第22页（侗族，贵州省黎平县）。

第四编

文化起源母题

（1400 — 1899）

1400—1409　文化起源的一般母题

1400　文化的起源。

参照：551。

对照：汤 A1400　人类文化的获得。

1401　文化英雄创造了文化。

对照：汤 A1402　神创造了房子和工具。

出处：

口承神话：

桂 3，第 194 页（壮族，柳州市）。

1402　神教授人类文化。

对照：汤 A1403　神教人工作；汤 A1404　神将他们知道的所有东西教给人类。

出处：

口承神话：

黑 1，第 15 页（满族，宁安县）。

1410—1549　文化事象的起源

1410　火的起源与使用。

对照：汤 A1414　火的起源。

出处：

古代文献：

《论衡·祭意篇》《路史·后纪三》（炎帝作火）。

口承神话：

综 1，第 85 页（鄂伦春族，内蒙古自治区鄂伦春自治旗），第 297—298 页（拉祜族，云南省澜沧县）。

1411 起初只是天上有火种。

出处：

口承神话：

川 1，第 236 页（羌族，茂县）；川 2，第 301 页（彝族，凉山州），第 569 页（羌族，汶川县）。

综 1，第 147—148 页（汉族），第 150—153 页（羌族，四川省茂县）。

1412 火的守卫者。从前，两个巨人守着火。

出处：

口承神话：

川 1，第 233 页（藏族，炉霍县）；川 2，第 27 页（藏族，炉霍县）。

1412.1 火的管理者。

出处：

口承神话：

浙 27，第 43 页（畲族，丽水市）。

综 7，第 183 页（汉族，河南省商丘县）。

1413 火的贮藏。

对照：*汤 A1414.7 火的贮藏。*

出处：

口承神话：

综 1，第 85 页（鄂伦春族，内蒙古自治区鄂伦春自治旗）。

1413.1 火星贮藏在石头里。

对照：*汤 A1414.7.2 火贮藏于岩石中。*

出处：

口承神话：

综 1，第 297—298 页（拉祜族，云南省澜沧县）。

1413.2 火贮藏在草里。

对照：*汤 A1414.7.1 火贮藏于树中。*

出处：

口承神话：

综 1，第 297—298 页（拉祜族，云南省澜沧县）。

1413.3 火贮藏在陶罐中。

出处：

口承神话：

藏1，第5页（门巴族，墨脱县）。

1414 盗火。人类原本无火，文化英雄从火的持有者那里盗来了火。

对照：汤A1415 盗火。人类无火。一位文化英雄从火的持有者那里盗来了火。

出处：

口承神话：

辽9，第88页（蒙古族，朝阳县）。

浙27，第48页（畲族，丽水市）。

川1，第244页（苗族，筠连县）。

综1，第151—153页（羌族，四川省茂县），第222页（满族，吉林省长春市）。

1414.1 火被藏在石头中盗走。

出处：

口承神话：

川1，第239页（羌族，茂县）；川2，第569页（羌族，汶川县）。

综1，第152—153页（羌族，四川省茂县）。

1414.2 火被藏在瓦盆中盗走。

出处：

口承神话：

川1，第239页（羌族，茂县）。

综1，第152页（羌族，四川省茂县）。

1414.3 火被藏在肚腑中盗走。

出处：

口承神话：

综1，第222页（满族，吉林省长春市）。

1414.4 人与动物联合盗火。

出处：

口承神话：

川1，第233页（藏族，炉霍县）；川2，第27页（藏族，炉霍县）。

1414.5 动物盗火。

对照：汤A1415.2 动物盗火。汤A2229.4 苍蝇从蜘蛛那里盗来了火：所以它可以吃遍四方。蜘蛛从地狱带来了火，苍蝇在半路上把火盗走了。

出处：

口承神话：

川28，第1页（汉族，兴文县）。

1414.6 盗火英雄受到惩罚。盗火英雄要被老鹰啄破肚皮，啄去肠子和心，而被啄的心和肠随啄随长。

出处：

口承神话：

川1，第245页（苗族，筠连县）。

1414.6.1 盗火英雄被贬出仙界。

出处：

口承神话：

辽9，第88页（蒙古族，朝阳县）。

1415 文化英雄钻木取火。

出处：

古代文献：

《世本·作篇》陈其荣增订本、《韩非子·五蠹》、《太平御览》卷七十八《皇王部三·燧人氏》引《王子年拾遗记》（燧人氏）；《绎史》卷三《太皞纪》引《河图挺辅佐》（伏羲或伯牛）；《管子·轻重戊》（黄帝、炎帝）；《太平御览》卷七十九《皇王部四·黄帝轩辕氏》引《管子》（黄帝）。

1415.1 神教人钻木取火。

出处：

口承神话：

浙28，第12页（汉族，临安县）；浙64，第13页（汉族，永嘉县）。

1415.2 文化英雄受到鸟类啄木出火现象的启发，发明了钻木取火。

出处：

古代文献：

《路史·发挥一》注引《拾遗记》、《太平御览》卷七十八《皇王部三·燧人氏》引《王子年拾遗记》（燧人氏）。

1416 文化英雄寻找并保存火种。

出处：

口承神话：

陕2，第44页（汉族，渭滨区）。

综7，第181页（汉族，河南省商丘县）。

1417 火起源于木棍的摩擦。

对照：汤 A1414.1 火的起源：棍子的摩擦。

出处：

口承神话：

综1，第278页（独龙族，云南省）。

1417.1　树的摩擦产生火。

出处：

口承神话：

综7，第39页（汉族，河南省桐柏盘古山区）。

1418　石头碰击产生火。

对照：汤A1414.3　火的起源：孩子们碰石头，偶然产生了火。

出处：

口承神话：

桂10，第11页（壮族，南宁市）。

川1，第108页（汉族，双流县），第110页（汉族，都江堰市），第123页（藏族，乡城县）；川2，第568页（羌族，松潘县），第964页（羌族，理县）；川5，第6页（汉族，灌县）；川9，第2页（汉族，双流县）；川28，第1页（汉族，兴文县）。

其他2，第67页（鲁凯族，台湾省台东县）。

综1，第147—148页（汉族，河南省），第153页（羌族，四川省茂县）；综4，第10页（苗族，贵州省台江县、施秉县、凯里市）；综7，第181页（汉族，河南省商丘县）。

1418.1　石头与铁摩擦取得火种。

出处：

口承神话：

川2，第301页（彝族，凉山州）。

1419　神给予人类火。

出处：

口承神话：

浙72，第15页（汉族，诸暨县）。

川1，第231页（汉族，巴县）。

综1，第147—148页（汉族，河南省），第225页（珞巴族，西藏自治区米林县），第297—298页（拉祜族，云南省澜沧县）；综7，第181页（汉族，河南省商丘县）。

1421　火的获得得到了动物的启发或帮助。得到了鸟类的启发和帮助。

出处：

古代文献：

《路史·发挥一》注引《拾遗记》、《太平御览》卷七十八《皇王部三·燧人氏》引《王子年拾遗记》（"有鸟啄树，粲然火出。圣人感焉"）。

其他 2，第 67 页（鲁凯族，台湾省台东县）。

综 1，第 147—148 页（汉族，河南省），第 278 页（云南省，独龙族）。

1421.1 火的获得得到了腋下有眼的鸟的帮助。

出处：

口承神话：

川 2，第 301 页（彝族，凉山州）。

1421.2 火的获得得到了青蛙的启发。

出处：

口承神话：

川 2，第 301 页（彝族，凉山州）。

1422 火起源于神的创造。

出处：

口承神话：

桂 3，第 195 页（壮族，柳州市）。

1430 人类食物的获得。

对照：汤 A1420 人类食物的获得。

出处：

口承神话：

川 1，第 110 页（汉族，都江堰市）。

1431 文化英雄教人寻找和保存食物。

对照：汤 A1420.2 神教导人类如何寻找和保存食物。

出处：

口承神话：

综 1，第 149 页（羌族，四川省茂县）。

1432 保存和储藏粮食的起源。

出处：

口承神话：

综 1，第 225 页（珞巴族，西藏自治区米林县）。

1433 神教授人类吃熟食。

出处：

口承神话：

黑1，第46页（满族，宁安县）。

藏1，第3页（藏族，拉萨市）。

陕10，第13页（汉族，泾阳县）。

1434　文化英雄发明熟食。

出处：

古代文献：

《韩非子·五蠹》《管子·轻重戊》（燧人氏）；《路史·后纪三》（炎帝）；《绎史》卷三《太皞纪》引《三坟》（伏羲）。

口承神话：

浙28，第12页（汉族，临安县）；浙64，第12页（汉族，永嘉县）。

川1，第110页（汉族，都江堰市）；川5，第6页（汉族，灌县）；川9，第2页（汉族，双流县）。

综4，第10页（苗族，贵州省台江县、施秉县、凯里市）。

1440　粮种的起源与获得。

对照：艾86型　稻谷的起源。汤A1425　种子的起源。

出处：

口承神话：

综1，第163—165页（佤族，云南省西盟县），第196页（汉族，浙江省湖州市），第225页（珞巴族，西藏自治区米林县）。

1440.1　起初只是天上才有粮食。

出处：

口承神话：

辽12，第191页（满族，凤城县）；辽57，第243页（蒙古族，喀左县）。

浙5，第441页（汉族，淳安县）；浙9，第287页（汉族，东阳县）；浙14，第6页（汉族，海宁市）；浙27，第12、13页（汉族，丽水市）；浙31，第315、317、635页（汉族，龙游县）；浙34，第2、4页（汉族，平湖县）；浙43，第168页（汉族，上虞县）；浙44，第16页（汉族，绍兴县）；浙48，第13页（汉族，遂昌县）；浙55，第7、258页（汉族，武义县）；浙68，第16页（汉族，玉环县）。

豫2，第17页（汉族，郸城县）。

川1，第77页（汉族，梁平县）；川2，第827页（苗族，马边县）。

综1，第65页（蒙古族，四川省木里县），第134页（仡佬族，贵州省关岭县），第160页（壮族，广西壮族自治区龙州县）。

1440.2　起初粮食生在地下。

出处：

口承神话：

其他2，第25、39—40页（鲁凯族，台湾省台东县）。

综1，第163页（佤族，云南省西盟县）。

1440.3　起初稻谷能飞。

出处：

口承神话：

综1，第165页（基诺族，云南省）。

1441　粮食起源于神的创造发明。

出处：

口承神话：

浙31，第315页（汉族，龙游县）；浙68，第16页（汉族，玉环县）。

豫28，第1页（汉族，渑池县）。

桂3，第195页（壮族，柳州市）；桂5，第4页（彝族，隆林县）。

川1，第204页（汉族，合江县），第266页（汉族，巴县）；川9，第108页（汉族，双流县）。

综4，第231页（瑶族，广西壮族自治区）。

1441.1　神用泥土捏制了粮食。

出处：

口承神话：

川9，第108页（汉族，双流县）。

综1，第4—5页（汉族，河南省）。

1442　文化英雄遍尝百草而识别粮种。

出处：

古代文献：

《新语·道基》（神农"尝百草之实，察酸苦之味，教民食五谷"）。

口承神话：

冀5，第4、18页（汉族，藁城县）；冀18，第48页（汉族，宣化县）。

黑1，第93页（汉族，密山县）。

浙28，第12页（汉族，临安县）；浙64，第14页（汉族，永嘉县）。

豫40，第3页（汉族，新乡县）。

桂2，第153页（壮族，钟山县）。

陕2，第25、71、73、74、102页（汉族，宝鸡县），第68页（汉族，扶风县）。

综7，第57页（汉族，河南省开封府区），第136页（汉族，河南省西华县）。

1442.1　文化英雄用神鞭鞭打百草而识别粮种。

出处：

古代文献：

《搜神记》卷一（"神农以赭鞭鞭百草，……以播百谷，故天下号神农也"）。

口承神话：

综7，第57页（汉族，河南省开封府区）。

1443　文化英雄为人类找来粮种。

出处：

口承神话：

浙3，第70页（汉族，长兴县）；浙5，第443页（汉族，淳安县）；浙52，第5页（汉族，桐乡县）；浙65，第10页（汉族，永康县）。

豫26，第12页（汉族，社旗县）；豫30，第2页（汉族，汤阴县）。

桂5，第62页（仡佬族，隆林县）。

川2，第3页（藏族，木里县）；川17，第6页（汉族，筠连县）。

陕2，第46、48页（汉族，渭滨区）。

综7，第59页（汉族，河南省开封府区）。

1444　粮种起源于神的尸体化生。

参照：276。

出处：

古代文献：

《山海经·海内经》（"西南黑水之间，有都广之野，后稷葬焉。爰有膏菽、膏稻、膏黍、膏稷……"）。

1445　粮种来自上天或神的给予。上天或神有意或无意地给予人间粮种。

出处：

古代文献：

《绎史》卷四《炎帝纪》引《周书》（"天雨粟"）；《拾遗记》卷一"炎帝神农"条（"炎帝时，有丹雀衔九穗禾，其坠地者，帝乃拾之，以植于田"）。

口承神话：

冀2，第623页（汉族，双滦区）；冀4，第159页（汉族，藁城县）；冀5，第3、298页（汉族，藁城县）；冀8，第323页（汉族，藁城县）；冀12，第419页（汉族，高邑县）；冀18，第40页（汉族，宣化县）；冀19，第117页（汉族，赵县）。

辽12，第191页（满族，凤城县）；辽21，第387页（汉族，建昌县）；辽20，第358页（汉族，桓仁县）；辽58，第6页（蒙古族，建昌县）。

浙23，第202页（汉族，缙云县）；浙24，第4页（汉族，开化县）；浙44，第16页（汉族，绍兴县）；浙48，第13页（汉族，遂昌县）；浙66，第214页（汉族，余杭县）。

豫23，第4页（汉族，杞县）；豫26，第159页（汉族，社旗县）；豫27，第4页（汉族，沈丘县）；豫41，第175页（汉族，新野县）。

桂10，第11页（壮族，南宁市）。

川1，第82页（羌族，汶川县），第127页（藏族，小金县），第203页（汉族，巴县），第211页（傈僳族，德昌县）；川2，第567、573页（羌族，汶川县），第574页（羌族，北川县），第941页（傈僳族，德昌县），第953页（纳西族，木里县），第958页（蒙古族，木里县）；川4，第161页（羌族，北川县）；川13，第198页（汉族，涪陵市）；川36，第7页（汉族，綦江县）。

藏1，第3页（藏族，拉萨市）。

综1，第25页（德昂族，云南省保山县），第65页（蒙古族，四川省木里县），第134—135页（仡佬族，贵州省关岭县），第300页（拉祜族，云南省澜沧县）；综7，第161页（汉族，河南省驻马店市）。

1445.1　狗经过神的同意，从天上取得谷种。

出处：

口承神话：

辽4，第172页（汉族，本溪市）；辽6，第6页（汉族，本溪县）；辽10，第106页（汉族，大洼县）。

浙36，第11页（汉族，浦江县）；浙68，第16页（汉族，玉环县）。

豫6，第170页（汉族，滑县）。

综1，第135页（仡佬族，贵州省关岭县）。

1445.2　神鸟赐给人类五谷的种子。

出处：

口承神话：

冀4，第4页（汉族，藁城县）；冀5，第3页（汉族，藁城县）。

桂15，第3页（瑶族，扶绥县）。

陕2，第6、46页（汉族，渭滨区）。

1446　盗取粮种。从前人类没有粮种，后盗取得来。

出处：

口承神话：

其他2，第25页（鲁凯族，台湾省台东县）。

1446.1　动物盗取谷种。

1446.1.1　狗从天上盗取谷种。

参照：1753.1.1。

出处：

口承神话：

浙 5，第 441 页（汉族，淳安县）；浙 14，第 6 页（汉族，海宁市）；浙 31，第 636 页（汉族，龙游县）；浙 34，第 4 页（汉族，平湖县）；浙 40，第 8 页（汉族，衢县）；浙 66，第 213 页（汉族，余杭县）。

川 18，第 119 页（汉族，洪雅县）。

综 1，第 160 页（壮族，广西壮族自治区龙州县）。

1446.1.2　老鼠盗取谷种。

参照：1753.4。

出处：

口承神话：

浙 22，第 132、133 页（汉族，金华县）；浙 31，第 636 页（汉族，龙游县）；浙 39，第 114 页（汉族，庆元县）；浙 40，第 8 页（汉族，衢县）；浙 43，第 11 页（汉族，上虞县）；浙 48，第 10 页（汉族，遂昌县）；浙 55，第 8、258 页（汉族，武义县）；浙 66，第 213 页（汉族，余杭县）；浙 70，第 191 页（汉族，云和县）。

1446.1.3　麻雀盗取谷种。

参照：1753.2。

出处：

口承神话：

浙 9，第 288 页（汉族，东阳县）；浙 27，第 12 页（汉族，丽水市）；浙 34，第 2 页（汉族，平湖县）；浙 43，第 11、168 页（汉族，上虞县）；浙 48，第 10 页（汉族，遂昌县）；浙 55，第 8、258 页（汉族，武义县），第 301 页（畲族，武义县）。

豫 25，第 8 页（汉族，汝南县）；豫 32，第 56 页（汉族，桐柏县）。

1446.1.4　蚂蟥盗取谷种。

参照：2193。

出处：

口承神话：

浙 27，第 12 页（汉族，丽水市）；浙 48，第 10 页（汉族，遂昌县）；浙 55，第 258 页（汉族，武义县）。

1446.1.5　苍蝇盗取谷种。

参照：1753.3。

出处：

口承神话：

豫 25，第 8 页（汉族，汝南县）；豫 32，第 56 页（汉族，桐柏县）。

1446.1.6　蚂蚁盗取谷种。

参照：1753.8。

出处：

口承神话：

豫25，第8页（汉族，汝南县）；豫32，第56页（汉族，桐柏县）。

1446.2 文化英雄盗取粮种。

出处：

口承神话：

浙27，第15页（汉族，丽水市）；浙55，第301页（畲族，武义县）。

1446.2.1 文化英雄将粮食藏在头发里，从天上盗取了粮种。

参照：1471.1，1472.1.2。

出处：

口承神话：

川2，第566、567页（羌族，汶川县）。

综1，第65页（蒙古族，四川省木里县）。

1446.2.2 文化英雄将粮食藏在耳朵里，从天上盗取了粮种。

参照：1461.5，1462.1.1。

出处：

口承神话：

川2，第567页（羌族，汶川县）。

1446.2.3 文化英雄将粮食挂在耳朵上，从天上盗取了粮种。

参照：1466.6。

出处：

口承神话：

川2，第809页（苗族，筠连县）。

1446.2.4 文化英雄将粮食藏在嘴里，从天上盗取了粮种。

参照：1466.7。

出处：

口承神话：

川2，第809页（苗族，筠连县）。

1446.2.5 文化英雄将粮食藏在指甲里，从天上盗取了粮种。

参照：1464.8，1467.5，1472.1.1。

出处：

口承神话：

川2，第566页（羌族，汶川县），第809页（苗族，筠连县）。

1446.2.6 文化英雄将粮食藏在肚脐眼里，从天上盗取了粮种。

参照：1476。

出处：

口承神话：

川2，第567页（羌族，汶川县）。

1446.2.7　文化英雄将粮食藏在脚丫子里，从天上盗取了粮种。

参照：1464.7。

出处：

口承神话：

川2，第566页（羌族，汶川县）。

1446.2.8　文化英雄将粮食藏在肛门里，从天上盗取了粮种。

参照：1471.2。

1446.2.9　文化英雄从蛇王那里盗取了粮种。

出处：

口承神话：

川1，第208页（苗族，筠连县）；川2，第20页（藏族，马尔康县）。

1446.2.10　天神的儿子从魔王那里盗取了粮种。

出处：

口承神话：

川2，第25页（藏族，红原县）。

1447　动物帮助人类取来粮种。

1447.1　狗为人类取来粮种。

参照：1753.1.1。

出处：

口承神话：

冀2，第623页（汉族，双滦区）；冀3，第571页（汉族，抚宁县）；冀19，第117页（汉族，赵县）。

辽12，第193页（满族，凤城县）；辽44，第87页（满族，新宾县）；辽57，第243页（蒙古族，喀左县）。

浙9，第289页（汉族，东阳县）；浙69，第149页（汉族，越城区）。

豫32，第55页（汉族，桐柏县）；豫38，第398页（汉族，项城县）；豫41，第175页（汉族，新野县）。

桂5，第62页（仡佬族，隆林县）；桂14，第244页（汉族，桂林市）。

川1，第79页（汉族，德昌县），第199页（汉族，巴县），第205页（藏族，木里县），第209页（苗族，筠连县）；川2，第8页（藏族，木里县），第279页（彝族，盐边县），第565页（羌族，松潘县），第727页（土家族，酉阳县）；川5，第167页（汉族，灌县）；川6，第97页（汉族，龙泉驿区）；川8，第6页（汉族，邛崃县）；川12，第88页（汉族，达县）；川22，第26页（汉族，屏山县）；川23，第146页（汉族，渠县）；川25，第146页（汉族，射洪县）；川26，第189页（汉族，西昌市）；川33，第

72 页（汉族，大足县）；川 36，第 5 页（汉族，綦江县）；川 37，第 1 页（汉族，荣昌县）；川 38，第 5 页（汉族，沙坪坝区）；川 40，第 74 页（汉族，铜梁县）；川 41，第 51 页（汉族，资中县）；川 42，第 322 页（汉族，自贡市）。

1447.2　麻雀为人类取来谷种。

参照：1753.2.1。

出处：

口承神话：

冀 2，第 623 页（汉族，双滦区）；冀 3，第 571 页（汉族，抚宁县）；冀 4，第 159 页（汉族，藁城县）；冀 7，第 135 页（汉族，藁城县）；冀 14，第 136 页（汉族，武安县）；冀 18，第 40 页（汉族，宣化县）。

浙 8，第 11 页（汉族，定海区）；浙 17，第 203 页（汉族，黄岩市）；浙 26，第 2 页（汉族，乐清县）；浙 27，第 13 页（汉族，丽水市）；浙 29，第 171 页（汉族，临海市）；浙 44，第 16 页（汉族，绍兴县）；浙 59，第 177 页（汉族，象山县）。

川 22，第 27 页（汉族，屏山县）；川 26，第 189 页（汉族，西昌市）。

陕 6，第 236 页（汉族，华县）。

1447.3　蚂蚁为人类取来谷种。

参照：1753.8。

出处：

口承神话：

冀 4，第 159 页（汉族，藁城县）；冀 14，第 136 页（汉族，武安县）。

陕 6，第 236 页（汉族，华县）。

1447.4　蚂蟥为人类取回谷种。

参照：2193。

出处：

口承神话：

浙 27，第 13 页（汉族，丽水市）；浙 29，第 1、171 页（汉族，临海市）；浙 44，第 16 页（汉族，绍兴县）；浙 66，第 214 页（汉族，余杭县）；浙 70，第 191 页（汉族，云和县）。

综 1，第 161—162 页（布朗族，云南省）。

1447.5　布谷鸟为人类取来粮种。

出处：

口承神话：

川 2，第 25 页（藏族，若尔盖县）。

1447.6　猪为人类取来粮种。

参照：1753.6。

出处：

豫32，第55页（汉族，桐柏县）。

川1，第79页（汉族，德昌县）。

1447.7　老鼠为人类留下粮种。

参照：1753.4。

出处：

口承神话：

浙8，第11页（汉族，定海区）；浙23，第202页（汉族，缙云县）；浙24，第123页（汉族，开化县）；浙25，第217页（汉族，兰溪市）；浙26，第2页（汉族，乐清县）；浙52，第4页（汉族，桐乡县）；浙59，第177页（汉族，象山县）。

1447.8　牛神为人类带来粮种。

参照：1753.7。

出处：

口承神话：

浙48，第13页（汉族，遂昌县）。

1447.9　燕子为人类取来粮种。

出处：

口承神话：

冀7，第135页（汉族，藁城县）。

1447.10　苍蝇帮助人类取来粮种。

参照：1753.3。

出处：

口承神话：

冀14，第136页（汉族，武安县）。

1449　粮种的起源与获得——其他母题。

1449.1　从葫芦中长出的松树结成粮食种子。

出处：

口承神话：

川1，第31页（傈僳族，德昌县）；川2，第934页（傈僳族，德昌县）。

1449.2　始祖生下的怪胎剁碎后变成五谷庄稼。

出处：

口承神话：

川17，第9页（苗族，筠连县）。

1449.3　始祖避难时剩下的馍屑变成粮种。

出处：

口承神话：

综7，第168页（汉族，河南省内乡一带）。

1449.4　从仙鸟肚中长出粮种。

出处：

口承神话：

藏1，第17页（珞巴族，墨脱县）。

1450　特定食物的起源。

1451　盐的起源。

对照：汤A1429.4　盐的获得。

1451.1　文化英雄从天上扔下来盐。

出处：

口承神话：

川2，第304页（彝族，德昌县）。

1451.2　文化英雄从天上偷出盐并撒向人间。

参照：906.3.1。

出处：

口承神话：

辽26，第214页（汉族，宽甸县）；辽31，第19页（满族，清原县）；辽46，第164页（汉族，新金县）。

浙48，第43页（汉族，遂昌县）；浙55，第10页（汉族，武义县）。

川1，第274页（汉族，巴中县）。

1451.3　天神给人类送来盐。

出处：

口承神话：

冀5，第3页（汉族，藁城县）。

1452　糖的起源。文化英雄发明了饴糖。

出处：

口承神话：

川1，第280页（汉族，营山县）。

1453　酒的发明。

对照：汤A1426.2　啤酒的获得。汤A1427　酒类液体的获得。汤A1428　白酒的获得。

1453.1　文化英雄发明造酒之术。

出处：

口承神话：

川1，第279页（汉族，营山县）。

1453.2　神用米饭来造人，却造成了酒。

出处：

口承神话：

综1，第17页（瑶族，广西壮族自治区巴马瑶族自治县）。

1459　特定食物的起源——其他母题。

1460　五谷的起源。

参照：2420。

对照：汤A1423　蔬菜和五谷的获得。汤A2685　谷类的起源。

出处：

口承神话：

综1，第4—5页（汉族，河南省）；综4，第231页（瑶族，广西壮族自治区）。

1461　谷子的起源。

出处：

口承神话：

其他2，第25页（鲁凯族，台湾省台东县）。

1461.1　谷子的初始状况。最初的谷子都是空壳，里头没有粮食。

参照：1461.6，1461.7。

出处：

口承神话：

川1，第80页（汉族，合江县），第199、203页（汉族，巴县）；川20，第85页（汉族，南川县）；川36，第7页（汉族，綦江县）。

1461.2　神给予人类谷种。

出处：

口承神话：

豫23，第4页（汉族，杞县）。

冀5，第298页（汉族，藁城县）。

1461.3　文化英雄寻找并发现谷种。

出处：

口承神话：

陕2，第68页（汉族，扶风县），第73页（汉族，宝鸡县）。

1461.4　狗找到或盗来谷子。

出处：

口承神话：

豫2，第17页（汉族，郸城县）；豫41，第175页（汉族，新野县）。

川1，第77页（汉族，梁平县），第205页（藏族，木里县），第209页（苗族，筠连县）；川2，第8页（藏族，木里县），第565页（羌族，松潘县）；川4，第48页（汉族，北川县）。

1461.4.1　谷种长得像狗尾巴的来历。谷种是粘在狗的尾巴上被带到人间的，所以长得像狗尾巴。

出处：

口承神话：

综1，第135页（仡佬族，贵州省关岭县），第160—161页（壮族，广西壮族自治区龙州县）。

1461.5　文化英雄将粟谷的种子藏在耳朵内，从天上盗取而来。

参照：1446.2.2。

出处：

口承神话：

川2，第567页（羌族，汶川县）。

1461.6　谷子里长米的来历。女神往空谷壳里挤奶，从此谷子里长米。

参照：1461.1。

出处：

口承神话：

川1，第80页（汉族，合江县），第200、203页（汉族，巴县）；川20，第85页（汉族，南川县）；川36，第7页（汉族，綦江县）。

1461.7　谷子为什么午时扬花。因为女神往谷壳里挤奶的时间是午时。

参照：1461.1。

出处：

口承神话：

川1，第80页（汉族，合江县）。

1461.7.1　谷子午时扬花是在向太阳要另一半——谷粒。

出处：

口承神话:

川1,第203页(汉族,巴县)。

1461.8　谷子长成现在的样子的原因。起初,天神给人的苞谷籽也能长出谷子,后来因为人的浪费,谷子与苞谷分了家,遂成为现在的样子。

出处:

口承神话:

川1,第212页(傈僳族,德昌县);川2,第941页(傈僳族,德昌县)。

1461.9　神造出谷子。

出处:

口承神话:

桂5,第4页(彝族,隆林县)。

1462　高粱的起源。

1462.1　高粱来自天上。

出处:

口承神话:

浙23,第221页(汉族,缙云县);浙72,第448页(汉族,诸暨县)。

1462.1.1　文化英雄将高粱种子藏在耳朵内,从天上盗取而来。

出处:

口承神话:

川2,第567页(羌族,汶川县)。

1462.1.2　狗从天上盗来高粱种子。

出处:

口承神话:

豫41,第175页(汉族,新野县)。

川1,第77页(汉族,梁平县)。

1462.1.3　麻雀从天上偷撒下高粱种子。

出处:

口承神话:

辽52,第233页(汉族,营口县)。

1462.2　文化英雄帮助人类找到高粱种子。

出处:

口承神话:

浙52,第5页(汉族,桐乡县)。

豫 40，第 4 页（汉族，新乡县）。

陕 2，第 105 页（汉族，渭滨区）。

综 7，第 59 页（汉族，河南省开封府区）。

1462.3　神给予人类高粱种子。

出处：

口承神话：

冀 5，第 298 页（汉族，藁城县）。

豫 23，第 4 页（汉族，杞县）。

1462.4　神造出高粱。

出处：

口承神话：

桂 5，第 4 页（彝族，隆林县）。

1463　稻子的来历。

对照：艾 86 型　稻谷的起源。汤 A1423.2　稻米的获得。

1463.1　文化英雄寻找并发现稻种。

出处：

口承神话：

浙 31，第 317 页（汉族，龙游县）；浙 52，第 5 页（汉族，桐乡县）。

陕 2，第 68 页（汉族，扶风县）。

综 7，第 59 页（汉族，河南省开封府区）。

1463.2　麻雀盗取稻种。

出处：

口承神话：

浙 9，第 288 页（汉族，东阳县）；浙 34，第 3 页（汉族，平湖县）。

1463.3　狗盗取稻种。

出处：

口承神话：

浙 34，第 4 页（汉族，平湖县）。

豫 41，第 175 页（汉族，新野县）。

川 5，第 167 页（汉族，灌县）；川 12，第 88 页（汉族，达县）。

1463.4　蜜蜂盗取稻种。

出处：

口承神话：

桂 2，第 15 页（汉族，钟山县）。

1463.5　神造出稻子。

出处：

口承神话：

桂 5，第 4 页（彝族，隆林县）。

1463.6　天神从天上撒下大米。

出处：

口承神话：

川 2，第 954 页（傈僳族，德昌县）；川 36，第 7 页（汉族，綦江县）。

1464　麦子的起源。

对照：汤 A2685.3　黑麦的起源。汤 A2685.4　大麦的起源。

1464.1　神给予人类小麦种子。

出处：

口承神话：

冀 5，第 298 页（汉族，藁城县）。

豫 23，第 4 页（汉族，杞县）；豫 26，第 159 页（汉族，社旗县）。

川 2，第 567 页（羌族，汶川县）。

1464.1.1　神给予人类荞麦种子。

出处：

口承神话：

辽 20，第 360 页（汉族，桓仁县）。

川 1，第 115 页（彝族，冕宁县），第 127 页（藏族，小金县），第 184 页（蒙古族，盐源县）；川 2，第 946 页（蒙古族，盐源县）。

1464.2　文化英雄寻找并发现小麦种子。

出处：

口承神话：

陕 2，第 25、73 页（汉族，宝鸡县），第 46、105 页（汉族，渭滨区），第 68 页（汉族，扶风县）。

综 7，第 59 页（汉族，河南省开封府区）。

1464.3　狗找到或盗来麦子。

出处：

口承神话：

豫 41，第 175 页（汉族，新野县）。

川 1，第 77 页（汉族，梁平县），第 205 页（藏族，木里县）；川 2，第 8 页（藏族，木里县），第 565 页（羌族，松潘县）。

1464.4　布谷鸟找来小麦。

出处：

口承神话：

川 2，第 25 页（藏族，若尔盖县）。

1464.5　布谷鸟找来燕麦。

出处：

口承神话：

川 2，第 25 页（藏族，若尔盖县）。

1464.6　麻雀找来小麦种子。

出处：

口承神话：

陕 6，第 236 页（汉族，华县）。

1464.7　文化英雄将荞麦种子藏在脚丫子里，从天上盗取而来。

出处：

口承神话：

川 2，第 566 页（羌族，汶川县）。

1464.8　文化英雄将荞麦（或麦子）种子藏在指甲缝里，从天上盗取而来。

出处：

口承神话：

川 2，第 809 页（苗族，筠连县）。

1464.9　始祖避难时剩下的馍屑变成麦种。

出处：

口承神话：

综 7，第 169 页（汉族，河南省内乡一带）。

1464.10　麦壳里长麦子的来历。女神往空麦壳里挤奶，从此麦壳里长麦子。

出处：

口承神话：

川 1，第 200 页（汉族，巴县）。

1464.11　神造出荞麦。

出处：

口承神话：

桂 5，第 4 页（彝族，隆林县）。

1465　玉米的起源。

对照：汤 A2685.1　玉米的起源。

1465.1　神给予人类玉米种子。

出处：

口承神话：

冀 5，第 298 页（汉族，藁城县）。

辽 12，第 191 页（满族，凤城县）。

川 1，第 211 页（傈僳族，德昌县）；川 2，第 941 页（傈僳族，德昌县）；川 14，第 51 页（汉族，简阳县）。

1465.2　文化英雄寻找并发现玉米种子。

出处：

口承神话：

豫 30，第 2 页（汉族，汤阴县）。

1465.3　狗找到或盗来玉米种子。

出处：

口承神话：

豫 41，第 175 页（汉族，新野县）。

川 1，第 205 页（藏族，木里县）；川 2，第 8 页（藏族，木里县）。

1465.4　鸟雀找到玉米种子。

出处：

口承神话：

川 22，第 27 页（汉族，屏山县）。

1465.5　玉米来自天上。

出处：

口承神话：

浙 23，第 221 页（汉族，缙云县）；浙 27，第 532 页（汉族，丽水市）；浙 72，第 448 页（汉族，诸暨县）。

川 14，第 51 页（汉族，简阳县）。

1465.5.1　神将玉米种子藏在嘴里，从天上盗取而来。

出处：

口承神话：

川 2，第 809 页（苗族，筠连县）。

1465.5.2　麻雀从天上偷撒下玉米种子。

出处：

四、　文化起源母题（1400—1899）　| 　521

口承神话：

辽52，第233页（汉族，营口县）。

1465.6　人变成玉米。

出处：

口承神话：

豫26，第163页（汉族，社旗县）。

桂5，第4页（彝族，隆林县）。

1466　豆类的起源。

1466.1　神给予人类豆种。

出处：

口承神话：

冀5，第298页（汉族，藁城县）。

豫23，第4页（汉族，杞县）。

1466.2　文化英雄寻找并发现豆种。

出处：

口承神话：

陕2，第27页（汉族，渭滨区）。

1466.3　狗找到或盗来豆种。

出处：

口承神话：

豫41，第175页（汉族，新野县）。

川1，第205页（藏族，木里县）；川2，第8页（藏族，木里县），第565页（羌族，松潘县）。

1466.4　布谷鸟找来豆种。

出处：

口承神话：

川2，第25页（藏族，若尔盖县）。

1466.5　麻雀从天上偷撒下大豆种子。

出处：

口承神话：

辽52，第233页（汉族，营口县）。

1466.6　神将豆种挂在耳朵上，从天上盗取而来。

出处：

口承神话：

川2，第809页（苗族，筠连县）。

1466.7　神将豆种藏在嘴里，从天上盗取而来。

出处：

口承神话：

川2，第809页（苗族，筠连县）。

1467　青稞的起源。

1467.1　神给予人类青稞种子。

出处：

口承神话：

川1，第127页（藏族，小金县）；川2，第567页（羌族，汶川县）。

1467.2　狗将青稞种子带回人间。

出处：

口承神话：

川2，第25页（藏族，康定县），第565页（羌族，松潘县）。

1467.3　布谷鸟找来青稞。

出处：

口承神话：

川2，第25页（藏族，若尔盖县）。

1467.4　文化英雄从蛇王处盗来青稞种子。

出处：

口承神话：

川2，第20页（藏族，马尔康县）。

1467.5　文化英雄将青稞种子藏在手指甲里，从天上盗取而来。

出处：

口承神话：

川2，第566页（羌族，汶川县）。

1470　蔬菜的起源。

参照：2420。

对照：汤 A1423　蔬菜和五谷的获得。汤 A2686　蔬菜的起源。

1470.1　神用泥土捏制了蔬菜。

出处：

口承神话：

综1，第4—5页（汉族，河南省）。

1470.2　天神给予人类菜籽。

出处：

口承神话：

川1，第115页（彝族，冕宁县）。

1470.3　文化英雄寻找并发现蔬菜。

出处：

口承神话：

综7，第57页（汉族，河南省开封府区）。

1470.4　麻雀把菜籽藏在脖子里，从天上盗取了菜籽。

出处：

口承神话：

辽52，第234页（汉族，营口县）。

1471　大蒜的起源。

出处：

口承神话：

综1，第176页（阿昌族，云南省陇川县、梁河县）。

1471.1　文化英雄将大蒜藏在头发里，从天上盗取了蒜种。

出处：

口承神话：

川2，第566页（羌族，汶川县）。

1471.2　文化英雄将大蒜藏在屁股沟里，从天上盗取了蒜种。

出处：

口承神话：

浙40，第202页（汉族，衢县）；浙47，第200页（汉族，松阳县）。

1472　芜菁的起源。神给予人类芜菁种子。

出处：

口承神话：

川1，第115页（彝族，冕宁县）。

1472.1　文化英雄从天上偷来芜菁种子。

出处：

口承神话：

川 2，第 953 页（纳西族，木里县）。

1472.1.1　文化英雄将芜菁藏在指甲里，从天上盗取而来。

出处：

口承神话：

川 2，第 566 页（羌族，汶川县），第 958 页（蒙古族，木里县）。

1472.1.2　文化英雄将芜菁藏在头发里，从天上盗取而来。

出处：

口承神话：

川 1，第 184 页（蒙古族，盐源县）；川 2，第 946 页（蒙古族，盐源县）。

1473　生姜的起源。

出处：

口承神话：

综 1，第 176 页（阿昌族，云南省陇川县、梁河县）。

1473.1　姜的起源。原始的植物变成了姜。

出处：

口承神话：

川 1，第 218 页（汉族，成都市东城区）。

1473.2　经过药神的惩罚，生姜变成现在的样子。

出处：

口承神话：

川 1，第 218 页（汉族，成都市东城区）。

1474　萝卜的起源。天神给予人类萝卜种子。

出处：

口承神话：

辽 17，第 264 页（汉族，甘井子区）。

1474.1　文化英雄寻找并发现萝卜。

出处：

口承神话：

陕 2，第 75 页（汉族，宝鸡县）。

1475　土豆的起源。最初天神给人的苞谷籽能长出土豆，后来因为人的浪费，土豆与苞谷分家并成为现在的样子。

对照：汤 A1423.1　山药（甜马铃薯、芋头）的起源。汤 A2686.4.1　甜土豆的起源。汤 A2686.4.2　芋头的起源。汤 A2686.4.3　山药的起源。

出处：

口承神话：

川 1，第 211 页（傈僳族，德昌县）；川 2，第 941 页（傈僳族，德昌县）。

1476　油菜的起源。文化英雄将油菜籽藏在肚脐眼里，从天上盗取而来。

出处：

口承神话：

川 2，第 567 页（羌族，汶川县）。

1477　无心菜的起源。神给予人类无心菜。

出处：

口承神话：

辽 51，第 314 页（汉族，义县）。

1478　大葱的起源。神从天上撒下大葱种子。

对照：汤 A1441.5　种植洋葱的起源。

出处：

口承神话：

豫 33，第 278 页（汉族，桐柏县）。

综 1，第 176 页（阿昌族，云南省陇川县、梁河县）。

1479　黄瓜的起源。神从天上带来黄瓜种子。

出处：

口承神话：

陕 2，第 28 页（汉族，渭滨区）。

1481　南瓜的起源。文化英雄寻找并发现南瓜。

对照：汤 A2687.4　南瓜的起源。

出处：

口承神话：

陕 2，第 73 页（汉族，宝鸡县）。

1482　韭菜的起源。

出处：

口承神话：

综1，第176页（阿昌族，云南省陇川县、梁河县）。

1490　水果的起源。

参照：2420。

对照：汤 A2687　水果的起源。

1490.1　神用泥土捏制了瓜果。

出处：

口承神话：

综1，第4—5页（汉族，河南省）。

1490.2　麻雀把果树种子藏在脖子里，从天上盗取而来。

出处：

口承神话：

辽52，第234页（汉族，营口县）。

1490.3　文化英雄寻找并发现水果。

出处：

口承神话：

冀5，第4页（汉族，藁城县）。

综7，第57页（汉族，河南省开封府区）。

1491　杏的起源。文化英雄寻找并发现杏。

出处：

口承神话：

陕2，第30页（汉族，渭滨区）。

1492　桃的起源。文化英雄寻找并发现桃。

出处：

口承神话：

陕2，第31页（汉族，渭滨区）。

1493　甘蔗的起源。甘蔗来自天上。

出处：

浙72，第448页（汉族，诸暨县）。

1500 饮食器具的发明。

参照：259。

1501 烹饪的起源。文化英雄教会人类烹饪。

对照：汤A1455 烹饪的起源。
出处：
口承神话：
综7，第103页（汉族，河南省）。

1502 灶的发明。

出处：
古代文献：
《云笈七签》卷一百《轩辕本纪》（黄帝作灶）。
口承神话：
综4，第10页（苗族，贵州省台江县、施秉县、凯里市）。

1503 甑的发明。

出处：
古代文献：
《太平御览》卷七百五十七《器物部二·甑》引《古史考》（"黄帝始作甑"）。

1504 锅的发明。

对照：汤A1439.4 大锅的起源。
出处：
古代文献：
《太平御览》卷七百五十七《器物部二·釜》引《古史考》（"黄帝始造釜、甑"）。
口承神话：
综4，第10页（苗族，贵州省台江县、施秉县、凯里市）。

1504.1 文化英雄发明砂锅。

出处：
口承神话：
川1，第110页（汉族，都江堰市）。

1505　碗碟的发明。源于文化英雄的发明。

出处：

古代文献：

《物原·器原第十七》（轩辕作碗碟）。

口承神话：

川1，第110页（汉族，都江堰市）；川5，第6页（汉族，灌县）。

1506　罐的发明。文化英雄发明砂罐。

出处：

口承神话：

川1，第110页（汉族，都江堰市）；川5，第6页（汉族，灌县）。

1506.1　文化英雄发明烧泥罐。

出处：

口承神话：

川1，第262页（汉族，都江堰市）。

1507　盆的发明。文化英雄发明烧泥盆。

出处：

口承神话：

川1，第262页（汉族，都江堰市）。

1520　其他日用器具的发明。

参照：261。

对照：汤A1446.5　家用工具的获得。

1521　陶器的发明。

对照：汤A1451　陶器的起源。

出处：

古代文献：

《世本·作篇》（舜始陶）；《路史·后纪三》注引《黄帝内经》；《列仙传》卷上《宁封子》（宁封子为黄帝陶正）。

1521.1　文化英雄发明制陶之术。

出处：

口承神话：

川1，第262页（汉族，都江堰市）；川5，第12页（汉族，灌县）。

1522　秤的起源。文化英雄发明秤。

出处：

口承神话：

冀18，第52页（汉族，宣化县）。

1523　镜子的发明。

出处：

古代文献：

《绎史》卷五《黄帝纪》引《黄帝内传》（黄帝制镜）。

1530　工具的发明。

对照：汤 A1446　工具的获得。

1531　弓箭的发明。

出处：

古代文献：

《山海经·海内经》（"少皞生般，般是始为弓矢"）；《世本·作篇》（"挥作弓，牟夷作矢"）。

口承神话：

黑1，第63页（满族，海林县）。

藏1，第17页（珞巴族，墨脱县）。

1531.1　文化英雄发明弓箭以对付野兽。

出处：

口承神话：

黑1，第46页（满族，宁安县）。

川1，第184页（蒙古族，盐源县）；川2，第946页（蒙古族，盐源县），第958页（蒙古族，木里县）。

1531.2　神给予人类弓箭。

出处：

口承神话：

黑1，第23页（鄂伦春族，黑河市）。

1532　砍刀的起源。

出处：

口承神话：

综1，第155页（苗族，贵州省东北部），第300页（拉祜族，云南省澜沧县）。

1532.1　人用从天上落下的铁打制砍刀。

参照：774.1。

出处：

口承神话：

川2，第302页（彝族，盐边县）。

1532.2　文化英雄发明砍刀。

出处：

口承神话：

桂10，第7页（壮族，南宁市）。

1533　斧的发明。

对照：汤A1446.2　斧头的起源。

出处：

古代文献：

《绎史》卷四《炎帝纪》引《周书》（神农"作陶冶斤斧"）。

口承神话：

综1，第155页（苗族，贵州省东北部）。

1534　锯的发明。

对照：汤A1446.1　锯子的起源。

出处：

口承神话：

综1，第16—17页（瑶族，广西壮族自治区巴马瑶族自治县）。

1535　锤的起源。

出处：

口承神话：

综1，第300页（拉祜族，云南省澜沧县）。

1536　钳的起源。

出处：

口承神话：

综1，第300页（拉祜族，云南省澜沧县）。

1550—1699　生产和生活方式的起源

1550　耕种的起源。

参照：1059.2。

对照：汤 A1441　农业的获得。汤 A1441.1　耕地的起源。

出处：

口承神话：

陕2，第57页（汉族，渭滨区）。

综1，第164—165页（佤族，云南省西盟县），第225页（珞巴族，西藏自治区米林县）；综4，第10页（苗族，贵州省台江县、施秉县、凯里市），第191页（壮族，广西壮族自治区都安县、东兰县）。

1551　文化英雄发明耕种。

出处：

古代文献：

《山海经·大荒西经》（叔均）；《山海经·海内经》（后稷、叔均）；《绎史》卷四《炎帝纪》引《周书》、《管子·轻重戊》、《淮南子·修务训》、《论衡·感虚篇》、《拾遗记》卷一"炎帝神农"条（神农）；《孟子·滕文公章句上》、《淮南子·人间训》、《史记》卷四《周本纪》、《新语·道基》（后稷）。

口承神话：

冀6，第262页（汉族，藁城县）；冀7，第235页（汉族，藁城县）。

浙11，第8页（汉族，奉化市）；浙27，第14页（汉族，丽水市）；浙31，第538页（汉族，龙游县）；浙64，第14页（汉族，永嘉县）。

豫1，第285页（汉族，淅川县）；豫7，第2页（汉族，淮滨县）；豫40，第3页（汉族，新乡县）。

川2，第957页（蒙古族，木里县）；川14，第56页（汉族，简阳县）。

陕2，第6、30、46、61、63、81页（汉族，渭滨区），第69页（汉族，扶风县），第74、76页（汉族，宝鸡县）。

综1，第155页（苗族，贵州省东北部），第300页（拉祜族，云南省澜沧县）；综7，第59页（汉族，河南省开封府区），第103、178页（汉族，河南省），第175页（汉族，河南省温县）。

1551.1　文化英雄发明用牛耕地。

参照：1578.3

对照：汤 A1441.2　轭牛习俗的起源。

出处：

口承神话：

浙 9，第 25 页（汉族，东阳县）；浙 64，第 14 页（汉族，永嘉县）。

川 2，第 578 页（羌族，理县）。

陕 2，第 62 页（汉族，渭滨区），第 74 页（汉族，宝鸡县）。

1552　文化英雄教人耕种。

出处：

古代文献：

《白虎通·号》（神农"教民农耕"）。

口承神话：

冀 5，第 18 页（汉族，藁城县）。

辽 32，第 220 页（汉族，沙河口区）；辽 47，第 10 页（汉族，新民县）。

浙 28，第 12 页（汉族，临安县）。

豫 2，第 23 页（汉族，郸城县）。

川 2，第 3 页（藏族，木里县）。

藏 1，第 3 页（藏族，拉萨市）。

综 7，第 85 页（汉族，河南省）。

1552.1　文化英雄教人牛耕。

出处：

口承神话：

辽 44，第 23 页（满族，新宾县）。

浙 9，第 25 页（汉族，东阳县）；浙 31，第 271 页（汉族，龙游县）；浙 64，第 14 页（汉族，永嘉县）。

川 1，第 220 页（汉族，巴县）；川 2，第 3 页（藏族，木里县），第 26 页（白马藏族，平武县白马乡）。

陕 2，第 62 页（汉族，渭滨区），第 74 页（汉族，宝鸡县）。

1553　文化英雄教人烧荒。

出处：

口承神话：

桂 10，第 5 页（壮族，南宁市）。

川 2，第 567 页（羌族，汶川县）。

综 1，第 155 页（苗族，贵州省东北部）。

1554　文化英雄教人播种百谷。

对照：汤 A1441.4　播种和种植的起源。

出处：

古代文献：

《搜神记》卷一、《淮南子·修务训》（神农教民播种百谷）。

口承神话：

浙28，第12页（汉族，临安县）。

桂10，第5页（壮族，南宁市）。

陕2，第25、74、102页（汉族，宝鸡县），第68页（汉族，扶风县）。

综7，第57页（汉族，河南省开封府区）。

1555　文化英雄发明除害虫的办法。

出处：

口承神话：

陕2，第64页（汉族，渭滨区）。

1556　栽培的起源。

对照：*汤 A1441.4　播种和种植的起源。*

1556.1　文化英雄教民栽种荞麦。

出处：

口承神话：

川2，第937页（傈僳族，米易县）。

1556.2　文化英雄教民栽种土豆。

出处：

口承神话：

川2，第937页（傈僳族，米易县）。

1556.3　文化英雄教民栽种棉花。

出处：

口承神话：

综1，第165—166页（瑶族，广西壮族自治区南丹县）。

1556.4　文化英雄教民栽种小米。

出处：

口承神话：

综1，第156页（苗族，贵州省东北部）。

1556.5　文化英雄教民栽种黄瓜。

出处：

口承神话：

综1，第156页（苗族，贵州省东北部）。

1556.6 文化英雄教民栽种桑麻。

出处：

古代文献：

《路史·后纪三》（炎帝"教之桑麻，以为布帛"）；《新语·道基》（后稷"种桑麻，致丝枲，以蔽形体"）。

口承神话：

综1，第156页（苗族，贵州省东北部）。

1556.7 文化英雄教民栽种果树。

出处：

口承神话：

桂10，第5页（壮族，南宁市）。

1560 农具的发明。

参照：251。

出处：

口承神话：

黑1，第63页（满族，海林县）。

1560.1 天神下凡制作农具。

出处：

口承神话：

浙27，第17页（汉族，丽水市）。

1560.2 文化英雄发明农具。

出处：

口承神话：

冀7，第235页（汉族，藁城县）。

陕2，第76页（汉族，宝鸡县），第81页（汉族，渭滨区）。

1561 耒耜的发明。文化英雄发明耒耜。

出处：

古代文献：

《绎史》卷四《炎帝纪》引《周书》（神农"为耒耜锄耨"）；《白虎通·号》（"神农因天之时，分地之利，制耒耜"）；《世本·作篇》（"垂作耒耜"）。

口承神话：

陕2，第62页（汉族，渭滨区），第76页（汉族，宝鸡县）。

综1，第225页（珞巴族，西藏自治区米林县）；综7，第175页（汉族，河南省温县)。

1562　锄的发明。文化英雄发明锄头。

出处:

古代文献:

《绎史》卷四《炎帝纪》引《周书》(神农"为耒耜锄耨")。

口承神话:

冀4,第202页(汉族,藁城县);冀6,第263页(汉族,藁城县);冀17,第141页(汉族,宣化区)。

辽4,第150页(汉族,本溪市);辽10,第107页(汉族,大洼县);辽31,第17页(满族,清原县);辽37,第260页(汉族,新城子区);辽41,第165页(汉族,西丰县);辽45,第9页(汉族,新宾县)。

豫13,第211页(汉族,林县);豫32,第63页(汉族,桐柏县)。

综1,第225页(珞巴族,西藏自治区米林县),第300页(拉祜族,云南省澜沧县)。

1562.1　神给予人类锄头。

出处:

口承神话:

冀3,第329页(汉族,抚宁县);冀18,第51页(汉族,庞家堡区)。

辽7,第101页(昌图县);辽21,第285页(汉族,建昌县);辽47,第10页(汉族,新民县);辽58,第7页(蒙古族,建昌县)。

1563　镐的发明。文化英雄发明镐。

出处:

口承神话:

辽41,第165页(汉族,西丰县)。

1564　镢的发明。文化英雄发明镢头。

出处:

口承神话:

辽4,第150页(汉族,本溪市)。

陕2,第74页(汉族,宝鸡县)。

1565　犁的发明。文化英雄发明犁。

出处:

口承神话:

黑1,第63页(满族,海林县)。

辽 4，第 150 页（汉族，本溪市）；辽 31，第 17 页（满族，清原县）。

浙 64，第 14 页（汉族，永嘉县）。

陕 2，第 74 页（汉族，宝鸡县）。

1565.1　犁来自天上。

出处：

口承神话：

浙 32，第 16 页（汉族，宁海县）。

1566　镰刀的发明。文化英雄发明镰刀。

出处：

口承神话：

辽 4，第 150 页（汉族，本溪市）。

1567　刨子的起源。神给予人类刨子。

出处：

口承神话：

浙 31，第 554 页（汉族，龙游县）。

1568　粮食加工用具的发明。

1568.1　碓的发明。

出处：

古代文献：

《世本·作篇》张澍稡集补注本引《物原》（"轩辕臣雍父作碓，后稷作水碓"）。

口承神话：

陕 2，第 74 页（汉族，宝鸡县）。

1568.2　磨的来历。始祖占卜婚姻用的石磙成为磨。

对照：汤 A1442　磨的起源。

出处：

口承神话：

冀 8，第 3 页（汉族，藁城县）。

川 1，第 108 页（汉族，双流县）；川 9，第 2 页（汉族，双流县）。

1568.3　杵臼的发明。

出处：

古代文献：

《世本·作篇》张澍稡集补注本（雍父、赤冀、伏羲、黄帝等作杵臼）。

1569　农具的发明——其他母题。

1569.1　除草农具的发明。

出处：

古代文献：

《绎史》卷四《炎帝纪》引《周书》（神农作耨）。

1570　驯化动物的起源。

对照：汤 A1443　驯化动物的起源。

出处：

口承神话：

黑1，第60页（满族，宁安县）。

辽57，第168页（蒙古族，喀左县）。

豫2，第16页（汉族，郸城县）；豫7，第2页（汉族，淮滨县）。

桂10，第6页（壮族，南宁市）。

川2，第326页（藏族，凉山州），第941页（傈僳族，德昌县），第957页（蒙古族，木里县）。

综1，第127—129页（苗族，贵州省东南部），第134—136页（仡佬族，贵州省关岭县）；综4，第191—192页（壮族，广西壮族自治区都安县、东兰县）。

1570.1　放牧的起源。文化英雄教人放牧。

出处：

口承神话：

综7，第96页（汉族，河南省沈丘县）。

1570.2　文化英雄驯服鸟兽。

出处：

古代文献：

《世本·作篇》（"胲作服牛"）；《史记》卷五《秦本纪》（大费"佐舜调驯鸟兽，鸟兽多驯服"）。

1571　鸡成为家禽的起源。

出处：

口承神话：

豫2，第16页（汉族，郸城县）。

川2，第578页（羌族，理县）。

综1，第129页（苗族，贵州省东南部），第135页（仡佬族，贵州省关岭县），第

169—171 页（壮族，广西壮族自治区右江、红河一带）。

1571.1 神让人在家里喂鸡。

出处：

口承神话：

桂 10，第 5 页（壮族，南宁市）。

川 2，第 941 页（傈僳族，德昌县）。

1571.2 用鸡笼养鸡的起源。

出处：

口承神话：

综 1，第 169—170 页（壮族，广西壮族自治区右江、红河一带）。

1572 鸭成为家禽的起源。

出处：

口承神话：

桂 10，第 5 页（壮族，南宁市）。

综 1，第 169—171 页（壮族，广西壮族自治区右江、红河一带）。

1572.1 用笼养鸭的起源。

出处：

口承神话：

综 1，第 169—170 页（壮族，广西壮族自治区右江、红河一带）。

1573 鹅成为家禽的起源。

出处：

口承神话：

综 1，第 129 页（苗族，贵州省东南部）。

1574 狗成为家畜的起源。

对照：汤 A2513.1 狗为人类服务的起源。作为微薄的报偿，狗必须服务并听命于人。

出处：

口承神话：

豫 2，第 16 页（汉族，郸城县）。

综 1，第 129 页（苗族，贵州省东南部），第 135 页（仡佬族，贵州省关岭县）。

1575 羊成为家畜的起源。

对照：汤 A1443.1 第一个牧羊人。汤 A2513.4 为什么山羊和人住在一起。

出处：

口承神话：

辽 57，第 168 页（蒙古族，喀左县）。

豫 2，第 16 页（汉族，郸城县）。

川 2，第 578 页（羌族，理县）。

综 1，第 129 页（苗族，贵州省东南部）。

1575.1　神让人在家里喂羊。

出处：

口承神话：

川 2，第 941 页（傈僳族，德昌县）。

1576　猪成为家畜的起源。

对照：汤 A2513.3　猪是怎么被驯化的。

出处：

口承神话：

黑 1，第 60 页（满族，宁安县）。

川 2，第 578 页（羌族，理县）。

综 1，第 129 页（苗族，贵州省东南部），第 135 页（仡佬族，贵州省关岭县）。

1576.1　神让人在家里喂猪。

出处：

口承神话：

桂 10，第 5 页（壮族，南宁市）。

川 2，第 941 页（傈僳族，德昌县）。

1577　马被驯化的起源。

出处：

口承神话：

辽 57，第 168 页（蒙古族，喀左县）。

桂 10，第 5 页（壮族，南宁市）。

综 1，第 128—129 页（苗族，贵州省东南部），第 136 页（仡佬族，贵州省关岭县）。

1577.1　马戴笼头的起源。

出处：

口承神话：

川 2，第 323 页（藏族，凉山州）。

综 1，第 128—129 页（苗族，贵州省东南部），第 136 页（仡佬族，贵州省关岭县）。

1578　牛被驯化的起源。

参照：1551.1。

对照：汤 A2513.5　牛为什么为人服务。

出处：

口承神话：

辽 57，第 168 页（蒙古族，喀左县）。

豫 2，第 16 页（汉族，郸城县）；豫 32，第 50 页（汉族，桐柏县）。

川 2，第 578 页（羌族，理县）。

综 1，第 128 页（苗族，贵州省东南部），第 136 页（仡佬族，贵州省关岭县）。

1578.1　牤牛的起源。

对照：汤 A1441.2　牤牛习俗的起源。

出处：

口承神话：

川 2，第 323 页（藏族，凉山州）。

综 1，第 137 页（纳西族摩梭人，云南省宁蒗县永宁区），第 128 页（苗族，贵州省东南部），第 136 页（仡佬族，贵州省关岭县）。

1578.2　神让人在家里喂牛。

出处：

口承神话：

桂 10，第 5 页（壮族，南宁市）。

川 2，第 941 页（傈僳族，德昌县）。

1578.3　文化英雄驯化牛为人耕地。

出处：

《世本·作篇》（"胲作服牛"）。

口承神话：

浙 64，第 14 页（汉族，永嘉县）。

豫 32，第 50 页（汉族，桐柏县）。

川 2，第 957 页（蒙古族，木里县）。

陕 2，第 62 页（汉族，渭滨区），第 74 页（汉族，宝鸡县）。

1579　驴成为家畜的起源。

出处：

口承神话：

冀 10，第 127 页（汉族，涉县）。

川 2，第 578 页（羌族，理县）。

1581   兔子成为家畜的起源。

出处：

口承神话：

综1，第129页（苗族，贵州省东南部）。

1590   其他生产生活方式的起源。

1591   狩猎的起源。

对照：汤A1458   狩猎的起源。

出处：

口承神话：

综1，第298页（拉祜族，云南省澜沧县）。

1591.1   文化英雄发明陷兽之井。

对照：汤A1458.1   陷阱的起源。

出处：

古代文献：

《淮南子·本经训》。

口承神话：

陕2，第59页（汉族，渭滨区）。

1591.2   天神教人学会狩猎。

出处：

口承神话：

冀5，第3页（汉族，藁城县）。

豫2，第23页（汉族，郸城县）。

综7，第96页（汉族，河南省沈丘县）。

1591.3   部落神教人学会狩猎。

出处：

口承神话：

黑1，第46页（满族，宁安县）。

1592   渔猎的起源。

参照：256。

对照：汤A1457   渔业的起源。

1592.1   文化英雄发明渔猎。

出处：

古代文献:

《周易·系辞下》（伏羲"作结绳而为网罟，以佃以渔"）；《补史记·三皇本纪》（伏羲"结网罟以教佃渔"）。

口承神话:

豫2，第23页（汉族，郸城县）。

川5，第6页（汉族，灌县）。

1592.2 神教人渔猎。

出处:

古代文献:

《补史记·三皇本纪》（伏羲"结网罟以教佃渔"）。

口承神话:

黑1，第46页（满族，宁安县），第63页（满族，海林县）。

豫2，第23页（汉族，郸城县）。

综7，第96页（汉族，河南省沈丘县）。

1592.3 网罟的起源。

对照: 汤 A1457.3 用网捕鱼的起源。

出处:

古代文献:

《周易·系辞下》（伏羲"作结绳而为网罟"）；《补史记·三皇本纪》（伏羲"结网罟以教佃渔"）。

口承神话:

综1，第168—169页（汉族，四川省中江县）。

1592.3.1 文化英雄学习蜘蛛而发明结网。

出处:

古代文献:

《抱朴子内篇·对俗卷第三》（"太昊师蜘蛛而结网"）。

口承神话:

浙3，第70页（汉族，长兴县）。

川1，第197页（汉族，中江县）；川30，第10页（汉族，营山县）。

综1，第168页（汉族，四川省中江县），第196页（汉族，浙江者湖州市）。

1592.4 鱼叉的起源。

出处:

口承神话:

黑1，第63页（满族，海林县）。

1593 纺织的起源。

参照: 255，1761。

对照：汤 A1453.1　纺纱的起源。汤 A1453.2　编织的起源。

出处：

口承神话：

综 1，第 166 页（瑶族，广西壮族自治区南丹县）；综 4，第 192 页（壮族，广西壮族自治区都安县、东兰县）。

1593.1　文化英雄发明或教人养蚕缫丝。

出处：

古代文献：

《路史·后纪五》（嫘祖始蚕）；《通鉴前编·外纪》（嫘祖"始教民育蚕，治丝茧以供衣服……后世祀为先蚕"）。

1593.2　织布机的发明。

出处：

口承神话：

综 4，第 192 页（壮族，广西壮族自治区都安县、东兰县）。

1593.3　衣裳的发明。

对照：汤 A1437　衣服的获得。汤 A1453　制衣的起源。

出处：

口承神话：

黑 1，第 46 页（满族，宁安县）。

浙 28，第 12 页（汉族，临安县）；浙 42，第 124 页（汉族，三门县）；浙 64，第 388 页（汉族，永嘉县）。

桂 10，第 5 页（壮族，南宁市）。

川 1，第 222 页（汉族，盐亭县），第 226 页（汉族，都江堰市）。

综 1，第 85 页（鄂伦春族，内蒙古自治区鄂伦春自治旗），第 166 页（瑶族，广西壮族自治区南丹县）。

1593.3.1　文化英雄始作衣裳。

出处：

古代文献：

《世本·作篇》（"伯余作衣裳"，"胡曹作衣"）；《物原·衣原第十一》（"伏羲作裘，轩辕臣胡曹作衣……"）

口承神话：

浙 28，第 12 页（汉族，临安县）。

豫 31，第 3 页（汉族，通许县）；豫 32，第 1 页（汉族，桐柏县）。

川 1，第 257、266 页（汉族，巴县），第 261 页（汉族）。

陕 2，第 69 页（汉族，扶风县）。

综 7，第 19、20、39 页（汉族，河南省桐柏盘古山区），第 103 页（汉族，河南省），第 138、147、155 页（汉族，河南省沈丘县），第 159 页（汉族，河南省项城县）。

1593.3.2　神教人用兽皮做衣裳。

出处：

口承神话：

冀 5，第 3 页（汉族，藁城县）。

陕 10，第 13 页（汉族，泾阳县）。

1593.3.3　文化英雄教人纺线。

对照：*汤* A1453.1　纺纱的起源。

出处：

口承神话：

冀 5，第 3 页（汉族，藁城县）。

桂 10，第 7、8 页（壮族，南宁市）。

1593.3.4　文化英雄教人织布。

对照：*汤* A1453.2　编织的起源。

出处：

口承神话：

浙 42，第 124 页（汉族，三门县）。

桂 10，第 7、8 页（壮族，南宁市）。

川 1，第 222 页（汉族，盐亭县），第 226 页（汉族，都江堰市），第 257、260 页（汉族，巴县）；川 2，第 937 页（傈僳族，米易县）。

综 7，第 85 页（汉族，河南省），第 175 页（汉族，河南省温县）。

1593.4　布帛的起源。

出处：

古代文献：

《新语·道基》（后稷"种桑麻，致丝枲，以蔽形体"）；《路史·后纪三》（炎帝"教之桑麻，以为布帛"）。

口承神话：

综 1，第 166 页（瑶族，广西壮族自治区南丹县）；综 4，第 192 页（壮族，广西壮族自治区都安县、东兰县）。

1593.5　印染的起源。

对照：*汤* A1453.3　印染的起源。

出处：

口承神话：

综 1，第 166 页（瑶族，广西壮族自治区南丹县）。

1594　建房的起源。

参照：262。

对照：汤 A1445　建筑手艺的获得。

1594.1　建造房屋的起源。

对照：汤 A1435　定居的起源。

出处：

口承神话：

综 1，第 17 页（瑶族，广西壮族自治区巴马瑶族自治县），第 299 页（拉祜族，云南省澜沧县）；综 4，第 192 页（壮族，广西壮族自治区都安县、东兰县），第 200 页（布依族）。

1594.1.1　文化英雄发明建造房屋。

出处：

古代文献：

《韩非子·五蠹》（有巢氏"构木为巢"）；《世本·作篇》（"尧使禹作宫室"）。

口承神话：

浙 64，第 10 页（汉族，永嘉县）。

川 1，第 110 页（汉族，都江堰市），第 256 页（汉族，巴县）；川 5，第 6 页（汉族，灌县）。

1594.1.2　文化英雄教人建造房屋。

出处：

口承神话：

桂 10，第 5、8 页（壮族，南宁市）。

1594.2　神教人修房屋。

出处：

口承神话：

冀 5，第 4 页（汉族，藁城县）；冀 7，第 235 页（汉族，藁城县）。

川 2，第 937 页（傈僳族，米易县）。

1594.3　城郭的起源。

出处：

古代文献：

《世本·作篇》（"鲧作城郭"）。

1594.4　瓦的起源。瓦起源于神的尸体化生。

参照：276。

出处：

口承神话：

综 4，第 250 页（白族）。

1595　交通的起源。

1595.1　交通工具的发明。

对照：汤 A1436　交通工具的获得。

1595.1.1　车的发明。

出处：

古代文献：

《世本·作篇》张澍稡集补注本引《古史考》（"黄帝作车"）；《汉书·地理志第八上》（黄帝"作舟车以济不通"）；《太平御览》卷七百七十二《车部》引《释名》（"黄帝造车，故号轩辕氏"）。

1595.1.1.1　指南车的发明。文化英雄取法北斗星运行的原理而创制了指南车。

出处：

古代文献：

《太平御览》卷十五《天部十五·雾》引《志林》（黄帝"作指南车"）。

口承神话：

综 1，第 200 页（汉族，陕西省黄陵县）。

1595.1.1.2　文化英雄教会人用牲畜拉车的方法。

出处：

口承神话：

黑 1，第 60 页（满族，宁安县）。

1595.1.2　舟船的发明。

对照：汤 A1445.1　造船的起源。汤 A1459.2　航海技术的获得（航行等）。

出处：

古代文献：

《汉书·地理志第八上》（黄帝"作舟车以济不通"）。

1595.1.3　爬犁的发明。文化英雄教人用狗拉爬犁。

出处：

口承神话：

黑 1，第 60 页（满族，宁安县）。

1596　集市贸易的起源。

对照：汤 A1471　商业的起源。汤 A1535.2　游艺和集市的起源。

1596.1　文化英雄创立集市。

出处：

古代文献：

《世本·作篇》（"祝融作市"）；《世本·作篇》张澍稡集补注本引《古史考》（"神农作市"）。

口承神话：

冀5，第340页（汉族，藁城县）。

陕2，第58页（汉族，渭滨区）。

综7，第175页（汉族，河南省温县）。

1596.2　货币的起源。

对照：汤A1433　钱的获得。

出处：

古代文献：

《路史·后纪一》及其注引《礼外传》；《路史·后纪五》。

1597　冶炼铸造的起源。

对照：汤A1447　金属工艺的起源。汤A1447.4　熔炼的起源。

出处：

古代文献：

《绎史》卷四《炎帝纪》引《周书》（神农"作陶冶斤斧"）。

1597.1　炼铁的起源。

对照：汤A1447.2　铁匠工作的起源。

出处：

口承神话：

桂10，第7页（壮族，南宁市）。

综1，第300页（拉祜族，云南省澜沧县）。

1597.2　兵器的发明。

对照：汤A1459.1　武器的获得。

出处：

古代文献：

《世本·作篇》（"蚩尤以金作兵器"）；《管子·地数》（剑、铠、矛、戟、戈）；《太平御览》卷七十九《皇王部四·黄帝轩辕氏》引《龙鱼河图》（兵杖、刀、戟、大弩）；《苏氏演义》卷下引《世本》及《吕氏春秋》（"蚩尤作五兵，谓戈、殳、戟、酋矛、夷矛也"）；《拾遗记》卷一（春皇庖牺造干戈）。

1599　生产生活方式的起源——其他母题。

1599.1　水井的起源。

出处：

古代文献：

《世本·作篇》《吕氏春秋·审分览第五·勿躬》（伯益作井）。

1599.1.1　汗水变成了水井。

出处：

口承神话：

综1，第138页（纳西族摩梭人，云南省宁蒗县永宁区）。

1599.1.2　嘴巴变成了水井。

出处：

口承神话：

综4，第223页（布依族）。

1599.2　水渠的起源。文化英雄创造了水渠。

出处：

口承神话：

综4，第231页（瑶族，广西壮族自治区）。

1599.3　文化英雄发明指南针，以辨别方向。

参照：258。

出处：

口承神话：

陕7，第6页（汉族，蓝田县）。

1600　中草药的起源。

参照：252。

对照：汤A1438　药物（治疗）的起源。

出处：

古代文献：

《世本·作篇》（"巫彭作医"）。

口承神话：

综1，第174—175页（汉族，四川省筠连县）。

1601　文化英雄发现中草药。

参照：252。

出处：

口承神话：

陕2，第50页（汉族，渭滨区），第75页（汉族，宝鸡县）。

综7，第175页（汉族，河南省温县）。

1601.1　文化英雄尝百草而辨识草药。

出处：

古代文献：

《淮南子·修务训》、《太平御览》卷七百二十一《方术部二·医一》引《帝王世纪》（神农尝百草）。

口承神话：

冀5，第4、19页（汉族，藁城县）；冀18，第48页（汉族，宣化县）。

黑1，第93页（汉族，密山县）。

浙9，第14页（汉族，东阳县）；浙11，第8页（汉族，奉化市）；浙38，第4页（汉族，青田县）；浙44，第20页（汉族，绍兴县）。

桂11，第102页（壮族，大新县）。

川1，第215、251页（汉族，都江堰市），第247页（汉族，高县），第250页（汉族，绵竹县），第253页（汉族，大邑县）；川2，第567页（羌族，汶川县）；川5，第8、9页（汉族，灌县）；川17，第15页（汉族，筠连县）；川21，第8页（汉族，平武县）。

陕2，第30、33、49、56、57、65、106页（汉族，渭滨区），第34、55、92页（汉族，岐山县），第49页（汉族，宝鸡县）。

综1，第174—175页（汉族，四川省筠连县）；综4，第226页（满族，黑龙江省宁安县）；综7，第177页（汉族，河南省温县），第178页（汉族，河南省）。

1601.2　文化英雄鞭百草而辨别草药。

参照：161.7，186.1，222.14.2。

出处：

古代文献：

《搜神记》卷一、《述异记》卷下（神农鞭百草）。

口承神话：

川1，第250页（汉族，绵竹县）。

陕2，第54页（汉族，岐山县）。

1601.3　文化英雄栽培中草药。

出处：

口承神话：

川1，第217页（汉族，成都市东城区）。

1601.4　文化英雄发现茶。

参照：253。

出处：

口承神话：

浙44，第20页（汉族，绍兴县）。

川1，第215页（汉族，都江堰市），第247页（汉族，高县），第254页（汉族，大邑县）；川5，第8页（汉族，灌县）；川17，第15页（汉族，筠连县）；川21，第8页（汉族，平武县）。

1601.5　文化英雄发现姜能治病。

出处：

口承神话：

陕2，第65、106页（汉族，渭滨区），第75页（汉族，宝鸡县）。

1602　文化英雄炼丹治病。

出处：

口承神话：

综7，第261页（汉族，河南省灵宝县）。

1603　文化英雄逼迫雷神说出治病的药。

出处：

口承神话：

川2，第314页（藏族，凉山州）；川22，第35页（彝族，屏山县）。

1604　药兽帮助文化英雄识别草药。

参照：186.2，1735.3。

出处：

口承神话：

川1，第9页（汉族，灌县），第252页（汉族，都江堰市），第253页（汉族，大邑县）。

陕2，第51页（汉族，渭滨区）。

1605　神吐出草药并教给人治病的方法。

出处：

口承神话：

川1，第246页（汉族，巴县）。

1606　针灸的发明。

出处：

古代文献：

《太平御览》卷七百二十一《方术部二·医一》引《帝王世纪》（伏羲"尝百药而制九针"）。

口承神话：

陕6，第214页（汉族，华县）。

1609　中草药的起源——其他母题。

1609.1　神药变成草药。

出处：

口承神话：

藏1，第8页（珞巴族，墨脱县）。

1610　文字的起源。

对照：汤A1484.2　字母的起源。

1611　符号的起源。

1611.1　文化英雄教民结绳记事。

出处：

古代文献：

《周易·系辞下》（"上古结绳而治，后世圣人易之以书契"）。

口承神话：

冀5，第20页（汉族，藁城县）。

综1，第191—192页（汉族，河南省）。

1611.2　文化英雄教民刻木记事。

出处：

口承神话：

综1，第156页（苗族，贵州省东北部）。

1612　文化英雄发明文字。

参照：254。

对照：汤A541.1　文化英雄发明并教授爱尔兰语。

出处：

古代文献：

《世本·作篇》（"沮诵仓颉作书"）；《淮南子·本经训》、《汉学堂知足斋丛书》下《通纬》辑《春秋元命苞》（仓颉作书，天为雨粟，鬼为夜哭）。

口承神话：

冀5，第20页（汉族，藁城县）；冀18，第49页（汉族，宣化县）。

辽44，第89页（满族，新宾县）。

浙9，第16页（汉族，东阳县）；浙28，第19页（汉族，临安县）；浙49，第21页

（汉族，泰顺县）。

豫 14，第 15 页（汉族，武陟县）；豫 32，第 64 页（汉族，桐柏县）；豫 38，第 152 页（汉族，项城县）。

川 1，第 266 页（汉族，巴县）；川 7，第 2 页（汉族，彭县）。

陕 2，第 31、106 页（汉族，渭滨区）；陕 7，第 4、7 页（汉族，蓝田县）；陕 8，第 9、12 页（汉族，白水县）。

综 1，第 191—192 页（汉族，河南省）；综 7，第 21 页（汉族，河南省桐柏盘古山区）。

1612.1　象形文字的起源。

出处：

古代文献：

《汉学堂知足斋丛书》下《通纬》辑《春秋元命苞》（仓颉"穷天地之变，仰观奎星圆曲之势，俯察龟文鸟羽山川，指掌而创文字"）。

口承神话：

川 1，第 273 页（纳西族，德昌县）；川 2，第 955 页（纳西族，木里县）。

1612.2　造字过程中的争吵。文化英雄因为对某些字有不同意见而发生争吵。

出处：

口承神话：

川 1，第 267 页（汉族，巴县）。

1613　文字从动物处得来。

1613.1　动物教人文字。

出处：

口承神话：

川 1，第 270 页（彝族，德昌县）。

1613.2　人从蛇那里得到文字。

出处：

口承神话：

综 1，第 126 页（佤族，云南省沧源县）。

1614　神赐予人类文字。

出处：

口承神话：

川 20，第 105 页（汉族，南川县）。

综 1，第 194 页（傣族，云南省）。

1614.1　天神教汉族人认字。

出处：

口承神话：

川 1，第 272 页（纳西族，德昌县）；川 2，第 28 页（藏族，木里县），第 827 页（苗族，盐边县），第 955 页（纳西族，木里县）。

1614.2　天神教苗族人认字。

出处：

口承神话：

川 2，第 827 页（苗族，盐边县）。

1614.3　天神教彝族人认字。

出处：

口承神话：

川 2，第 828 页（苗族，盐边县）。

1614.4　天神教藏族人认字。

出处：

口承神话：

川 1，第 272 页（纳西族，德昌县）；川 2，第 28 页（藏族，木里县），第 955 页（纳西族，木里县）。

1614.5　天神给人类经书。

出处：

口承神话：

川 2，第 857 页（苗族，珙县）。

1615　为什么有的民族没有文字。起初与其他民族一样有文字，后来由于某种原因失去了文字。

1615.1　苗族的书被风卷入了大海，因此失去了文字。

出处：

口承神话：

川 2，第 828 页（苗族，盐边县）。

1615.2　记有文字的载体被吃掉，从此失去文字。

出处：

口承神话：

综 1，第 126 页（佤族，云南省沧源县），第 194 页（傣族，云南省）。

1615.2.1　苗族的书被牛偷吃，因此失去了文字。

出处：

口承神话：

川 2，第 857 页（苗族，珙县）。

1616 为什么各民族的文字不一样。起初，各民族的文字都是一样的，由于某种原因，后来出现了差异。

出处：

口承神话：

综 1，第 194 页（傣族，云南省）。

1617 文字特点的起源。

1617.1 为什么汉字一字一音，是表义字。因为天神看汉族人记性好，就给汉族人创造了许多文字。

出处：

口承神话：

川 1，第 272 页（纳西族，德昌县）；川 2，第 28 页（藏族，木里县）。

1617.2 为什么汉人的经书竖着写。因为汉人向神要经书时点了头，神就把汉族经书竖着写。

出处：

口承神话：

川 1，第 272 页（纳西族，德昌县）；川 2，第 28 页（藏族，木里县），第 955 页（纳西族，木里县）。

1617.3 为什么藏文一字多音，是表音字。因为天神看藏族人记性不好，就给藏族人创造了几十个字。

出处：

口承神话：

川 1，第 272 页（纳西族，德昌县）；川 2，第 28 页（藏族，木里县）。

1617.4 为什么藏人的经横着写。因为藏人向神要经书时摇了头，神就把藏族经书横着写。

出处：

口承神话：

川 1，第 272 页（纳西族，德昌县）；川 2，第 28 页（藏族，木里县），第 955 页（纳西族，木里县）。

1617.5 为什么纳西文是象形字。因为纳西人错过了向天神学字的机会，自己依照各种形象造了字。

出处：

口承神话：

川 1，第 273 页（纳西族，德昌县）；川 2，第 28 页（藏族，木里县），第 955 页（纳西族，木里县）。

1620　语言的起源。

参照：1059.7。

对照：汤 A1482　语言的起源。汤 A1616　特定语言的起源。

1621　语言起源于不说话的人被烫后发出声音。

出处：

口承神话：

川 1，第 28 页（彝族，德昌县）；川 22，第 32 页（彝族，屏山县）。

综 1，第 306 页（普米族，云南省宁蒗县，四川省西昌市、木里县）。

1622　不说话的人被烫后发出不同的声音，从此出现了不同的语言。

出处：

口承神话：

川 1，第 115 页（彝族，冕宁县），第 138、148 页（彝族，峨边县），第 170 页（苗族，兴文县），第 190 页（傈僳族，德昌县）；川 2，第 293 页（彝族），第 297 页（彝族，峨边县），第 301 页（彝族，石棉县），第 823 页（苗族，兴文县），第 936 页（傈僳族，德昌县）。

综 1，第 52 页（彝族，云南省罗平县、宣成县），第 298—299 页（拉祜族，云南省澜沧县）。

1623　人喝了天神给的水，开始或继续保持会说话的能力。

出处：

口承神话：

浙 1，第 372 页（汉族，安吉县）；浙 11，第 3 页（汉族，奉化市）；浙 16，第 504 页（汉族，海盐县）；浙 31，第 268 页（汉族，龙游县）；浙 61，第 9 页（汉族，新昌县）；浙 63，第 282 页（汉族，鄞县）；浙 72，第 19 页（汉族，诸暨县）。

豫 11，第 12 页（汉族，开封县）；豫 20，第 14 页（汉族，平舆县）；豫 33，第 248 页（汉族，桐柏县）。

桂 4，第 106 页（汉族，玉林市）。

川 1，第 185 页（蒙古族，盐源县）；川 2，第 946 页（蒙古族，盐源县）；川 16，第 2 页（汉族，金川县）；川 18，第 145 页（汉族，洪雅县）。

1623.1　人没有喝天神给的"哑水"，所以还会说话。

参照：162.3。

出处：

口承神话：

豫2，第14页（汉族，郸城县）。

1624 神只允许人会说话，而其他动物则不能。

参照：162.3。

出处：

口承神话：

浙6，第278页（汉族，慈溪市）。

1625 始祖改正不孝顺的毛病后，其后代开始说话。

出处：

口承神话：

川1，第181页（纳西族，木里县）；川2，第951页（纳西族，木里县）。

1626 始祖举行祭天仪式后，其后代开始说话。

出处：

口承神话：

川2，第953页（纳西族，木里县）。

1627 语言起源过程中动物的帮助。

出处：

口承神话：

川22，第31页（彝族，屏山县）。

1627.1 狗上天偷听始祖的后代不能说话的秘密。

出处：

口承神话：

川2，第953页（纳西族，木里县）。

1627.2 蝙蝠上天偷听始祖的后代不能说话的秘密。

出处：

口承神话：

川2，第953页（纳西族，木里县）。

1627.3 鸟上天偷听始祖的后代不能说话的秘密。

出处：

口承神话：

川1，第115页（彝族，冕宁县），第138、148页（彝族，峨边县）；川2，第297页

（彝族，峨边县）；川22，第31页（彝族，屏山县）。

1627.4　青蛙帮助人类喝到"智慧之水"。

出处：

口承神话：

浙11，第3页（汉族，奉化市）；浙16，第504页（汉族，海盐县）；浙31，第268页（汉族，龙游县）；浙63，第282页（汉族，鄞县）；浙72，第19页（汉族，诸暨县）。

豫11，第12页（汉族，开封县）；豫20，第14页（汉族，平舆县）；豫33，第248页（汉族，桐柏县）。

桂4，第106页（汉族，玉林市）。

川16，第1页（汉族，金川县）；川18，第145页（汉族，洪雅县）。

1630　民族语言的起源。

对照：汤A1616　特定语言的起源。

1631　汉语的起源。源于天神的规定。

出处：

口承神话：

川2，第828页（苗族，筠连县）。

1632　苗语的起源。源于天神的规定。

出处：

口承神话：

川2，第828页（苗族，筠连县）。

1633　彝语的起源。源于天神的规定。

出处：

口承神话：

川2，第828页（苗族，筠连县）。

1650　文学艺术的起源。

对照：汤A1460　艺术的获得。汤A1464　文学艺术的起源。

1651　歌舞音乐的起源。

对照：汤A1461　音乐的获得。汤A1462　舞蹈的起源。

出处：

古代文献：

《世本·作篇》（"夔作乐"）；《楚辞·大招》王逸注（伏羲作瑟，造《驾辩》之曲）；《吕氏春秋·季夏纪第六·音初》（东音、南音、西音、北音之始）。

1651.1　礼乐的起源。文化英雄发明礼乐。

出处：

口承神话：

陕7，第8页（汉族，蓝田县）。

1651.1.1　十二律和五音的发明。

出处：

古代文献：

《吕氏春秋·仲夏纪第五·古乐》（伶伦制十二律，和五音）。

1651.2　舞狮子的起源：为了纪念保护人类的狮子。

出处：

口承神话：

综7，第161页（汉族，河南省驻马店市）。

1651.3　羌族跳锅庄舞的起源：庆祝火的获得。

出处：

口承神话：

川1，第240页（羌族，茂县）；川2，第569页（羌族，汶川县）。

综1，第153页（羌族，四川省茂县）。

1651.4　藏族跳锅庄舞的起源。

出处：

口承神话：

川1，第206页（藏族，木里县）；川2，第8页（藏族，木里县）。

1651.5　壮族歌墟的起源。

出处：

口承神话：

综4，第192页（壮族，广西壮族自治区都安县、东兰县）。

1652　戏曲的起源。

1652.1　角抵戏的起源。人效法神的角抵之象，头戴牛角而相抵。

出处：

古代文献：

《述异记》卷上（"蚩尤戏"）。

1653　乐器的发明。

参照：263。

1653.1　琴的发明。

对照：汤 A1461.1　小提琴的起源。汤 A1461.2　七弦琴的起源。汤 A1461.2.1　竖琴的起源。汤 A1461.3　风琴的起源。

出处：

古代文献：

《世本·作篇》（伏羲作琴）。

1653.1.1　文化英雄发明用梧桐木制瑶琴。

出处：

口承神话：

川 1，第 265 页（汉族，巴县）。

1653.2　瑟的发明。

出处：

古代文献：

《世本·作篇》（伏羲作瑟）；《楚辞·大招》王逸注（伏羲作瑟，造《驾辩》之曲）。

1653.3　钟的发明。

出处：

古代文献：

《世本·作篇》（"颛顼命飞龙氏铸洪钟，声振而远"）。

1653.4　鼓的发明。

对照：汤 A2824　鼓的起源。

出处：

古代文献：

《世本·作篇》（夷作鼓）；《吕氏春秋·仲夏纪第五·古乐》（倕作鼓）。

口承神话：

冀 6，第 212 页（汉族，藁城县）。

综 1，第 196 页（汉族，浙江省湖州市），第 207 页（瑶族，广西壮族自治区金秀县）。

1653.5　笙簧的发明。

出处：

古代文献：

《世本·作篇》（女娲作笙簧；随作笙）。

口承神话：

浙3，第70页（汉族，长兴县）。

综1，第196页（汉族，浙江省湖州市）。

1653.6　箫的发明。

出处：

古代文献：

《通典》卷一百四十四《乐四》引《世本》（"舜所造"）。

口承神话：

豫14，第14页（汉族，武陟县）；豫32，第66页（汉族，桐柏县）。

1653.7　三弦的发明。

出处：

口承神话：

豫18，第9页（汉族，南召县）。

1653.8　其他乐器的发明。

出处：

古代文献：

《世本·作篇》（磬、埙、竽）；《风俗通义》卷六《声音》（埙、管、磬等）；《拾遗记》卷一（春皇庖牺均土为埙）。

1654　书法艺术的起源。

1654.1　砚台的起源。开天地时的碎蛋壳变成砚台。

出处：

口承神话：

综7，第6页（汉族，河南省太行山区）。

1655　绘画的发明。

出处：

古代文献：

《世本·作篇》（"史皇作图"）；《世本·作篇》张澍稡集补注本（"史皇作画"）。

1656　游艺的发明。

对照：汤A1468.1　国际象棋游戏的发明。

1656.1　围棋的发明。

出处：

古代文献：

《世本·作篇》（"尧作围棋"）。

口承神话：

陕 2，第 60 页（汉族，渭滨区）。

1656.2　蹴鞠的发明。

对照：汤 A1495.1　球类游戏的起源。

出处：

古代文献：

《太平御览》卷七百五十四《工艺部十一·博》引《别录》（黄帝作蹴鞠）。

1660　时间的划分。

参照：563，565。

对照：汤 A1485　人类如何知道计算时间和季节。

1661　季节的划分。神将一年划分为四季。

参照：563。

对照：汤 A1150　季节的划分。

出处：

口承神话：

冀 6，第 411 页（汉族，藁城县）。

辽 5，第 98 页（汉族，平山区）。

浙 11，第 7 页（汉族，奉化市）；浙 17，第 1 页（汉族，黄岩市）；浙 66，第 199 页（汉族，余杭县）。

桂 5，第 3 页（苗族，隆林县）。

川 4，第 77 页（汉族，北川县）。

陕 1，第 121 页（汉族，陇县）；陕 10，第 11 页（汉族，乾县）。

综 1，第 220 页（彝族，贵州省威宁县），第 293（拉祜族，云南省澜沧县）；综 4，第 44 页（苗族），第 93、111、166、182 页（彝族，贵州省）。

1662　一年有三百六十五天的来历。

1662.1　世界大灾难时始祖放在乌龟肚子里三百六十五个馍，一天吃一个，正好吃了一年。

出处：

口承神话：

综 7，第 158 页（汉族，河南省项城县）。

1662.1　神补天时形成一年有三百六十五天。

出处：

口承神话：

冀9，第2页（汉族，涉县）。

1662.2　一年的来历：神将从春到冬定为一年。

出处：

口承神话：

桂5，第3页（苗族，隆林县）。

1663　月份的确立。

对照：汤A1160　月份的确立。

1663.1　一年分为十二个月的起源。

出处：

口承神话：

综1，第208页（纳西族，云南省）；综4，第43页（苗族）。

1663.1.1　神将一年划分为十二个月。

出处：

口承神话：

辽5，第98页（汉族，平山区）。

1663.1.2　时间之神生下了十二个月。

出处：

古代文献：

《山海经·海内经》（"噎鸣生岁十有二"）。

1663.1.3　神补天时形成一年有十二个月。

出处：

口承神话：

冀9，第2页（汉族，涉县）。

综1，第292（拉祜族，云南省澜沧县）；综4，第182页（彝族，贵州省）。

1663.1.4　神树长成了十二枝，一年遂分为十二个月。

出处：

口承神话：

综1，第208页（纳西族，云南省）。

1663.2　一月分为三十天的起源。源于神的规定。

出处：

口承神话：

综1，第292（拉祜族，云南省澜沧县）；综4，第43页（苗族），第182页（彝族，贵州省）。

1663.2.1　太阳和月亮每三十天见一面，所以一月有三十天。

出处：

口承神话：

综 1，第 208 页（纳西族，云南省）。

1663.2.2　神将月亮从缺到圆再从圆到缺定为一月。

出处：

口承神话：

桂 5，第 3 页（苗族，隆林县）。

1663.3　闰月的起源。神设置了闰月。

出处：

口承神话：

陕 10，第 11 页（汉族，乾县）。

1664　历法的发明。

出处：

古代文献：

《尚书·尧典》（"乃命羲和，钦若昊天，历象日月星辰，敬授民时"）；《世本·作篇》（"大桡作甲子"）。

1664.1　日历的起源。文化英雄利用植物荣枯作为日历。

出处：

古代文献：

《绎史》卷九《陶唐纪》引《田俅子》（"尧为天子，蓂荚生于庭，为帝成历"）。

1664.2　彝族十月历的起源。

出处：

口承神话：

综 1，第 220—221 页（彝族，贵州省威宁县）。

1665　二十四节气的起源。神把一年分为二十四个节气。

出处：

口承神话：

川 4，第 77 页（汉族，北川县）。

1665.1　神使天地旋转，定出二十四个节气。

出处：

口承神话：

浙 66，第 199 页（汉族，余杭县）。

1665.2 谷雨的起源。因为这天天上下了谷种。

出处:

口承神话:

浙27,第561页(汉族,丽水市);浙32,第207页(汉族,宁海县);浙36,第208页(汉族,浦江县);浙43,第13页(汉族,上虞县)。

1666 属相的起源。

出处:

口承神话:

综4,第44—45页(苗族)。

1666.1 始祖只记了十二种动物的名称,这些动物遂成为计算年岁的十二属相。

出处:

口承神话:

川2,第288页(彝族)。

1666.2 洪水后幸存的人类始祖救起的动物按照被救起的顺序成为十二属相。

出处:

口承神话:

川2,第298页(彝族,石棉县)。

1666.3 神定出十二属相。

出处:

口承神话:

浙41,第142页(汉族,瑞安市)。

1666.4 神树长出了十二片叶子,遂有了十二属相。

出处:

口承神话:

综1,第208页(纳西族,云南省)。

1667 昼夜的确立。

对照:汤A1170 昼夜的起源。

出处:

口承神话:

综4,第44页(苗族),第84页(彝族,云南省楚雄彝族自治州),第93页(彝族)。

1668 一天分为十二个时辰的来历。

出处:

口承神话:

综4，第45页（苗族），第182页（彝族，贵州省）。

1669 时间的划分——其他母题。

1669.1 一天的来历：神规定太阳早上出来、晚上回去为一天。
出处：

口承神话：

桂5，第3页（苗族，隆林县）。

1670 空间的划分。

1671 四方的确立。将空间划分为东、西、南、北四方的开始。

参照：182。

1671.1 蚂蚁创造世界后，头变成四方的，因此天有了东、南、西、北四方。
出处：

口承神话：

川1，第20页（藏族，若尔盖县）；川2，第1页（藏族，若尔盖县）。

1671.2 神死后手和脚变成四方。
出处：

口承神话：

川2，第544页（羌族，北川县）；川4，第156页（藏族，北川县）。

1671.3 神用乌龟稳定大地后，有了东、南、西、北四方。
出处：

口承神话：

川2，第3页（藏族，木里县）。

1671.4 分离天地时从四方撬开或从四方开始，于是有了东、南、西、北。
出处：

口承神话：

浙6，第276页（汉族，慈溪市）。

川2，第271页（彝族，凉山州）；川4，第1页（羌族，北川县）。

1671.5 文化英雄教人分清四方。
出处：

口承神话：

豫2，第24页（汉族，郸城县）。

陕7，第6页（汉族，蓝田县）。

综7，第86页（汉族，河南省）。

1672　四面八方的确立。

出处：

口承神话：

浙16，第4页（汉族，海盐县）。

1673　五方的确立。将空间划分为东、西、南、北、中的开始。

参照：182.1。

1673.1　文化英雄将宇宙空间划分为五方。

出处：

口承神话：

综1，第220页（彝族，贵州省威宁县）。

1700—1899　风俗的起源

1700　婚姻习俗的起源。

对照：汤A1550　求爱和结婚习俗的起源。汤A1555　婚姻习俗的起源。

1701　婚姻制度的起源。

出处：

口承神话：

陕7，第7页（汉族，蓝田县）。

综7，第142页（汉族，河南省密县）。

1701.1　神设立了婚姻制度。

出处：

古代文献：

《世本·作篇》张澍稡集补注本引《古史考》（伏羲制嫁娶）；《路史·后纪二》注引《风俗通义》（女娲置婚姻）。

口承神话：

冀9，第1页（汉族，涉县）。

桂3，第3页（壮族，柳州市）；桂10，第13页（壮族，南宁市）。

川1，第117页（汉族，德昌县）。

陕 2，第 100 页（汉族，宝鸡县）。

综 1，第 239 页（羌族，四川省茂县）；综 7，第 63 页（汉族，河南省太行山区），第 118 页（汉族，河南省淮阳县）。

1701.2　一夫一妻制的起源。

出处：

口承神话：

川 2，第 284 页（彝族，凉山州），第 550 页（羌族，汶川县）。

陕 7，第 7 页（汉族，蓝田县）。

综 1，第 240—241 页（羌族，四川省茂县）；综 7，第 118 页（汉族，河南省淮阳县）。

1701.3　人为什么要找对象结婚。

出处：

口承神话：

川 2，第 284 页（彝族，凉山州），第 285 页（彝族，德昌县）。

综 1，第 6 页（汉族，浙江省东阳县）。

1701.3.1　原来人是长在一起的，后来被神分开。为找到自己的另一半，人需要结婚。

出处：

口承神话：

川 21，第 1 页（汉族，平武县）。

1702　为什么结亲要找媒人。

出处：

口承神话：

川 1，第 203 页（汉族，巴县）；川 2，第 825 页（苗族，木里县）。

1703　单身的起源。因为在造人过程中发生了意外事件，最初的男女均衡被打破。

对照：汤 A1556.2　独身的起源。

出处：

口承神话：

川 1，第 108 页（汉族，双流县）。

综 1，第 7 页（汉族，辽宁省大洼县）。

1704　订婚习俗的起源。神规定以鹿皮为订婚礼物。

出处：

古代文献：

《世本·作篇》张澍稡集补注本引《古史考》、《补史记·三皇本纪》、《路史·后纪一》（伏羲制嫁娶，以俪皮为礼）。

口承神话：

综7，第118页（汉族，河南省淮阳县）。

1704.1　羌族把订婚叫"插花"的起源：向女神致敬。

出处：

口承神话：

川2，第551页（羌族，汶川县）。

综1，第242页（羌族，四川省茂县）。

1705　婚礼的起源。

对照：汤A1555.1　婚礼的起源。

出处：

古代文献：

《礼记·月令》正义引《帝王世纪》、《世本·作篇》张澍稡集补注本引《古史考》、《补史记·三皇本纪》、《拾遗记》卷一（伏羲始制嫁娶之礼）。

口承神话：

川2，第284页（彝族，凉山州），第285页（彝族，德昌县）。

1705.1　婚礼上新娘为什么要蒙红盖头。因为始祖兄妹结婚时，女方因害羞而蒙盖头。

参照：152。

出处：

口承神话：

冀5，第6页（汉族，藁城县）。

浙9，第13页（汉族，东阳县）；浙12，第6页（汉族，富阳县）；浙25，第5页（汉族，兰溪市）；浙28，第5页（汉族，临安县）。

豫45，第2页（汉族，禹州市）。

川4，第202页（汉族，北川县）。

陕11，第449页（汉族，长武县）。

综1，第38页（汉族，浙江省东阳县）。

1705.2　婚礼上新娘为什么要以扇遮面。

出处：

古代文献：

《独异志》卷下《女娲兄妹为夫妇》（女娲"结草为扇，以障其面"）。

1705.3　婚礼上为什么要拜天地。

出处：

口承神话：

冀6，第364页（汉族，藁城县）。

1705.4 婚礼上为什么要给新郎脸上抹灰。因为始祖结婚时，男性始祖脸上抹了灰。

参照：152。

出处：

口承神话：

冀5，第6页（汉族，藁城县）。

1705.5 为什么藏族新娘被送到新郎家时，新郎一定要躲起来。因为当初神结婚时，新郎没躲起来，结果婚姻被破坏。

出处：

口承神话：

川2，第80页（藏族，巴塘县）。

1705.6 为什么傈僳族结婚吃酒时要喊话。

出处：

口承神话：

川2，第936页（傈僳族，德昌县）。

1710 丧葬习俗的起源。

对照：*汤* A1547 丧葬习俗的起源。

1711 葬礼习俗的起源。

出处：

口承神话：

综2，第530页（独龙族）。

1711.1 汉族人葬礼中敲木鱼习俗的起源。

出处：

口承神话：

川2，第857页（苗族，珙县）。

1711.2 为什么丈夫死后女人要哭"爷"。因为作为人类始祖的爷爷和孙女成了亲。

参照：972.2。

出处：

口承神话：

冀18，第4页（汉族，庞家堡区），第6页（汉族，下花园区）。

1711.3　为什么人死后要被敲锣打鼓地送上山。

出处：

口承神话：

川1，第97页（汉族，简阳县）；川14，第1页（汉族，简阳县）。

1711.4　为什么苗族葬礼中要吹芦笙、吹牛角、打牛皮鼓。为了纪念死去的狗祖先。

出处：

口承神话：

川1，第166页（苗族，珙县）；川2，第818、857页（苗族，珙县）。

1711.5　为什么苗族送葬时要用公鸡引路。

出处：

口承神话：

川2，第811页（苗族，马边县）。

1711.6　为什么纳西族葬礼中要牵一头大马。

出处：

口承神话：

川2，第943页（纳西族，木里县）。

1712　土葬习俗的起源。

对照：汤A1591　埋葬的起源。

出处：

口承神话：

浙36，第206页（汉族，浦江县）。

综2，第530页（独龙族）。

1712.1　土葬源于神的规定。

出处：

口承神话：

黑1，第11页（汉族，青冈县）。

浙5，第1页（汉族，淳安县）。

川41，第2页（汉族，资中县）。

1712.2　坟墓的起源。

出处：

古代文献：

《事物纪原》卷九引《黄帝内传》（黄帝"斩蚩尤，因置冢墓"）。

1712.3　汉族人死后要土葬的起源。

出处：

口承神话：

川2，第857页（苗族，筠连县）。

1712.4　苗族人死后要横着埋的起源。

出处：

口承神话：

川2，第857页（苗族，筠连县）。

1713　火葬习俗的起源。

对照：汤A1592　火葬的起源。

1713.1　彝族人死后要烧成灰埋葬的起源。

出处：

口承神话：

川2，第857页（苗族，筠连县）。

1714　棺椁的起源。

出处：

古代文献：

《路史·后纪五》罗苹注（"棺椁之作，自黄帝始"）。

1714.1　棺椁源于神的规定。

出处：

口承神话：

浙5，第429页（畲族，淳安县）。

1714.2　抬棺材为什么用麻绳拴木杠。因为神的诅咒。

出处：

口承神话：

川2，第292页（彝族）。

1714.3　人死后跳"棺材舞"的起源。

出处：

口承神话：

综1，第263页（佤族，云南省西盟县）。

1719　丧葬习俗的起源——其他母题。

1719.1　悬棺葬习俗的起源。

出处：

口承神话：

综 1，第 193 页（汉族，河南省）。

1719.2　纳西族为马举行葬礼的起源。

出处：

口承神话：

川 2，第 943 页（纳西族，木里县）。

1720　其他人生礼仪习俗的起源。

1721　成年礼的起源。

出处：

口承神话：

综 1，第 261 页（纳西族摩梭人，云南省宁蒗县）。

1730　崇拜习俗的起源。

对照：汤 A1546　崇拜的起源。

1731　石崇拜的起源。

出处：

口承神话：

综 1，第 153 页（羌族，四川省茂县）。

1731.1　尊奉石臼或石磨风俗的起源。

出处：

口承神话：

浙 9，第 13 页（汉族，东阳县）。

综 1，第 38 页（汉族，浙江省东阳县）。

1731.2　在门口放石狮子的起源。

出处：

口承神话：

浙 72，第 3 页（汉族，诸暨县）。

川 2，第 829 页（苗族，筠连县）。

1731.3　羌族崇拜白石的起源。

出处：

口承神话：

川 1，第 240 页（羌族，茂县）；川 2，第 554 页（羌族，茂县），第 555 页（羌族，黑水县），第 559、569 页（羌族，汶川县），第 568 页（羌族，松潘县）；川 4，第 200 页（羌族，北川县）。

1731.4　鄂伦春族崇拜奇岩怪石、险峰石洞的起源。

出处：

口承神话：

黑 1，第 35 页（鄂伦春族，呼玛县）。

1732　火崇拜的起源。

对照：汤 A1546.6　火崇拜的起源。

出处：

口承神话：

川 2，第 570 页（羌族，汶川县）。

综 1，第 153 页（羌族，四川省茂县），第 154 页（鄂伦春族，内蒙古自治区鄂伦春自治旗）。

1733　鬼神崇拜的起源。傈僳族为什么崇拜鬼神。因为鬼和人的祖先——南瓜是结在一起的。

出处：

口承神话：

川 1，第 190 页（傈僳族，德昌县）；川 2，第 936 页（傈僳族，德昌县）。

1734　祖先崇拜的起源。为什么有的民族崇拜鸟。因为鸟是他们的祖先。

出处：

口承神话：

川 1，第 85 页（汉族，巴县）。

1734.1　为什么雷姓供奉蛇。因为他们的祖先有的是蛇。

出处：

口承神话：

川 1，第 90 页（汉族，巴县）。

1735　动物崇拜的起源。

对照：汤 A1546.7　动物崇拜的起源。

1735.1　龙崇拜的起源。因为龙治水有功。

出处：

口承神话：

川 1，第 327 页（汉族，都江堰市）。

1735.2　为什么有的民族崇拜老虎。因为老虎帮助他们打败了敌对民族。

出处：

口承神话：

川1，第88页（汉族，巴县）。

1735.3　药铺供石刻药兽的起源。因为药兽在辨识草药的过程中立了大功。

参照：186.2，1604。

出处：

口承神话：

川1，第252页（汉族，都江堰市）；川5，第10页（汉族，灌县）。

陕2，第52页（汉族，渭滨区）。

1736　植物崇拜的起源。

1736.1　彝族把竹或栗树当作祖先一样供奉的起源。

出处：

口承神话：

综1，第49页（彝族，云南省罗平县、宣成县）。

1736.2　鄂伦春族崇拜怪树的起源。

出处：

口承神话：

黑1，第35页（鄂伦春族，呼玛县）。

1740　其他信仰习俗的起源。

1741　占卜的起源。

出处：

古代文献：

《世本·作篇》（羲和作占日，常羲作占月，臾区占星气，巫咸作筮）。

1741.1　八卦的发明。

参照：257。

出处：

古代文献：

《周易·系辞下》；《史记·太史公自序》；《白虎通·号》；《绎史》卷三《太皞纪》引《尸子》；《拾遗记》卷一；《太平御览》卷七十八《皇王部三·太昊庖牺氏》引《春秋内事》。

口承神话：

冀 7，第 236 页（汉族，藁城县）。

浙 7，第 21 页（汉族，德清县）；浙 27，第 40 页（汉族，丽水市）。

陕 7，第 6 页（汉族，蓝田县）。

1741.2　人出门要占卜方向的起源。

出处：

口承神话：

川 2，第 309 页（彝族，凉山州）。

1741.3　用鸟占卜吉凶的起源。

出处：

口承神话：

综 1，第 88 页（卑南族，台湾省台东县）。

1742　祛除仪式的起源。

对照：汤 A1542　宗教舞蹈的起源。

1742.1　驱鬼仪式的起源。

出处：

古代文献：

《论衡·订鬼篇》引《山海经》（黄帝作礼以驱万鬼）；《路史·后纪五》注引《黄帝内传》（"黄帝始傩"）。

1742.1.1　为什么羌族驱鬼时要在三岔路口烧桃枝、柳条和麦草毛人。

出处：

口承神话：

川 2，第 571 页（羌族，汶川县）。

1742.2　纳西族祛除灾祸仪式的起源。

出处：

口承神话：

川 2，第 956 页（纳西族，木里县）。

1743　献祭的起源。

对照：汤 A1540　宗教仪式的起源。汤 A1545　献祭的起源。

1743.1　文化英雄教人献祭。

出处：

口承神话：

黑 1，第 46 页（满族，宁安县）。

1743.2　用猪心、鲜果献祭的起源。为了怀念最初这样做的祖先。

出处：

口承神话：

川1，第171页（苗族，兴文县）；川2，第823页（苗族，兴文县）。

1743.3　为什么用牛做祭品。因为牛在比赛中输了。

出处：

口承神话：

综1，第263页（佤族，云南省西盟县）。

1743.4　用饺子献祭的起源。

出处：

口承神话：

冀5，第323页（汉族，藁城县）。

1743.5　杀狗祭树神的起源。

出处：

口承神话：

综1，第143页（基诺族，云南省景洪县）。

1743.6　用兽头祭木鼓的起源。

出处：

口承神话：

综1，第198页（佤族）。

1743.7　彝族祭祖敬神时要用尖刀草习俗的起源。

出处：

口承神话：

综1，第48—49页（彝族，云南省罗平县、宣成县）。

1743.8　卑南族用鱼、虾和蟹做祭品的由来。

出处：

口承神话：

综1，第87—88页（卑南族，台湾省台东县）。

1744　祭祖习俗的起源。

出处：

口承神话：

综1，第44页（苗族，湖南省湘西地区，贵州省松桃县），第207页（瑶族，广西壮族自治区金秀县）。

1744.1　动物教人祭祖。

出处：

口承神话：

川 2，第 814 页（苗族，珙县）。

1744.1.1　鄂温克人供奉祖先神的起源。

出处：

口承神话：

黑 1，第 39 页（鄂温克族，黑河市）。

1745　祭祀鬼神习俗的起源。

1745.1　祭祀猎神的起源。

出处：

口承神话：

综 1，第 157—158 页（怒族，云南省怒江傈僳族自治州）。

1745.2　藏族给龙王作佛事的起源。给龙王道歉。

出处：

口承神话：

川 2，第 31 页（藏族，木里县）。

1745.3　土家人祭"牛王菩萨"的起源。因为牛在洪水中救了土家人。

出处：

口承神话：

川 2，第 696 页（土家族，黔江县）。

1745.4　供奉火神的起源。

出处：

口承神话：

黑 1，第 37 页（鄂伦春族，逊克县），第 38 页（鄂温克族，讷河县）。

1745.5　满族人祭祀路神习俗的起源。

出处：

口承神话：

黑 1，第 43 页（满族，阿城县）。

1745.6　独龙族祭祀"天鬼"习俗的起源。

出处：

口承神话：

综 1，第 107 页（独龙族，云南省）。

1746　祭天仪式的起源。为了让后代会说话而祭天。

出处：

口承神话：

川2，第953页（纳西族，木里县）。

1747 郊祭、禅祭的起源。

出处：

古代文献：

《路史·后纪一》。

1749 信仰习俗的起源——其他母题。

1749.1 羌族为什么"戊日不动土"。因为这天是造人的日子，动土要伤人生命。

出处：

口承神话：

川2，第547、550页（羌族，汶川县）。

1749.2 "叫谷魂"仪式的起源。

出处：

口承神话：

综1，第165页（基诺族，云南省）。

1749.3 社火的起源。

出处：

口承神话：

陕2，第68页（汉族，渭滨区）。

1749.4 傈僳族祭祀时喊话的起源。

出处：

口承神话：

川2，第936页（傈僳族，德昌县）。

1749.5 祭祀法器的起源。

出处：

口承神话：

综1，第307页（普米族，云南省宁蒗县，四川省西昌市、木里县）。

1750 饮食习俗的起源。

对照：汤 A1510 饮食习俗的起源。

1751　饮食习俗源于错话。由于说错话或者听错话，造成了后世的饮食风俗。

1751.1　饮食习俗源于神传错话。人为什么一天吃三顿饭，因为神把"三天吃一顿饭"或"三打扮一吃饭"错传成了"一天吃三顿饭"或"三吃饭一打扮"。

参照：1059.8。

对照：艾77型　牛。汤 A1511.1　就餐次数是由于从上帝那里错传了消息。

出处：

口承神话：

冀2，第605页（汉族，承德县）；冀3，第279页（汉族，抚宁县）；冀7，第616页（汉族，藁城县）；冀10，第132页（汉族，涉县）；冀12，第419页（汉族，高邑县）；冀14，第229页（汉族，武安县）；冀17，第138页（汉族，宣化区）；冀18，第35页（汉族，茶坊区），第36页（汉族，庞家堡区）。

黑1，第463页（汉族，绥滨县）。

辽32，第259页（汉族，沙河口区）；辽33，第752页（汉族，大东区）。

浙5，第495页（汉族，淳安县）；浙6，第282页（汉族，慈溪市）；浙8，第206页（汉族，定海区）；浙13，第185页（汉族，拱墅区）；浙15，第102页（汉族，海曙区）；浙21，第112页（汉族，江东区）；浙27，第560页（汉族，丽水市）；浙43，第13页（汉族，上虞县）；浙44，第12页（汉族，绍兴县）；浙59，第200页（汉族，象山县）；浙63，第163、284页（汉族，鄞县）；浙66，第199页（汉族，余杭县）；浙68，第216页（汉族，玉环县）；浙69，第143页（汉族，越城区）。

豫1，第282页（汉族，淅川县）；豫4，第89页（汉族，扶沟县）；豫23，第1页（汉族，杞县）；豫25，第7页（汉族，汝南县）；豫32，第52页（汉族，桐柏县）；豫37，第89页（汉族，淅川县）。

桂8，第5页（汉族，钦州市）；桂11，第57页（壮族，大新县）；桂13，第78页（汉族，合山市）；桂15，第123页（汉族，扶绥县）。

川1，第219页（汉族，巴县）；川2，第939页（傈僳族，德昌县）；川3，第133页（汉族，安县）；川7，第7页（汉族，彭县）；川13，第200页（汉族，涪陵市）；川18，第130页（汉族，洪雅县）；川20，第139页（汉族，江北区），第82、84页（汉族，南川县）；川21，第3、7页（汉族，平武县）；川33，第66页（汉族，大足县）；川36，第7、8页（汉族，綦江县）。

陕1，第64页（汉族，宝鸡县）；陕3，第119页（汉族，凤县）；陕6，第179页（汉族，华县）；陕8，第340页（汉族，潼关县）；陕9，第28页（汉族，西乡县）；陕11，第357页（汉族，长武县）。

1751.2　饮食习俗源于狗传错话。狗把"冬天吃一顿，夏天吃两顿"错传成了"冬天吃两顿，夏天吃三顿"。

出处：

口承神话：

冀2，第603页（汉族，双滦区）。

1751.2.1 为什么饮食秩序是"人吃最好的，人吃剩的给狗，狗吃剩的给猪"。因为天狗错传了天神的话。

出处：

口承神话：

辽57，第244页（蒙古族，喀左县）。

1751.2.2 为什么人吃饭，狗喝汤。因为狗把"人喝米汤狗吃饭"传错了。

出处：

口承神话：

辽4，第172页（汉族，本溪市）；辽10，第106页（汉族，大洼县）；辽34，第302页（满族，和平区）；辽58，第6页（蒙古族，建昌县）。

1751.2.3 为什么人吃饭，狗吃屎。因为狗把"人吃屎狗吃饭"错传成"人吃饭狗吃屎"。

参照：2123.9。

出处：

口承神话：

辽1，第476页（汉族，北票市）；辽58，第6页（蒙古族，建昌县）。

1751.3 饮食习俗源于屎壳郎传错话。它把"三日一餐，每夜一宿"错传成了"一日三餐夜一宿"。

出处：

口承神话：

桂2，第3页（汉族，钟山县）；桂10，第21页（壮族，南宁市）；桂12，第110页（壮族，凭祥市）；桂11，第97页（壮族，大新县）。

1751.4 蒙古人为什么爱吃馍馍。神诅咒蒙古人的始祖年年吃"巴巴"（即什么也吃不上），结果始祖误解为吃馍馍。

出处：

口承神话：

综1，第66—67页（蒙古族，四川省木里县）。

1752 饮食习俗源于神的规定。

出处：

口承神话：

浙68，第18页（汉族，玉环县）。

川4，第54页（汉族，北川县）。

1752.1 创世者让始祖挖动物给他们的孩子吃。

出处：

口承神话：

川 1，第 190 页（傈僳族，德昌县）；川 2，第 936 页（傈僳族，德昌县）。

1753　饮食习俗源于奖赏。

1753.1　为什么人要把饭食给狗吃。是因为狗在神收回人间的粮食时帮助了人类。

参照：1125.2。

出处：

口承神话：

冀 2，第 604 页（汉族，双滦区）。

辽 21，第 389、397 页（汉族，建昌县）；辽 58，第 6 页（蒙古族，建昌县）。

浙 25，第 217 页（汉族，兰溪市）。

豫 18，第 362 页（汉族，南召县）；豫 25，第 9 页（汉族，汝南县）；豫 30，第 119 页（汉族，汤阴县）。

川 2，第 26、102 页（白马藏族，平武县白马乡）。

综 1，第 103 页（白马藏族，四川省平武县）。

1753.1.1　因为狗盗取谷种有功，所以人要把饭食给狗吃。

参照：1446.1.1，1447.1。

出处：

口承神话：

冀 3，第 571 页（汉族，抚宁县）。

辽 12，第 193 页（满族，凤城县）。

浙 31，第 636 页（汉族，龙游县）。

豫 32，第 55 页（汉族，桐柏县）；豫 38，第 398 页（汉族，项城县）。

桂 5，第 62 页（仡佬族，隆林县）。

川 1，第 79 页（汉族，德昌县），第 210 页（苗族，筠连县）；川 2，第 24 页（藏族，马尔康县），第 279 页（彝族，盐边县），第 565 页（羌族，松潘县），第 727 页（土家族，酉阳县）；川 4，第 48 页（汉族，北川县）；川 5，第 168 页（汉族，灌县）；川 8，第 141 页（汉族，邛崃县）；川 18，第 119 页（汉族，洪雅县）；川 25，第 146 页（汉族，射洪县）；川 26，第 189 页（汉族，西昌市）；川 30，第 8 页（汉族，营山县）；川 36，第 5 页（汉族，綦江县）。

综 1，第 135 页（仡佬族，贵州省关岭县），第 161 页（壮族，广西壮族自治区龙州县）。

1753.1.2　因为狗帮助人类寻找到粮食，所以割稻时要请狗"尝新米"。

参照：1446.1.1，1447.1。

出处：

口承神话：

豫38，第398页（汉族，项城县）。

川5，第168页（汉族，灌县）；川6，第98页（汉族，龙泉驿区）；川8，第141页（汉族，邛崃县）；川12，第88页（汉族，达县）；川18，第119页（汉族，洪雅县）；川22，第26页（汉族，屏山县）；川26，第189页（汉族，西昌市）；川30，第8页（汉族，营山县）；川33，第73页（汉族，大足县）；川37，第1页（汉族，荣昌县）；川38，第5页（汉族，沙坪坝区）；川41，第51页（汉族，资中县）；川42，第322页（汉族，自贡市）。

1753.1.3　因为狗原先的长寿命被换给了人，所以人要把饭食给狗吃。

参照：1102.1，1756.1。

出处：

口承神话：

川1，第186页（蒙古族，盐源县）；川2，第947页（蒙古族，盐源县）。

综1，第261页（纳西族摩梭人，云南省宁蒗县）。

1753.1.4　因为狗先吃什么预示着来年粮食的丰收，所以人要把饭食给狗吃。

出处：

口承神话：

川2，第827页（苗族，马边县）。

1753.2　为什么人要将粮食给鸟雀吃。因为在人出世或逃避灾难的过程中，鸟雀帮助过人类。

出处：

口承神话：

川2，第809页（苗族，筠连县）。

综1，第24页（佤族，云南省西盟县），第48页（彝族，云南省罗平县、宣成县）。

1753.2.1　因为鸟雀在寻找粮种或保留粮种时帮了忙，所以人要将粮食给鸟雀吃。

参照：1446.1.3，1447.2。

出处：

口承神话：

冀2，第624页（汉族，双滦区）；冀3，第571页（汉族，抚宁县）；冀4，第159页（汉族，藁城县）；冀14，第136页（汉族，武安县）；冀16，第469页（汉族，邢台市）；冀18，第34、40页（汉族，宣化县）。

辽57，第243页（蒙古族，喀左县）。

浙8，第11页（汉族，定海区）；浙9，第289页（汉族，东阳县）；浙17，第203页（汉族，黄岩市）；浙23，第217页（汉族，缙云县）；浙26，第3页（汉族，乐清县）；浙34，第3页（汉族，平湖县）；浙43，第11页（汉族，上虞县）；浙44，第16

页（汉族，绍兴县）；浙55，第8页（汉族，武义县），第301页（畲族，武义县）；浙59，第177页（汉族，象山县）。

豫25，第9页（汉族，汝南县）。

川1，第79页（汉族，德昌县）；川26，第189页（汉族，西昌市）。

1753.3　为什么人要将剩饭给苍蝇吃。因为在人出世或寻找粮食的过程中，苍蝇帮助过人类。

参照：1446.1.5，1447.10。

出处：

口承神话：

冀14，第136页（汉族，武安县）。

豫25，第9页（汉族，汝南县）。

综1，第24—25页（佤族，云南省西盟县）。

1753.4　为什么人要将粮食分给老鼠吃。因为在人出世、逃避洪水或被天神收回粮食的过程中，老鼠帮助过人类。

参照：1446.1.2，1447.7。

对照：汤A2223.3　老鼠为人收集稻米：所以可以每天吃一点稻米。

出处：

口承神话：

浙8，第11页（汉族，定海区）；浙23，第202页（汉族，缙云县）；浙24，第123页（汉族，开化县）；浙26，第3页（汉族，乐清县）；浙31，第636页（汉族，龙游县）；浙43，第11页（汉族，上虞县）；浙52，第4页（汉族，桐乡县）；浙55，第8页（汉族，武义县）；浙59，第177页（汉族，象山县）。

综1，第25页（佤族，云南省西盟县），第48页（彝族，云南省罗平县、宣成县）。

1753.5　为什么人要将粮食给猫吃。因为猫帮助人类得到了智慧或粮食。

出处：

口承神话：

浙2，第192页（汉族，苍南县）。

川1，第132页（藏族，金川县）；川2，第29页（藏族，金川县）。

1753.6　为什么人要将剩饭给猪吃。因为猪在人寻找粮种时帮过忙。

参照：1447.6。

出处：

口承神话：

豫32，第55页（汉族，桐柏县）。

川1，第79页（汉族，德昌县）。

1753.7　为什么人要将新米给牛吃。因为牛对人的帮助。

参照：1447.8。

出处：

口承神话：

川1，第220页（汉族，巴县）。

1753.8　为什么人要将粮食给蚂蚁吃。因为蚂蚁帮助人类找到粮食。

参照：1446.1.6，1447.3。

出处：

口承神话：

冀4，第159页（汉族，藁城县）；冀14，第136页（汉族，武安县）。

豫25，第9页（汉族，汝南县）。

1754　饮食习俗源于诅咒。

出处：

口承神话：

综1，第66—67页（蒙古族，四川省木里县）。

1755　饮食习俗源于模仿。藏族人学神的样子吃糌粑和酥油茶。

出处：

口承神话：

川2，第11页（藏族，木里县）。

1755.1　为什么蒙古人吃糌粑，喝酥油茶。向神学的。

出处：

口承神话：

综1，第70页（藏族，四川省木里县）。

1756　饮食禁忌的起源。

对照：汤A1517　饮食禁忌的起源。

1756.1　蒙古族人为什么不吃狗肉。因为狗把它的长寿命换给了人。

参照：1102.1，1753.1.3。

出处：

口承神话：

川1，第186页（蒙古族，盐源县）；川2，第947页（蒙古族，盐源县）。

1756.2　苗人为什么不吃狗肉。因为狗是苗族人的祖先。

参照：1341.5。

出处：

口承神话：

川2，第820页（苗族，酉阳县）。

1756.3　苗族人为什么不吃蛇肉。因为苗族的祖先龙头犬身。

出处：

口承神话：

川 2，第 821 页（苗族，酉阳县）。

1756.4　回族为什么不吃猪肉。因为回族人认为猪是不洁之物。

出处：

口承神话：

辽 48，第 107 页（回族，新民县）。

1756.5　藏族、纳西族为什么不吃马肉。源于神的规定。

出处：

口承神话：

综 1，第 140 页（纳西族，四川省木里县）。

1759　饮食习俗的起源——其他母题。

1759.1　为什么四月初八吃"乌饭"。为了给牛过生日。

出处：

口承神话：

浙 32，第 17 页（汉族，宁海县）；浙 48，第 236 页（畲族，遂昌县）。

1759.2　傈僳族吃南瓜时为什么不准拦腰砍。因为人是从南瓜里生出来的。

出处：

口承神话：

川 1，第 190 页（傈僳族，德昌县）；川 2，第 936 页（傈僳族，德昌县）。

1760　服饰习俗的起源。

1761　人为什么要穿衣裳。

参照：1593。

出处：

口承神话：

综 1，第 5 页（汉族，河南省）。

1761.1　人要穿衣裳是因为人的毛被拔光或烧光了。

出处：

口承神话：

豫 38，第 8 页（汉族，项城县）。

川1，第131页（藏族，金川县）；川2，第29页（藏族，金川县）。

1761.2 创世者让始祖用树叶为后代遮身。

出处：

口承神话：

川1，第190页（傈僳族，德昌县）；川2，第936页（傈僳族，德昌县）。

1761.3 始祖吃了禁果后开始穿衣裳。

出处：

口承神话：

浙63，第281页（汉族，鄞县）。

综7，第167页（汉族，河南省沈丘县）。

1761.4 始祖教人穿衣裳。

出处：

口承神话：

川1，第110页（汉族，都江堰市）；川5，第6页（汉族，灌县）。

1762 特定服饰习俗的起源。

1762.1 妇女穿裙子的起源。

出处：

口承神话：

川1，第206页（藏族，木里县）；川2，第8页（藏族，木里县）。

1762.2 妇女为什么要戴手镯。模仿人类的女性始祖。

出处：

口承神话：

川2，第948页（蒙古族，木里县）。

1762.3 下雨天穿蓑衣的起源。始祖把最初的蓑衣给了农民。

出处：

口承神话：

川1，第261页（汉族）。

1762.4 羌族妇女为什么穿长衣。神给羌族始祖长衣。

出处：

口承神话：

川1，第236页（羌族，茂县）；川2，第568页（羌族，汶川县）。

综1，第149—150页（羌族，四川省茂县）。

1762.5 蒙古人为什么穿麻布衣服。源于诅咒。

出处：

口承神话：

综1，第67页（蒙古族，四川省木里县）。

1762.6　瑶族人为什么缠头巾，裹脚套。

出处：

口承神话：

综1，第206页（瑶族，广西壮族自治区金秀县）。

1762.7　普米族男人穿裙子的起源。

出处：

口承神话：

综1，第307页（普米族，云南省宁蒗县，四川省西昌市、木里县）。

1763　人的服饰习俗源于传错话。

1763.1　人的衣服为什么三天一换。因为牛或猪把"一天换三次"错传成"三天换一次"。

出处：

口承神话：

冀10，第132页（汉族，涉县）。

川2，第939页（傈僳族，德昌县）。

1763.2　人为什么一天一打扮。因为牛把"三打扮一吃饭"错传成了"三吃饭一打扮"。

出处：

口承神话：

冀17，第138页（汉族，宣化区）；冀18，第35页（汉族，茶坊区），第36页（汉族，庞家堡区）。

1770　居住习俗的起源。

1771　穴居的起源。

出处：

口承神话：

综1，第222页（满族，吉林省长春市）。

1772　村庄的起源：源于神的尸体化生。

参照：276。

出处：

口承神话：

综4，第250页（白族）。

1773．城市的起源：源于神的尸体化生。

参照：276。
出处：
口承神话：
综4，第250页（白族）。

1774　人为什么允许蜘蛛在屋檐下结网。因为在人出世的过程中，蜘蛛帮助过人类。

出处：
口承神话：
综1，第25页（佤族，云南省西盟县）。

1775　为什么建立新寨子时要撒灰糠、倒顶三脚、敲锣鼓、请护寨女神。

出处：
口承神话：
综1，第265页（哈尼族，云南省）。

1776　人为什么住在平原、山坡。因为神的安排。

出处：
口承神话：
桂10，第4页（壮族，南宁市）。

1780　农业生产习俗的起源。

1781　割稻时要请神仙"尝新米"的起源。

出处：
口承神话：
浙9，第289页（汉族，东阳县）；浙55，第301页（畲族，武义县）。

1782　除草时唱薅草锣鼓的起源。

出处：
口承神话：
川21，第5页（汉族，平武县）。

1783　为什么布谷鸟来时才种青稞。因为布谷鸟为人找来青稞种子，所以约定要等它来时才种。

参照：1447.5，1467.3。

出处：

口承神话：

川2，第25页（藏族，若尔盖县）。

1784　为什么割下青稞要人背回来。因为布谷鸟是把青稞种子背回来的。

出处：

口承神话：

川2，第25页（藏族，若尔盖县）。

1790　岁时节日的起源。

对照：汤A1530　社会性庆典的起源。

1791　春节的起源。

出处：

口承神话：

浙6，第255页（汉族，慈溪市）。

豫2，第196页（汉族，郸城县）；豫21，第166页（汉族，濮阳县）。

1791.1　春节时放鞭炮的起源。为了赶走怪兽"年"或"夕"。

出处：

口承神话：

冀12，第334页（汉族，高邑县）。

辽1，第470页（汉族，北票市）。

浙7，第307页（汉族，德清县）；浙31，第538页（汉族，龙游县）；浙32，第213页（汉族，宁海县）；浙66，第250页（汉族，余杭县）。

豫18，第408页（汉族，南召县）；豫20，第248页（汉族，平舆县）；豫25，第253页（汉族，汝南县）；豫33，第320页（汉族，桐柏县）；豫36，第235页（汉族，息县）；豫39，第71页（汉族，新县）。

陕5，第251页（汉族，户县）。

1791.1.1　"年""祟"或"夕"是怪兽。

出处：

口承神话：

冀5，第305页（汉族，藁城县）；冀12，第334页（汉族，高邑县）；冀16，第433页（汉族，邢台市）。

辽1，第470页（汉族，北票市）；辽21，第349页（蒙古族，建昌县）；辽39，第397页（汉族，瓦房店市）。

浙7，第306页（汉族，德清县）；浙21，第101页（汉族，江东区）；浙27，第565页（汉族，丽水市）；浙32，第213页（汉族，宁海县）；浙51，第114页（汉族，桐庐县）；浙66，第250页（汉族，余杭县）。

豫2，第195页（汉族，郸城县）；豫11，第264页（汉族，开封县）；豫18，第407页（汉族，南召县）；豫20，第248页（汉族，平舆县）；豫25，第252页（汉族，汝南县）；豫33，第319页（汉族，桐柏县）；豫36，第234页（汉族，息县）；豫39，第70页（汉族，新县）。

陕5，第251页（汉族，户县）。

1791.1.2　年只有一只角。

出处：

口承神话：

浙31，第538页（汉族，龙游县）。

1791.1.3　春节时放鞭炮是为了庆祝除掉了"夕"。

出处：

口承神话：

冀16，第433页（汉族，邢台市）。

1791.1.4　春节时放鞭炮是为了赶走讨厌的猴子。

出处：

口承神话：

川2，第729页（土家族，黔江县）。

1791.2　春节时张红挂彩的起源。为了逐"年"避祸。

出处：

口承神话：

辽1，第470页（汉族，北票市）；辽39，第398页（汉族，瓦房店市）。

浙21，第101页（汉族，江东区）；浙66，第250页（汉族，余杭县）。

豫2，第196页（汉族，郸城县）；豫11，第265页（汉族，开封县）；豫20，第248页（汉族，平舆县）；豫36，第235页（汉族，息县）。

陕5，第251页（汉族，户县）。

1791.3　贴春联的起源。为了预防"年"的到来。

出处：

口承神话：

豫20，第248页（汉族，平舆县）；豫39，第71页（汉族，新县）。

陕5，第251页（汉族，户县）。

1791.3.1　神让人贴符防瘟疫。

出处：

口承神话：

辽41，第120页（汉族，西丰县）。

1791.4　彝族过年把柴堆在门口的起源。为了躲开魔鬼。

出处：

口承神话：

川2，第319页（藏族，凉山州）；川22，第40页（彝族，屏山县）。

1791.5　拜年和谢年的起源。

出处：

口承神话：

豫33，第318页（汉族，桐柏县）。

1791.5.1　拜年和谢年源于对消灭"年"的纪念。

出处：

口承神话：

辽21，第349页（蒙古族，建昌县）。

浙32，第213页（汉族，宁海县）；浙51，第114页（汉族，桐庐县）。

豫26，第260页（汉族，社旗县）。

1791.5.2　拜年是为了庆祝没有到来的灾难。

出处：

口承神话：

浙2，第228页（汉族，苍南县）。

1791.5.3　拜年和谢年是为了感谢神帮助人消灭了"年"。

出处：

口承神话：

冀5，第306页（汉族，藁城县）。

1791.6　舞龙灯的起源。为了驱赶瘟疫。

出处：

口承神话：

川4，第69页（汉族，北川县）。

1791.7　压岁钱的起源。

出处：

口承神话：

浙27，第567页（汉族，丽水市）。

1791.8　正月初七人过生日的起源。因为始祖在这一天创造了人。

出处：

口承神话：

川1，第68页（汉族，巴中县）。

综 1，第 4—5 页（汉族，河南省）。

1791.9　正月十五耍花灯、放焰火的起源。为了欺骗天神，防止灾难的降临。

出处：

口承神话：

冀 7，第 471 页（汉族，藁城县）；冀 14，第 157 页（汉族，武安县）。

豫 35，第 160 页（汉族，尉氏县）。

1791.10　为什么春节时要从初一玩到十五。

出处：

口承神话：

浙 31，第 12 页（汉族，龙游县）。

1792　正月二十过"天穿节"的起源，为了纪念神祇补天。

出处：

口承神话：

浙 39，第 5 页（汉族，庆元县）。

1793　四五月贴"谷王像"习俗的起源。用来驱虫免灾。

出处：

口承神话：

川 1，第 204 页（汉族，合江县）。

1794　四月初八给牛过生日的起源。为了纪念牛的善行。

出处：

口承神话：

冀 19，第 119 页（汉族，赵县）。

浙 32，第 17 页（汉族，宁海县）；浙 59，第 193 页（汉族，象山县）。

1795　端午节采艾蒿的起源。为了避免瘟疫的到来。

出处：

口承神话：

冀 2，第 688 页（满族，承德县）。

辽 33，第 334 页（汉族，大东区）。

浙 2，第 230 页（汉族，苍南县）；浙 5，第 465 页（汉族，淳安县）；浙 46，第 313 页（汉族，嵊县）。

豫 7，第 180 页（汉族，淮滨县）。

川 41，第 52 页（汉族，资中县）。

陕 1，第 39 页（汉族，宝鸡县）。

1796　八月十五望月、拜月的起源。

出处：
口承神话：
冀2，第15页（汉族，承德县）。
豫33，第330页（汉族，桐柏县）。

1796.1　中秋拜月是因为怀念奔月的人。

参照：165.1.1，235，494.2。
出处：
口承神话：
冀6，第340页（汉族，藁城县）。
豫18，第426页（汉族，南召县）。
川1，第288页（汉族，成都市）。
综7，第196页（汉族，河南省）。

1796.2　中秋拜月是为了感谢变成月亮的人给人间带来光明。

参照：475.11。
出处：
口承神话：
辽55，第9页（蒙古族，喀左县）。

1797　冬至吃饺子的起源。为了避免泥捏之人的耳朵被冻掉，神在天冷的时候把耳朵穿上线放到人的嘴里。人为纪念此事而吃饺子。

参照：971，1074.1。
出处：
口承神话：
冀16，第496页（汉族，邢台市）。

1798　腊月二十过补天补地节的起源。为了纪念补天的女神。

参照：237，943。
出处：
口承神话：
陕11，第467页（汉族，长武县）。

1799　祭灶的起源。

参照：193。
出处：
口承神话：
浙31，第559页（汉族，龙游县）。

1799.1　为什么腊月二十三要用糖瓜祭祀灶王。为了粘住灶王的嘴不让他上天说坏话。

出处：

口承神话：

辽32，第196页（汉族，沙河口区）。

浙37，第171页（汉族，普陀区）。

豫18，第437页（汉族，南召县）

陕1，第105页（汉族，凤县）；陕3，第143页（汉族，凤县）；陕11，第431页（汉族，彬县）。

1799.2　鄂温克族腊月二十三祭火神的起源。

出处：

口承神话：

黑1，第38页（鄂温克族，讷河县）。

1801　为什么鄂伦春族每年除夕、正月初一和八月十五晚上祭拜北斗七星。为了纪念上天变成北斗七星的人。

出处：

口承神话：

黑1，第32页（鄂伦春族，呼玛县）。

1810　民间俗语的起源。

1811　为什么满族人称"妈妈"为"鹅（额）娘"。因为他们的始祖母是变成鹅形的天女。

出处：

口承神话：

综1，第81页（满族，辽宁省丹东市）。

1812　为什么满族人称"爸爸"为"阿玛"。因为他们的始祖是爸爸抚养长大的。

出处：

口承神话：

辽43，第7页（满族，新宾县）。

1813　为什么浙江东阳人在讽刺人连起码的知识也不懂时，就说"你晓得个丁、冬?"

出处：

口承神话：

综1，第38页（汉族，浙江省东阳县）。

1820　文化的起源——其他母题。

1821　法制的起源。文化英雄发明法律。

参照：264。

对照：汤 A1580　法律的起源。

出处：

古代文献：

《扬子法言·问道卷第四》（"法始乎伏羲而成乎尧"）；《辩正论》卷一《三教治道篇第一（上）》（"羲皇始序制，作法度"）。

口承神话：

豫32，第67页（汉族，桐柏县）。

1821.1　打官司的起源。源于远古的敌对与争斗。

出处：

口承神话：

综1，第138页（纳西族摩梭人，云南省宁蒗县永宁区）。

1821.2　刑罚和刑律的起源。

对照：汤 A1581　特定处罚的起源。

出处：

古代文献：

《世本·作篇》（"皋陶作五刑"）；《尚书·吕刑》（"苗民弗用灵，制以刑，惟作五虐之刑曰法"）。

1822　国家的起源。

对照：汤 A1582　政府的起源。汤 A1583　王国的起源。

出处：

古代文献：

《路史·后纪一》罗苹注。

1823　游戏娱乐习俗的起源。砍牛尾巴习俗的起源。

出处：

口承神话：

综1，第198页（佤族）。

第五编

动植物起源母题

(1900 — 2649)

1900—1919 动物起源的一般母题

1900 动物的初始状况。

参照：307。

1901 起初动物会说话。

参照：306，1066。

出处：

口承神话：

浙1，第371页（汉族，安吉县）；浙6，第278页（汉族，慈溪市）；浙16，第502页（汉族，海盐县）；浙61，第9页（汉族，新昌县）。

豫2，第13页（汉族，郸城县）；豫11，第11页（汉族，开封县）；豫20，第14页（汉族，平舆县）；豫33，第247页（汉族，桐柏县）。

桂10，第4页（壮族，南宁市）。

川1，第145页（彝族，峨边县）；川2，第275、404页（彝族，甘洛县），第295页（彝族，峨边县），第303页（彝族，凉山州）；川16，第1页（汉族，金川县）；川18，第144页（汉族，洪雅县）。

综1，第56、125页（佤族，云南省沧源县），第127页（苗族，贵州省东南部）；综4，第238—239页（白族）。

1902 起初动物是不会死的。

出处：

口承神话：

综1，第261页（佤族，云南省西盟县）。

1903 起初牛没有角。

参照：2129.1。

出处：

口承神话：

辽38，第85页（汉族，铁岭县）。

1904 起初牛高大凶猛。

出处：

辽 21，第 363 页（汉族，建昌县）。

豫 32，第 48 页（汉族，桐柏县）。

1905　起初驴个大性凶。

出处：

口承神话：

冀 14，第 120 页（汉族，武安县）；冀 19，第 116 页（汉族，赵县）。

1906　起初蛇有腿有角。

参照：2175。

出处：

口承神话：

冀 12，第 467 页（汉族，高邑县）。

1910　动物的起源。

对照：汤 A1700　动物的创造。

出处：

口承神话：

综 1，第 287（彝族，四川省）。

1911　动物起源于神或人的尸体化生。

参照：276，276.7。

对照：汤 A1715　动物由人变形而来。汤 A1716.1　动物由被杀的巨人身体的部分变化而来。汤 A1724　动物由身体（动物或人）各部分变形而来。汤 A1725　动物由神祇或圣人的身体各部分变形而来。

出处：

古代文献：

《山海经》郭璞注引《开筮》（鲧化黄龙）；《国语·晋语八》（鲧化黄熊）；《山海经·北次三经》、《述异记》卷上（炎帝女化为精卫鸟）；《山海经·西次三经》（大鹗）。

口承神话：

冀 6，第 622 页（汉族，藁城县）。

综 4，第 49 页（苗族），第 81 页（彝族，云南省楚雄彝族自治州），第 223 页（布依族），第 250 页（白族）。

1911.1　神身上的虫类或微小生物变成动物。

出处：

口承神话：

川1，第6页（汉族，巴县），第129页（藏族，阿坝县）；川2，第4页（藏族，阿坝县）。

1911.2　神的血肉变成动物。

出处：

口承神话：

川2，第7页（藏族，若尔盖县）。

综7，第132页（汉族，河南省正阳县）。

1911.3　神的精灵变成动物。

出处：

口承神话：

综7，第6页（汉族，河南省太行山区）。

1912　动物起源于神或人的变形。

出处：

古代文献：

《初学记》卷一《天部上·天一》引《淮南子》、《全上古三代秦汉三国六朝文·全后汉文》卷五十五辑《灵宪》（嫦娥变为蟾蜍）。

1913　动物起源于物体的变形。

对照：汤A1710　通过变形创造动物。

1913.1　神造人剩下的泥巴变成动物。

出处：

口承神话：

浙68，第12页（汉族，玉环县）。

陕2，第101页（汉族，宝鸡县）。

1913.2　神撒下的种子变成动物。

出处：

口承神话：

综4，第233页（瑶族，广东省连南瑶族自治县）。

1913.3　繁杂污浊之气形成动物。

出处：

古代文献：

《淮南子·精神训》（"烦气为虫"）。

1913.4　石头变成动物。

出处：

口承神话：

川1，第110页（汉族，都江堰市）；川5，第6页（汉族，灌县）。

1913.5　雪变成动物。

出处：

口承神话：

川1，第136、143页（彝族，峨边县）；川2，第279页（彝族，喜德县），第294页（彝族，峨边县）。

综1，第291页（彝族，四川省）。

1913.6　天上的水珠掉到石头上变成动物。

出处：

口承神话：

藏1，第5页（门巴族，墨脱县）。

1913.7　眼睫毛变成动物。

出处：

口承神话：

综1，第110页（珞巴族，西藏自治区米林县）。

1914　动物起源于神的创造。

对照：汤A1701　上帝创造动物。汤A1702　创世者创造动物。汤A1703　文化英雄创造有用的动物。汤A1704　所有的动物都是成双成对地创造的。汤A1705　创造动物是为了给人服务。汤A1730　创造动物作为惩罚。汤A1750　动物的创造是由于魔怪与神的对立。

出处：

口承神话：

冀3，第18页（汉族，抚宁县）。

黑1，第15页（满族，宁安县）。

浙9，第8、14页（汉族，东阳县）；浙56，第4页（汉族，婺城区）。

豫21，第23页（汉族，濮阳县）；豫25，第11页（汉族，汝南县）。

综1，第16页（瑶族，广西壮族自治区巴马瑶族自治县）；综4，第10页（苗族，贵州省台江县、施秉县、凯里市），第231页（瑶族，广西壮族自治区）。

1914.1　神用泥土创造了动物。

对照：汤A1714.3　动物由土造成。

出处：

口承神话：

冀5，第5页（汉族，藁城县）；冀16，第330页（汉族，广宗县）。

黑1，第17页（满族，宁安县）。

辽 5，第 284 页（汉族，平山区）；辽 39，第 501 页（汉族，瓦房店市）。

浙 20，第 70 页（汉族，江北区）。

豫 23，第 6 页（汉族，杞县）。

川 19，第 2 页（汉族，邻水县）。

陕 8，第 55 页（汉族，合阳县）。

综 1，第 4—5 页（汉族，河南省），第 98 页（基诺族，云南省），第 104 页（哈萨克族，新疆维吾尔自治区），第 294 页（拉祜族，云南省澜沧县）。

1914.2　神用毛编制了动物。

出处：

口承神话：

综 1，第 304 页（普米族，云南省宁蒗县，四川省西昌市、木里县）。

1915　神生育了动物。

对照：汤 A1770　不寻常的原始交配创造了动物。

出处：

口承神话：

综 1，第 7—8 页（哈尼族，云南省元阳县），第 87 页（卑南族，台湾省台东县）。

1915.1　从始祖生下的怪胎中出现了动物。

出处：

口承神话：

川 1，第 99 页（汉族，三台县）；川 17，第 9 页（苗族，筠连县）；川 24，第 6 页（汉族，三台县）。

综 1，第 55 页（哈尼族，云南省元江县）。

1915.2　始祖与天女结婚生下动物。

出处：

口承神话：

川 2，第 952 页（纳西族，木里县）。

1915.3　天地结合生出动物。

出处：

口承神话：

藏 1，第 6 页（门巴族，墨脱县），第 8、9 页（珞巴族，米林县）。

1916　动物来自天上。

对照：汤 A1795　动物从云中落下。

出处：

口承神话：

综1，第 65 页（蒙古族，四川省木里县），第 134 页（仡佬族，贵州省关岭县），第 236—237 页（彝族，云南省新平县）。

1916.1　天上的动物被分出一些来到地上。

出处：

口承神话：

川2，第 273 页（彝族，凉山州）。

1916.2　天神给人动物。

出处：

口承神话：

川1，第 126 页（藏族，小金县）；川2，第 291 页（彝族），第 573 页（羌族，汶川县），第 574 页（羌族，北川县），第 812 页（苗族，兴文县），第 953 页（纳西族，木里县），第 958 页（蒙古族，木里县）；川4，第 161 页（羌族，北川县）。

1916.3　文化英雄从天上盗取动物带到人间。

出处：

口承神话：

综1，第 66 页（蒙古族，四川省木里县）。

1917　动物从植物中出现。

对照：汤 A1793　动物从树中出现。

1917.1　动物从葫芦中出现。

出处：

口承神话：

综1，第 26 页（德昂族，云南省保山县），第 58—59 页（佤族，云南省沧源县），第 99 页（基诺族，云南省）。

1917.2　动物从菌子中出现。

出处：

口承神话：

综1，第 305 页（普米族，云南省宁蒗县，四川省西昌市、木里县）。

1920—2099　特定动物的起源

1920　家禽家畜的起源。

1920.1　神的精灵化为家禽家畜。
出处：
口承神话：
综7，第6页（汉族，河南省太行山区）。

1921　鸡的起源。
对照：艾78型　鸡和土地神。汤 A1988　鸡的创造。
出处：
口承神话：
综1，第4—5页（汉族，河南省），第236页（彝族，云南省新平县），第304页（普米族，云南省宁蒗县，四川省西昌市、木里县）；综4，第10页（苗族，贵州省台江县、施秉县、凯里市）。

1921.1　神用泥巴创造鸡。
出处：
口承神话：
川1，第67页（汉族，巴中县）；川19，第2页（汉族，邻水县）。

1921.2　从天帝送给人间的鸡蛋中孵出了鸡。
出处：
口承神话：
川2，第811页（苗族，马边县）。

1921.3　始祖生下鸡蛋，从中孵出了鸡。
出处：
口承神话：
综7，第171页（汉族，河南省汤阴县）。

1921.4　始祖与天女结婚生下鸡。
出处：
口承神话：

川2，第952页（纳西族，木里县）。

1921.5　鸡来自天上。

出处：

口承神话：

冀8，第323页（汉族，藁城县）。

浙1，第377页（汉族，安吉县）；浙3，第454页（汉族，长兴县）；浙12，第334页（汉族，富阳县）；浙54，第163页（汉族，文成县）；浙61，第6页（汉族，新昌县）。

川1，第73页（汉族，雅安市），第82页（羌族，汶川县）。

陕2，第12页（汉族，宝鸡县）。

1921.5.1　鸡源于天帝的赠与。

出处：

口承神话：

豫32，第51页（汉族，桐柏县）。

川2，第812页（苗族，兴文县）；川4，第161页（羌族，北川县）。

藏1，第217页（珞巴族，墨脱县）。

1921.5.2　天鸡下凡来到人间。

出处：

口承神话：

黑1，第28页（汉族，甘南县）。

1921.6　被射下的太阳变成鸡。

出处：

口承神话：

浙27，第6页（畲族，丽水市）。

1921.6.1　太阳的眼睫毛落到地上变成鸡。

出处：

口承神话：

藏1，第9页（珞巴族，米林县）。

综1，第110页（珞巴族，西藏自治区米林县）。

1922　鸭的起源。

对照：汤A1983　鸭子的创造。

1922.1　鸭子源于天帝的赠与。

出处：

口承神话：

川2，第812页（苗族，兴文县）。

1922.2　被射下的太阳变成鸭。

出处：

口承神话：

浙27，第6页（畲族，丽水市）。

1923　鹅的起源。

1923.1　鹅来自天上。

出处：

口承神话：

浙12，第311页（汉族，富阳县）；浙51，第99页（汉族，桐庐县）。

1923.1.1　鹅源于天帝的赠与。

出处：

口承神话：

川2，第812页（苗族，兴文县）。

1923.2　被射下的太阳变成鹅。

出处：

口承神话：

浙27，第6页（畲族，丽水市）。

1924　狗的起源。

对照：汤A1831　狗的创造。

出处：

口承神话：

综1，第4—5页（汉族，河南省），第104页（哈萨克族，新疆维吾尔自治区），第236页（彝族，云南省新平县）；综4，第10页（苗族，贵州省台江县、施秉县、凯里市）。

1924.1　神创造了狗。

对照：汤A1831.1　狗被创造出来做耶稣的看门狗。耶稣预备离开去照顾牧群，于是创造了狗来驱赶狼。

出处：

口承神话：

浙64，第18页（汉族，永嘉县）。

川1，第67页（汉族，巴中县）；川19，第2页（汉族，邻水县）。

1924.2 始祖与天女结婚生下狗。

出处：

口承神话：

川2，第952页（纳西族，木里县）。

1924.3 狗来自天上。

出处：

口承神话：

冀8，第323、495页（汉族，藁城县）。

辽52，第215页（汉族，营口县）。

浙14，第6页（汉族，海宁市）；浙47，第189、195页（汉族，松阳县）；浙48，第162页（汉族，遂昌县）；浙49，第16页（汉族，泰顺县）；浙68，第17页（汉族，玉环县）。

豫1，第292页（汉族，淅川县）。

1924.3.1 狗源于天帝的赠与。

出处：

口承神话：

川2，第812页（苗族，兴文县）。

1924.4 天神变成狗。

出处：

口承神话：

冀12，第420页（汉族，高邑县）。

1924.5 被射下的太阳变成狗。

出处：

口承神话：

浙27，第6页（畲族，丽水市）。

1925 兔子的起源。

对照：汤A1856 野兔（兔子）的创造。

1925.1 被射下的太阳变成兔子。

出处：

口承神话：

浙27，第6页（畲族，丽水市）。

1926 猫的起源。

参照：322.16。

对照：汤 A1811　猫的创造。

出处：

口承神话：

综 1，第 59 页（佤族，云南省沧源县）。

1926.1　神用泥巴捏制了猫。

出处：

口承神话：

川 19，第 2 页（汉族，邻水县）。

1926.2　天神从天上放下猫。

出处：

口承神话：

浙 49，第 16 页（汉族，泰顺县）。

豫 1，第 281 页（汉族，淅川县）。

川 1，第 127 页（藏族，小金县）；川 2，第 940 页（傈僳族，德昌县）。

1926.3　文化英雄从天上盗取了猫。

出处：

口承神话：

川 2，第 953 页（纳西族，木里县），第 958 页（蒙古族，木里县）。

1926.4　猫源于天帝的赠与。

出处：

口承神话：

冀 10，第 131 页（汉族，成安县）。

浙 22，第 128 页（汉族，金华县）；浙 31，第 13 页（汉族，龙游县）；浙 44，第 11 页（汉族，绍兴县）。

豫 32，第 51 页（汉族，桐柏县）。

川 2，第 812 页（苗族，兴文县）。

1926.5　天神变成猫。

出处：

口承神话：

豫 29，第 23 页（汉族，太康县）。

1926.6　被射下的太阳变成猫。

出处：

口承神话：

浙 27，第 6 页（畲族，丽水市）。

1927　羊的起源。

对照：汤 A1884　绵羊的创造。汤 A1885　山羊的创造。
出处：
口承神话：
综 1，第 4—5 页（汉族，河南省），第 236 页（彝族，云南省新平县）；综 4，第 81 页（彝族，云南省楚雄彝族自治州）。

1927.1　神用泥巴创造了羊。

出处：
口承神话：
冀 16，第 330 页（汉族，广宗县）。
川 1，第 67 页（汉族，巴中县）。

1927.2　羊来自天上。

出处：
口承神话：
浙 34，第 6 页（汉族，平湖县）。
藏 1，第 214 页（珞巴族，米林县）。

1927.2.1　羊源于天帝的赠与。

出处：
口承神话：
川 2，第 812 页（苗族，兴文县）。

1927.3　天神下凡成为羊。

出处：
口承神话：
豫 1，第 282 页（汉族，淅川县）。

1927.4　神的指甲变成羊。

出处：
口承神话：
藏 1，第 17 页（珞巴族，墨脱县）。

1928　猪的起源。

对照：汤 A1871　猪的创造。
出处：
口承神话：
综 1，第 4—5 页（汉族，河南省），第 236 页（彝族，云南省新平县）；综 4，第 81 页（彝族，云南省楚雄彝族自治州）。

1928.1　神用泥巴创造了猪。

出处：

口承神话：

冀16，第330页（汉族，广宗县）。

川1，第67页（汉族，巴中县）。

1928.2　猪源于天帝的赠与。

出处：

口承神话：

豫32，第51页（汉族，桐柏县）。

川2，第812页（苗族，兴文县）；川4，第161页（羌族，北川县）。

1928.3　天神变成猪。

出处：

口承神话：

冀12，第420页（汉族，高邑县）。

1928.4　天神唤来猪。

出处：

口承神话：

川2，第962页（纳西族，木里县）。

1928.5　神猪下凡成为猪。

参照：322.14。

出处：

口承神话：

冀10，第132页（汉族，涉县）。

辽49，第389页（汉族，兴城县）。

浙47，第195页（汉族，松阳县）；浙68，第216页（汉族，玉环县）。

豫37，第89页（汉族，淅川县）。

川3，第133页（汉族，安县）。

陕10，第6页（汉族，乾县）。

1928.6　被射下的太阳变成猪。

出处：

口承神话：

浙27，第6页（畲族，丽水市）。

1929　马的起源。

对照：汤A1881　马的创造。

出处：

口承神话：

综 1，第 4—5 页（汉族，河南省），第 138—139 页（纳西族，四川省木里县）；综 4，第 223 页（布依族）。

1929.1　神用泥巴创造了马。

出处：

口承神话：

冀 16，第 330 页（汉族，广宗县）。

川 1，第 67 页（汉族，巴中县）。

1929.2　神鸡生的蛋孵出马。

出处：

口承神话：

川 2，第 942 页（纳西族，木里县）。

1929.3　马来自天上。

出处：

口承神话：

藏 1，第 214 页（珞巴族，米林县）。

1929.3.1　从天上掉下或拿来的蛋中孵出了马。

出处：

口承神话：

川 2，第 278 页（彝族，凉山州），第 958 页（蒙古族，木里县）。

1929.3.2　马源于天帝的赠与。

出处：

口承神话：

冀 5，第 4 页（汉族，藁城县）。

辽 31，第 17 页（满族，清原县）。

川 2，第 812 页（苗族，兴文县）。

1929.3.3　龙被贬下界变为马。

出处：

口承神话：

辽 44，第 25 页（满族，新宾县）。

1929.3.4　神马下凡成为马。

参照：322.12。

出处：

口承神话：

辽 49，第 389 页（汉族，兴城县）。

浙 72，第 412 页（汉族，诸暨县）。

桂 9，第 259 页（汉族，合浦县）。

藏 1，第 214 页（珞巴族，米林县）。

1929.4　神寻找并发现了马。

出处：

口承神话：

川 2，第 824 页（苗族，木里县）。

1931　牛的起源。

对照：艾 77 型　牛。艾 79 型　牛和土地神。艾 80 型　牛和蚕。汤 A1877　母牛的创造。汤 A1878　野牛（水牛）的创造。

出处：

口承神话：

综 1，第 4—5 页（汉族，河南省），第 236 页（彝族，云南省新平县）；综 4，第 10 页（苗族，贵州省台江县、施秉县、凯里市），第 81 页（彝族，云南省楚雄彝族自治州），第 208、223 页（布依族）。

1931.1　神创造了牛。

出处：

口承神话：

冀 16，第 330 页（汉族，广宗县）。

浙 64，第 18 页（汉族，永嘉县）。

豫 32，第 47 页（汉族，桐柏县）。

川 1，第 67 页（汉族，巴中县）。

1931.2　神寻找并发现了牛。

出处：

口承神话：

川 2，第 824 页（苗族，木里县）。

1931.3　牛源于天帝的赠与。

出处：

口承神话：

辽 31，第 17 页（满族，清原县）。

豫 32，第 51 页（汉族，桐柏县）。

川 2，第 812 页（苗族，兴文县）。

1931.4　神被惩罚下凡变成牛。

出处：

冀3，第280页（汉族，抚宁县）。

辽33，第752页（汉族，大东区）；辽36，第607、608页（汉族，苏家屯区）。

浙4，第148页（汉族，常山县）；浙5，第426、495页（汉族，淳安县）；浙12，第339页（汉族，富阳县）；浙15，第102页（汉族，海曙区）；浙24，第119页（汉族，开化县）；浙26，第3、6页（汉族，乐清县）；浙27，第16页（汉族，丽水市）；浙28，第195页（汉族，临安县）；浙30，第8页（汉族，龙泉县）；浙35，第172页（汉族，平阳县）；浙42，第118页（汉族，三门县）；浙64，第387页（汉族，永嘉县）；浙68，第18、20页（汉族，玉环县）。

豫32，第53页（汉族，桐柏县）。

川1，第70页（汉族，渠县）；川13，第200页（汉族，涪陵市）；川20，第82、84页（汉族，南川县）；川23，第137页（汉族，渠县）。

陕1，第65页（汉族，宝鸡县）；陕11，第357页（汉族，长武县）。

1931.5　神造人剩下的泥巴变成牛。

出处：

口承神话：

陕2，第101页（汉族，宝鸡县）。

1931.6　神牛下凡成为牛。

参照：322.11。

出处：

口承神话：

冀2，第605、606页（汉族，承德县）；冀5，第277页（汉族，藁城县）；冀7，第616页（汉族，藁城县）；冀10，第132页（汉族，涉县）；冀14，第229页（汉族，武安县）；冀17，第139页（汉族，宣化区）；冀18，第35页（汉族，茶坊区），第37页（汉族，庞家堡区）；冀19，第119页（汉族，赵县）。

黑1，第463页（汉族，绥滨县）。

辽39，第342页（汉族，瓦房店市）；辽41，第146页（汉族，西丰县）；辽44，第23、88页（满族，新宾县）；辽49，第388页（汉族，兴城县）。

浙1，第315页（汉族，安吉县）；浙2，第190页（汉族，苍南县）；浙3，第267页（汉族，长兴县）；浙4，第146页（汉族，常山县）；浙6，第282页（汉族，慈溪市）；浙7，第294页（汉族，德清县）；浙8，第206页（汉族，定海区）；浙9，第267页（汉族，东阳县）；浙11，第210页（汉族，奉化市）；浙12，第311、336、338、341页（汉族，富阳县）；浙13，第185页（汉族，拱墅区）；浙19，第223、224、225页（汉族，建德县）；浙21，第112页（汉族，江东区）；浙22，第146页（汉族，金华县）；浙25，第7页（汉族，兰溪市）；浙27，第17、18、503页（汉族，丽水市）；浙29，第167、178页（汉族，临海市）；浙31，第270、273、275页（汉族，龙游县）；浙32，第16页（汉族，宁海县）；浙34，第6、7页（汉族，平湖县）；浙35，第168页

（畲族，平阳县）；浙 36，第 209 页（汉族，浦江县）；浙 40，第 10 页（汉族，衢县）；浙 42，第 125 页（汉族，三门县）；浙 43，第 13 页（汉族，上虞县）；浙 44，第 12 页（汉族，绍兴县）；浙 47，第 193、194 页（汉族，松阳县）；浙 48，第 13 页（汉族，遂昌县），第 236 页（畲族，遂昌县）；浙 49，第 16、132 页（汉族，泰顺县）；浙 50，第 207 页（汉族，天台县）；浙 51，第 99、102 页（汉族，桐庐县）；浙 58，第 95、96 页（汉族，仙居县）；浙 59，第 192 页（汉族，象山县）；浙 60，第 18 页（汉族，萧山市）；浙 61，第 7 页（汉族，新昌县）；浙 62，第 233、341 页（汉族，义乌市）；浙 63，第 162、284 页（汉族，鄞县）；浙 65，第 156 页（汉族，永康县）；浙 66，第 199、200 页（汉族，余杭县）；浙 67，第 246 页（汉族，余姚市）；浙 68，第 216 页（汉族，玉环县）；浙 69，第 143 页（汉族，越城区）；浙 72，第 410、412、416 页（汉族，诸暨县）。

豫 1，第 282 页（汉族，淅川县）；豫 2，第 171 页（汉族，郸城县）；豫 4，第 89 页（汉族，扶沟县）；豫 19，第 554 页（汉族，南召县）；豫 20，第 7、8 页（汉族，平舆县）；豫 21，第 148 页（汉族，濮阳县）；豫 23，第 1 页（汉族，杞县）；豫 25，第 7、10、234 页（汉族，汝南县）；豫 27，第 118 页（汉族，沈丘县）；豫 32，第 50、52 页（汉族，桐柏县）；豫 37，第 89 页（汉族，淅川县）；豫 41，第 168 页（汉族，新野县）。

桂 3，第 173 页（仫佬族，柳州市）；桂 4，第 97 页（汉族，玉林市）；桂 9，第 259 页（汉族，合浦县）；桂 10，第 146 页（汉族，南宁市）；桂 11，第 58 页（壮族，大新县）。

川 1，第 71 页（汉族，万县），第 220 页（汉族，巴县）；川 3，第 133 页（汉族，安县）；川 4，第 54 页（汉族，北川县）；川 6，第 80 页（汉族，龙泉驿区）；川 7，第 7 页（汉族，彭县）；川 18，第 6、130 页（汉族，洪雅县）；川 20，第 140 页（汉族，江北区）；川 21，第 3、7 页（汉族，平武县）；川 26，第 182 页（汉族，西昌市）；川 31，第 73 页（汉族，璧山县）；川 33，第 66 页（汉族，大足县）；川 36，第 7、8 页（汉族，綦江县）；川 41，第 49 页（汉族，资中县）。

藏 1，第 214 页（珞巴族，米林县）。

陕 3，第 119 页（汉族，凤县）；陕 6，第 179 页（汉族，华县）；陕 8，第 341 页（汉族，潼关县）；陕 9，第 28 页（汉族，西乡县）；陕 11，第 356 页（汉族，礼泉县）。

综 7，第 306 页（汉族，河南省灵宝县）。

1931.6.1　神或天牛因为做错事被打下凡。

出处：

口承神话：

冀 2，第 605 页（汉族，承德县）；冀 7，第 616 页（汉族，藁城县）；冀 17，第 138 页（汉族，宣化区）；冀 18，第 35 页（汉族，茶坊区），第 36 页（汉族，庞家堡区）；冀 19，第 119 页（汉族，赵县）。

浙 1，第 315 页（汉族，安吉县）；浙 2，第 191 页（汉族，苍南县）；浙 4，第 148 页（汉族，常山县）；浙 5，第 426、495 页（汉族，淳安县）；浙 8，第 206 页（汉族，定海区）；浙 9，第 267 页（汉族，东阳县）；浙 12，第 339 页（汉族，富阳县）；浙 13，第 185 页（汉族，拱墅区）；浙 15，第 102 页（汉族，海曙区）；浙 19，第 224 页（汉族，建德县）；浙 21，第 112 页（汉族，江东区）；浙 24，第 119 页（汉族，开化县）；浙 26，第 3、6 页（汉族，乐清县）；浙 29，第 167 页（汉族，临海市）；浙 30，第 8 页（汉族，龙泉县）；浙 31，第 275 页（汉族，龙游县）；浙 35，第 172 页（汉族，平阳县）；浙 36，第 209 页（汉族，浦江县）；浙 40，第 10 页（汉族，衢县）；浙 42，第 118、125 页（汉族，三门县）；浙 48，第 13 页（汉族，遂昌县）；浙 49，第 132 页（汉族，泰顺县）；浙 50，第 207 页（汉族，天台县）；浙 51，第 102 页（汉族，桐庐县）；浙 58，第 95、96 页（汉族，仙居县）；浙 59，第 192 页（汉族，象山县）；浙 61，第 7 页（汉族，新昌县）；浙 62，第 233 页（汉族，义乌市）；浙 64，第 387 页（汉族，永嘉县）；浙 66，第 199 页（汉族，余杭县）；浙 68，第 216 页（汉族，玉环县）；浙 69，第 143 页（汉族，越城区）；浙 72，第 409、412、416 页（汉族，诸暨县）。

豫 1，第 282 页（汉族，淅川县）；豫 4，第 89 页（汉族，扶沟县）；豫 19，第 554 页（汉族，南召县）；豫 21，第 148 页（汉族，濮阳县）；豫 23，第 1 页（汉族，杞县）；豫 25，第 7、10 页（汉族，汝南县）；豫 32，第 52、53 页（汉族，桐柏县）；豫 37，第 89 页（汉族，淅川县）。

川 3，第 133 页（汉族，安县）；川 4，第 54 页（汉族，北川县）；川 7，第 7 页（汉族，彭县）；川 13，第 200 页（汉族，涪陵市）；川 18，第 130 页（汉族，洪雅县）；川 20，第 140 页（汉族，江北区），第 82、84 页（汉族，南川县）；川 21，第 7 页（汉族，平武县）；川 23，第 137 页（汉族，渠县）；川 26，第 182 页（汉族，西昌市）；川 31，第 73 页（汉族，璧山县）；川 33，第 66 页（汉族，大足县）；川 36，第 7、8 页（汉族，綦江县）。

陕 1，第 65 页（汉族，宝鸡县）；陕 3，第 119 页（汉族，凤县）；陕 6，第 179 页（汉族，华县）；陕 8，第 341 页（汉族，潼关县）；陕 9，第 28 页（汉族，西乡县）；陕 11，第 356 页（汉族，礼泉县）。

1931.6.2　神或天牛由于为人类做好事被打下凡。

出处：

口承神话：

冀 3，第 280 页（汉族，抚宁县）；冀 14，第 229 页（汉族，武安县）。

浙 6，第 282 页（汉族，慈溪市）；浙 9，第 267 页（汉族，东阳县）；浙 27，第 16 页（汉族，丽水市）；浙 48，第 236 页（畲族，遂昌县）；浙 63，第 163 页（汉族，鄞县）；浙 67，第 246 页（汉族，余姚市）。

豫 25，第 234 页（汉族，汝南县）。

陕 11，第 357 页（汉族，长武县）。

综 7，第 306 页（汉族，河南省灵宝县）。

1931.7　神的指甲变成牛。

出处：

口承神话：

藏 1，第 17 页（珞巴族，墨脱县）。

1932　驴的起源。

参照：322.13。

对照：汤 A1882　驴的创造。

1932.1　驴源于天神的赠与。

出处：

口承神话：

辽 31，第 17 页（满族，清原县）。

豫 32，第 51 页（汉族，桐柏县）。

1932.2　天神变成驴。

出处：

口承神话：

辽 2，第 474 页（满族，北镇县）；辽 12，第 208 页（满族，凤城县）；辽 13，第 7 页（汉族，抚顺郊区）；辽 22，第 106 页（汉族，锦县）；辽 25，第 21 页（汉族，康平县）；辽 36，第 616 页（汉族，苏家屯区）；辽 44，第 154 页（满族，新宾县）；辽 49，第 394 页（汉族，兴城县）；辽 58，第 3 页（蒙古族，建昌县）。

豫 38，第 197 页（汉族，项城县）；豫 45，第 282 页（汉族，禹州市）。

1932.3　神驴下凡成为驴。

出处：

口承神话：

豫 23，第 1 页（汉族，杞县）。

1932.4　最初的驴因为过错变成现在的模样。

出处：

口承神话：

冀 19，第 116 页（汉族，赵县）。

1933　骡子的起源。

1933.1　天神变成骡子。

出处：

口承神话：

辽 49，第 394 页（汉族，兴城县）。

1940　走兽的起源。

1940.1　神创造了走兽。

出处：

口承神话：

冀3，第18页（汉族，抚宁县）。

黑1，第17页（满族，宁安县）。

豫25，第11页（汉族，汝南县）。

1940.1.1　始祖用泥土创造了走兽。

出处：

口承神话：

冀5，第5页（汉族，藁城县）。

辽39，第501页（汉族，瓦房店市）。

1940.2　老虎生出百兽。

出处：

口承神话：

浙23，第1页（汉族，缙云县）。

1940.3　始祖生下的怪胎剁碎后变成走兽。

出处：

口承神话：

川17，第9页（苗族，筠连县）；川24，第6页（汉族，三台县）。

1940.4　神的精灵化为走兽。

出处：

口承神话：

综7，第6页（汉族，河南省太行山区）。

1941　老虎的起源。

对照：*汤 A1815　老虎的创造。*

出处：

口承神话：

综1，第59页（佤族，云南省沧源县），第237页（彝族，云南省新平县）。

1941.1　神用泥巴捏出老虎。

出处：

口承神话：

川19，第2页（汉族，邻水县）。

1941.2　神造人剩下的泥巴变成老虎。

出处：

口承神话：

陕2，第101页（汉族，宝鸡县）。

1941.3　恶神的肉变成老虎。

出处：

口承神话：

川2，第7页（藏族，若尔盖县）。

1941.4　神的身体的一部分（如脚底皮等）变成老虎。

出处：

口承神话：

浙23，第1页（汉族，缙云县）。

1941.5　天神变化出老虎。

出处：

口承神话：

川2，第962页（纳西族，木里县）。

1941.6　天神从天上放下老虎。

出处：

口承神话：

冀10，第130页（汉族，成安县）。

浙21，第164页（汉族，江东区）；浙22，第128页（汉族，金华县）；浙31，第12页（汉族，龙游县）；浙44，第11页（汉族，绍兴县）。

川2，第940页（傈僳族，德昌县）。

1941.7　神寻找并发现了老虎。

出处：

口承神话：

川2，第824页（苗族，木里县）。

1941.8　被射下的太阳变成老虎。

出处：

口承神话：

浙27，第6页（畲族，丽水市）。

1941.9　人变成老虎。

出处：

口承神话：

藏 1，第 18 页（珞巴族，米林县）。

1942　豺狼的起源。

对照：汤 A1833　狼的创造。

1942.1　恶神的肉变成豺狼。

出处：

口承神话：

川 2，第 7 页（藏族，若尔盖县）。

1942.2　天神变化出狼。

出处：

口承神话：

川 2，第 962 页（纳西族，木里县）。

1943　熊的起源。

对照：汤 A1836　熊的创造。

出处：

口承神话：

综 1，第 59 页（佤族，云南省沧源县），第 237 页（彝族，云南省新平县），第 290 页（彝族，四川省）。

1943.1　神寻找并发现了熊。

出处：

口承神话：

川 2，第 824 页（苗族，木里县）。

1943.2　熊源于天神的赠与。

出处：

口承神话：

川 2，第 573 页（羌族，汶川县）。

1943.3　雪变成熊。

出处：

口承神话：

川 2，第 280 页（彝族，喜德县）。

1943.4　黑熊的起源。雪变成的熊的后代中的一支成为黑熊。

出处：

口承神话：

川 2，第 280 页（彝族，喜德县）。

1943.5 白熊的起源。雪变成的熊的后代中的一支成为白熊。

出处：

口承神话：

川2，第280页（彝族，喜德县）。

1944 熊猫的起源。

出处：

口承神话：

综1，第290页（彝族，四川省）。

1944.1 雪变成的熊的后代中的一支成为熊猫。

出处：

口承神话：

川2，第280页（彝族，喜德县）。

1945 豹的起源。

出处：

口承神话：

综1，第237页（彝族，云南省新平县）。

1945.1 神用泥巴捏出豹子。

出处：

口承神话：

川19，第2页（汉族，邻水县）。

1945.2 恶神的肉变成豹。

出处：

口承神话：

川2，第7页（藏族，若尔盖县）。

1945.3 豹来自天上。

出处：

口承神话：

藏1，第214页（珞巴族，米林县）。

1946 鹿的起源。神寻找并发现了鹿。

对照：*汤* A1875 鹿的起源。

出处：

口承神话：

川2，第824页（苗族，木里县）。

1947　麂的起源。

出处：

口承神话：

综 1，第 237 页（彝族，云南省新平县）。

1948　猿猴的起源。

对照：艾 81 型　猴子是怎么来的。汤 A1861　猴子的创造。汤 A1862　猿的创造。

出处：

口承神话：

综 1，第 290 页（彝族，四川省）。

1948.1　神创造了猴子。

出处：

口承神话：

浙 64，第 18 页（汉族，永嘉县）。

综 1，第 17 页（瑶族，广西壮族自治区巴马瑶族自治县）。

1948.1.1　神用泥土造出猴子。

出处：

口承神话：

综 1，第 310 页（傈僳族，云南省）。

1948.2　始祖生育了猴子。

对照：汤 A1861.1　猴子起源于当神造访夏娃时她藏起来的孩子。

出处：

口承神话：

综 1，第 305—306 页（普米族，云南省宁蒗县，四川省西昌市、木里县）。

1948.2.1　始祖与天女结婚生下猴子。

出处：

口承神话：

川 2，第 952 页（纳西族，木里县）。

1948.3　猴子来自天上。

参照：322.15。

出处：

口承神话：

陕 10，第 6 页（汉族，乾县）。

1948.3.1　从天上来的人变成猴子。

出处：

口承神话：

浙72，第16页（汉族，诸暨县）。

1948.4　下界的人变成猴子。

出处：

口承神话：

浙23，第8页（汉族，缙云县）。

1948.5　神的身体的一部分（如脚指甲等）变成猴子。

出处：

口承神话：

浙23，第1页（汉族，缙云县）。

1948.6　石头变成猴子。

出处：

口承神话：

川1，第110页（汉族，都江堰市）；川5，第6页（汉族，灌县）。

1948.7　雪变成猿猴。

出处：

口承神话：

川2，第280页（彝族，喜德县）。

1948.8　金丝猴的起源。雪变成的猿猴的后代中的一支成为金丝猴。

出处：

口承神话：

川2，第280页（彝族，喜德县）。

综1，第290页（彝族，四川省）。

1948.9　短尾猴的起源。雪变成的猿猴的后代中的一支成为短尾猴。

出处：

口承神话：

川2，第280页（彝族，喜德县）。

1948.10　小黑猴的起源。雪变成的猿猴的后代中的一支成为小黑猴。

出处：

口承神话：

川2，第280页（彝族，喜德县）。

1949　野猪的起源。源于天神的赠与。

对照：汤A1871.1　野猪的起源。

出处：

口承神话：

川2，第573页（羌族，汶川县）。

1951　老鼠的起源。

对照：汤 A1853　老鼠（mouse）的创造。汤 A1854　家鼠（rat）的创造。汤 A1893 鼹鼠的创造。

1951.1　天神变成老鼠。

出处：

口承神话：

豫29，第23页（汉族，太康县）。

1951.1.1　恶神的血液变成老鼠。

出处：

口承神话：

川2，第7页（藏族，若尔盖县）。

1951.2　天神从天上放下老鼠。

参照：322.17。

出处：

口承神话：

冀18，第41页（汉族，茶坊区）。

浙2，第193页（汉族，苍南县）；浙19，第220页（汉族，建德县）；浙21，第164页（汉族，江东区）；浙31，第12页（汉族，龙游县）。

川1，第127页（藏族，小金县）；川2，第940页（傈僳族，德昌县）。

藏1，第214页（珞巴族，米林县）。

1951.3　老鼠从草中生出。

出处：

口承神话：

川1，第136页（彝族，峨边县）。

1960　爬行动物的起源。

对照：汤 A2140　爬行动物的起源。

1960.1　神的精灵化为爬行动物。

出处：

口承神话：

综7，第6页（汉族，河南省太行山区）。

1961 蛇的起源。

对照：汤 A2145 蛇的创造。

出处：

口承神话：

综 1，第 291 页（彝族，四川省），第 304 页（普米族，云南省宁蒗县，四川省西昌市、木里县）。

1961.1 恶神的血液变成蛇。

对照：汤 A2145.1 蛇来自被杀魔怪的血。

出处：

口承神话：

川 2，第 7 页（藏族，若尔盖县）。

1961.2 始祖变成蛇。

出处：

口承神话：

豫 32，第 19 页（汉族，桐柏县）。

1961.3 雪变成蛇。

出处：

口承神话：

川 2，第 280 页（彝族，喜德县）。

1961.4 龙变成蛇。

出处：

口承神话：

辽 2，第 485 页（汉族，北镇县）。

川 1，第 92 页（汉族，中江县）。

1961.5 蛇来自天上。

出处：

口承神话：

辽 36，第 399 页（汉族，苏家屯区）；辽 44，第 138 页（满族，新宾县）。

浙 27，第 508 页（汉族，丽水市）。

1961.6 蛟龙的起源。雪变成的蛇的后代中的一支成为蛟龙。

出处：

口承神话：

川 2，第 280 页（彝族，喜德县）。

1961.7 蟒蛇的起源。魔鬼的尾巴变成蟒蛇。

出处：

口承神话：

川 2，第 316 页（藏族，凉山州）。

1962　蜥蜴的起源。

对照：汤 A2148　蜥蜴的创造。

出处：

口承神话：

综 1，第 290 页（彝族，四川省）。

1962.1　雪变成的蛇的后代中的一支成为蜥蜴。

出处：

口承神话：

川 2，第 280 页（彝族，喜德县）。

1963　蝎子的起源。恶神的血液变成蝎子。

出处：

口承神话：

川 2，第 7 页（藏族，若尔盖县）。

1964　蜈蚣的起源。恶神的血液变成蜈蚣。

出处：

口承神话：

川 2，第 7 页（藏族，若尔盖县）。

1965　穿山甲的起源。人变成穿山甲。

出处：

口承神话：

浙 47，第 20 页（畲族，松阳县）。

1980　两栖动物的起源。

对照：汤 A2160　两栖动物的起源。

1980.1　神的精灵化为两栖动物。

出处：

口承神话：

综 7，第 6 页（汉族，河南省太行山区）。

1981 蛤蟆的起源。

对照：汤A2161 蛤蟆的起源。

出处：

口承神话：

综1，第7页（汉族，辽宁省大洼县），第290页（彝族，四川省）。

1981.1 神捏的泥人掉进海里又蹦到路上，成为蛤蟆。

出处：

口承神话：

辽10，第87页（汉族，大洼县）。

1981.2 神变成蛤蟆。

出处：

口承神话：

冀4，第277页（汉族，藁城县）。

1981.3 人变成蛤蟆。

出处：

口承神话：

豫32，第19、44页（汉族，桐柏县）。

1981.4 癞蛤蟆的起源。雪变成的蛙的后代中的一支成为癞蛤蟆。

出处：

口承神话：

川2，第280页（彝族，喜德县）。

1982 青蛙的起源。

对照：汤A2162 青蛙的起源。

出处：

口承神话：

综1，第290页（彝族，四川省）。

1982.1 青蛙的起源。雪变成的蛙的后代中的一支成为青蛙。

出处：

口承神话：

川2，第280页（彝族，喜德县）。

1982.2 跳蛙的起源。雪变成的蛙的后代中的一支成为跳蛙。

出处：

口承神话：

川 2，第 280 页（彝族，喜德县）。

1990　水族动物的起源。

出处：

口承神话：

浙 45，第 2 页（汉族，嵊泗县）。

1990.1　始祖生下的怪胎剁碎后，扔在水里的变成水族动物。

出处：

口承神话：

川 17，第 9 页（苗族，筠连县）；川 24，第 6 页（汉族，三台县）。

1990.2　神的精灵化为水族动物。

出处：

口承神话：

综 7，第 6 页（汉族，河南省太行山区）。

1990.3　龙生出水族动物。

出处：

口承神话：

浙 23，第 1 页（汉族，缙云县）。

1991　鱼的起源。

对照：艾 82 型　鱼的来历Ⅱ。汤 A2100　鱼的创造。

出处：

口承神话：

综 1，第 87 页（卑南族，台湾省台东县），第 304 页（普米族，云南省宁蒗县，四川省西昌市、木里县）。

1991.1　神造人剩下的泥巴落在水里变成鱼。

出处：

口承神话：

浙 68，第 12 页（汉族，玉环县）。

1991.2　神捏制的泥人掉进海里变成鱼。

出处：

口承神话：

辽 10，第 87 页（汉族，大洼县）。

1991.3　神寻找并发现鱼。

出处：

口承神话：

川2，第278页（彝族，喜德县）。

1991.4　始祖生下的怪胎剁碎后变成鱼。

出处：

口承神话：

川17，第9页（苗族，筠连县）。

1991.5　石头变成鱼。

出处：

口承神话：

川1，第110页（汉族，都江堰市）；川5，第6页（汉族，灌县）。

1991.6　鱼来自天上。

出处：

口承神话：

川2，第273页（彝族，凉山州）。

1992　虾的起源。

对照：汤A2132　对虾的创造。汤A2171.3　龙虾的起源。汤A2171.4　河虾的起源。

出处：

口承神话：

综1，第87页（卑南族，台湾省台东县），第304页（普米族，云南省宁蒗县，四川省西昌市、木里县）。

1992.1　始祖生下的怪胎剁碎后变成虾。

出处：

口承神话：

川17，第9页（苗族，筠连县）。

1992.2　石头变成虾。

出处：

口承神话：

川1，第110页（汉族，都江堰市）；川5，第6页（汉族，灌县）。

1993　蛏子的起源。神捏制的泥人掉进海里变成蛏子。

出处：

口承神话：

辽10，第87页（汉族，大洼县）。

综1，第7页（汉族，辽宁省大洼县）。

1994　水獭的起源。天神从天上放下水獭。

出处：

口承神话：

冀 10，第 131 页（汉族，成安县）。

浙 22，第 128 页（汉族，金华县）；浙 31，第 13 页（汉族，龙游县）。

川 2，第 940 页（傈僳族，德昌县）。

1994.1　神从天上找来水獭。

出处：

口承神话：

浙 44，第 11 页（汉族，绍兴县）。

川 2，第 278 页（彝族，喜德县）。

1995　螃蟹的起源。

出处：

口承神话：

综 1，第 87 页（卑南族，台湾省台东县）。

2010　鸟类的起源。

对照：艾 83 型　鸟的来历 I 、鸟的来历 II 。汤 A1900　鸟的创造。

出处：

口承神话：

综 1，第 88 页（卑南族，台湾省台东县），第 237 页（彝族，云南省新平县），第 304 页（普米族，云南省宁蒗县，四川省西昌市、木里县）；综 4，第 81 页（彝族，云南省楚雄彝族自治州）。

2010.1　神造出鸟类。

出处：

口承神话：

冀 3，第 18 页（汉族，抚宁县）；冀 7，第 613 页（汉族，藁城县）。

黑 1，第 17 页（满族，宁安县）。

豫 25，第 11 页（汉族，汝南县）。

2010.1.1　始祖用泥巴创造了鸟类。

出处：

口承神话：

冀 5，第 5 页（汉族，藁城县）。

辽 39，第 501 页（汉族，瓦房店市）。

2010.2　神的精灵化为鸟类。

出处：

口承神话：

综 7，第 6 页（汉族，河南省太行山区）。

2010.3　始祖生下的怪胎剁碎后，扔在山上的变成鸟类。

出处：

口承神话：

川 17，第 9 页（苗族，筠连县）；川 24，第 6 页（汉族，三台县）。

2010.4　凤凰生出了禽类。

出处：

口承神话：

浙 23，第 1 页（汉族，缙云县）。

2010.5　创世者生出鸟类。

出处：

口承神话：

藏 1，第 214 页（珞巴族，米林县）。

2010.6　鸟类源于天神的给予。

出处：

口承神话：

川 1，第 82 页（羌族，汶川县）。

2010.7　石头变成鸟。

出处：

口承神话：

川 1，第 110 页（汉族，都江堰市）；川 5，第 6 页（汉族，灌县）。

2010.8　云和雾结合生出鸟。

出处：

口承神话：

综 4，第 6 页（苗族，贵州省台江县、施秉县、凯里市）。

2011　凤凰的起源。神的首饰变成凤凰。

参照：322.4，653.5，2202。

出处：

口承神话：

冀 7，第 613 页（汉族，藁城县）。

2012　孔雀的起源。

对照：汤 A1996　孔雀的创造。

出处：

口承神话：

综 1，第 290 页（彝族，四川省）。

2012.1　神创造出孔雀。

出处：

口承神话：

冀 7，第 613 页（汉族，藁城县）。

2012.2　雪变成的鹰的后代中的一支成为孔雀。

出处：

口承神话：

川 2，第 280 页（彝族，喜德县）。

2013　燕子的起源。

参照：322.6。

对照：汤 A1917　燕子的创造。

出处：

口承神话：

综 1，第 304 页（普米族，云南省宁蒗县，四川省西昌市、木里县）。

2013.1　神创造出燕子。

出处：

口承神话：

冀 7，第 613 页（汉族，藁城县）。

2013.2　燕子起源于天上。

出处：

口承神话：

辽 7，第 132 页（汉族，昌图县）。

2013.3　神变成燕子。

出处：

口承神话：

冀 4，第 277 页（汉族，藁城县）。

2013.4　人变成燕子。

出处：

口承神话：

陕 2，第 23 页（汉族，渭滨区）。

2014　喜鹊的起源。

参照：322.7。

对照：汤 A1922　喜鹊的创造。

出处：

口承神话：

综 1，第 304 页（普米族，云南省宁蒗县，四川省西昌市、木里县）。

2014.1　神创造出喜鹊。

出处：

口承神话：

冀 7，第 613 页（汉族，藁城县）。

2014.2　喜鹊来自天上。

出处：

口承神话：

陕 6，第 197 页（汉族，华县）。

2015　乌鸦的起源。

参照：322.1。

对照：汤 A1919　乌鸦的创造。

出处：

口承神话：

综 1，第 304 页（普米族，云南省宁蒗县，四川省西昌市、木里县）。

2015.1　乌鸦来自天上。

出处：

口承神话：

陕 6，第 197 页（汉族，华县）。

2015.1.1　乌鸦源于天神的给予。

出处：

口承神话：

川 2，第 573 页（羌族，汶川县）。

2016　麻雀的起源。

对照：汤 A1927　麻雀的创造。

2016.1　麻雀起源于天上。

出处：

口承神话：

辽 52，第 234 页（汉族，营口县）。

浙 27，第 14 页（汉族，丽水市）；浙 44，第 16 页（汉族，绍兴县）。

川 1，第 127 页（藏族，小金县）。

2016.1.1　麻雀源于天神的给予。

出处：

口承神话：

川 2，第 573 页（羌族，汶川县）。

2017　云雀的起源。神从天上找来。

出处：

口承神话：

川 2，第 278 页（彝族，喜德县）。

2018　鸽子的起源。源于神的创造。

对照：汤 A1947　鸽子的创造。

出处：

口承神话：

冀 7，第 613 页（汉族，藁城县）。

2019　布谷鸟的起源。神变成布谷鸟。

出处：

口承神话：

川 14，第 51 页（汉族，简阳县）。

2021　鹦鹉的起源。神创造出鹦鹉（八哥）。

对照：汤 A1994　鹦鹉的创造。

出处：

口承神话：

冀 7，第 613 页（汉族，藁城县）。

2022　画眉鸟的起源。

出处：

口承神话：

综 1，第 304 页（普米族，云南省宁蒗县，四川省西昌市、木里县）。

2022.1　白眉鸟的起源。雪变成的鹰的后代中的一支成为白眉鸟。

出处：

口承神话：

川 2，第 280 页（彝族，喜德县）。

2023　寒号鸟的起源。神创造出寒号鸟。

出处：

口承神话：

冀 7，第 613 页（汉族，藁城县）。

2024　大雁的起源。

出处：

口承神话：

综 1，第 290 页（彝族，四川省），第 304 页（普米族，云南省宁蒗县，四川省西昌市、木里县）。

2024.1　神创造出大雁。

出处：

口承神话：

冀 7，第 613 页（汉族，藁城县）。

2024.2　大雁从南瓜中生出。

出处：

口承神话：

川 1，第 189 页（傈僳族，德昌县）；川 2，第 935 页（傈僳族，德昌县）。

2024.3　雪变成的鹰的后代中的一支成为大雁。

出处：

口承神话：

川 2，第 280 页（彝族，喜德县）。

2025　鹤的起源。鹤从天上来。

对照：汤 A1992　鹤的创造。

出处：

口承神话：

川 1，第 76 页（汉族，巫山县）。

2026　鹰的起源。

对照：汤 A1930　隼形目动物的创造。汤 A1937　鹰的创造。

出处：

口承神话：

综1，第291页（彝族，四川省）。

2026.1　雪变成鹰。

出处：

口承神话：

川2，第280页（彝族，喜德县）。

2026.2　人变成鹰。

出处：

口承神话：

陕10，第19页（汉族，乾县）。

2026.3　苍鹰的起源。雪变成的鹰的后代中的一支成为苍鹰。

出处：

口承神话：

川2，第280页（彝族，喜德县）。

2026.4　秃鹰的起源。雪变成的鹰的后代中的一支成为秃鹰。

对照：*汤 A1931　秃鹰的创造。*

出处：

口承神话：

川2，第280页（彝族，喜德县）。

2026.5　鹞鹰的起源。

对照：*汤 A1942　鹞的起源。*

2026.5.1　天神从天上放下鹞鹰。

出处：

口承神话：

川1，第127页（藏族，小金县）。

2026.5.2　雪变成的鹰的后代中的一支成为鹞鹰。

出处：

口承神话：

川2，第280页（彝族，喜德县）。

2026.6　鹫的起源。

出处：

口承神话：

综1，第290页（彝族，四川省）。

2027 大鹏的起源。

出处：

口承神话：

综1，第290页（彝族，四川省）。

2027.1 雪变成的鹰的后代中的一支成为大鹏。

出处：

口承神话：

川2，第280页（彝族，喜德县）。

2040 昆虫的起源。

对照：汤A2000 昆虫的创造。

2040.1 神用泥巴造出昆虫。

出处：

口承神话：

冀5，第5页（汉族，藁城县）。

2040.2 昆虫起源于天上。

出处：

口承神话：

浙60，第18页（汉族，萧山市）。

2040.3 神的精灵化为昆虫。

出处：

口承神话：

综7，第6页（汉族，河南省太行山区）。

2040.4 石头变成昆虫。

出处：

口承神话：

川1，第110页（汉族，都江堰市）；川5，第6页（汉族，灌县）。

2040.5 天地结合生出昆虫。

出处：

口承神话：

藏1，第9页（珞巴族，米林县）。

2041 蝉的起源。

出处：

口承神话：

综 4，第 49 页（苗族）。

2041.1　人死后变成蝉。

出处：

口承神话：

辽 32，第 215 页（汉族，沙河口区）；辽 38，第 93 页（汉族，铁岭县）。

2042　蜂的起源。

对照：汤 A2012　蜜蜂的创造。汤 A2013　大黄蜂的创造。

2042.1　恶神的血液变成蜂。

出处：

口承神话：

川 2，第 7 页（藏族，若尔盖县）。

2042.2　蜜蜂来自天上。

出处：

口承神话：

冀 2，第 606 页（汉族，承德县）。

川 2，第 555 页（羌族，汶川县）。

2042.3　神从天上找来蜂。

出处：

口承神话：

川 2，第 278 页（彝族，喜德县）。

2042.4　马蜂来自天上。

出处：

口承神话：

川 2，第 555 页（羌族，汶川县）。

2042.5　野蜂来自天上。

出处：

口承神话：

川 2，第 555 页（羌族，汶川县）。

2043　蚂蚱的起源。神寻找并发现蚂蚱。

对照：汤 A2062　蚱蜢的起源。

出处：

口承神话：

川 2，第 278 页（彝族，喜德县）。

2044　蚂蚁的起源。石头变成蚂蚁。

对照：汤 A2011　蚂蚁的创造。

出处：

口承神话：

川 1，第 110 页（汉族，都江堰市）；川 5，第 6 页（汉族，灌县）。

2045　蚕的起源。

对照：艾 80 型　牛和蚕。汤 A2182.1　蚕的起源。

2045.1　蚕神变成蚕来到人间。

参照：322.21。

出处：

口承神话：

冀 2，第 606 页（汉族，承德县）。

浙 1，第 6、7、315 页（汉族，安吉县）；浙 4，第 146 页（汉族，常山县）；浙 7，第 294 页（汉族，德清县）；浙 12，第 336 页（汉族，富阳县）；浙 19，第 223 页（汉族，建德县）；浙 22，第 146 页（汉族，金华县）；浙 25，第 7 页（汉族，兰溪市）；浙 27，第 16、18 页（汉族，丽水市）；浙 28，第 195 页（汉族，临安县）；浙 31，第 270 页（汉族，龙游县）；浙 35，第 168 页（畲族，平阳县）；浙 40，第 10 页（汉族，衢县）；浙 42，第 125 页（汉族，三门县）；浙 47，第 194 页（汉族，松阳县）；浙 48，第 13 页（汉族，遂昌县）；浙 50，第 207 页（汉族，天台县）；浙 51，第 102 页（汉族，桐庐县）；浙 61，第 228 页（汉族，新昌县）；浙 65，第 156 页（汉族，永康县）；浙 72，第 410 页（汉族，诸暨县）。

川 1，第 221 页（汉族，盐亭县）。

2045.2　人死后变成蚕。

出处：

口承神话：

辽 38，第 93 页（汉族，铁岭县）。

2045.3　人与马结合变成蚕。

出处：

口承神话：

浙 14，第 4 页（汉族，海宁市）；浙 22，第 135 页（汉族，金华县）；浙 48，第 168 页（汉族，遂昌县）。

豫 18，第 7 页（汉族，南召县）；豫 41，第 174 页（汉族，新野县）。

川 1，第 228 页（汉族，新都县），第 229 页（汉族，新津县）；川 26，第 5 页（汉族，西昌市）；川 34，第 248 页（汉族，合川县）。

陕 2，第 94 页（汉族，岐山县）。

2045.4 马皮裹着的姑娘变成了蚕。

对照：艾 45 型 蚕。

出处：

口承神话：

综 1，第 169—171 页（壮族，广西壮族自治区右江、红河一带）。

2046 蟋蟀的起源。人死后变成蟋蟀。

对照：汤 A2063 蟋蟀的创造。

出处：

口承神话：

辽 32，第 214 页（汉族，沙河口区）；辽 38，第 93 页（汉族，铁岭县）。

2047 萤火虫的起源。文化英雄发现萤火虫。

对照：汤 A2094 萤火虫的创造。

出处：

口承神话：

陕 2，第 37 页（汉族，渭滨区）。

2048 苍蝇的起源。神寻找并发现苍蝇。

对照：汤 A2031 苍蝇的创造。

出处：

口承神话：

川 2，第 278 页（彝族，喜德县）。

2049 屎壳郎的起源。天神变成屎壳郎。

出处：

口承神话：

桂 8，第 6 页（汉族，钦州市）；桂 11，第 96、97 页（壮族，大新县）；桂 12，第
110 页（壮族，凭祥市）；桂 13，第 78 页（汉族，合山市）；桂 15，第 123 页（汉族，扶
绥县）。

2100—2119　动物特征的一般起源

2100　动物特征的起源。

对照：汤 A2200　动物特征形成的原因。

2101　动物的特征起源于远古时代发生的变化。为什么动物站不起来。因为神把它们腿上的筋抽掉了。

对照：汤 A2210　动物的特征：由于古代动物发生了变化。
出处：
口承神话：
陕 2，第 102 页（汉族，宝鸡县）。

2102　动物的特征起源于奖励。

参照：2121.4.1，2153，2195。
对照：汤 A2220　动物的特征是由于奖励。

2103　动物的特征起源于惩罚。

参照：2123.8，2129.5.2，2206，2223，2224。
对照：汤 A2230　动物的特征是由于惩罚。

2104　动物的特征起源于诅咒。

参照：2129.10，2257。

2105　为什么有的动物是野生的，有的是家养的。

对照：汤 A2212.2　害怕的动物逃散：现在每种动物栖息地的起因。
出处：
口承神话：
豫 2，第 16 页（汉族，郸城县）；豫 32，第 51 页（汉族，桐柏县）。

2105.1　创造动物时在山上跑的、会爬树的成为归山神管的野兽，在地上跑的成为人家养的动物。

出处：
口承神话：

川 2，第 15 页（藏族，木里县）。

2105.2　神让听自己话的动物成为家养的，不听话的成为野生的。

出处：

口承神话：

川 2，第 326 页（彝族，凉山州）。

2105.3　为什么人间的牲畜家养的少、野生的多。因为始祖惊散了天神给予人的动物。

出处：

口承神话：

川 1，第 126 页（藏族，小金县）；川 2，第 573 页（羌族，汶川县）。

2105.4　天帝给人的动物中，被始祖抓住的成为家养的，没被抓住的成为野生的。

出处：

口承神话：

川 2，第 812 页（苗族，兴文县）。

2106　为什么有的动物白天活动，有的动物晚上活动。要给太阳当差的就在白天活动，不当差的就在晚上活动。

出处：

口承神话：

综 1，第 110 页（珞巴族，西藏自治区米林县）。

2107　动物之间的敌对源于最初的争吵。蟒蛇与百步蛇的敌对：源于蟒蛇要讨回借出的牙齿。

出处：

口承神话：

其他 2，第 70 页（鲁凯族，台湾省台东县）。

2107.1　马与牦牛的敌对：源于马讥笑牦牛而被踢死。

出处：

口承神话：

综 1，第 140 页（纳西族，四川省木里县）。

2108　为什么有的动物的手掌像雪花的形状。因为是从雪里生出来的。

出处：

口承神话：

川 2，第 279 页（彝族，喜德县）。

2109　动物特征的起源——其他母题。

2109.1　动物叫声特征的起源。
出处：
口承神话：
陕 11，第 117 页（汉族，乾县），第 357 页（汉族，礼泉县）。

2110　动物的特征是从其他动物处获得的。

对照：汤 A2240　动物的特征：获得其他动物的特性。

2111　动物的现有特征是从其他动物处得来的。

2111.1　羊从牛那里得到了角。
对照：汤 A2326.1.3　绵羊角的起源。汤 A2326.1.5　山羊角的起源。
出处：
口承神话：
浙 41，第 149 页（汉族，瑞安市）。

2111.2　青蛙从蛇那里得到了脚。
出处：
口承神话：
川 17，第 106 页（汉族，筠连县）。

2111.3　蛇从青蛙那里得到了尾巴。
出处：
口承神话：
川 17，第 106 页（汉族，筠连县）。

2111.4　兔子从狗那里得到了尾巴。
出处：
口承神话：
豫 41，第 247 页（汉族，新野县）。

2111.5　老虎从蛇那里得到了爪子。
出处：
口承神话：
综 1，第 126 页（佤族，云南省沧源县）。

2111.6　豹子从蛇那里得到了爪子。
出处：

口承神话：

综1，第126页（佤族，云南省沧源县）。

2111.7　牛从狼那里得到了犄角。

出处：

口承神话：

综1，第303页（普米族，云南省宁蒗县，四川省西昌市、木里县）。

2111.8　人从蛇那里得到了指甲。

出处：

口承神话：

综1，第126页（佤族，云南省沧源县）。

2111.9　绿斑鸠从山鼠那里借来了叫声。

出处：

口承神话：

综1，第126页（佤族，云南省沧源县）。

2111.10　牛从蛇那里得到了蹄子和角。

出处：

口承神话：

综1，第126页（佤族，云南省沧源县）。

2111.11　螃蟹从蛇那里得到了夹子。

出处：

口承神话：

综1，第126页（佤族，云南省沧源县）。

2112　借后不还。从其他动物处借得特征后一直不还，因而形成今天的样子。

对照：汤A2241　动物的特征：借了不还。动物从他人那里借来东西，拒绝归还。

2112.1　龙借鸡角不还。

对照：艾1型　鸡和龙。汤A2242　动物的特征：为了宴会获得而不再归还。

出处：

口承神话：

冀4，第169页（汉族，藁城县）；冀10，第120页（汉族，涉县）。

浙1，第373页（汉族，安吉县）；浙13，第184页（汉族，拱墅区）；浙15，第106、107页（汉族，海曙区）；浙19，第221页（汉族，建德县）；浙21，第172页（汉族，江东区）；浙22，第199页（汉族，金华县）；浙24，第121页（汉族，开化县）；浙25，第299页（汉族，兰溪市）；浙26，第341页（汉族，乐清县）；浙27，第502页（汉族，丽水市）；浙31，第278页（汉族，龙游县）；浙32，第296页（汉族，宁海县）；浙35，第241页（汉族，平阳县）；浙43，第167页（汉族，上虞县）；浙44，第437页（汉族，绍兴县）；浙49，第133页（汉族，泰顺县）；浙53，第21页（汉族，温岭县）；浙55，第358、359页（畲族，武义县）；浙56，第177页（汉族，婺城区）；浙62，第272、329页（汉族，义乌市）；浙65，第155页（汉族，永康县）；浙67，第293页（汉族，余姚市）；浙69，第155页（汉族，越城区）。

豫22，第141页（汉族，淇县）；豫25，第329页（汉族，汝南县）；豫27，第291页（汉族，沈丘县）；豫34，第192页（汉族，桐柏县）；豫37，第91页（汉族，淅川县）。

桂4，第103页（汉族，玉林市）；桂10，第317页（汉族，南宁市）。

川11，第137页（汉族，新津县）；川13，第237页（汉族，涪陵市）；川27，第164页（汉族，西充县）；川30，第149页（汉族，营山县）；川32，第82页（汉族，大渡口区）；川37，第194页（汉族，荣昌县）；川39，第37页（汉族，双桥区）。

2112.2　羊借狗角不还。

出处：

口承神话：

辽17，第274页（汉族，甘井子区）。

浙26，第246页（汉族，乐清县）；浙29，第162页（汉族，临海市）；浙32，第292页（汉族，宁海县）；浙35，第240页（汉族，平阳县）；浙68，第222页（汉族，玉环县）。

2112.3　龙借狗角不还。

出处：

口承神话：

浙9，第273页（汉族，东阳县）；浙70，第202页（汉族，云和县）。

2112.4　羊借鸡角不还。

出处：

口承神话：

浙6，第229页（汉族，慈溪市）。

2112.5　虾借蚯蚓的眼睛不还。

出处：

口承神话：

冀8，第454页（汉族，藁城县）；冀10，第149页（汉族，大名县）。

浙35，第245页（汉族，平阳县）；浙41，第150页（汉族，瑞安市）。

豫2，第185页（汉族，郸城县）；豫11，第366页（汉族，开封县）；豫21，第243页（汉族，濮阳县）；豫23，第234页（汉族，杞县）；豫27，第300页（汉族，沈丘县）；豫35，第200页（汉族，尉氏县）；豫40，第112页（汉族，新乡县）。

桂4，第107页（汉族，玉林市）。

川 14，第 85 页（汉族，简阳县）。

2112.6　凤凰借鸡的尾巴或衣裳不还。

出处：

口承神话：

冀 14，第 290 页（汉族，武安县）。

浙 3，第 450 页（汉族，长兴县）；浙 55，第 357 页（汉族，武义县）。

豫 19，第 556 页（汉族，南召县）。

川 7，第 180 页（汉族，彭县）。

2112.7　鹿借鸡角不还。

出处：

口承神话：

冀 17，第 135 页（汉族，宣化区）。

浙 7，第 369 页（汉族，德清县）；浙 41，第 146 页（汉族，瑞安市）。

豫 45，第 224 页（汉族，禹州市）。

桂 6，第 208 页（汉族，浦北县）。

2112.8　鹿借狗角不还。

对照：汤 A2241.1　鹿的角从狗处借来。汤 A2326.2.2　为什么狗没有角，它的角被鹿（山羊）偷了。

出处：

口承神话：

川 40，第 72 页（汉族，铜梁县）。

2112.9　鸡借龙的冠子不还。

出处：

口承神话：

浙 65，第 153 页（汉族，永康县）；浙 67，第 293 页（汉族，余姚市）。

2112.10　龙借鸡的耳朵不还。

出处：

口承神话：

川 11，第 124 页（汉族，新津县）。

2112.11　牛借马角不还。

对照：汤 A2326.1.4　牛角的起源。汤 A2326.3.1　为什么牛有两只角。

出处：

口承神话：

川 33，第 64 页（汉族，大足县）。

陕 11，第 117 页（汉族，乾县），第 360 页（汉族，礼泉县）。

2112.12　青蛙借蛇的声音不还。

出处：

口承神话：

豫 35，第 203 页（汉族，尉氏县）。

2112.13　鸭子借鸡的鞋不还。

出处：

口承神话：

冀 5，第 283 页（汉族，藁城县）。

2112.14　鱼借猫的鳞不还。

出处：

口承神话：

冀 16，第 503 页（汉族，邢台市）。

2112.15　蜈蚣借鸡角不还。

出处：

口承神话：

桂 11，第 75 页（壮族，大新县）。

2113　借出但拒绝收回。动物将自己原有的特征借给其他动物后拒绝收回，因而形成今天的样子。

对照：*汤* A2243　动物的特征：出借但拒绝收回。

2113.1　鸭子拒绝收回借给公鸡的冠子。

出处：

口承神话：

桂 11，第 78 页（壮族，大新县）。

2114　动物的特征是由于彼此交换。

对照：*汤* A2247　动物的特征：彼此交换特质。

2114.1　公鸡和羊互换冠和角。

出处：

口承神话：

浙 2，第 198 页（汉族，苍南县）。

2114.2　鹿和山羊互换其腿。

出处：

口承神话：

其他 2，第 67 页（鲁凯族，台湾省台东县）。

2114.3　百步蛇与蟒蛇互换牙齿。

出处：

口承神话：

其他2，第69页（鲁凯族，台湾省台东县）。

2120—2399　特定动物特征的起源

2120　家禽家畜特征的起源。

2121　鸡的特征的起源。

2121.1　鸡为什么又瘦又小。因为远古时代太阳的曝晒。

出处：

口承神话：

川2，第949页（傈僳族，盐边县）。

2121.2　鸡的脸为什么是红的。因为不听神的劝告，被神打红了脸。

出处：

口承神话：

川2，第292页（彝族）。

综1，第170—171页（壮族，广西壮族自治区右江、红河一带）。

2121.2.1　鸡因为做错事被神数落而羞红了脸。

出处：

口承神话：

辽10，第88页（汉族，大洼县）。

2121.2.2　鸡被神从天上推下来时急红了脸。

出处：

口承神话：

浙12，第334页（汉族，富阳县）。

2121.3　鸡为什么没有耳朵。被神割下了。

出处：

口承神话：

浙3，第455页（汉族，长兴县）。

2121.4　公鸡的鸡冠子的起源。

2121.4.1　太阳把自己身上的红锦裙撕下一块给鸡戴在头上，作为奖赏。

出处：

口承神话：

辽 9，第 314 页（汉族，朝阳县）。

2121.4.2　鸭子把冠子给了公鸡。

出处：

口承神话：

桂 11，第 78 页（壮族，大新县）。

2121.5　公鸡为什么没有鸡巴。因为神给它的鸡巴被偷走或送人了。

对照：汤 A2365　动物生殖器的起源和特征。

出处：

口承神话：

浙 23，第 211 页（汉族，缙云县）；浙 27，第 503 页（汉族，丽水市）；浙 72，第 424 页（汉族，诸暨县）。

豫 21，第 23 页（汉族，濮阳县）。

2121.6　母鸡为什么是秃尾巴，而且身上长不出花羽毛。因为被太阳烧的。

对照：汤 A2317　为什么有的动物没有毛。

出处：

口承神话：

陕 2，第 10 页（汉族，宝鸡县）。

2121.7　野鸡的尾巴上为什么有刀印子。被神砍的。

出处：

口承神话：

川 2，第 561 页（羌族，理县）。

2121.8　鸡每天早晨叫太阳的起源。为什么鸡一叫，太阳就出来。

参照：463.2.1，469.4。

对照：汤 A2489.1.1　为什么公鸡啼鸣以迎接日出。

出处：

口承神话：

综 1，第 35 页（汉族，四川省珙县），第 113 页（赫哲族，黑龙江省同江县），第 220 页（彝族，贵州省威宁县）。

2121.8.1　鸡因为想念太阳哥哥，所以每天早晨叫哥哥。

出处：

口承神话：

浙1，第377页（汉族，安吉县）；浙12，第334页（汉族，富阳县）；浙27，第7页（畲族，丽水市）；浙54，第164页（汉族，文成县）。

川1，第74页（汉族，雅安市）。

2121.8.2　神让鸡把太阳叫出来，所以鸡从此不断叫太阳。

出处：

口承神话：

川1，第102页（汉族，珙县），第293页（汉族，巴县）。

陕2，第10页（汉族，宝鸡县）。

2121.8.3　因为太阳和鸡有协议，鸡叫就说明太阳没有危险。

出处：

口承神话：

浙27，第7页（畲族，丽水市）。

豫24，第144页（汉族，沁阳县）。

2121.8.4　因为太阳喜欢鸡的叫声。

出处：

口承神话：

冀1，第5页（汉族，满城县）；冀3，第574页（汉族，抚宁县）。

陕2，第15页（汉族，凤翔县）。

2121.8.5　因为给太阳驾车的神是公鸡的儿子。

出处：

口承神话：

黑1，第28页（汉族，甘南县）。

2121.9　鸡为什么吃虫子和蜈蚣。因为蜈蚣借了鸡角没还。

对照：*汤* A2435.4.8　公鸡的食物。

出处：

口承神话：

桂11，第75页（壮族，大新县）。

2121.9.1　因为虫子和蜈蚣做证人失职，导致鸡借出的东西没有被收回。

出处：

口承神话：

冀5，第283页（汉族，藁城县）。

桂4，第103页（汉族，玉林市）；桂10，第317页（汉族，南宁市）。

2121.10　鸡为什么吃糠。因为神的规定。

对照：*汤* A2435.4.8　公鸡的食物。

出处：

口承神话：

冀14，第169页（汉族，武安县）。

2121.11 鸡的寿命的起源。分寿命时，鸡把自己的部分寿命让给了人。

参照：1101。

出处：

口承神话：

浙11，第6页（汉族，奉化市）。

豫38，第278页（汉族，项城县）。

2122 鹅的特征的起源。

2122.1 鹅的头上为什么有一个疙瘩。被神敲的。

对照：汤A2320 动物特征的起源：头。

出处：

口承神话：

冀8，第494页（汉族，藁城县）。

2122.2 鹅为什么看什么东西都特别小。因为神把牛的眼珠子换给它了。

对照：汤A2332 动物眼睛的起源和特征。

出处：

口承神话：

浙3，第273页（汉族，长兴县）；浙12，第311页（汉族，富阳县）；浙14，第200页（汉族，海宁市）；浙39，第112页（汉族，庆元县）；浙51，第100页（汉族，桐庐县）；浙63，第284页（汉族，鄞县）；浙69，第144页（汉族，越城区）。

川31，第73页（汉族，璧山县）。

2122.3 鹅的嘴为什么是扁的。被神捏的。

对照：汤A2341 动物嘴的起源和特征。

出处：

口承神话：

冀8，第494页（汉族，藁城县）。

2122.4 为什么鹅长着长脖子。在争抢中被拉长了。

出处：

口承神话：

综1，第264页（哈尼族，云南省）。

2123 狗的特征的起源。

2123.1 狗的鼻子为什么是冰凉的。远古时被洪水浸泡的。

出处：

辽 30，第 30 页（汉族，双台子区）。

2123.2　狗为什么只有一条尾巴。狗起初有多条尾巴，后被神砍去，只留下一条尾巴。

出处：

口承神话：

综 1，第 160—161 页（壮族，广西壮族自治区龙州县）。

2123.3　狗为什么用舌头舔水喝。因为它被诬告不干活，神惩罚它不许喝水。

出处：

口承神话：

综 1，第 210 页（纳西族，云南省）。

2123.4　狗为什么总是"汪汪汪"地叫。

出处：

口承神话：

辽 39，第 345 页（汉族，瓦房店市）；辽 52，第 215 页（汉族，营口县）。

豫 6，第 139 页（汉族，滑县）。

陕 11，第 117 页（汉族，乾县），第 357 页（汉族，礼泉县）。

2123.5　狗为什么要撵兔子或者猫。因为在神收回人类粮食的时候，兔子或猫办了错事。

对照：汤 A2281.3　猫和狗为什么打架：狗吃光了主人奖赏给猫的部分。

出处：

口承神话：

豫 4，第 91 页（汉族，扶沟县）；豫 25，第 244 页（汉族，汝南县）；豫 26，第 162 页（汉族，社旗县）；豫 29，第 102 页（汉族，太康县）。

陕 1，第 104 页（汉族，凤县）；陕 3，第 142 页（汉族，凤县）。

2123.6　狗为什么要咬鸡。因为最初的结怨。

出处：

口承神话：

冀 8，第 323 页（汉族，藁城县）。

2123.7　狗为什么住在屋外。因为它错传了消息。

出处：

口承神话：

综 1，第 256 页（苗族，云南省大关县）。

2123.8　狗交配时为什么疼痛、出丑。因为不听神的话而受到惩罚。

出处：

口承神话：

辽35，第65页（回族，沈河区）；辽53，第66页（回族，振兴区）。

2123.9 狗为什么吃屎。

参照：1751.2.3。

对照：汤A2435.3.1 狗的食物。

2123.9.1 狗吃屎是因为神的规定。

出处：

口承神话：

冀2，第604页（汉族，双滦区）；冀8，第495页（汉族，藁城县）；冀9，第15页（汉族，成安县）；冀12，第420页（汉族，高邑县）；冀14，第119、169页（汉族，武安县）。

辽7，第126页（昌图县）。

浙2，第193页（汉族，苍南县）；浙47，第189页（汉族，松阳县）；浙48，第162页（汉族，遂昌县）。

豫4，第92页（汉族，扶沟县）；豫32，第17页（汉族，桐柏县）；豫41，第173页（汉族，新野县）。

2123.9.2 狗吃屎是因为它干了坏事。

出处：

口承神话：

浙2，第192页（汉族，苍南县）。

2123.9.3 狗吃屎是因为它听错、记错或传错了天神的话。

参照：1751.2.3。

出处：

口承神话：

冀18，第34页（汉族，宣化县）。

豫7，第154页（汉族，淮滨县）；豫41，第176页（汉族，新野县）。

2123.10 狗的寿命的起源。分寿命时，狗把自己的部分寿命让给了人。

参照：1101。

出处：

口承神话：

冀9，第14页（汉族，成安县）。

浙5，第494页（汉族，淳安县）；浙6，第281页（汉族，慈溪市）；浙11，第6页（汉族，奉化市）；浙22，第1页（汉族，金华县）；浙28，第256页（汉族，临安县）；浙30，第5页（汉族，龙泉县）；浙32，第217页（汉族，宁海县）；浙44，第40页（汉族，绍兴县）；浙49，第17页（汉族，泰顺县）；浙50，第3页（汉族，天台县）；浙55，第9页（汉族，武义县）；浙64，第19页（汉族，永嘉县）；浙65，第13页（汉族，永康县）；浙72，第27页（汉族，诸暨县）。

豫32，第17页（汉族，桐柏县）；豫38，第278页（汉族，项城县）。

2124　兔子的特征的起源。

2124.1　兔子的嘴为什么是豁的。被神砍或划的。

出处：

口承神话：

冀2，第7页（汉族，承德县）。

川2，第292页（彝族），第300页（彝族，石棉县）。

2124.2　兔子为什么变得很小，而且耳朵很短。因为远古时太阳月亮的曝晒。

出处：

口承神话：

川1，第188页（傈僳族，德昌县）；川2，第935页（傈僳族，德昌县），第949页（傈僳族，盐边县）。

2125　猫的特征的起源。

2125.1　猫为什么在交配前叫春。因为不听神的话而受到惩罚。

出处：

口承神话：

辽35，第65页（回族，沈河区）；辽53，第66页（回族，振兴区）。

2125.2　猫为什么吃老鼠。

对照：汤A2435.3.2　猫的食物。

2125.2.1　猫吃老鼠是因为最初的结怨。

出处：

口承神话：

冀2，第21页（汉族，承德县）。

2125.2.2　猫吃老鼠是因为神的规定。

出处：

口承神话：

冀18，第41页（汉族，茶坊区）。

2125.3　猫为什么吃饭。

对照：汤A2435.3.2　猫的食物。

2125.3.1　猫吃饭是因为神的规定。

出处：

口承神话：

浙48，第162页（汉族，遂昌县）。

2125.3.2　猫吃饭是因为它为人类做了好事。

出处：

口承神话：

浙2，第192页（汉族，苍南县）。

2125.4　猫的寿命的起源。分寿命时，猫把自己的部分寿命让给了人。

参照：1101。

出处：

口承神话：

浙49，第17页（汉族，泰顺县）。

2126　羊的特征的起源。

2126.1　羊为什么没有下牙。从天上掉下时摔掉了下牙。

出处：

口承神话：

浙34，第6页（汉族，平湖县）。

2126.2　为什么羊死后总是大睁着眼睛。羊没有吃到一种树叶，因而死不瞑目。

出处：

口承神话：

浙32，第298页（汉族，宁海县）；浙49，第135页（汉族，泰顺县）。
川1，第142页（彝族，西昌市）；川2，第275页（彝族，仁和区）。

2126.3　羊为什么要上山。因为神的规定。

出处：

口承神话：

川1，第68页（汉族，巴中县）。

2126.4　羊为什么吃草。因为神的规定。

出处：

口承神话：

陕11，第391页（汉族，乾县）。

2127　猪的特征的起源。

2127.1　猪为什么要进圈。因为神的规定。

出处：

口承神话：

川1，第68页（汉族，巴中县）。

2127.2 聋猪为什么聋。因为它没有完成神交给的任务被打成了聋子。

出处：

口承神话：

综1，第17页（瑶族，广西壮族自治区巴马瑶族自治县）。

2127.3 猪为什么吃糠和尿。因为神的规定。

对照：*汤* A2435.3.14 猪的食物。

出处：

口承神话：

冀12，第420页（汉族，高邑县）。

陕11，第391页（汉族，乾县）。

2127.4 猪为什么吃人的剩饭。因为神的规定。

对照：*汤* A2435.3.14 猪的食物。

出处：

口承神话：

冀14，第170页（汉族，武安县）。

2127.5 猪为什么要被人吃。因为神的规定。

出处：

口承神话：

豫37，第89页（汉族，淅川县）。

综1，第135页（仡佬族，贵州省关岭县）。

2127.6 猪的寿命的起源。分寿命时，猪把自己的部分寿命让给了人。

参照：1101。

出处：

口承神话：

浙22，第1页（汉族，金华县）；浙32，第217页（汉族，宁海县）。

2128 马的特征的起源。

2128.1 马为什么没有犄角。

对照：*汤* A2326.2 为什么一些动物没有角。

2128.1.1 马笑掉了犄角。

出处：

口承神话：

辽39，第343页（汉族，瓦房店市）。

2128.1.2 马撞掉了犄角。

出处：

口承神话：

冀 10，第 129 页（汉族，成安县）。

2128.2　马为什么只有半副牙齿。被牛要去了一半。

对照：*汤* A2345.1　马从哪儿得到它的上牙。

出处：

口承神话：

浙 7，第 370 页（汉族，德清县）；浙 22，第 146 页（汉族，金华县）。

2128.3　马为什么只有尾巴和脖子上有长毛。其他的毛被烧掉了。

出处：

口承神话：

川 2，第 808 页（苗族，筠连县）。

2128.4　马为什么没有胆。它的胆被天帝摘下了。

出处：

口承神话：

辽 44，第 26 页（满族，新宾县）。

2128.5　马为什么常翘后蹄。因为太阳曾经躲在它的后蹄下，马以为太阳还没有走。

参照：462.4。

对照：*汤* A2473　为什么动物抬起它们的腿。

出处：

口承神话：

冀 9，第 7 页（汉族，成安县）。

2128.6　马为什么吃草。因为神的规定。

出处：

口承神话：

冀 14，第 169 页（汉族，武安县）。

2128.7　马的寿命的起源。分寿命时，马把自己的部分寿命让给了人。

参照：1101。

出处：

口承神话：

冀 9，第 14 页（汉族，成安县）。

浙 11，第 6 页（汉族，奉化市）；浙 32，第 217 页（汉族，宁海县）；浙 72，第 27 页（汉族，诸暨县）。

豫 32，第 17 页（汉族，桐柏县）；豫 38，第 278 页（汉族，项城县）。

2129　牛的特征的起源。

2129.1　牛角的起源。

参照：1903。

对照：汤 A2326.1.4　牛角的起源。汤 A2326.3.1　为什么牛有两只角。

2129.1.1　牛角源于神的恩赐。

出处：

口承神话：

桂 3，第 173 页（仫佬族，柳州市）；桂 9，第 258 页（汉族，合浦县）。
陕 1，第 66 页（汉族，宝鸡县）。

2129.1.2　人给牛安上了角。

出处：

口承神话：

辽 38，第 86 页（汉族，铁岭县）。

2129.1.3　牛因为受到不公正的待遇生气而长出了角。

出处：

口承神话：

浙 68，第 18 页（汉族，玉环县）。

2129.2　牛的脖子上为什么多褶皱。

2129.2.1　牛脖子上的褶皱是在争抢中被揉的。

出处：

口承神话：

综 1，第 264 页（哈尼族，云南省）。

2129.2.2　牛脖子上的褶皱是被神用线扎的。

出处：

口承神话：

浙 40，第 12 页（汉族，衢县）。

2129.3　牛脖子上为什么有白纹。被神用绳子勒的。

出处：

口承神话：

浙 19，第 225 页（汉族，建德县）；浙 72，第 417 页（汉族，诸暨县）。
豫 2，第 171 页（汉族，郸城县）；豫 32，第 48、50 页（汉族，桐柏县）。
川 2，第 310、323 页（彝族，凉山州）。

2129.4 牛为什么看任何东西都特别大。

对照：汤 A2332 动物眼睛的起源和特征。

2129.4.1 因为神把它的眼仁给震散了。

出处：

口承神话：

辽 21，第 364 页（汉族，建昌县）。

2129.4.2 因为神把鹅的眼珠子换给它了。

出处：

口承神话：

浙 3，第 273 页（汉族，长兴县）；浙 12，第 311 页（汉族，富阳县）；浙 14，第 200 页（汉族，海宁市）；浙 39，第 112 页（汉族，庆元县）；浙 51，第 100 页（汉族，桐庐县）；浙 63，第 284 页（汉族，鄞县）；浙 69，第 144 页（汉族，越城区）。

川 31，第 73 页（汉族，璧山县）。

2129.5 为什么牛没有上牙。

对照：汤 A2345.7.1 为什么牛没有上牙。

2129.5.1 牛没有上牙是因为摔跤时碰掉了上牙，或者被人踢掉了上牙。

出处：

口承神话：

辽 32，第 260 页（汉族，沙河口区）。

桂 9，第 258 页（汉族，合浦县）；桂 15，第 126 页（汉族，扶绥县）。

川 1，第 72 页（汉族，万县），第 304 页（汉族，南部县）；川 2，第 26 页（白马藏族，平武县白马乡）；川 15，第 167 页（汉族，剑阁县）；川 21，第 7 页（汉族，平武县）；川 27，第 162 页（汉族，西充县）。

综 1，第 102 页（白马藏族，四川省平武县），第 262 页（佤族，云南省西盟县）。

2129.5.2 牛没有上牙是因为神的惩罚。被神踢掉或打掉了上牙。

出处：

口承神话：

冀 3，第 279 页（汉族，抚宁县）；冀 7，第 616 页（汉族，藁城县）；冀 17，第 138 页（汉族，宣化区）；冀 18，第 35 页（汉族，茶坊区），第 37 页（汉族，庞家堡区）。

桂 10，第 6 页（壮族，南宁市）。

川 6，第 80 页（汉族，龙泉驿区）；川 7，第 7 页（汉族，彭县）。

陕 1，第 65 页（汉族，宝鸡县）；陕 3，第 119 页（汉族，凤县）；陕 11，第 356 页（汉族，礼泉县），第 357 页（汉族，长武县）。

2129.5.3 牛笑掉了门牙。

出处：

辽39，第343页（汉族，瓦房店市）。

2129.5.4　牛从天上掉下时摔掉了上牙。

出处：

冀2，第607页（汉族，承德县）；冀5，第278页（汉族，藁城县）；冀10，第132页（汉族，涉县）。

浙1，第316页（汉族，安吉县）；浙2，第191页（汉族，苍南县）；浙4，第146页（汉族，常山县）；浙5，第426页（汉族，淳安县）；浙6，第283页（汉族，慈溪市）；浙8，第207页（汉族，定海区）；浙9，第268、269页（汉族，东阳县）；浙11，第210页（汉族，奉化市）；浙12，第337、340页（汉族，富阳县）；浙14，第201页（汉族，海宁市）；浙15，第102页（汉族，海曙区）；浙19，第223、224页（汉族，建德县）；浙22，第146页（汉族，金华县）；浙24，第120页（汉族，开化县）；浙25，第7页（汉族，兰溪市）；浙26，第6页（汉族，乐清县）；浙27，第16、17、18页（汉族，丽水市）；浙28，第196页（汉族，临安县）；浙29，第167页（汉族，临海市）；浙31，第270、273页（汉族，龙游县）；浙34，第6页（汉族，平湖县）；浙35，第169页（畲族，平阳县）；浙36，第209页（汉族，浦江县）；浙40，第11页（汉族，衢县）；浙42，第118页（汉族，三门县）；浙43，第13页（汉族，上虞县）；浙47，第194页（汉族，松阳县）；浙48，第13页（汉族，遂昌县）；浙49，第132页（汉族，泰顺县）；浙50，第207页（汉族，天台县）；浙51，第103页（汉族，桐庐县）；浙58，第95、96页（汉族，仙居县）；浙59，第193页（汉族，象山县）；浙61，第228页（汉族，新昌县）；浙62，第233、341页（汉族，义乌市）；浙63，第163页（汉族，鄞县）；浙64，第387页（汉族，永嘉县）；浙65，第156页（汉族，永康县）；浙66，第200页（汉族，余杭县）；浙67，第246页（汉族，余姚市）；浙68，第20页（汉族，玉环县）；浙72，第410页（汉族，诸暨县）。

豫1，第282页（汉族，淅川县）；豫4，第90页（汉族，扶沟县）；豫21，第148页（汉族，濮阳县）；豫25，第10页（汉族，汝南县）；豫32，第52页（汉族，桐柏县）；豫37，第89页（汉族，淅川县）；豫41，第168页（汉族，新野县）。

桂4，第97页（汉族，玉林市）。

川33，第66页（汉族，大足县）；川36，第8页（汉族，綦江县）。

陕9，第28页（汉族，西乡县）。

2129.5.5　牛把牙分给了马。

出处：

浙7，第370页（汉族，德清县）。

2129.5.6　牛把牙借给了猪。

出处：

口承神话：

川25，第150页（汉族，射洪县）。

2129.5.7　牛的牙被神拔掉了。

出处：

口承神话：

黑1，第463页（汉族，绥滨县）。

2129.6　牛为什么不会说话。因为它传错话而受到惩罚。

出处：

口承神话：

浙9，第268页（汉族，东阳县）。

川1，第220页（汉族，巴县）；川2，第939页（傈僳族，德昌县）；川7，第7页（汉族，彭县）；川34，第324页（汉族，合川县）；川39，第38页（汉族，双桥区）；川40，第82页（汉族，铜梁县）；川41，第49页（汉族，资中县）。

2129.6.1　牛不会说话是因为它被烧哑了。

出处：

口承神话：

桂9，第258页（汉族，合浦县）；桂10，第6页（壮族，南宁市）。

2129.7　牛的蹄子为什么分叉。

对照：*汤*A2376　动物的特征：脚爪和蹄。

2129.7.1　牛的蹄子被神锯成分叉的。

出处：

口承神话：

冀2，第606页（汉族，承德县）；冀3，第280页（汉族，抚宁县）；冀14，第229页（汉族，武安县）；冀18，第37页（汉族，庞家堡区）。

辽21，第364页（汉族，建昌县）；辽39，第342页（汉族，瓦房店市）；辽41，第146页（汉族，西丰县）。

豫20，第8页（汉族，平舆县）；豫27，第118页（汉族，沈丘县）；豫41，第168页（汉族，新野县）。

2129.7.2　牛的蹄子被神用刀划开。

出处：

口承神话：

黑1，第463页（汉族，绥滨县）。

2129.7.3　牦牛的蹄子为什么是分叉的。因为神射箭创造它们时扳机卡了一下。

出处：

口承神话：

川2，第15页（藏族，木里县）。

2129.7.4　水牛的蹄子为什么是分叉的。因为神射箭创造它们时扳机卡了一下。

出处：

口承神话：

川2，第15页（藏族，木里县）。

2129.7.5　黄牛的蹄子为什么是分叉的。因为神射箭创造它们时扳机卡了一下。

出处：

口承神话：

川2，第15页（藏族，木里县）。

2129.7.6　犏牛的蹄子为什么是分叉的。因为神射箭创造它们时扳机卡了一下。

出处：

口承神话：

川2，第15页（藏族，木里县）。

2129.8　牛尾巴的起源。

对照：汤A2378.1　动物尾巴的起源。

2129.8.1　牛尾巴源于神的恩赐。

出处：

口承神话：

桂3，第173页（仫佬族，柳州市）。

陕1，第66页（汉族，宝鸡县）。

2129.8.2　人在牛屁股上栽了一根尾巴，为人赶蚊子。

出处：

口承神话：

川2，第26页（白马藏族，平武县白马乡）。

2129.9　牛为什么要为人耕地。

对照：汤A2513.5　牛为什么为人服务。

2129.9.1　起初是牛赶着人耕地，可是因为牛又笨又脏，从此就由它为人耕地了。

出处：

口承神话：

川2，第26页（白马藏族，平武县白马乡）。

综1，第102页（白马藏族，四川省平武县）。

2129.9.2　牛因为做错事情而被惩罚。

出处：

口承神话：

浙1，第315页（汉族，安吉县）；浙4，第148页（汉族，常山县）；浙5，第426

页（汉族，淳安县）；浙7，第370页（汉族，德清县）；浙11，第210页（汉族，奉化市）；浙26，第3、6页（汉族，乐清县）；浙29，第167页（汉族，临海市）；浙30，第8页（汉族，龙泉县）；浙35，第172页（汉族，平阳县）；浙40，第10页（汉族，衢县）；浙42，第118页（汉族，三门县）；浙44，第13页（汉族，绍兴县）；浙48，第13页（汉族，遂昌县）；浙49，第132页（汉族，泰顺县）；浙50，第207页（汉族，天台县）；浙51，第102页（汉族，桐庐县）；浙58，第94、96页（汉族，仙居县）；浙59，第192页（汉族，象山县）；浙61，第7页（汉族，新昌县）；浙62，第233页（汉族，义乌市）；浙66，第199页（汉族，余杭县）；浙72，第410、412、416页（汉族，诸暨县）。

豫19，第554页（汉族，南召县）；豫21，第148页（汉族，濮阳县）；豫32，第53页（汉族，桐柏县）。

桂9，第258页（汉族，合浦县）。

川1，第71页（汉族，万县）；川4，第54页（汉族，北川县）；川20，第84页（汉族，南川县），第140页（汉族，江北区）；川23，第137页（汉族，渠县）；川31，第73页（汉族，璧山县）。

陕11，第356页（汉族，礼泉县）。

2129.9.2.1　牛因为传错了天帝的话而受到惩罚。

出处：

口承神话：

冀3，第280页（汉族，抚宁县）；冀7，第616页（汉族，藁城县）；冀17，第138页（汉族，宣化区）。

辽32，第260页（汉族，沙河口区）。

浙5，第495页（汉族，淳安县）；浙13，第185页（汉族，拱墅区）；浙15，第102页（汉族，海曙区）；浙21，第112页（汉族，江东区）；浙40，第12页（汉族，衢县）；浙63，第163页（汉族，鄞县）；浙69，第143页（汉族，越城区）。

豫23，第1页（汉族，杞县）；豫32，第52页（汉族，桐柏县）。

桂11，第58页（壮族，大新县）。

川1，第220页（汉族，巴县）；川2，第404页（彝族，甘洛县），第939页（傈僳族，德昌县）；川3，第133页（汉族，安县）；川7，第7页（汉族，彭县）；川26，第182页（汉族，西昌市）；川18，第130页（汉族，洪雅县）；川20，第82页（汉族，南川县）；川21，第7页（汉族，平武县）；川36，第7、8页（汉族，綦江县）。

陕3，第119页（汉族，凤县）；陕6，第179页（汉族，华县）；陕8，第341页（汉族，潼关县）；陕9，第28页（汉族，西乡县）。

2129.9.3　牛为自己犯下的错误赎罪，从此为人耕地。

出处：

口承神话：

桂3，第180页（壮族，柳州市）。

2129.10　为什么牛一胎只能生一个牛犊。因为神的诅咒。

出处：

口承神话：

综1，第67页（蒙古族，四川省木里县）。

2129.11　牛为什么反刍。因为神的规定。

对照：汤A2472.1　牛为什么反刍。

出处：

口承神话：

冀2，第605页（汉族，承德县）。

2129.12　牛为什么吃草。因为神的规定。

出处：

口承神话：

冀14，第169页（汉族，武安县）。

辽39，第342页（汉族，瓦房店市）；辽41，第146页（汉族，西丰县）；辽44，第23、88页（满族，新宾县）；辽49，第388页（汉族，兴城县）。

浙2，第190页（汉族，苍南县）；浙4，第148页（汉族，常山县）；浙5，第426页（汉族，淳安县）；浙12，第336、338、341页（汉族，富阳县）；浙24，第119页（汉族，开化县）；浙25，第7页（汉族，兰溪市）；浙26，第4页（汉族，乐清县）；浙27，第17、18页（汉族，丽水市）；浙29，第167页（汉族，临海市）；浙30，第8页（汉族，龙泉县）；浙31，第270、273、275页（汉族，龙游县）；浙35，第169页（畲族，平阳县），第172页（汉族，平阳县）；浙42，第118页（汉族，三门县）；浙47，第193页（汉族，松阳县）；浙48，第13页（汉族，遂昌县），第236页（畲族，遂昌县）；浙49，第132页（汉族，泰顺县）；浙51，第102页（汉族，桐庐县）；浙58，第95、96页（汉族，仙居县）；浙61，第7页（汉族，新昌县）；浙62，第233页（汉族，义乌市）；浙64，第387页（汉族，永嘉县）；浙66，第199页（汉族，余杭县）；浙68，第216页（汉族，玉环县）；浙72，第410、412页（汉族，诸暨县）。

豫19，第554页（汉族，南召县）；豫21，第148页（汉族，濮阳县）；豫23，第1页（汉族，杞县）；豫25，第10页（汉族，汝南县）；豫32，第17、53页（汉族，桐柏县）。

川1，第71、220页（汉族，万县）；川4，第54页（汉族，北川县）；川6，第80页（汉族，龙泉驿区）；川20，第84页（汉族，南川县）；川23，第137页（汉族，渠县）；川36，第8页（汉族，綦江县）；川41，第49页（汉族，资中县）。

陕6，第179页（汉族，华县）；陕9，第28页（汉族，西乡县）；陕11，第391页（汉族，乾县）。

2129.13　牛的寿命的起源。分寿命时，牛把自己的部分寿命让给了人。

参照：1101。

出处：

口承神话：

冀9，第14页（汉族，成安县）。

浙5，第494页（汉族，淳安县）；浙6，第281页（汉族，慈溪市）；浙22，第1页（汉族，金华县）；浙28，第256页（汉族，临安县）；浙30，第5页（汉族，龙泉县）；浙44，第40页（汉族，绍兴县）；浙49，第17页（汉族，泰顺县）；浙50，第3页（汉族，天台县）；浙55，第9页（汉族，武义县）；浙64，第19页（汉族，永嘉县）；浙65，第13页（汉族，永康县）；浙72，第27页（汉族，诸暨县）。

2129.14 水牛的皮为什么很厚。因为神的恩赐。

出处：

口承神话：

桂3，第173页（仫佬族，柳州市）。

2131 驴的特征的起源。

2131.1 驴为什么有长耳朵、立眼仁。神为了让它听人的话而给它换的。

对照：汤 A2325.3 为什么驴有长耳朵。

出处：

口承神话：

辽25，第21页（汉族，康平县）。

2131.2 驴牙为什么是方的。因为神的规定。

出处：

口承神话：

冀14，第120页（汉族，武安县）；冀19，第116页（汉族，赵县）。

2131.3 驴蹄子的起源。因为驴犯了错误，神把驴的爪子变成了蹄子。

出处：

口承神话：

冀14，第120页（汉族，武安县）；冀19，第116页（汉族，赵县）。

2131.4 驴过河为什么要撒尿。因为对河神的不满。

出处：

口承神话：

冀10，第127页（汉族，涉县）；冀14，第121页（汉族，武安县）；冀19，第116页（汉族，赵县）。

2131.5 驴为什么吃草。因为神的规定。

出处：

口承神话：

冀14，第120页（汉族，武安县）；冀19，第116页（汉族，赵县）。

2131.6　驴的寿命的起源。分寿命时，驴把自己的部分寿命让给了人。

参照：1101。

出处：

口承神话：

冀9，第14页（汉族，成安县）。

2132　骡子的特征的起源。

2132.1　骡子为什么无法生育后代。因为神的规定。

出处：

口承神话：

川2，第300页（彝族，石棉县）。

综7，第296页（汉族，河南省偃师县）。

2140　特定走兽特征的起源。

2141　老虎的毛上为什么有花纹。

出处：

口承神话：

桂3，第176页（壮族，柳州市）。

综1，第155页（苗族，贵州省东北部）。

2142　熊一身黑的原因。因为它没有完成神交给的任务，被神泼了黑染料。

出处：

口承神话：

综1，第17页（瑶族，广西壮族自治区巴马瑶族自治县）。

2142.1　熊为什么心窝上长一团白毛。被神一拳打在了胸口上。

对照：*汤* A2353　动物胸部的起源和特征。

出处：

口承神话：

川2，第561页（羌族，理县）。

2143　豹子的毛上为什么有花纹。

出处：

口承神话：

综1，第155页（苗族，贵州省东北部）。

2144　獐子的毛为什么很粗。被神扯掉后又粘上的。

出处：

口承神话：

川1，第126页（藏族，小金县）。

2145　大象为什么没有角。大象本来有角，被神无意中砍去后不再长角。

出处：

口承神话：

综1，第59页（佤族，云南省沧源县）。

2146　大象为什么不吃肉而吃草。因为大象的心肠好。

出处：

口承神话：

陕2，第102页（汉族，宝鸡县）。

2147　狐狸头顶上为什么有一处是黑的。被神打的。

出处：

口承神话：

川2，第300页（彝族，石棉县）。

2147.1　狐狸的脸为什么是花的。被神打的。

出处：

口承神话：

川2，第292页（彝族）。

2148　麂子的鼻子（脸）为什么是褶的。被神烫的。

出处：

口承神话：

川2，第292页（彝族），第300页（彝族，石棉县）。

2149　猴子的屁股为什么是红的。被烫的。

出处：

口承神话：

综1，第306页（普米族，云南省宁蒗县，四川省西昌市、木里县）。

2151　野猪为什么立耳尖嘴。被神提扯的。

出处：

口承神话：

川 2，第 561 页（羌族，理县）。

2152　老鼠的尾巴为什么是秃的。被神烧的。

出处：

口承神话：

川 2，第 561 页（羌族，理县）。

2153　老鼠为什么会打洞。因为神的奖励。

出处：

口承神话：

辽 35，第 65 页（回族，沈河区）。

浙 2，第 194 页（汉族，苍南县）；浙 4，第 147 页（汉族，常山县）；浙 19，第 220 页（汉族，建德县）；浙 22，第 134 页（汉族，金华县）；浙 24，第 123 页（汉族，开化县）；浙 48，第 10 页（汉族，遂昌县）。

2154　老鼠为什么白天很少出来。因为老鼠对不起太阳，怕太阳骂它。

出处：

口承神话：

冀 2，第 21 页（汉族，承德县）。

2155　老鼠为什么吃箱柜。因为它把神的旨意记错了。

对照：汤 A2435.3.7　老鼠的食物。汤 A2435.3.10　耗子的食物。

出处：

口承神话：

浙 2，第 193 页（汉族，苍南县）；浙 48，第 10 页（汉族，遂昌县）。

2156　蝙蝠身上为什么长着黑色的短绒毛。因为它不小心，掉进了神的酥油汤里。

出处：

口承神话：

川 2，第 956 页（纳西族，木里县）。

2157　蝙蝠为什么白天不敢出来活动。因为它偷了天书，不敢见人。

对照：汤 A2491　为什么特定的动物躲避光亮。

出处：

口承神话：

川 2，第 16 页（白马藏族，平武县）。

2170　特定爬行动物特征的起源。

2171　蛇为什么像木棒一样细。被神用拳头打成了那样。

出处：

口承神话：

川 2，第 320 页（彝族，凉山州）。

2172　蛇的牙齿的起源。神的赐予。

出处：

口承神话：

川 4，第 57 页（汉族，北川县）；川 21，第 56 页（汉族，平武县）。
陕 3，第 130 页（汉族，凤县）。

2173　蛇为什么没有手脚。因为被神砍去了。

对照：汤 A2371.3.1　为什么蛇没有腿。

出处：

口承神话：

综 1，第 59 页（佤族，云南省沧源县）。

2174　蛇为什么要蜕皮。

对照：汤 A2483.1　为什么蛇要周期性地蜕皮。

出处：

口承神话：

综 1，第 259 页（汉族，四川省巴县），第 259 页（汉族，安徽省淮南县）。

2174.1　蛇蜕皮源于神的规定。

出处：

口承神话：

浙 1，第 319 页（汉族，安吉县）；浙 5，第 429 页（汉族，淳安县）；浙 48，第 166 页（汉族，遂昌县）。

2174.2　蛇蜕皮是因为错传消息而受到惩罚。

出处：

口承神话：

浙 66，第 203 页（汉族，余杭县）。

2174.3　因为蛇和人调换了生命期限，于是蛇通过蜕皮而长生不老。

参照：1102.2，1155。

出处：

口承神话：

浙19，第4页（汉族，建德县）。

川1，第92页（汉族，中江县），第94页（汉族，巴县）；川16，第6页（回族，金川县）；川30，第5页（汉族，营山县）。

2174.4　因为神把"人老脱皮，蛇老蛇死"错传成了"人老人死，蛇老脱皮"。

出处：

口承神话：

桂15，第123页（汉族，扶绥县）。

2175　蛇为什么只能在地上爬。

参照：1906。

出处：

口承神话：

黑1，第22页（回族，绥芬河市）。

冀12，第468页（汉族，高邑县）。

2175.1　因为蛇引诱始祖吃禁果，被神切去了全部的腿。

出处：

口承神话：

辽36，第399页（汉族，苏家屯区）。

浙27，第508页（汉族，丽水市）；浙56，第5页（汉族，婺城区）；浙66，第9页（汉族，余杭县）。

综7，第167页（汉族，河南省沈丘县）。

2175.2　因为蛇把自己肚子里的东西都吐出来分给别的动物了，所以只能在地上爬着走。

出处：

口承神话：

综1，第126—127页（佤族，云南省沧源县）。

2180　特定两栖动物特征的起源。

2181　蛤蟆身上为什么长着许多疙瘩。因为它唱歌的声音太难听，被其他动物用火炭烧的。

出处：

口承神话：

综1，第262页（佤族，云南省西盟县）。

2182　青蛙为什么长得像拳头那么大。被神用拳头打成了那样。

出处：

口承神话：

川2，第320页（彝族，凉山州）。

2183　青蛙为什么没有尾巴，而且眼睛是鼓的。因为它盗火时被抓掉了尾巴，把眼睛鼓圆了。

出处：

口承神话：

川2，第27页（藏族，炉霍县）。

2184　青蛙为什么不会说话。因为喝了哑水。

出处：

口承神话：

桂4，第106页（汉族，玉林市）。

2184.1　青蛙为什么总是叫。因为喝了哑水变成哑巴而不甘心。

出处：

口承神话：

川2，第303页（彝族，凉山州）。

2184.2　青蛙不会说话是因为被神割掉了舌头。

出处：

口承神话：

冀14，第128页（汉族，武安县）。

豫18，第385页（汉族，南召县）。

2185　青蛙为什么在岩脚藏身。被天上的人打的。

出处：

口承神话：

川2，第690页（土家族，川湘边区）。

2186　乌龟身上为什么是黑的。被墨汁染的。

对照：汤A2219.1　颜色流到动物身上，导致了它的颜色。

出处：

口承神话：

川1，第198页（汉族，中江县）。

综1，第169页（汉族，四川省中江县）。

2187　乌龟壳上为什么有裂纹。被始祖或神踩碎过。

对照：汤 A2312.1　乌龟壳的起源。汤 A2312.1.1　乌龟壳上裂缝的起源。

出处：

口承神话：

浙10，第2页（汉族，洞头县）；浙16，第3页（汉族，海盐县）；浙25，第6页（汉族，兰溪市）；浙67，第243页（汉族，余姚市）。

豫32，第2页（汉族，桐柏县）。

桂1，第7页（壮族，武宣县）；桂2，第6页（瑶族，钟山县）；桂13，第5页（壮族，合山市）。

川1，第99页（汉族，三台县），第106页（汉族，西充县）；川4，第6页（羌族，北川县）；川5，第7页（汉族，灌县）；川24，第6页（汉族，三台县）；川27，第5页（汉族，西充县）；川28，第1页（汉族，兴文县）。

综7，第34页（汉族，河南省桐柏盘古山区），第79页（汉族，河南省信阳鸡公山区）。

2187.1　乌龟壳曾被雷神击碎又拼接起来。

出处：

口承神话：

辽2，第485页（汉族，北镇县）。

2187.2　乌龟壳上的裂纹源于它从天上掉下来时摔的。

对照：汤 A2214　动物的特征源于古代动物从空中掉下。

出处：

口承神话：

豫18，第379页（汉族，南召县）；豫25，第330页（汉族，汝南县）。

浙31，第304页（汉族，龙游县）。

2190　水族动物特征的起源。

2191　鱼为什么没有脚。它的脚被神砍去当撑天柱了。

出处：

口承神话：

浙10，第255页（汉族，洞头县）。

2192 鱼鳍的起源。神为鱼包扎伤口的手帕变成了鱼鳍。

出处：
口承神话：
浙10，第255页（汉族，洞头县）。

2193 蚂蟥为什么要吸人的血。作为它为人类取回谷种的奖赏。

参照：1446.1.4，1447.4。
出处：
口承神话：
浙27，第12、14页（汉族，丽水市）；浙29，第172页（汉族，临海市）；浙55，第259页（汉族，武义县）；浙66，第214页（汉族，余杭县）。
综1，第162页（布朗族，云南省）。

2194 水獭为什么生活在水里。因为它没有完成神的任务，害怕受到惩罚而不敢回天上去。

出处：
口承神话：
川2，第292页（彝族）。

2195 螃蟹背上为什么长硬壳。因为神奖励它一辈子住瓦房。

出处：
口承神话：
综1，第295页（拉祜族，云南省澜沧县）；综4，第24页（苗族，贵州省台江县、施秉县、凯里市）。

2196 螃蟹为什么有两个生殖器。因为它偷了公鸡的生殖器。

对照：汤A2365 动物生殖器的起源和特征。
出处：
口承神话：
浙23，第211页（汉族，缙云县）；浙27，第503页（汉族，丽水市）；浙72，第424页（汉族，诸暨县）。

2197 螃蟹为什么横着走路。因为被神无意中砍了头。

出处：
口承神话：
综1，第59页（佤族，云南省沧源县）。

2200　鸟类特征的起源。

2201　某些鸟为什么没有尾巴。被神扯掉了。

出处：

口承神话：

浙9，第288页（汉族，东阳县）。

川1，第115页（彝族，冕宁县），第138、148页（彝族，峨边县）；川2，第296页（彝族，峨边县），第301页（彝族，石棉县）；川22，第31页（彝族，屏山县）。

2202　凤凰出现则天下太平。

参照：322.4，653.5，2011。

出处：

口承神话：

川1，第265页（汉族，巴县）。

2203　燕子的胸脯为什么是红的。被自己的血染红的。

对照：汤A2353　动物胸部的起源和特征。

出处：

口承神话：

冀7，第135页（汉族，藁城县）。

2204　燕子的尾巴为什么分成两半。被剪成了两半。

对照：汤A2378.5.1　燕子的尾巴为什么分叉。

出处：

口承神话：

冀2，第6页（汉族，承德县）。

2204.1　燕子尾巴的分叉是被神射出来的。

出处：

口承神话：

浙60，第2页（汉族，萧山市）。

2205　燕子为什么每年南来北归。为了看望亲人。

出处：

口承神话：

陕2，第23页（汉族，渭滨区）。

2206 喜鹊为什么是黑色的。因为错传消息或心直口快而受到神的惩罚。

出处：

口承神话：

浙 66，第 202、203 页（汉族，余杭县）。

陕 6，第 197 页（汉族，华县）。

2207 喜鹊入秋后的几天里头上毛发脱落的原因。因为它们为神祇夫妇相会搭桥了。

出处：

古代文献：

《岁华纪丽》卷三《七夕》注引《风俗通》、《尔雅翼》卷十三《释鸟一·鹊》（七夕时乌鹊搭鹊桥，令牛郎织女相会，故毛皆脱去）。

2208 喜鹊为什么只能在高处筑巢。因为它对神没有讲实话而受到惩罚。

出处：

口承神话：

综 1，第 294 页（拉祜族，云南省澜沧县）。

2209 乌鸦为什么是黑色的。因为盗火时被烧黑或熏黑。

对照：汤 A2218.3 盗火的动物被烧焦，导致了现在的颜色。

出处：

口承神话：

川 28，第 1 页（汉族，兴文县）。

综 1，第 17 页（瑶族，广西壮族自治区巴马瑶族自治县）。

2209.1 乌鸦的身上被神泼了漆或墨水，从此变成黑色。

出处：

口承神话：

川 2，第 292 页（彝族），第 300 页（彝族，石棉县）。

陕 6，第 197 页（汉族，华县）。

2209.2 乌鸦因为办错事而受到神的惩罚，被烧成黑色。

出处：

口承神话：

桂 8，第 98 页（汉族，钦州市）。

2211 乌鸦为什么不能再说话。因为喝了哑水。

出处：

口承神话：

川2，第303页（彝族，凉山州）。

2211.1　乌鸦只会哇哇乱叫的原因。它没有完成神交给的任务，神把石头塞进了它的嘴里。

出处：

口承神话：

综1，第17—18页（瑶族，广西壮族自治区巴马瑶族自治县）。

2212　乌鸦为什么躲在林子里筑巢搭窝。被神赶的。

出处：

口承神话：

川2，第561页（羌族，理县）。

2213　麻雀为什么很小。神不准它长大。

出处：

口承神话：

川2，第322页（彝族，凉山州）；川22，第36页（彝族，屏山县）。

2214　麻雀为什么眼圈是青的，脑袋上有小红点。

出处：

口承神话：

辽52，第234页（汉族，营口县）。

2215　麻雀为什么不能迈步走道。因为神的规定或惩罚。

出处：

口承神话：

辽35，第64页（回族，沈河区）；辽52，第234页（汉族，营口县）。

浙6，第224页（汉族，慈溪市）；浙43，第168页（汉族，上虞县）。

2216　鸽子的脚杆为什么是红色的。在寻找陆地的过程中被烫的。

对照：汤A2371.4　动物腿的颜色的起源。

出处：

口承神话：

辽35，第64页（回族，沈河区）。

2216.1　鸽子的脚杆被拉脱了一层皮，所以是红色的。

出处：

口承神话：

综1，第264页（哈尼族，云南省）。

2217　鹦鹉为什么能说几句话。因为它喝了一些不是哑水的神水。

出处：
口承神话：
川2，第303页（彝族，凉山州）。

2218　鹌鹑为什么没有尾巴。被神扯掉了。

出处：
口承神话：
川2，第292页（彝族）。

2219　画眉鸟为什么在树林深处藏身。被天上的人打的。

出处：
口承神话：
川2，第690页（土家族，川湘边区）。

2221　啄木鸟的脊背为什么是花的。因为它没有完成神交给的任务，被神打的。

出处：
口承神话：
综1，第17页（瑶族，广西壮族自治区巴马瑶族自治县）。

2222　啄木鸟为什么只能发出"布布嘘"的声音。因为被神割掉了舌头。

出处：
口承神话：
藏1，第190页（珞巴族，米林县）。

2223　猫头鹰为什么不在白天出来。因为神的惩罚。

出处：
口承神话：
综1，第294页（拉祜族，云南省澜沧县）。

2224　老鹰为什么吸凉风。因为它被诬告不干活而受到神的惩罚。

出处：
口承神话：
综1，第210页（纳西族，云南省）。

2225 白斑鸠的叫声为什么是"嘟嘟"的。因为神从它的嗉子中找出了它偷吃的玉米。

出处：
口承神话：
综1，第64页（蒙古族，四川省木里县）。

2226 小米雀的嘴为什么是秃的。因为它在帮助人类出世时用力啄石洞，把原来的长嘴磨短了。

出处：
口承神话：
综1，第295页（拉祜族，云南省澜沧县）。

2227 小黄雀为什么只有一半尾巴。因为另一半被神扯掉了。

出处：
口承神话：
川2，第293页（彝族）。

2228 盐巴雀为什么全身是灰色的。它被神追得乱飞，身上沾满了灰尘。

出处：
口承神话：
川2，第301页（彝族，石棉县）。

2229 山鹊（山雀）的嘴为什么是红的。被神往嘴上泼了漆。

出处：
口承神话：
川2，第292页（彝族），第300页（彝族，石棉县）。

2231 丁丁雀为什么只有拇指大，而且剩下了几根尾巴。因为远古时太阳和月亮的曝晒。

出处：
口承神话：
川1，第188页（傈僳族，德昌县）；川2，第935页（傈僳族，德昌县）。

2240　**特定昆虫特征的起源。**

2241　**蜜蜂为什么是现在的模样。从天上掉下来时摔的。**

出处：

口承神话：

冀2，第606页（汉族，承德县）。

2241.1　**蜜蜂为什么是细腰杆。从天上盗取粮种时被天门夹的。**

出处：

口承神话：

桂2，第15页（汉族，钟山县）。

2241.2　**蜜蜂被蛇咬成了细腰杆。**

出处：

口承神话：

桂10，第22页（壮族，南宁市）。

2241.3　**因为蜜蜂没有对神说实话，被神用棍子打在腰上。**

出处：

口承神话：

综1，第296页（拉祜族，云南省澜沧县）。

2242　**蜜蜂为什么只会嗡嗡叫。因为神割掉了它的舌头。**

出处：

口承神话：

综1，第211页（纳西族，云南省）。

2243　**蜜蜂为什么只能在户外筑巢。因为动物们举行集体活动时它来晚了。**

出处：

口承神话：

综1，第262页（佤族，云南省西盟县）。

2244　**螳螂的脖子为什么长。因为它不听话，被其他动物扯长了。**

出处：

口承神话：

综1，第262页（佤族，云南省西盟县）。

2245 蚂蚁为什么那么小。因为神把它原来很大的身躯捏小了。

出处：

口承神话：

川2，第322页（彝族，凉山州）。

2245.1 蚂蚁的腰为什么很细。被神捏挤的。

对照：汤A2355.1.2 蚂蚁的腰为什么很细。

出处：

口承神话：

川1，第180页（纳西族，木里县）；川2，第951页（纳西族，木里县）。
综1，第64页（蒙古族，四川省木里县）。

2245.1.1 蚂蚁被扯断后又重被粘在一起。

出处：

口承神话：

川1，第126页（藏族，小金县）。

2245.1.2 蚂蚁背水勒细了腰。

出处：

口承神话：

川1，第21页（藏族，若尔盖县）；川2，第1页（藏族，若尔盖县）。

2246 蚂蚁为什么浑身漆黑。被烧的。

出处：

口承神话：

川2，第808页（苗族，筠连县）。

2247 蚕为什么是肿脑袋。从天上掉下来时摔的。

出处：

口承神话：

冀2，第607页（汉族，承德县）。

2247.1 为什么蚕的头部像马。因为蚕是马与人结合变成的。

出处：

口承神话：

川1，第230页（汉族，新津县）。

2248 蚕的背上为什么有四个蹄印。和牛下凡时被牛踩的。

对照：艾80型 牛和蚕。汤A2412 动物标记的起源。

口承神话：

浙1，第5、316页（汉族，安吉县）；浙7，第295页（汉族，德清县）；浙9，第269页（汉族，东阳县）；浙12，第337、338页（汉族，富阳县）；浙14，第202页（汉族，海宁市）；浙19，第223、224页（汉族，建德县）；浙22，第146页（汉族，金华县）；浙27，第16、17、18页（汉族，丽水市）；浙28，第196页（汉族，临安县）；浙31，第270页（汉族，龙游县）；浙35，第169页（畲族，平阳县）；浙40，第11（汉族，衢县）；浙42，第125页（汉族，三门县）；浙47，第194页（汉族，松阳县）；浙48，第13页（汉族，遂昌县）；浙50，第207页（汉族，天台县）；浙51，第103页（汉族，桐庐县）；浙61，第228页（汉族，新昌县）；浙62，第341页（汉族，义乌市）；浙65，第156页（汉族，永康县）；浙66，第200页（汉族，余杭县）；浙72，第410页（汉族，诸暨县）。

2249　蚕为什么吐丝。因为神的规定。

出处：

口承神话：

浙12，第336页（汉族，富阳县）；浙35，第169页（畲族，平阳县）；浙48，第13页（汉族，遂昌县）。

2251　蚊子为什么长得像菜籽一样大。被神用拳头打成了那样。

出处：

口承神话：

川2，第319页（彝族，凉山州）。

2252　蜘蛛为什么没有腰。被神扯断的腰没有找到。

出处：

口承神话：

川2，第292页（彝族）。

2253　蜘蛛为什么能织网捕食。因为神的赔偿。

出处：

口承神话：

川2，第293页（彝族）。

2254　蚯蚓为什么一爬出地面就被太阳晒死。因为太阳避难时它告了密。

出处：

口承神话：

冀 3，第 303 页（汉族，抚宁县）。

综 7，第 191 页（汉族，河南省）。

2255　黏虫为什么没有眼睛。神把黏虫的眼睛打瞎了。

出处：

口承神话：

川 2，第 561 页（羌族，理县）。

2256　老母虫为什么头上有伤疤。被神打的。

出处：

口承神话：

川 2，第 561 页（羌族，理县）。

2257　毛毛虫为什么不能变成人，只能吃树叶还要被用来喂鸟雀。因为神的诅咒。

出处：

口承神话：

综 1，第 79 页（白族勒墨人，云南省碧江县）。

2258　池虫的身上为什么有个箍。

出处：

口承神话：

辽 24，第 170 页（汉族，开原县）。

2259　青虫为什么没有牙齿。被神打掉了。

出处：

口承神话：

豫 1，第 286 页（汉族，淅川县）。

2261　屎壳郎为什么拱屎。因为天帝的惩罚。

出处：

口承神话：

桂 2，第 3 页（汉族，钟山县）；桂 10，第 22 页（壮族，南宁市）；桂 11，第 96、97 页（壮族，大新县）；桂 12，第 110 页（壮族，凭祥市）；桂 13，第 78 页（汉族，合山市）。

2262　屎壳郎的头上为什么有一颗钉子。人对其传错消息的惩罚。

出处：

口承神话：

桂2，第3页（汉族，钟山县）；桂4，第111页（汉族，玉林市）。

2270　特定动物特征的起源——其他母题。

2271　龙为什么能上天入海。因为创世时它帮助过创世者。

出处：

口承神话：

川1，第23页（藏族，若尔盖县）。

2272　精卫填海的起源。为向淹死自己的大海复仇。

出处：

古代文献：

《山海经·北山经》（炎帝之女女娃"游于东海，溺而不返，故为精卫，常衔西山之木石以堙于东海"）；陶渊明《读山海经》之十（"精卫衔微木，将以填沧海"）。

口承神话：

浙8，第8页（汉族，定海区）。

2280　动物与人的关系。

2281　动物为什么要被人吃。因为神的帮助或规定。

出处：

口承神话：

冀7，第616页（汉族，藁城县）；冀10，第132页（汉族，涉县）；冀13，第178页（汉族，武安县）；冀14，第170页（汉族，武安县）。

陕2，第102页（汉族，宝鸡县）。

2282　人统管着动物。

出处：

口承神话：

冀9，第15页（汉族，成安县）。

综1，第129页（苗族，贵州省东南部）。

2282.1　动物为什么由人管理。在比赛中人获胜。

出处：

口承神话：

综1，第126页（佤族，云南省沧源县），第128—129页（苗族，贵州省东南部）。

2283　为什么有的动物要为人服务。

出处：

口承神话：

综1，第134—136页（仡佬族，贵州省关岭县）；综4，第10页（苗族，贵州省台江县、施秉县、凯里市）。

2283.1　鸡为什么要司晨。神的规定。

出处：

口承神话：

冀14，第169页（汉族，武安县）。

桂10，第5页（壮族，南宁市）。

川1，第68页（汉族，巴中县）。

陕2，第10页（汉族，宝鸡县）。

2283.2　鸡为什么下蛋给人吃。神的规定。

出处：

口承神话：

冀14，第169页（汉族，武安县）。

2283.2.1　鸡下蛋给人吃是因为它在比赛中输给了人。

出处：

口承神话：

综1，第129页（苗族，贵州省东南部）。

2283.3　狗为什么给人看门。神的规定。

出处：

口承神话：

冀14，第169页（汉族，武安县）。

桂10，第5页（壮族，南宁市）。

川1，第68页（汉族，巴中县）。

2283.3.1　狗给人看门源于在比赛中人赢了。

出处：

口承神话：

浙72，第24页（汉族，诸暨县）。

综1，第129页（苗族，贵州省东南部）。

2283.4　牛为什么给人耕地。神的规定。

对照：汤A2513.5　牛为什么为人服务。

出处：

口承神话：

冀3，第280页（汉族，抚宁县）；冀7，第616页（汉族，藁城县）；冀10，第132页（汉族，涉县）；冀14，第169页（汉族，武安县）；冀17，第138页（汉族，宣化区）；冀19，第119页（汉族，赵县）。

浙2，第191页（汉族，苍南县）；浙5，第426、495页（汉族，淳安县）；浙48，第13页（汉族，遂昌县）。

豫19，第554页（汉族，南召县）；豫21，第148页（汉族，濮阳县）；豫23，第1页（汉族，杞县）；豫26，第9页（汉族，社旗县）。

桂10，第5页（壮族，南宁市）。

川1，第68页（汉族，巴中县）；川3，第133页（汉族，安县）；川4，第54页（汉族，北川县）；川6，第80页（汉族，龙泉驿区）；川7，第7页（汉族，彭县）；川13，第200页（汉族，涪陵市）；川20，第82、84页（汉族，南川县）；川21，第7页（汉族，平武县）；川36，第7、8页（汉族，綦江县）；川41，第49页（汉族，资中县）。

陕3，第119页（汉族，凤县）；陕6，第179页（汉族，华县）；陕8，第341页（汉族，潼关县）；陕9，第28页（汉族，西乡县）；陕11，第356页（汉族，礼泉县）。

2283.4.1　牛给人耕地是因为它在比赛中输给了人。

出处：

口承神话：

浙72，第23页（汉族，诸暨县）。

综1，第128—129页（苗族，贵州省东南部）。

2283.5　马为什么被人骑。因为神的规定，以示对马的惩罚。

出处：

口承神话：

桂10，第5页（壮族，南宁市）。

2283.5.1　马被人骑是因为它在比赛中输给了人。

出处：

口承神话：

浙72，第23页（汉族，诸暨县）。

综1，第129页（苗族，贵州省东南部）。

2283.6　马为什么要给人干活。源于神的规定。

出处：

口承神话：

冀14，第169页（汉族，武安县）。

2283.7　驴为什么要为人干活。源于神的规定。

出处：

口承神话：

冀14，第121页（汉族，武安县）；冀19，第116页（汉族，赵县）。

豫23，第1页（汉族，杞县）；豫45，第282页（汉族，禹州市）。

2284　人为什么要敬重动物。由于动物的功劳。

2284.1　人为什么对牛的感情深。因为牛下凡为人类做了许多好事。

出处：

口承神话：

辽33，第752页（汉族，大东区）。

2284.2　人为什么要敬重狗。因为狗的长寿命换给了人。

出处：

口承神话：

综1，第261页（纳西族摩梭人，云南省宁蒗县）。

2285　为什么人不使用某些动物的特定身体部分。

2285.1　为什么猫毛没人剪来用。源于神的规定。

出处：

口承神话：

川2，第300页（彝族，石棉县）。

2285.2　为什么人不吃马肉，不用马皮。源于神的规定。

出处：

口承神话：

川2，第943页（纳西族，木里县）。

2286　狗为什么对人类忠诚顺从。因为神先创造了狗给人类。

出处：

口承神话：

综1，第105页（哈萨克族，新疆维吾尔自治区）。

2287　猫为什么和人生活在一起。因为猫帮助过人类。

出处：

口承神话：

川16，第5页（藏族，金川县）。

2288　马为什么和人生活在一起。因为它感觉只有同人一起生活才幸福。

出处：

口承神话：

川2，第942页（纳西族，木里县）。

2289　燕子为什么住在人的房檐下。因为燕子帮助人盖了房子。

出处：

口承神话：

冀2，第626页（汉族，承德县）。

2291　蛇为什么咬人。源于神的规定。

出处：

口承神话：

黑1，第22页（回族，绥芬河市）。

浙1，第7页（汉族，安吉县）。

2292　猪为什么帮人造粪。源于神的规定。

出处：

口承神话：

桂10，第5页（壮族，南宁市）。

2293　鸭子为什么下地除虫。源于神的规定。

出处：

口承神话：

桂10，第5页（壮族，南宁市）。

2300　动物的起源——其他母题。

2301　动物死亡的起源。起初动物不会死亡，随着第一桩死亡事件的出现，死亡开始降临动物世界。

出处：

口承神话：

综1，第262页（佤族，云南省西盟县）。

2302　动物的功用。

2302.1　见之则有战争。

出处：

古代文献：

《山海经·西次三经》（"有天神焉，其状如牛，而八足二首马尾，其音如勃皇，见则其邑有兵"）。

2302.2　见之会发生旱灾。

出处：

古代文献：

《山海经》（如朋蛇、薄鱼等等）。

2303　动物的食物。动物的食物链的起源。

出处：

口承神话：

综1，第287页（彝族，四川省）。

2304　动物生理特征的起源。

2304.1　公鸡为什么不会带仔。

出处：

口承神话：

综1，第170—171页（壮族，广西壮族自治区右江、红河一带）。

2400—2419　植物起源的一般母题

2400　植物的最初状况。

对照：艾90型　植物长上天。

2401　起初植物和人一样会说话。

参照：306。

出处：

口承神话：

桂 10，第 4 页（壮族，南宁市）；桂 12，第 114 页（壮族，凭祥市）。

川 2，第 275、404 页（彝族，甘洛县），第 295 页（彝族，峨边县）。

综 1，第 56 页（佤族，云南省沧源县）。

2401.1　树木为什么不再说话了。被人堵上了嘴。

出处：

口承神话：

桂 12，第 114 页（壮族，凭祥市）。

综 1，第 142 页（苗族，湖南省凤凰县）。

2402　起初植物会走路。

参照：307。

出处：

口承神话：

桂 10，第 6 页（壮族，南宁市）。

综 1，第 94 页（纳西族，云南省丽江地区）；综 4，第 238 页（白族）。

2410　植物起源的一般母题。

对照：汤 A2600　植物的起源。

2411　植物起源于神的尸体化生。

参照：276，276.7。

对照：艾 85 型　植物的起源Ⅰ。汤 A2611.0.4　神身体的各部分变成植物。
汤 A2611.0.5　人或动物身体的各部分变成植物。

出处：

古代文献：

《山海经·中山经》（帝女死后化为瑶草）；《水经注》卷三十四《江水》（瑶姬死后
"精魂为草，实为灵芝"）。

口承神话：

综 1，第 176 页（阿昌族，云南省陇川县、梁河县）；综 4，第 249 页（白族）；综 7，
第 132 页（汉族，河南省正阳县）。

2411.1　神的毛发化为草木。

对照：汤 A2611.6　头发变成植物。

出处：

古代文献：

《述异记》卷上（盘古氏"毛发为草木"）。

口承神话：

冀6，第571页（汉族，藁城县）。

黑1，第3页（汉族，通河县）。

浙1，第2页（汉族，安吉县）；浙23，第1页（汉族，缙云县）；浙24，第5页（汉族，开化县）；浙27，第4页（汉族，丽水市）；浙59，第3页（汉族，象山县）；浙64，第3页（汉族，永嘉县）。

豫25，第3页（汉族，汝南县）；豫40，第2页（汉族，新乡县）。

桂2，第153页（壮族，钟山县）。

川1，第7页（汉族，崇庆县），第21页（藏族，若尔盖县），第129页（藏族，阿坝县）；川2，第1页（藏族，若尔盖县），第4页（藏族，阿坝县），第2页（藏族，木里县），第806页（苗族，筠连县）；川4，第157页（藏族，北川县）。

藏1，第17页（珞巴族，墨脱县）。

陕10，第1页（汉族，三原县）。

综1，第91页（汉族，湖北省京山县），第304页（普米族，云南省宁蒗县，四川省西昌市、木里县）；综4，第81页（彝族，云南省楚雄彝族自治州），第223页（布依族），第249页（白族）；综7，第5页（汉族，河南省太行山区）。

2411.2　神的皮毛变成草木。

出处：

口承神话：

川1，第3页（汉族，奉节县），第6页（汉族，巴县）。

2411.2.1　神的皮毛变成毒草。

出处：

口承神话：

川2，第7页（藏族，若尔盖县）。

2411.3　神的血和骨头变成草木。

出处：

口承神话：

陕2，第2页（汉族，宝鸡县）。

2412　植物起源于物体的变形。

对照：汤A2610　通过变形创造植物。汤A2615　物体变成植物。

2412.1　血缘始祖生下的怪胎变成植物。

出处：

口承神话：

川17，第9页（苗族，筠连县）。

综1，第43页（苗族，湖南省湘西地区，贵州省松桃县）。

2412.2　神撒下的泥土变成植物。

出处：

口承神话：

综1，第97页（基诺族，云南省）。

2412.3　雪变成植物。

出处：

口承神话：

川1，第136、143页（彝族，峨边县）；川2，第279页（彝族，喜德县），第294页（彝族，峨边县）。

2412.4　蛋变成树木。

出处：

口承神话：

川2，第5页（藏族，乡城县）。

2412.5　神的净水变成植物。

2412.5.1　神的净水变成人参。

出处：

口承神话：

川2，第7页（藏族，若尔盖县）。

2412.5.2　神的净水变成沙参。

出处：

口承神话：

川2，第7页（藏族，若尔盖县）。

2412.5.3　神的净水变成柴胡。

出处：

口承神话：

川2，第7页（藏族，若尔盖县）。

2412.5.4　神的净水变成天麻。

出处：

口承神话：

川2，第7页（藏族，若尔盖县）。

2412.5.5　神的净水变成茯苓。

出处：

口承神话：

川2，第7页（藏族，若尔盖县）。

2412.5.6　神的净水变成猪苓。

出处：

口承神话：

川2，第7页（藏族，若尔盖县）。

2412.6　手杖化为桃林。

出处：

古代文献：

《山海经·海外北经》《列子·汤问第五》（夸父之杖化为邓林）。

口承神话：

综1，第115页（汉族，山西省灵县）。

2412.7　拐杖长成竹子。

出处：

口承神话：

其他2，第41页（鲁凯族，台湾省台东县）。

2412.8　牙齿种入土中长成巨大的葫芦。

出处：

口承神话：

综1，第20页（侗族，贵州省黎平县）。

2413　植物起源于神的创造。

出处：

口承神话：

综1，第16页（瑶族，广西壮族自治区巴马瑶族自治县），第104—105页（哈萨克族，新疆维吾尔自治区）；综4，第231页（瑶族，广西壮族自治区）。

2413.1　神创造植物。

出处：

口承神话：

冀3，第18页（汉族，抚宁县）。

辽5，第284页（汉族，平山区）。

浙9，第8、14页（汉族，东阳县）。

豫 25，第 11 页（汉族，汝南县）。

川 19，第 2 页（汉族，邻水县）。

综 1，第 4—5 页（汉族，河南省），第 293 页（拉祜族，云南省澜沧县）。

2413.1.1　女神创造植物。

出处：

口承神话：

浙 68，第 16 页（汉族，玉环县）。

川 2，第 273 页（彝族，凉山州）。

2413.2　神让地上长出青草、蔬菜和树木。

出处：

口承神话：

黑 1，第 21 页（回族，绥芬河市）。

2414　神生育植物。

出处：

口承神话：

综 1，第 224 页（珞巴族，西藏自治区米林县）。

2414.1　大地妈妈生育了植物。

出处：

口承神话：

综 1，第 224 页（珞巴族，西藏自治区米林县）。

2414.2　天地结合生育了植物。

出处：

口承神话：

藏 1，第 6 页（门巴族，墨脱县），第 8 页（珞巴族，米林县）。

2415　植物起源于天上。

出处：

口承神话：

综 1，第 55—56 页（哈尼族，云南省元江县），第 236 页（彝族，云南省新平县），第 287 页（彝族，四川省）。

2415.1　天神把种子撒下。

出处：

口承神话：

浙 27，第 15 页（汉族，丽水市）；浙 28，第 195 页（汉族，临安县）；浙 39，第 2

页（汉族，庆元县）。

川1，第25页（彝族，德昌县），第115页（彝族，冕宁县）；川2，第272页（彝族，德昌县）。

2415.2　神从天上取来树草。

出处：

口承神话：

川2，第277页（彝族，喜德县）。

2415.3　神给予人类植物种子。

出处：

口承神话：

桂2，第4页（瑶族，钟山县）；桂10，第11页（壮族，南宁市）。

川1，第126页（藏族，小金县）；川2，第574页（羌族，北川县）；川4，第161页（羌族，北川县）。

2416　植物从卵中长出。

出处：

口承神话：

综1，第139页（纳西族，四川省木里县）。

2417　植物起源于惩罚。

2418　植物起源于对人的奖赏。

2419　植物的起源——其他母题。

2419.1　植物从葫芦中出现。

出处：

口承神话：

川2，第934页（傈僳族，德昌县）。

综1，第26页（德昂族，云南省保山县），第99页（基诺族，云南省）。

2420—2499　特定植物的起源

2420　农作物的起源。

参照：1460，1470，1490。
出处：
口承神话：
综1，第176页（阿昌族，云南省陇川县、梁河县）。

2421　山药的起源。因为神的赐予。

对照：汤 A2686.4.3　山药的起源。
出处：
口承神话：
豫14，第12页（汉族，武陟县）。

2422　向日葵的起源。被打下凡的神变成向日葵。

出处：
口承神话：
陕4，第5页（汉族，佛坪县）。

2423　棉花的起源。天神把棉花种子送到人间。

对照：汤 A2684.3　棉花种植的起源。
出处：
口承神话：
冀5，第3页（汉族，藁城县）。

2423.1　文化英雄变成棉花。
出处：
口承神话：
冀7，第137页（汉族，藁城县）。

2430　树木的起源。

对照：汤 A2681　树的起源。
出处：

综1，第304页（普米族，云南省宁蒗县，四川省西昌市、木里县）；综4，第81页（彝族，云南省楚雄彝族自治州），第223页（布依族），第249页（白族）。

2430.1　神死后身上的毛发变成树。

出处：

古代文献：

《述异记》卷上（盘古氏"毛发为草木"）。

口承神话：

川2，第544页（羌族，北川县）。

2430.2　神死后骨头变成树。

出处：

口承神话：

陕2，第2页（汉族，宝鸡县）。

2430.3　从葫芦中出来的松树结了各种各样的树种。

出处：

口承神话：

川1，第31页（傈僳族，德昌县）；川2，第934页（傈僳族，德昌县）。

2430.4　天地结合生出树。

出处：

口承神话：

藏1，第6页（门巴族，墨脱县）。

2431　柏树的起源。

出处：

口承神话：

综1，第287页（彝族，四川省）。

2431.1　柏树由神从天上拔来。

出处：

口承神话：

川2，第278页（彝族，喜德县）。

2431.2　雪变成柏树。

出处：

口承神话：

川2，第280页（彝族，喜德县）。

2432　枫树的起源。

出处：

口承神话：

综 1，第 290 页（彝族，四川省）。

2432.1　枷锁变成枫木。

出处：

古代文献：

《山海经·大荒南经》（"蚩尤所弃其桎梏，是谓枫木"）；《云笈七签》卷一百《轩辕本纪》（黄帝杀蚩尤后，"掷械于大荒中，后化为枫木之林"）。

口承神话：

综 1，第 203 页（汉族，陕西省黄陵县）。

2432.2　雪变成枫树。

出处：

口承神话：

川 2，第 280 页（彝族，喜德县）。

2433　桦树的起源。天神给人桦树籽。

出处：

口承神话：

川 1，第 81 页（羌族，汶川县）。

2434　橘树的起源。源于天上。

出处：

口承神话：

浙 17，第 9 页（汉族，黄岩市）。

2435　李树的起源。

出处：

口承神话：

综 1，第 287 页（彝族，四川省）。

2435.1　李树由神从天上拔来。

出处：

口承神话：

川 2，第 278 页（彝族，喜德县）。

2436　柳树的起源。卵变成细柳。

出处：

口承神话：

川 2，第 942 页（纳西族，木里县）。

综1，第139页（纳西族，四川省木里县）。

2437　青杠树的起源。青杠树由神从天上拔来。

出处：

口承神话：

川2，第278页（彝族，喜德县）。

2438　杉树的起源。

出处：

口承神话：

综1，第287页（彝族，四川省）。

2438.1　天神给人杉树籽。

出处：

口承神话：

川1，第81页（羌族，汶川县）。

2438.2　杉树由神从天上拔来。

出处：

口承神话：

川2，第278页（彝族，喜德县）。

2439　桑树的起源。天神撒下桑树籽。

对照：汤A2681.9　桑树的起源。

出处：

口承神话：

浙27，第15页（汉族，丽水市）；浙42，第124页（汉族，三门县）。

2441　柿树的起源。天神带下柿树种子。

出处：

口承神话：

豫28，第11页（汉族，渑池县）。

2442　松树的起源。

对照：汤A2681.13　雪松的起源。

出处：

口承神话：

综1，第287页（彝族，四川省）。

2442.1　神的骨头变成松树。

出处：

口承神话：

陕 2，第 2 页（汉族，宝鸡县）。

2442.2　松树由神从天上拔来。

出处：

口承神话：

川 2，第 278 页（彝族，喜德县）。

2442.3　松树从葫芦中出来。

出处：

口承神话：

川 1，第 31 页（傈僳族，德昌县）；川 2，第 934 页（傈僳族，德昌县）。

2443　桃树的起源。

出处：

口承神话：

综 1，第 287 页（彝族，四川省）。

2443.1　桃树由神从天上拔来。

出处：

口承神话：

川 2，第 278 页（彝族，喜德县）。

2443.2　神的拐杖发出桃树。

出处：

口承神话：

陕 8，第 4 页（汉族，潼关县）。

2444　杨树的起源。

出处：

口承神话：

综 1，第 139 页（纳西族，四川省木里县），第 289 页（彝族，四川省）。

2444.1　卵变成白杨。

出处：

口承神话：

川 2，第 942 页（纳西族，木里县）。

2444.2　雪变成杨树。

出处：

口承神话：

川 2，第 280 页（彝族，喜德县）。

2445　羊角树的起源。天神给人羊角树籽。

出处：

口承神话：

川 1，第 81 页（羌族，汶川县）。

2446　油树的起源。文化英雄变成油树。

出处：

口承神话：

冀 7，第 137 页（汉族，藁城县）。

2447　竹子的起源。

出处：

口承神话：

其他 2，第 41 页（鲁凯族，台湾省台东县）。

综 4，第 249 页（白族）。

2449　其他树的起源。

出处：

口承神话：

综 1，第 287 页（彝族，四川省）。

2450　花草的起源。

对照：汤 A2650　花的起源。汤 A2683　草的起源。汤 A2688　杂草的起源。

出处：

口承神话：

综 1，第 287—290 页（彝族，四川省），第 304 页（普米族，云南省宁蒗县，四川省西昌市、木里县）；综 4，第 81 页（彝族，云南省楚雄彝族自治州）。

2450.1　天神往人间撒下花草籽。

出处：

口承神话：

冀 2，第 637 页（汉族，鹰手营子矿区），第 637 页（汉族，承德县）。

浙 1，第 315 页（汉族，安吉县）；浙 2，第 190 页（汉族，苍南县）；浙 4，第 148 页（汉族，常山县）；浙 5，第 426、443 页（汉族，淳安县）；浙 12，第 336、338、339 页（汉族，富阳县）；浙 19，第 224 页（汉族，建德县）；浙 22，第 133 页（汉族，金华县）；浙 24，第 119 页（汉族，开化县）；浙 26，第 4、6 页（汉族，乐清县）；浙 27，第 17、18 页（汉族，丽水市）；浙 29，第 167 页（汉族，临海市）；浙 30，第 7 页（汉族，龙泉县）；浙31，第275页（汉族，龙游县）；浙32，第16页（汉族，宁海县）；浙35，第172页（汉族，平阳县）；浙36，第209页（汉族，浦江县）；浙42，第118、125页（汉族，三门县）；浙43，第10页（汉族，上虞县）；浙44，第12页（汉族，绍兴县）；浙47，第192、193页（汉族，松阳县）；浙48，第13页（汉族，遂昌县）；浙49，第132页（汉族，泰顺县）；浙50，第206页（汉族，天台县）；浙51，第102页（汉族，桐庐县）；浙55，第8、267页（汉族，武义县）；浙57，第263页（汉族，西湖区）；浙58，第94、96页（汉族，仙居县）；浙59，第192页（汉族，象山县）；浙60，第18页（汉族，萧山市）；浙61，第7、8页（汉族，新昌县）；浙62，第233页（汉族，义乌市）；浙63，第283页（汉族，鄞县）；浙66，第216页（汉族，余杭县）；浙68，第19页（汉族，玉环县）；浙72，第409页（汉族，诸暨县）。

豫19，第553页（汉族，南召县）；豫21，第148页（汉族，濮阳县）；豫25，第10页（汉族，汝南县）；豫32，第53页（汉族，桐柏县）。

桂5，第5页（彝族，隆林县）。

川1，第71页（汉族，万县），第81页（羌族，汶川县）；川4，第10页（羌族，北川县），第54页（汉族，北川县）；川21，第4页（汉族，平武县）；川23，第136页（汉族，渠县）。

2450.2　神的血液变成花草。

出处：

口承神话：

陕2，第2页（汉族，宝鸡县）。

2450.3　燕子为人们找来草籽。

出处：

口承神话：

冀2，第626页（汉族，承德县）。

2450.4　天地结合生出草。

出处：

口承神话：

藏1，第6页（门巴族，墨脱县）。

2451　稗子的起源。神变成稗子。

出处：

口承神话：

浙31，第316页（汉族，龙游县）。

2451.1　神造出稗子。

出处：

口承神话：

川9，第108页（汉族，双流县）。

2452　地黄的起源。因为神的赐予。

出处：

口承神话：

豫 14，第 12 页（汉族，武陟县）。

2453　毒草的起源：恶神播种了毒草。

出处：

口承神话：

综 4，第 227 页（满族，黑龙江省宁安县）。

2454　茅草的起源。

出处：

口承神话：

综 1，第 287 页（彝族，四川省）；综 4，第 223 页（布依族）。

2454.1　神从天上扯来茅草。

出处：

口承神话：

川 2，第 277 页（彝族，喜德县）。

2454.2　茅草跟着天神从天上降临人间。

出处：

口承神话：

川 2，第 958 页（蒙古族，木里县）。

2455　蕨箕草的起源。神从天上扯来。

出处：

口承神话：

川 2，第 277 页（彝族，喜德县）。

2455.1　蕨箕草被最初的多个太阳照成了现在的模样。

出处：

口承神话：

川 1，第 140 页（彝族，攀枝花市）。

2456　龙须草的起源。神死后化成的龙须变为龙须草。

出处：

口承神话：

陕 2，第 36 页（汉族，岐山县）。

2457　牛膝的起源。因为神的赐予。

出处：

口承神话：

豫 14，第 12 页（汉族，武陟县）。

2458　爬地草的起源。神从天上扯来。

出处：

口承神话：

川 2，第 278 页（彝族，喜德县）。

2459　野古草的起源。雪变成野古草。

出处：

口承神话：

川 2，第 280 页（彝族，喜德县）。

2461　秩草的起源。雪变成秩草。

出处：

口承神话：

川 2，第 280 页（彝族，喜德县）。

2462　菊花的起源。因为神的赐予。

出处：

口承神话：

豫 14，第 12 页（汉族，武陟县）。

2463　昙花的起源。神下凡变成昙花。

出处：

口承神话：

综 7，第 223 页（汉族，河南省）。

2470　藤类植物的起源。

对照：汤 A2682　藤类植物的起源。

出处：

口承神话：

综 1，第 290 页（彝族，四川省），第 304 页（普米族，云南省宁蒗县，四川省西昌市、木里县）。

2471   山藤的起源。雪变成山藤。

出处：
口承神话：
川2，第280页（彝族，喜德县）。

2480   特定植物的起源——其他母题。

2500—2509   植物特征的一般起源

2500   植物特征的一般起源。

2501   植物的特征起源于原初植物发生的变化。

对照：*汤* A2741   植物的特征起源于原初植物发生的变化。

2502   植物的特征起源于奖赏。

参照：2542。
对照：*汤* A2710   植物的特征起源于奖赏。

2503   植物的特征起源于惩罚或诅咒。

参照：2512，2528.1，2547。
对照：*汤* A2720   植物的特征起源于惩罚。*汤* A2721   植物因为不虔诚的行为而被诅咒。

2504   植物的特征起源于错话。说错话或者听错话，造成了植物永久的特征。

参照：2517.3，2528.2。

2505   植物的特征起源于变形。

对照：*汤* A2731   植物特征起源于变形。

2506   植物的特征起源于系列转生。

对照：*汤* A2733   罂粟的特征起源于系列转生。

2507　植物的特征起源于母体的特点。

2507.1　为什么有的植物枝叶像雪花的形状。因为是从雪里生出来的。

出处：

口承神话：

川2，第279页（彝族，喜德县）。

2508　植物的特征起源于原初植物身上发生的事件。

对照：汤 A2741　植物的特征起源于原初植物身上发生的事件。

2508.1　为什么草类有骨节。草被乌龟咬后留下的牙印子。

出处：

口承神话：

辽10，第84页（汉族，大洼县）。

2510—2649　特定植物特征的起源

2510　特定农作物特征的起源。

2511　为什么五谷上面都有一个指甲印子。是神留下的。

对照：汤 A2793.6　谷子形状的起源。

出处：

口承神话：

川2，第565页（羌族，松潘县）。

2512　为什么五谷只在秆顶结穗。起初，五谷棵大穗满，由于人类的罪孽，神使五谷只在秆顶结穗。

参照：1125.2。

对照：汤 A2793.5　谷子为什么只在秆茎顶端结实。是为了惩罚人类的罪孽。

出处：

口承神话：

冀14，第138页（汉族，武安县）；冀16，第469页（汉族，邢台市）；冀18，第32、34页（汉族，宣化县）。

辽21，第397页（汉族，建昌县）；辽34，第302页（满族，和平区）；辽41，第

132 页（汉族，西丰县）；辽 52，第 215 页（汉族，营口县）。

浙 23，第 217 页（汉族，缙云县）；浙 26，第 5 页（汉族，乐清县）；浙 36，第 9 页（汉族，浦江县）；浙 60，第 12 页（汉族，萧山市）。

豫 1，第 292 页（汉族，淅川县）；豫 2，第 192 页（汉族，郸城县）；豫 4，第 90、92 页（汉族，扶沟县）；豫 6，第 139、170 页（汉族，滑县）；豫 7，第 169 页（汉族，淮滨县）；豫 18，第 362 页（汉族，南召县）；豫 20，第 13 页（汉族，平舆县）；豫 21，第 134、143 页（汉族，濮阳县）；豫 23，第 2 页（汉族，杞县）；豫 25，第 9、244 页（汉族，汝南县）；豫 26，第 160、161 页（汉族，社旗县）；豫 27，第 144、145 页（汉族，沈丘县）；豫 28，第 2 页（汉族，渑池县）；豫 29，第 103 页（汉族，太康县）；豫 30，第 118 页（汉族，汤阴县）；豫 31，第 9 页（汉族，通许县）；豫 32，第 53、55 页（汉族，桐柏县）；豫 36，第 27 页（汉族，息县）；豫 38，第 204 页（汉族，项城县）；豫 40，第 8 页（汉族，新乡县）；豫 42，第 97 页（汉族，修武县）；豫 43，第 96 页（汉族，鄢陵县）；豫 45，第 229 页（汉族，禹州市）。

川 2，第 103 页（白马藏族，平武县白马乡）；川 21，第 2 页（汉族，平武县）。

藏 1，第 200 页（藏族，日土县）。

陕 3，第 142 页（汉族，凤县）；陕 7，第 134 页（汉族，蓝田县）；陕 11，第 390 页（汉族，永寿县），第 391 页（汉族，乾县）。

综 1，第 103 页（白马藏族，四川省平武县）。

2513　豆子和芝麻为什么荚多。因为神在收回粮食的时候被它们扎了手，所以没有将其收回。

对照：汤 A2793.1.1　为什么豆子到处结果。

出处：

口承神话：

冀 16，第 469 页（汉族，邢台市）。

豫 18，第 362 页（汉族，南召县）；豫 21，第 143 页（汉族，濮阳县）；豫 23，第 2 页（汉族，杞县）；豫 25，第 9 页（汉族，汝南县）；豫 29，第 103 页（汉族，太康县）；豫 31，第 9 页（汉族，通许县）；豫 32，第 53 页（汉族，桐柏县）；豫 40，第 8 页（汉族，新乡县）。

陕 11，第 390 页（汉族，永寿县）。

2514　谷子为什么长得像狗尾巴。因为谷种是粘在狗的尾巴上被带到人间的。

对照：汤 A2793.6　谷子形状的起源。

出处：

口承神话：

浙 9，第 289 页（汉族，东阳县）；浙 14，第 6 页（汉族，海宁市）；浙 34，第 5 页（汉族，平湖县）；浙 36，第 11 页（汉族，浦江县）；浙 40，第 9 页（汉族，衢县）；浙

68，第 10、16 页（汉族，玉环县）。

豫 2，第 18 页（汉族，郸城县）。

川 1，第 77 页（汉族，梁平县）；川 2，第 279 页（彝族，盐边县），第 727 页（土家族，酉阳县），第 827 页（苗族，马边县）；川 8，第 141 页（汉族，邛崃县）；川 18，第 119 页（汉族，洪雅县）；川 23，第 146 页（汉族，渠县）；川 30，第 7 页（汉族，营山县）；川 37，第 1 页（汉族，荣昌县）。

2515　麦子上为什么有槽。是神盗取粮种时留下的。

对照：汤 A2793.6　谷子形状的起源。

出处：

口承神话：

川 2，第 809 页（苗族，筠连县）。

2515.1　神把小麦身上有毒的部分去掉时留下了槽。

出处：

口承神话：

陕 2，第 26 页（汉族，宝鸡县）。

2515.2　麦子上的槽起源于最初寻找粮食时蚂蚁的啃咬。

出处：

口承神话：

陕 6，第 236 页（汉族，华县）。

2516　玉米秆上为什么结玉米。神诅咒玉米"成娃娃"（即永远成熟不了），结果玉米误以为是让它"背娃娃"（背着玉米棒子）。

出处：

口承神话：

综 1，第 66—67 页（蒙古族，四川省木里县）。

2516.1　起初玉米穗结谷子，根结红薯，秆是甘蔗。后来因为人类的罪孽，神只让玉米秆上结玉米。

出处：

口承神话：

桂 5，第 63 页（彝族，隆林县）。

2517　荞麦特征的起源。

2517.1　荞麦为什么是圆的。因为神的揉搓。

对照：汤 A2793.6　谷子形状的起源。

出处：

口承神话：

陕 2，第 105 页（汉族，渭滨区）。

2517.2　荞麦秆为什么是红的。被神的血染的。

出处：

口承神话：

陕 1，第 104 页（汉族，凤县）；陕 3，第 142 页（汉族，凤县）；陕 11，第 390 页（汉族，永寿县）。

综 1，第 103 页（白马藏族，四川省平武县）。

2517.3　荞麦为什么开白花。神诅咒荞麦"白开花"，荞麦误以为是"开白花"。

出处：

口承神话：

综 1，第 66—67 页（蒙古族，四川省木里县）。

2517.4　甜荞为什么收割时很困难，而且吃了不经饿。因为神的诅咒。

出处：

口承神话：

川 2，第 292 页（彝族）。

2518　高粱的秆和叶子为什么都有深红色的斑点。被神的血染成的。

出处：

口承神话：

陕 1，第 104 页（汉族，凤县）；陕 2，第 105 页（汉族，渭滨区）；陕 3，第 142 页（汉族，凤县）；陕 11，第 390 页（汉族，永寿县）。

2519　芸豆为什么是深红色的。因为神在它身上涂了动物血。

对照：*汤* A2793.6　谷子形状的起源。

出处：

口承神话：

陕 2，第 27 页（汉族，渭滨区）。

2521　黄豆为什么是长吊形的。因为神的揉搓。

对照：*汤* A2793.6　谷子形状的起源。

出处：

口承神话：

陕 2，第 27 页（汉族，渭滨区）。

2522　黑豆为什么是长扁形的。因为神的拍打。

对照：*汤* A2793.6　谷子形状的起源。

出处：

口承神话：

陕 2，第 27 页（汉族，渭滨区）。

2523　豌豆为什么是圆形的。因为神把它搓成了圆形。

对照：汤 A2793.6　谷子形状的起源。
出处：
口承神话：
陕 2，第 27 页（汉族，渭滨区）。

2524　扁豆为什么是扁形的。因为神的一捏。

对照：汤 A2793.6　谷子形状的起源。
出处：
口承神话：
陕 2，第 27 页（汉族，渭滨区）。

2525　向日葵为什么总是望着太阳。因为它们之间的爱情。

出处：
口承神话：
陕 4，第 6 页（汉族，佛坪县）。

2526　蔬菜为什么不能当粮食。因为神的规定。

出处：
口承神话：
川 2，第 300 页（彝族，石棉县）。

2527　无根菜为什么长得像石头一样。因为神的诅咒。

出处：
口承神话：
川 2，第 291 页（彝族）。

2528　芜菁特征的起源。

2528.1　芜菁为什么背着重，吃着是水。因为神的诅咒。
出处：
口承神话：
川 1，第 184 页（蒙古族，盐源县）；川 2，第 946 页（蒙古族，盐源县）。

2528.2　为什么芜菁可以做酸菜。神诅咒芜菁"成干柴"，芜菁误以为是"做酸菜"。
出处：
口承神话：

综 1，第 66—67 页（蒙古族，四川省木里县）。

2540　特定树木特征的起源。

2541　白杨树为什么树心烂糟糟。因为神的诅咒。

出处：
口承神话：
川 1，第 310 页（彝族，西昌市）；川 2，第 311 页（彝族，凉山州）。

2542　杉树为什么长得粗。因为神的奖励。

出处：
口承神话：
川 1，第 310 页（彝族，西昌市）；川 2，第 311 页（彝族，凉山州）。

2543　松树为什么不能砍后再生。因为神的诅咒。

出处：
口承神话：
川 1，第 310 页（彝族，西昌市）；川 2，第 311 页（彝族，凉山州）。

2544　松树为什么流松香。流的是死后的文化英雄被晒出的油。

出处：
口承神话：
桂 2，第 5 页（瑶族，钟山县）。

2545　松柏为什么千年不死。因为神把天帝给人的寿命误给了松柏。

出处：
口承神话：
辽 2，第 473 页（满族，北镇县）；辽 12，第 208 页（满族，凤城县）；辽 13，第 7 页（汉族，抚顺郊区）；辽 21，第 360 页（汉族，建昌县）；辽 22，第 106 页（汉族，锦县）；辽 36，第 615 页（汉族，苏家屯区）；辽 44，第 154 页（满族，新宾县）；辽 49，第 393 页（汉族，兴城县）；辽 58，第 3 页（蒙古族，建昌县）。
豫 45，第 281 页（汉族，禹州市）。

2546　马桑树为什么长不高。因为神或文化英雄的诅咒。

参照：312.1.2。
对照：汤 A2775　为什么有些树木变矮小了。
出处：
口承神话：

川1，第155页（土家族，黔江县），第304页（汉族，南部县），第305页（汉族，盐亭县）；川2，第564页（羌族，汶川县），第693页（土家族，酉阳县）；川3，第127页（汉族，安县）；川4，第7、61页（汉族，北川县）；川13，第243页（汉族，涪陵市）；川15，第167页（汉族，剑阁县）；川19，第1页（汉族，邻水县）；川20，第2页（汉族，江北区）；川21，第6页（汉族，平武县）；川22，第37页（彝族，屏山县）；川24，第5页（汉族，三台县）；川25，第150页（汉族，射洪县）；川27，第8页（汉族，西充县）；川30，第7页（汉族，营山县）；川34，第4页（汉族，合川县）。

陕9，第51页（汉族，西乡县）。

2546.1　马桑树为什么只长三尺高。怕天上的人砍它。

出处：

口承神话：

川2，第690页（土家族，川湘边区）。

2546.2　马桑树为什么叶子厚，树枝光溜溜。因为神的诅咒。

出处：

口承神话：

川1，第310页（彝族，西昌市）；川2，第311页（彝族，凉山州）。

2547　竹子为什么有节。被始祖砍断后又接上的。

出处：

口承神话：

桂1，第7页（壮族，武宣县）；桂13，第5页（壮族，合山市）。

2560　特定花草特征的起源。

2561　巴茅为什么只长在小沟两边。因为天上的人要割尽它。

出处：

口承神话：

川2，第690页（土家族，川湘边区）。

2562　水叶菜（蚂蚱菜、马莲菜、马齿菜、挂篮青、酱班草等）为什么晒不死。因为它救了太阳。

参照：462.1。

对照：艾67型　十日并出。

出处：

口承神话：

冀2，第18页（汉族，双滦区），第20页（汉族，承德县）；冀3，第302、303页（汉族，抚宁县）；冀4，第6页（汉族，藁城县）；冀9，第16页（汉族，大名县）。

辽1，第465页（汉族，北票市）；辽10，第298页（汉族，大洼县）；辽19，第40页（汉族，黑山县）；辽23，第49页（汉族，凌河区）；辽24，第137页（汉族，开原县）；辽25，第35页（汉族，康平县）；辽32，第225页（汉族，沙河口区）；辽39，第504页（汉族，瓦房店市）；辽42，第164页（汉族，细河区）；辽52，第236页（汉族，营口县）；辽58，第21页（蒙古族，建昌县）。

浙28，第11页（汉族，临安县）；浙56，第190页（汉族，婺城区）；浙57，第262页（汉族，西湖区）。

豫8，第3页（汉族，辉县市）；豫20，第243页（汉族，平舆县）；豫22，第6页（汉族，淇县）；豫24，第144页（汉族，沁阳县）；豫25，第18页（汉族，汝南县）；豫27，第143页（汉族，沈丘县）；豫47，第136页（汉族，驻马店市）。

川1，第295页（汉族，高县）；川11，第3页（汉族，新津县）；川42，第8页（汉族，自贡市）。

陕2，第98页（汉族，宝鸡县）。

综7，第191页（汉族，河南省）。

2563 为什么萎枯草的汁液都是苦的。是因为后悔没有救太阳而哭成的。

出处：

口承神话：

辽32，第225页（汉族，沙河口区）。

2564 万年蒿、茵陈草为什么能活一万年。因为神把天帝给人的寿命误给了它们。

出处：

口承神话：

辽2，第473页（满族，北镇县）。

豫45，第281页（汉族，禹州市）。

2565 蕨箕草为什么"三节弯"。因为神的诅咒。

出处：

口承神话：

川1，第310页（彝族，西昌市）；川2，第311页（彝族，凉山州）；川22，第37页（彝族，屏山县）。

2566 芭蕉为什么结果多。因为它很好地回答了神的问话而受到了神的奖励。

出处：

口承神话：

综1，第294页（拉祜族，云南省澜沧县）。

2570　特定藤类植物特征的起源。

2571　葛藤为什么趴着长。怕天上的人砍它。

出处：

口承神话：

川2，第690页（土家族，川湘边区）。

2580　**特定植物特征的起源——其他母题。**

2581　鸡嗉果为什么可以不开花就结果。因为它很好地回答了神的问话而受到了神的奖励。

出处：

口承神话：

综1，第294页（拉祜族，云南省澜沧县）。

2582　**无花果为什么不开花就结果。因为神的规定。**

出处：

口承神话：

综7，第20页（汉族，河南省桐柏盘古山区）。

2590　**植物与人的关系。**

2591　**植物为什么要为人服务。由于惩罚。**

2591.1　栗树为什么被人砍来盖房。因为它没有好好回答神的问话而受到神的惩罚。

出处：

口承神话：

综1，第294页（拉祜族，云南省澜沧县）。

2591.2　栗树为什么被人砍来做锄头把。因为它没有好好回答神的问话而受到神的惩罚。

出处：

口承神话：

综1，第294页（拉祜族，云南省澜沧县）。

2591.3　茅草为什么被人割来盖房。因为它没有好好回答神的问话而受到神的惩罚。

出处：

口承神话：

综1，第294页（拉祜族，云南省澜沧县）。

2591.4　竹子为什么被人砍来盖房、编背篓。因为它没有好好回答神的问话而受到神的惩罚。

出处：

口承神话：

综1，第294页（拉祜族，云南省澜沧县）。

2591.5　松树为什么被人点燃做火把。因为它没有好好回答神的问话而受到神的惩罚。

出处：

口承神话：

综1，第294页（拉祜族，云南省澜沧县）。

2591.6　芦苇为什么被人用来编墙壁。因为它没有好好回答神的问话而受到神的惩罚。

出处：

口承神话：

综1，第294页（拉祜族，云南省澜沧县）。

2600　植物的起源——其他母题。

主要参考书目及其简称或代码

一、索引（以作者姓氏拼音为序，开头为该书简称）

艾：［德］艾伯华：《中国民间故事类型》，王燕生、周祖生译，北京：商务印书馆，1999 年。

汤：Thompson，Stith. *Motif-Index of Folk-Literature*：*A Classification of Narrative Elements in Folktales*，*Ballads*，*Myths*，*Fables*，*Medieval Romances*，*Exempla*，*Fabliaux*，*Jest-books*，*and Local Legends*，Revised and Enlarged Edition. Bloomington：Indiana University Press，rev. 1955-1958. 本书主要涉及其中"A"部分即"Mythological Motifs"，所以简称为"汤 A"。

二、古代文献（以撰写年代为序，同一朝代内以作者姓氏拼音为序）

此部分集中参考了《古神话选释》（袁珂著，人民文学出版社 1979 年版）、《中国神话资料萃编》（袁珂、周明编，四川省社会科学院出版社 1985 年版）和《中国上古神话》（刘城淮著，上海文艺出版社 1988 年版），引用资料时经过了核对。本索引引用的古籍主要包括：

（商?）佚名：《归藏》，见（清）严可均辑：《全上古三代秦汉三国六朝文·全上古三代文》卷十五《古逸》，北京：商务印书馆，1999 年。

（周?）佚名：《周易》，见（清）阮元校刻：《十三经注疏》上册，一、《周易正义》，北京：中华书局，1980 年。

（春秋）管仲（?）：《管子》，见国学整理社辑：《诸子集成》第五册，戴望：《管子校正》，北京：中华书局，1954 年。

（春秋）荀况：《荀子》，见国学整理社辑：《诸子集成》第二册，王先谦：《荀子集解》，北京：中华书局，1954 年。

（春秋?）佚名：《尚书》，见（清）阮元校刻：《十三经注疏》上册，二、《尚书正义》，北京：中华书局，1980 年。

（春秋?）佚名：《诗经》，见（清）阮元校刻：《十三经注疏》上册，三、《毛诗正义》，北京：中华书局，1980 年。

（春秋）左丘明（?）：《国语》，见尚学锋、夏德靠译注：《国语译注》，北京：中华书局，2007 年。

（春秋）左丘明：《左传》，见（清）阮元校刻：《十三经注疏》下册，七、《春秋左传正义》，北京：中华书局，1980 年。

（战国）韩非：《韩非子》，见国学整理社辑：《诸子集成》第五册，王先慎：《韩非子集解》，北京：中华书局，1954年。

（战国）列子：《列子》，见国学整理社辑：《诸子集成》第三册，张湛注：《列子注》，北京：中华书局，1954年。

（战国）吕不韦等：《吕氏春秋》，见张双棣、张万彬、殷国光、陈涛注译：《吕氏春秋译注》（修订版），北京：北京大学出版社，2011年。

（战国）孟轲：《孟子》，见国学整理社辑：《诸子集成》第一册，焦循：《孟子正义》，北京：中华书局，1954年。

（战国）墨翟：《墨子》，见国学整理社辑：《诸子集成》第四册，孙诒让：《墨子闲诂》，北京：中华书局，1954年。

（战国）屈原等：《楚辞》，林家骊注译，北京：中华书局，2010年。

（战国）尸佼：《尸子》，（清）汪继培辑，黄曙辉点校，上海：华东师范大学出版社，2009年。

（战国？）佚名：《穆天子传》，（晋）郭璞注，王根林校点，见上海古籍出版社编，王根林、黄益元、曹光甫校点：《汉魏六朝笔记小说大观》，上海：上海古籍出版社，1999年。

（战国至西汉）佚名：《山海经》，见袁珂校注：《山海经校注》（修订本），成都：巴蜀书社，1992年。

（战国？）佚名：《世本》，见（汉）宋衷注，（清）秦嘉谟等辑：《世本八种》，北京：商务印书馆，1957年。

（战国？）佚名：《逸周书》，见黄怀信：《逸周书校补注译》，西安：西北大学出版社，1996年。

（汉）班固：《白虎通》，见（清）陈立撰，吴则虞点校：《白虎通疏证》，北京：中华书局，1994年。

（汉）班固：《汉书》，北京：中华书局，1962年。

（汉）戴德、戴圣：《礼记》，见（清）阮元校刻：《十三经注疏》下册，六、《礼记正义》，北京：中华书局，1980年。

（汉）戴德：《大戴礼记》，见（清）孔广森撰，王丰先点校：《大戴礼记补注：附校正孔氏大戴礼记补注》，北京：中华书局，2013年。

（汉）郭宪：《汉武帝别国洞冥记》，王根林校点，见上海古籍出版社编，王根林、黄益元、曹光甫校点：《汉魏六朝笔记小说大观》，上海：上海古籍出版社，1999年。

（汉）贾谊：《新书》，见阎振益校注：《新书校注》，北京：中华书局，2007年。

（汉）刘安等：《淮南子》，（汉）高诱注，见国学整理社辑：《诸子集成》第七册，北京：中华书局，1954 年。

（汉）刘向：《列仙传》，上海：上海古籍出版社，1990 年。

（汉）刘向：《列女传》，见（清）王照圆：《列女传补注》，上海：华东师范大学出版社，2012 年。

（汉）刘向：《说苑》，上海：上海古籍出版社，1990 年。

（汉）陆贾：《新语》，见国学整理社辑：《诸子集成》第七册，北京：中华书局，1954 年。

（汉）司马迁：《史记》，北京：中华书局，1982 年第 2 版。

（汉）王充：《论衡》，见国学整理社辑：《诸子集成》第七册，北京：中华书局，1954 年。

（汉）许慎：《说文解字》，北京：中华书局，1963 年。

（汉）扬雄：《扬子法言》，见国学整理社辑：《诸子集成》第七册，北京：中华书局，1954 年。

（汉）应劭：《风俗通义》，见王利器校注：《风俗通义校注》，北京：中华书局，1981 年。

（汉）袁康（?）：《越绝书》，见《四部丛刊初编》，上海：商务印书馆，1922 年再版影印。

（汉）赵晔：《吴越春秋》，见周生春：《吴越春秋辑校汇考》，上海：上海古籍出版社，1997 年。

（三国魏）刘劭、王象（?）：《皇览》，（清）孙冯翼辑，见王云五主编：《丛书集成初编·皇览·岁华纪丽》，长沙：商务印书馆，1937 年。

（晋）干宝：《搜神记》，曹光甫校点，见上海古籍出版社编，王根林、黄益元、曹光甫校点：《汉魏六朝笔记小说大观》，上海：上海古籍出版社，1999 年。

（晋）葛洪：《抱朴子》，见国学整理社辑：《诸子集成》第八册，北京：中华书局，1954 年。

（晋）皇甫谧：《帝王世纪》，见王云五主编：《丛书集成初编·帝王世纪·路史》，上海：商务印书馆，1936 年。

（晋）王嘉：《拾遗记》，（梁）萧绮录，王根林校点，见上海古籍出版社编，王根林、黄益元、曹光甫校点：《汉魏六朝笔记小说大观》，上海：上海古籍出版社，1999 年。

（晋）张华：《博物志》，（宋）周日用等注，王根林校点，见上海古籍出版社编，王根林、黄益元、曹光甫校点：《汉魏六朝笔记小说大观》，上海：上海古籍出版社，1999 年。

（北魏）郦道元：《水经注》，见陈桥驿等译注：《水经注全译》，贵阳：贵州人民出版社，1996年。

（北齐）魏收：《魏书》，见周国林分史主编：《二十四史全译·魏书》（全四册），上海：汉语大词典出版社，2004年。

（南朝宋）范晔：《后汉书》，（唐）李贤等注，北京：中华书局，1965年。

（南朝梁）任昉：《述异记》，北京：中华书局，1991年。

（南朝梁）吴均：《续齐谐记》，王根林校点，见上海古籍出版社编，王根林、黄益元、曹光甫校点：《汉魏六朝笔记小说大观》，上海：上海古籍出版社，1999年。

（南朝梁）萧统：《文选》，（唐）李善注，上海：上海古籍出版社，1986年。

（唐）杜佑：《通典》，王文锦等点校，北京：中华书局，1988年。

（唐）段成式：《酉阳杂俎》，方南生点校，北京：中华书局，1981年。

（唐）房玄龄等：《晋书》，北京：中华书局，1974年。

（唐）韩鄂：《岁华纪丽》，见王云五主编：《丛书集成初编·皇览·岁华纪丽》，长沙：商务印书馆，1937年。

（唐）李冗：《独异志》，见张永钦、侯志明点校：《独异志·宣室志》，北京：中华书局，1983年。

（唐）李延寿：《北史》，北京：中华书局，1974年。

（唐）欧阳询等：《艺文类聚》，汪绍楹校，上海：上海古籍出版社，1985年。

（唐）司马贞：《补史记》，武英殿本，清光绪十年上海同文书局据乾隆四年校刊本影印。

（唐）苏鹗：《苏氏演义》，见吴企明点校：《苏氏演义（外三种）》，北京：中华书局，2012年。

（唐）徐坚等：《初学记》，北京：中华书局，1962年。

（唐）佚名：《珊玉集》，见王云五主编：《丛书集成初编·珊玉集》，上海：商务印书馆，1936年。

（唐）余知古：《渚宫旧事》，见王云五主编：《丛书集成初编·渚宫旧事》，上海：商务印书馆，1936年。

（唐）张鷟：《朝野佥载》，赵守俨点校，北京：中华书局，1979年。

（宋）高承：《事物纪原》，（明）李果订，金圆、许沛藻点校，北京：中华书局，1989年。

（宋）郭茂倩：《乐府诗集》，北京：中华书局，1979年。

（宋）李昉等：《太平广记》，北京：中华书局，1961年。

（宋）李昉等：《太平御览》，夏剑钦等点校，石家庄：河北教育出版社，

1994 年第 2 版。

（宋）刘恕：《资治通鉴外纪》，上海：上海古籍出版社，1987 年。

（宋）罗泌：《路史》，北京：中华书局，1989 年。

（宋）罗愿：《尔雅翼》，（元）洪焱祖音释，见王云五主编：《丛书集成初编·尔雅翼》，上海：商务印书馆，1937 年。

（宋）梅尧臣：《宛陵集》，长春：吉林出版集团有限责任公司，2005 年。

（宋）吴自牧：《梦粱录》，杭州：浙江人民出版社，1984 年。

（宋）张君房：《云笈七签》，李永晟点校，北京：中华书局，2003 年。

（元）金履祥：《通鉴前编》，文渊阁四库全书本。

（明）陈耀文：《天中记》，清光绪十六年听雨山房刻本。

（明）董斯张：《广博物志》，长沙：岳麓书社，1991 年。

（明）冯应京：《月令广义》，（明）戴任增释，（明）李登参订，明万历三十年梅墅石渠阁刊本。

（明）胡应麟：《少室山房笔丛》，北京：中华书局，1958 年。

（明）罗欣：《物原》，见王云五主编：《丛书集成初编·物原》，上海：商务印书馆，1937 年。

（明）周游：《开辟衍绎通俗志传》，成都：巴蜀书社，1999 年。

（清）富察敦崇：《燕京岁时记》，见《帝京岁时纪胜·燕京岁时记》，北京：北京古籍出版社，1981 年。

（清）黄奭：《汉学堂知足斋丛书》，北京：书目文献出版社，1992 年。

（清）马骕：《绎史》，王利器整理，北京：中华书局，2002 年。

（清）严可均辑：《全上古三代秦汉三国六朝文》，北京：商务印书馆，1999 年。

三、综合性现代口承神话资料集（以书名拼音为序，开头为该书目代码，未标明正式出版者，一律为内部印行）

综 1：《人神共舞：中国各族民间神话精品》，陈建宪选编，武汉：湖北人民出版社，1994 年。

综 2：《中国少数民族神话》（上、下），谷德明编，北京：中国民间文艺出版社，1987 年。

综 3：《中国少数民族神话汇编·洪水篇》，陶立璠、赵桂芳等编，中央民族学院少数民族古籍整理出版规划领导小组办公室，1984 年。

综 4：《中国少数民族神话汇编·开天辟地篇》，陶立璠、赵桂芳等编，中央民族学院少数民族古籍整理出版规划领导小组办公室，1984 年。

综 5：《中国少数民族神话汇编·人类起源篇》，陶立璠、赵桂芳等编，中央民族学院少数民族古籍整理出版规划领导小组办公室，1984 年。

综6：《中国神话故事》，马昌仪编，北京：中国广播电视出版社，1996年。

综7：《中原神话专题资料》，张振犁、程健君编，中国民间文艺家协会河南分会，1987年。

四、中国民间文学三套集成·故事集成资料（各省内部先列综合类，再列地区或市县资料卷）

东北地区

黑龙江省

黑1：《中国民间故事集成·黑龙江卷》，徐昌翰主编，北京：中国ISBN中心，2005年。

辽宁省

辽1：《中国民间文学集成辽宁卷·北票资料本》，北票市民间文学三套集成领导小组编，1987年。

辽2：《中国民间文学集成辽宁卷·北镇资料本》（一），北镇县民间文学三套集成领导小组编，编后记作于1986年。

辽3：《中国民间文学集成辽宁卷·北镇资料本》（三），北镇县民间文学三套集成领导小组编，编后记作于1986年。

辽4：《中国民间文学集成辽宁卷·本溪市补遗资料本》，本溪市民间文学三套集成编辑委员会编，1987年。

辽5：《中国民间文学集成辽宁卷·本溪市平山区资料本》，本溪市平山区民间文学三套集成领导小组编，1987年。

辽6：《中国民间文学集成辽宁卷·本溪县资料本》（上），本溪县民间文学三套集成领导小组编，1987年。

辽7：《中国民间文学集成辽宁卷·昌图资料本》，昌图县民间文学三套集成领导小组编，编后记作于1986年。

辽8：《中国民间文学集成辽宁分卷·长海资料本（故事集）》，长海县民间文学集成领导小组编，1987年。

辽9：《中国民间文学集成辽宁卷·朝阳资料本》，朝阳县民间文学三套集成领导小组编，1986年。

辽10：《中国民间文学集成辽宁分卷·大洼资料本》，大洼县民间文学三套集成领导小组编，前言作于1987年。

辽11：《中国民间文学集成辽宁卷·东沟资料本》，孙传青主编，辽宁省东沟县民间文学三套集成编委会编，1986年。

辽12：《中国民间故事歌谣谚语集成辽宁分卷·凤城资料本》，辽宁省凤城满族自治县文化馆编印，前言作于1986年。

辽 13：《中国民间文学集成辽宁卷·抚顺郊区资料本》（二），抚顺郊区民间文学集成领导小组编，1987 年。

辽 14：《中国民间文学集成辽宁卷·抚顺露天区资料本》，抚顺市露天区民间文学三套集成领导小组编，1987 年。

辽 15：《中国民间文学集成辽宁卷·抚顺望花区资料本》，抚顺市望花区民间文学集成领导小组编，1987 年。

辽 16：《中国民间文学集成辽宁卷·抚顺新抚区资料本》（一），抚顺市新抚区民间文学集成领导小组编，1987 年。

辽 17：《中国民间文学集成辽宁分卷·甘井子资料本》，甘井子区民间文学集成领导小组编，1987 年。

辽 18：《中国民间文学集成辽宁卷·海城资料本》，海城市民间文学三套集成编委会编，1987 年。

辽 19：《中国民间文学集成辽宁分卷·黑山资料本》（二），张树人主编，黑山县民间文学三套集成领导小组编，1987 年。

辽 20：《中国民间文学集成辽宁卷·桓仁资料本》，桓仁县民间文学三套集成领导小组编，1986 年。

辽 21：《中国民间文学集成辽宁卷·建昌资料本》，建昌县民间文学三套集成领导小组编，1987 年。

辽 22：《中国民间文学集成辽宁分卷·锦县资料本》（第二集），锦县民间文学三套集成领导小组编，1986 年。

辽 23：《中国民间文学集成辽宁分卷·锦州市凌河区资料本》，罗湛源主编，锦州市凌河区民间文学三套集成领导小组编，1987 年。

辽 24：《中国民间文学集成辽宁卷·开原资料本》（一），开原县民间文学三套集成领导小组编，1987 年。

辽 25：《中国民间文学集成辽宁卷·康平资料本》，康平县民间文学三套集成领导小组编，编后记作于 1987 年。

辽 26：《中国民间文学集成辽宁分卷·宽甸资料本》，宽甸县民间文学集成编委会编，1986 年。

辽 27：《中国民间文学集成辽宁卷·辽阳市白塔区资料本》，辽阳市白塔区民间文学三套集成领导小组编，1986 年。

辽 28：《中国民间文学集成辽宁分卷·辽阳市太子河区资料本》，辽阳市太子河区三集成办公室编，1986 年。

辽 29：《中国民间文学集成辽宁分卷·辽阳市文圣区资料本》，辽阳市文圣区《三集成》领导小组编，1986 年。

辽30：《中国民间文学集成辽宁分卷·盘锦市双台子区资料本》，双台子区民间文学三套集成领导小组编，编后记作于1986年。

辽31：《中国民间文学集成辽宁卷·抚顺市卷》（下）《资料本》（一）《清原资料本》，清原县民间文学集成领导小组编，1987年。

辽32：《中国民间文学集成辽宁分卷·沙河口资料本》（上卷），大连沙河口区民间文学集成领导小组编，1989年。

辽33：《中国民间文学集成辽宁卷·沈阳大东资料本》（一），大东区"三集成"编委会编，1986年。

辽34：《中国民间文学集成辽宁卷·沈阳和平资料本》（一），和平区"三集成"编委会编，1986年。

辽35：《中国民间文学集成辽宁卷·沈阳沈河资料本》（三），赵讽来主编，沈河区民间文学"三集成"编委会编，1987年。

辽36：《中国民间文学集成辽宁卷·沈阳苏家屯资料本》（上、下），苏家屯区民间文学三套集成领导小组编，1986年。

辽37：《中国民间文学集成辽宁卷·沈阳新城子资料本》，新城子区"三集成"编委会编，1986年。

辽38：《中国民间文学集成辽宁卷·铁岭资料本》，辽宁省铁岭县三套集成领导小组编，1987年。

辽39：《中国民间文学集成辽宁分卷·瓦房店资料本（风物传说）》，辽宁省瓦房店市民间文学集成领导小组编，1987年。

辽40：《中国民间文学集成辽宁分卷·瓦房店资料本（民间故事一）》，辽宁省瓦房店市民间文学集成领导小组编，1987年。

辽41：《中国民间文学集成辽宁卷·西丰资料本》，西丰县民间文学三套集成领导小组编，1987年。

辽42：《中国民间文学集成辽宁卷·细河区资料本》，细河区民间文学三套集成领导小组编，前言作于1986年。

辽43：《中国民间文学集成辽宁卷·新宾资料本》（一），新宾满族自治县民间文学集成领导小组编，1987年。

辽44：《中国民间文学集成辽宁卷·新宾资料本》（二），新宾满族自治县民间文学集成领导小组编，1987年。

辽45：《中国民间文学集成辽宁卷·新宾资料本》（三），新宾满族自治县民间文学集成领导小组编，1987年。

辽46：《中国民间文学集成辽宁分卷·新金资料本（民间故事一）》，辽宁省新金县民间文学集成领导小组编，1988年。

辽47:《中国民间文学集成辽宁卷·新民资料本》（一）（下），新民县"三集成"编委会编，1986年。

辽48:《中国民间文学集成辽宁卷·新民资料本》（二），新民县"三集成"编委会编，1987年。

辽49:《中国民间文学集成辽宁分卷·兴城资料本》，兴城县文化馆编，1987年。

辽50:《中国民间文学集成辽宁分卷·岫岩资料本》，岫岩满族自治县文化馆编，1987年。

辽51:《中国民间文学集成辽宁分卷·义县资料本》（上、下），义县民间文学三套集成领导小组编，编后记作于1987年。

辽52:《中国民间文学集成辽宁分卷·营口县资料本》（上卷），营口县民间文学三套集成编辑小组编，1987年。

辽53:《中国民间文学集成辽宁卷·振兴区资料本》，辽宁省丹东市振兴区三套集成编委会编，1987年。

辽54:《中国民间文学集成辽宁卷·准喀喇沁资料本》（一），喀喇沁左翼蒙古族自治县文化馆编，1983年。

辽55:《中国民间文学集成辽宁卷·准喀喇沁资料本》（二），准喀喇沁民间文学"三项"集成领导小组编，1986年。

辽56:《中国民间文学集成辽宁卷·准喀喇沁资料本》（三），准喀喇沁民间文学三套集成领导小组编，1986年。

辽57:《中国民间文学集成辽宁卷·准喀喇沁资料本》（四），准喀喇沁民间文学"三项"集成领导小组编，1986年。

辽58:《中国民间文学集成辽宁卷·准喀喇沁资料本》（五），准喀喇沁民间文学"三项"集成领导小组编，1986年。

华北地区

河北省

冀1:《中国民间文学集成·保定市故事卷》（卷一），刘正祥、张今慧主编，北京：中国民间文艺出版社，1989年。

冀2:《中国民间文学集成·承德市故事卷》，陆羽鹏主编，北京：中国民间文艺出版社，1989年。

冀3:《中国民间文学集成·抚宁民间故事卷》（第一卷），秦皇岛市抚宁县三套集成办公室编，序言作于1987年。

冀4:《中国民间文学集成·石家庄地区故事卷》（第一卷）《耿村民间故事集》（第一集），河北省石家庄地区民间文学三套集成编委会、藁城县民间文学三套集成编委会编，1987年。

冀5：《中国民间文学集成·石家庄地区故事卷》（第二卷）《耿村民间故事集》（第二集），河北省石家庄地区民间文学三套集成编委会、藁城县民间文学三套集成编委会编，1988年。

冀6：《中国民间文学集成·石家庄地区故事卷》（第三卷）《耿村民间故事集》（第三集），河北省石家庄地区民间文学三套集成编委会、藁城县民间文学三套集成编委会编，1988年。

冀7：《中国民间文学集成·石家庄地区故事卷》（第六卷）《耿村民间故事集》（第四集），河北省石家庄地区民间文学三套集成编委会、藁城县民间文学三套集成编委会编，1989年。

冀8：《中国民间文学集成·石家庄地区故事卷》（第七卷）《耿村民间故事集》（第五集），河北省石家庄地区民间文学三套集成编委会、藁城县民间文学三套集成编委会编，1990年。

冀9：《中国民间文学三套集成·邯郸地区故事卷》（上册），程殿臣主编，北京：中国民间文艺出版社，1989年。

冀10：《中国民间文学三套集成·邯郸地区故事卷》（中册），李怀顺主编，北京：中国民间文艺出版社，1989年。

冀11：《中国民间文学集成·衡水地区故事卷》，李大振、傅新友、郭永功主编，北京：中国民间文艺出版社，1989年。

冀12：《中国民间文学集成·高邑县卷本》（第二卷）《万城民间故事集》（第一集），河北省高邑县民间文学三套集成编委会编，1989年。

冀13：《中国民间文学集成·武安民间故事卷》，河北省武安县民间文学集成编委会编，1988年。

冀14：《中国民间文学集成·武安民间故事卷》（续集），河北省武安县民间文学集成编委会编，1988年。

冀15：《下花园民间文学选（故事）》，下花园区民间文学《三套集成》办公室编，1986年。

冀16：《邢台市故事卷》，张鹤龄主编，北京：中国民间文艺出版社，1989年。

冀17：《宣化民间文学集成》（二），宣化区三套集成办公室编，1988年。

冀18：《中国民间文学集成·张家口市故事卷》（上），杨香保、顾建中主编，北京：中国民间文艺出版社，1989年。

冀19：《赵县民间文学集成》（第二集），河北省赵县三套集成办公室编，1987年。

华东地区

浙江省

浙1：《中国民间文学集成·浙江省·湖州市·安吉县故事卷》，安吉县民间文学集成办公室编，编后记作于1990年。

浙2：《中国民间文学集成·浙江省·温州市·苍南县故事卷》，苍南县民间文学集成办公室编，1988年。

浙3：《中国民间文学集成·浙江省·湖州市·长兴县故事卷》，长兴县民间文学集成办公室编，1990年。

浙4：《中国民间文学集成·浙江省·衢州市·常山县故事歌谣谚语卷》，常山县民间文学集成编委会编，1991年。

浙5：《中国民间文学集成·浙江省·湖州市·淳安县故事歌谣谚语卷》，淳安县民间文学集成办公室编，1988年。

浙6：《中国民间文学集成·浙江省·宁波市·慈溪市故事歌谣谚语卷》，慈溪市民间文学集成办公室编，1989年。

浙7：《中国民间文学集成·浙江省·湖州市·德清县故事歌谣谚语卷》，德清县民间文学集成办公室编，1990年。

浙8：《中国民间文学集成·浙江省·舟山市·定海区故事歌谣谚语卷》，舟山市定海区民间文学集成办公室编，1988年。

浙9：《中国民间文学集成·浙江省·金华市·东阳县故事卷》，东阳县民间文学集成办公室编，1987年。

浙10：《中国民间文学集成·浙江省·温州市·洞头县故事卷》，洞头县民间文学集成办公室编，1988年。

浙11：《中国民间文学集成·浙江省·宁波市·奉化市故事歌谣谚语卷》，奉化市民间文学集成办公室编，1989年。

浙12：《中国民间文学集成·浙江省·杭州市·富阳县故事歌谣谚语卷》，富阳县民间文学集成办公室编，1988年。

浙13：《中国民间文学集成·浙江省·杭州市·拱墅区故事歌谣谚语卷》，拱墅区民间文学集成办公室编，1989年。

浙14：《中国民间文学集成·浙江省·嘉兴市·海宁市故事歌谣谚语卷》，海宁市民间文学集成办公室编，1989年。

浙15：《中国民间文学集成·浙江省·宁波市·海曙区故事歌谣谚语卷》，宁波市海曙区文化教育局、区民间文学三集成办公室编，1989年。

浙16：《中国民间文学集成·浙江省·嘉兴市·海盐县故事歌谣谚语卷》，海盐县民间文学集成办公室编，1989年。

浙 17：《中国民间文学集成·浙江省·台州地区·黄岩市故事卷》，黄岩市民间文学集成办公室编，1990 年。

浙 18：《中国民间文学集成·浙江省·嘉兴市·嘉善县故事谚语卷》，嘉善县文化局、文联、文化馆编，1988 年。

浙 19：《中国民间文学集成·浙江省·杭州市·建德县故事歌谣谚语卷》，建德县民间文学集成办公室编，1990 年。

浙 20：《中国民间文学集成·浙江省·宁波市·江北区卷》，江北区民间文学集成办公室编，1989 年。

浙 21：《中国民间文学集成·浙江省·宁波市·江东区故事歌谣谚语卷》，江东区民间文学集成办公室编，1989 年。

浙 22：《中国民间文学集成·浙江省·金华市·金华县故事歌谣谚语卷》，金华县民间文学集成办公室编，1988 年。

浙 23：《中国民间文学集成·浙江省·丽水地区·缙云县故事歌谣谚语卷》，缙云县民间文学集成办公室编，1988 年。

浙 24：《中国民间文学集成·浙江省·衢州市·开化县故事歌谣谚语卷》，开化县民间文学集成办公室编，1988 年。

浙 25：《中国民间文学集成·浙江省·金华市·兰溪市卷》，兰溪市民间文学集成办公室编，1989 年。

浙 26：《中国民间文学集成·浙江省·温州市·乐清县故事卷》，乐清县民间文学集成办公室编，1989 年。

浙 27：《中国民间文学集成·浙江省·丽水地区·丽水市故事歌谣谚语卷》，丽水市民间文学集成办公室编，1989 年。

浙 28：《中国民间文学集成·浙江省·杭州市·临安县卷》，杭州市临安县民间文学集成办公室编，1989 年。

浙 29：《中国民间文学集成·浙江省·台州地区·临海市故事卷》，临海市民间文学集成办公室编，1993 年。

浙 30：《中国民间文学集成·浙江省·丽水地区·龙泉县故事歌谣谚语卷》，龙泉县民间文学集成办公室编，1989 年。

浙 31：《中国民间文学集成·浙江省·衢州市·龙游县故事卷》，龙游县民间文学集成办公室编，1990 年。

浙 32：《中国民间文学集成·浙江省·宁波市·宁海县故事卷》，宁海县民间文学集成办公室编，1988 年。

浙 33：《中国民间文学集成·浙江省·温州市·鸥海县故事歌谣谚语卷》，鸥海县民间文学集成办公室、鸥海县文化馆编，1989 年。

浙34：《中国民间文学集成·浙江省·嘉兴市·平湖县故事歌谣谚语卷》，平湖县民间文学集成办公室编，1990 年。

浙35：《中国民间文学集成·浙江省·温州市·平阳县故事歌谣谚语卷》，平阳县民间文学集成办公室、平阳县文学艺术界联合会编，1989 年。

浙36：《中国民间文学集成·浙江省·金华市·浦江县故事歌谣谚语卷》，浦江县民间文学集成办公室编，1992 年。

浙37：《中国民间文学集成·浙江省·舟山市·普陀区故事歌谣谚语卷》，普陀区民间文学集成办公室编，1988 年。

浙38：《中国民间文学集成·浙江省·丽水地区·青田县故事歌谣谚语卷》，青田县民间文学集成办公室、青田县文学艺术界联合会编，1988 年。

浙39：《中国民间文学集成·浙江省·丽水地区·庆元县故事歌谣谚语卷》，庆元县民间文学三集成编辑委员会编，1988 年。

浙40：《中国民间文学集成·浙江省·衢州市·衢县故事歌谣谚语卷》，衢县民间文学集成编委会编，1989 年。

浙41：《中国民间文学集成·浙江省·温州市·瑞安市故事卷》，瑞安市民间文学集成办公室、瑞安市文学艺术界联合会编，1988 年。

浙42：《中国民间文学集成·浙江省·台州地区·三门县故事卷》，三门县民间文学集成办公室编，1989 年。

浙43：《中国民间文学集成·浙江省·绍兴市·上虞县故事歌谣谚语卷》，上虞县民间文学集成办公室编，1989 年。

浙44：《中国民间文学集成·浙江省·绍兴市·绍兴县故事卷》，绍兴县民间文学集成工作小组编，1989 年。

浙45：《中国民间文学集成·浙江省·舟山市·嵊泗县故事歌谣谚语卷》，嵊泗县民间文学集成办公室编，1989 年。

浙46：《中国民间文学集成·浙江省·绍兴市·嵊县故事歌谣谚语卷》，嵊县民间文学集成办公室编，1989 年。

浙47：《中国民间文学集成·浙江省·丽水地区·松阳县故事歌谣谚语卷》，松阳县民间文学集成办公室编，1989 年。

浙48：《中国民间文学集成·浙江省·丽水地区·遂昌县故事歌谣谚语卷》，遂昌县民间文学集成办公室编，1988 年。

浙49：《中国民间文学集成·浙江省·温州市·泰顺县故事歌谣谚语卷》，泰顺县民间文学集成办公室编，1989 年。

浙50：《中国民间文学集成·浙江省·台州地区·天台县故事歌谣谚语卷》，天台县民间文学集成编辑部编，1992 年。

浙51：《中国民间文学集成·浙江省·杭州市·桐庐县故事歌谣谚语卷》，桐庐县民间文学集成办公室编，1989年。

浙52：《中国民间文学集成·浙江省·嘉兴市·桐乡县故事歌谣谚语卷》，桐乡县民间文学集成办公室编，1989年。

浙53：《中国民间文学集成·浙江省·台州地区·温岭县故事卷》，温岭县民间文学集成办公室编，1988年。

浙54：《中国民间文学集成·浙江省·温州市·文成县故事歌谣谚语卷》，文成县民间文学集成编委会编，1989年。

浙55：《中国民间文学集成·浙江省·金华市·武义县故事歌谣谚语卷》，武义县民间文学集成办公室编，1989年。

浙56：《中国民间文学集成·浙江省·金华市·婺城区故事歌谣谚语卷》，婺城区民间文学集成办公室编，1990年。

浙57：《中国民间文学集成·浙江省·杭州市·西湖区故事歌谣谚语卷》，西湖区民间文学集成办公室编，1989年。

浙58：《中国民间文学集成·浙江省·台州地区·仙居县故事歌谣谚语卷》，仙居县民间文学集成办公室编，1988年。

浙59：《中国民间文学集成·浙江省·宁波市·象山县故事歌谣谚语卷》，象山县民间文学集成办公室编，1989年。

浙60：《中国民间文学集成·浙江省·杭州市·萧山市故事歌谣谚语卷》，萧山市民间文学集成办公室编，1989年。

浙61：《中国民间文学集成·浙江省·绍兴市·新昌县故事歌谣谚语卷》，新昌县民间文学集成办公室编，1990年。

浙62：《中国民间文学集成·浙江省·金华市·义乌市故事卷》，义乌市民间文学集成办公室编，1991年。

浙63：《中国民间文学集成·浙江省·宁波市·鄞县故事歌谣谚语卷》，鄞县民间文学集成办公室编，1988年。

浙64：《中国民间文学集成·浙江省·温州市·永嘉县故事卷》，永嘉县民间文学集成办公室编，1989年。

浙65：《中国民间文学集成·浙江省·金华市·永康县故事歌谣谚语卷》，永康县民间文学集成办公室编，1992年。

浙66：《中国民间文学集成·浙江省·杭州市·余杭县故事歌谣谚语卷》，余杭县民间文学集成采录编辑领导小组编，1987年。

浙67：《中国民间文学集成·浙江省·宁波市·余姚市故事歌谣谚语卷》，余姚市民间文学集成办公室编，1988年。

浙68:《中国民间文学集成·浙江省·台州地区·玉环县故事卷》，玉环县民间文学集成编委会编，1989年。

浙69:《中国民间文学集成·浙江省·绍兴市·越城区故事歌谣谚语卷》，越城区民间文学集成办公室编，1988年。

浙70:《中国民间文学集成·浙江省·丽水地区·云和县故事歌谣谚语卷》，浙江省云和县民间文学集成办公室编，1989年。

浙71:《中国民间文学集成·浙江省·宁波市·镇海区故事歌谣谚语卷》，宁波市镇海区民间文学集成办公室编，1988年。

浙72:《中国民间文学集成·浙江省·绍兴市·诸暨县故事卷》（上册），诸暨县民间文学集成办公室编，1988年。

中南地区

河南省

豫1:《河南民间故事·丹江的来历》，河南师大中文系"民间文学"研究组编，1982年。

豫2:《中国民间故事集成·河南郸城县卷》，郸城县民间文学集成编委会编，1989年。

豫3:《中国民间文学集成河南卷·登封县民间故事歌谣谚语集》，何国正、王鸿钧、韩有治主编，登封县"三集成"编选委员会编，印刷时间不详。

豫4:《中国民间故事集成·河南扶沟县卷》，扶沟县民间文学集成编纂委员会编，1989年。

豫5:《中国民间文学集成河南卷·巩义市民间故事谚语歌谣集》，巩义市民间故事、谚语、歌谣编辑委员会编，印刷时间不详。

豫6:《中国民间文学集成·河南滑县卷·滑县民间故事集成》，中国民间文学集成河南滑县卷编委会编，1990年。

豫7:《中国民间文学集成·河南淮滨县卷（故事）》，岑克俭主编，淮滨县民间文学三套集成编委会编，1990年。

豫8:《中国民间故事集成·河南省辉县市卷》，周抒真主编，河南省辉县市民间文学三集成编委会编，1989年。

豫9:《中国民间文学集成河南卷·吉县卷》，吉县民间文学三套集成编委会编，1989年。

豫10:《中国民间文学集成河南卷·郏县卷》，郏县民间文学三集成领导小组编印，1989年。

豫11:《中国民间文学集成·河南开封县卷》，开封县民间文学集成编委会编，1990年。

豫 12：《中国民间文学集成·河南兰考县卷》，兰考县民间文学集成编委会编，1990 年。

豫 13：《中国民间故事集成·河南林县卷》，中国民间文学集成河南林县卷编委会编，1987 年。

豫 14：《河南民间文学集成·龙源传说》，王广先主编，郑州：中原农民出版社，1990 年。

豫 15：《中国民间故事集成·孟县卷》，河南省孟县文教局编印，1985 年。

豫 16：《中国民间故事集成·河南省泌阳县卷》，泌阳县民间文学集成编辑委员会，总序作于 1988 年。

豫 17：《密县民间文学集·故事歌谣谚语》，密县民间文学三集成编委会编，1990 年。

豫 18：《中国民间故事集成·河南南召县卷》（上），南召县民间文学集成编委会编，1987 年。

豫 19：《中国民间故事集成·河南南召县卷》（下），南召县民间文学集成编委会编，1987 年。

豫 20：《中国民间故事集成·河南平舆县卷》，平舆县民间文学三套集成编委会编，1989 年。

豫 21：《中国民间故事集成·濮阳县卷》，魏盼先主编，濮阳县民间文学三集成编纂委员会编，1990 年。

豫 22：《中国民间故事集成·河南淇县卷》（上、下卷），淇县民间文学集成编委会编，1987 年。

豫 23：《中国民间文学集成·河南杞县故事卷》，刘玉亮主编，郑州：中原农民出版社，1990 年。

豫 24：《中国民间文学集成·沁阳卷》，段春芳主编，沁阳县民间文学三套集成办公室编，印刷时间不详。

豫 25：《中国民间故事集成·河南汝南县卷》，汝南县民间文学集成编委会编，1991 年。

豫 26：《中国民间故事集成·河南社旗县卷》，河南省社旗县民间文学集成编委会编印，1987 年。

豫 27：《中国民间故事集成·河南沈丘县卷》，沈丘县民间文学集成编委会编，1989 年。

豫 28：《中国民间文学集成河南卷·渑池县卷》，渑池县文化馆编印，1988 年。

豫 29：《中国民间文学集成·河南太康卷》，太康县民间文学集成编委会编印，1989 年。

豫30：《中国民间歌谣谚语集成·河南汤阴卷》，汤阴县民间文学集成编委会编，1987年。

豫31：《中国民间文学集成·河南通许县卷》，中国民间文学集成河南通许县卷总编委会编，1989年。

豫32：《中国民间故事集成·河南桐柏县卷》（第一分册）《神话传说》，桐柏县民间文学集成总编委会编，1987年。

豫33：《中国民间故事集成·河南桐柏县卷》（第二分册）《传说》，桐柏县民间文学集成总编委会编，1987年。

豫34：《中国民间故事集成·河南桐柏县卷》（第三分册）《故事》，桐柏县民间文学集成总编委会编，1987年。

豫35：《中国民间文学集成·河南尉氏县卷》，河南尉氏县民间文学集成总编委会编，1990年。

豫36：《中国民间故事集成·河南省息县卷》，河南省息县民间文学三套集成编委会编，1990年。

豫37：《中国民间故事集成·河南淅川卷》（三），习诏主编，淅川县民间文学集成编委会编，1987年。

豫38：《中国民间故事集成·河南项城县卷》，项城县民间文学集成编委会编，1987年。

豫39：《中国民间故事集成·河南新县卷》，河南省新县民间文学集成编委会、人民文化馆编印，1989年。

豫40：《中国民间故事集成·河南新乡县卷》，罗志升主编，新乡县民间文学集成领导小组编，1989年。

豫41：《中国民间故事集成·河南新野县卷》，新野县民间文学集成编委会编，1987年。

豫42：《河南省民间文学三集成（民间故事）修武卷》，梁同乐主编，1989年。

豫43：《中国民间故事集成·河南鄢陵县卷》，鄢陵县民间文学集成编委会编，1990年。

豫44：《中国民间故事集成·河南延津县卷》，延津县民间文学三集成办公室编，1986年。

豫45：《河南民间文学集成·禹州市故事卷》，王同全主编，郑州：中原农民出版社，1990年。

豫46：《中国民间故事集成·河南周口市卷》，周口市民间故事编委会编，1989年。

豫47：《中国民间故事集成·河南驻马店市卷》，驻马店市民间文学三集成编委会编,1989 年。

广西壮族自治区

桂 1：《广西民间文学作品精选·武宣卷》，韦守德主编，南宁：广西民族出版社，1991 年。

桂 2：《广西民间文学作品精选·钟山卷》，赵甲春主编，南宁：广西民族出版社，1991 年。

桂 3：《广西民间文学作品精选·柳州市卷》，刘沛盛主编，南宁：广西民族出版社，1991 年。

桂 4：《广西民间文学作品精选·玉林市卷》，罗秀兴主编，南宁：广西民族出版社，1991 年。

桂 5：《广西民间文学作品精选·隆林卷》，李树荣主编，南宁：广西民族出版社，1992 年。

桂 6：《广西民间文学作品精选·浦北卷》，黄家玲主编，南宁：广西民族出版社，1993 年。

桂 7：《广西民间文学作品精选·藤县卷》，曾南诚主编，南宁：广西民族出版社，1993 年。

桂 8：《广西民间文学作品精选·钦州市卷》，邓经春主编，南宁：广西民族出版社，1993 年。

桂 9：《广西民间文学作品精选·合浦卷》，朱宗信主编，南宁：广西民族出版社，1994 年。

桂 10：《广西民间文学作品精选·南宁市卷》，王矿新主编，南宁：广西民族出版社，1996 年。

桂 11：《广西民间文学作品精选·大新县卷》，赵斌才主编，南宁：广西民族出版社，1996 年。

桂 12：《广西民间文学作品精选·凭祥市卷》，李甜芬主编，南宁：广西民族出版社，1996 年。

桂 13：《广西民间文学作品精选·合山市卷》，覃九宏主编，南宁：广西民族出版社，1997 年。

桂 14：《广西民间文学作品精选·桂林市卷》，苏韶芬主编，南宁：广西民族出版社，1997 年。

桂 15：《广西民间文学作品精选·扶绥县卷》，蒙俊忠、左年秋主编，南宁：广西民族出版社，1997 年。

西南地区

四川省

川1：《四川神话选》，侯光、何祥录编选，成都：四川民族出版社，1992年。

川2：《中国民间故事集成·四川卷（少数民族）》，中国民间文学集成四川卷编辑委员会编，1991年。

川3：《中国民间文学集成·安县资料集》，安县民间文学三套集成编辑委员会编，1987年。

川4：《中国民间文学集成·北川县资料集》，四川省北川县民间文学三套集成编委会编印，1987年。

川5：《中国民间文学集成四川卷·成都市灌县卷》，灌县民间文学集成办公室选编，后记作于1987年。

川6：《中国民间文学集成四川卷·成都市龙泉驿区卷》，成都市龙泉驿区民间文学集成办公室编，1989年。

川7：《中国民间文学集成四川卷·成都市彭县卷》，彭县民间文学集成编委会编，1988年。

川8：《中国民间文学集成四川卷·成都市邛崃县卷》，邛崃县民间文学集成办公室选编，1988年。

川9：《中国民间文学集成四川卷·成都市双流县卷》，双流县民间文学集成办公室选编，1988年。

川10：《中国民间文学集成四川卷·成都市西城区卷》，西城区民间文学集成办公室选编，1989年。

川11：《中国民间文学集成四川卷·成都市新津县卷》，新津县民间文学集成编委会编，1989年。

川12：《中国民间故事集成·四川省达县地区卷》，四川省达县地区文化局编印，1988年。

川13：《中国民间文学三套集成·涪陵市资料集》，四川省涪陵市民间文学三套集成编委会编，1989年。

川14：《中国民间文学集成·简阳县卷》，四川省简阳县民间文学三套集成办公室编印，1986年。

川15：《剑阁民间故事集》，剑阁县"三套集成"资料编辑办公室编，1985年。

川16：《中国民间文学集成四川卷·金川县民间故事分册》，金川县文化馆编，1987年。

川17：《中国民间文学三套集成·筠连苗族民间故事专卷》，筠连县民间文学集成办公室编印，1988年。

川18：《中国民间文学集成四川卷·乐山市洪雅卷》，洪雅县民间文学集成办公室选编，1988年。

川19：《邻水民间文学资料集成》，邻水民间文学领导小组、邻水县文化馆编印，1988年。

川20：《中国民间文学三集成·南川县资料集》，四川省南川县文化局、南川县民间文学三集成编委会编，1987年。

川21：《平武民间故事集》，四川省平武县民间文学三集成编委会编，1986年。

川22：《中国民间文学三套集成·四川省屏山县卷》，屏山县文化馆编印，1987年。

川23：《中国民间文学三套集成·四川省渠县民间故事资料集》，渠县民间文学集成领导小组、渠县文化馆、渠县民间文学研究会编印，1987年。

川24：《中国民间文学集成·三台县故事资料集》，四川省三台县民间文艺资料四集成领导小组编印，1987年。

川25：《中国民间文学集成·射洪县资料集》，射洪县文化局、射洪县文化馆编，1988年。

川26：《中国民间文学集成·西昌市资料卷》，西昌市民间文学集成办公室编，1987年。

川27：《中国民间文学集成·西充县资料卷》，四川省西充县民间文学集成编委会编，1987年。

川28：《中国民间文学集成四川卷·兴文县卷》，兴文县民间文学集成办公室编，前言作于1989年。

川29：《中国民间文学集成·荥经县资料集》，四川省荥经县民间文学三套集成编委会编，1986年。

川30：《中国民间文学集成·营山县资料集》，营山县民间文学三套集成编写领导小组编印，1987年。

川31：《中国民间故事集成·重庆市璧山县卷》，璧山县民间文学集成编委会编，1987年。

川32：《中国民间故事集成·重庆市大渡口区卷》，大渡口区民间文学集成编辑委员会编，1988年。

川33：《中国民间故事歌谣谚语集成·重庆市大足县卷》，重庆市大足县民间文学集成编委会编，1988年。

川34：《中国民间故事集成·重庆市合川县卷》，合川县民间文学集成编辑委员会编，1987年。

川35：《中国民间故事集成·重庆市江北县卷》，重庆市江北县民间文学集成编委会编，1987年。

川36：《中国民间故事集成·重庆市綦江县卷》，綦江县民间文学三套集成编辑委员会编，1987年。

川37：《中国民间故事集成·重庆市荣昌县卷》，荣昌县民间文学集成编辑委员会编，1988年。

川38：《中国民间文学集成·重庆市沙坪坝区卷》，重庆市沙坪坝区民间文学集成编委会编，1988年。

川39：《中国民间故事歌谣谚语集成·重庆市双桥区卷》，重庆市双桥区民间文学集成编委会编，1987年。

川40：《中国民间故事集成·重庆市铜梁县卷》，铜梁县民间文学集成编辑委员会编，1988年。

川41：《资中县民间文学集成》，资中县民间文学集成办公室编，1986年。

川42：《中国民间文学三套集成·四川自贡卷·故事卷》，四川省自贡市民间文学三套集成编委会编，印刷时间不详。

西藏自治区

藏1：《中国民间故事集成·西藏卷》，北京：中国ISBN中心，2001年。

西北地区

陕西省

陕1：《中国民间文学集成陕西卷·宝鸡民间故事集成》（第四册）《传说集》（下），白冠勇总编，宝鸡市民间文学集成办公室编，印刷时间不详。

陕2：《中国民间文学集成陕西卷·宝鸡民间故事集成》（第一册）《神话集》，白冠勇总编，宝鸡市民间文学集成办公室编，卷首语作于1988年。

陕3：《中国民间文学集成陕西卷·凤县故事集成》，凤县民间文学集成办公室编，印刷时间不详。

陕4：《中国民间文学集成陕西卷·佛坪县故事集成》，佛坪县民间文学集成编辑委员会编，1987年。

陕5：《中国民间文学集成陕西卷·户县民间文学集成》，西安市户县民间文学集成编委会编，1989年。

陕6：《中国民间文学集成陕西卷·华县民间故事集成》，华县民间文学集成编辑委员会编，1988年。

陕7：《中国民间文学集成陕西卷·蓝田民间文学集成》，蓝田县民间文学集成编辑委员会编，1989年。

陕8：《中国民间文学集成陕西卷·渭南民间故事集成》，渭南市民间文学集成编委会编，1988年。

陕9：《中国民间文学集成陕西卷·西乡县故事集成》，西乡县民间文学集成编辑委员会编，1987年。

陕10：《中国民间文学集成陕西卷·咸阳民间故事集成》（卷一），梁澄清主编，咸阳市文化局、咸阳市艺术科学规划领导小组编，丛书后记作于1989年。

陕11：《中国民间文学集成陕西卷·咸阳民间故事集成》（卷二），梁澄清主编，咸阳市文化局、咸阳市艺术科学规划领导小组编，丛书后记作于1989年。

陕12：《中国民间文学集成陕西卷·咸阳民间故事集成》（卷四），梁澄清主编，咸阳市文化局、咸阳市艺术科学规划领导小组编，丛书后记作于1989年。

五、其他参考资料

其他1：《论傣族诗歌》，祜巴勐著，岩温扁译，北京：中国民间文学出版社，1981年。

其他2：《台东大南村鲁凯族口传文学》，金荣华整理，台北：中国文化大学中国文学研究所，1995年。

其他3：《探寻一个尚未崩溃的神话王国》，李子贤著，昆明：云南人民出版社，1991年。

其他4：《中国民间荤故事》，内部发行，北京：中国民间文艺出版社，1992年。